중국 소재 고구려 유적과 유물 VII
요동반도 – 태자하 유역

표지 사진 | 와방점 득리사산성 남벽　　ⓒ 여호규

중국 소재 고구려 유적과 유물 VII

요동반도 – 태자하 유역

THE KINGDOM OF KOGURYO RUINS AND ARTIFACTS IN CHINA

| 동북아역사재단 편 |

• 이 책은 2018년 동북아역사재단 연구용역 수행 결과물임.

책머리에

압록강 중상류를 비롯해 중국 동북지역에는 고구려 유적과 유물이 무수히 산재해 있다. 이러한 유적과 유물은 고구려사를 연구하고 한국사를 체계화하는 데 매우 중요한 자료일 뿐 아니라, 모든 인류가 공유해야 할 소중한 문화유산이기도 하다. 그런데 아쉽게도 이와 관련된 각종 보고서나 연구논저가 여러 학술지에 산재해 있거나 절판된 경우가 적지 않아 관련 연구자나 역사에 관심 있는 일반인들이 이용하는 데 많은 어려움을 겪고 있다. 이에 동북아역사재단에서는 2007년부터 중국 소재 고구려 유적·유물을 집대성하여 DB를 구축하는 사업을 추진하였다.

본 연구팀도 이 사업에 참여하여 DB 구축에 필요한 기초자료를 정리하는 과제를 수행하였다. 2007-2008년에는 고구려 발흥지인 압록강 중상류, 2009-2011년에는 두 번째 도성이었던 통구분지(집안분지), 2012-2014년에는 요동반도와 요하·송화강·두만강 유역 등에 분포한 유적과 유물을 정리하였다. 이어 2015-2016년에는 2007년 이후 새롭게 조사된 유적에 대한 정리 작업을 진행하였다. 이를 통해 고분군 246곳, 개별 고분 269기, 성곽 301곳, 성곽의 개별 유구 31기, 기타 유적 40곳, 개별 유물 84개 등 총 971건의 유적과 유물을 정리하였다.

그런데 이렇게 정리한 기초자료를 토대로 DB를 구축한 결과, 각 지역별 '개관'이나 각 유적의 '역사적 성격' 등 종합적인 서술 부분을 모두 DB로 전환하는 데는 상당한 애로가 따르는 것으로 확인되었다. 또한 연구자나 일반인들이 각 유적의 전체 현황을 일목요연하게 파악하는 데도 많이 불편하다는 문제점이 제기되었다. 이에 2018-2019년에 기존의 DB 구축용 기초자료를 재정리하여 책자 형태로 출간하는 사업을 진행하였다.

본 연구팀은 연구과제를 체계적으로 수행하기 위해 각 유적·유물을 고분, 성곽, 기타 유적, 개별 유물 등으로 분류한 다음, 관련 전공자로 연구팀을 구성하였다. 연구 책임자인 여호규는 과제를 총괄하면서 성곽을 담당하였고, 강현숙은 고분, 백종오는 유물 등을 담당하면서 각 권의 개관과 유적의 역사적 성격을 집필하였다. 김종은(고분), 이경미(성곽), 정동민(고분과 성곽), 한준영(유물)은 각종 보고서와 연구논저의 서술 내용을 1차 정리하는 작업을 담당하였다. 나유정과 노윤성은 출간 사업에 참여하여 원고 교정과 지도 제작 등을 담당하였다.

이 작업에서 본 연구팀은 중국 소재 고구려 유적과 유물을 체계적으로 정리하여 집대성하는 데 가장 주안점을 두었다. 이를 위해 먼저 각종 보고서와 연구논저, 지도와 지지(地誌), 보도자료, 답사자료 등을 광범위하게 수집하였다. 그런 다음 각 유적별로 조사 현황, 위치와 자연환경, 유적의 전체 현황, 유구별 현황(또는 성벽과 성곽시설, 성내시설과 유적), 출토유물, 역사적 성격, 참고문헌 등의 항목을 설정해 각 유적의 조사 현황과 연구성과를 체계적이고 통일성 있게 정리하고자 노력하였다.

이러한 작업을 통해 본 연구팀은 A4 약 1만 매에 이르는 DB 구축용 기초자료를 확보하였다. 이를 바탕으로 책자 형태의 출간 사업을 진행하여 압록강 중상류 2권(Ⅰ-Ⅱ), 통구분지 4권(Ⅲ-Ⅵ), 요동반도-요하-송화강-두만강 유역 4권(Ⅶ-Ⅹ) 등 총 10권으로 구성하였다. 각 권의 서두에는 개관을 설정하여 각 지역별 전체 현황을 서술하는 한편, 시·현 행정구역이나 유적군을 단위로 각 권의 부(部)를 설정해 유적의 현황을 정리하고 역사적 성격을 서술하였다.

이상의 과정을 거쳐 출간하게 된 본 시리즈는 중국 동북지역에 산재한 고구려 유적과 유물을 체계적으로 집대성한 최초의 성과라 할 수 있다. 이러한 점에서 본서의 발간은 고구려 유적·유물에 관한 방대한 정보를 체계적으로 제공하여 고구려사 연구기반을 확충하는 한편, 이를 활용한 다양한 역사 콘텐츠 개발 및 일반 국민의 역사인식 제고에도 크게 기여할 것으로 기대된다.

본서는 동북아역사재단의 중장기적인 지원 덕분에 발간될 수 있었다. 김현숙 연구정책실장께서는 본 과제를 처음 기획하여 중장기 사업으로 추진할 수 있는 토대를 놓았고, 이성제 한국고중세사연구소장께서는 2011년부터 본 과제를 담당하여 각종 실무적인 뒷받침을 해주었는데, 이에 깊이 감사드린다. 그리고 2007년 이래 본 과제를 물심양면으로 성원해주신 김용덕, 정재정, 김학준, 김호섭 역대 이사장님들과 김도형 이사장님께도 깊이 감사드린다. 아울러 난삽한 원고와 각종 도면을 깔끔하게 정리하여 산뜻한 책으로 꾸며주신 출판 관계자 여러분들께도 깊이 감사드린다.

2020년 6월 10일
연구팀을 대표하여 여호규

일러두기

1. 중국의 간체자는 모두 우리식 한자로 수정하고, 음도 우리식 한자음으로 표기했다.

2. 한자 용어는 가능한 한글 표현으로 풀어쓰고자 했으나, 의미 전달을 고려하여 그대로 노출하여 사용하거나 한글과 병기하기도 하였다.

3. 기원전은 연도에 각각 표기했고, 기원후 혹은 서기는 생략했다.
   〈예〉 기원전 45 – 기원전 12년 / 기원전 2 – 2세기 /
   　　　 3 – 4세기

4. 참고문헌은 오래된 연도부터 배열했고, 같은 연도에서는 가나다 순으로 배열했다.

5. 유적 명칭은 공식 보고서나 『중국문물지도집』을 기준으로 '시·현+유적명'으로 표기하고, 이칭이 있는 경우 병기하였다. 다만 '등탑 백암성'처럼 국내에 널리 통용되는 명칭이 있는 경우 이를 따랐다. 같은 시·현에 명칭이 같거나 유사한 유적이 있는 경우, 향·진이나 촌을 표기하여 구분하였다. 지명 이외의 유적명은 한 단어로 보아 붙였다.
   〈예〉 수암 조양향 고려성산산성 / 수암 합달비진 고려성산산성 / 관전 대고령지후강연고분군 / 수암 마권산성내고분군

6. 유적 위치도는 각종 보고서의 도면을 집성하여 제시하였고, 정확한 위치를 파악한 경우에는 '만주국 10만분의 1 지형도'에 표기하였다. 아울러 『중국문물지도집』 길림분책(1993)과 요령분책(2009)에 실린 유적 위치를 구글 지형도(2020년 1월 기준)를 활용하여 제시하였다.

7. 지도의 기호는 다음과 같이 사용했다. 단, 자체 범례를 가진 지도는 이에 해당하지 않는다.

산 : △	산성 : ▲	평지성 : ■	관애 : ▬
장성 : ᴪ	고분 : ▲	기타 유적 : ●	
시·현 : ⊙	향·진 : ◎	촌 이하(촌·둔·동) : ○	

차례

책머리에　5
일러두기　7

제1부　개관

1. 고분군과 고분　　　　　　　　　　　　　13
2. 성곽　　　　　　　　　　　　　　　　　20
3. 유물　　　　　　　　　　　　　　　　　36

제2부　단동시(丹東市) 지역의 성곽

01 단동 애하첨고성 丹東 靉河尖古城　　　　41
02 단동 노고성산성 丹東 老古城山城　　　　46
03 단동 낭랑묘산성 丹東 娘娘廟山城　　　　47

제3부　봉성시(鳳城市) 지역의 유적

1. 고분군과 고분

01 봉성 소진가청동단검묘 鳳城 小陳家靑銅短劍墓　　53
02 봉성 맹가고분군 鳳城 孟家古墳群　　　　55
03 봉성 봉황산산성내고분 鳳城 鳳凰山山城內古墳　　61
04 봉성 연광홍기가고분군 鳳城 鉛礦紅旗街古墳群　　63
05 봉성 주가보자고분군 鳳城 周家堡子古墳群　　64
06 봉성 호가보고분군 鳳城 胡家堡古墳群　　65

2. 성곽

01 봉성 봉황산산성 鳳城 鳳凰山山城　　　　73
02 봉성 산념산성 鳳城 山隐山城　　　　　　88
03 봉성 첨립산성 鳳城 尖砬山城　　　　　　89
04 봉성 첨산산성 鳳城 尖山山城　　　　　　91
05 봉성 동대정산성 鳳城 東大頂山城　　　　92
06 봉성 단결산성 鳳城 團結山城　　　　　　93

07 봉성 성산산성 鳳城 城山山城　　　　　　95
08 봉성 이도구산성 鳳城 二道溝山城　　　　96
09 봉성 양둔산성 鳳城 楊屯山城　　　　　　98
10 봉성 산성구산성 鳳城 山城溝山城　　　　100
11 봉성 마포자산성 鳳城 馬跑子山城　　　　102
12 봉성 연산산성 鳳城 鉛山山城　　　　　　103
13 봉성 청성산산성 鳳城 靑城山山城　　　　105
14 봉성 반정산성 鳳城 胖頂山城　　　　　　106
15 봉성 대가보산성 鳳城 戴家堡山城　　　　107

제4부　관전현(寬甸縣) 지역의 유적

1. 고분군과 고분

01 관전 사평가청동모묘 寬甸 四平街靑銅矛墓　　111
02 관전 조가보자청동단검묘 寬甸 趙家堡子靑銅短劍墓　　113
03 관전 포자연청동단검묘 寬甸 泡子沿靑銅短劍墓　　116
04 관전 고령지고분군 寬甸 高嶺地古墳群　　118
05 관전 노고립자고분 寬甸 老古砬子古墳　　120
06 관전 대고령지후강연고분군 寬甸 大高嶺地後江沿古墳群　　122
07 관전 소고령지북고분군 寬甸 小高嶺地北古墳群　　123
08 관전 대청고분군 寬甸 大靑古墳群　　　　124

2. 성곽

01 관전 고대보산성 寬甸 高臺堡山城　　　　127
02 관전 노고산산성 寬甸 老孤山山城　　　　129
03 관전 소성자산성 寬甸 小城子山城　　　　130
04 관전 동산산성 寬甸 東山山城　　　　　　132
05 관전 호산산성 寬甸 虎山山城　　　　　　134
06 관전 백채지관애 寬甸 白菜地關隘　　　　141

제5부　동항시(東港市) 지역의 성곽

01　동항 마권성 東港 馬圈城　　　　　　　　145
02　동항 주가구산성 東港 周家溝山城　　　　146
03　동항 고가보산성 東港 高家堡山城　　　　147
04　동항 이가산성 東港 李家山城　　　　　　148
05　동항 장가산성 東港 張家山城　　　　　　149
06　동항 누방둔산성 東港 樓房屯山城　　　　150
07　동항 불노방산성 東港 佛老房山城　　　　151
08　동항 설와산성 東港 雪窪山城　　　　　　152
09　동항 상가구산성 東港 常家溝山城　　　　153

제6부　대련시(大連市) 지역의 성곽

01　대련 대흑산산성 大連 大黑山山城　　　　157
02　대련 당왕산성 大連 唐王山城　　　　　　160
03　대련 목양성 大連 牧羊城　　　　　　　　161

제7부　와방점시(瓦房店市) 지역의 성곽

01　와방점 득리사산성 瓦房店 得利寺山城　　167
02　와방점 마권산성 瓦房店 馬圈山城　　　　170
03　와방점 태양향 고려성산산성 瓦房店 太陽鄕 高麗城山山城　172
04　와방점 남고산성 瓦房店 嵐崮山城　　　　174
05　와방점 와방점산성 瓦房店 瓦房店山城　　176

제8부　장하시(莊河市) 지역의 성곽

01　장하 선성산성 莊河 旋城山城　　　　　　181
02　장하 성구산성 莊河 城溝山城　　　　　　183
03　장하 성산산성 莊河 城山山城　　　　　　185
04　장하 협하산산성 莊河 夾河山山城　　　　196

05　장하 노고성산성 莊河 老古城山城　　　　204

제9부　보란점시(普蘭店市) 지역의 성곽

01　보란점 위패산성 普蘭店 魏覇山城　　　　209
02　보란점 서산산성 普蘭店 西山山城　　　　214
03　보란점 노백산산성 普蘭店 老白山山城　　216
04　보란점 대성자촌산성 普蘭店 大城子村山城　218

제10부　영구시(營口市) 지역의 성곽

01　영구 오관산성 營口 五官山城　　　　　　223

제11부　개주시(蓋州市) 지역의 성곽

01　개주 하고성지 蓋州 下古城址　　　　　　227
02　개주 노야령산성 蓋州 老爺嶺山城　　　　229
03　개주 학양사산성 蓋州 鶴羊寺山城　　　　231
04　개주 연통산산성 蓋州 煙筒山山城　　　　235
05　개주 고려성산성 蓋州 高麗城山城　　　　240
06　개주 동쌍대촌 고려성산산성 蓋州 東雙臺村 高麗城山山城　252
07　개주 파대산성 蓋州 破臺山城　　　　　　254
08　개주 손가산성 蓋州 孫家山城　　　　　　257
09　개주 적산산성 蓋州 赤山山城　　　　　　259
10　개주 분영산성 蓋州 奮英山城　　　　　　265
11　개주 난고령산성 蓋州 蘭姑嶺山城　　　　268
12　개주 갑하산성 蓋州 闗河山城　　　　　　271
13　개주 악왕묘촌 고려성산산성 蓋州 岳王廟村 高麗城山山城　272
14　개주 전둔촌 동고력성산산성 蓋州 田屯村 東高力城山山城　273
15　개주 전둔촌 서고려성산산성 蓋州 田屯村 西高麗城山山城　275
16　개주 패방촌 고려성산산성 蓋州 牌坊村 高麗城山山城　276

제12부 대석교시(大石橋市) 지역의 성곽

01 대석교 고장산성 大石橋 高莊山城 281
02 대석교 해룡천산성 大石橋 海龍川山城 285
03 대석교 태평보고성 大石橋 太平堡古城 291
04 대석교 차엽구고려성산산성 大石橋 茶葉溝高麗城山山城 294

제13부 안산시(鞍山市) 지역의 성곽

01 안산 고도관석성 鞍山 古道關石城 299
02 안산 마운산산성 鞍山 摩雲山山城 303

제14부 해성시(海城市) 지역의 유적

1. 고분군과 고분
01 해성 납목방고분군 海城 拉木房古墳群 309

2. 성곽
01 해성 영성자산성 海城 英城子山城 311
02 해성 남대산성 海城 南臺山城 324
03 해성 요구산성 海城 窯溝山城 326
04 해성 용풍욕산성 海城 龍風峪山城 327

제15부 수암현(岫巖縣) 지역의 유적

1. 고분군과 고분
01 수암 고성고분군 岫巖 古城古墳群 333
02 수암 관가령고분 岫巖 關家嶺古墳 334
03 수암 낭랑성산성내고분 岫巖 娘娘山城內古墳 335
04 수암 성구산성내고분군 岫巖 城溝山城內古墳群 336
05 수암 마권산성내고분군 岫巖 馬圈山城內古墳群 338
06 수암 서지둔고분군 岫巖 西地屯 古墳群 339
07 수암 송수구산성내고분 岫巖 松樹溝山城內古墳 340
08 수암 흥기고분군 岫巖 興紀古墳群 341

2. 성곽
01 수암 이도령산성 岫巖 二道嶺山城 345
02 수암 낭랑성산성 岫巖 娘娘城山城 347
03 수암 석문산성 岫巖 石門山城 351
04 수암 송수구산성 岫巖 松樹溝山城 353
05 수암 요구문산성 岫巖 閙溝門山城 357
06 수암 남구산성 岫巖 南溝山城 359
07 수암 성구산성 岫巖 城溝山城 361
08 수암 류가보산성 岫巖 柳家堡山城 365
09 수암 전영자진 노성산산성 岫巖 前營子鎭 老城山山城 367
10 수암 마권산성 岫巖 馬圈山城 369
11 수암 유가산성 岫巖 劉家山城 372
12 수암 석성산성 岫巖 石城山城 374
13 수암 대영자진 고력성자산산성 岫巖 大營子鎭 高力城子山山城 376
14 수암 동가산산성 岫巖 東街山山城 377
15 수암 조양향 고려성산산성 岫巖 朝陽鄉 高麗城山山城 378
16 수암 소자산산성 岫巖 小茨山山城 379
17 수암 자구산성 岫巖 茨溝山城 380
18 수암 산성둔산성 岫巖 山城屯山城 382
19 수암 양하진 노성산산성 岫巖 洋河鎭 老城山山城 383
20 수암 합달비진 고려성산산성 岫巖 哈達碑鎭 高麗城山山城 385
21 수암 남연산성 岫巖 南碾山城 386
22 수암 상피욕산성 岫巖 桑皮峪山城 387
23 수암 토성산산성 岫巖 土城山山城 388
24 수암 청량산성 岫巖 清凉山城 390
25 수암 왕가보산성 岫巖 王家堡山城 392

3. 기타 유적
01 수암 오서유적 岫巖 吳西遺址 395

제16부 요양시(遼陽市) 지역의 성곽

01 요양 요동성지 遼陽 遼東城址 401

제17부 등탑시(燈塔市) 지역의 성곽

01 등탑 백암성 燈塔 白巖城   411

제18부 요양현(遼陽縣) 지역의 성곽

01 요양 향마산성 遼陽 響馬山城   431
02 요양 류호진 고력성유적 遼陽 柳壕鎭 高力城遺址   432
03 요양 고수산성 遼陽 姑嫂山城   434

제19부 본계시(本溪市) 지역의 유적

1. 고분군과 고분

01 본계 구해령고분군 本溪 舊孩嶺古墳群   439
02 본계 상가촌고분군 本溪 尙家村古墳群   440

2. 성곽

01 본계 평정산산성 本溪 平頂山山城   443
02 본계 유관산성 本溪 有官山城   454
03 본계 굴륭산성 本溪 窟窿山城   457
04 본계 상석교자산성 本溪 上石橋子山城   458
05 본계 변우산성 本溪 邊牛山城   459

제20부 본계현(本溪縣) 지역의 유적

1. 고분군과 고분

01 본계 근변서북고분군 本溪 近邊西北古墳群   469
02 본계 나권구고분군 本溪 羅圈溝古墳群   470
03 본계 단산고분군 本溪 團山古墳群   471
04 본계 달관채고분군 本溪 達官寨古墳群   472
05 본계 동강욕고분군 本溪 同江峪古墳群   473
06 본계 동외자고분군 本溪 東崴子古墳群   474
07 본계 망우초고분군 本溪 牤牛哨古墳群   476
08 본계 부가루고분군 本溪 富家樓古墳群   478
09 본계 사과수고분군 本溪 四棵樹古墳群   480
10 본계 소시고분 本溪 小市古墳   481
11 본계 소시중심가고분군 本溪 小市中心街古墳群   493
12 본계 조전고분군 本溪 趙甸古墳群   499
13 본계 투욕고분 本溪 套峪古墳   500
14 본계 황구고분군 本溪 荒溝古墳群   501

2. 성곽

01 본계 구룡산성 本溪 九龍山城   503
02 본계 하보산성 本溪 下堡山城   508
03 본계 마평구산성 本溪 馬平溝山城   511
04 본계 서구산성 本溪 西溝山城   513
05 본계 운반산성 本溪 雲盤山城   515
06 본계 이가보산성 本溪 李家堡山城   517

제21부 신빈현(新賓縣) 지역의 유적

1. 고분군과 고분

01 신빈 소황구고분군 新賓 小荒溝古墳群   523
02 신빈 우가촌고분군 新賓 于家村古墳群   525
03 신빈 석묘자구고분군 新賓 石廟子溝古墳群   527

2. 성곽

01 신빈 삼송산성 新賓 杉松山城   531
02 신빈 태자성 新賓 太子城   535
03 신빈 황강산성 新賓 黃崗山城   546

제1부

개관

1. 고분군과 고분

1) 고분군의 지역별 분포양상

요동반도와 태자하 유역은 압록강 하류 유역을 포함하여 고구려 적석총의 등장 및 영역 확대와 관련하여 관심을 갖는 지역이다. 이 일대는 청동기시대 이래 중국 전국시대 전까지 적석묘, 석붕, 대석개묘, 적석석개석실묘 또는 적석석붕묘 등이 축조되었던 곳으로, 중국 중원의 수혈식 목관, 목곽, 목실과는 달리 돌로 무덤을 축조하였던 전통을 가졌던 곳이다. 돌을 주 축조재료로 사용한 무덤의 여러 구조 형식이 고구려 적석총과 일부 속성을 공유하고 있어서 고구려 적석총의 연원을 이곳에서 구하기도 하였다. 한편으로는 크고 작은 성들과 고구려와 비교되는 유물이 부장된 고분들이 분포하기도 하여서 고구려의 영역 확대과정과 교통로를 이해하는 자료로 활용되고 있는 지역이기도 하다.

그러나 요동반도와 태자하 유역은 고구려 적석총의 연원지로서 시간적·공간적 공백을 메울 무덤 자료가 확보되지 않았다는 문제가 있다. 영역 확대과정이나 교통로를 이해하는 자료도 마찬가지이다. 알려진 고구려 고분 자료는 성에 비해 수적으로 적을 뿐 아니라 정식발굴조사를 거친 것이 일부에 불과하고 설사 알려졌다고 하여도 고분의 구체적인 내용을 알 수 없어서 고구려 고분에 대한 정보는 제한적일 수밖에 없다.

현재 발굴조사나 지표조사를 통해 알려진 이 일대의 고구려 고분군은 압록강 하류 유역에서 14곳, 태자하 유역에서 16곳, 요동반도 일대에서 9곳 등 총 39곳이다(표 1 참조). 그중에는 고구려시기에 조성되었음이 확실한 고분군도 있지만, 일부는 戰國 晚期의 初期鐵器時代에 해당되기도 하며, 시기를 판단할 수 없는 경우도 일부 포함되어있다. 또한 무덤인지 여부가 확실하지 않아서 국적과 시기에 대해 논란이 제기되는 것도 있다.

압록강 하류 유역의 무덤 중 관전 조가보, 포자연, 사평가, 봉성 소진가 등지의 석퇴유적으로 보고된 유적들은 무덤인지 여부에 대해서도 논란이 있을 수 있다. 석퇴유적으로 보고된 유구의 구조 가운데 지상의 돌무지에 주안을 두어 고구려 적석총의 기원으로 보거나, 지하의 돌로 쌓은 매장주체부에 초점을 두고 석관묘로 보기도 하는 등 유적의 성격에 의견을 달리하지만, 중국 중원과는 다른 형식임에는 이견이 없다. 다만, 그 시기는 부장된 청동유물로 보아 전국 만기 초기철기시대로 비정되어서 고구려와 시기적으로 인접해 있다.

한편, 관전의 대청고분군이나 봉성 맹가고분군과 호가보고분군은 고구려의 적석총으로 보기도 하지만 고구려 중심지의 적석총과는 구조적으로 차이가 있고 일부는 고구려 이전의 청동기나 초기철기시대의 적석석개석실묘와도 유사하다. 적석석개석실묘와 유사한 구조의 무덤은 태자하 수계의 신빈현 일대에서도 관찰된다.

표 1 압록강 하류, 요동반도, 태자하 유역 초기철기시대-고구려 고분 분포

지역		고분군	개체수
압록강 하류 유역	관전	고령지고분군, 노고립자고분, 대청고분군(수풍댐수몰지역), 조가보자청동단검묘, 포자연청동단검묘, 사평가청동모묘, 대고령지후강연고분군, 소고령지북고분군	14
	봉성	소진가무덤, 맹가고분군(원가보고분군), 호가보고분군, 주가보자고분군, 봉황산성내고분, 연광홍기가고분	
요동반도	수암	고성고분군, 관가령고분, 낭랑성산성내고분, 성구산성내고분군, 흥기고분군, 마권산성내고분군, 서지둔고분군, 송수구산성내고분	9
	해성	납목방고분군	
태자하유역	본계	구해령고분군, 근변서북고분군, 나권구고분군, 단산고분군, 달관채고분군, 동강욕고분군, 동위자고분군, 망우초고분군, 소시중심가고분군, 소시고분, 부가루고분군, 사과수고분군, 조전고분군, 투욕고분, 황구고분군, 상가촌고분군	16

    요동반도는 신석기시대 말기 이래 적석묘가 축조되었던 지역이며, 신석기 말기에서 청동기시대 초기의 장군산 적석묘, 타두 적석묘에서 청동기시대의 강상과 루상의 적석묘를 거쳐 초기철기시대의 대련 와룡천 적석묘로 이어지고 있어서 고구려 적석총의 원류를 이곳의 선사시대 적석묘에서 구하기도 한다. 실제 요동반도의 적석묘는 지상에 주검을 안치하고 돌을 덮은 것으로, 매장 후 화장이 행해졌음이 확인된다. 따라서 주검을 지상에 안치하는 매장방식이나 축조방식과 무덤의 구조 그리고 화장 흔적은 고구려 적석총과 특징을 공유한다. 그러나 고구려와 요동반도 사이의 지역에서 시간적으로 선사시대의 적석묘와 고구려 적석총을 연결시켜 줄 만한 유적은 확실하지 않다. 더욱이 요동반도에서 조사된 고구려 고분군 중에는 낭랑산성이나 성구산성, 마권산성 등 고구려 성내에서 확인되어서 고구려 주민과 연결시켜 볼 여지가 있지만, 현상 파악에 그친 산성 내 고분 조사로는 그 구조와 시기를 판단할 수 없어서 고구려 적석총과 시간이나 공간상의 공백을 메울 수 없다는 문제가 있다. 다만, 봉성의 호가보나 맹가고분의 경우 적석석개석실묘로 볼 여지가 있는 고분으로, 봉성의 두 유적의 고분이 구조적으로는 요동반도의 적석묘, 석붕이 결합된 특징을 갖고 있어서 고구려 적석총의 원류지로서 요동반도를 상정해 볼 여지가 전혀 없지는 않다.

    태자하 일대의 고분군은 일부를 제외하고는 지표에 드러난 현상 조사로 유적의 성격을 파악하였기에 그 구조와 시기를 판단할 수 있는 자료는 극히 드물다. 다만, 중국에서 晉代의 무덤으로 보고하였던 본계 소시의 석실봉토분은 무덤에 부장된 마구나 토기 그리고 무덤의 천장구조 등에서 고구려 고분일 가능성이 큰 무덤으로, 4세기대로 비정 가능하다는 점에서 고구려의 영역 확대, 교통로와 관련하여 시사하는 바 크다.

2) 고분의 구조 형식과 연대

(1) 초기철기

청동검과 함께 청동기가 공반되어서 중국 전국시대 만기에 해당되는 것으로 판단되는 유적으로는 적석묘와 석퇴유적, 그리고 석관묘유적이 있다. 이 중 적석묘유적은 대련시 금주구의 와룡천적석묘 한 예이고, 석퇴유적은 관전 조가보, 포자연 유적 그리고 관전 사평가와 봉성 소진가에서는 석관묘로 보이는 무덤이 유사구조이다.

대련시 금주구의 와룡천적석묘는 요동반도 일대 적석묘의 가장 늦은 시기에 해당되어서 고구려와 직접 연결되는지 여부는 추후 관심을 갖고 지켜봐야한다. 와룡천의 적석묘는 흙 채취 중 5기가 확인되었는데, 부식토와 깨진 할석 아래서 매장부가 확인되었다. 지표하 30~40cm 정도에서 매장부가 확인된 것으로 보아서 적석부는 원래 지상에 노출되었을 것으로 추정되지만, 파괴가 심하여 그 구조와 규모를 판단하기 어렵다. 다만, 불에 탄 인골편으로 보아 화장을 했음을 알 수 있다. 여기에서는 세형동검 초기형과 T자형 검파두와 석제 기중기, 도끼날 청동부와 석제 도끼날 동부 용범 그리고 흙더미 속에서 현문호의 구연편과 두형토기 등 토기편이 출토되었다. 도끼날 청동부는 집안 오도령구문 적석묘에서 출토된 것과 유사한 형태이다.

석퇴유적으로 보고된 유적은 그 출토 정황에 따라 볼 때 적석묘로 상정된다. 이에 대해서는 석관묘로 보는 입장도 있다(여호규, 2011). 석관묘로 보는 입장은 매장부에 초점을 둔 것으로, 석관이 돌무지 아래에서 확인되었다는 점에서 석관을 매장부로 한 적석묘로, 적석석관묘라고 할 수 있다. 현재로서는 단동지구의 관전, 봉성 일대에서 확인되고 있다.

관전 조가보가에서는 자연상의 괴석 아래에서 할석과 자갈로 축조한 석관이 확인되었고, 석관 가까이에서 청동단검과 청동거울, 청동모 등이 출토되어서 보고자는 이 청동유물들이 석관의 부장품으로 보고 있다. 자연상의 커다란 돌이 서로 人자상으로 맞대어 있다고 하는 점으로 미루어 보아서 대석개묘와 구조적으로 유사하지만, 석관 위에 올려진 돌이 18~30cm 정도의 크기인 점으로 보아서 대석개묘일 가능성보다는 교란과 후대의 변형 등을 감안해 볼 때 적석부의 상당부분이 유실된 적석묘일 가능성을 상정해 볼 수도 있다.

이러한 고고학적 정황은 관전 포자연과 사평가유적 그리고 봉성 소진가유적에서도 어느 정도 확인된다. 포자연유적은 방형 평면의 돌무지 속 판석 아래에서 4개의 청동단검을 확인하고 그 중 한 점을 수습하였다고 한다. 사평가유적도 돌무지 속에서 석관묘를 발견하였다고 보고하고 있다. 장대석으로 축조한 석관묘에서 동모 2점이 확인되었고, 그 중 한 점을 수습하였는데, 비파형 동모이다. 봉성 소진가에서도 적석무지 속의 장방형 석관묘 내에서 청동단검 한 점을 수습하였다. 유구의 발견 정황과 유물의 출토 상황이 서로 유사하여서 조가보자에서도 돌무지가 있었을 것으로 상정된다.

관전 조가보자와 포자연 두 유적에서 출토된 청동단검은 세형동검의 초기형으로 와룡천적석묘의 청동단검과 형태적으로 비슷하며, 봉성 소진가의 청동단검은 검신의 하반부가 마모되어 잔존하지 않지만 조가보자 청동단검과 유사형태로 길이가 조금 길어졌다. 청동모는 조가보자의 청동모와 사평가의 청동모가 크기와 형태가 서로 비슷하다. 그러한 점에서 볼 때 석퇴유적으로 보고된 적석석관묘는 서로 비슷한 시기에 해당될 것이며, 대련 금주의 와룡천적석묘도 이와 비슷한 시기일 것이다.

이상과 같이 초기철기시대에 해당되는 유적은 돌무지 분구를 가진 적석묘라는 점에서 공통되지만, 매장방식과 매장부에서는 차이를 보인다. 와룡천의 적석묘는 매장부가 확실하지 않지만, 매장부가 지상에 있고 집단묘역을 갖고 있다는 점에서 요동반도 일대의 청동기시대 적석묘와 연결시킬 수 있다. 하지만 관전이나 봉성일대의 단인장 적석석관묘라는 점에서 요동반도 일대의 적석묘와는 구별되며, 지하 매장주체부를 가진 중국 중원지방의 무덤과도 구별된다.

한편, 그 시기와 구조를 가늠할 수 없지만 신빈현 일대의 소황구, 우가촌, 석묘자구의 무덤은 고구려 이전의 유적일 가능성도 있다. 지표 조사에서 부이강, 소자하 유역을 포함한 태자하 유역의 신빈현은 일찍부터 적석묘가 자리하였던 곳으로 알려졌고, 고구려 산성도 비교적 많이 분포하고 있어서 적석총을 고구려 산성과 관련지어 고구려 주민의 무덤으로 이해하기도 하였다(肖景全·鄭辰·金輝, 2014). 정식 학술조사를 거치지 않아서 그 구조와 연대를 비정할 수는 없지만, 지상에 대형 판상의 석재나 돌무지들이 노출되어 있는 정황을 미루어 볼 때 李新全의 적석석개묘와 유사한 양상이다(李新全, 2009). 적석석개묘를 환인 일대 고구려 적석묘의 연원이 되는 것으로 이해하고 있는 이신전의 견해를 존중하자면 신빈현 일대의 소황구, 우가촌, 석묘자구의 무덤은 고구려 초기에 해당되는 유적으로 볼 여지도 있다. 따라서 신빈현 일대는 요동반도와 고구려를 연결해줄 수 있는 지역적 연결고리가 될 가능성을 배제할 수 없다.

(2) 고구려
이 일대에서 고구려 초기 무덤으로 상정되는 유적은 아직까지 확인된 바 없고, 고구려 시대로 보고된 유적의 대부분은 4세기 이후에 조성되었을 것으로 추정되는 적석묘이거나 석실분이다.

적석묘 중에서 발굴조사를 통해 고구려 무덤임이 확인된 것은 봉성의 맹가고분군과 호가보자고분군이다. 이 두 고분군의 적석묘는 석실적석묘로 돌을 쌓아 덮었다는 점에서 봉석석실묘에 해당되지만, 분구의 형태와 석실의 위치와 축조에서 전형적인 고구려 적석총과는 차이가 있다. 분구의 평면은 원형이 중심이 되어 원래는 반구상의 형태를 띠었을 것이며, 석실은 지표 위에 있다. 횡혈식 장법을 의도한 구조이지만, 단벽 전면을 입구로 사용하거나 단벽의 일부를 입구로 열어서 사용하는 횡구식 구조에 해당된다. 벽은 판상석과 할석 혼용한 것도 있지만, 커다란 판상석을 세워서 만들기도 하여서, 판상석을 세워서 만든 것은 외형적으로 석붕과 유사한 양상을 띠기도 한다.

현재 남아 있지 않지만, 태왕릉의 배총으로 보고된 것이(중국길림성문물고고연구소 외, 2004) 이와 유사한 구조의 석실이었을 것으로 추정된다. 그 중 맹가4호분의 경우 석실 중앙에서 약간 한쪽으로 치우쳐 격벽을 하여 공간을 둘로 나누고, 넓은 쪽에는 2인이, 좁은 쪽에는 1인을 합장하여 하나의 분구 아래 하나의 석실에 다인합장을 한 것도 있어서, 집단묘에서 부부합장의 횡혈식 장법으로의 과도기 모습을 보여주기도 한다.

이외에도 자세하지 않지만 관전 고령지적석묘나 노고립자적석묘, 수풍댐 수몰지역의 대청고분군도 이와 유사한 성격의 적석묘였을 것으로 추정된다. 고구려에서 추가합장을 의도한 횡혈식 장법의 채용이 3세기 말부터 있어왔지만, 네 벽과 천장을 덮은 횡혈식 구조가 완성된 것은 4세기 중엽경인 점을 감안해 볼 때(강현숙, 2011), 이 일대 봉석석실묘의 상한도 이러한 시간 범위를 상회하지는 않을 것이다. 확실하지만 돌무지를 가졌다는 점은 적석묘와 유사하고 판상석을 세워 묘실을 만들었다는 점에서 석붕과 유사한 이러한 구조의 무덤이 청동기시대 무순 산용, 환인 풍가보자 유적의 적석석개석실묘와 유사하여서 이른 시기부터 조성되었다고 볼 여지도 관심 있게 살펴볼 필요가 있다.

봉토석실분은 본계에서 확인되었다. 예전에 甎墓로 보고되었던 본계 진묘와 본계 소시 중심가 진묘가 그 대표적인 예이다. 이 두 곳에서 조사된 봉토석실분은 매장주체부가 지하에 있고, 장방형 현실 앞쪽으로 통로로 연결되거나 격벽으로 구획되지 않은 횡장방형의 전실이 있거나(본계 진묘), 현실 양쪽으로 대치되도록 측감을 만들어서(본계 소시 중심가 진묘), 전체 평면형이 역T자형인 점을 특징이라고 할 수 있다.

한편, 북한 학자에 의해 고구려 고분이라는 주장이 제기된 바 있는(손수호, 1997) 요양의 상왕가촌 벽화분은 서진대 특징을 지닌 청자호자로 미루어 요양일대의 한·위·진대 벽화분 중 가장 늦은 시기에 해당된다. 이 무덤은 횡장방형 전실과 장방형 현실로 이루어진 역T자형 평면구조를 가졌으나, 현실이 격벽에 의해 두칸으로 구획되었다는 점에서 본계의 진묘와는 구별되며, 오히려 요양일대 한·위·진대 벽화분과의 연장선상에서 해석이 가능하다.

이러한 전실과 현실 공간이 구획되거나 분리되지 않은 것을 고구려에서는 관찰되지 않으며, 고구려 봉토석실분 가운데 역T자형 평면을 가진 것은 요동성총 한 기 뿐이다. 설사 횡장방형 전실을 가진 경우에도 전실과 현실 사이에는 통로로 연결되어있어서 본계의 역T자형 평면구조와는 차이가 있다. 오히려 본계의 봉토석실분과 유사한 구조는 조양 원대자벽화분이나 북연 무덤에서 관찰된다. 구조적으로 고구려의 석실과는 차이가 있지만, 부장유물에서는 고구려와 높은 관련을 보인다.

심발형토기는 봉성 호가보2호분에서 출토된 것과 유사할 뿐 아니라 집안의 고구려 고분에서 출토된 것과 기형적 특징을 같이 한다. 또한 본계 진묘의 재갈과 재갈멈치 그리고 반구형입식부 운주는 집안의 만보정78호분에서 출토된 것과 형태적 특징을 같이 한다. 이외에도 도끼날 철촉은 고구려를 대표하는 화살촉이기도 하다. 철제관고리는 고구려 석실에서 자주 관찰되는 장구 부속품이며 장막걸이쇠 또한 고구려와 공통된다.

이처럼 금속제 마구의 부장과 마구의 형태적 유사성 그리고 공통된 무기와 함께 철제관고리와 장막걸이에서 관찰되는 매장방식의 유사성으로 볼 때 본계의 봉토석실분은 고구려와 높은 관련을 갖고 있다고 할 수 있다. 특히 고고학에서 토기와 주민 집단과의 관련을 고려해 볼 때, 본계와 본계 소시 중심가의 진묘는 고구려 무덤이라고 할 수 있으며, 만보정78호분을 통해 볼 때 그 시기는 5세기 전반경으로 비정된다.

이상에서 일별하였듯이 압록강 하류 유역과 요동반도, 그리고 태자하 유역의 무덤은 적석석개석실묘, 적석묘, 적석석관묘, 봉석묘, 봉토석실묘 등 5가지 형식이 관찰된다(표 2). 초기철기시대에 해당되는 적석묘와 적석석관묘는 압록강 하류 유역과 요동반도에 주로 분포하지만, 주 분포지는 서로

표 2 압록강 하류, 요동반도, 태자하 유역의 고분 형식

	분포지	분구	매장부			장속	시대
			구조	축조재료	방식		
적석석개석실묘	태자하 유역	적석, 대석개	석실	판상석	횡구, 횡혈	?	청동기-초기철기-고구려
적석묘	요동반도	적석	(석광)	할석	수혈식	집단묘, 화장	초기철기
적석석관묘	압록강 하류	적석	석관	할석	수혈식	단인장	고구려
봉석석실묘	압록강 하류	적석	석실	판상석, 할석	횡구, 횡혈식	합장, 다인합장	고구려
봉토석실묘	태자하 유역	봉토	석실	판상석	횡혈식	합장	

중복되지 않아서, 동일 집단의 묘제로 보기 어렵다. 반면, 이 일대에서 고구려시대에 해당되는 봉석석실묘는 압록강 하류 유역의 관전, 봉성 일대에 분포하지만, 선행의 초기철기의 무덤과의 시간적, 구조적 연결은 확인되지 않아서 주민 집단의 연속성은 현재로서는 확인할 수 없다. 다만, 지상에 드러난 현상에 따라 유추되는 적석석개석실묘는 정식 학술조사를 거치지 않아서 그 시기와 구조를 정확히 알 수는 없지만, 선행무덤과 고구려 무덤의 연결고리가 될 여지를 배제할 수 없다. 태자하 유역의 봉토석실묘 중 본계의 봉토석실분은 구조적으로는 고구려 고분과 차이가 있지만 부장유물과 매장방식 등을 고려해 볼 때 고구려 고분으로 볼 수 있다. 하지만 이 일대에서 언제부터 고구려 고분이 축조되었는지는 확실하지 않다.

3) 고분 조사 및 정리 상의 유의점

압록강 하류 유역과 요동반도 일대는 고구려 적석총의 기원지로서 상정되는 곳이었다. 이 일대에서는 청동기시대 이래 비파형단검과 세형단검으로 대표되는 소위 북방식 청동검이 미송리식 토기(중국의 현문호)나 목이 긴 단지 또는 양이부 토기나 점토대구연토기 등과 공반되어서 중국 중원지방과는 구별되는 특징적인 묘제가 유행하였다. 즉 나무를 이용하여 무덤을 만들었던 중원지방과는 달리 이 일대에서는 돌로 쌓은 무덤이 유행하였다. 돌로 쌓아 매장을 마감하였다는 점에서 고구려 적석총이 이 일대의 영향을 받았다고 생각하게 된 것이었다.

그러나 이 일대의 돌로 쌓은 무덤은 매장부의 위치와 축조방식에 따라 서로 상사, 상이점을 갖고 있으면서 분포의 중심지를 달리하기도 한다. 적석묘는 요동반도 일대에 집중되고, 석붕과 대석개묘는 요동반도 내륙지역을 중심으로 분포하며, 압록강 하류 유역에서는 석퇴유적이라고 불리는 적석석

관묘가 분포하는 등 지역마다 매장부 위치나 매장방식에서 세부적인 차이가 있다. 더욱이 고구려와 공간적으로 더 가까운 압록강 하류의 적석석관묘로 추정되는 석퇴유적은 지하에서 매장부가 확인되었다는 점이 고구려 적석총과 구별되는 커다란 특징이다.

그렇기 때문에 현재로서는 이 일대의 무덤들이 고구려 적석총에 영향을 미쳤을 개연성이 높고, 요동반도의 청동기시대 강상과 루상의 적석묘에서부터 무순, 신빈, 환인 일대의 적석석개묘, 적석석붕묘에서 고구려 적석총의 기원을 구하기도 한다(李新全, 2009). 그러나 적석총의 등장을 계기적으로 잘 설명해 줄 수 있는 자료가 압록강 하류 유역이나 태자하 유역에서 확보된 것은 아니어서 드러난 현상만으로는 이 일대의 무덤과 고구려 적석총을 현재로서는 연결시킬 수는 없고, 향후 이 일대에 대한 조사가 이루어질 필요가 있다.

한편, 이 일대의 고분은 고구려가 중국 동북지방과 중원지방으로 나가야 할 때 거쳐야 하는 교통로 상에 위치한다. 봉성의 봉석석실묘나 본계의 봉토석실분이 그러하다. 봉성은 집안과 요동반도를 연결하는 중간에 자리하며, 봉성 소진가에서는 초기철기시대 적석석관묘가 확인되었고, 맹가와 호가보에서는 봉석석실묘가 자리하지만, 실제 양 무덤 사이의 시간적 공백이 커서 이 일대에서 계기적으로 무덤이 축조되었음을 보여주는 것은 아니다. 오히려 고구려의 영역 확대에 따라 새로 편입된 지역일 개연성이 있다.

본계 지역은 요동반도에서 무순, 환인으로 연결되는 교통로상에 위치하지만, 본계에서 아직까지는 강상이나 루상의 적석묘에서 고구려 적석총으로의 계기적인 발전을 보여주는 이른 시기 적석총의 조사 예는 확보되지 않았다. 오히려 본계의 봉토석실분의 경우 5세기 전반으로 비정되며, 그 상한이 4세기 중엽 이전으로 소급시킬 수 없는 점에서 확대된 고구려 영역을 보여주는 것이라고 할 수 있다.

결국 압록강 하류 유역과 요동반도, 그리고 태자하 일대에서 확인된 초기철기시대나 고구려의 무덤들은 고구려 적석총의 기원과 관련하여 적석총의 등장과 초기 주민집단에 대한 정보를 제공해주는 한편, 고구려의 영역 확대에 따라 편입된 지역에 대한 정보를 제공해 줄 수 있는 자료라고 할 수 있다. 그러나 현재 이 일대에서 확인된 자료들은 발굴조사를 거친 자료는 극히 일부에 불과하고 현상 파악된 자료 또한 넓은 범위에 비해 분산적이고 편중되어서 고구려의 형성과 발전을 이해하는 데 있어서는 제한된 자료라고 할 수 있다. 그러한 점에서 추후 이 일대에 대한 체계적인 조사가 필요하다고 하겠다.

참고문헌

- 손수호, 1997, 「상황가촌벽화무덤의 성격에 대하여」, 『조선고고연구』.
- 강현숙, 1999, 「고구려 적석총의 등장에 대하여」, 『경기사학』 3.
- 강현숙, 2005, 『고구려와 비교해 본 중국 한, 위, 진의 벽화분』, 지식산업사.
- 武家昌, 2005, 「本溪小市墓及相關問題」, 『博物館研究』 2005-2.
- 지병목, 2005, 「고구려 성립기의 고고학적 배경」, 『고구려의 국가형성』, 고구려연구재단.
- 여호규, 2011, 「고구려 초기 적석묘의 기원과 축조집단의 계통」, 『역사문화연구』 39.
- 李新全, 2009, 「遼東地區積石墓的演變」, 『東北史地』 2009-1.
- 肖景全·鄭辰·金輝, 2014, 「新賓滿族自治縣近年來發現的高句麗積石墓」, 『東北史地』 2014-5.

2. 성곽

1) 조사현황

압록강 하류 유역-요동반도-태자하 유역의 고구려 성곽에 대한 정보는 明代의 지방지에서부터 산발적으로 나타난다. 가령 등탑 백암성이나 개주 고려성산성(청석관산성) 등은 明代의 『遼東志』·『全遼志』 등에 '石城'이라는 이름으로 나오며, 청대의 『遼陽州志』나 『蓋平縣志』에도 구체적인 정보가 나온다. 또한 전국시대 이래 요동지역의 정치·경제 중심지였던 요양 요동성지도 明淸代의 地誌에 많은 기록이 전해지며, 해성 영성자산성도 『遼東志』나 『盛京通志』에 존재가 알려져 있다.

다만, 明·淸代의 地誌에는 城의 위치나 둘레만 간략히 적혀 있으며, 고구려사와 연관시키려는 노력은 거의 보이지 않는다. 이 지역의 고구려성이 고구려사와 관련하여 세인의 관심을 끌기 시작한 것은 1920년대부터였다. 1926년 일본인 島田好가 해성 영성자산성을 답사하고 고구려 安市城으로 비정했고, 개주 고려성산성도 답사했다. 1927~1928년에는 八木奬三郎이 島田好의 뒤를 이어 海城 英城子山城 등을 답사하고 단행본을 발간하기도 했다.

일본의 만주 침략이 본격화되면서 1920년대 말경부터 일본학자들의 조사도 활기를 띠게 되었다. 특히 이 무렵 일본학자들은 혼하-소자하 연안의 고구려 성곽에 대한 조사를 본격적으로 진행했는데, 요동반도의 경우에도 1928년에 일본 동아고고학회와 관동청박물관이 대련 목양성을 조사했다. 또한 1940년대에는 三上次男이 白巖城과 瀋陽 塔山山城을 답사하고 구체적인 기록을 남기기도 했다. 다만, 이 시기 일본학자의 조사는 현황을 파악하는 정도에 머물렀다.

이 지역의 고구려성에 대한 본격적인 조사·발굴은 1950년대 이후 중국학자들에 의해 이루어졌다. 일본학자들과 함께 요동지역 유적을 조사한 바 있던 李文信은 1962년 기존의 조사성과와 문헌자료를 종합하여 『遼寧史迹資料』를 편찬했는데, 이 책은 향후 중국학자들의 조사·발굴에 기초자료를 제공했다. 더욱이 1970년대 말부터 각 지역에 대한 광범위한 고고조사를 실시하는 과정에서 많은 고구려성을 새롭게 발견했으며, 1980년대 이후 이러한 조사결과를 城別 또는 地域別로 정리하여 발표했다.

이로써 이 지역에서 무수한 고구려성을 확인했는데, 1980년대 후반과 1990년대 전반에는 이를 집대성하는 작업도 이루어졌다.[1] 중국학계에서는 위와 같은 고고조사 성과를 바탕으로 1980년대 중반 이래 고구려성의 전반적인 성격과 각종 성곽시설, 교통로, 군사방어체계, 지방통치조직 등을 검토했으며, 이를 집대성한 단행본도 잇따라 출간되었다.

---

1 孫進己·馮永謙, 1989, 『東北歷史地理』(二), 黑龍江人民出版社 ; 王禹浪·王宏北, 1994, 『高句麗·渤海古城址硏究匯編』(上), 哈爾濱出版社 등은 이러한 고고조사를 집대성한 것이다.

2000년대 이후에는 각 성곽에 대한 조사가 더욱 활발하게 이루어지고 있다. 대형산성 중심으로 개별 성곽에 대한 보다 구체적인 지표조사가 이루어져 성곽의 전모를 파악할 수 있게 되었는데, 개인 연구자가 요동반도 일대의 주요 성곽을 거의 모두 답사하고 단행본으로 발간하기도 했다.[2] 또한 2006년 이래 요령성 문물고고연구소가 봉성 봉황산산성과 등탑 백암성의 성벽과 성곽시설 전반에 대해 연차 발굴을 시행하고 있는데, 그 조사결과를 홈페이지에 게재하고『중국고고학연감』에 발표하기도 했다.[3]

이 지역의 고구려 성곽에 대한 중국학계의 조사와 고고학 발굴이 종전에 비해 매우 활발하게 이루어지고 있는 것이다. 따라서 향후 중국학계의 고고 조사 및 발굴 현황을 면밀하게 파악하면서 이 지역 고구려 성곽에 대한 조사성과를 지속적으로 집대성할 필요가 있다. 다만 아직까지 이 지역의 고구려 성곽 가운데 전면적인 고고학 발굴이 이루어진 경우는 없다.

이로 인해 고구려가 이 지역으로 진출한 시기를 통해 성곽의 축조시기나 양상을 추정할 뿐, 구체적인 고고학적 자료를 근거로 축성시기나 성곽의 제반 구조를 다각도로 검토할 수 있는 상황은 아니다. 이와 관련하여 최근 남한지역에서 고구려 성곽에 대한 정밀한 고고학 발굴이 급증하고 있는 만큼, 두 지역의 조사성과에 대한 보다 정치한 비교 분석이 요구된다.

2) 전체 분포현황

압록강 하류-요동반도-태자하 유역에 산재한 고구려 성곽을 종합적으로 정리한 결과, 표 3에서 보듯이 총 121기의 성곽이 분포한다는 사실을 확인할 수 있었다. 이를 입지에 따른 유형으로 재분류하면 평지성 8기, 산성 110기(소형 보루성 포함), 관애 1기, 미상 2기로 산성이 절대 다수를 차지한다. 평지성의 경우, 단동 애하첨고성, 대련 목양성, 개주 하고성지, 요양 요동성지 등 대부분 본래 중국의 군현성이었는데, 고구려가 이 지역을 점령한 이후 재활용한 것이다.

고구려는 이 지역으로 진출한 이후 중국의 군현성을 부분적으로 재활용하는 한편, 산성을 집중적으로 신축했던 것이다. 산성은 규모에 따라 대체로 둘레 500m 이하인 보루성, 둘레 0.5~1km의 소형산성, 1~3km의 중형산성, 3~5km의 대형산성, 5km 이상의 초대형산성으로 분류할 수 있다. 초대형산성에 해당하는 것으로는 봉성 봉황산산성을 들 수 있는데, 전체 둘레가 무려 16km에 이른다. 그리고 대형산성은 대체로 각 권역별로 1~2개 정도 점점이 분포하고, 각 소지역별로 중형산성이나 소형산성이 1~2개 산재하며, 둘레 500m 이하의 보루성이 가장 큰 비중을 차지한다. 산성의 규모에 따른 이러한 분포양상은 고구려 중후기의 지방제도나 군사방어체계와 밀접히 연관된 것으로

2　王禹浪·王文軼, 2008,『遼東半島地區的高句麗山城』, 哈爾濱出版社.

3　요령성 문물고고연구소 홈페이지(http://www.lnwwkg.com)의 田野考古 항목 ; 李龍彬·司偉偉, 2009,「鳳城市高句麗鳳凰山山城」,『中國考古學年鑒』, 文物出版社 ; 蘇鵬力, 2011,「燈塔市燕州城城址」,『中國考古學年鑒』, 文物出版社.

표 3 압록강 하류-요동반도-태자하 유역의 고구려 성곽 현황[4]

市, 縣	입지유형					축성방식					
	평지성	산성	관애	미상	합계	석축	토축	토석혼축	토축+석축	미상	합계
단동시	1	2			3	1		2			3
봉성시		15			15	11	1	2		1	15
관전현		5	1		6	6					6
동항시	1	8			9	8	1				9
대련시	1	2			3	2			1		3
와방점시		5			5	5					5
장하시		5			5	5					5
보란점시		3	1		4	3				1	4
영구시		1			1	1					1
개주시	1	15			16	12			2	2	16
대석교시	1	3			4	3	1				4
안산시		2			2	2					2
해성시		4			4	2	2				4
수암현		24	1		25	21		1	1	2	25
요양시	1				1					1	1
등탑시		1			1	1					1
요양현	1	2			3	1				2	3
본계시		5			5	4		1			5
본계현	1	5			6	4	2				6
신빈현		3			3	3					3
합계	8	110	1	2	121	95	7	6	4	9	121

보인다.

그런데 주요 산성은 해안이나 평야지대보다는 주로 해안평야와 내륙 산간지대가 만나는 결절점이나 주요 하천의 연안로를 따라 집중적으로 분포해 있다. 가령 요동반도 서북쪽 해안의 경우 요동만과 접한 해안선보다는 약간 안쪽의 復州河를 따라 대형 또는 중소형 산성이 집중적으로 분포되어 있다.

---

4 市, 縣 가운데 진하게 표시한 곳은 중간광역시의 중심지임.

또한 요하와 태자하 하류를 따라 펼쳐진 요동대평원 지대에도 대석교 태평보고성이나 요양 요동성지 등을 제외하면 고구려 성곽은 거의 확인되지 않으며, 주로 요동대평원과 산간지대의 결절점을 따라 대형이나 중소형 산성이 분포하고 있다. 이러한 산성의 분포양상은 고구려가 이 지역을 점령한 이후 지방 지배의 양상 및 군사전략과 밀접히 연관된 것으로 보인다.

표 3에서 보듯이 축성방식에 따라 이 지역의 고구려 성곽을 분류하면, 석축성 95기, 토축성 7기, 토석혼축성 6기, 토축＋석축성 4기, 미상 9기로서 돌로 축조한 석축성이 절대 다수를 차지한다. 정밀한 조사를 거치지 않은 성곽이 상당수 있기 때문에 이 자료를 토대로 이 지역 고구려 성곽의 축성방식을 구체적으로 논의하기에는 다소 위험이 따른다. 다만 전체적인 추이를 고찰하는 데는 유용하다고 생각하는데, 종래 일부 중국학자들이 요동 진출 이후 고구려가 주로 토축성벽을 축조했다고 파악한 것과 상당한 차이가 난다.

이는 고구려가 초기 이래 주로 석축성을 축조한 것과 깊이 연관되며, 특히 이 지역으로 진출한 이후에도 석재를 비교적 쉽게 구할 수 있는 산성을 주로 축조한 것과 연관된다고 생각된다. 이 점은 향후 보다 면밀하게 검토할 필요가 있다.

3) 압록강 하류 일대의 성곽 분포현황

압록강 하류 유역은 고구려와 동일한 족속 계통인 小水貊이 거주하던 지역으로서 일찍부터 고구려와 밀접한 관련을 가졌다. 고구려는 이미 2세기 중반부터 이 지역으로의 진출을 시도했으며, 3세기 전반에는 압록강 하구를 통해 남중국의 孫吳와 통교했으며, 242년에는 압록강 하구의 西安平을 공격하기도 했다. 이러한 여러 차례의 시행착오를 거듭한 끝에 311년 서진의 붕괴를 틈타 마침내 압록강 하구 일대를 점령하기에 이른다. 그 이후 압록강 하류 일대는 고구려의 서해안 진출 교두보이자, 서북한과 요동지역을 잇는 전략적 요충지로 중요한 역할을 담당했다. 압록강 하류지역은 고구려사의 전개과정과 관련하여 크게 寬甸地域과 靉河 유역인 봉성시와 단동－동항시 일대로 재분류할 수 있다.

이 가운데 관전지역에는 표 6에서 보듯이 총 6기의 고구려 성곽이 확인되었다. 관전지역의 고구려 성곽은 대부분 돌로 축조한 포곡식 산성이며, 규모상으로는 둘레 1.5km 전후의 중형산성에 해당한다. 이들 성곽은 주로 압록강 하류나 애하 일대에서 압록강을 거슬러 고구려 초기 중심지였던 桓仁이나 集安으로 향하는 교통로를 공제하는 기능을 담당하고 있다. 고구려가 4세기 초에는 이 지역을 확고히 장악한 만큼 늦어도 4세기에는 축조했을 것으로 보이지만, 정확한 초축 시기를 추정할 만한 자료는 확보되지 않은 상태이다.

靉河 유역인 봉성시와 단동－동항시 일대는 고구려 초기 중심지로 향하는 길목임과 동시에 요동지역에서 고구려 후기 중심지인 평양지역으로 나아가는 전략적 요충지이기도 한다. 이에 고구려는 천산산맥을 가로질러 흐르는 靉河나 大洋河 연안로를 따라 성곽을 축조하는 한편, 단동－동항시 일대에는 하천의 합류처나 해안지대의 구릉성 산지를 따라 점점이 성곽을 축조했다.

표 4, 5, 7에서 보듯이 봉성시에서 15기, 단동시에서 3기, 동항시에서 9기 등 총 27기가 확인되었다. 또한 본계현 가운데 애하 상류에 위치한 운반산성 등 3기도 이들과 동일한 권역의 고구려 성곽으로 분류할 수 있다. 이 지역의 고구려 성곽도 산성이 중심을 이루는데, 봉황산산성은 둘레 16km의 초대형산성으로서 고구려 후기의 重鎭인 烏骨城으로 비정된다. 또한 애하와 압록강의 합류처에 위치한 평지성인 단동 애하첨고성은 西安平으로 비정되며, 맞은편의 관전 호산산성과 세트 관계를 이루고 있는 것으로 파악된다. 다만 이들 성곽과 단동 낭랑묘산성, 봉성 산성구산성과 연산산성, 동항 장가산성 등을 제외하면, 둘레 500m 이하의 소형 보루가 절대 다수를 차지한다.

따라서 이 지역의 고구려 성곽은 초대형 산성인 봉황산산성이나 몇몇 소형산성을 중심으로 여러 기의 보루성이 분포하는 양상을 띠며, 전체적으로 요동지역에서 평양지역으로 향하는 종심 방어선 및 서해안에서 압록강 유역으로 진입하는 沿岸 방어선을 공제하는 역할을 담당했다고 추정된다. 그리고 고구려가 313년에 西安平을 점령한 만큼 대체로 그 이후에 축조되었을 것으로 추정되지만, 정확한 초축 시기를 알 수 있는 경우는 거의 없는 실정이다.

표 4 丹東市의 고구려 성곽

성곽명	異稱	水系(河川)	규모(둘레)	유형	축성방식	비고
단동 애하첨고성	상첨촌고성; 애하첨한성지	압록강, 靉河	남북 600m, 동서 500m	평지성	토석혼축	
단동 노고성산성			남북 160m, 동서 40m	산성(보루)	석축	
단동 낭랑묘산성	낭두낭낭성	압록강	1,000m	산성(포곡식)	토석혼축	대행성설

표 5 鳳城市의 고구려 성곽

성곽명	異稱	水系(河川)	규모(둘레)	유형	축성방식	비고
봉성 봉황산산성	옥골성; 오골성	靉河	15,955m	산성(포곡식)	석축	오골성
봉성 산념산성		靉河	미상	산성	석축	오골성의 부속성
봉성 첨립산성	첨립자산성	大洋河	200m	산성(보루)	석축	
봉성 첨산산성		靉河, 草河	미상	산성(보루)	미상	
봉성 동대정산성			미상	산성	토축	
봉성 단결산성		大洋河	200m	산성(보루)	석축?	
봉성 성산산성		大洋河	150m²	산성(보루)	석축	
봉성 이도구산성		大洋河	미상	산성	석축	
봉성 양둔산성	대자산산성	大洋河	500m	산성	석축	

성곽명	異稱	水系(河川)	규모(둘레)	유형	축성방식	비고
봉성 산성구산성	산성구촌산성	靉河	900m	산성	토석혼축	
봉성 마포자산성		大洋河	미상	산성	벽돌+돌	명대 개축
봉성 연산산성	연정자산산성	大洋河, 哨子河+靉河	1,500m	산성	돌+벽돌	명대 개축
봉성 청성산산성		大洋河	180m	산성	토석혼축	
봉성 반정산성		靉河	60m	산성(보루)	석축	
봉성 대가보산성		靉河	미상	산성(보루)	석축?	

표 6 寬甸縣의 고구려 성곽

성곽명	異稱	水系(河川)	규모(둘레)	유형	축성방식	비고
관전 고대보산성	고력성산산성; 관수산성	靉河	1,800m	산성(포곡식)	석축	安地城설
관전 노고산산성		靉河	1,500m	산성(포곡식)	석축	
관전 소성자산성	성정산산성	渾江	1,500m	산성(포곡식)	석축	
관전 동산산성		渾江(半拉江)	1,500m	산성(포곡식)	석축	
관전 호산산성	호산유지	압록강(靉河)	1,200m	산성	석축	박작성
관전 백채지관애		압록강		관애	석축	

표 7 東港市의 고구려 성곽

성곽명	異稱	水系(河川)	규모(둘레)	유형	축성방식	비고
동항 마권성		大洋河	600m	평지성	토축	
동항 주가구산성		압록강	400m (동서 150m, 남북 50m)	산성(보루)	석축	
동항 고가보산성		압록강	300m (길이 110m, 너비 40m)	산성(보루)	석축	
동항 이가산성		압록강	미상	산성(보루)	석축	
동항 장가산성		압록강	1,100m (길이500m, 너비 50m)	산성	석축	
동항 누방둔산성		압록강	미상	산성(보루)	석축	
동항 불노방산성		압록강	160m (길이 50m, 너비 30m)	산성(보루)	석축	
동항 설와산성		압록강	260m (길이 90m, 너비 40m)	산성(보루)	석축	
동항 상가구산성		압록강	100m (길이 40m, 너비 20m)	산성(보루)	석축	

4) 요동반도 지역의 성곽 분포현황

대련시 일대, 영구시의 개주시, 안산의 수암현, 단동의 봉성시와 동항시 등은 요동반도 지역으로 분류할 수 있다. 이 지역은 크게 해안지대와 내륙의 千山山脈 산간지대로 나뉜다. 해안지대는 다시 가장 서남단의 대련시 일대, 서해안에 해당하는 남쪽 해안지대, 요동만(발해만)에 해당하는 서북 해안지대 등으로 분류할 수 있다.

이 가운데 서남단의 대련시 일대는 선사시대 이래 해로를 통해 산동반도 등 중국대륙과 교류하던 해상교통로의 전략적 요충지였는데, 고구려가 이 지역을 장악한 이후 그 중요성은 더욱 배가되었다. 남쪽 해안과 서북 해안지대에는 해안선을 따라 연안평야가 넓게 펼쳐져 있으며, 대략 해안선으로부터 20~30km 안쪽으로는 구릉성 산지 또는 산간지대가 시작된다.

요동반도 내륙에는 千山山脈이 동북에서 서남쪽으로 기다랗게 뻗어 있는데, 위쪽에서부터 靉河, 大洋河, 碧流河 등이 서북에서 동남 방향으로 흘러 압록강 또는 서해로 흘러든다. 그밖에 英那河, 淸水河, 沙河 등 流路가 비교적 짧은 여러 소하천이 서해로 흘러들고 있다. 이 가운데 비교적 큰 하천인 靉河나 大洋河 중류지역에는 봉성과 수암 등의 분지지형이 발달해 있다.

이러한 하천 연안은 千山山脈 서북의 太子河나 그 지류인 海城河 등과 연결되어 일찍부터 천산산맥을 가로지르는 교통로로 활용되었다. 즉 동북쪽에서 태자하-애하 연안을 따라 본계-봉성로, 해성하-대양하 연안을 따라 해성-수암로, 벽류하 연안을 따라 개주-장하로 등이 발달한 것이다. 고구려는 요동반도 일대의 이러한 지형적 조건을 고려하면서 성곽을 축조한 것으로 보인다.

이 지역에서는 표8~표13에서 보듯이 대련시 3기, 와방점시 5기, 장하시 5기, 보란점시 4기, 수암현 25기, 개주시 16기 등 58기와 단동 봉성시와 동항시의 24기 등 총 82기가 분포해 있다. 특히 천산산맥 한복판에 위치한 수암현과 봉성시, 그리고 요하하구 동쪽으로서 요동반도 서북단에 해당하는 개주시에 16기가 집중적으로 분포해 있다. 이는 고구려가 이 지역을 장악한 다음 요동평원에서 천산산맥을 가로지르는 지역에 집중적으로 성곽을 축조했음을 보여준다.

그리하여 본계-봉성로, 해성-수암로, 개주-장하로 등을 따라 고구려 성곽이 조밀하게 분포하고 있다. 천산산맥을 가로지르는 교통로 상에 위치한 이들 성곽은 고구려 서북방어체계에서 대체로 제1선 縱深 防禦線을 구성하는 것으로 평가된다. 또한 수암현, 봉성시, 개주시 등은 각각이 소지역권을 이루고 있는데, 이러한 소지역권에 초대형이나 대형 산성을 중심으로 여러 중소형 산성과 보루성이 밀집해 있다는 사실은 군사방어체계뿐 아니라 지방통치조직의 정비와 관련해서도 주목되는 부분으로 향후 면밀한 검토가 요청된다.

한편 고구려는 요동반도의 서북 해안과 남쪽 해안을 따라서도 성곽을 촘촘히 축조했다. 다만 해안선을 따라 축조하지 않고, 해안평야와 내륙 산간지대의 결절점을 따라 축조했다. 특히 서북 해안지대의 경우에는 復州河 연안로나 蓋州 평야 안쪽의 산간지대를 따라 축조했다. 산성을 중심으로 방어체계를 구축한 고구려의 군사전략을 잘 들여다볼 수 있는 대목이다. 또한 산성을 축조하여 군사방어와 함께 하천 연안을 따라 펼쳐진 河谷平地를 장악함으로써 지방지배를 도모하려는 의도도 엿볼 수 있다.

표 8 大連市의 고구려 성곽

성곽명	異稱	水系(河川)	규모(둘레)	유형	축성방식	비고
대련 대흑산산성	대화상산성; 대혁산산성		5,000m	산성 (포곡식)	석축	卑沙城
대련 당왕산성	당왕성지		(잔존) 길이60m	산성	석축	
대련 목양성			동서 너비 98m, 남북 길이 133m	평지성	석축+토축 (夯土)	漢代 沓氏縣城

표 9 瓦房店市의 고구려 성곽

성곽명	異稱	水系(河川)	규모(둘레)	유형	축성방식	비고
와방점 득리사산성	용담산성	復州河	2,240m	산성 (포곡식)	석축	積利城설, 石城설, 力城설
와방점 마권산성	마권자산성; 마권자산산성	復州河	2,000m	산성 (포곡식)	석축	
와방점 태양향 고려성산산성		復州河	1,000m	산성 (포곡식)	석축	
와방점 남고산성	남고산산성	復州河	2,000m	산성 (포곡식)	석축	
와방점 와방점산성	북와방점산성; 만가령진와방점 고려성산산성	浮渡河 (白沙河)	2,500m	산성 (포곡식)	석축	

표 10 莊河市의 고구려 성곽

성곽명	異稱	水系(河川)	규모(둘레)	유형	축성방식	비고
장하 선성산성	선정촌산성	莊河	1,300m	산성(포곡식)	석축	
장하 성구산성	성구고력산산성	碧流河	300m	산성(보루)	석축	
장하 성산산성	전성산성; 전성산산성	碧流河(夾河)	3,112.5m	산성(포곡식)	석축	石城설, 積利城설
장하 협하산산성	후성산성; 후석성산성	碧流河(夾河)	5,000m	산성(포곡식)	석축	
장하 노고성산성		英那河	120m	산성(보루)	석축	

표 11 普蘭店市의 고구려 성곽

성곽명	異稱	水系(河川)	규모(둘레)	유형	축성방식	비고
보란점 위패산성	오고성	贊子河	5,000m	산성(포곡식)	석축	北豊城설
보란점 서산산성	묵반진 고려성산성; 고려성산산성; 마둔성지	碧流河	4,000m	산성(포곡식)	석축	
보란점 노백산산성	백운산산성	淸水河, 大沙河	(2,000m) 2,500m	산성(포곡식)	석축	
보란점 대성자촌산산성		碧流河	미상	미상	미상	

표 12 岫巖縣의 고구려 성곽

성곽명	異稱	水系(河川)	규모(둘레)	유형	축성방식	비고
수암 이도령산성		大洋河	1,000m	산성(포곡식)	석축	
수암 낭랑성산성		大洋河 (臥龍河)	3,500m	산성(포곡식)	석축	積利城설
수암 석문산성	석문구산성	大洋河 (哨子河)	1,500m	산성(포곡식?)	석축	
수암 송수구산성		大洋河, (哨子河, 古洞河)	내성 2,500m (내성+외성)	산성(포곡식)	석축	後黃城설
수암 요구문산성		大洋河 (哨子河, 古洞河)	길이200m, 너비 100m	산성(보루)	석축	
수암 남구산성	난마장	大洋河 (哨子河)	2,500m	산성(포곡식)	석축	
수암 성구산성	노성구산성	大洋河 (哨子河)	1,500m	산성(테뫼식?)	토축+석축	
수암 류가보산성			200m²	산성(보루)	미상	
수암 전영자진 노성산산성		哨子河 (雅河)	1,500m	산성(포곡식)	석축	
수암 마권산성	마권산성; 마권자산산성	大洋河, 雅河 (鴨兒河)	1,300m	산성(포곡식)	토석혼축	
수암 유가산성	유가보산성	哨子河 (渭水河)	800m	산성(포곡식)	석축	

성곽명	異稱	水系(河川)	규모(둘레)	유형	축성방식	비고
수암 석성산성		哨子河 (渭水河)	100m	산성(보루)	석축 (토석?)	
수암 대영자진 고려성자산산성		渭水河	미상	미상	미상	
수암 동가산산성		大洋河 (哨子河)	길이 20m, 너비 10m	산성(포곡식)	석축	
수암 조양향 고려성산산성		大洋河 (哨子河)	1,500m	산성(포곡식)	석축	
수암 소자산산성		大洋河 (哨子河)	100m	산성(보루)	석축	
수암 자구산성		大洋河 (哨子河)	미상	산성(보루)	석축?	
수암 산성둔산성		大洋河+ 英那河	300m	산성(보루)	석축	
수암 양하진 노성산산성	와방점산성	大洋河	450m	산성	석축	
수암 합달비진 고려성산산성		大洋河	1,500m	산성(포곡식)	석축	
수암 남연산성		大洋河	1,200m	산성(포곡식)	석축	
수암 상피욕산성		大洋河	미상	산성	석축	
수암 토성산산성	고성산산성	大洋河 (哨子河)	2,000m	산성	석축 (토석혼축)	풍영겸, 1991; 토석혼축
수암 청량산성	청량산산성	大洋河 (哨子河)	5,000m (2,000m)	산성(산복식)	석축	
수암 왕가보산성	고성산성; 고성촌산성	大洋河 (哨子河)	300m	산성(보루)	석축	
수암 오서유적			1,200m²			생활유적

표13 蓋州市의 고구려 성곽

성곽명	異稱	水系(河川)	규모(둘레)	유형	축성방식	비고
蓋州 下古城址		大淸河		평지성		平郭城설
蓋州 老爺嶺山城	東昇山城	大淸河	600m	산성 (포곡식)	석축	

성곽명	異稱	水系(河川)	규모(둘레)	유형	축성방식	비고
蓋州 鶴羊寺山城	朝陽寺山城	大淸河	1,379m	산성 (포곡식)	석축	
蓋州 煙筒山山城	竈洞峪山城	大淸河	약 410m (남북 길이 140m, 동서 너비 65m), 300m, 500m, 1里	산성	석축	
蓋州 高麗城山城	靑石嶺山城, 靑石關山城, 石城山山城	大淸河	약 5km, 6km, 10里	산성 (포곡식)	토축, 토석혼축, 석축	建安城
蓋州 東雙臺村 高麗城山山城		沙河	약 100m (동서 길이 30m, 남북 너비 20m)	산성	석축	
蓋州 破臺山城	破臺子山城, 城子溝山城	沙河	5km, 6km, 8km, 12里	산성 (포곡식)	석축+토축	
蓋州 孫家山城	孫家窩堡山城	碧流河	1,200m	산성 (포곡식?)	석축	銀城설
蓋州 赤山山城		碧流河	3,520m, 5,000m, 8里, 10里	산성 (포곡식)	석축	建安城설 平郭城설
蓋州 奮英山城	東山山城, 奮東山城	熊岳河	2.2km, 3華里	산성 (포곡식?)	석축	
蓋州 蘭姑嶺山城		碧流河	3km	산성 (포곡식)	석축	
蓋州 閘河山城		碧流河		산성	석축	
蓋州 岳王廟村 岳王廟 高麗城山山城		碧流河	북벽 50m, 동벽 40m	산성 (보루)	석축	명대초소설
蓋州 田屯村 東高力城山山城		碧流河	300m	산성	석축	
蓋州 田屯村 西高麗城山山城		碧流河	300m	산성 (보루)	석축	
蓋州 牌坊村 高麗城山山城		碧流河	약150m (남북 길이 25m, 동서 너비 50m)	산성 (보루)	석축	청동기시대 초축설

이 지역의 성곽 가운데 대련 목양성은 전국시대 이래로 사용된 중국의 군현성으로 고구려가 이 지역을 점령한 다음 재활용한 것으로 추정된다. 개주 하고성지도 漢代의 平郭城으로 鹽官과 鐵官을 설치했으며, 前燕이나 後燕은 군사중진으로 활용했는데, 역시 고구려가 점령한 이후 재활용한 것으로 보인다. 고구려가 요동반도 일대로 진출한 시기는 압록강 하구의 서안평을 점령한 311년과 요동평원을 석권하는 400~402년에 걸친 어느 시점으로 추정되지만, 정확한 시기는 알 수 없다.

다만 고구려는 이 지역을 장악한 다음, 초창기에는 대련 목양성이나 개주 하고성지처럼 중국의 군현성을 재활용하기도 했지만, 다시 그 주변에 거대한 산성을 축조하여 평지성이 안고 있는 군사방어상의 취약점을 보완한 것으로 추정된다. 이로 보아 고구려가 요동반도 일대에 성곽을 본격적으로 축조한 것은 대체로 5세기 이후로 추정된다. 또한 이들 성곽은 군사방어성의 기능과 함께 지방통치를 위한 거점으로도 활용된 것으로 보인다.

이 지역의 고구려 성곽 가운데 개주 고려성산성은 둘레 5km 전후의 대형산성으로 고구려 후기의 建安城으로 비정된다. 고려성산성은 개주-장하로의 입구에 위치한 군사적 중진일 뿐 아니라 개주 지역 일대를 통치하던 지방지배의 거점 역할을 수행한 것으로 추정된다. 고려성산성이 내부에 상당히 넓은 평지를 확보하고 있는 사실은 이를 잘 보여준다.

또한 요동반도 서남단에 위치한 대련 대흑산산성도 험준한 산상에 위치한 둘레 5km 전후의 대형산성으로서 고구려 후기의 卑沙城으로 비정된다. 卑沙城은 서해와 요동만(발해만)을 동시에 공제할 수 있는 전략적 요충지로서 군사적으로 매우 중요한 역할을 수행했다. 이에 7세기에 수나 당은 산동반도에서 발해만을 건넌 다음, 요동반도 서남에 위치한 卑沙城을 집중적으로 공격하기도 했다.

5) 太子河 유역과 遼河 하구의 성곽 분포현황

태자하 유역은 다시 상류지역과 중하류 일대로 대별할 수 있는데, 태자하 중하류 일대는 대체로 遼河 하구의 영구시나 대석교시와 동일한 권역으로 묶을 수 있다. 태자하 유역은 요동 동부 산간지대와 요동평원과 그 주변의 구릉성 산지 일대로 대별할 수 있는 것이다.

이 가운데 태자하 상류지역은 험준한 천산산맥이 동북에서 서남으로 내리뻗은 산간지대로서 일찍부터 고구려 발상지인 압록강 중상류 일대와 문화교류를 활발하게 진행했다. 고구려가 건국할 무렵에도 이 지역에는 고구려 건국집단과 동일한 계통인 梁貊이 거주했는데, 고구려 건국 직후에 영역으로 편입되었다. 그리하여 태자하 상류의 梁貊은 일찍부터 고구려의 직간접적인 지배를 받았으며, 3세기 중반에는 이 지역에서 고구려와 조위의 전투가 벌어지기도 했다.

태자하 상류 일대에서는 표 22, 23에서 보듯이 靉河 상류에 위치한 운반산성 등 3기를 제외하면 총 6기의 고구려 성곽이 확인되었다. 이 가운데 신빈 태자성은 둘레 1.5km 전후의 중형산성, 신빈 삼송산송과 본계 하보산성은 둘레 1km 전후의 소형산성이며, 나머지 3기는 소형 보루이다. 대형산성은 확인되지 않지만, 전체적으로 다양한 규모의 성곽이 비교적 고루 분포하는 양상을 띠고 있다.

표 14 營口市의 고구려 성곽

성곽명	異稱	水系(河川)	규모(둘레)	유형	축성방식	비고
營口 五官山城			약300m (길이 100m, 너비 50m)	산성(마안봉식)?	석축	

표 15 大石橋市의 고구려 성곽

성곽명	異稱	水系(河川)	규모(둘레)	유형	축성방식	비고
大石橋 高莊山城	北馬圈子山城	大淸河	2.5km	산성	석축	
大石橋 海龍川山城		大淸河	3km, 4km, 6華里	산성(포곡식)	석축	安市城설 建安城설
大石橋 太平堡古城		太子河	약 800m (매변 길이 약 200m)	평지성	토축	천리장성과 관련설
大石橋 黃土嶺鄕 茶葉溝 高麗城山山城		大淸河	320m	산성(보루)	석축	

표 16 鞍山市의 고구려 성곽

성곽명	異稱	水系(河川)	규모(둘레)	유형	축성방식	비고
鞍山 古道關石城		太子河	약 240m (동서 길이 80m, 남북 너비 40m)	산성(보루)	석축	橫山설
鞍山 摩雲山山城		太子河(沙河)	약 1,200m (동서 길이 약 400m, 남북 너비 약 200m)	산성	석축	

표 17 海城市의 고구려 성곽

성곽명	異稱	水系(河川)	규모(둘레)	유형	축성방식	비고
海城 英城子山城		太子河	2,472m, 3km, 4km, 4.5km, 5里, 8里, 10里	산성(포곡식)	토축? 토석혼축?	安市城설 銀城설
海城 南臺山城		太子河	약 160m (변 길이 약 42m)	산성(보루)	토축	
海城 窯溝山城		太子河	약 220m (동서 길이 100m, 남북 너비 10m)	산성(보루)	석축	

성곽명	異稱	水系(河川)	규모(둘레)	유형	축성방식	비고
海城 龍風峪山城		太子河	약 780m (동서 길이 180m, 남북 너비 160m)	산성	석축	

표 18 遼陽市의 고구려 성곽

성곽명	異稱	水系(河川)	규모(둘레)	유형	축성방식	비고
遼陽 高句麗 遼東城址		太子河		평지성		

표 19 燈塔市의 고구려 성곽

성곽명	異稱	水系(河川)	규모(둘레)	유형	축성방식	비고
燈塔 白巖城	巖州城, 石城山山城	太子河	2.5km, 4里, 5里	산성(산복식)	석축	白巖城

표 20 遼陽縣의 고구려 성곽

성곽명	異稱	水系(河川)	규모(둘레)	유형	축성방식	비고
遼陽 響馬山城		太子河	110m	산성(보루)	석축	
遼陽 柳壕鎭 高力城村 高力城遺址		太子河	약 200m (길이 60m, 너비 40m)	평지성(보루)		
遼陽 姑嫂山城		太子河		산성		橫山설

표 21 本溪市의 고구려 성곽

성곽명	異稱	水系(河川)	규모(둘레)	유형	축성방식	비고
本溪 平頂山山城		太子河	3,183m	산성(산정식)	석축	
本溪 有官山城		太子河		산성	석축	力城설
本溪 窟窿山城		太子河		산성(포곡식)	석축	
本溪 上石橋子山城		太子河		산성	석축	
本溪 邊牛山城		太子河	1,141m, 1,235m, 1,500m, 5,500m	산성(포곡식)	토석혼축? 토축?	磨米城설 黎山城설

표 22 本溪縣의 고구려 성곽

성곽명	異稱	水系(河川)	규모(둘레)	유형	축성방식	비고
本溪 九龍山城		太子河	317m	평지성	토축	청동기시대 초축설
本溪 下堡山城	下堡村山城, 城溝山城	太子河	900m, 1,100m, 2里	산성 (포곡식)	석축	黎山城설 北豊城설 磨米城설
本溪 馬平溝山城		太子河	약 80m (남북 길이 23m, 동서 너비 19m)	산성 (보루)	석축	
本溪 西溝山城		鼴河	1,200m	산성	석축	
本溪 雲盤山城		鼴河	남북 길이 1,500m, 동서 최대 너비 1,000m	산성	토축	
本溪 李家堡山城	草河口山城	鼴河	5km, 5.5km, 11km, 5里, 11里	산성	석축	後黃城설 沙城설

표 23 新賓縣(태자하 유역)의 고구려 성곽

성곽명	異稱	水系(河川)	규모(둘레)	유형	축성방식	비고
新賓 杉松山城		太子河	1,100m, 1,045m, 2里	산성(포곡식)	석축	蒼巖城설
新賓 太子城		太子河	1,425m, 1,450m, 1,500m, 3里	산성(마안봉식)	석축	貊城설
新賓 黃崗山城		太子河	길이 100m, 너비 20m 잔존	소형 보루성	석축	

이 가운데 신빈 태자성은 〈광개토왕릉비〉에 나오는 梁城으로 비정되기도 하는데, 태자하 상류의 중심지에 위치한 만큼 가능성이 높다고 여겨진다. 이렇게 본다면 늦어도 414년에는 이 지역에 성곽이 축조된 것으로 보이는데, 신빈 삼송산성의 경우 그 입지나 축조양상이 환인 고검지산성과 유사하다는 점에서 3세기에 축조했을 가능성도 있다. 3세기 중반 梁貊 일대가 조위나 서진과의 주요 戰場으로 활용되었다는 점도 이러한 가능성을 시사한다. 이는 고구려 발상지인 압록강 중상류 일대를 제외하면, 태자하 상류 일대가 고구려 성곽이 가장 일찍 축조된 지역 가운데 하나일 가능성을 시사한다.

태자하 중하류의 평원지대 및 요하 하구의 동쪽 지역은 요동지역뿐 아니라 만주지역 전체에서도 가장 중요한 지역이다. 그리하여 일찍부터 이 지역을 배경으로 다양한 문화가 발달했고, 戰國時代 이래 중국왕조는 이 지역의 襄平城(요동성, 현 요양시)을 거점으로 동방지역에 대한 지배를 도모하기도 했다. 고구려가 이 지역을 완전히 석권한 것은 대략 400~402년 전후로 추정된다.

이 지역에서는 표 14~표 21에서 보듯이 영구시 1기, 대석교시 4기, 안산시 2기, 해성시 4기, 요양시 1기, 등탑시 1기, 요양현 3기, 본계시 5기 등 총 21기의 고구려 성곽이 확인되고 있다. 전체적으로 요하 하구 동쪽의 대석교시, 해성-장하로가 시작되는 해성시, 본계-봉성로가 시작되는 본계시 일대에 다수의 고구려 성곽이 분포하며, 요동평원 지역에 해당하는 영구시, 안산시, 요양시 등에는 고구려 성곽의 분포가 그다지 조밀하지 않은 양상을 띤다.

또한 요동평원과 그 주변에 해당하지만, 대석교 태평보고성, 요양 요동성지, 요양현 고력성지 등을 제외하면 대부분 산성이며, 축조방식도 돌로 쌓은 석축성이다. 이렇게 본다면 비록 대평원이 발달한 지역이지만, 고구려의 성곽 축조양상은 다른 지역과 거의 유사하다고 할 수 있다. 즉 요양 요동성지처럼 이 지역 전체에서 전략적으로 가장 중요한 중국의 군현성은 고구려 후기까지 재활용했지만, 그 외의 중국 군현성은 거의 폐기하고 산성을 축조하여 군사방어와 지방지배를 도모했다고 파악된다.

고구려는 631~646년에 동북의 부여성에서 서남의 바다에 이르는 구간에 천리장성을 축조했다고 한다. 고구려가 실제로 천리장성을 축조했다면 이 지역을 통과했을 텐데, 아직 그와 관련된 직접적인 흔적이 확인되지는 않았다. 종래 대석교 태평보고성을 천리장성과 연관시키거나, 고구려 천리장성의 기초를 재활용해 遼河 東岸의 明代 邊墻을 축조했다고 파악하기도 했지만, 명확한 근거가 있는 것은 아니다. 천리장성은 고구려 후기의 군사방어체계나 군사전략과 관련하여 중요한 문제인 만큼, 향후 관련 유적을 더욱 면밀하게 고찰할 필요가 있다.

참고문헌

- 陳大爲, 1988, 「遼寧高句麗山城初探」, 『中國考古學會第五次年會論文集』, 文物出版社.
- 西川宏, 1992, 「中國における高句麗考古學の成果と課題」, 『青丘學術論集』 2.
- 孫力, 1994, 「遼寧的高句麗山城及其意義」, 『高句麗渤海研究集成』 高句麗 卷三.
- 辛占山, 1994, 「遼寧境內高句麗城址的考察」, 『遼海文物學刊』 1994-2.
- 王綿厚, 1994, 「鴨綠江右岸高句麗山城研究」, 『遼海文物學刊』 1994-2.
- 王禹浪·王宏北, 1994, 『高句麗·渤海古城址研究匯編』(上), 哈爾濱出版社.
- 林直樹, 1994, 「中國東北部の高句麗山城」, 『青丘學術論集』 5.
- 東潮·田中俊明, 1995, 『高句麗の歷史と遺跡』, 中央公論社.
- 陳大爲, 1995, 「遼寧高句麗山城再探」, 『北方文物』 1995-3.
- 三上次男, 1997, 『高句麗と渤海』, 吉川弘文館.
- 馮永謙, 1997, 「高句麗城址輯要」, 『高句麗渤海研究集成』 高句麗 卷(三), 哈爾濱出版社.
- 孔錫龜, 1998, 「高句麗 城郭의 類型에 대한 硏究」, 『韓國上古史學報』 29.
- 林起煥, 1998, 「高句麗前期 山城 硏究」, 『國史館論叢』 82.
- 여호규, 1999, 『高句麗 城』 Ⅱ, 國防軍史研究所.
- 王綿厚, 2002, 『高句麗古城研究』, 文物出版社.
- 國家文物局, 2009, 『中國文物地圖集』 遼寧分冊, 西安地圖出版社.
- 魏存成, 2011, 「中國境內發現的高句麗山城」, 『社會科學戰線』 2011-1.

3. 유물

요동반도-태자하 유역 등의 고구려 유적에서 출토된 유물의 양은 다른 지역에 비해 많지 않다. 이는 고구려 유물이 확인되지 않거나 보고가 안 된 유적이 많기 때문이다. 유적의 성격을 파악할 수 있는 유물이 출토된 유적은 봉성 봉황산성, 장하 성산산성, 금주 와룡촌고분군, 본계 소시고분군, 봉성 맹가고분군, 봉성 호가보고분군, 요양 상왕가 벽화고분 정도이다. 유물의 양에 비해 종류는 토기류, 기와류, 철기류, 금·은기류, 청동기류, 석기류 등으로 다양한 편이다.

출토유물의 양상을 살펴보면 성곽 유적에서는 기와류와 철기류가 빈출하며, 고분에서는 토기류와 철기류, 청동기류를 중심으로 확인되어 유적의 성격에 따라 차이를 나타낸다. 성곽에서는 기와류 중 연화문와당의 출토 빈도가 높으며, 철기류는 공구, 무기, 농기구 등 다양한 유형이 확인되는 경향을 보인다. 연화문와당은 대련 대흑산산성, 봉성 봉황산성, 단동 애하첨고성, 수암 낭랑성산성에서 출토되어 유적의 연대를 추정할 수 있는 근거를 제공하였다.

철기류 가운데 공구와 무기, 농기구류는 장하 성산산성에서 확인되었으며, 마구류는 본계 소시고분군에서만 출토되었다. 공구류는 끌·추·망치·도끼 등이, 농기구는 낫과 자귀 등이, 무기류는 창·화살촉 등이 확인되었다. 그밖에도 허리띠고리와 수레바퀴 굿대축 연결쇠, 못과 솥 등도 출토되어 산성에 살고있던 사람들의 생활모습을 추정하는 데 도움을 주고 있다.

또한 돌로 만든 절구(石臼)가 이 지역의 여러 성곽에서 출토되는 점이 특징적이다. 봉성 봉황산성, 장하 성산산성·협하산산성, 수암 남구산성·노성구산성·류가보산성·석문산성·자구산성 등에서 확인되었다. 한편 와방점산성에서 출토된 철제 벼루는 드문 예이다. 평면은 장방형이고 4개의 다리가 달려 있으며 벼루 밑에 공간을 이용해 숯으로 열기를 전할 수 있는 구조로 설계되었다.

그리고 관전 호산산성의 우물 내에서는 다량의 목재류와 철기류 등이 출토되었다. 목제류는 3.7m에 달하는 木船과 여러 건의 목제 노(木獎), 삿대(鐵頭木篙), 목통(木桶), 구유(木槽), 목완(木碗), 자작나무통(樺樹皮桶), 木板, 나무가 꽂힌 널빤지(木揷板), 목제 받침막대(木座杆) 등이 대표적이다. 이외 철제저울(鐵錘), 철제갈고리(鐵二齒鉤), 항아리(灰陶罐), 손잡이 2개 달린 큰항아리(雙橫耳大陶罐) 및 바가지(葫蘆瓢), 갈대자리(葦席), 각종 새끼줄(繩索) 등이 있다.

고분유적은 본계 소시고분군 출토유물이 주목된다. 문양과 기종이 고구려 토기의 전형이며, 종류나 수량이 많은 장신구류나, 마구와 무기, 궁형 벽걸이 등을 중심으로 한 철기류도 고구려 전성기 무렵의 특징을 잘 나타낸다. 특히 금으로 도금된 말장식과 재갈, 재갈멈추개 등은 기마문화의 화려한 모습을 보여주고 있다.

또한 요양 상왕가벽화고분에서는 철제거울과 청자호자, 도반, 화폐 등이 수습되었다. 이중 철제거울은 직경 20cm와 14.5cm로, 左棺(여자관 추정)과 右棺(남자관 추정)에서 각각 1점씩 출토된 점이

독특하다. 예전부터 거울은 만물을 비춰본다는 능력이 있다하여 오래전부터 사람들에게 신비와 경외의 대상이었다. 오늘날까지도 샤먼의 장신구에 거울이 필수적으로 사용된다는 점을 고려해보면 거울이 가진 상징성을 엿볼 수 있을 것이다.

갈홍이 지은 『西京雜記』에는 '선진시기의 고총을 도굴했더니 철제거울 혹은 청동제거울이 꽤 많이 발견되었다'라는 기록이 나오는데 이처럼 무덤에 거울을 부장한 것은 거울이 사자의 영혼을 수호하는 기능을 하였던 것에서 유래했다고 볼 수 있다. 거울은 남녀 간이나 중요한 관계의 사람 사이에서 호신물로 교환되기도 하였는데 이는 성별에 관계없이 교환되었던 것으로 보기도 한다. 이러한 철제 거울은 마선구2100호분과 황남대총 북분, 후연 최휼묘, 북연 풍소불묘 등에서 출토되었다.

참고문헌
- 여호규, 1999, 『高句麗 城 Ⅱ』, 국방군사연구소.
- 김성태, 2001, 「고구려 병기에 대한 연구」, 『고구려연구』 12.
- 백종오, 2006, 『고구려 기와의 성립과 왕권』, 주류성출판사.
- 양시은, 2007, 「중국 내 고구려유적에서 출토된 고구려토기 연구」, 『중국사연구』 50.
- 강현숙, 2009, 「고구려 고지의 발해고분 – 중국 요령지방 석실분을 중심으로」, 『한국고고학보』 72.

제2부

단동시(丹東市) 지역의 성곽

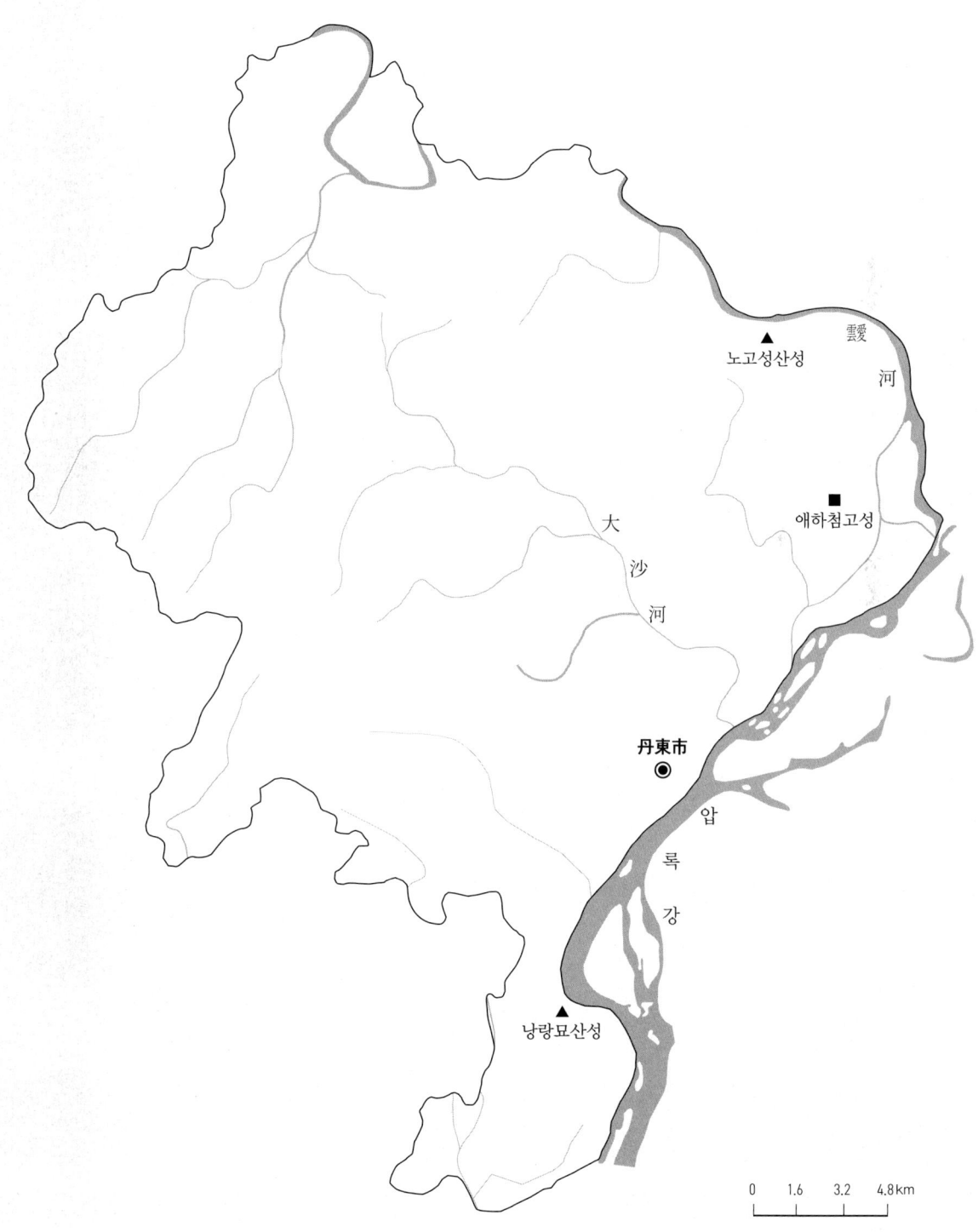

01 단동 애하첨고성
丹東 靉河尖古城 | 上尖村古城 | 靉河尖漢城址

1. 조사현황

1) 1956년
○ 조사기관 : 丹東市 문물 조사팀.
○ 조사내용 : 九連城鎭 지역의 문물을 조사하던 중에 靉河 上尖大隊 지표에서 漢代 승문 회색 기와와 토기편을 다량 발견함. 이후 遼寧省과 丹東市에서 여러 차례 조사를 진행하면서 漢代 西安平縣일 것으로 추정.

2) 1961년
조사내용 : 지면보다 높은 흙두둑(土背) 확인.

3) 1961년 8월
○ 조사기간 : 1961년 8월.
○ 조사기관 : 遼寧省文化廳 문물조사팀 간부 훈련반.
○ 조사내용 : 단동지역에 대한 유적을 조사할 때 靉河가 압록강으로 유입되는 삼각주에서 고성 유적 1기를 발견. 고성 근처에 靉河上尖村이 있어서 '靉河尖古城'이라고 명명함.

4) 1974년
조사내용 : 성곽 서쪽 대지의 기와편 밀집지역에 길이 3m, 너비 1m, 깊이 2.7m의 트렌치를 시굴하여 토층 4개를 확인. 고성 근처의 고분 조사.

5) 1976년
조사내용 : 10월 현지 농민이 漢代 와당을 발견했는데, '安平樂未央'이라는 명문이 확인됨.

2. 위치와 자연환경(그림 1~그림 2)

1) 지리위치
○ 丹東市 振安區 九連城鎭 上尖村 서쪽 200m에 위치. 고성 근처에 靉河上尖村이 있어서 '靉河尖古城'이라고 불렸음.
○ 고성의 서남쪽으로 丹東市가 15km 떨어져 있고, 柏油도로가 부근을 통과함. 동쪽으로 압록강을 사이에 두고 북한 신의주와 마주하고 있음.

2) 자연환경
고성은 압록강의 지류인 靉河가 압록강으로 흘러드는 삼각주에 자리하고 있음.

3. 성곽의 전체현황(그림 3)

○ 성터는 평지상에 위치하며 장방형임.
○ 규모 : 동서 너비 약 500m, 남북 길이 약 600m, 전체 둘레 2,200m.
○ 토층 : 제1층은 농경토로 두께 50cm임. 제2층은 흑

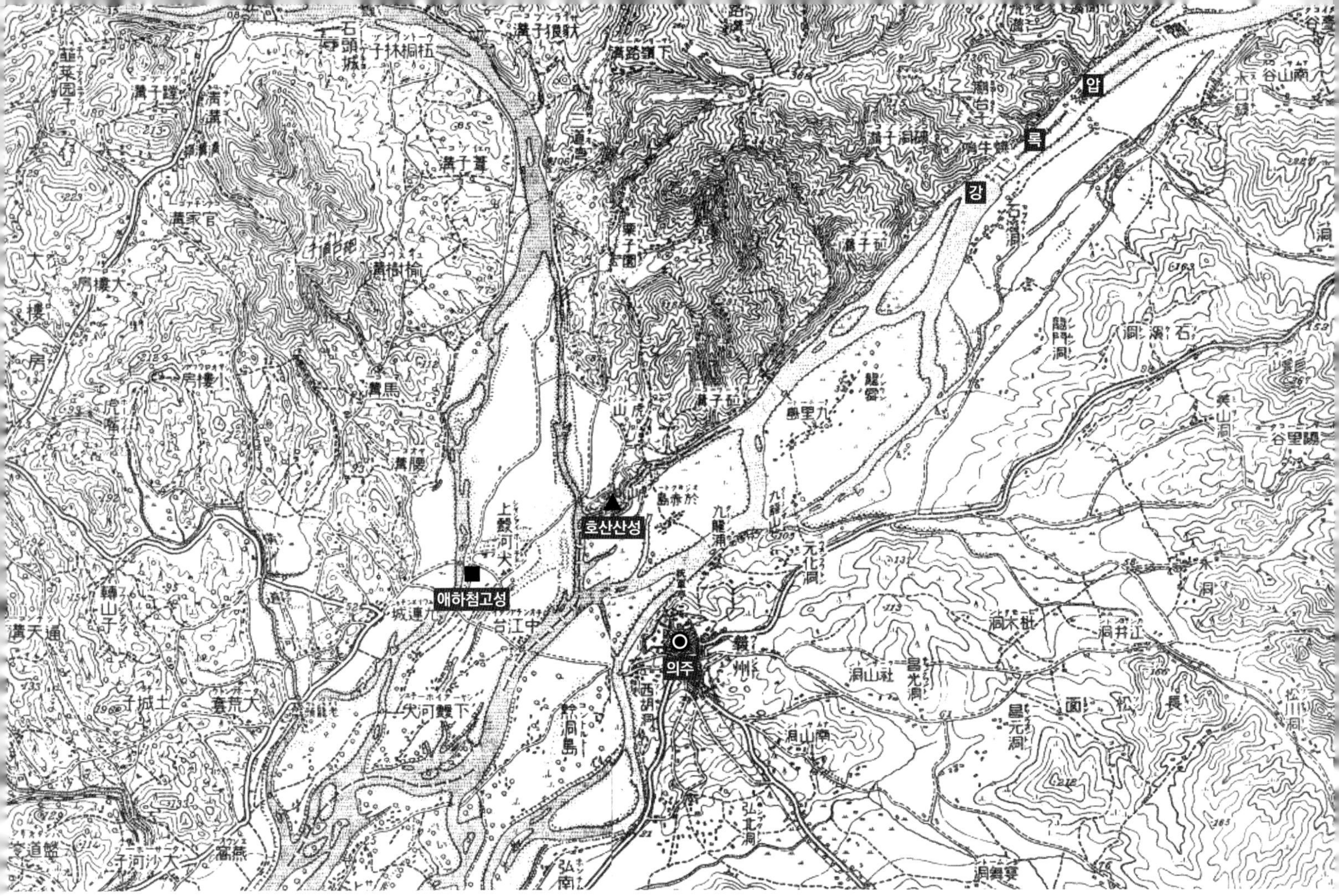

그림 1 애하첨고성 주변 지형도(滿洲國 10만분의 1 지형도)

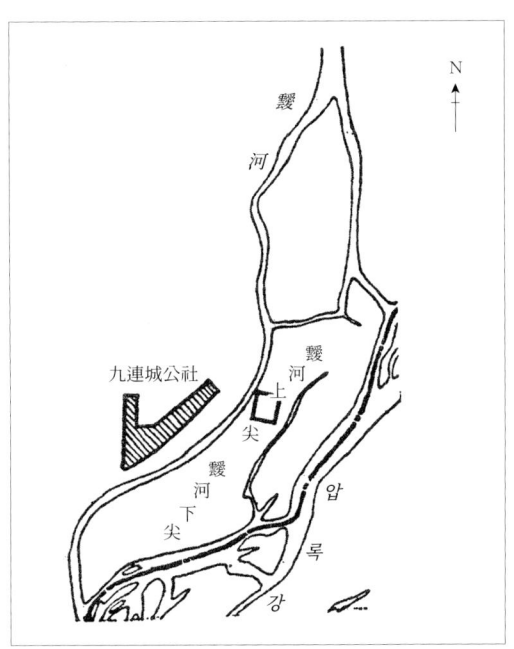

그림 2 애하첨고성 위치도(曹汛, 1980, 566쪽)

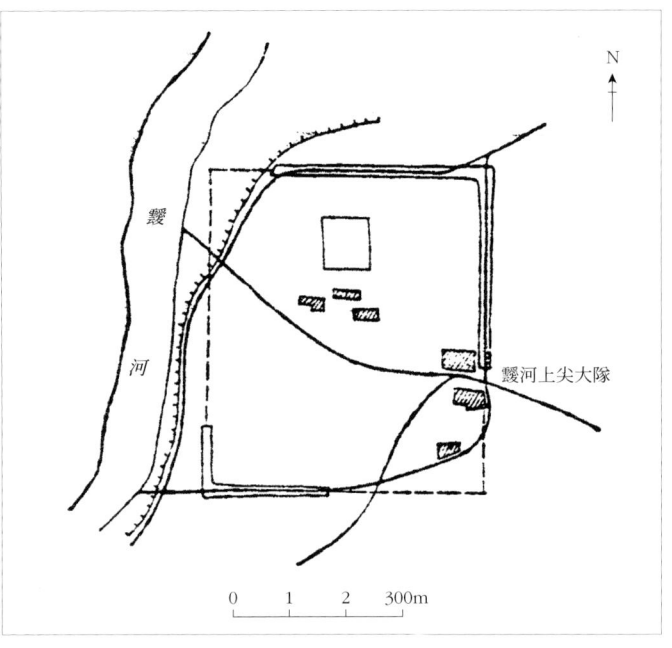

그림 3 애하첨고성 평면도(曹汛, 1980, 567쪽)

갈토로 두께 80cm임. 고구려의 홍색 승문 암키와, 수키와, 연화문 와당 등이 들어가 있고, 인위적으로 축조한 석벽이 있음. 제3층은 황갈토로 두께 1m임. 漢代 회색의 가는 승문 토기편, 승문 암키와, 목탄 등이 출토됨. '安平樂未央', '千秋萬歲', '長樂未央' 등의 길상어가 새겨진 와당도 출토됨. 4층은 모래토와 생토임.

4. 성벽과 성곽시설

○ 성벽은 애하 우안에 축조됨.
○ 성벽의 기초는 돌로 쌓았고, 그 위는 토축임.
○ 지금은 대부분 무너져 평지가 되었는데, 지면보다 약간 높은 흙두둑만 볼 수 있음. 성내 동북 모서리와 서남 모서리에 비교적 뚜렷하게 남아 있는데 높이가 1m가 채 안 됨.

5. 성내시설과 유적

○ 성내 서북 모서리 지면에서 1.5m 높이의 돌출된 방형 土臺가 발견되었음. 한 변의 길이는 100m임. 土臺 서남측을 발굴한 결과 문화층의 두께는 1.5m이고, 상·중·하 3층으로 한, 고구려, 요·금시기의 퇴적층임이 밝혀짐.
○ 고성 동측과 남측에 고구려 고분이 있음. 성 동측의 고분은 수혈식 적석묘임. 평면은 장방형임. 남북 방향이고 土坑이 있음. 묘 안에는 진흙이 가득 차 있음. 묘 바닥 근처에서 木板 灰와 목탄이 발견됨. 인골 1~2조각이 남아 있음. 葬式은 명확하지 않음. 묘 바닥 서북 모서리에 회색 단지(缸)가 누워져 있었음. 구연은 외반되고(侈口) 동체부는 둥그스름하며(圓腹) 바닥은 평평함. 문양으로는 가는 승문이 확인됨. 호(壺)가 출토되었는데, 구연은 꺾여 있고 목(頸部)은 길며 동체부는 타원형이고 바닥은 평평함. 문양은 없음. 단지 아래에 陶尊이 있었는데, 桶形이고 3개의 足이 있음. 문양은 없음. 묘 바닥 동북벽에서 감색 귀걸이(耳當)와 유리 구슬이 발견됨. 고성 남측의 고분은 석판묘임. 평면은 장방형이고 남북방향임. 무덤 천정은 5개의 석판으로 조성되었는데, 3개만 남아 있음. 무덤 네 벽은 각각 8개의 화강암으로 조성함. 묘 바닥에는 석판을 깔았음. 묘바닥 서북 모서리에서 커다란 회색 단지(缸)가 발견되었는데, 구연은 외반되고(侈口) 동체부는 둥그스름하며(圓腹) 바닥은 평평함. 동체부에서 가는 승문이 확인됨. 유골은 보이지 않음. 葬式은 명확하지 않음.

6. 출토유물

○ 성내에서 다량의 회색 승문 토기편과 기와편, 漢代 五銖錢, '安平樂未央'명 와당, '安平'명 토기 동체부편, 토기 안쪽면에 '安平城' 문자가 새겨진 구연부편, 철제 보습(鐵鏵), 고구려시기의 붉은색 기와편과 연화문 와당, 遼·金代 토기편, 기와편, 벽돌편 등이 출토됨. 성 서북 모서리의 흙벼랑(土崖) 아래에는 벽돌, 기와, 토기편이 쌓여 있었음.
○ 오수전은 10여 점이 발견됨. 穿上一橫과 穿下半星이 있는데, 前漢 시기에 속함(그림 4).
○ 철제 보습(鐵鏵)은 2점이 출토됨. 대체로 크고 두꺼움. 끝부분은 각이 져 있고, 가운데 부분은 솟아 있으며, 보습 판은 평평함. 遼陽 三道壕에서 출토된 전한시기의 보습과 유사함(王金波, 1982).
○ '安平樂未央'명 와당은 1976년 10월에 성내 경작지에서 출토됨. 원형으로 직경은 12.5cm임. 글자는 隸書로 당심 외곽을 돌아가며 새겨져 있는데, 2줄의 구획선으로 각 글자를 구분함. 중간에 원형의 당심이 솟아 있음. 전한시기에 제작된 것임(그림 5).

그림 4 애하첨고성 출토 五銖錢(曹汛, 1980, 568쪽)

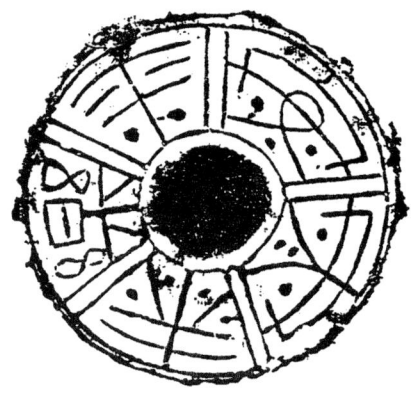

그림 5 애하첨고성 출토 '安平樂未央' 문자와당 탁본(1/2)
(曹汛, 1980, 568쪽)

7. 역사적 성격

1) 지정학적 위치

애하첨고성은 압록강의 지류인 靉河가 압록강으로 흘러드는 삼각주에 자리하고 있으며, 靉河 건너편에는 고구려의 泊汋城으로 비정되는 관전 호산산성이 위치하고 있음. 성 내부에서 출토된 유물로 보아 전한이 처음 축조하였으며, 고구려가 이 지역을 점령한 이후 계속 사용한 것으로 파악됨.

2) 역사지리 비정

성 내부에서 출토된 '安平樂未央'명 와당, '安平'명 토기 동체부편, '安平城'명 토기편 등에 모두 '安平'이라는 명문이 확인된다는 것을 근거로 애하첨고성을 전한 시기의 遼東郡 安平縣城으로 보기도 함(曹汛, 1980).

그렇지만 전한이나 후한대 요동군의 속현으로 安平縣이 설치되었다는 기록은 확인되지 않으며, 서안평현이 확인됨. 이에 일반적으로 애하첨고성은 요동군 속현인 西安平縣의 치소로 파악함.

애하첨고성 북쪽의 靉河는 '大水'로 불린 압록강에 대비하여 '小水'라고 일컬어졌는데(『삼국지』 권30 동이전 고구려전), 2~3세기에 이 일대에는 원고구려인과 동일한 계통의 주민집단인 小水貊이 거주하고 있었음. 고구려는 145~146년에 서안평현을 공격하여 후한의 대방령을 살해하고, 낙랑태수의 처자를 노획했다고 함. 또한 230년대에는 압록강 하구를 통해 남중국의 손오와 교섭을 진행하기도 했음. 이를 통해 고구려가 일찍부터 서안평현이 위치한 압록강 하구 방면으로 진출하기 위해 시도했음을 알 수 있음.

고구려가 서안평현을 완전히 점령한 것은 311년이며, 이때 서안평 점령의 여세를 몰아 서북한의 낙랑군과 대방군을 차례로 점령했음(313~314년). 고구려는 서안평현을 점령한 다음 이를 재활용한 것으로 보이는데, 애하첨고성에서 출토된 고구려 기와나 토기는 이를 잘 보여줌. 다만 애하첨고성은 평지성으로 군사방어상의 취약점을 안고 있었기 때문에 이를 보완하기 위해 靉河 건너의 압록강 상류 방면에 호산산성을 축조하여 운영했음.

애하첨고성 일대는 고구려 두 번째 도성인 국내성에서 압록강 수로를 통해 서해 방면으로 나아가는 관문이자, 요동지역과 서북한지역을 연결하는 육로상의 요충지임. 이로 인해 고구려는 서안평을 점령한 이후 이 일대를 매우 중시하였을 것으로 보임. 국내성 시기에 압록강 수로를 통해 서해로 나아가는 관문의 역할이 중시되었다면, 평양 천도 이후에는 요동지역과 서북한을 연결하는 육로상의 요충지 역할이 강화되었을 것임.

『신당서』 권43하 지리지7하에는 당에서 압록강 수로를 거슬러 발해로 갈 때의 모습을 "압록강 하구에서 배로 100여 리를 간 다음, 작은 배로 갈아타고 동북으로 30리를 거슬러 올라가면 泊汋口에 이르러 발해의 경계에 도착하고, 다시 500리를 거슬러 올라가면 九[1]都縣城에 이르는데 고구려의 옛 왕도이다"라고 서술했음. 압록강 하구에서 배로 100여 리를 거슬러 올라간 지점이 애하첨고성으로 추정되며, 다시 30리를 거슬러 올라가면 도착한다는 泊汋口는 관전 호산산성으로 비정됨. 이로 보아 애하첨고성은 고구려 후기까지 계속 사용되었을 뿐 아니라, 발해시기에도 사용되었을 가능성이 높음.

참고문헌

- 曹汛, 1980,「靉河尖古城和漢安平瓦當」,『考古』1980-6.
- 王金波, 1982,「丹東市靉河尖漢城址的初步探索」,『丹東史志』1982-2.
- 王禹浪·王宏北, 1994,『高句麗·渤海古城址研究匯編』(上), 哈爾濱出版社.
- 國家文物局 主編, 2009,『中國文物地圖集』遼寧分冊(下), 西安地圖出版社.

---

[1] '丸'자의 오기임.

02 단동 노고성산성
丹東 老古城山城

1. 위치와 자연환경(그림 1)

遼寧省 丹東市 振安區 樓房鎭 石城村의 서남쪽 1.5km 떨어진 지점에 위치하는데, 압록강 지류인 靉河의 중류에 해당함.

2. 성곽의 전체현황

○ 산 위에 위치하며 평면은 장방형임.
○ 산성의 남북 길이는 160m, 동서 너비는 40m임.
○ 석축 산성임. 산성의 남부에 길이 40m, 높이 1.8m 의 석벽이 남아 있음.

3. 역사적 성격

노고성산성은 요동평원에서 천산산맥을 넘어 압록강 하구로 나아가는 교통로인 靉河 중류 연안에 위치하는데, 고구려의 오골성으로 비정되는 봉성 봉황산성과 서안평으로 비정되는 애하첨고성 사이에 해당함. 노고성산성이 고구려시기의 성곽이라면 오골성과 압록강 하구 사이의 교통로를 공제하던 역할을 했을 것으로 파악됨. 다만 규모로 보아 군사중진이라기보다는 소형 보루성이었을 것으로 추정됨.

참고문헌

· 國家文物局 主編, 2009, 『中國文物地圖集』 遼寧分冊 (下), 西安地圖出版社.

그림 1 노고성산성 위치도

03 단동 낭랑묘산성
丹東 娘娘廟山城

1. 조사현황

1958년에 요령성문물 간부 육성반이 약식 조사함.

2. 위치와 자연환경

○ 낭랑묘산성은 丹東市 서남쪽 16km 거리의 振安區 浪頭鎭 鴨綠江口 右岸의 산언덕에 위치하는데, 현지 주민들은 속칭 浪頭娘娘城이라 부름.
○ 서쪽으로 浪頭鎭과 3.5km, 남쪽으로 文安村과 1.5km, 동쪽으로 압록강변과 0.5km 떨어져 있는데, 압록강 하구에 해당함.

3. 성곽의 전체현황

○ 포곡식 산성임. 성벽은 대부분 무너졌지만, 그 잔존 흔적이 뚜렷하여 성벽 윤곽을 분별할 수 있다. 고성은 돌멩이와 다진 흙을 혼축해서 축조하였음. 둘레는 약 1km 정도이며, 평면은 불규칙한 편임. 산성에서 압록강 하구를 조망할 수 있음.
○ 요령성문물 간부 육성반이 1958년 산성을 조사한 뒤, 약식보고서에 "대략 '力'자 형에 가깝다. 남북 길이 350m, 동서 너비 210m로 산을 따라 기복이 있으며 성벽은 토축이다. 남과 북에 2개의 문이 있으며, 출토된 암키와(板瓦)와 성곽 건축 특징이 집안의 고구려 유적과 완전히 같으므로 고구려 군사성보의 한 종류로 추정된다"고 기록하였음.

4. 역사적 성격

『安東縣志』에는 낭랑묘산성에 대하여 "낭랑성은 봉황성의 동남 170리에 위치하며, 지금의 縣治에서 서남 32리 三道浪頭 아래에 있는데, 지명은 娘娘城이고, 큰 강에 가까이 닿아있다. 돌을 쌓은 높이가 수 丈인 곳이 있고, 서, 북, 남 세 면에 3方里 흙을 두른 곳이 있는데 높이가 1장이 넘고, 낮은 곳 역시 5~6척이다. 수년 전에 옛 벽돌과 기와를 발견했는데, 오늘날의 벽돌과 기와와 비교해 매우 두껍고 길어 건축연대가 어느 시기인지 알 수 없다"고 기재되어 있음.

낭랑묘산성은 압록강 하구에 위치하는데, 당시 육로를 통해 압록강을 건널 경우에는 낭랑묘산성보다 상류인 애하첨고성 일대에서 도하했음. 이로 보아 낭랑묘산성은 요동평원과 서북한을 연결하는 육로보다는 서해에서 압록강으로 진입하는 수로를 방어하기 위해 축조한 것으로 추정됨. 이에 648년 唐의 薛萬徹이 바다를 건너 압록강에 이르러 공격했으며, 또 668년에 唐의 李勣이 압록강을 건너기 전에 공취했다는 고구려 大行城을 낭랑묘산성으로 비정하기도 함(譚其驤 主編, 1988 ; 孫進己·馮永謙, 1989 ; 王綿厚, 2002).

참고문헌

- 潭其驤 主編, 1988, 『中國歷史地圖集釋文匯編』 東北卷, 中央民族學院出版社.
- 孫進己·馮永謙 等, 1989, 『東北歷史地理』 第2卷, 黑龍江人民出版社.
- 陳大爲, 1989, 「遼寧境內高句麗遺跡」, 『遼海文物學刊』 1989-2.
- 孫力, 1990, 「遼寧的高句麗山城及遺其意義」, 遼寧省博物館出版社.
- 中國考古學會, 1993, 『中國考古學年鑒』, 文物出版社.
- 王連春, 1994, 「丹東市區的高句麗山城」, 『高句麗渤海研究集成』 第3卷, 哈爾濱出版社.
- 王綿厚, 1994, 「鴨綠江右岸高句麗山城研究」, 『遼海文物學刊』 1994-2.
- 王禹浪·王宏北, 1994, 『高句麗·渤海古城址研究匯編』(上), 哈爾濱出版社.
- 陳大爲, 1995, 「遼寧高句麗山城再探」, 『北方文物』 1995-3.
- 馮永謙, 1996, 「高句麗城址輯要」, 『北方史地研究』, 中州古籍出版社.
- 馮永謙, 1997, 「高句麗城址輯要」, 『高句麗渤海研究集成』 高句麗 卷(三), 哈爾濱出版社.
- 遼寧省地方志編纂委員會辦公室 主編, 2001, 『遼寧省志·文物志』, 遼寧人民出版社.
- 王綿厚, 2002, 『高句麗古城研究』, 文物出版社.
- 王禹浪·王文軼, 2008, 『遼東半島地區的高句麗山城』, 哈爾濱出版社.
- 國家文物局 主編, 2009, 『中國文物地圖集』 遼寧分冊(下), 西安地圖出版社.
- 王禹浪·王文軼·王宏北, 2010, 「遼東半島高句麗山城概述」, 『黑龍江民族叢刊』 2010-2.
- 王禹浪·王文軼, 2012, 「丹東地區的高句麗山城」, 『哈爾濱學院學報』 2012-3.

제3부

봉성시(鳳城市) 지역의 유적

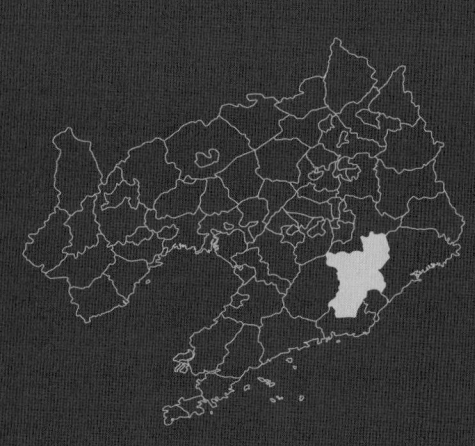

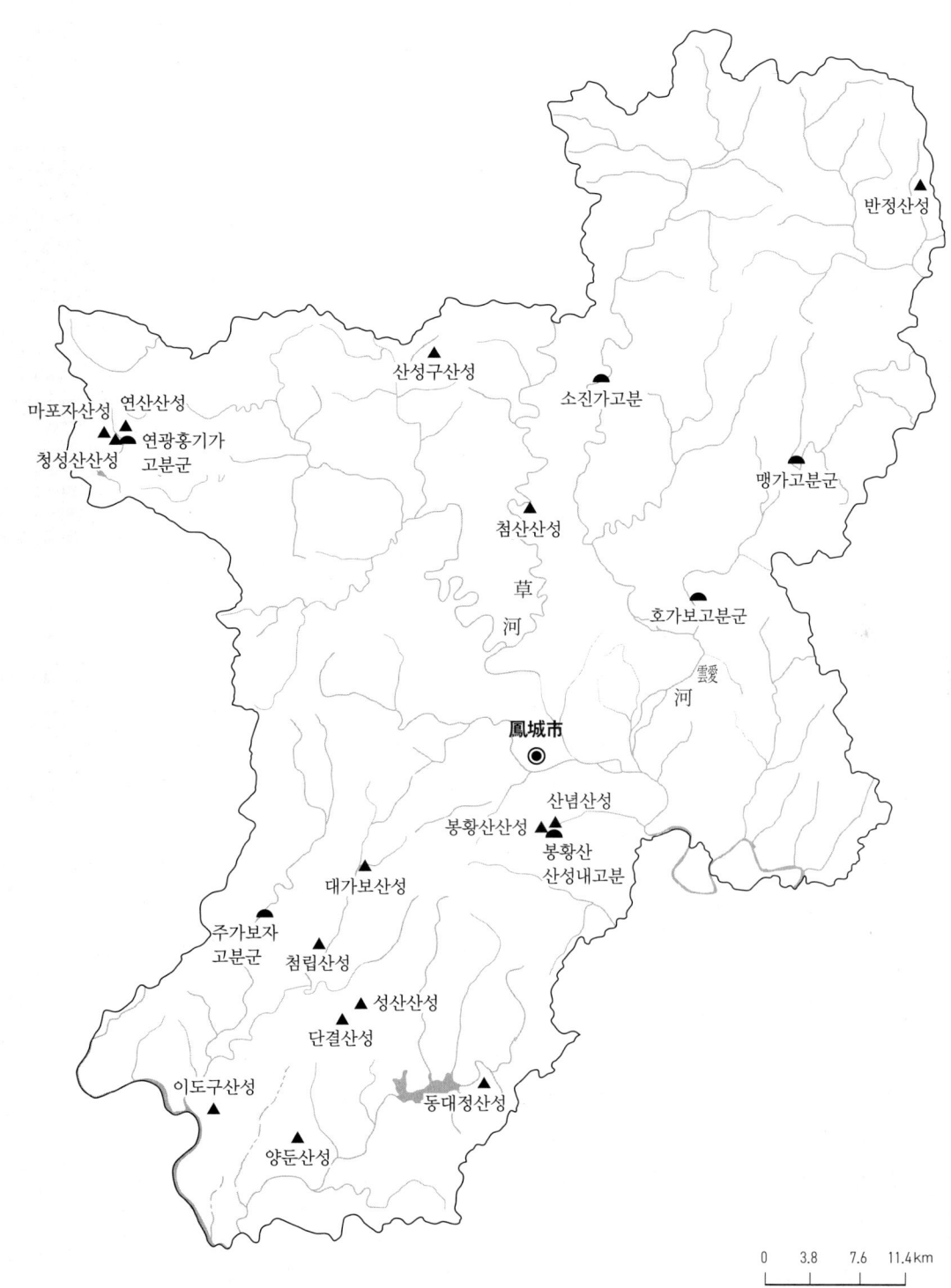

1
고분군과 고분

01 | 봉성 소진가청동단검묘[1]
鳳城 小陳家靑銅短劍墓 | 小陳家古墳 | 三家子靑銅短劍墓

1. 조사현황

1) 1964년 봄 발견
주민이 亂石을 정리하다가 불규칙한 원형의 자연 판석을 발견, 판석 아래는 큰 판석으로 맞춰 쌓은 石槽子(石棺)임. 장방형 단실로 묘향은 명확치 않음. 石槽 내의 진흙을 제거한 후 묘실 바닥에서 길이 약 1尺(≒45cm)의 청동단검 1점을 발견하여 상급기관에 보냄.

2) 1982년 문물조사
鳳城縣 弟兄山公社 三家子大隊 小陳家社員, 마을 북쪽으로 500m 떨어진 곳의 돌무지(石堆)에서 장방형 석관묘 1기 발견.

2. 위치와 자연환경

○ 鳳城市 弟兄山鎭 三家子村 三家子居民組 북쪽 500m 대지에 위치.
○ 고분군이 자리한 곳은 지세가 비교적 높고 평탄하며 큰 산을 등지고 남쪽은 개활지이고, 동서 양쪽에는 구릉이 솟아 있고, 남쪽에는 八道河가 흐르고 있음.

---

[1] 許玉林·王連春(1984)에는 소진가고분으로, 『鳳城市文物志』(1996) 및 『中國文物地圖集』遼寧分冊(2009)에는 삼가자 청동단검묘로 명명함.

3. 고분의 현황

○ 대지 위에는 원래 적석묘가 있었으나 주민들에 의해 파괴됨.
○ 고분은 장방형의 판석조 석관묘로 판석 두께가 20cm임. 석관 안에서 청동단검 1점 발견.
○ 무덤 천정에는 일정량의 쇄석이 있고, 묘실은 장방형 판석을 짜맞추어 만듦.

4. 출토유물

1) 청동단검(銅劍, 그림 1)
○ 출토지 : 소진가청동단검묘.
○ 크기 : 전체 길이 36.7cm, 슴베 길이(莖長) 3.2cm, 직경 1.5cm, 검끝 길이(鋒長) 9cm, 검날부(刃部) 너비 3.2cm.
○ 형태 : 비교적 완전한 형태. 슴베 단면(莖剖面)은 타원형이고 횡단면은 마름모형(菱形)임. 鋒後에는 16cm 길이의 육각형 기둥 모양 등대(脊)가 있으며, 등대(脊) 양측에는 피홈(血槽)이 있음. 검날하부(刃下部)는 파손되었으나 온전한 형태인 검날부(刃部)는 직선에 가까움.

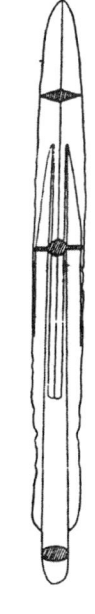

그림 1
청동단검

5. 역사적 성격

1) 고분 형식
봉성 소진가청동단검묘는 압록강 중하류 유역의 석퇴유적과 마찬가지로 청동기가 출토되므로, 이들과 같은 성격으로 파악하고 있음. 압록강 중하류 유역 석퇴유적은 적석묘로 보기도 하고, 석관묘로 보기도 함. 돌로 무덤을 쌓았다는 점에서는 압록강 중하류 유역의 석퇴유적과 특징을 같이 할 것으로 판단됨.[2]

2) 고분 연대
단동지역에서 출토된 청동단검은 세 형식으로 분류되는데 제1형식은 검날 하단의 圓弧가 비교적 넓고 검날 말단에서 圓弧形으로 줄어들며, 검끝은 비교적 짧고, 등대(柱脊) 위에는 돌기(脊突)가 있음(사례 : 岫巖 西房身유적). 제2형식은 검신이 비교적 길고, 검끝도 길며, 검날 전단부는 비교적 좁거나 수직에 가깝고, 후단부는 명확히 돌출부분이 있으며, 검날 말단은 꺾여 줄어듦(사례: 寬甸 趙家堡子유적 및 鳳城 小陳家유적). 제3형식은 검신이 비교적 길고, 검끝도 길며, 검날 하단은 直折되고, 검날 말단은 꺾여 줄어들며, 등대(柱脊) 위에는 돌기(脊突)가 없음(사례 : 東溝 大房身 유적).

제1형식 청동단검 유적에서 비교적 이른 시기의 瓜稜形 가중기(石枕狀器)가 함께 출토되었는데, 이 청동단검과 동일한 형식의 청동단검이 출토된 다른 지역 청동단검묘에서는 아직 철기가 발견되지 않았다는 점에서 그 연대는 춘추시기에 해당된다고 추정됨. 제2형식 청동단검은 葉脈文 쌍뉴동경과 葉脈文 동모과 함께 출토되는데 이 동경과 동모는 길림 집안 오도령구문적 석묘 속에서 발견됨. 집안 출토 청동단검이 단동지역 제3형식 청동단검과 형식이 동일하므로 단동지역 출토 제2형식과 제3형식 청동단검은 제작연대가 대체로 비슷하다고 파악됨. 단동지역 제2형식과 같은 환인현 대전자 청동단검묘에서 戰國時期 명도전과 철제칼(鐵刀)이 출토되었고, 집안 오도령구문 청동단검묘에서 도끼날형(鏟形) 철촉이 출토되었기 때문에 단동지역 출토의 제2형식과 제3형식 청동단검은 그 연대가 戰國 중후기 또는 그 이후로 추정됨.

봉성 소진가청동단검묘의 출토품은 제2형식에 해당하므로 고분 연대는 전국 중후기 또는 그 이후로 추정됨.

참고문헌

- 許玉林·王連春, 1984, 「丹東地區出土的靑銅短劍」, 『考古』 1984-8.
- 박진욱, 1987, 「초기좁은놋단검문화의 내용과 발전과정에 대하여」, 『조선고고연구』 1987-1.
- 손영종, 1990, 「고구려 건국년대에 대한 재검토」, 『력사과학』 1990-1.
- 田村晃一, 1990, 「高句麗の積石墓」, 『東北アシアの考古學』.
- 강인숙, 1991, 「고구려에 선행한 고대국가 구려에 대하여」, 『력사과학』 1991-2.
- 崔玉寬, 1996, 『鳳城市文物志』, 遼寧民族出版社.
- 지병목, 1997, 「遼東半島와 鴨綠江 中·下流地域 積石墓의 관계-高句麗 積石墓의 기원에 관한 試論」, 『史學研究』 53.
- 강현숙, 1999, 「고구려 적석총의 등장에 대하여」, 『경기사학』 3.
- 지병목, 2005, 「고구려 성립기의 고고학적 배경」, 『고구려의 국가형성』.
- 여호규, 2011, 「高句麗 초기 積石墓의 기원과 築造集團의 계통」, 『역사문화연구』 39.

---

2 봉성 소진가청동단검묘는 압록강 중하류 유역 석퇴유적 중의 하나로서 관전의 사평가 청동모묘, 조가보 청동단검묘, 포자연 청동단검묘와 고분성격이 유사함. 따라서 고분형식 및 연대비정의 구체적 내용은 관전의 사평가 청동모묘와 포자연 청동단검묘를 참조 바람.

02 봉성 맹가고분군[1]

鳳城 孟家古墳群 | 阮家堡古墳群

1. 조사현황

1) 1982년 조사
문물조사 당시 胡家堡와 함께 맹가에서 30여 기 적석묘 고분군을 발견.

2) 1989년 10월 조사
○ 조사기관 : 요령성고고연구소, 단동시문관회, 봉성현문관소.
○ 조사배경 및 내용 : 1989년 8월 현지답사 때 30여 기 중에 8기만 남아 있고 대부분 파괴된 것을 확인하고 10월에 고분 4기(M1~M4)를 발굴함.

2. 위치와 자연환경(그림 1~그림 2)

○ 고분군은 鳳城市 石城鎭 孟家村 孟家堡子村民組에 위치.
○ 고분군은 靉河 우안의 평탄대지에 분포.[2]

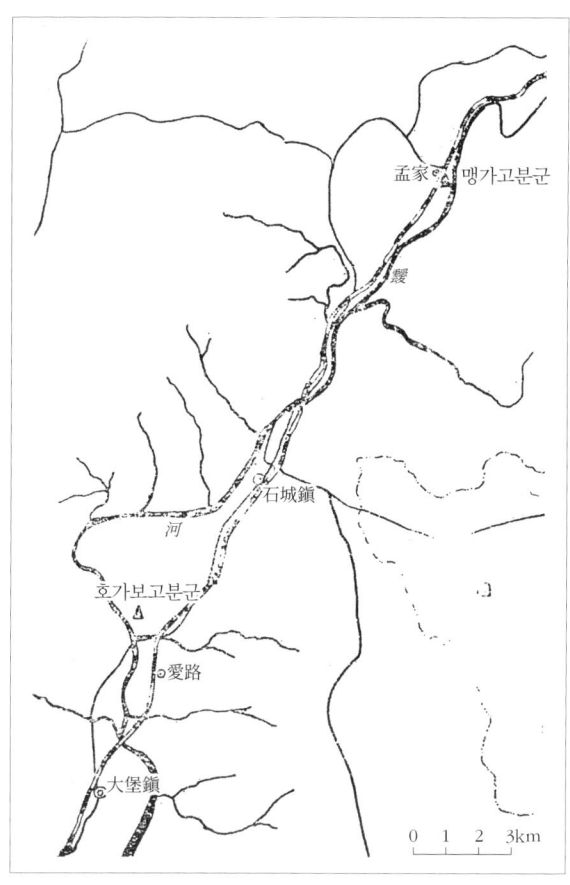

그림 1 맹가고분군 위치도 1(『博物館研究』1991-2)

○ 고분군 분포범위는 4,000m²임.
○ 고분군 서남 17km에는 호가보적석묘고분군이 자리하고 있음.

---

1 『博物館研究』1991-2 참조. 『中國文物地圖集』遼寧分冊(2009)에는 해당 고분군으로 추정되는 고구려고분군으로 완가보(阮家堡)고분군이 확인되며, 맹가고분군은 청동기시대로 비정되는 석실묘 20여 기가 있는 고분군으로 별도 소개됨.
2 『博物館研究』1991-2에서 맹가고분군은 애하 우안에 위치(그림 1 참조)하지만, 『中國文物地圖集』遼寧分冊(2009)에서 완가보고분군은 애하 좌안에 위치(그림 2 참조)하여 양자의 위치는 불

일치함.

그림 2 맹가고분군 위치도 2
(『中國文物地圖集』遼寧分冊(上))

3. 고분별 현황

○ 고분 4기는 모두 묘실 구조의 적석묘.
○ 묘실 벽은 비교적 큰 돌로 쌓거나 두껍고 큰 판석을 세워 축조했으며, 묘실 벽석은 지하에 매입되어 있음.
○ 묘실 바닥에는 강자갈을 깔았는데 부분적으로 백회가 칠해져 있기도 함.
○ 무덤 상부에는 두껍고 무거운 대개석이 덮여 있어 석붕과 유사한 형태를 띠고 있음.

1) 맹가1호묘

(1) 위치
고분군 남단에 위치. 동쪽으로는 애하 서안과 10m 거리.

(2) 유형
석실적석묘(단실묘).

(3) 방향
북편동 22°(대체로 남북향).

(4) 규모
묘실(장방형)의 길이 1.75m, 너비 1.2m, 깊이 1.1m (기점은 동벽).

(5) 고분 현황
○ 현재 적석과 개석이 남아 있지 않으며, 정리 전에는 동·서·북의 남아 있는 벽이 지표에 노출되고 남벽 동측에만 돌(石塊) 한 매가 있었음.
○ 묘실 및 주위는 모두 밭이랑이 됨.

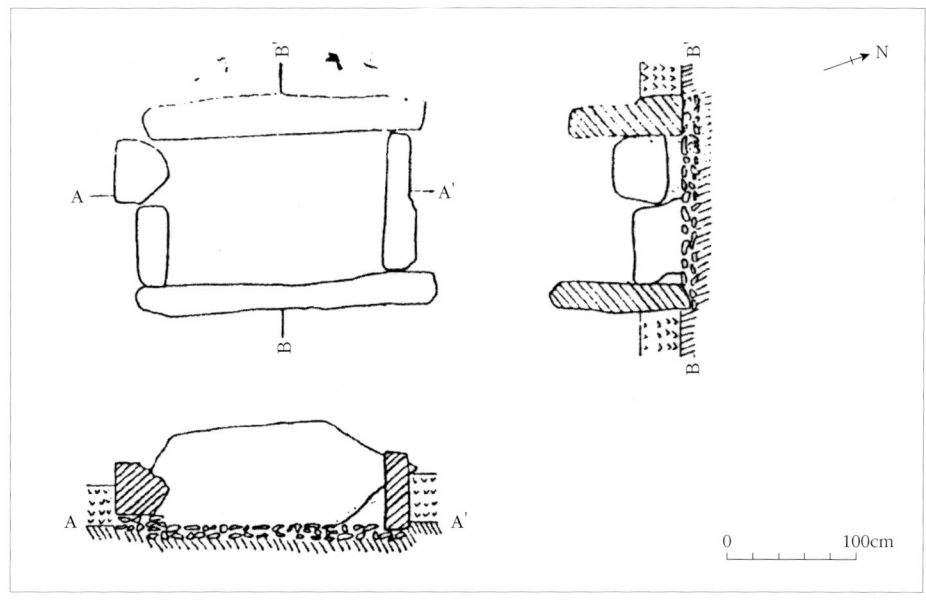

그림 3 맹가1호묘 평·단면도
(『博物館硏究』 1991-2)

(6) 고분 구조(그림 3)

① 묘실 벽면
○ 노출된 벽면의 높이는 고르지 않음. 동벽이 가장 높은데 높이는 지표로부터 0.7m. 북벽이 가장 낮은데 높이는 지표로부터 0.18m임.
○ 벽면 상부 및 양단에는 파괴 흔적이 있음. 동벽석은 파괴 흔적이 비교적 명확함.
○ 동·서·북벽은 화강암 대형 판석 한 매로 이루어졌고, 남벽은 동측의 큰 돌과 서측의 작은 판석 등 두 매로 이루어졌음. 벽 사이는 부드러운 퇴적토로 메워져 있음.

② 묘실 바닥
형태와 크기가 고르지 않은 강자갈(河卵石)을 불규칙하게 2~3겹 깔았음. 강자갈 두께는 약 1cm임.

(7) 부장품
묘실 내에 채워진 흙 속에서 모래혼입 홍갈색 토기편(夾砂紅褐陶片), 모래혼입 흑갈색 토기편(夾砂黑褐陶片) 등을 소량 발견.[3]

2) 맹가2호묘

(1) 위치
고분군 중부에서 동쪽에 치우친 지점에 위치. 동쪽으로는 애하와 25m 떨어져 있고, 서쪽으로는 寬鳳 철도와 145m 떨어져 있음.

(2) 유형
석실적석묘(단실묘).

(3) 방향
북편동 10°(대체로 남북향).

(4) 규모
묘실은 북벽을 기준으로 너비 대략 1.5m, 깊이 1.3m.

---

[3] 『博物館硏究』 1991-2 참조. 『鳳城市文物志』(1996)에서는 夾砂紅陶와 夾砂灰陶로 소개됨.

(5) 고분 현황

무덤은 일찍 파괴되어 지면에는 북벽만이 남아 있고, 북벽은 온전한 판석 하나로 쌓았으며, 상부에는 파손 흔적이 있음. 주위는 모두 밭이랑이 됨.

(6) 고분 구조 및 부장품

o 묘실 바닥에는 강자갈(河卵石)을 2～3겹 깔음. 두께가 약 10cm.
o 묘실 안을 채운 흙 속에서 모래혼입 홍도편(夾砂紅陶片)을 소량 발견.

3) 맹가 3호묘

(1) 위치

o 고분군 최남단, 석성향 맹가촌 委會房 뒤쪽 15m 거리의 경작지에 위치.
o 고분 동남으로 40m에 2호묘, 남쪽으로 45m에 4호묘가 자리하고 있음.

(2) 유형

석실적석묘(쌍실).

(3) 방향

북편동(北偏東) 21°(대체로 남북향).

(4) 규모

o 동묘실(장방형) : 길이 1.85m, 너비 0.47m, 깊이 0.83m.
o 서묘실(장방형) : 길이 1.7m, 너비 0.82m, 깊이 0.83m.

(5) 고분 현황

o 고분은 일찍 파괴되어 개석은 남아 있지 않음.
o 발굴 전 동·서·북 등의 세 벽석만이 지표에 노출되

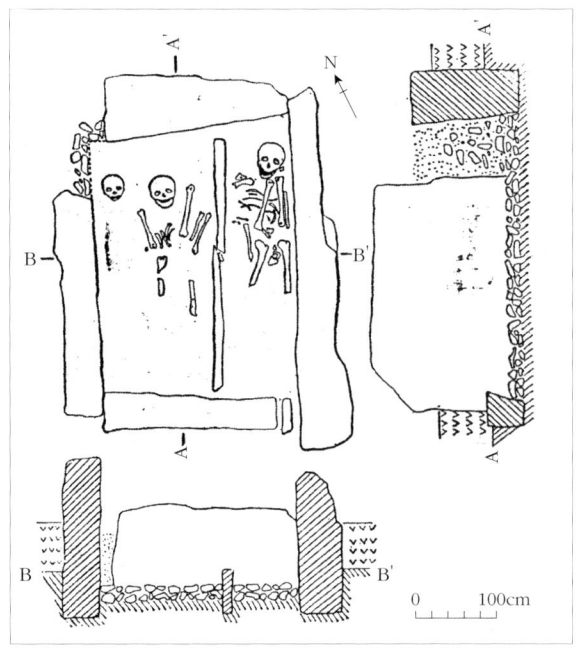

그림 4 맹가3호묘 평·단면도(『博物館硏究』1991-2)

어 있었음. 노출 벽석의 높이는 지표에서 0.42m임(서벽 기점).
o 주위 및 묘실은 밭이랑이 되었고 무덤의 외형은 이미 찾아볼 수 없음.

(6) 고분 구조(그림 4)

① 묘실 벽면

o 묘실 중간에 장대석 2매를 세워 동·서 2실로 양분.
o 동묘실의 동벽과 서묘실의 서벽, 두 묘실의 북벽 모두 두꺼운 대형 판석 한 매를 땅에 세워 만듦.
o 동묘실 동벽석은 길이 2.4m, 높이 0.87m, 두께 0.27m. 서묘실 서벽석은 길이 1.53m, 높이 1.04m, 두께 0.21m. 동·서 묘실의 북벽석은 길이 1.16m, 높이 0.7m, 두께 0.25～0.45m. 동·서 묘실의 남벽에는 길이 1.1m의 장대석 한 매가 남아 있음. 그 높이는 묘실바닥에서 0.12m.

② 묘실 바닥

강자갈을 2~3층 깔았는데 두께가 약 10cm.

(7) 기타

동묘실에서 인골 1구 수습. 두개골, 肋骨, 상하 肢骨 등이 남아 있으며, 얼굴은 위를 향하고 있음. 서묘실에는 인골 2구가 잔존. 서쪽 인골은 두개골만이 남아 있으며, 동쪽 인골은 두개골과 지골이 흩어져 있음. 얼굴은 모두 위를 향하고 있음. 3구의 인골 아랫면에는 백석회가 칠해져 있고 그 일부는 덩어리져 있음. 인골 발견정황을 보아 동묘실 인골은 남성으로 일차장이었고, 서묘실 2구의 인골은 여성으로 이차장이었음.

묘실 안에 쌓인 흙 속에서 니질의 회색 토기편(泥質灰陶片) 소량과 목탄편을 발견.

4) 맹가 4호묘

(1) 위치

고분군 중앙부에 위치. 고분 동북으로 15m에 2호묘, 북으로 40m에 3호묘가 자리하고 있음.

(2) 유형

석실적석묘(단실묘).

(3) 방향

북편서(北偏西) 65°.

(4) 규모

○ 분구 평면(반원형) : 길이와 너비 약 5.3m.
○ 묘실(장방형) : 길이 1.8m, 너비 1.1m, 깊이 1m.

(5) 고분 현황

무덤이 이른 시기 파괴되어 남벽석 외부의 적석을 정리함. 잔존 적석은 동서향으로 일직선을 이루며, 남면은 경작지임.

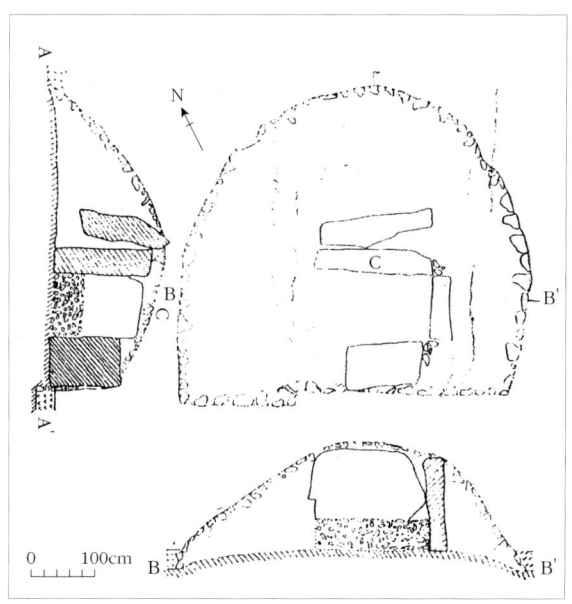

그림 5 맹가4호묘 평·단면도(『博物館研究』1991-2)

(6) 고분 구조(그림 5)

① 고분 외형

고르지 않은 자연석을 쌓아 반구상을 이루며, 높이는 지표에서 1.7m임.

② 묘실

○ 벽은 동·서·북 3면에 두껍고 무거운 큰 판석을 세웠고, 남벽에는 판석이 없음.
○ 개석은 커다란 판석 한 매이며, 조사 당시 북벽 밖으로 미끄러져 있었음.
○ 바닥은 강자갈(河卵石)로 약 50cm 두께로 깔았음. 강돌층(卵石層) 위에는 백회가 흩어져 있었음.

(7) 기타

묘실 안에 흩어져 쌓인 碎石 사이에서 후기에 교란된 것으로 보이는 말, 개 등의 동물뼈가 확인됨.

4. 역사적 성격

1) 고분연대

맹가고분은 인근 호가보고분과 유사한 석실적석묘로, 석실은 지상에 위치하며, 석실 벽은 판상의 돌을 세웠으며 석실 주위에 돌을 쌓아 분구를 만들었음. 보고자는 이와 같은 고분 구조를 고구려 적석묘의 만기형식에 해당된다고 보았음.

인근의 호가보2호묘에서 출토된 모래혼입 회색 토기(夾沙灰陶罐)는 본계 晉墓에서 출토된 I식 호(陶罐), 무순시 前屯13호묘 호와 유사한 형식임.

보고자는 호가보2호묘의 형식과 출토유물을 고려하여 맹가적석묘의 연대를 고구려 중기, 즉 4세기경에 속한다고 보았음. 그러나 이와 유사한 구조의 석실적석묘는 환인현의 풍가보자유적에서도 확인된 바 있음.

맹가적석묘 유적지에서 석기시대에서부터 청동기시대에 걸친 유물들이 수습되고 있음. 신석기시대의 토기 가운데 모래혼입 흑갈색 토기(夾沙黑褐陶) 저부편에 斜點文이 새겨져 있어 이 일대 신석기 문화인 後窪상층문화 특징을 보임. 또한 滑石을 함유하고 斜線文과 교차 사선문이 새겨진 모래혼입 홍갈색 토기(夾沙紅褐陶) 잔편, 모래혼입 홍갈색 豎板耳 잔편, 雙孔의 석제칼(石刀), 편평한 무경식 석제화살촉(石鏃) 등은 岫巖 北溝文化 유형의 특징을 갖추고 있음.

이러한 점들을 종합해보면, 맹가적석묘의 연대를 무덤 구조만으로 판단하기 어려움.

2) 석실구조의 특징

맹가고분은 묘실은 돌을 세워 벽석을 만들고, 그 위에는 두껍고 큰 개석을 덮어 석붕(지석묘)과 같은 형상을 띠고 있음. 집안 장군총의 배총 석실도 방단 위에 벽석을 세우고 개석을 올려 마치 석붕과 같은 형상을 띰.

보고자는 4세기경까지도 고구려가 석붕의 유풍을 계승한 것으로 보고, 맹가석실적석묘를 요동반도 석붕형식의 변천과 족속 등의 문제를 탐구하는 데 연구가치가 있다고 판단하였음. 그러나 맹가고분과 비교할 때 요동반도의 석붕에는 적석이 없고, 장군총의 배총 석실은 방형 평면의 계단상 위에 자리하여 구조적으로 맹가고분군은 두 고분과 차이가 있음.

참고문헌

- 許玉林·任鴻魁, 1991,「遼寧鳳城胡家堡·孟家積石墓發掘簡報」,『博物館研究』1991-2.
- 崔玉寬, 1996,『鳳城市文物志』, 遼寧民族出版社.
- 崔雙來, 1997,「丹東地區高句麗山城及其墓葬考察紀要」,『中國考古集成』東北卷 兩晉至隋唐(二), 北京出版社.
- 國家文物局 主編, 2009,『中國文物地圖集』遼寧分冊(上·下), 西安地圖出版社.

03 봉성 봉황산산성내고분
鳳城 鳳凰山山城內古墳

1. 조사현황

1985년 봉황산산성에 대한 전면적 조사 실시. 이후에 몇 년간 보충조사 진행.

2. 위치와 자연환경(그림 1)

○ 봉성시 외곽 동남쪽에 있는 봉황산의 동측 봉황산산성 안에 위치.
○ 崔玉寬(1994)에 의하면, 고분은 봉황산산성 북문에서 서쪽으로 210m 지점의 산등성이 정상부에 위치하고, 북쪽으로는 성벽과 겨우 10m 떨어져 있다고 함.
○ 崔雙來(1997)에 의하면 성 내에 정문인 남문의 동쪽에 고분이 위치하였다고 함.
○ 『中國文物地圖集』 遼寧分冊(2009)에서는 성내 북부에 위치한다고 함.
○ 종합하면, 봉황산산성내고분은 崔玉寬이 설명한 것과 같은 지점에 있을 가능성이 크다고 볼 수 있음.

3. 고분의 현황

○ 일찍이 파괴되어 원형의 돌무지만 남아 있음. 돌무지는 직경 12m. 돌무지는 모두 제자리임. 무덤형식은 고구려 적석묘로 추정.
○ 오랜 시간 여러 번 山水의 충격과 현지인들의 封石 채취로 이미 고분은 파괴되어 그 형상을 복원할 수 없음.

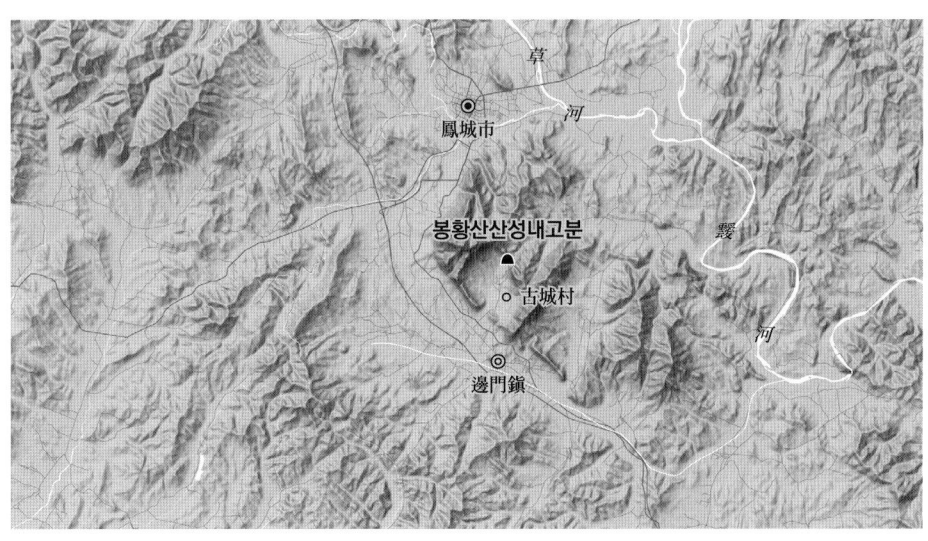

그림 1
봉황산산성내고분 위치도

4. 역사적 성격

적석묘로 추정되지만, 적석묘는 선사시대에서부터 고구려 늦은 시기까지 축조되었으므로, 잔존 상황만으로는 고분의 연대를 가늠할 수 없음. 다만, 봉황산산성이 고구려의 중요한 성이었음을 감안해 볼 때 고구려 무덤의 가능성을 배제할 수 없음.

참고문헌

- 崔玉寬, 1994, 「鳳凰山山城調査簡報」, 『遼海文物學刊』 1994-2.
- 崔雙來, 1997, 「丹東地區高句麗山城及其墓葬考察紀要」, 『中國考古集成』 東北卷 兩晉至隋唐(二), 北京出版社.
- 國家文物局 主編, 2009, 『中國文物地圖集』 遼寧分冊(上·下), 西安地圖出版社.

04 봉성 연광홍기가고분군
鳳城 鉛礦紅旗街古墳群

1. 위치와 자연환경

鳳城市 靑城子鎭 鉛礦紅旗街 뒤의 구릉에 위치.

2. 고분군의 현황

이른 시기에 대규모의 적석묘 고분군 발견.

3. 역사적 성격

崔雙來는 단동지역 고분을 입지에 따라 산성내고분군형, 대지형, 구릉형으로 나누고 연광홍기가고분군은 구릉형에 해당된다고 파악함.

정식 발굴조사가 이루어지지 않은 상황에서 崔雙來는 적석묘가 고구려 무덤이라는 전제에서 고구려 고분으로 비정한 것으로 보이지만 소개된 글만으로 무덤의 구체적인 내용은 알 수 없으며, 향후 조사가 필요함.

참고문헌

- 崔雙來, 1997, 「丹東地區高句麗山城及其墓葬考察紀要」, 『中國考古集成』 東北卷 兩晉至隋唐(二), 北京出版社.

05 봉성 주가보자고분군
鳳城 周家堡子古墳群

1. 위치와 자연환경

鳳城市 寶山鎭 周家堡子學校와 原大隊 안에 자리하고 있음.

2. 고분군의 현황

고분군 남쪽에서 멀지 않은 곳에서 돌절구(石臼)와 대형 돌구유(石槽) 등이 출토된 바 있음.

3. 역사적 성격

고분군 주위에서 돌절구와 돌구유 등이 출토된 곳은 고분군과 관련된 고구려인의 거주유적으로 추정됨.

崔雙來는 단동지구 고분을 입지에 따라 산성내고분군형, 대지형, 구릉형으로 나누고, 주가보자고분군은 구릉형으로 파악함.

정식 발굴조사가 이루어지지 않은 상황에서 인근에 고구려 거주 유적이 있다고 판단한 崔雙來는 적석묘가 고구려 무덤이라는 전제에서 고구려 고분으로 비정한 것으로 보임. 그러나 소개된 글만으로 무덤의 구체적인 내용은 알 수 없으며, 향후 조사가 필요함.

참고문헌

- 崔雙來, 1997, 「丹東地區高句麗山城及其墓葬考察紀要」, 『中國考古集成』 東北卷 兩晉至隋唐(二), 北京出版社.

06 봉성 호가보 고분군
鳳城 胡家堡古墳群

1. 조사현황

1) 1982년 조사
문물조사에서 孟家와 함께 호가보에서 적석묘 고분군 발견. 고분의 대부분은 보존상태 양호.

2) 1989년 10월 조사
○ 조사기관 : 요령성고고연구소, 단동시문관회, 봉성현문관소.
○ 조사배경 및 내용 : 주민들에 의해 고분의 개석 등이 파괴되어 국가문물국 비준을 거쳐 발굴조사 진행. 총 고분 5기를 발굴조사. 호가보 M1~M5로 편호. 조사한 5기는 원형 평면의 적석묘임.

2. 위치와 자연환경

1) 고분군 위치(그림 1 및 맹가고분군 그림 2)
大堡鎭 愛路村 胡家堡子屯 서북으로 1km 떨어진 곳에 위치. 고분군은 靉河 東岸의 1단 대지 위에 동서 방향으로 길게 배열. 고분군 서남쪽은 애하 좌안에, 동북쪽은 影碑山 남쪽 비탈에 자리하고 있음.

2) 주변 환경
봉성시는 요령성 동부 산간지대이며, 장백산맥의 동남쪽에 위치. 고분군 서남쪽으로 30km에 봉성시 정부 소재지가 자리하고 있음.

3. 고분군의 분포현황

1) 고분 배열
고분군에는 현재 약 100여 기가 남아 있음.[1] 대부분 애하변 대지에 위치. 일부는 산비탈에 열을 지어 자리함.

2) 고분군 면적
고분 분포범위는 2만 4,000m²임.

3) 고분 외형(분구 평면에 따라 방형과 원형으로 구분)
○ 방형 적석묘 : 길이 및 너비가 6~12m 정도. 사면 둘레는 돌로 쌓았으며, 상부 적석에 사용된 돌은 비교적 작은 편임.
○ 원형 적석묘 : 직경은 보통 5~7m인데 가장 작은 것이 3m 정도이고 높이는 1~1.5m임. 묘실은 대다수 동북-서남향인데 남북향에 가까움.

4) 고분 구조
○ 묘실 벽면 : 북·서·동 3면은 대다수 큰 돌로 2~

---

[1] 『博物館研究』 1991-2 참조. 『中國考古集成』 東北卷(1997)에는 70여 기가 남아 있다고 기록됨.

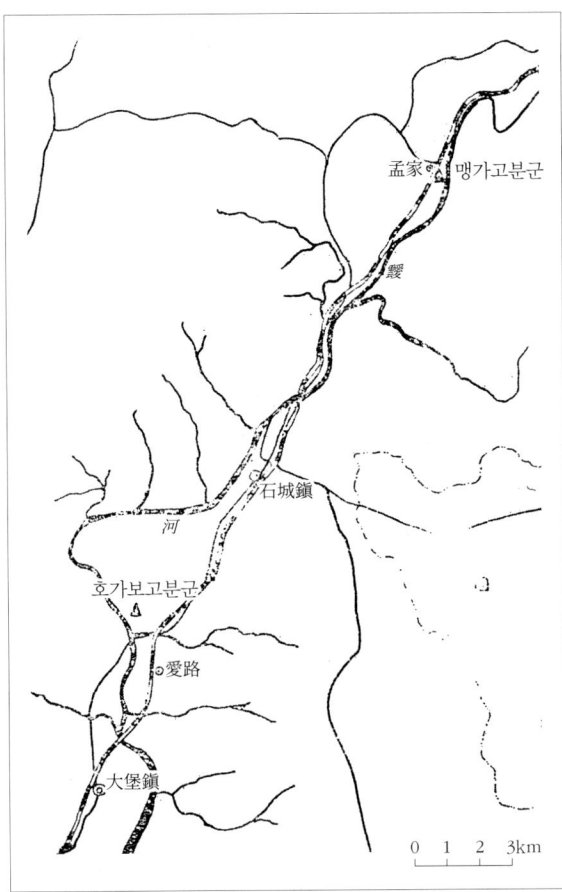

그림 1 호가보고분군 위치도(『博物館研究』 1991-2)

3층으로 층층이 쌓아 올리거나 두껍고 큰 판석을 세워 벽을 축조. 일부 판석을 세운 벽은 약간 기울어져 있음. 일부는 안정적으로 고정된 벽체를 형성하여 蓋石이나 큰 돌을 받치고 있음.
○ 묘문 : 묘실 남부는 소량의 돌과 흙으로 막았으며, 이곳이 묘문(墓門)으로 추정됨.
○ 묘실 바닥 : 10~15cm 두께로 강자갈(河卵石)이 깔려 있음.
○ 묘실 정부 및 적석 분구 외형 : 頂部는 대형 판석 2~5매로 덮었고, 그 위에 돌을 쌓아 적석분구는 圓丘狀을 이룸.
○ 묘실 유형 : 단실과 쌍실이 있음.

5) 기타
묘실 안에 부장품은 비교적 적거나 없음.

4. 고분별 현황

1) 호가보1호묘

(1) 위치
고분군 중앙부에서 남쪽에 치우친 평탄대지.

(2) 유형
석실적석묘(원구상 분구, 쌍실).

(3) 평면
타원형.

(4) 방향
북편동(北偏東) 72°.

(5) 규모
○ 분구 평면 : 길이 5.2m, 너비 3.9m, 높이 1.2m.
○ 동묘실 : 길이 1.4m, 너비 0.4m, 높이 0.8m.
○ 서묘실 : 길이 1.2m, 너비 0.6m, 높이 0.8m.

(6) 고분 구조(그림 2)
○ 분구 : 크기가 고르지 않은 자연석(石塊)으로 쌓았음.
○ 묘실 : 중앙에 위치하며, 개석은 이미 파괴된 상태. 현지인에 의하면 고분군의 일부 개석은 애하댐 건설 당시에 훼손되었다고 함. 현재 파손된 판석 5매가 있는데 墓口 일부를 덮고 있음. 묘실은 동북-서남 방향으로 장방형의 동·서 2실이 있음. 동·서 2실은 폭 0.25m 정도의 사이벽으로 나뉨. 사이벽은 자연석을 4~6층으로 층층이 쌓았으며, 그 이상은 무너져 함몰되고 남

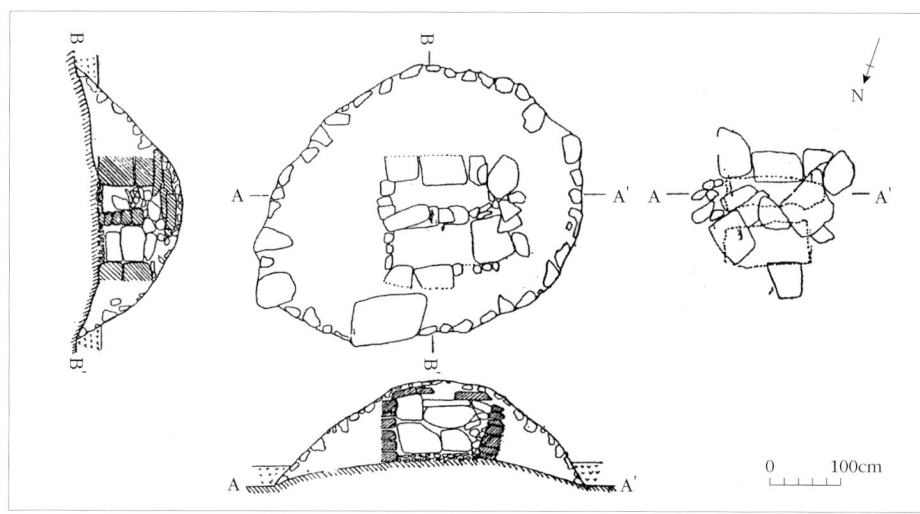

그림 2 호가보1호묘 평·단면도
(『博物館研究』 1991-2)

쪽으로 기울어짐. 묘실벽은 크기가 고르지 않은 돌로 쌓았음. 동묘실의 동남벽 및 서묘실의 서북벽은 가공을 거친 큰 돌을 끼워 2~3층으로 쌓았으며, 두 묘실의 동북벽은 불규칙한 강자갈(河卵石)로 축조했고, 서남벽은 흙과 돌로 쌓아 축조 흔적이 명확하지 않음. 묘실 바닥은 강자갈(河卵石)로 2~3층을 편평하게 깔았음. 강자갈은 직경 10~12cm, 두께 2~4cm 정도임. 강자갈층 두께는 약 10cm 정도임.

(7) 부장품

남묘실 북벽과 북묘실 남벽[2] 가까이 메운 흙 속에서 무늬 없는 모래혼입 회갈색 토기편(素面 夾砂灰褐陶片) 2점 발견.

2) 호가보2호묘

(1) 위치

고분군 동남단에 위치.

―――――

[2] 앞서 동묘실과 서묘실로 표현하고 있어, 남묘실과 북묘실은 오기로 보임.

(2) 유형

석실적석묘(원구상 분구, 단실).

(3) 방향

북편동(北偏東) 55°.

(4) 규모

○ 분구 : 원형, 직경 4~5m.
○ 묘실 : 길이 2.1m, 너비 1m, 깊이 0.8m.

(5) 고분 구조(그림 3)

○ 분구 : 분구는 원구형을 띠며, 고분 높이는 지표로부터 0.8m. 강자갈 등 자연석으로 쌓았으며, 소량의 부식토가 섞여 있음. 분구 위에는 잡목이 있음.
○ 묘실 : 묘실은 단실로 동북-서남 방향. 묘실의 동북·서북·동남 등의 세 벽은 모두 커다란 판석을 세워 벽을 만들었으며, 각 벽석은 약간 무덤 안으로 기울어져 있음. 동남벽석은 약간 작기 때문에 작은 할석을 더 쌓아 무덤 입구를 평평하게 만듦. 묘실 서남벽에는 돌이 없고, 부드러운 퇴적토가 있음. 묘벽 밖에는 자갈 등의 자연석이 쌓여 있음. 묘실 바닥에는 두께 약 10cm의 강자갈 2~3층이 깔려 있음.

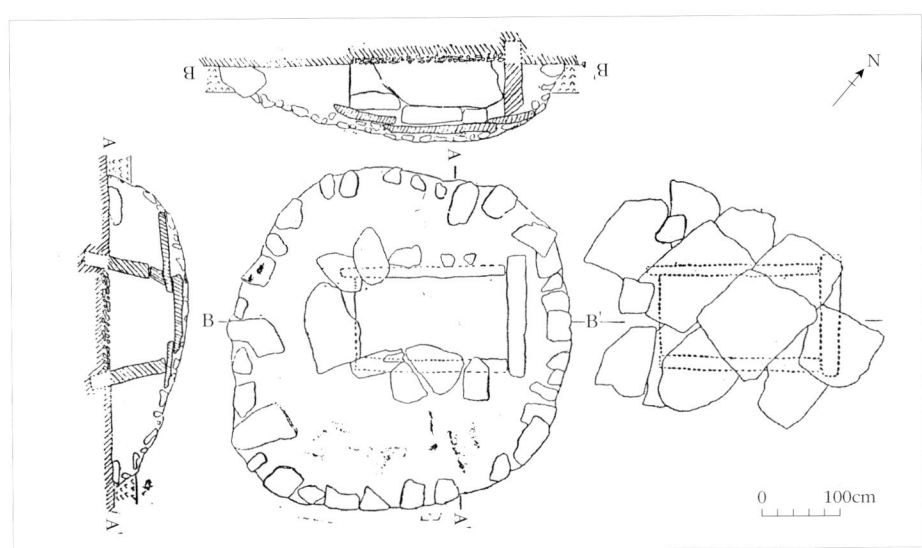

그림 3 호가보2호묘 평·단면도
(『博物館硏究』 1991-2)

(6) 기타

○ 묘실 서남부 자갈층 상면에서 모래혼입 회색 호(夾砂灰陶罐)가 거꾸로 놓여 있었음.
○ 묘실 중앙부에는 부서진 인골 5편, 묘실 북부의 메운 흙더미 속에서 토기 구연부 잔편 1점과 토제 어망추 1점 출토.

3) 호가보3호묘

(1) 위치

○ 고분군 중앙부에서 남쪽에 치우친 평탄대지.
○ 호가보1호묘 동쪽으로 12m에 자리하고 있음.

(2) 유형

석실적석묘(饅頭狀 분구, 단실).

(3) 방향

북편동(北偏東) 26°.

(4) 규모

○ 분구 : 원형, 직경 5m.
○ 묘실 : 길이 1.9m, 너비 1.0m, 높이 0.7m.

(5) 고분 구조

○ 분구 : 饅頭狀. 분구 높이는 지표로부터 0.9m.
○ 둘레 : 크기가 고르지 않은 돌로 축조.
○ 묘실 : 중앙에 위치. 상면의 개석은 일찍이 파괴되었으나 부서진 판석 잔편 6매가 남아 있음. 천정은 약간 함몰되었고, 판석이 없는 부분은 자갈 등의 자연석이 가득 널려 있음. 돌 속에는 소량의 부식토가 섞여 있고 잡목이 무성했음. 묘실 동·서·북벽은 모두 큰 자연석으로 2~3층 쌓았고, 남벽은 서쪽으로 절반만 쌓았음. 커다란 돌 2매로 층층히 쌓았고 돌을 쌓지 않은 부분은 부드러운 흙으로 덮음. 이로 인해 돌이 아래로 함몰되고 묘실의 네 벽석은 교란된 것으로 보임. 묘실 바닥에는 작은 강자갈(河卵石)로 2~3겹 깔았음. 두께가 약 10cm임.

(6) 부장품

묘실 안 메운 흙 속에서 니질의 회색 토기(泥質灰陶) 잔편 4점 출토.

4) 호가보4호묘

(1) 위치
고분군 동남부, 호가보2호묘의 서북 22m에 위치.

(2) 유형
석실적석묘(원구상 분구, 쌍실).

(3) 방향
북편동(北偏東) 50°.

(4) 규모
○ 분구 : 원형, 직경 4.8m, 높이는 지표로부터 0.8m.
○ 동묘실 : 길이 1.8m, 너비 1.0m, 높이 1.2m.
○ 서묘실 : 길이 1.8m, 너비 0.8m, 높이 1.2m.

(5) 고분 구조
○ 분구 : 원구상. 분구 상면을 자갈 등의 자연석으로 쌓음.
○ 둘레 : 크기가 고르지 않은 돌을 돌림.
○ 묘실 : 고분 정상부의 자갈을 드러내니 판석 10매가 2줄로 서로 중첩되게 쌓여 있었음. 동북쪽 판석이 가장 크고 위에서 누르고 있으나, 한쪽 구석이 파손된 상태임. 나머지는 훼손되지 않았음. 동·서묘실의 사이에는 두께 15~30cm인 커다란 판석 한 매를 세워 사이벽(격벽)을 만듦. 동묘실 동벽·북벽은 커다란 판석 한 매로 세워서 만들었으며, 동벽 상부에는 장대석을 괴어 높이를 맞추었음. 서묘실 서벽·북벽은 약간 가공을 거친 돌로 쌓았음. 서벽은 큰 돌로 3층을, 북벽은 4층을 쌓았음. 동·서묘실의 남부는 벽이 없고, 사이벽 남단에 돌을 2층으로 고여서 개석을 지탱토록 함. 나머지 부분은 모두 흙으로 되어 있었음. 묘실 바닥은 두께 약 15cm의 강자갈 2~3층을 깔았음.

(6) 기타
동묘실 중앙부의 자갈층 상면에서 작은 인골 여러 개가 출토. 묘실 내 메운 흙 속에서 니질의 회색 토기(泥質灰陶) 잔편 2점 발견.

5) 호가보5호묘

(1) 위치
고분군 동북단, 影碑山 남쪽 비탈에 위치.

(2) 유형
석실적석묘(饅頭狀 분구, 단실묘).

(3) 방향
북편동(北偏東) 2°.

(4) 규모
○ 분구 : 타원형 평면. 길이 7.2m, 너비 6.5m. 높이는 지표에서 1.8m.
○ 묘실 : 길이 1.7m, 너비 1.0m, 깊이 0.7m.

(5) 고분 구조
○ 분구 : 형태는 饅頭狀임. 주변 및 상부에는 크기가 고르지 않은 자연석이 쌓여 있고, 소량의 부식토가 섞여 있음. 위에는 잡초가 있음.
○ 묘실 : 묘실은 중간에서 동쪽으로 치우쳐 있음. 묘실은 평면이 장방형이며, 기본적으로 남북 방향임. 개석은 남·북 양단에 판석 2매가 남아 묘실을 덮고 있음. 남단 판석은 길이 1.7m, 너비 1m이고 북단 판석은 길이 1.2m, 너비 0.9m임. 묘실 중간이 드러났는데 드러난 부분은 자연석으로 가득 메워져 있었음. 묘실 동벽은 대형 판석 한 매로 쌓았고, 서벽은 커다란 장대석 2매를 위·아래로 쌓았음. 아랫돌을 뉘고 윗돌은 세워 쌓아 묘실 내에 길이 1.3m, 너비 0.1~0.3m의 2층 臺

를 형성함. 북벽은 작은 자연석으로 쌓아 올렸음. 남벽은 작은 돌로 2층을 쌓고 벽의 나머지 부분은 흙을 덮어 메움. 묘실 바닥에는 강자갈로 2~3층을 깔았으며 그 두께가 약 15cm임.

(6) 부장품
묘실은 흙으로 가득 차 있으나 유물은 보이지 않음.

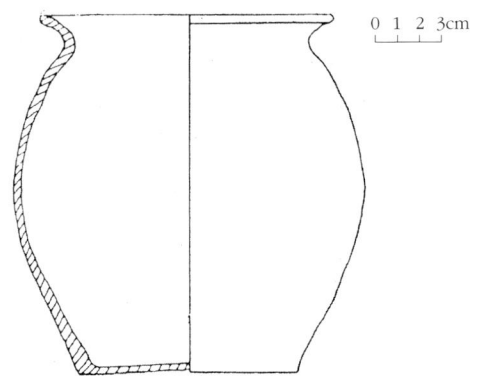

그림 4 호가보2호묘 심발형토기(『博物館研究』1991-2)

5. 출토유물

(1) 심발형토기(罐, 그림 4)
○ 출토지 : 호가보2호묘.
○ 크기 : 口徑 14cm, 동체부 직경(腹徑) 16.3cm, 높이 16.5cm.
○ 색깔과 태토 : 모래혼입 회갈색 토기(夾砂灰褐陶).
○ 형태 : 구순은 둥그스럼함(圓脣). 구연이 평평하게 말렸음(平卷沿). 동체부는 배부름(鼓腹). 바닥이 평평함(平底).

6. 역사적 성격

1) 고분연대

호가보고분군은 압록강 지류인 애하 유역에 위치하며, 북으로는 환인, 관전, 집안 등과 인접해 있음. 석실적석묘로 석실은 지면에 위치하고 개석을 갖추고 있음. 고분군의 위치와 구조적 특징은 고구려 적석묘의 후기 형식에 해당됨.

호가보2호묘에서 출토한 모래혼입 회색 호는 구연이 평평하게 말렸고 구순은 둥글며 동체는 배가 부르고 납작한 바닥의 심발형으로, 본계 晋墓 출토 I식 호(陶罐), 무순시 前屯13호묘의 호 형식과 유사함.

보고서에서는 본계 소시 진묘 토기와 무덤의 구조를 근거로 호가보적석묘의 연대를 고구려 중기, 즉 4세기경로 비정하였음.

그러나 석실이 추가 합장이 가능한 횡혈식 구조를 갖추지 못한 수혈식에서 횡혈식으로의 과도기 형태이며, 이와 유사한 구조는 청동기시대 석실적석묘와도 유사하므로 구조만으로 연대를 비정하기는 어려움. 다만, 호가보2호묘에서 출토한 토기는 칠성산96호분에서 출토된 것과도 유사하므로 보고자의 견해대로 4세기대로 비정할 수 있음.

2) 채집 유물의 성격

호가보적석묘 유적에 선행하는 신석기시대 유적지가 있었음. 지표에서 채집한 모래혼입 흑갈색 토기의 어깨부만 남은 잔편은 할석이 혼입되어 있고, 두 줄의 단사선문(豎點文)이 새겨져 있어 後窪 상층문화의 특징을 갖추고 있음. 그 연대는 대략 4,500~5,000년 전으로 추정.

참고문헌

- 許玉林·任鴻魁, 1991, 「遼寧鳳城胡家堡·孟家積石墓發掘簡報」, 『博物館研究』 1991-2.
- 崔玉寬, 1996, 『鳳城市文物志』, 遼寧民族出版社.
- 崔雙來, 1997, 「丹東地區高句麗山城及其墓葬考察紀要」, 『中國考古集成』東北卷 兩晉至隋唐(二), 北京出版社.
- 國家文物局 主編, 2009, 『中國文物地圖集』遼寧分冊(上·下), 西安地圖出版社.

2
성곽

01 봉성 봉황산산성
鳳城 鳳凰山山城 | 屋骨城 | 烏骨城

1. 조사현황

1) 1985년
○ 봉황성산성에 대한 1차 전면적인 조사를 진행하고 그 후 몇 년간 보충 조사를 실시하였음.
○ 발표 : 崔玉寬, 1994, 「鳳凰山山城調査簡報」, 『遼海文物學刊』1994-2.

2) 2006년
○ 조사기간 : 2006년 9 ~ 11월.
○ 조사자 : 遼寧省 文物考古硏究所.
○ 조사내용 : '遼寧省高句麗遺跡保護工程項目'의 하나로 발굴조사를 실시함. 북벽에 연결되어 있는 망대, 1호 문지, 2호 문지, 치, 초소, 돌구멍(石洞) 등을 조사함. 발굴면적은 1,000m²임.
○ 발표 : 李龍彬, 2007, 「遼寧丹東鳳凰山山城首次發掘取得重大收穫」, 『中國文物報』2007-3.

3) 2007년
○ 조사기간 : 2007년 7 ~ 12월.
○ 조사자 : 遼寧省 文物考古硏究所, 鳳城市 文物管理所.
○ 발굴면적 : 약 500m².
○ 조사내용 : 산성 주변의 고구려 고분 183기, 성내의 2호 망대 및 대형 건물지 등에 대한 조사를 실시하였음.
○ 발표 : 李龍彬·司偉偉, 2008, 「鳳城市高句麗鳳凰山山城」, 『中國考古學年鑒』, 文物出版社.

4) 2010년
○ 조사기간 : 2010년 7 ~ 12월.
○ 조사자 : 遼寧省 文物考古硏究所.
○ 조사내용 : 제3호 문지, 제4호 문지에 대한 발굴조사 실시.
○ 발표 : 李龍彬·司偉偉, 2011, 「鳳城市高句麗鳳凰山山城」, 『中國考古學年鑒』, 文物出版社.
○ 중국 전국중점문물보호단위로 지정됨.

2. 위치와 자연환경(그림 1 ~ 그림 2)

1) 지리위치
○ 遼寧省 鳳城市 동남쪽 5km 거리의 鳳凰山 동쪽 기슭에 위치함.
○ 압록강 지류인 靉河의 左岸에 해당함.

2) 자연환경
○ 성곽의 사면은 높고 험준한 險山峻嶺으로 둘러싸여 있고, 성곽 내부는 둥근 모양의 대분지를 이룸.
○ 봉황산의 최고봉인 攢雲峰(해발 836.4m)과 맞은편에 있는 東大頂子(해발 약 800m)가 산성의 동·서 최고점을 이루며, 산성을 따라 우뚝 솟은 산봉우리와 깎아지른 거대한 절벽이 이어져 있어 험준한 지형을 이룸.

그림 1 봉황산산성 주변 지형도(滿洲國 10만분의 1 지형도)

3. 성곽의 전체현황(그림 3~그림 4)

○ 규모 : 전체 둘레 1만 5,955m. 약 16km로 遼寧省에서 최대 규모의 산성임.
○ 성문, 성가퀴(女墻), 장대, 초소(哨臺), 旗杆座, 우물과 채석장, 적석묘, 窯址 유적 등이 발견되었음.
○ 출토유물 : 고구려시기의 토기 잔편, 연화문 와당 등이 출토되었음.

4. 성벽과 성곽시설

1) 성벽

(1) 성벽 잔존 구간

석축 성벽의 전체 길이는 7,525m. 보존상태가 비교적 완전한 성벽은 2,355m로 총 31구간임. 이 중 5개 구간의 잔존 상태가 양호하여 성벽의 규모와 축조방법을 잘 보여줌.

① 黑溝 구간

○ 북문에서 능선을 따라 무너진 성벽 동쪽으로 100m쯤 가면 완전한 성벽을 볼 수 있음. 능선을 따라 구불구불 굽어서 黑溝 골짜기 입구까지 일직선으로 이어지는데. 총 길이는 1,000m임. 그중에 150m와 310m 길이의 양 구간이 잘 보존되어 있는데, 높이 5~7m, 윗너비 3~4m, 아랫너비 4~5m임. 성벽 꼭대기에 성가퀴(垛口)가 설치되지 않아 윗면 전체가 평평함.
○ 성벽 외벽 : 가지런하게 쌓았는데 전부 쐐기형돌(楔形石)을 사용하여 층층이 열을 지어 쌓았음. 쌓은 층은 25~30층이며, 쐐기형돌의 머리부분을 바깥으로 향하게 하여 가지런하게 쌓고 매우 견고하게 축조.

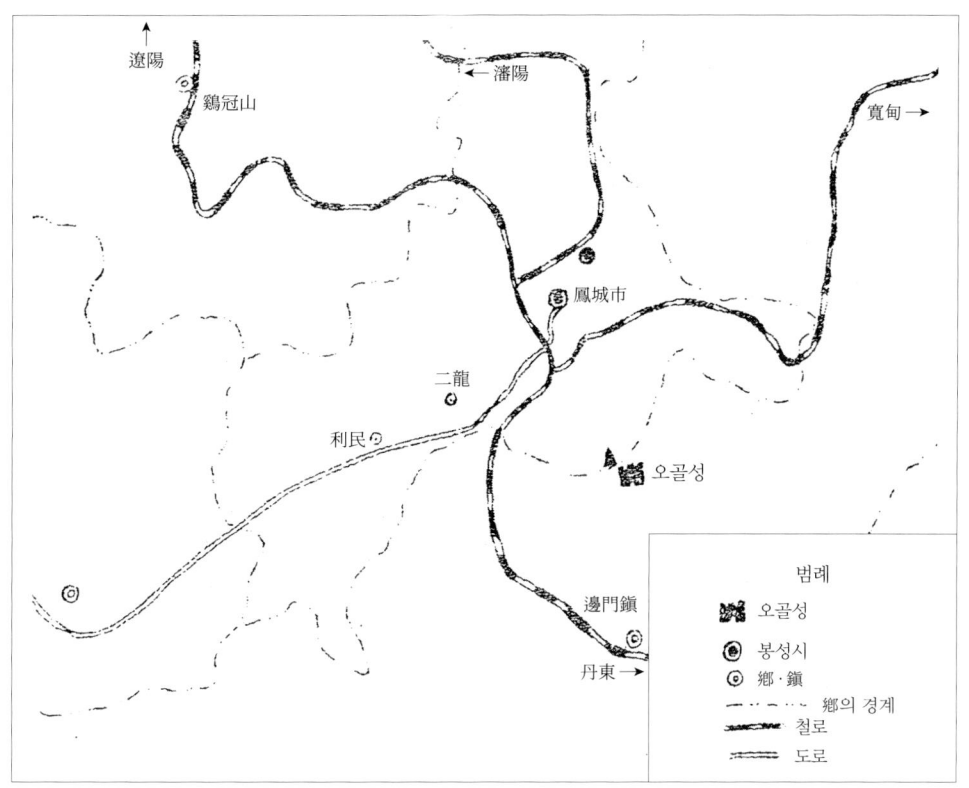

그림 2 봉황산산성 위치도
(崔玉寬 1994, 1쪽)

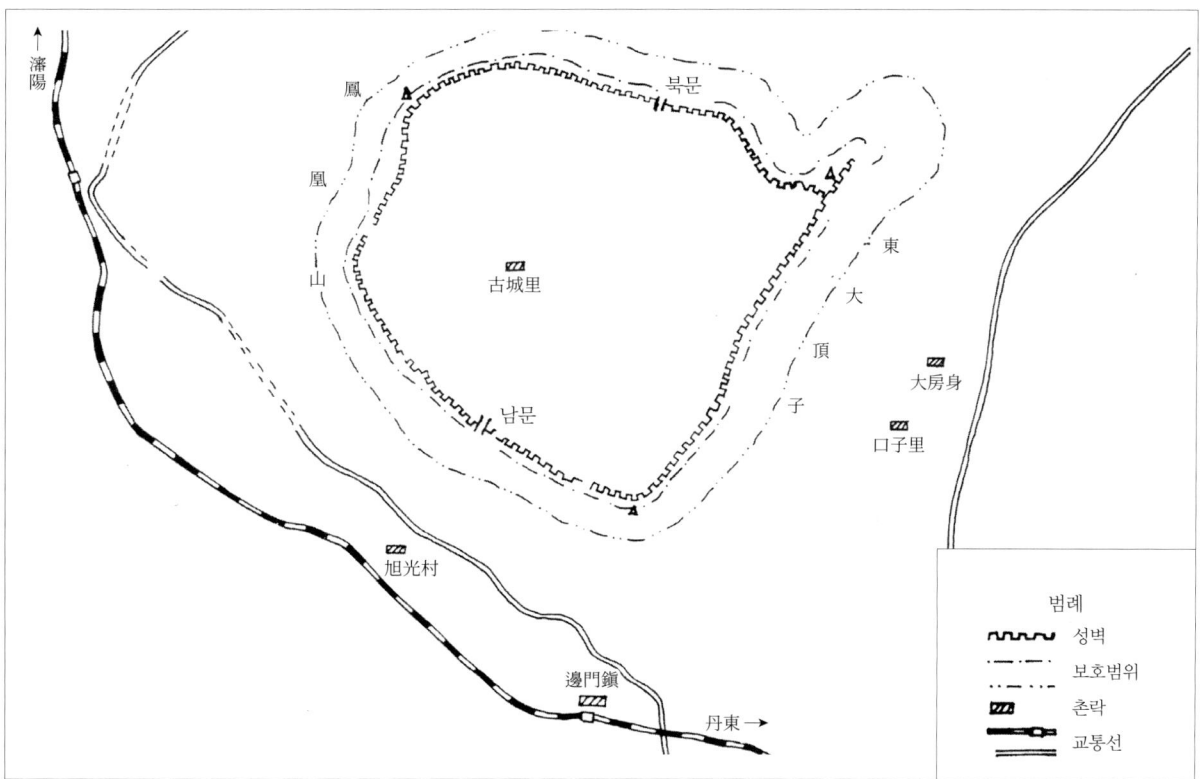

그림 3 봉황산산성 평면도 1(王綿厚, 2002, 72쪽)

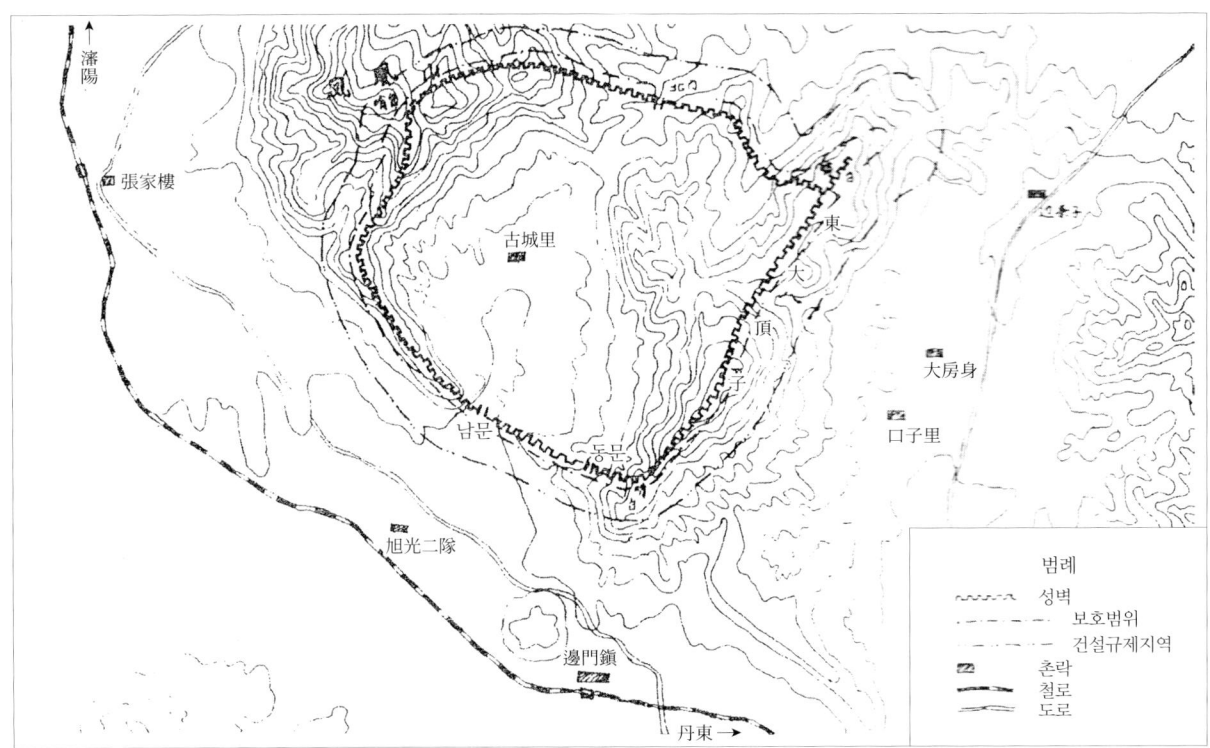

그림 4 봉황산산성 평면도 2(崔玉寬 1994, 2쪽)

○ 성벽 내벽 : 가지런하지 않은 편인데, 산비탈에 기대어 쌓은 경우 안쪽 성벽은 더욱 가지런하지 않음. 계곡을 횡단하여 쌓은 경우 내벽을 犬牙처럼 교차하여 쌓았는데, 일부 내벽만 가지런함.
○ 성벽 외벽이 무너진 곳과 성벽 단면상에서 성벽의 축조 방식을 간취할 수 있음. 잘 다듬은 쐐기형돌의 큰 머리쪽이 바깥으로 향하게 하고, 제대로 가공하지 않은 작은 머리 부분은 안쪽으로 향하도록 했음. 성돌 길이는 50~70cm이며, 두께는 균일하지 않음. 石面은 길이 30~40cm, 너비 20~25cm임. 벽심은 불규칙한 석조나 할석을 층층이 쌓아 올렸는데 '干砌法'을 채용하여 축조했으며, 백회를 사용하지 않고 층층이 맞물려 쌓아 매우 견고함.

② 廟溝 구간
○ 위치 : 성의 중부 서측, 攢雲峰 남측 860m 되는 곳의 큰 능선에 위치함. 성벽 내측은 紅石砬溝 골짜기이고, 외측은 廟溝 골짜기임.
○ 이 구간 성벽의 전체 길이는 400m이고, 가장 완전한 부분은 100m. 100m 길이의 성벽은 능선에서 떨어진 곳에 치우쳐 있는데 절벽 아래의 가파른 비탈에 기대여 축조하였음. 그 높이는 6m, 아랫너비는 3~4m임. 성벽의 윗면이 절벽 아래의 산비탈과 수평을 이루는데, 한 변의 너비가 15~20m에 달하는 평탄한 성벽 정상부를 형성하였음. 이곳은 해발이 약 600m로 높은 곳에서 아래를 굽어볼 수 있으므로 廟溝 골짜기 입구를 지킬 수 있을 뿐만 아니라, 위급한 상황에 병력을 집결할 수도 있음. 산성 서남부의 가장 주요한 입구이자 방어지대를 이룸.

③ 봉황산 입구 구간
攢雲峰 내 절벽 동북측 산비탈 구간으로 봉황산 입구

를 횡단하는 곳임. 이 입구를 중심으로 성벽 서쪽은 攢雲峰과 접하고 동쪽은 동쪽 산봉우리와 이어지는데, 계곡을 가로질러 산봉우리로 이어지도록 400m 길이의 성벽을 축조하였음. 대부분의 성벽은 보존상태가 완전함. 특히 봉황산 동쪽 산봉우리의 성벽은 산등성이가 아니라 산등성이 바깥쪽의 평균 너비 100m인 산비탈에 축조하였음. 봉황산 동쪽 산의 한쪽에 골짜기 입구가 비교적 많고, 산비탈이 비교적 완만하여 人馬가 대량으로 집결할 가능성이 있기 때문임. 그리하여 산비탈 상에 성벽을 축조하여 성내에 충분한 공제지대를 남겨두어 병영을 안치시켜 요새를 구축할 수 있고, 병력 집결, 방어와 출격에 유리한 장점이 있음.

④ 匹馬溝 구간
○ 산성 서북 모서리 전환점의 匹馬溝 골짜기 입구에 위치.
○ 산성 서북부의 방어 중점구간임.
○ 입구의 현재 남아 있는 성벽은 60m.

⑤ 東廟 구간
○ 산성 동남 모서리의 가장 높은 지점에 위치하고 북쪽으로 黑老石 입구와 이어져 있음. 이 산봉우리 꼭대기는 봉황산산성 동쪽 끝에 위치하고 시야가 특별히 아득하고 광활함.
○ 산봉우리 등성이가 돌아가는 지점에는 아직도 40m 길이의 성벽이 남아 있음. 그중에서 20m는 비교적 완전한데 높이는 2m, 너비는 3m임.
○ 그 축조 특징은 뚜렷한데 사용한 석괴는 비교적 크고 길이는 평균 90cm 정도. 石面은 길이 46cm, 너비 36cm. 장대석으로 축조한 비교적 큰 성벽은 봉황산산성에서 많이 보이지 않는데, 이곳과 남문 서측 산등성이 구간에 짧게 남아 있음.

(2) 성벽 붕괴 구간
무너진 성벽의 전체 길이는 5,170m이고, 55구간으로 구성됨. 성벽은 주요 벽체가 무너졌지만 벽 기초는 아직 남아 있고, 많은 성돌 심지어 성돌 전부가 벽 기초 양측에 무너져 있는 경우도 있는데, 두 가지 유형으로 나뉨.

① 多石型
전부 혹은 대부분의 성돌이 남아 있는 성벽을 가리킴. 이런 유형은 주로 성의 북·동·서쪽에 남아 있음. 대부분 완연히 긴 산등성이 상에 축조하였고 구간이 매우 많음. 주요 3개 구간을 소개하면 다음과 같음.
○ 북문 구간 : 북문을 기점으로 서쪽을 향해 뻗어 있는데, 610m 길이의 무너진 성벽이 있음. 깎아지른 낭떠러지나 절벽이 없는 구불구불한 산등성이임. 성벽은 비록 무너졌으나 성벽의 기초는 아직 남아 있어 위를 다닐 수 있고 성돌이 산성의 바깥 산비탈에 무너져 있음. 산성의 바깥 산비탈은 비교적 가팔라서 험준한 감이 있으며, 성벽 기초를 따라 비교적 보존상태가 좋은 구간의 벽체를 볼 수 있음. 높은 곳에서 멀리 바라보면 이 구간의 성벽은 구불구불함.
○ 大芹菜溝 구간 : 북문에서 출발하여 성벽 기초를 따라 동쪽으로 가서 黑溝 구간을 넘어 芹菜溝 구간을 지나 곧장 東大頂子哨所로 일직선으로 가면 성벽이 끊어졌다 이어지는 단속구간을 볼 수 있는데 성돌이 산등성이에 가득 쌓였음. 이 구간은 산봉우리가 잇따라 이어지고 거대한 절벽이 끊어짐이 없으며, 크고 작은 입구가 끊임없이 나타나 밀림 중의 성벽이 갑자기 숨었다가 나타났다가 하는데, 이 구간의 잔존 성벽 길이는 1,050m임.
○ 봉황산 구간 : 산성 서북 모서리 입구에서 시작하여 砬子溝 골짜기와 봉황산 東山 구역에 들어가면 일직선으로 攢雲峰에 도달하는데, 무너진 성벽은 끊어진 구간이 이어져, 전체 길이 1,000m임. 성돌은 성벽의

기초 양측에 퇴적되어 있음. 이 구간의 성벽은 대부분 완만한 산비탈에 축조하였지만 해발은 비교적 높아 모두 600m 이상임.

② 少石型
○ 성돌이 이미 남아 있지 않은 성벽을 가리킴.
○ 이 유형은 주로 도로와 주거 구역에 가까운 산성의 남쪽 구역, 즉 남문을 중심으로 양쪽으로 뻗은 길이 2,000m 구간임.
○ 이 구간의 성벽은 사람들이 성돌을 운반해 가서 성벽 기초와 일부분의 성돌만 남아 있음. 더욱이 남문의 양측 각각 500m 이내의 성벽은 일찍이 심하게 파괴되었음.

(3) 암벽 구간
봉황산산성은 인공적으로 수축한 높고 큰 성벽과 깎아지른 천연 절벽이 이어져서 구성되었음. 고구려인은 깎아지른 천연 절벽 사이에 성벽을 축조하여 완전한 산성을 구성하였음. 봉황산산성의 천연 성벽 부분은 대소 두 가지 유형으로 나눌 수 있음.

① 大類型
○ 길이가 50m 이상의 천연성벽을 가리킴.
○ 총 34개 구간. 그중에서 200m를 초과하는 것이 12개 구간이고, 400m를 초과하는 것이 9개 구간임. 가장 긴 천연성벽은 廟溝 골짜기 입구의 거대 천연성벽인데 전체 길이 800m. 가장 높은 천연성벽은 攢雲峰의 절벽인데 전체 길이는 450m. 東大頂子의 깎아지른 절벽과 匹馬溝 구간의 깎아지른 장벽은 해발 고도가 모두 700m 이상임.

② 小類型
○ 50m 이하의 거대 암반을 지칭함. 총 53개 구간. 그중 20m 이하는 44개 구간이 있고, 10m 이하는 18개 구간이 있음.
○ 이러한 종류의 천연성벽은 모두 성벽 라인을 따라 이어진 자연 암석임. 지면에서 모두 10m 이상의 높이이며 표면이 미끄러워 사람이 넘어가기 어려움. 그러므로 천연성벽이라 간주할 수 있음. 인공으로 축조한 성벽은 단지 이런 거대 암석에 연접하기만 하면 되며, 이러한 거대 암석은 모두 성벽보다 높아 그 위에 올라서면 시야가 탁 트임. 북문에서 동쪽으로 600m 가면 거대 암석이 있는데, 성벽과 이어져 병풍 모양을 이룸. 바위에 계단상의 구멍이 5개 있는데, 축성 당시의 것으로 암벽에 오르는 길에 해당함.

2) 성곽시설

(1) 2005년까지의 조사 현황

① 성문
『鳳城瑣錄』에는 봉황산산성에 "2개의 문이 설치되었다"고 하였는데, 남문과 북문을 가리키는 것임. 남문과 북문은 기본적으로 대칭되며, 서쪽으로 20도 기울어 있음. 두 문은 흡사 봉황산산성 남쪽과 북쪽의 정중앙에 위치하여 전체 성곽을 자연스럽게 동쪽과 서쪽 두 부분으로 나누고 있음. 그 밖에 동문과 수구문이 확인되었음.

㉠ 남문
○ 남문은 주요 성문으로서 그 당시 수레나 병마가 대량으로 출입하던 유일한 대문으로 규모가 매우 큼. 남문은 두 산 사이에 위치하고 현재 남아 있는 기단열과 트인 곳 유적으로 보아 너비는 약 5m로 파악됨. 남문 지점은 현재 어떤 기관의 창고 대문이고 대문 양측에 기단석이 남아 있음.
○ 성문 양측은 인공으로 쌓아 만든 土山이고, 土山 높이는 8m이며, 기단석렬이 있음. 산등성이 위에 너비

5m의 성벽 기단석이 있는데, 성벽은 이미 무너졌음. 本城의 성벽 높이가 보통 6m인 것을 고려하면 성문벽(土山을 포함해서)의 전체 높이는 13m에 달하므로 성문은 상당히 높고 크며 웅대했을 것으로 추정됨.

○ 옹성 : 높은 곳에서 남문을 바라보면 하나의 커다란 '凹' 모양 또는 큰 말발굽 모양을 띰. 성문과 문벽은 안으로 들어가 있고, 문벽 양측에 각각 길이 400m에 달하는 성벽이 있음. 이런 정황은 남문 바깥에 옹성이 있었음을 보여줌. 그러나 오랜 세월이 흘러 훼손되고 파괴되었기 때문에 남문 바깥에 흙언덕(土壟)이 남아 있을 뿐인데, 옹성 유적일 가능성이 있음.

ⓒ 북문

○ 산성 북쪽 중부의 비교적 낮은 산 입구에 위치. 규모는 남문 다음인데, 남문 다음으로 두 번째로 큰 제2의 입구임. 북문은 산등성이 정 가운데에 위치하며, 동과 서 양측은 산등성이상의 성벽과 연접해 있음.

○ 북문 서측은 아직도 기단석(基石)을 분별할 수 있고, 문 벽체는 산등성이 양면으로 무너졌음. 현재 남아 있는 문 벽체 기단석(基石) 높이는 1m, 너비 3m. 문 벽체 기단석(基石)의 규모(비교적 소형인 기단석의 길이는 0.7m, 너비는 0.4m, 두께는 0.3m임)와 무너진 성돌의 위치 및 수량에 근거하면 북문의 너비는 4m 정도로 추산됨.

○ 옹성 : 북문의 바깥에 성문과 연계된 원형 벽 기초가 있는데 북문의 옹성으로 파악되며, 그 규모는 크지 않고 둘레는 20여 m임.

ⓒ 동문

○ 明代의 『遼東志』에 "遼陽城東二百六十里, 卽今 鳳凰山堡, 四面石崖峭壁, 東北二門……"이라는 기록이 있는데, 동문이 존재했음을 반영함. 동문은 남문에서 동쪽으로 1,120m 지점의 두 산봉우리 사이에 위치함. 이곳은 큰 골짜기의 입구로 北淌溝 골짜기라고 불림.

○ 성문은 계곡을 가로질러 걸쳐있고 문 벽체도 골짜기를 가로질러 걸쳐있는데 전체 길이는 약 60m임. 오랜 세월 홍수에 씻겨 내려가고 인위적인 파괴로 인하여 문 벽체는 남아 있지 않음. 현지 노인에 의하면 성문 너비는 약 4m였고, 본래 문 벽체는 매우 높았다고 함.

○ 벽체 내측에는 돌로 쌓은 땅굴이 있음. 사람이 성벽 위로 다닐 수 있고 또 땅굴에서 성곽 옆을 따라 산 정상으로 올라갈 수 있는데, 성을 보호하는 시설로 추정됨. 성곽의 기초와 일부 성돌만 잔존한 상태인데, 아랫너비는 6.5m임.

ⓔ 水口門

○ 水口門은 남문 서쪽에 있는데, 남문에서 80m 떨어진 성문 벽체(土山과 소량의 성돌이 남아 있음)상에 위치. 水口門은 소하천을 가로질러 걸쳐있음. 이러한 계절 하천은 성 안에서 흘러나오는데 너비가 약 20여 m에 달함.

○ 하천의 양측에 성벽 斷面이 남아 있고 문 성돌은 오래전에 사람들이 실어가 다진 흙의 기초와 일부 성돌만 잔존한 상태임.

② 계곡 입구 시설

가장 큰 3개의 계곡 입구에는 각각 남문, 북문, 동문 등의 성문을 조영하였음. 그밖에도 크고 작은 계곡 입구 50여 개를 발견하였는데, 그중 가장 큰 입구의 길이는 490m이고 가장 작은 것은 3m이며, 人馬가 통행할 수 있는 것은 10개가 있음. 그중 6개를 선택하여 소개하면, 각각 봉황산산성의 북·동·남·서의 4라인 상에 있음. 봉황산산성 계곡 입구 성벽은 골짜기를 가로질러 입구를 봉쇄하였고 성벽이 견고하며 너비도 산등성이나 산비탈의 성벽보다 1m 정도 더 넓다는 점이 특징임.

㉠ 북쪽 라인(北線)

○ 大芹菜溝 입구 : 북문의 동측 2,000m 거리에 위치. 전체 길이는 490m이고 양 끝은 절벽에 연접함. 입구 중부에 퇴적한 성돌은 매우 두텁고 면적도 매우 큼. 현장 상태의 분석에 근거하면 소형 성문이 있었을 것으로 추정됨. 외측에는 소형 옹성이 있었을 것으로 추정되는데 고증이 필요함. 현존 성벽의 높이 2~5m, 아랫 너비 4m. 출입구는 밖으로 金家溝 골짜기와 통하고 안쪽으로 성내 중턱에 이름. 골짜기 길이는 2,000m에 이름. 人馬가 통할 수 있고 북쪽 라인에서 가장 큰 입구이며, 주요 통행로임.

○ 匹馬溝 입구 : 북문 서측 3,000m 지점의 산성 서북 모서리에 위치함. 입구 동쪽으로는 500m 길이의 깎아지른 절벽과 접하고, 서쪽으로는 20m 길이의 천연성벽(초벽장)과 접하였음. 입구는 성벽과 연접하는데 성벽의 길이는 60m. 현재의 보존상태는 완전함. 성벽 높이 5m, 성벽 너비 4m이며, 견고하게 축조하였음. 입구는 밖으로 砬子溝 골짜기와 통하며 성내의 산비탈은 경사도가 심해서 사람이나 말, 차량이 통행하기 어려움.

㉡ 서쪽 라인

○ 鳳凰 입구 : 攢雲峰 동북측의 산비탈에 위치함. 횡으로 두 산봉우리를 연결함. 골짜기를 가로질러 400m 길이의 성벽을 축조하였는데, 성벽은 기본적으로 완전함. 입구 중부의 성벽에 트인 곳이 있는데 작은 성문과 유사하므로, 고증이 필요함. 현존 성벽 높이 6m, 너비 4~5m. 전체 성곽에서 두 번째로 큰 입구임.

○ 二道湖 입구 : 봉황산산성의 서남 모서리에 위치. 2개 산봉우리와 서로 연결된 입구임. 길이 200m. 성벽은 이미 무너졌음. 입구는 밖으로 廟溝 골짜기를 나와 大路와 통하며, 안으로는 봉황산산성의 중턱에 도달하는 서쪽 라인 상의 주요한 입구임.

㉢ 남쪽 라인

淌石流 입구 : 동문의 동쪽 360m 지점에 위치. 너비는 50m이고 서로 연결된 성벽이 있는데, 성벽의 돌이 무너져 비교적 심하게 훼손되었음. 동문과 남문 2개의 문과 비교적 가깝기 때문에 남쪽 라인에 해당함.

㉣ 동쪽 라인

水洞口 입구 : 동쪽 라인의 남부에 위치함. 양측에 깎아지른 절벽이 있는데, 절벽 길이가 각각 200m와 500m임. 입구의 너비는 60m이고 성벽과 연접되어 있으며 이미 무너졌음. 성벽의 돌은 모두 성벽의 기초 양측에 있음. 입구의 골짜기는 넓어 사람과 말이 통할 수 있으며, 성에 오르기도 편리함. 다만 입구 바깥 산비탈은 매우 가팔라서 경사도가 60~70도에 이름. 동쪽 라인은 東大頂子의 남측으로 끊어지지 않은 거대한 절벽과 연결되어 있음. 성벽은 비교적 적고 입구는 비교적 작으며, 경사가 비교적 가파른데, 水洞口 입구가 가장 큼.

③ 장대(點將臺)

○ 위치 : 남문 안쪽 200m 지점의 서쪽 산 밑에 위치.
○ 높이 8m, 길이와 너비가 각각 10m인 거대 암석임.
○ 암석의 윗부분은 평탄한데, 소발굽처럼 움푹 들어간 곳과 깃대를 세우던 자리(旗杆座)가 있음.
○ 암석 위에 題記가 2개 새겨져 있음. 하나는 明代 雲南 출신의 龔用卿이 쓴 '攢雲巖'(즉 攢雲峰)이고, 또 하나는 中華民國 시기에 새겨진 '磊落光明'임.
○ 성내의 개활지를 바라보고 있어, 군대를 통솔하고 병사를 훈련시키는 지휘대로 사용하기에 아주 적당함.

④ 망대(王禹浪·王文軼, 2012)

○ 위치 : 북문 서측에 높이 약 15m의 구릉이 있는데, 정상은 개활하고 평탄하며, 성내에서 가장 높은 지점임.
○ 망대는 기본적으로 정남 방향이며 방형에 가까움. 동서 길이 9.6m, 남북 길이 7.9m, 잔고 약 2.7m. 각

층마다 윗쪽으로 가면서 약 10cm씩 들여쌓기를 한 돌계단 모양임. 망대 남측에 왕래할 수 있게 만든 계단(臺階)이 있는데, 현존 남북 길이 약 2.5m, 동서 너비 약 2.1m.

○ 망대의 동·서·남 3면 지면에 고구려시기의 암키와, 수키와 및 토기편이 대량 흩어져 있음. 이는 그 위에 건축물이 있었음을 증명함. 망대의 동북 모서리에 대량의 석괴가 퇴적되어 있음. 李炳元에 의하면 망대를 발굴할 때 윗면에서 아래로 떨어진 것인데, 인골과 부장품은 발견되지 않았다고 함. 적석묘일 가능성은 없음.

○ 망대가 위치한 산 구릉의 동서 양쪽에 두 갈래의 산등성이가 있는데, 윗면에 성벽이 있으나, 현재 대부분 수목과 잡초로 가득 차 있어 흔적을 찾기 어려움. 구릉의 정남 방향에 깊이 수십 m인 골짜기가 있음.

○ 망대는 성내에서 가장 높은 지점이며, 시야가 탁 트여 있어 전체 성곽을 지휘하고 명령을 내리는 주요 장소임.

⑤ 깃대를 세운 자리(旗杆座)

○ 위치 : 북문 동측 1,000m, 黑溝 골짜기 입구 서측 100m의 산정상에 위치.

○ 양측 성벽은 2개의 거대 암석이 중단한 곳에서 만나며, 두 암석 사이에는 너비 3m, 깊이 4m의 빈틈이 있음. 이곳에 쐐기형돌을 사용하여 方形 石臺를 쌓았는데, 臺心에 구멍을 남겼음. 구멍은 방형이며, 한 변의 길이(구멍 지름)는 25cm, 구멍 깊이 70cm임.

○ 臺의 왼쪽과 오른쪽은 성벽과 연접하였음. 이 라인은 크고 작은 계곡 입구가 매우 많고 성 바깥 산비탈은 비교적 완만하여 적의 기습을 받기 쉽기 때문에 중점 방어선임.

○ 산성의 북쪽에 옛 전쟁터가 있었다고 함. 지금까지 '舍將屯'이란 지명이 남아 있는데, 唐이 고구려를 정벌할 때 이곳에서 병사와 장군이 전사했기 때문에 얻은 이름이라고 함.

(2) 2006년 발굴조사 내용(李龍彬, 2007a : 2007b)

① 망대

○ 위치 : 산성의 서북쪽에 위치. 坐北朝南의 입지를 지니고 있음.

○ 쐐기형돌을 사용하여 축조한 高臺와 그에 부속된 계단으로 구성되어 있음. 高臺의 경우 네 모서리는 부채면 모양의 돌, 벽면은 쐐기형돌로 쌓은 원각장방형임. 계단은 高臺 남벽의 중부에 위치하고 있는데, 장방형임.

○ 高臺의 주위에는 무너진 흔적이 있는데, 高臺 위에 대형 건물이 있었던 것으로 추정됨.

○ 동서 길이 9.9m, 남북 너비 8.6m, 잔고 2.8m.

② 1호 문지

○ 위치 : 산성 북쪽 인공적으로 쌓은 성벽 중부 구간의 지세가 가장 낮은 곳에 위치. 산성 북부의 주요 통로로서 문지의 평면은 '八'자형.

○ 통로의 남북 길이는 약 5.8m, 동서 너비는 3.6m.

○ 문지 북측에 돌로 쌓은 곡자형 옹성이 있음. 옹성은 坐西朝東 입지이고, 노면 및 문길과 서로 연결되어 있음. 옹성의 내외벽 모두 기둥구멍(柱洞)이 확인됨. 북단 옹성벽 남측 1m 지점과 내벽 7개의 돌로 쌓은 기둥구멍 사이에 6개의 기둥구멍이 분포하고 있음.

○ 입구 서쪽 약 2.5m 지점에서 장방형의 문초석이 출토됨.

○ 문지는 고구려시기에 처음 축조되고, 옹성은 요대에 축조된 것으로 추정됨.

③ 2호 문지

○ 위치 : 북벽 동단 골짜기 정상의 평탄지에 위치.

○ 문터의 평면은 '几'자 형. 통로의 길이는 4m, 바깥 입구 너비는 3m, 벽체의 잔고는 2.3m.

○ 문 내측 동단 내벽에는 너비 약 2m의 황토를 깐 경사진 도로가 있고, 그 가장자리에는 호형의 석벽이 있

음. 도로는 동벽 정상부까지 이어짐.
○ 문지는 요대에 축조된 것으로 추정됨.

④ 돌구멍(石洞)
○ 북벽 일부 구간의 성가퀴 안쪽에서 연속으로 분포하고 있는 30개의 돌구멍(石洞)이 확인되었음.
○ 돌구멍의 평면은 방형 또는 장방형.
○ 가장자리 길이는 약 25m, 깊이는 0.5~1.2m.
○ 돌구멍 사이의 간격은 1.5~1.7m.
○ 돌구멍 안의 퇴적토에는 목탄 흔적이 남아 있음.
○ 바닥 부분에 둥근 북 모양 혹은 평평한 판 모양의 초석이 있음.

⑤ 치, 초소, 漫道
○ 치는 1호 문터(북문)에서 동쪽으로 약 50m 떨어진 지점에 위치. 성벽과 서로 연결되어 있고, 평면은 장방형임. 남북 너비는 5.7m, 동서 길이는 7.5m, 잔고는 3.7m임. 내벽은 성벽 벽체와 서로 연결되어 있음. 외벽은 쐐기형돌로 축조하였고, 내부는 북꼴형돌로 채웠음.
○ 치와 마주하는 성벽 안쪽에는 평면이 장방형인 초소가 위치하고 있음. 성벽에 바짝 붙여 축조하였는데, 성벽 또한 쐐기형돌로 축조. 벽면은 비교적 가지런함. 초소 서남 모서리에는 너비 0.6m인 문길이 있음.
○ 漫道는 초소 서측에 있음. 斜坡式 계단과 성벽 내벽은 '丁'자형으로 서로 접해 있음. 계단 가장자리는 쐐기형돌로 축조. 중앙부의 세 계단이 비교적 잘 남아 있음. 계단면은 돌로 평평하게 깔았음.
○ 5판 연화문 와당, 기와편, 철촉 등의 유물이 출토되었는데, 고구려 중기의 유물로 추정됨.

(3) 2007년의 발굴조사 내용(李龍彬·司偉偉, 2008)

① **고구려 고분 183기 조사**
자세한 내용은 본문의 '03. 봉성 봉황산산성내고분' 항목 참조.

② **망대**(2006년에 조사한 망대와 번호를 통일시켜 2호라 편호함)
○ 발굴 면적 200m².
○ 위치 : 봉황산성 남문 안쪽 서측의 언덕 상에 위치. 동남쪽 200m 거리에 있음. 남쪽 20m 거리에 남문 서측 성벽 내벽이 있음.
○ 구성 : 보호대(護臺), 계단(臺階), 주체 高臺 등 세 부분으로 조성되어 있음.
○ 보호대(護臺) : 평면은 정방형에 가깝고, 너비 약 14.5m임. 쐐기형돌로 둘레를 규정적으로 축조하였음. 대면은 중심에서 둘레를 향하여 경사진 모양을 이루며, 석괴를 가지런하게 깔았음. 그 위에 무너진 기와편이 대량 퇴적되어 있음.
○ 계단(臺階) : 망대 주체 高臺 서벽 중부의 보호대(護臺)상에 위치하며, 석괴를 첩첩이 쌓았는데, 4층이 남아있고, 너비 약 1.75m, 저부 길이 약 2.2m.
○ 주체 高臺 : 사각 기둥 모양으로 잔고 약 1.3m. 정방형에 가까우며, 저부 너비 약 8.35m, 상부 너비 약 7.4m. 쐐기형돌로 네 벽을 축조하였으며 층을 따라 들여쌓기하였음. 중간은 모래흙과 소량의 석괴로 채웠음. 윗부분에는 가지런한 석괴로 평평하게 깔았음.
○ 石槽 : 高臺 정상부 북벽과 서벽 가장자리의 쐐기형돌에서 인공적으로 쪼아 만든 직선 石槽를 발견하였는데, 臺頂建築의 底部 흔적으로 추정됨.
○ 망대 둘레에 대량의 암키와, 수키와 및 와당 등 건물 자재의 퇴적물이 흩어져 있음. 암키와의 대부분은 붉은색과 홍갈색이며, 배면에 繩文이, 내면에는 布文이 장식되어 있으며, 길이 35cm, 너비 약 25cm임. 수키와의 대부분은 泥質의 붉은색이며, 무문임. 와당은 모두 니질이며, 6판연화문을 장식했음. 막새면은 직경 약 15cm, 두께 약 5cm.

③ 대형 건물지 출토유물

산성 내 북부에서 정밀 발굴 작업이 진행되었음. 발굴 면적 약 300m². 대형건물지 1기가 있는 곳에서 낫(鐵鎌), 화살촉(鏃), 수레바퀴 줏대축(車輨)과 같은 철기류, 호(罐), 호(壺) 등 토기류 등 각종 유물 약 200여 점이 출토되었음.

(4) 2010년의 발굴조사 내용(李龍彬·司偉偉, 2011)

① 3호 문지
○ 基巖 위에 축조하였는데, 서쪽이 높고 동쪽이 낮음.
○ 문길을 중심으로 서측 성벽은 산까지 이어지고 거리는 22m임.
○ 문길과 門墩, 동서 보호석(護坡石) 및 보호벽, 동서 양쪽의 벽체 등으로 구성되었는데, 평면은 대략 凸자형임.
○ 불에 탄 기둥 흔적, 기둥 구멍, 철 구조재 등을 볼 때, 문지에 목조건물이 있었던 것으로 추정됨. 폐기 후에는 문을 막았음. 문 내측은 깬 돌을 쌓아 올렸고, 문길 안은 모래와 돌로 메웠음. 문길 외측은 파괴되어 정황을 상세하게 확인할 수 없음.
○ 문길은 동북향 25°임. 길이 4.2m, 너비 4m임. 문길 내측은 基巖이고 문 바깥보다 높음. 양측은 쐐기형돌을 쌓아 올렸음. 문길 바닥의 노면 남단은 基巖임. 북단은 파괴됨.
○ 남북에 각각 동서 방향의 홈(凹槽)이 있음. 남부는 직접 基巖 위에 팠고, 북부의 홈(凹槽)은 돌을 이용해서 쌓았음.
○ 동서 양측 보호벽은 성벽의 내측에 위치하는데, 윗부분은 심하게 파괴되었음. 남쪽으로 基巖까지 이어져 있음. 기초부는 들여쌓았고, 벽은 호형임. 쐐기형돌을 어긋나게 쌓아 올렸음. 동서 양 보호석과 연결됨.

② 4호 문지
○ 문지가 위치한 지세는 동단이 높고 서쪽이 낮음.
○ 문길, 門墩, 보호석(護坡石), 동서 양쪽의 벽체로 구성됨.
○ 문길은 동북향 18°임. 길이 2.7m, 너비 2.42m임.
○ 문길 양쪽은 쐐기형돌로 축조하였으며, 아래 노면에 깔려 있는 석재는 형태가 일정하지 않음. 동서 양벽은 성벽과 하나로 연결되어 있고, 성벽 윗부분은 심하게 파괴되었음.
○ 문지에서는 토기, 철제못(鐵釘), 철제화살촉, 철기 등의 유물이 출토됨. 문지에서 출토된 유물과 부속 시설의 축조 방식을 볼 때 고구려시기에 축조되었고 요·금시기까지 연용되었던 것으로 추정됨.

5. 성내시설과 유적

도로, 高山哨所(哨臺), 봉화대, 집터, 우물(枯井 ; 水井), 채석장, 적석묘, 가마터 등이 있음.

1) 성내시설

(1) 도로(通道, 王禹浪·王文軼, 2012)
○ 산성 남쪽 입구의 泉水溪流 동측에 너비 약 4m의 통로가 하나 있음. 도로는 남문 양측 土山 사이의 트인 곳에서 북문을 향해 일직선으로 통함.
○ 전체 길이 약 1,500m에 이르는데, 아직 발굴을 하지 않아서 어느 시기에 축조한 것인지 단정할 수 없지만 고구려시기의 산성 남북을 통하는 주요 도로였던 것으로 추정됨.

(2) 高山哨所(哨臺)
청나라 博明의 『鳳城瑣錄』중 "考城內故屋甚多, 有哨臺二……"라는 기록을 통해 哨臺 즉 高山哨所가

2기 있었음을 알 수 있는데 1985년 조사에서 발견하였음.

① 東廟哨所
○ 위치 : 산성의 동남 모서리에 위치.
○ 둘레 30m의 半圓形 성가퀴가 있고, 지세는 높고 평탄하여 평면이 200㎡에 달함. 현지 주민에 의하면 이곳에서 古代의 벽돌기와가 출토되었다고 함. 유적의 현존 상태가 뚜렷하지 않음.

② 攢雲峰 哨所
○ 위치 : 봉황산산성에서 가장 높은 지점인 攢雲峰에 위치.
○ 과거 봉우리 꼭대기의 평탄한 곳에 성돌과 같은 모양의 돌로 쌓은 高臺가 있었는데, 후에 텔레비전 방송탑을 건설할 때 훼손되었음. 유적의 현존 상태가 뚜렷하지 않음.

③ 동북 모서리의 哨所
○ 봉황산산성 동북 모서리의 깎아지른 거대 절벽 위에 고산초소가 있음. 가장 완전하게 보존된 초소유적임. 절벽의 남북 길이는 80m, 해발고도는 약 750m. 절벽의 북쪽 끝에는 또 북쪽을 향하여 우뚝 솟은 암벽 등이 뻗어 있는데, 길이 60m, 너비 2~8m 전후임. 성돌로 쌓은 장방형 平臺가 있는데 벽 높이 3~6m, 너비 2~3m로, 암석 등과 높이가 같음.
○ 암벽 위에 네 개의 큰 돌이 에워싼 동굴이 있는데 그 안에서 바람과 더위를 피할 수 있고, 그 위에 올라서면 서쪽으로 봉황산산성의 전체 성곽을 바라볼 수 있으며, 동쪽으로 鴨綠江 연안의 산봉우리들을 조망할 수 있음. 사면으로 백리의 산천을 조망할 수 있는 봉황산산성에서 가장 중요한 고산초소 가운데 하나임.

(3) 봉화대
○ 위치 : 북문 서측 210m 지점의 산등성이 꼭대기에 위치함.
○ 臺址는 원형으로 직경 12m. 주체 건축물은 이미 무너졌지만, 기초부는 명확함. 돌이 무너져 더미를 이루었음. 남아 있는 괴석과 성벽의 돌이 일치함. 이 지점의 지세는 높지 않아 초소는 아니며 봉화대일 가능성이 큼. 이 원형 대는 북쪽으로 金家溝 골짜기의 大路를 공제하며, 남쪽으로는 남문과 호응할 수 있어 남북 2개의 성문이 긴급한 정보를 전하는 중요 시설임.

(4) 건물지
○ 李炳元에 의하면, 2007년 요령성 문물고고연구소가 동쪽 산고개 아래의 경작지에서 고래(烟道) 등이 뚜렷이 남아 있는 유적을 발견하였다고 하는데, 건물지로 추정됨.
○ 2010년 조사 당시 3호문 문길 내측에서 요·금시기의 주거지가 발견됨. 주거지는 서측 門墩 남벽과 서측 보호벽을 기준으로 나뉜 동서 장벽을 기대어 축조하였고, 온돌이 구축되었음.

(5) 우물(枯井)
○ 봉황산산성의 高山 성벽 라인 부근, 大芹菜溝 골짜기 동쪽의 고산 평지에 큰 우물이 하나 있음. 이곳을 속칭 "東大園子"라고 하는데, 토질이 좋고 채소를 심기에 적합하다는 것을 의미함. 해발 고도 600~700m.
○ 북쪽으로 성벽에서 약 20m 떨어진 곳에 우물(山井)이 하나 있는데 쐐기형돌을 사용하여 축조하였음. 직경은 2m, 깊이 약 4m. 현지 주민 대다수가 이 우물을 본 적이 있으며, 상세한 정황에 대해서는 조사가 필요함.
○ 성내 평지에서 마른 우물 4개를 발견함. 모두 쐐기형돌을 사용하여 축조하였음. 규모가 크지 않으며 일반적으로 직경 1~3m 내외, 깊이 3m 정도임. 이런 종류의 소형 우물은 더욱 많을 것으로 추정됨. 성내에 거주민이 많아서 用水量도 비교적 컸다고 생각하기 때문임.

2) 유적

(1) 채석장
○ 위치 : 大芹蔡溝 골짜기 입구 동측에 위치.
○ 거대한 절벽 아래에 정연하거나 혹은 정연하지 않은 쐐기형돌과 대량의 석재가 쌓여있고, 거대한 절벽 위에도 정으로 쪼갠 뚜렷한 흔적이 있음.
○ 이곳은 성벽에서 약 10m 떨어져 있는데, 채석장으로 추정됨.

(2) 적석묘
○ 북문 서측 210m 지점의 산등성이 정상에 위치하고 북쪽으로 성벽과 10m 떨어져 있음.
○ 적석묘는 일찍이 파괴되었음. 현재 원형의 무덤 더미는 직경이 12m이고 적석은 모두 원래 장소에 있는데, 고구려시대의 무덤임.

(3) 가마터
○ 위치 : 남문 서남쪽 1,000m 거리에 아주 넓은 평지와 황토 高臺地가 있는데, 흙 언덕 아래에서 고구려시기의 기와편 및 불 탄 흙(燒土), 가마벽체를 다량 발견하였음.
○ 고구려시기의 가마터로 추정됨.

6. 출토유물

1) 철기

(1) 철제화살촉(鐵箭鏃)
○ 발견 경위 : 李炳元이 산성을 탐방하면서 채집.
○ 크기 : 길이 17cm, 箭頭 길이 2cm, 너비 1cm, 鐵箭杆의 길이 15cm, 너비 0.5cm.
○ 전형적인 고구려시기의 화살촉임.

그림 5 봉황산산성 3호문지 출토 철제 감잡이쇠(2010년 발굴)

그림 6 봉황산산성 출토 연화문 와당(崔玉寬, 1994, 5쪽)

(2) 철제감잡이쇠(鐵條, 그림 5)
2010년 발굴 때 3호 문지에서 출토됨.

2) 청동기
현지 주민들에 의하면, 밭을 갈 때 唐代 및 요·금시기의 銅錢을 발견한 적이 있다고 함.

3) 석기

(1) 돌절구(石臼)
○ 출토지 : 성내에서 출토되었으나, 출토 지점은 미상.
○ 수량 : 3개.
○ 가장 큰 돌절구는 불규칙한 원형으로, 절구 직경 약 15cm, 깊이 약 15cm, 석제 절구 방망이의 길이는 약 40cm, 머리가 큰 쪽의 직경은 약 12cm.

4) 토기, 기와

(1) 토기편
○ 출토지 : 廟溝구역 성벽 내측 산비탈 등에서 토기편을 발견.
○ 모두 니질의 모래혼입 무문토기임. 갈색과 흑갈색 두 종류가 있는데, 홍갈색이 대부분이며, 수제이고 활석분을 포함함. 바닥과 손잡이 각각 한 점 있음.

(2) 기와편
○ 기와편 : 산성 안팎에서 고구려 기와편이 발견된 적이 있음. 기와편은 남문 성벽의 채운 흙 속에도 발견. 이런 기와편은 적어도 성을 축조한 연대와 같거나 더 일찍 만들어졌을 가능성을 보여줌. 암키와 배면은 승문 타날하였고 내면에는 조밀한 마포흔이 남아 있음.
○ 연화문와당(그림 6) : 발굴조사에서 연화문 와당 몇 점을 채집하였는데 일부 와당은 직경 15cm, 두께 5cm. 연화 무늬의 선은 규정적이며, 소성도는 비교적 높음.

7. 역사적 성격

봉황산산성은 요동평원에서 천산산맥을 넘어 압록강으로 향하는 간선 교통로상에 위치하며, 고구려시기의 오골성으로 비정됨. 봉황산산성은 요동반도의 교통 중심지에 자리하고 있는데, 서쪽으로 낭랑성산성을 비롯한 수암지역의 여러 산성을 거쳐 안시성으로 비정되는 해성 영성자산성에 이르고, 서북쪽으로는 백암성을 지나 요동성과 이어짐. 또한 동쪽으로 압록강의 물길을 따라 박작성으로 비정되는 관전 호산산성을 지나 압록강 중상류나 서북한 일대의 고구려 내지로 나아갈 수 있음.

『한원』에 인용된 고려기에는 오골성이 '烏骨山'으로 나오는데, "언골산은 나라 서북에 있는데 屋山이라고도 한다. 평양에서 서북 700리 거리이다. 동쪽과 서쪽에 두 개의 고개가 있고, 절벽은 천 길이나 솟아 있는데, 아래에서 위까지 모두 蒼石이며, 멀리서 바라보면 깎아지른 바위로 형상이 형문의 삼협과 같다. 그 위에는 다른 초목은 없고, 오직 푸른 소나무만 자라며, 구름이 걸려있다. 고구려가 남쪽과 북쪽 협곡 입구에 성벽을 쌓아서 막아 성으로 삼았는데, 고구려 지역에서 가장 樞要의 성곽이다"라고 기록함.

또한 명나라 때의 『遼東志』에는 "산을 따라 쌓았으며, 10만의 무리를 수용할 수 있다"고 묘사되어 있는데 이러한 설명은 실제 사실과 부합함. 오골성은 전체 성곽이 높고 험하며 둘레가 16km에 이름. 오골성은 고구려 산성 가운데 규모가 가장 크며, 현재 남아 있는 보존상태도 가장 좋음. 오골성은 고구려시기에 중요한 역할을 한 것이 분명한데, 특히 말기에 그 역할이 두드러짐.

612년 고구려-수 전쟁 때, 우문술, 설세웅, 우중문 등의 대장군이 병사들을 이끌고 이 산성을 지나갔던 적이 있음. 또한 645년 李世勣이 이끄는 당의 군대가 백암성을 공격하자 "백암성의 청병 요청에 의해 오골성에서 군사를 보내 도왔다"고 함(『자치통감』 권179). 648년에도 "당나라 薛萬徹이 박작성을 포위하자······ 고구려는 장군 高文을 보내 오골성과 안시성 같은 여러 성의 군사 3만 여 명을 이끌고 와서 도왔다"고 함 (『구당서』薛萬徹傳).

오골성은 645년 당 태종이 고구려를 침략하였을 때도 중요한 공격 대상으로 등장함. 당 태종이 안시성을 수없이 공격하였지만 함락시키지 못하자 당 태종에게 항복한 고구려의 장수 고연수, 고혜진이 "오골성 욕살은 늙어서 성을 굳게 지키지 못할 것이니 그 성의 군수물자와 양곡을 빼앗아 평양으로 전진하자"고 건의함. 그러나 건안성과 신성에 있는 10만 병력과 안시성의 병력이 퇴로를 막고 뒤를 칠까 두려워 오골성을 치지 못하고 결국 안시성에서 패하고 돌아감.

이처럼 오골성은 7세기 수·당과 전쟁할 때 주위의 크고 작은 성들의 구원 요청에 응하여 지원하거나, 군사를 양성하고 전력을 축적하는 근거지 역할을 수행했음. 또한 요동평원에서 천산산맥을 넘어 도성인 평양성으로 나아가는 전략적 요충지에 해당하였음. 오골성으로 비정되는 봉황산산성은 고구려의 서북 방면에서 가장 중요한 군사적 중진이자 지방지배의 거점이었다고 추정되는데, 최고위 지방관인 욕살이 파견된 사실은 이를 반영함.

한편 북한학계에서는 봉황산산성을 산상왕 13년(209)에 천도했다는 '丸都'로 비정하는 한편, 평양으로 천도한 이후에는 부수도인 북평양의 역할을 수행했다고 파악하고 있음. 관구검이나 모용황이 쳐들어왔던 환도성은 지금의 집안 산성자산성이 아니라 봉황산산성이었다는 것임. 또한 『삼국사기』 지리지의 "안시성은 옛날 안시홀이다. 혹은 환도성이라고 불렀다"라는 기사나 『삼국유사』 왕력의 "임인 8월에 안시성으로 수도를 옮겼는데 곧 환도성이다"라고 한 기사 등은 환도=안시성이 한때 고구려의 수도였음을 반영하며, 환도=안시는 봉황산산성으로 비정된다고 파악하고 있음.

참고문헌

- 潭其驤 主編, 1988, 『中國歷史地圖集釋文匯編』 東北卷, 中央民族學院出版社.
- 李涷, 1989, 「鳳凰山山城」, 『遼寧大學學報』 1989-1.
- 陳大爲, 1989, 「遼寧境內高句麗遺跡」, 『遼海文物學刊』 1989-2.
- 中國考古學會, 1993, 『中國考古學年鑒』, 文物出版社.
- 孫力, 1994, 「遼寧的高句麗山城及遺其意義」, 『高句麗渤海研究集成』 高句麗 卷三, 哈爾濱出版社.
- 李殿福(차용걸·김인경 역), 1994, 『중국내의 고구려 유적』, 학연문화사.
- 王連春, 1994, 「丹東市區的高句麗山城」, 『高句麗渤海研究集成』 第三卷, 哈爾濱出版社.
- 王綿厚, 1994, 「鴨綠江右岸高句麗山城研究」, 『遼海文物學刊』 1994-2.
- 王禹浪·王宏北, 1994, 『高句麗·渤海古城址研究匯編』(上), 哈爾濱出版社.
- 崔雙來, 1994, 「丹東地區高句麗山城及其墓葬考察紀要」, 『中國考古集成』 東北卷 兩晉至隋唐(二), 北京出版社.
- 崔玉寬, 1994, 「鳳凰山山城調査簡報」, 『遼海文物學刊』 1994-2.
- 陳大爲, 1995, 「遼寧高句麗山城再探」, 『北方文物』 1995-3.
- 王連春, 1996, 「丹東市區的高句麗山城」, 『中國考古集成』 東北卷 兩晉至隋唐(二), 北京出版社.
- 崔雙來, 1996, 「丹東地區高句麗山城及其墓葬考察紀要」, 『中國考古集成』 東北卷 兩晉至隋唐(二), 北京出版社.
- 崔玉寬·張慶賀, 1996, 「烏骨城考」, 『中國考古集成』 東北卷 兩晉至隋唐(二), 北京出版社.
- 馮永謙, 1996, 「高句麗城址輯要」, 『北方史地研究』, 中州古籍出版社.
- 馮永謙, 1997, 「高句麗城址輯要」, 『高句麗渤海研究集成』 高句麗 卷(三), 哈爾濱出版社.
- 遼寧省地方志編纂委員會辦公室 主編, 2001, 『遼寧省志·文物志』, 遼寧人民出版社.
- 王綿厚, 2002, 『高句麗古城研究』, 文物出版社.
- 官曉鳳, 2004, 「現存最大的高句麗山城–鳳凰山山城」, 『蘭台世界』 2004-2.
- 李龍彬, 2007a, 「鳳城市高句麗鳳凰山山城」, 『中國考古學年鑑』, 文物出版社.
- 李龍彬, 2007b, 「遼寧丹東鳳凰山山城首次發掘取得重大收穫」, 『中國文物報』 2007-3.
- 王禹浪·王文軼, 2008, 『遼東半島地區的高句麗山城』, 哈爾濱出版社.
- 李龍彬·司偉偉, 2008, 「鳳城市高句麗鳳凰山山城」, 『中國考古學年鑑』, 文物出版社.
- 國家文物局 主編, 2009, 『中國文物地圖集』 遼寧分冊(上·下), 西安地圖出版社.
- 王禹浪·王文軼·王宏北, 2010, 「遼東半島高句麗山城概述」, 『黑龍江民族叢刊』 2010-2.
- 李龍彬·司偉偉, 2011, 「鳳城市高句麗鳳凰山山城」, 『中國考古學年鑑』, 文物出版社.
- 王禹浪·王文軼, 2012, 「丹東地區的高句麗山城」, 『哈爾濱學院學報』 2012-3.

02 봉성 산넘산성
鳳城 山隐山城

1. 위치와 자연환경

봉황산 山門의 남쪽과 북쪽 양측의 산줄기 상에 위치.

2. 성곽의 전체현황

○ 북측에 성벽이 남아 있는데 잔존 성벽은 길이 100m, 높이 2~5m, 너비 2~3m. 전형적인 쐐기형 돌을 사용하여 축조하였음.
○ 남측의 성벽은 판별하기 어려움.

3. 역사적 성격

봉황산산성과 연결되어 일체를 이루고 있는데, 부속성으로 추정됨.

참고문헌

· 崔玉寬, 1996, 『鳳城市文物志』, 遼寧民族出版社.

03 봉성 첨립산성
鳳城 尖砬山城 | 尖砬子山城

1. 위치와 자연환경(그림 1 ~ 그림 2)

遼寧省 鳳城市 白旗鎭 黃旗村 後堡屯 동북 500m 尖砬子山 정상에 위치. 鳳城市에서 서남쪽으로 약 25km 정도 떨어져 있음.

2. 성곽의 전체현황

1) 『鳳城市文物志』의 기술내용
○ 老頭砬子 또는 烟囱砬子라고도 부름.
○ 동, 북, 서 3면은 험준한 절벽이고, 남면은 완만한 산비탈임.
○ 두 갈래의 인공석벽을 축조. 성돌은 자연석괴를 약간 가공한 것임. 제1성벽의 잔존 길이 30m, 높이 3.5m, 제2성벽의 잔존 길이 10m, 높이 4m. 두 성벽 간격은 35m. 잔존 성벽으로 보아 성곽 평면은 장방형으로 추정됨.
○ 성 내부의 저지대에 우물이 있는데, 인공으로 다듬은 돌로 우물벽을 축조함.

2) 『中國文物地圖集』의 기술내용
○ 성터는 산상에 위치함. 산세를 따라서 축조하였음.
○ 규모 : 둘레 약 200m.

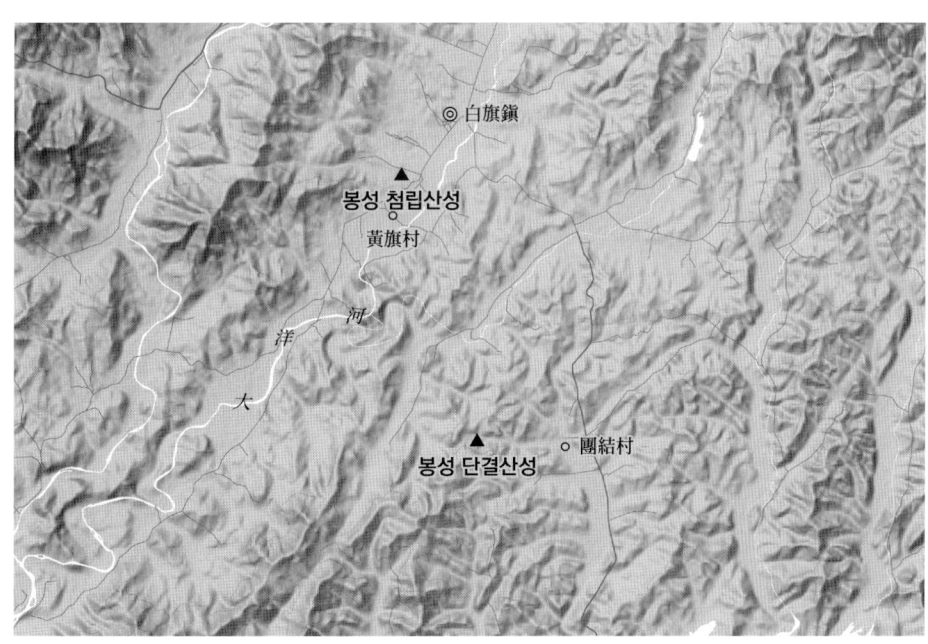

그림 1 첨립산성 위치도

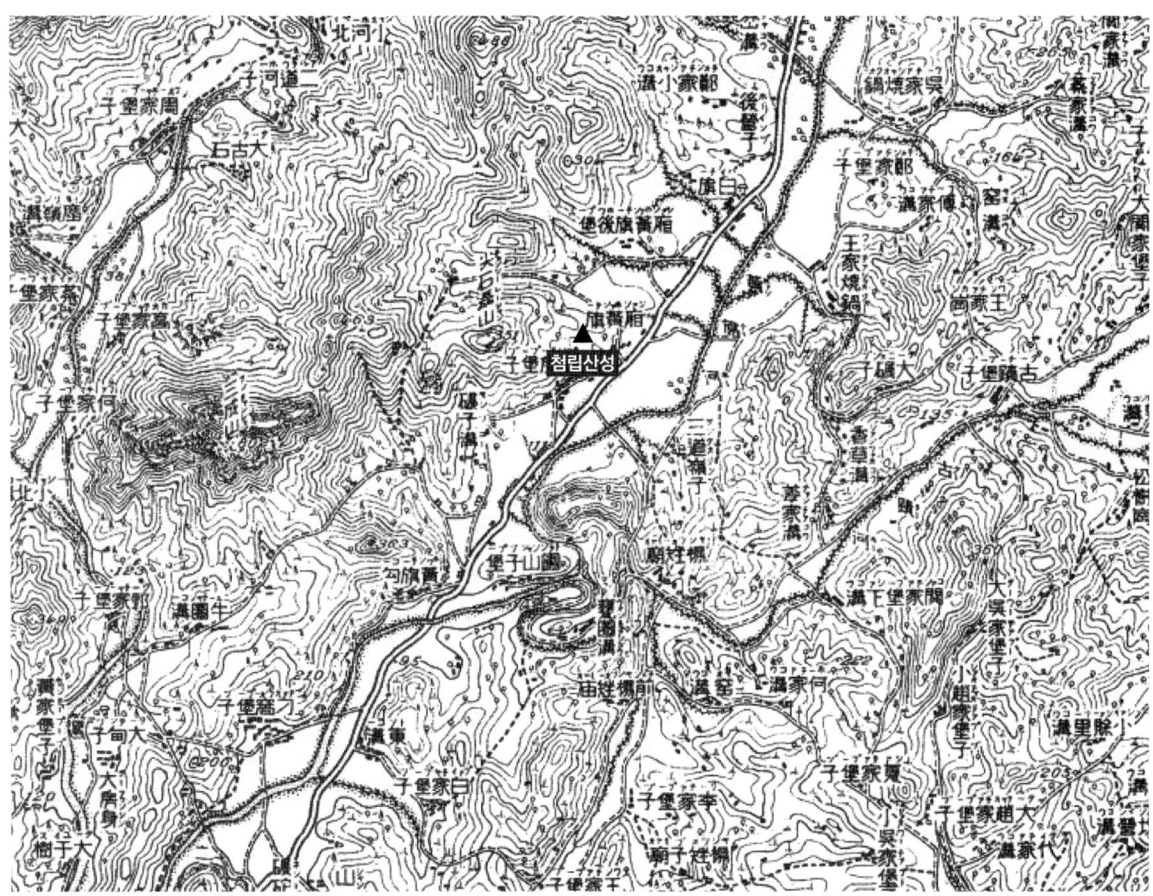

그림 2 첨립산성 주변 지형도(滿洲國 10만분의 1 지형도)

○ 동, 남, 북 세 면은 절벽을 천연성벽으로 삼았음.
○ 서벽은 규정적이지 않은 쐐기형돌을 사용하여 축조하였음.
○ 잔존하는 성벽의 길이 40m, 높이 3~4m.
○ 성내에 물이 말라버린 우물이 1개 있음.

참고문헌

- 崔玉寬, 1996, 『鳳城市文物志』, 遼寧民族出版社.
- 國家文物局 主編, 2009, 『中國文物地圖集』 遼寧分冊(上·下), 西安地圖出版社.

3. 역사적 성격

고구려시기의 성곽이라면 岫巖에서 鳳城으로 나아가던 교통로를 방어하던 소형 보루성으로 추정됨.

04 봉성 첨산산성
鳳城 尖山山城

1. 위치와 자연환경

○ 遼寧省 鳳城市 劉家河鎭 尖山村 동북 1.5km의 尖山 정상에 위치.
○ 북측은 깎아지른 벼랑과 절벽이며, 나머지 3면은 비교적 평탄하고 완만하며, 草河가 북쪽 산기슭을 따라 흘러나감.

2. 성곽의 전체현황

○ 현재 남아 있는 성벽 길이는 30m.
○ 인공적으로 쌓아 축조함.

3. 역사적 성격

고구려시기의 성곽이라면 本溪에서 鳳城으로 나아가던 교통로를 방어하던 소형 보루성으로 추정됨.

참고문헌

· 崔玉寬, 1996, 『鳳城市文物志』, 遼寧民族出版社.

05 봉성 동대정산성
鳳城 東大頂山城

1. 위치와 자연환경

遼寧省 鳳城市 楊木鎭 建設村 艾家堡 북쪽 200m의 산 정상에 위치.

2. 성곽의 전체현황

○ 성터는 장방형.
○ 현재 남아 있는 토벽의 길이 110m, 너비 20m.
○ 성벽 외측에 濠溝 골짜기가 있음.

3. 역사적 성격

고구려시기의 성곽이라면 요동평원에서 천산산맥을 넘어 압록강으로 향하는 교통로와 함께 요동반도 해안이나 압록강 하구 일대를 방어하던 소형 보루성으로 추정됨.

참고문헌

· 崔玉寬, 1996, 『鳳城市文物志』, 遼寧民族出版社.

06 봉성 단결산성
鳳城 團結山城

1. 위치와 자연환경(그림 1 ~ 그림 2)

遼寧省 鳳城市 紅旗鎭 團結村 서쪽 1km.

2. 성곽의 전체현황

○ 성터는 산상에 위치함. 산등성이를 따라 에워싸면서 축조하였음.
○ 둘레는 약 200m인데, 서벽과 남벽에 4구간이 남아 있음.
○ 잔존 성벽의 총 길이 50m, 높이 1m.

3. 역사적 성격

고구려시기의 성곽이라면 요동평원에서 천산산맥을 넘어 압록강으로 향하는 교통로와 함께 요동반도 해안이나 압록강 하구 일대를 방어하던 소형 보루성으로 추정됨.

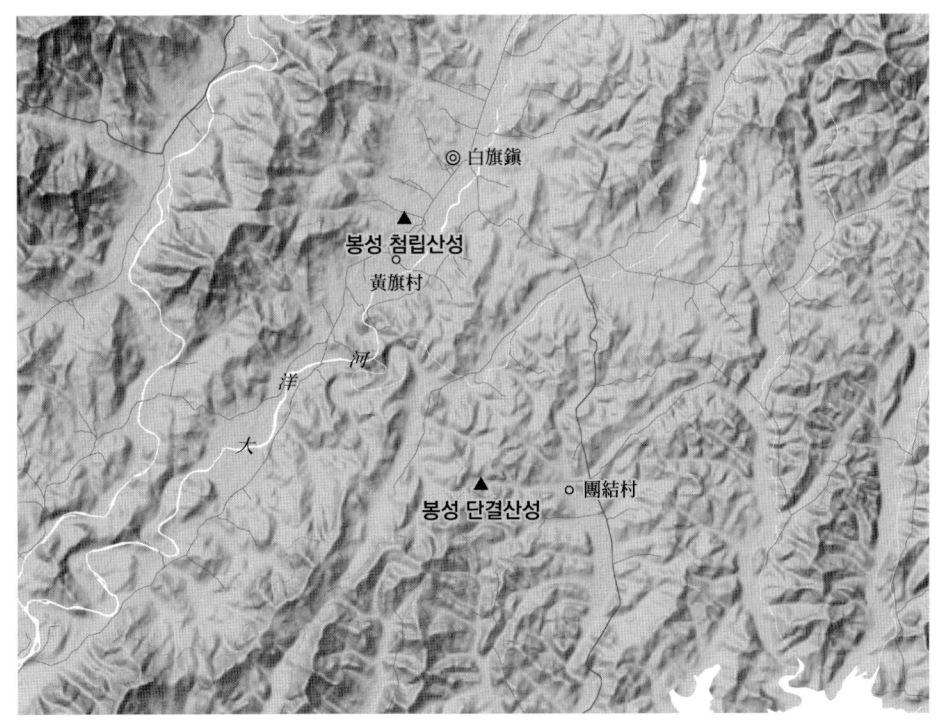

그림 1 단결산성 위치도

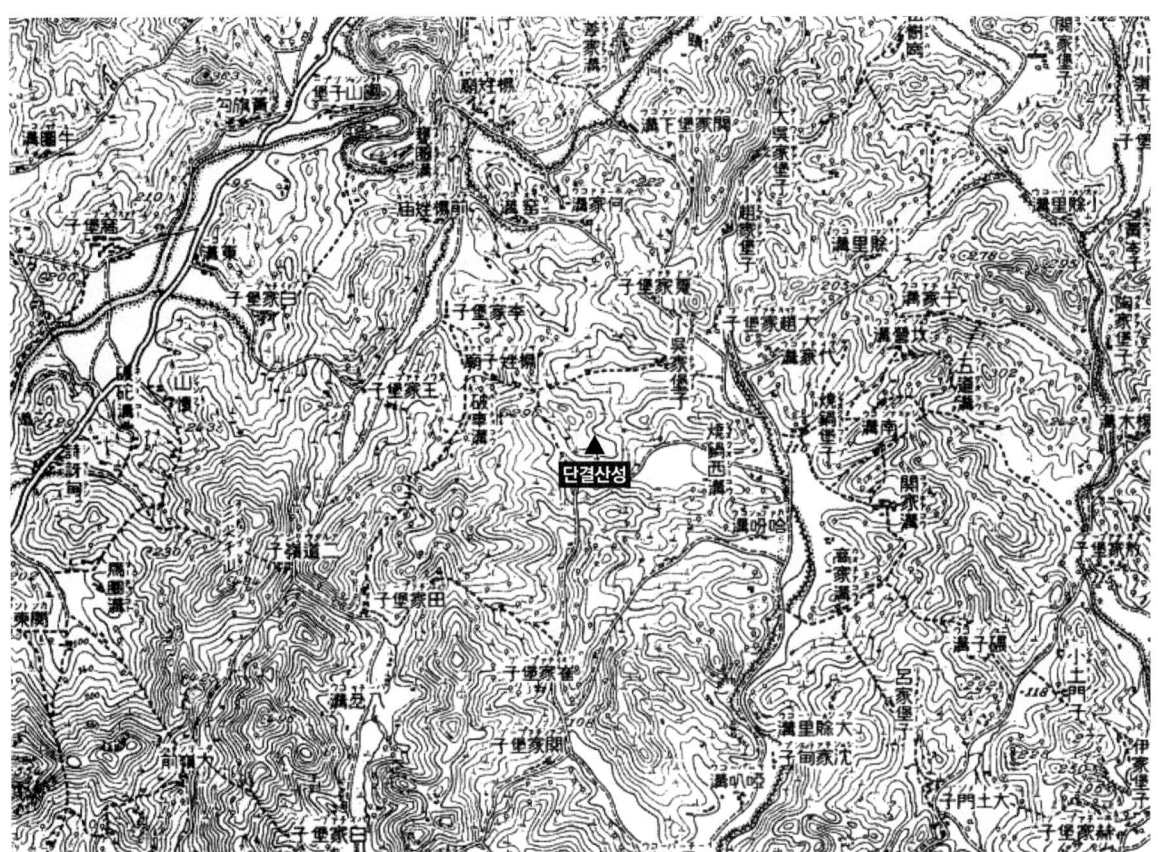

그림 2 단결산성 주변 지형도(滿洲國 10만분의 1 지형도)

참고문헌

• 國家文物局 主編, 2009, 『中國文物地圖集』 遼寧分冊(上·下), 西安地圖出版社.

07 봉성 성산산성
鳳城 城山山城

1. 위치와 자연환경

遼寧省 鳳城市 紅旗鎭 團結村 砬子溝屯 城山 꼭대기에 위치.

2. 성곽의 전체현황

○ 현재 성벽은 4구간이 남아 있음. 남은 성벽의 총 길이 40m, 잔고 1m.
○ 성돌은 인공적으로 다듬은 장방형 화강암임.
○ 성돌 하나는 길이 45cm, 너비 36cm, 두께 16cm.
○ 잔존 유적은 성의 규모가 매우 작다는 것을 표명해줌.
○ 규모 : 약 150m².
○ 현지 주민들은 '高麗墩臺'라고 칭함.

3. 역사적 성격

고구려시기의 성곽이라면 요동평원에서 천산산맥을 넘어 압록강으로 향하는 교통로와 함께 요동반도 해안이나 압록강 하구 일대를 방어하던 소형 보루성으로 추정됨.

참고문헌
· 崔玉寬, 1996, 『鳳城市文物志』, 遼寧民族出版社.

08 봉성 이도구산성
鳳城 二道溝山城

1. 위치와 자연환경(그림 1 ~ 그림 2)

遼寧省 鳳城市 沙里寨鎭 蔡家村 二道溝屯 동쪽 750m에 위치.

2. 성곽의 전체현황

○ 성벽은 석축임. 대부분은 무너졌음.
○ 성벽 기초는 가공한 쐐기형돌을 쌓아 축조하였음.
○ 잔존 성벽의 길이 100m, 잔고 1 ~ 2m.

3. 역사적 성격

고구려시기의 성곽이라면 요동평원에서 천산산맥을 넘어 압록강으로 향하는 교통로와 함께 요동반도 해안이나 압록강 하구 일대를 방어하던 소형 보루성으로 추정됨.

참고문헌

· 國家文物局 主編, 2009, 『中國文物地圖集』 遼寧分冊(上·下), 西安地圖出版社.

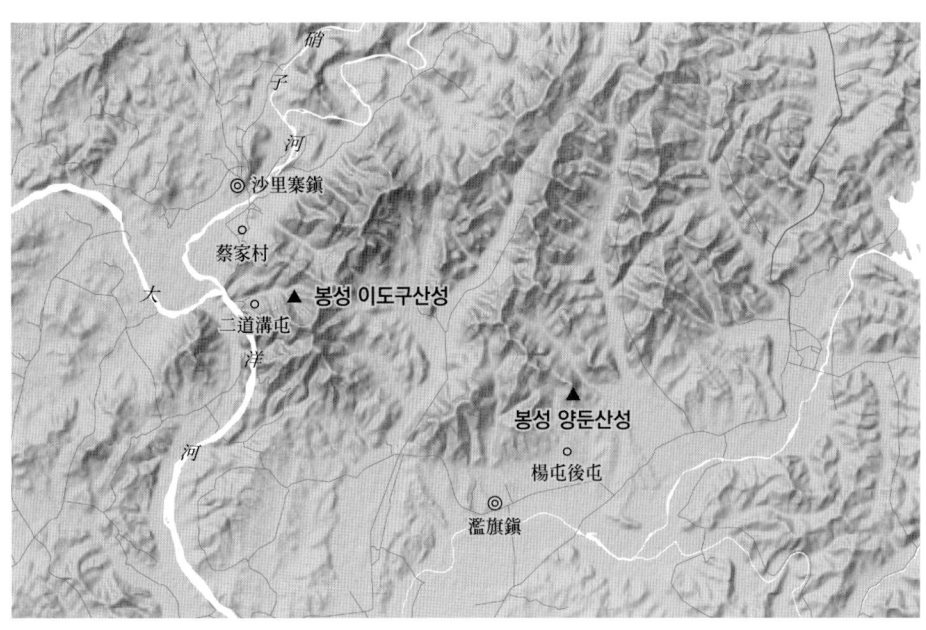

그림 1 이도구산성 위치도

그림 2 이도구산성 주변 지형도(滿洲國 10만분의 1 지형도)

09 봉성 양둔산성
鳳城 楊屯山城 | 臺子山山城

1. 위치와 자연환경(그림 1~그림 2)

遼寧省 鳳城市 藍旗鎭 藍旗村 楊屯後屯 북쪽 1km의 산(臺子山)에 위치.

2. 성곽의 전체현황

○ 성터는 산상에 위치.
○ 산성은 산세를 따라 축조하였음. 북쪽은 높이 20m 이상의 낭떠러지이고, 남쪽은 험준한 절벽이며, 동·서 양측은 완만한 산비탈임.
○ 평면은 대체로 삼각형을 띰.
○ 규모 : 둘레 약 500m(1980년대 조사 당시 성벽 120m 정도 잔존).

3. 성벽과 성곽시설

○ 남벽은 쐐기형돌을 사용하여 축조하였음.
○ 보존상태 : 남아 있는 성벽의 길이 30m, 높이 2m.

그림 1 양둔산성 위치도

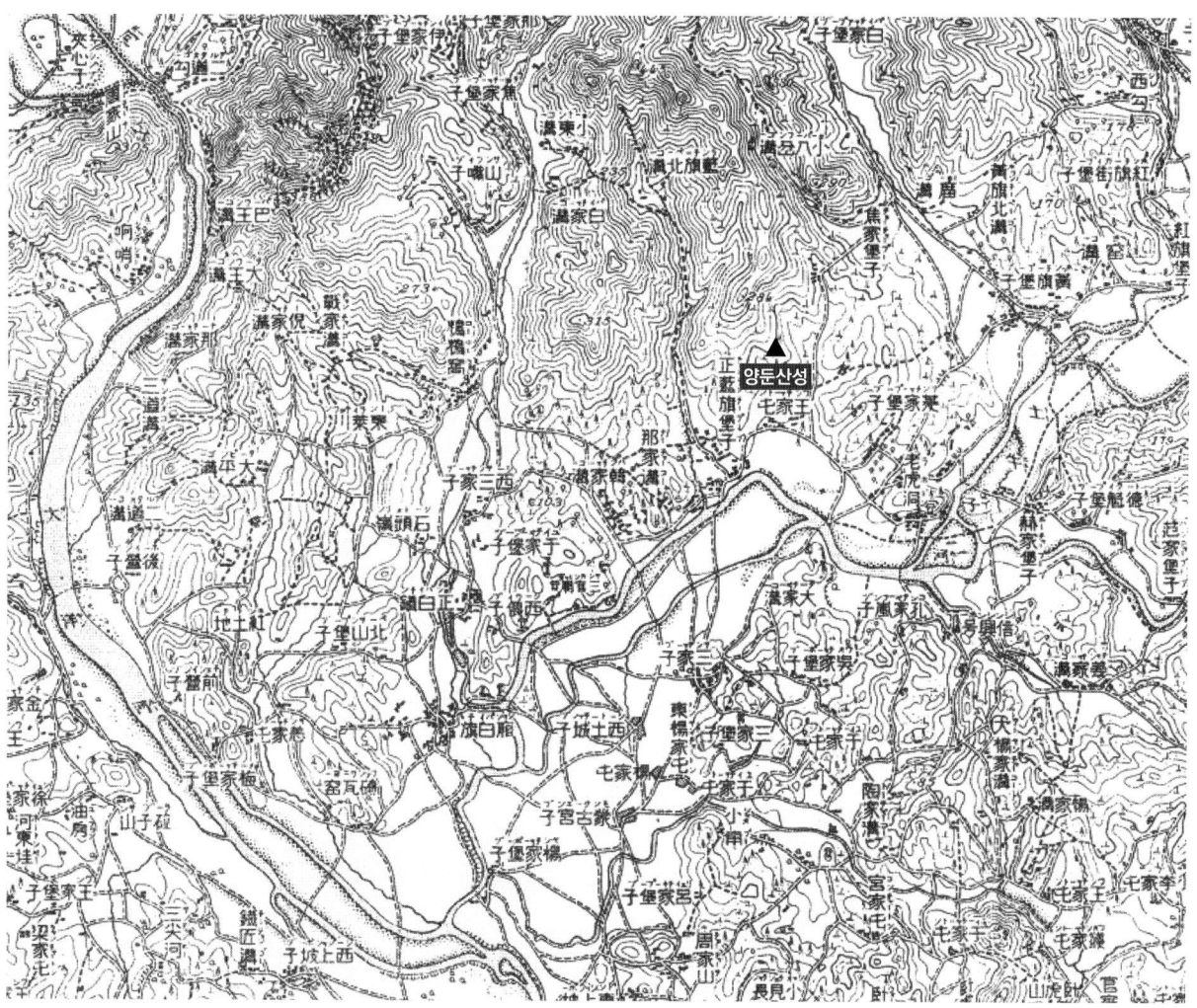

그림 2 양둔산성 주변 지형도(滿洲國 10만분의 1 지형도)

4. 성내시설과 유적

해자(濠溝) : 동서 양측에 있음. 깊이 1m, 너비 2m임.

5. 역사적 성격

고구려시기의 성곽이라면 요동평원에서 천산산맥을 넘어 압록강으로 향하는 교통로와 함께 요동반도 해안이나 압록강 하구 일대를 방어하던 소형 보루성으로 추정됨.

참고문헌

- 崔玉寬, 1996, 『鳳城市文物志』, 遼寧民族出版社.
- 國家文物局 主編, 2009, 『中國文物地圖集』 遼寧分冊(上·下), 西安地圖出版社.

10 봉성 산성구산성
鳳城 山城溝山城 | 山城溝村山城

1. 위치와 자연환경(그림 1)

遼寧省 鳳城市 서북부 通遠堡鎭 山城溝村 북쪽 1.5km 산상에 위치.

2. 성곽의 전체현황

○ 산성은 산세를 따라 축조하였음. 대체로 삼각형을 띰.
○ 성곽의 세 모서리에 모두 작은 臺가 있음.
○ 규모 : 산성의 둘레 900m.
○ 성벽은 중앙에 석축렬을 축조한 다음 흙으로 구축하였음. 기초 너비 약 3m. 동서 양쪽의 성벽 외면은 절벽을 이용하였으며 내측에 1.5m 높이의 토벽을 쌓았음.

3. 성벽과 성곽시설

남면은 골짜기 입구로 성문을 설치하였음.

4. 성내시설과 유적

성내 중부에 건물지가 있으며 승문기와편 등이 산견됨.

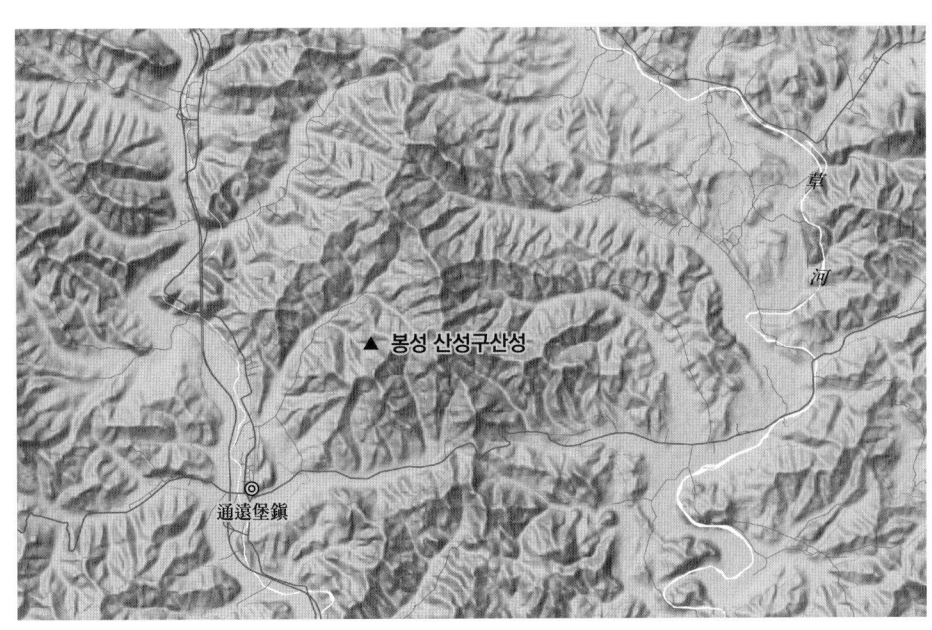

그림 1 산성구산성 위치도

5. 출토유물

성내 중부의 건물지에서 승문기와편 등이 산견됨.

6. 역사적 성격

本溪에서 鳳城을 거쳐 압록강 하류로 나아가던 교통로를 방어하던 고구려시기의 소형 산성으로 추정됨.

참고문헌

- 王禹浪·王宏北, 1994, 『高句麗·渤海古城址硏究匯編』(上), 哈爾濱出版社.
- 馮永謙, 1997, 「高句麗城址輯要」, 『高句麗渤海硏究集成』 高句麗 卷(三), 哈爾濱出版社.
- 王禹浪·王文軼, 2008, 『遼東半島地區的高句麗山城』, 哈爾濱出版社.
- 王禹浪·王文軼, 2012, 「丹東地區的高句麗山城」, 『哈爾濱學院學報』 2012-3.

11 봉성 마포자산성
鳳城 馬跑子山城

1. 위치와 자연환경

○ 遼寧省 鳳城市 靑城子鎭 서북쪽 1km의 산 정상에 위치.
○ 산의 해발 고도는 600m.

2. 성곽의 전체현황

○ 평면은 방형. 잔존 성벽 길이 40m, 너비 25m.
○ 성문의 성벽 높이는 2.2m, 너비 1.7m.
○ 성벽은 벽돌과 돌을 사용하여 쌓아 조성하였고, 明代의 특징을 갖추고 있는데, 고구려 산성에 修建한 것임.

3. 역사적 성격

지리 위치상 本溪에서 鳳城을 거쳐 압록강 하류로 나아가던 교통로를 방어하던 소형 산성으로 추정됨. 이 지역에 전하는 민간 전설에 의하면 당나라가 고구려를 정벌했을 때, 고구려왕을 잡아 이 산의 구덩이에서 살해하였는데, 이 구덩이를 '왕을 살해한 구덩이(殺王溝)'라고 불렀고, 고구려왕의 말이 달려 이곳 산의 아래에 도달하였기에 '馬跑子'라고 불렀다고 함.

참고문헌

• 崔玉寬, 1996, 『鳳城市文物志』, 遼寧民族出版社.

12 봉성 연산산성

鳳城 鉛山山城 | 高麗城山山城 | 鉛頂子山山城

1. 위치와 자연환경

1) 지리위치
遼寧省 鳳城市 靑城子鎭 鉛山 정상에 위치.

2) 자연환경
○ 鉛山은 납의 매장량이 풍부해서 얻은 이름이며, 원래의 이름은 西山임. 현지인들은 속칭 高麗城山, 또 鉛頂子山이라고 부름.
○ 鉛山은 해발 445.8m로, 靑城子鎭의 서단에 위치.

2. 성곽의 전체현황

○ 산정상의 지세는 평탄하며 'T'자 형태를 띰. 남쪽과 동쪽의 비탈은 완만하고 평탄하며, 서쪽과 북쪽의 비탈은 산세가 험준함.
○ 산정상에 성곽이 있는데, 산세의 자연지형을 따라 축조하였으며, 석축 성벽과 벽돌 성벽이 결합된 구조인데, 평면은 장방형임.
○ 규모 : 남북 길이 약 300m, 동서 너비 약 250m(崔雙來, 1991).[1]
○ 성벽 하단은 납작한 방형의 불규칙한 석괴로 축조하였으며, 성벽 정상부는 푸른 벽돌(靑磚)을 깔아 쌓음.

3. 성벽과 성곽시설

○ 천연성벽 : 산성의 서벽과 북벽은 자연산세의 험준함을 이용해 천연의 성벽으로 삼았음.
○ 남문 : 완만한 비탈지에 남문을 설치하였으며, 돌과 벽돌로 축조하였음. 문 너비 약 2.5m.
○ 망대 : 산성의 동남 모서리에 墩臺 하나를 설치하였는데 망대임. 원형으로 밑지름 7m, 높이 5m. 망대의 동쪽에는 석벽이 한 갈래 있는데 불규칙한 반원형으로 망대를 방어하는 기능을 함. 벽체 잔고 1m, 아랫너비 1.5m, 윗너비 0.8m.

4. 성내시설과 유적

○ 우물 : 성내 동남 모서리에 우물(泉井) 하나가 있는데, 돌로 우물 네 벽을 축조하였음.
○ 해자(壕溝) : 성곽의 동쪽 약 5m 비탈 아래에 반원형의 해자가 있음. 해자의 잔존 너비 1.5m, 깊이 0.5~1m. 인공적으로 굴착한 것으로 성곽을 방어하는 기능을 하며, 제2의 방어선에 해당함.
○ 해자의 바깥 6m 되는 곳에 제2의 해자가 있는데 역시 반원형이며, 산성의 북쪽 산비탈까지 뻗어 있음. 길

---

[1] 1,500m라는 기록도 있음(王禹浪·王文軼, 2012).

이 약 300m, 잔존 너비 2~2.5m, 깊이 0.5~1m로 균일하지 않음.

조된 다음, 明代까지 계속 사용되면서 장방형으로 개축되었을 것으로 파악하고 있음.

5. 역사적 성격

산성이 위치한 곳은 哨子河와 靉河의 발원지로 두 강의 분수령인데, 두 강을 봉쇄할 수 있는 전략적 요충지임. 哨子河와 靉河 두 강 가운데 어느 하나를 통과해서 다른 강으로 진입하는 적들을 방어할 수 있는 전략적 요충지로 哨子河와 靉河 일대를 동시에 방어하던 산성으로 추정됨. 중국학계에서는 고구려시대에 처음 축

참고문헌

- 崔雙來, 1991, 「丹東地區最高的明代山城」, 『丹東史志』 1991-1.
- 王禹浪·王宏北, 1994, 『高句麗·渤海古城址研究匯編』(上), 哈爾濱出版社.
- 王禹浪·王文軼, 2008, 『遼東半島地區的高句麗山城』, 哈爾濱出版社.
- 王禹浪·王文軼, 2012, 「丹東地區的高句麗山城」, 『哈爾濱學院學報』 2012-3.

13 봉성 청성산산성
鳳城 靑城山山城

1. 위치와 자연환경(그림 1)

遼寧省 鳳城市 靑城子鎭 정부 소재지 서북 500m.

2. 성곽의 전체현황

- 성터는 산상에 위치.
- 평면은 장방형임.
- 길이 40m, 너비 25m.
- 성벽은 토석혼축 구조. 외벽은 약간 가공한 석괴를 사용하여 축조하였고, 내벽은 흙을 다져 채웠음.
- 남문의 잔존 성벽 높이 1~3m.

3. 역사적 성격

고구려시기의 성곽이라면 本溪에서 鳳城을 거쳐 압록강 하류로 나아가던 교통로를 방어하던 소형 보루성으로 추정됨.

참고문헌

- 國家文物局 主編, 2009, 『中國文物地圖集』 遼寧分冊(上·下), 西安地圖出版社.

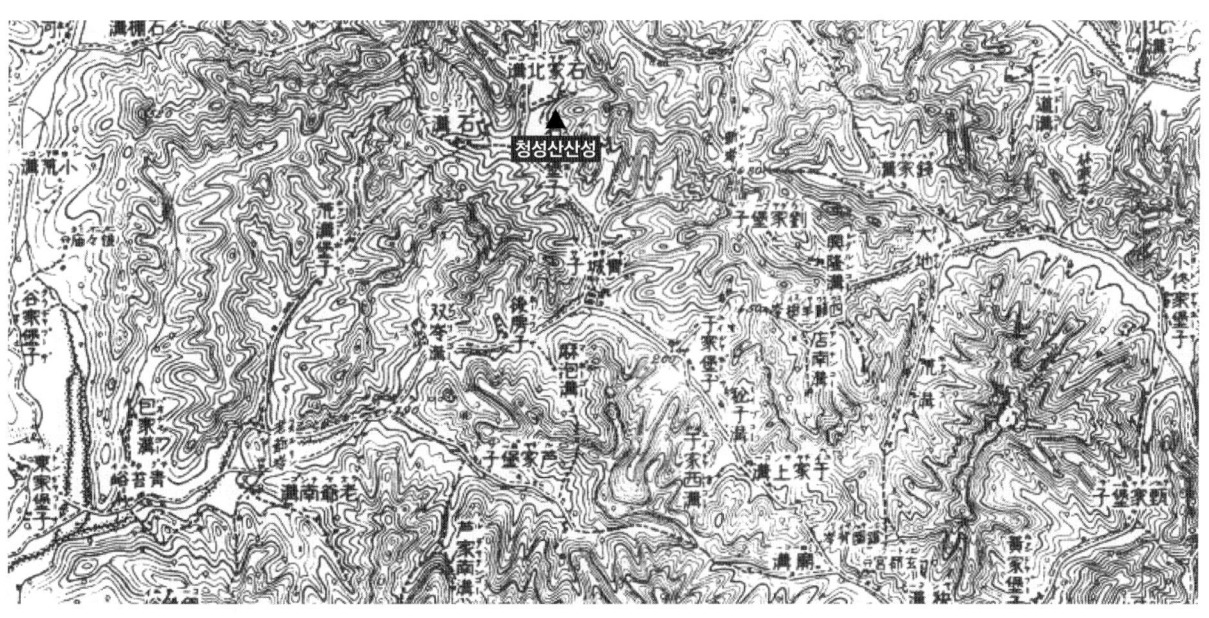

그림 1 청성산산성 주변 지형도(滿洲國 10만분의 1 지형도)

14 봉성 반정산성
鳳城 胖頂山城

1. 위치와 자연환경(그림 1)

遼寧省 鳳城市 毉陽鎭 龍道村 金家堡 동쪽 2.5km의 胖頂山 정상에 위치.

2. 성곽의 전체현황

○ 잔존한 성벽은 석벽임. 한 변의 길이가 15m인 소형 성보임.
○ 현지 주민은 '고려산성'이라 부름.
○ 성터가 소재한 산줄기는 봉성과 관전의 경계선에 해당하며, 해발 고도는 약 1,000m.
○ 산세는 험요하며 시야는 탁 트여 개활함.

3. 역사적 성격

고구려시기의 소형 보루성으로 추정되는데, 명대 유적으로 추정하기도 함. 고구려시기의 성곽이라면 毉河 상류를 거슬러 寬甸이나 本溪로 나아가던 교통로를 방어하던 소형 보루성으로 추정됨.

참고문헌

· 崔玉寬, 1996, 『鳳城市文物志』, 遼寧民族出版社.

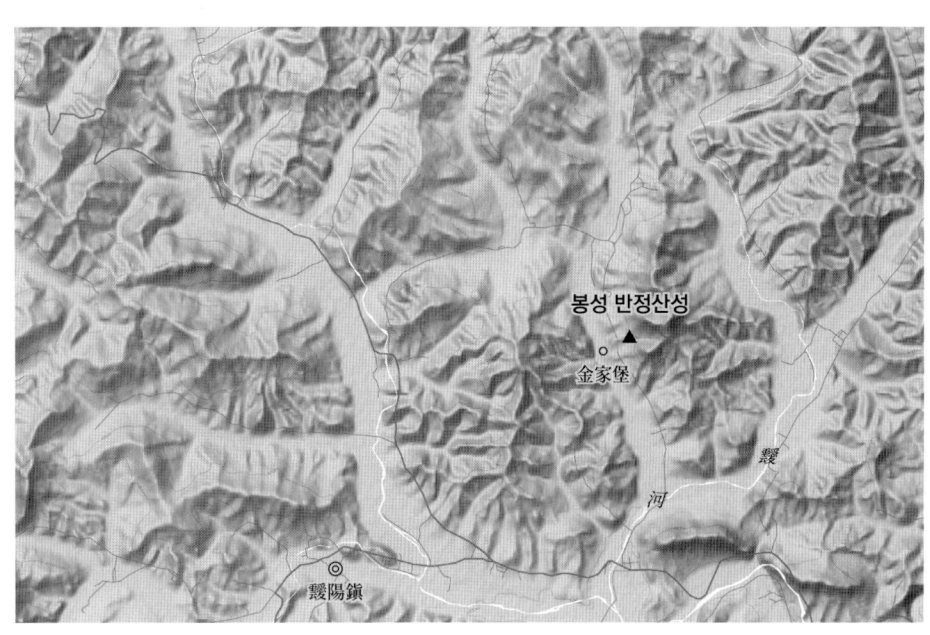

그림 1 반정산성 위치도

15 봉성 대가보산성
鳳城 戴家堡山城

1. 위치와 자연환경

遼寧省 鳳城市 賽馬鎭 岔路村 戴家堡屯 동북쪽 300m 의 산 정상에 위치.

2. 성곽의 전체현황

○ 현재 남아 있는 성벽 길이는 40m, 잔고 1m.
○ 잔존 성벽 기초를 통해 산성의 평면이 장방형임을 간취할 수 있음.

3. 역사적 성격

고구려시기의 성곽이라면 岫巖에서 鳳城으로 나아가던 교통로를 방어하던 소형 보루성으로 추정됨.

참고문헌
- 崔玉寬, 1996, 『鳳城市文物志』, 遼寧民族出版社.

제4부

관전현(寬甸縣) 지역의 유적

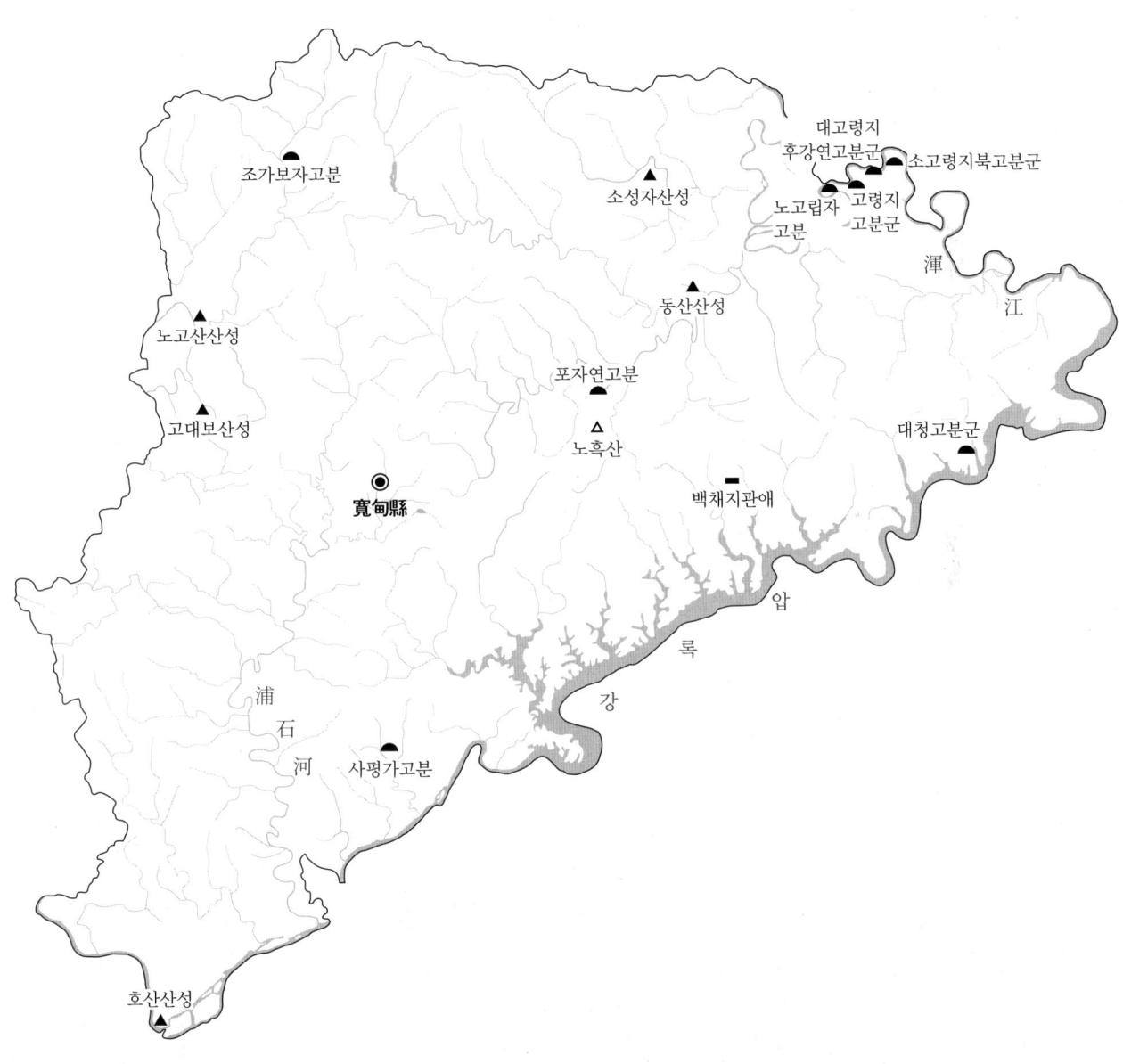

1
고분군과 고분

01 관전 사평가청동모묘
寬甸 四平街靑銅矛墓

1. 조사현황

1978년 돌무지 속에서 석관묘 발견.

2. 위치와 자연환경

寬甸縣 長甸公社 四平街大隊 3小隊社員, 마을 동남 쪽으로 400m에 위치.

3. 고분의 현황

○ 돌무지 속 네모난 돌로 쌓은 석관묘(석퇴석관묘).
○ 묘실 장축방향은 10°임.
○ 석관 내에 한 개체의 인골을 확인. 인골은 이미 부패됨.
○ 인골 주위에서 청동모(銅矛) 2점이 발견되었으나 1점만을 수습.
○ 옥장식(玉飾) 10점이 발견되었으나 산실됨.

4. 출토유물

1) 청동모(銅矛, 그림 1)
○ 출토지 : 사평가청동모묘.
○ 크기 : 전체 길이 9.3cm, 矛身 길이 5.7cm. 銎部

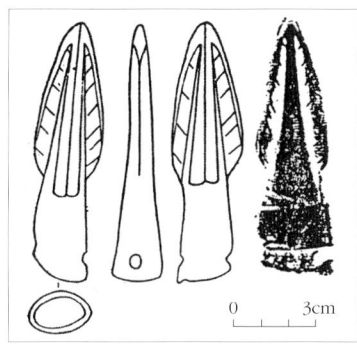

그림 1 사평가청동모묘 출토 동모(우측은 탁본) (『考古』1984-8)

직경 1.8×0.2cm, 공부 길이 3.6cm.
○ 형태 : 모신은 비교적 짧고, 공부는 비교적 길음. 모신 중앙의 등대를 중심으로 양쪽에 葉脈文이 있음. 공부 단면은 타원형, 양쪽에 작은 구멍이 있음.

2) 옥장식(玉飾)
○ 출토지 : 사평가청동모묘.
○ 크기 : 두께 0.6cm.
○ 형태 : 총 10점이 확인되는데 크기가 서로 비슷하고, 원형의 구멍이 있으며, 색깔은 흰색, 녹색, 회색 등임.

5. 역사적 성격

1) 무덤 형식

보고된 정황에 의하면 사평가무덤은 단동지역이나 압록강 중하류 청동단검묘와 유사한 성격의 무덤으로 이해됨. 무덤 형식은 돌무지에 초점을 두고 적석묘로 보거나, 매장주체부인 석관묘에 초점을 두는 두 견해로 나뉨. 이러한 견해는 초기 고구려를 바라보는 인식의 차이와 연결됨.

(1) 적석묘로 파악하는 견해

○ 박진욱(1987) : 조가보고분을 비롯한 압록강 중하류 석퇴유적을 돌무지무덤으로 이해.

○ 손영종(1990) : 압록강 중하류 석퇴유적을 고구려에 선행한 구려국의 돌각담무덤으로 이해하고, 고구려 건국연대를 기원전 3세기로 소급.

○ 田村晃一(1990) : 압록강 중하류 석퇴유적을 적석총으로 이해.

○ 지병목(1997) : 압록강 중하류 석퇴유적을 적석묘로 파악.

○ 강현숙(1999) : 요동지방 고유 묘제를 중국계 묘제인 토광묘와 구별되는 석관묘, 지석묘, 적석묘 등 돌무덤으로 상정하고, 압록강 중하류 석퇴유적 역시 광의의 돌무덤으로 보며 적석묘로 해석.

(2) 석관묘로 파악하는 견해

○ 여호규(2011) : 압록강 중하류 일대의 석퇴유적 가운데 석관묘로 보고된 유적이 다수라는 점에서 적석묘보다는 석관묘로 파악함. 적석묘가 원고구려 주민의 묘제라는 점에서 석퇴 석관묘는 원고구려 주민의 무덤 형식이 아닌 것이 됨.

○ 오강원(2012) : 청동검과 청동거울이 출토되는 관전 포자연무덤, 관전 사평가무덤, 관전 조가보자무덤, 봉성 삼가자무덤 등은 매장주체부가 석관묘로 구조적 속성은 고구려 초기 적석묘와 다른 계보로 보아 적석석관묘류로 파악. 적석석관묘는 고구려 초기 적석묘와 외형상 유사성이 확인된다는 점에서 『삼국지』에서 고구려별종으로 언급되는 '소수맥'과 관련되는 것으로 파악함.

2) 고분 연대

사평가에서 출토된 동모는 葉脈文이 있는 것으로 이와 유사한 동모는 집안 오도령구문적석묘에서 동경과 동검, 도끼날형 철촉 등과 함께 출토되었음.

집안 오도령구문적석묘의 동검은 단동지역에서 출토된 3형식 동검의 특징을 갖고 있음. 제3형식은 검신이 비교적 길고, 칼끝이 길며, 검날 하단 밑동은 직선으로 꺾여 줄어들고, 등대(柱脊) 위에는 마디가 없는 것으로(사례 : 東溝 大房身유적), 2형식 동검과 비슷한 시기로 비정됨. 제2형식 동검(사례 : 寬甸 趙家堡子 유적, 鳳城 小陳家 유적)은 동일한 출토품이 나온 환인 대전자청동단검묘에서 명도전 및 鐵刀가 공반되어 나타나는데 그 시기는 戰國 중후기 또는 그 이후로 비정됨.

관전 사평가 청동모묘는 동검은 출토되지 않았지만 葉脈文 동모가 출토됨. 제2형식 동검 사례 중 조가보 유적에서 엽맥문의 쌍뉴동경과 동모를 동반하고 있어 사평가 청동모묘의 조성연대는 戰國 중후기 또는 그 이후로 비정됨.

참고문헌

- 許玉林·王連春, 1984, 「丹東地區出土的靑銅短劍」, 『考古』 1984-8.
- 박진욱, 1987, 「초기좁은놋단검문화의 내용과 발전과정에 대하여」, 『조선고고연구』 1987-1.
- 손영종, 1990, 「고구려 건국년대에 대한 재검토」, 『력사과학』 1990-1.
- 田村晃一, 1990, 「高句麗の積石墓」, 『東北アジアの考古學』.
- 강인숙, 1991 「고구려에 선행한 고대국가 구려에 대하여」 『력사과학』 1991-2.
- 지병목, 1997, 「遼東半島와 鴨綠江 中·下流地域 積石墓의 관계 - 高句麗 積石墓의 기원에 관한 試論」, 『史學硏究』 53.
- 강현숙, 1999, 「고구려 적석총의 등장에 대하여」, 『경기사학』 3.
- 지병목, 2005, 「고구려 성립기의 고고학적 배경」, 『고구려의 국가형성』.
- 여호규, 2011, 「高句麗 초기 積石墓의 기원과 築造集團의 계통」, 『역사문화연구』 39.
- 吳江原, 2012, 「高句麗 初期 積石墓의 出現과 形成 過程」, 『高句麗渤海硏究』 43.

02 관전 조가보자청동단검묘
寬甸 趙家堡子靑銅短劍墓

1. 조사현황

1975년 8월 6일 寬甸縣 雙山子公社 利明大隊 趙家堡子社員 인근의 桓仁-灌水 도로 남쪽, 지표하에서 2매의 자연 할석 발견.

2. 위치와 자연환경

○ 寬甸縣 雙山子公社 利明大隊 趙家堡子社員, 마을 동남쪽으로 500m 떨어진 곳에 위치.
○ 桓仁-灌水 간의 도로 남측이면서 老爺嶺河 중부의 북안에 위치.

3. 고분 현황

○ 지표하 30cm 지점에서 '人'자 형상의 자연석 2매 발견. 자연석은 길이 약 30cm, 너비 약 18cm.
○ 자연석 아래에서 靑銅短劍 1자루, 그 위로 청동거울(雙紐靑銅鏡) 3점, 靑銅矛 1점 등이 놓여 있었음. 여기에서 멀지 않은 곳에 자연 할석과 자갈로 축조한 장방형 묘광이 있음. 청동단검 등의 유물은 이미 파괴당한 돌무덤(石墓)의 부장품임.

4. 출토유물

1) 청동단검(銅劍, 그림 1)
○ 출토지 : 조가보자청동단검묘.
○ 크기 : 전체 길이 33cm, 검신 길이 31cm, 슴베길이(莖長) 2cm, 검날부(刃部)의 최고 너비 3.8cm.
○ 형태 : 비교적 완전한 형태이나 슴베끝(莖端)이 약간 손상된 상태. 슴베 단면(莖剖面)은 타원형이며, 검끝 길이(鋒長)가 10cm이고 횡단면은 마름모형(菱形)임. 鋒後에는 16cm 길이의 육각기둥형 등대(脊)가 있음. 검날 하부(刃下部)는 약간 彎曲되었으며, 검날 말단(刃尾)은 꺾여 들어감.

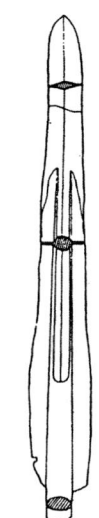

그림 1
청동단검
(『考古』 1984-8)

2) 청동거울(銅鏡, 그림 2-1)
○ 출토지 : 조가보자청동단검묘.
○ 크기 : 직경 14.5cm, 두께 3cm, 꼭지(紐) 길이 2.3cm, 높이 0.4cm.
○ 형태 : 꼭지가 두 개이며(雙紐), 무늬가 없음. 거울 가장자리부분에 돌대(突稜)가 돌아가며, 거울면은 평평함. 뒷면에는 얼룩 흠집(斑疤)이 있음.

3) 청동거울(銅鏡, 그림 2-2)
○ 출토지 : 조가보자청동단검묘.

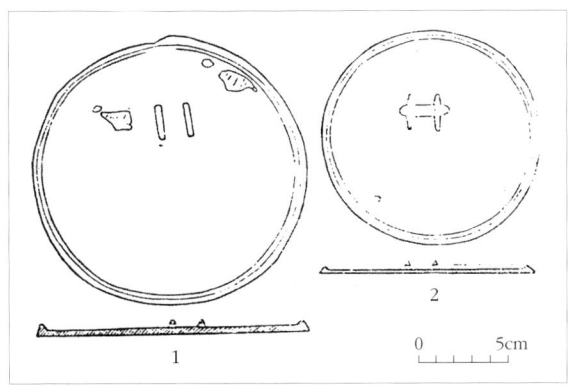

그림 2 무문 청동거울(『考古』 1984-8)

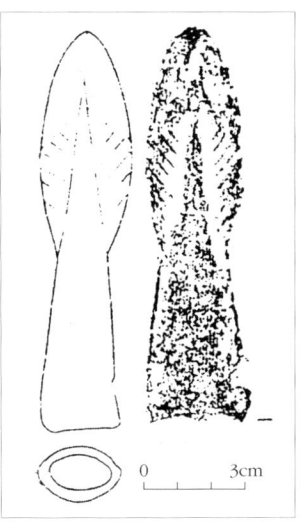

그림 4 청동모(『考古』 1984-8)

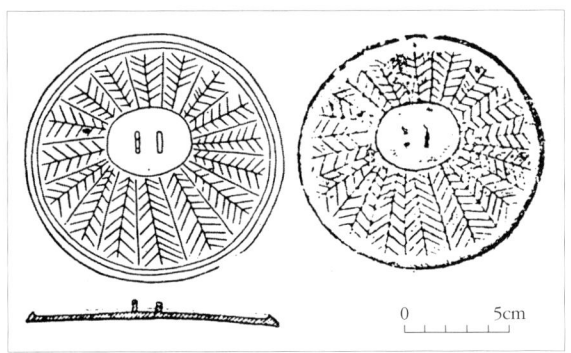

그림 3 엽맥문 청동거울(우측은 탁본)(『考古』 1984-8)

○ 크기 : 직경 12cm, 두께 2cm. 꼭지(紐) 길이 1.7cm, 높이 4cm.
○ 형태 : 꼭지가 두 개(雙紐)이며, 무늬가 없음. 거울 가장자리에 돌대(突稜)가 돌아가며, 거울면은 평평함. 뒷면에는 구멍이 하나 있음.

4) 청동거울(銅鏡, 그림 3)
○ 크기 : 직경 12.3cm, 두께 0.4cm. 꼭지(紐) 길이 1.3cm, 높이 0.4cm.
○ 형태 : 꼭지가 두 개(雙紐)임. 거울 가장자리에 돌대(突稜)가 돌아가며, 거울면은 약간 오목함. 거울 뒷면은 약간 부풀어 올랐으며, 꼭지(紐) 주위에는 타원형의 무늬 없는 鏡座가 있음. 鏡座와 거울 가장자리의 사이에 葉脈文이 새겨져 있음. 무늬가 없는 거울 뒷면에 작

은 구멍(小洞)이 있는데 주조할 때 거푸집(鑄模) 안의 기체가 완전히 배출되지 못해 기포가 형성되어 洞孔이 생긴 것임. 얼룩 흠집(斑疤)은 주형을 뜬 후에 洞孔 위에 새로 銅液을 한 방울씩 떨어뜨리고, 이후에 평평하게 자르면서 형성된 것임.

5) 청동모(銅矛, 그림 4)
○ 크기 : 전체 길이 12.2cm, 모신 길이(身長) 6.5cm, 너비 2.6cm. 공부 직경 2.5×3cm, 길이 5.7cm.
○ 형태 : 공부 단면은 타원형. 身部 한쪽 면에 葉脈文이 있음.

5. 역사적 성격

1) 무덤 형식

단동지역의 청동단검이 부장된 무덤과는 달리 지상에서 돌무지가 확인되지 않았음. 매장부는 자연석과 냇돌로 축조한 장방형 묘광으로만 보고되어 매장부를 자연석과 냇돌로 축조하였는지, 혹은 장방형 묘광 주위를 돌로 보강하였는지 가늠할 수 없음. 또한 장방형 '人' 자 모양으로 마주한 돌 아래의 청동유물 출토 정황을

고려하면 별도의 부장공간이었을 것으로 추정됨.

이러한 상황을 종합하여 조가보자유적을 무덤이라고 가정하자면, 무덤 형식은 두 가지 경우로 상정해 볼 수 있음. 하나는 돌로 보강한 목관묘일 가능성이며, 단동지역 청동단검 부장의 정형성을 고려해 볼 때 다른 하나는 석퇴 석관묘와 유사구조이나 파괴되어 원형을 상실한 상태에서 유적이 발견되었을 가능성임.

2) 무덤 연대

무덤 구조는 확실하지 않으나, 출토된 청동유물로 연대를 비정할 수 있음.

청동단검은 검신이 비교적 길고, 칼끝이 길며, 전체적으로 검신은 폭이 좁고 수직에 가깝고, 결입부가 뚜렷하며, 검날 하단의 밑동이 꺾여 들어간 형태로 단동지역에서 출토된 청동단검 제2형식에 해당됨. 단동지역 제2형식 청동단검이 출토된 환인현 대전자 청동단검묘에서는 명도전과 鐵刀가 출토되어 그 시기는 戰國시기로 비정됨.

엽맥문이 있는 청동모와 청동거울은 길림 집안 오도령구문 적석묘에서 출토된 것과 같은 형식임. 집안 오도령구문 적석묘에서 검신이 비교적 길며, 칼끝이 길고, 검날 하단 밑동은 직선적으로 꺾여 줄어들고, 등대(柱脊) 위에는 마디가 없는 제3형식 동검과 공반됨(사례: 東溝 大房身유적). 집안 오도령구문적석묘에서는 도끼날형(鏟形) 철촉도 함께 출토되어 戰國 중후기 또는 그 이후로 비정됨.

관전 조가보자청동단검묘에서는 철기가 출토되지 않았으나 청동유물을 종합해 볼 때 연대는 전국 중후기 또는 그 이후로 추정됨.

참고문헌

- 許玉林·王連春, 1984, 「丹東地區出土的靑銅短劍」, 『考古』 1984-8.
- 박진욱, 1987, 「초기좁은놋단검문화의 내용과 발전과정에 대하여」, 『조선고고연구』 1987-1.
- 손영종, 1990, 「고구려 건국년대에 대한 재검토」, 『력사과학』 1990-1.
- 田村晃一, 1990, 「高句麗の積石墓」, 『東北アジアの考古學』.
- 강인숙, 1991, 「고구려에 선행한 고대국가 구려에 대하여」, 『력사과학』 1991-2.
- 지병목, 1997, 「遼東半島와 鴨綠江 中·下流地域 積石墓의 관계-高句麗 積石墓의 기원에 관한 試論」, 『史學硏究』 53.
- 강현숙, 1999, 「고구려 적석총의 등장에 대하여」, 『경기사학』 3.
- 지병목, 2005, 「고구려 성립기의 고고학적 배경」, 『고구려의 국가형성』.
- 여호규, 2011, 「高句麗 초기 積石墓의 기원과 築造集團의 계통」, 『역사문화연구』 39.
- 吳江原, 2012, 「高句麗 初期 積石墓의 出現과 形成 過程」, 『高句麗渤海硏究』 43.

03 관전 포자연청동단검묘
寬甸 泡子沿靑銅短劍墓

1. 조사현황

○ 1970년 寬甸縣 太平硝公社 泡子沿大隊 5隊社員 마을에서 동남쪽으로 300m 떨어진 곳에서 발견.
○ 방형의 돌무지 속 판석 아래에서 청동단검 4점 발견. 청동단검 1점만 수습됨.

2. 위치와 자연환경

寬甸縣 太平硝公社 泡子沿大隊 5隊社員, 마을에서 동남쪽으로 300m 떨어진 곳에 위치.

3. 출토유물

1) 청동단검(銅劍, 그림 1)
○ 출토지 : 포자연청동단검묘.
○ 크기 : 잔존 길이 18.5cm, 슴베길이(莖長) 2.1cm, 검날부(刃部) 최고 너비 3.9cm. 등대(脊) 길이 10.5cm, 두께 1cm.
○ 형태 : 尖部가 파손되어 잘린 상태임. 검신 상부에는 육각기둥 모양의 등대(脊)가 있음. 슴베 단면(莖剖面)은 타원형. 검날 부분(刃部)는 파괴되어 하단이 약간 굽었으며, 검끝 말단(刃尾)은 圓弧形으로 줄어듬.

4. 역사적 성격

1) 무덤 형식

무덤 구조에 대한 보고는 없지만, 돌무지 내 판석 아래에서 발견되었다는 보고로 미루어 압록강 중하류의 청동단검묘가 출토된 것과 같은 석퇴 석관묘로 추정됨.

석퇴 석관묘는 돌무지에 초점을 두고 적석묘로 보거나, 매장주체부인 석관묘에 초점을 두는 두 견해로 나뉨. 이러한 견해는 초기 고구려를 바라보는 인식의 차이와 연결됨.

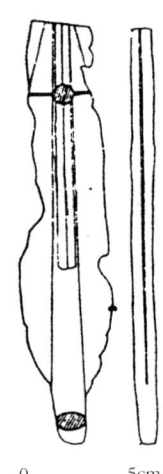

그림 1 청동단검

(1) 적석묘로 파악하는 견해

○ 박진욱(1987) : 조가보고분을 비롯한 압록강 중하류 석퇴유적을 돌무지무덤으로 이해.
○ 손영종(1990) : 압록강 중하류 석퇴유적을 고구려에 선행한 구려국의 돌각담무덤으로 이해하고, 고구려 건국연대를 기원전 3세기로 소급.
○ 田村晃一(1990) : 압록강 중하류 석퇴유적을 적석총으로 이해.
○ 지병목(1997) : 압록강 중하류 석퇴유적을 적석묘로 파악.

○ 강현숙(1999) : 요동지방 고유 묘제를 중국계 묘제인 토광묘와 구별되는 석관묘, 지석묘, 적석묘 등의 돌무덤으로 상정하고, 압록강 중하류 석퇴유적 역시 광의의 돌무덤으로 보며 적석묘로 해석.

(2) 석관묘로 파악하는 견해

○ 여호규(2011) : 압록강 중하류 일대의 석퇴유적 가운데 석관묘로 보고된 유적이 다수라는 점에서 적석묘보다는 석관묘로 파악함. 적석묘가 원고구려 주민의 묘제라는 점에서 석퇴 석관묘는 원고구려 주민의 무덤형식이 아닌 것이 됨.

○ 오강원(2012) : 청동검과 청동거울이 출토되는 관전 포자연무덤, 관전 사평가무덤, 관전 조가보자무덤, 봉성 삼가자무덤 등은 매장주체부가 석관묘로 구조적 속성은 고구려 초기 적석묘와 다른 계보로 보아 적석석관묘류로 파악. 다만 적석석관묘는 고구려 초기 적석묘와 외형상 유사성이 확인된다는 점에서 『삼국지』에서 고구려별종으로 언급되는 '소수맥'과 관련되는 것으로 이해.

2) 무덤 연대

포자연청동단검묘에서 출토된 4점 가운데 보고된 한 점의 청동단검은 봉부가 파손된 상태이나, 검날 하단이 비교적 넓고 검날 밑동은 圓弧形으로 줄어드는 등 이 지역의 제1형식 청동단검과 유사함.

단동지역의 청동단검 제1형식은 검날 하단의 圓弧가 비교적 넓고 검날 말단은 圓弧形으로 줄어들며, 검끝은 비교적 짧고, 등대(柱脊) 위에는 돌기(脊突)가 있음(사례 : 岫巖 西房身유적).

제1형식 청동단검은 비교적 이른 특징을 가진 瓜稜形의 石枕狀器가 함께 출토되며, 철기가 공반되지 않는다는 점에서 춘추시기로 비정됨.

4자루 중 보고된 청동단검 한 자루만으로 연대 비정하는 것은 조심스러우나, 단동지역 청동단검묘 가운데 가장 이른 시기에 해당되는 것으로 볼 수 있음.

참고문헌

- 許玉林·王連春, 1984, 「丹東地區出土的靑銅短劍」, 『考古』 1984-8.
- 박진욱, 1987, 「초기좁은놋단검문화의 내용과 발전과정에 대하여」, 『조선고고연구』 1987-1.
- 손영종, 1990, 「고구려 건국년대에 대한 재검토」, 『력사과학』 1990-1.
- 田村晃一, 1990, 「高句麗の積石墓」, 『東北アジアの考古學』.
- 강인숙, 1991, 「고구려에 선행한 고대국가 구려에 대하여」, 『력사과학』 1991-2.
- 지병목, 1997, 「遼東半島와 鴨綠江 中·下流地域 積石墓의 관계-高句麗 積石墓의 기원에 관한 試論」, 『史學硏究』 53.
- 강현숙, 1999, 「고구려 적석총의 등장에 대하여」, 『경기사학』 3.
- 지병목, 2005, 「고구려 성립기의 고고학적 배경」, 『고구려의 국가형성』.
- 여호규, 2011, 「高句麗 초기 積石墓의 기원과 築造集團의 계통」, 『역사문화연구』 39.
- 吳江原, 2012, 「高句麗 初期 積石墓의 出現과 形成 過程」, 『高句麗渤海硏究』 43.

04 관전 고령지고분군
寬甸 高嶺地古墳群

1. 조사현황

○ 조사기간 : 2001년 6~10월.
○ 조사기관 : 요령성문물고고연구소.
○ 조사내용 : 댐 기초공사 중에 고분 발견하여, 36기 정리 조사.

2. 위치와 자연환경(그림 1)

○ 寬甸縣 步達遠鎭 高嶺地村 북쪽의 산비탈에 위치. 이곳은 속칭 '高麗墓子'라고 함.
○ 무덤이 자리한 산기슭 아래로 혼강이 서쪽에 흘러와서 동쪽으로 흘러감.

3. 고분군의 현황

1) 고분군 분포 현황

확인된 총 36기 고분 가운데 32기가 고구려 고분으로, 적석묘 3기, 방단적석묘 1기, 봉토석실묘 27기, 기타 1기임.

2) 고분 유형별 현황

(1) 적석묘(3기)

○ 무덤 주위가 정연하지 않음.
○ 묘실은 돌로 축조. 벽은 아래에서 위로 가면서 점차 들여쌓고, 돌로 봉함.
○ 묘도와 묘실을 동시에 쌓았고, 묘도 역시 위로 갈수록 점차 안으로 들여쌓음.

(2) 방단적석묘(1기)

○ 방단은 2단이며, 정연함. 한 변 길이 약 7.1m.
○ 방단 중심부에 묘실이 있으나 파괴됨. 묘실은 하나이며, 양측 벽은 정연한 돌로 축조했고, 묘도는 서향임.
○ 묘실 내에서 碎骨이 확인됨.

(3) 봉토석실묘(27기)

○ 무덤은 대다수 돌로 축조. 묘실은 바닥에서 위로 갈수록 약간 안으로 들여쌓았음. 최상부는 돌로 봉하였음. 다수가 파괴된 상태.
○ 묘실 벽 사이 또는 상부 및 주변을 자갈(卵石)로 메운 후 흙으로 봉함. 현존하는 무덤 상반부의 봉토는 대부분 유실됨.
○ 묘실 바닥은 세 종류인데 판석을 깐 경우는 자갈로 틈새를 메우고, 자갈로 바닥을 깐 경우는 자갈 크기가 서로 비슷하여 자갈은 인위적으로 선택된 듯하며, 고운 흙바닥인 경우는 약간 이물질이 포함되어 있음.

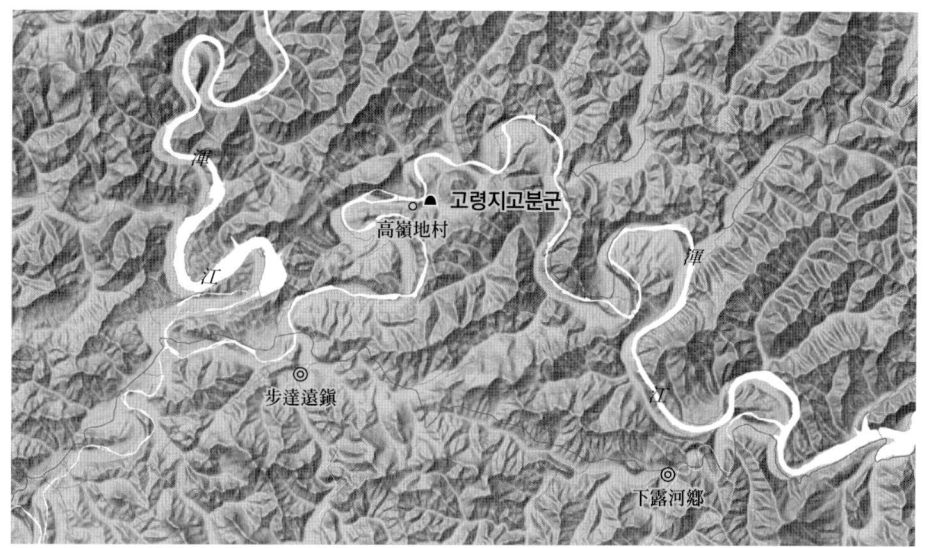

그림 1 고령지고분군의 위치도

○ 묘도는 판석·할석·자갈 또는 토석을 섞어 봉함. 일부는 묘도 앞에 돌을 세움. 대다수는 西偏南임.
○ 무덤 규모는 대체로 비슷함. 이들 무덤은 단실과 쌍실로 구분되는데 쌍실묘는 대다수 판석으로 격벽을 쌓았음.

(4) 석관묘와 유사한 무덤(1기)
○ 무덤의 네 벽은 판석을 세워 만들었음. 무덤 바닥은 가늘고 작은 자갈(卵石)로 깔았으며, 자갈 크기는 비슷함.
○ 무덤 정상부는 이미 파괴되었음.
○ 묘실 양벽 및 후벽의 주변에는 비교적 작은 자갈을 깔았으며, 墓門은 판석을 세워 쌓았으나 자갈을 깐 것은 보이지 않음.

4. 출토유물

○ M14 출토의 철제도자(鐵削) 1점과 M8 출토의 금동귀고리(包金銅耳環) 1점이 확인됨.[1]
○ 무덤 안에는 인골이 대부분 흩어져 있었는데 모두 세골장(揀骨葬)이며, 1~4인이 매장되었음.

5. 역사적 성격

무덤은 석실을 매장부로 하는 적석묘와 봉토묘로, 세부 구조는 알 수 없음. 세골장은 고구려 장법에서는 확실하지 않음. 출토된 금동귀고리는 어떤 형식인지 알 수 없음.

『中國文物地圖集』 遼寧分冊(2009)의 내용을 그대로 받아들인다면, 적석묘에서 봉토묘에 이르는 여러 형식의 고분이 혼재된 것으로 미루어 해당 고분군은 장기간에 걸쳐 조영된 것으로 보임.

참고문헌
· 陳山·靳軍·馬毅, 2002, 「寬甸縣高嶺地積石墓群」, 『中國考古學年鑒』, 文物出版社.
· 國家文物局 主編, 2009, 『中國文物地圖集』 遼寧分冊(上·下), 西安地圖出版社.

---

[1] 『中國考古學年鑒』(2002) 참조. 『中國文物地圖集』 遼寧分冊(2009)에서는 M4에서 금동귀걸이 1점이 출토된 것으로 기록됨.

05 관전 노고립자고분
寬甸 老古砬子古墳

1. 조사현황

1) 1991년 5월
○ 조사기관 : 단동시문관회, 관전현문관소.
○ 조사배경 : 혼강 중류의 高嶺댐 건설로 인해 수몰지역 문물분포를 조사하였는데, 혼강 동안의 2단 대지에서 적석묘 100여 기 발견. 대부분 강을 따라 대지에 위치.

2) 1992년 4월
○ 조사기관 : 요령성문관회.
○ 조사 참여자 : 金石柱, 顧玉才, 李新全, 王來柱, 于遠友.
○ 조사배경 및 내용 : 요령성문관회가 省·市·縣 고고인원을 조직하여 수몰지역 문물유적을 재조사. 청동기시대 유적 4곳, 한대 유적 1곳을 비롯하여 고구려 적석묘 고분군인 大高嶺地後江沿積石墓群, 小高嶺地北積石墓群 등과 함께 발견됨.

2. 위치와 자연환경 (그림 1)

○ 寬甸縣 步達遠鄕 高嶺地村(8隊) 老古砬子屯에 위치.

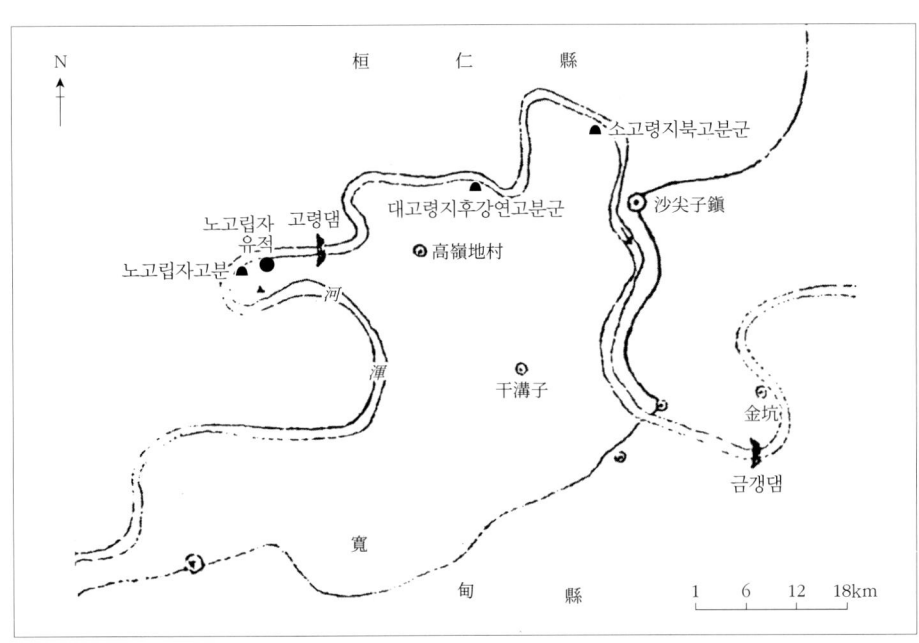

그림 1 노고립자고분의 위치도
(『博物館硏究』 1994-3)

○ 인근의 신석기시대 유적인 노고립자유적지 서남 방향에 위치함.

3. 고분의 현황

○ 방형 평면의 대형 적석묘로, 현존 높이 1.5m이며, 무너져 내린 석재로 볼 때 본래 대형 고분으로 추정됨.
○ 분구 기저부는 장대석으로 축조. 내부는 돌과 흙으로 메워 들여쌓았음. 둘레는 8m 정도. 분구 상부는 이미 심하게 파괴됨.

4. 역사적 성격

묘주 신분은 비교적 높았으며, 현지에서는 이 고분이 將軍墳으로 전해지는데 아직 발굴되지 않아 葬式은 명확하지 않음.

고분은 보고 내용상 기단 또는 계단적석묘일 가능성이 있으나, 잔존 내용만으로는 단정할 수 없으며, 연대를 판단할 근거도 없음.

참고문헌

- 王來柱, 1994, 「寬甸縣金坑高嶺水庫淹設區靑銅時代和漢代遺址考古調査」, 『博物館硏究』 1994-3.
- 崔雙來, 1997, 「丹東地區高句麗山城及其墓葬考察紀要」, 『中國考古集成』 東北卷 兩晉至隋唐(二), 北京出版社.

06 관전 대고령지후강연고분군
寬甸 大高嶺地後江沿古墳群

1. 조사현황

1) 1991년 5월
○ 조사기관 : 단동시문관회, 관전현문관소.
○ 조사배경 및 내용 : 혼강 중류의 高嶺댐 건설로 인해 수몰지역 문물분포를 조사. 혼강 동안의 2단 대지에서 적석묘 100여 기 발견. 대부분 강을 따라 대지에 위치.

2) 1992년 4월
○ 조사기관 : 요령성문관회.
○ 조사 참여자 : 金石柱, 顧玉才, 李新全, 王來柱, 于遠友.
○ 조사배경 및 내용 : 요령성문관회가 省·市·縣 고고인원을 조직하여 수몰지역 문물유적을 재조사. 청동기시대 유적 4곳, 한대 유적 1곳을 비롯하여 고구려 적석묘 고분군인 老古砬子積石墓, 小高嶺地北積石墓群 등과 함께 발견됨.

2. 위치와 자연환경(그림 1)

○ 寬甸縣 步達遠鄕 高嶺地村 高嶺地屯에 위치.
○ 인근에 신석기시대 유적인 고령지유적지가 자리하고 있음.

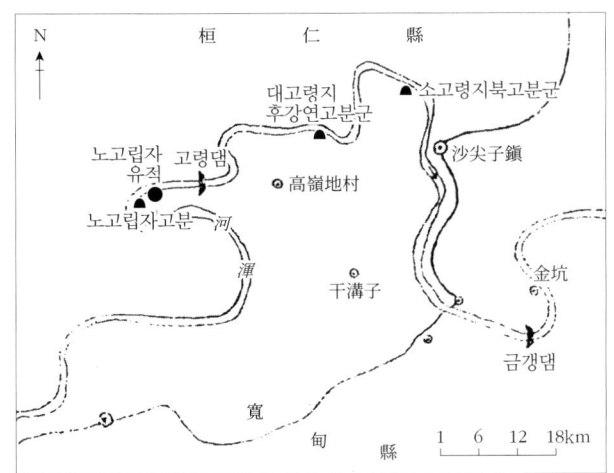

그림 1 대고령지후강연고분군의 위치도(『博物館硏究』1994-3)

3. 고분군의 분포현황

적석묘 유적으로 소개됨.

참고문헌
- 王來柱, 1994, 「寬甸縣金坑高嶺水庫淹設區靑銅時代和漢代遺址考古調査」, 『博物館硏究』 1994-3.

07 관전 소고령지북고분군
寬甸 小高嶺地北古墳群

1. 조사현황

1) 1991년 5월
○ 조사기관 : 단동시문관회, 관전현문관소.
○ 조사배경 및 내용 : 혼강 중류의 高嶺댐 건설로 인해 수몰지역 문물분포를 조사. 혼강 우안의 2단 대지에서 적석묘 100여 기 발견. 대부분 강을 따라 대지에 위치.

2) 1992년 4월
○ 조사기관 : 요령성문관회.
○ 조사 참여자 : 金石柱, 顧玉才, 李新全, 王來柱, 于遠友.
○ 조사배경 및 내용 : 요령성문관회가 省·市·縣 고고인원을 조직하여 수몰지역 문물유적을 재조사. 청동기시대 유적 4곳, 한대 유적 1곳을 비롯하여 고구려 적석묘 고분군인 老古砬子積石墓, 大高嶺地後江沿積石墓群 등과 함께 발견됨.

2. 위치와 자연환경(그림 1)

○ 寬甸縣 步達遠鄕 高嶺地村 小高嶺地 북쪽의 혼강 서안에 위치.
○ 고분군 남쪽에는 신석기시대 유적인 劉家館유적 및 羅鍋地유적이 자리하고 있음.

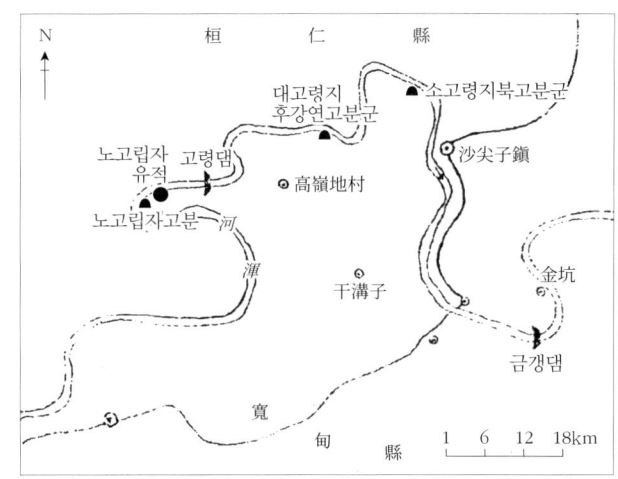

그림 1 소고령지북고분군의 위치도(『博物館硏究』 1994-3)

3. 고분군의 분포현황

적석묘 유적으로 소개됨.

참고문헌
· 王來柱, 1994, 「寬甸縣金坑高嶺水庫淹設區靑銅時代和漢代遺址考古調査」, 『博物館硏究』 1994-3.

08 관전 대청고분군
寬甸 大靑古墳群

1. 위치와 자연환경(그림 1)

寬甸縣 振江鎭 大靑村 남쪽 2km 떨어진 곳에 위치.

2. 고분군의 분포현황

○ 고분은 약 만 9,000m² 범위에 분포.
○ 적석묘 100여 기가 확인됨.
○ 묘실은 모두 장방형 單人竪穴墓이며, 판석으로 축조하였음.
○ 불규칙한 장방형의 커다란 판석을 덮은 후 강자갈로 봉함.
○ 梁志龍·李新全(2009)은 길이 약 수십 m의 연접묘가 있다고 함.

참고문헌

- 國家文物局 主編, 2009, 『中國文物地圖集』 遼寧分冊(上·下), 西安地圖出版社.
- 梁志龍·李新全, 2009, 「本溪地區高句麗考古三十年」, 『高句麗與東北民族研究』.

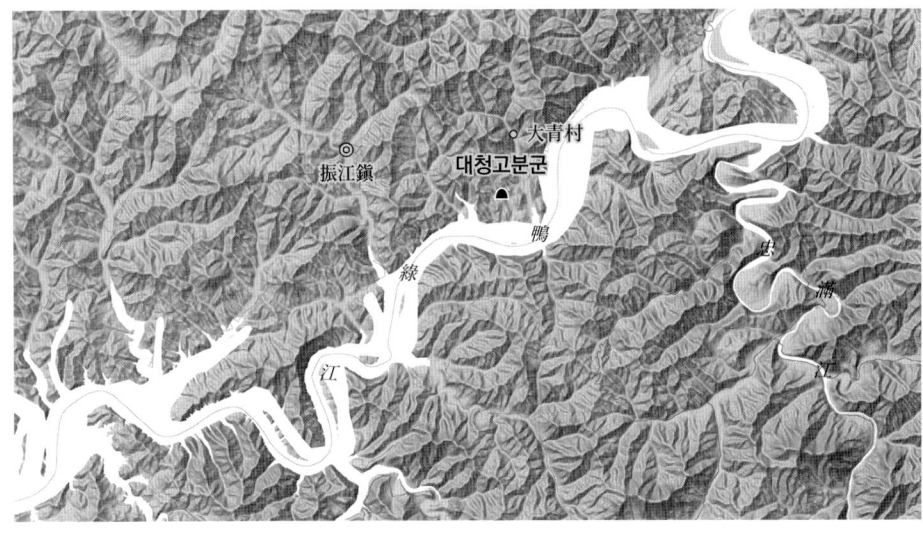

그림 1 대청고분군의 위치도

2
성곽

01 관전 고대보산성
寬甸 高臺堡山城 | 高力城山山城 | 灌水山城

1. 위치와 자연환경

○ 遼寧省 丹東市 寬甸滿族自治縣 灌水鎭 高臺堡村 남쪽 2.5km의 簸箕山 정상에 위치(王禹浪·王文軼, 2012).

○ 遼寧省 丹東市 寬甸滿族自治縣 灌水鎭 高臺堡村 동쪽 1리의 高力城山에 위치(馮永謙, 1996).

2. 성곽의 전체현황

○ 포곡식 산성임. 산성의 성벽은 산등성이가 뻗어나간 방향을 따라 축조하였음. 성벽의 대부분은 험준한 절벽을 천연성벽으로 삼았음. 트인 곳 및 낮은 곳에는 석괴를 사용하여 높은 석벽을 축조하였음. 산성의 지세는 험요하여 군사방어에 유리함.

○ 산성의 평면은 장방형인데, 남북 길이 500m, 동서 너비 400m로 총면적은 약 20만 m²에 이름(王禹浪·王文軼, 2012).[1] 성벽은 모두 인공적으로 다듬은 쐐기형돌을 사용하여 축조하였음. 서벽은 현재 파괴되었음.

○ 동벽에 성문지가 하나 있는데,[2] 골짜기의 입구로 물이 범람한 곳에 해당함. 성문지 석벽의 잔고는 3m, 너비 약 3m.

○ 산성 중앙에 높은 장대가 있음.

○ 성문에서 산 아래까지 그리고 성내 장대에 이르는 사이에서 회곽도(馬道) 흔적이 남아 있음.

○ 산성의 남측에 샘이 하나 있음.

3. 역사적 성격

고대보산성은 靉河 상류에 위치하는데, 本溪 – 鳳城路에서 靉河 상류를 거쳐 관전이나 본계로 나아가던 교통로를 방어하던 성곽으로 추정됨. 647년 당군이 압록강 하구의 泊灼城(단동 호산산성)을 공격할 때 烏骨城(봉성 봉황산성)과 함께 박작성에 구원병을 파견했던 安地城을 고대보산성으로 비정하기도 하는데(王綿厚, 2002), 명확한 논거가 제시된 상태는 아님.

참고문헌

- 潭其驤 主編, 1988, 『中國歷史地圖集釋文匯編』 東北卷, 中央民族學院出版社.
- 孫進己·馮永謙 等, 1989, 『東北歷史地理』 第2卷, 黑龍江人民出版社.
- 陳大爲, 1989, 「遼寧境內高句麗遺跡」, 『遼海文物學刊』 1989-2.
- 中國考古學會, 1993, 『中國考古學年鑒』, 文物出版社.
- 孫力, 1994, 「遼寧的高句麗山城及遺意義」, 『高句麗

---

1 전체 둘레가 1,800m이라는 기록이 있음(王綿厚, 1994).
2 동남문으로 보기도 함(國家文物局 主編, 2009).

- 渤海研究集成』高句麗 卷三, 哈爾濱出版社.
- 王綿厚, 1994, 「鴨綠江右岸高句麗山城研究」, 『遼海文物學刊』 1994-2.
- 王禹浪·王宏北, 1994, 『高句麗·渤海古城址研究匯編』(上), 哈爾濱出版社.
- 王連春, 1994, 「丹東市區的高句麗山城」, 『高句麗渤海研究集成』 第3卷, 哈爾濱出版社.
- 陳大爲, 1995, 「遼寧高句麗山城再探」, 『北方文物』 1995-3.
- 馮永謙, 1996, 「高句麗城址輯要」, 『北方史地研究』, 中州古籍出版社.
- 馮永謙, 1997, 「高句麗城址輯要」, 『高句麗渤海研究集成』高句麗 卷(三), 哈爾濱出版社.
- 遼寧省地方志編纂委員會辦公室 主編, 2001, 『遼寧省志·文物志』, 遼寧人民出版社.
- 王綿厚, 2002, 『高句麗古城研究』, 文物出版社.
- 王禹浪·王文軼, 2008, 『遼東半島地區的高句麗山城』, 哈爾濱出版社.
- 國家文物局 主編, 2009, 『中國文物地圖集』 遼寧分冊(上·下), 西安地圖出版社.
- 王禹浪·王文軼, 2012, 「丹東地區的高句麗山城」, 『哈爾濱學院學報』 2012-3.

02 관전 노고산산성
寬甸 老孤山山城

1. 위치와 자연환경

1) 지리위치
○ 遼寧省 丹東市 寬甸滿族自治縣 灌水鎭 老孤山 정상에 위치.
○ 서쪽으로 鳳城市 靉陽鎭과 3km 떨어져 있음.
○ 寬甸-鳳城 간 철도와 고속도로가 노고산산성 부근을 지나가고 있어 교통이 편리한 곳에 자리하고 있음.

2) 자연환경
노고산산성이 자리한 곳은 압록강 지류인 靉河 상류.

2. 성곽의 전체현황

○ 포곡식 산성임. 산성의 둘레는 약 1.5km.
○ 산성의 평면은 불규칙한 형태임.
○ 성벽은 모두 석괴를 이용해 산등성이를 따라 축조.
○ 능선이 험요한 곳에는 성벽을 낮게 쌓았고, 골짜기 입구에 성문을 설치하였음.
○ 성내에 원래 샘물과 저수지가 있었음.

3. 역사적 성격

노고산산성은 靉河 상류에 위치하는데, 고구려 성곽이라면 本溪-鳳城路에서 靉河 상류를 거쳐 寬甸이나 本溪로 나아가던 교통로를 방어했을 것으로 추정됨.

참고문헌

- 潭其驤 主編, 1988,『中國歷史地圖集釋文匯編』東北卷, 中央民族學院出版社.
- 孫進己·馮永謙 等, 1989,『東北歷史地理』第2卷, 黑龍江人民出版社.
- 陳大爲, 1989,「遼寧境內高句麗遺跡」,『遼海文物學刊』1989-2.
- 中國考古學會, 1993,『中國考古學年鑒』, 文物出版社.
- 孫力, 1994,「遼寧的高句麗山城及遺其意義」,『高句麗渤海研究集成』高句麗 卷三, 哈爾濱出版社.
- 王綿厚, 1994,「鴨綠江右岸高句麗山城研究」,『遼海文物學刊』1994-2.
- 王禹浪·王宏北, 1994,『高句麗渤海古城址研究匯編』(上), 哈爾濱出版社.
- 王連春, 1994,「丹東市區的高句麗山城」,『高句麗渤海研究集成』第3卷, 哈爾濱出版社.
- 陳大爲, 1995,「遼寧高句麗山城再探」,『北方文物』1995-3.
- 馮永謙, 1996,「高句麗城址輯要」,『北方史地研究』, 中州古籍出版社.
- 馮永謙, 1997,「高句麗城址輯要」,『高句麗渤海研究集成』高句麗 卷(三), 哈爾濱出版社.
- 遼寧省地方志編纂委員會辦公室 主編, 2001,『遼寧省志·文物志』, 遼寧人民出版社.
- 王綿厚, 2002,『高句麗古城研究』, 文物出版社.
- 王禹浪·王文軼, 2008,『遼東半島地區的高句麗山城』, 哈爾濱出版社.
- 王禹浪·王文軼, 2012,「丹東地區的高句麗山城」,『哈爾濱學院學報』2012-3.

03 관전 소성자산성
寬甸 小城子山城 | 城頂山山城

1. 위치와 자연환경

1) 지리위치
○ 遼寧省 丹東市 寬甸滿族自治縣 牛毛塢鎭 小城子村 城頂山 정상에 위치.
○ 동남쪽으로 西平哨댐과 15km 떨어져 있음.
○ 환인 오녀산성의 남쪽 38km에 위치.

2) 자연환경
소성자산성이 자리한 곳은 渾江 하류에 해당함.

2. 성곽의 전체현황

○ 포곡식 산성임.
○ 산성의 둘레는 약 1,497m.
○ 산정은 매우 평탄하며, 성곽의 평면은 키 모양(國家文物局 主編, 2009).
○ 남쪽 성문 양측에 암석이 벽처럼 서있으며 성내로 진입하면 평탄한 대지가 넓게 펼쳐져 있음.
○ 서문의 성벽 남쪽 溝口는 水口門으로 추정됨(國家文物局 主編, 2009).

3. 성벽과 성곽시설

○ 성벽 : 쐐기형돌을 쌓아 축조하였는데, 벽체는 상당 부분 파괴되었고 이끼가 잔뜩 끼어 있음.
○ 성문 : 남문과 서문 확인. 남문 양측에는 암벽이 서 있음.
○ 서문에서 북쪽으로 뻗은 성벽이 있는데, 길이는 수백 m임. 현재 보존상태가 비교적 좋음.

4. 성내시설과 유적

○ 장대, 주거지, 차단토벽 등의 건축유적이 발견됨(國家文物局 主編, 2009).
○ 성내 동남쪽에 원형으로 석축한 우물과 저수지가 있음.
○ 산성 내에 병영(營盤) 유적이 여러 곳 있는데, 모두 계단 모양의 臺地에 분포해 있음.
○ 남문에서 진입하면 옛 병영의 중심 구역인데, 장대와 將軍府 등이 모두 여기에 설치되어 있음.
○ 옛 회곽도(馬道)를 따라 서쪽으로 향해 가면 二姬墓, 孝母房, 屯兵營 등 옛 유적이 많음.

5. 역사적 성격

동산산성과 함께 혼강 하류 일대를 공제하는 전략적 요충지에 위치함. 환인 오녀산성에서 남쪽 38km에 위치한 것을 근거로 오녀산성의 위성으로 추정하기도 함(國家文物局 主編, 2009).

고구려시기의 성곽이라면 寬甸에서 渾江 하류를 경유해 集安이나 桓仁으로 나아가던 교통로를 방어하던 군사중진이면서 渾江 하류 일대에 대한 지방지배의 거점으로 기능했을 것으로 추정됨.

참고문헌

- 潭其驤 主編, 1988, 『中國歷史地圖集釋文匯編』 東北卷, 中央民族學院出版社.
- 孫進己·馮永謙 等, 1989, 『東北歷史地理』 第2卷, 黑龍江人民出版社.
- 陳大爲, 1989, 「遼寧境內高句麗遺跡」, 『遼海文物學刊』 1989-2.
- 中國考古學會, 1993, 『中國考古學年鑒』, 文物出版社.
- 孫力, 1994, 「遼寧的高句麗山城及遺其意義」, 『高句麗渤海研究集成』 高句麗 卷三, 哈爾濱出版社.
- 王綿厚, 1994, 「鴨綠江右岸高句麗山城研究」, 『遼海文物學刊』 1994-2.
- 王禹浪·王宏北, 1994, 『高句麗·渤海古城址研究匯編』(上), 哈爾濱出版社.
- 王連春, 1994, 「丹東市區的高句麗山城」, 『高句麗渤海研究集成』 第3卷, 哈爾濱出版社.
- 陳大爲, 1995, 「遼寧高句麗山城再探」, 『北方文物』 1995-3.
- 馮永謙, 1996, 「高句麗城址輯要」, 『北方史地研究』, 中州古籍出版社.
- 馮永謙, 1997, 「高句麗城址輯要」, 『高句麗渤海研究集成』 高句麗 卷(三), 哈爾濱出版社.
- 遼寧省地方志編纂委員會辦公室 主編, 2001, 『遼寧省志·文物志』, 遼寧人民出版社.
- 王綿厚, 2002, 『高句麗古城研究』, 文物出版社.
- 王禹浪·王文軼, 2008, 『遼東半島地區的高句麗山城』, 哈爾濱出版社.
- 國家文物局 主編, 2009, 『中國文物地圖集』 遼寧分冊(下), 西安地圖出版社.
- 王禹浪·王文軼, 2012, 「丹東地區的高句麗山城」, 『哈爾濱學院學報』 2012-3.

04 관전 동산산성
寬甸 東山山城

1. 위치와 자연환경

1) 지리위치
遼寧省 丹東市 寬甸滿族自治縣 太平哨鎭 挂房子村 東山의 정상에 위치.

2) 자연환경
南股河와 北股河가 산성 부근에서 합류하여 半拉江을 이룬 다음, 동북쪽으로 흘러 渾江에 유입된 후 桓仁縣 경내에 도달함.

2. 성곽의 전체현황

산성의 둘레는 약 1.5km. 성벽은 산능선이 뻗어나간 방향을 따라 축조하였음. 성벽의 대부분은 험준한 산능선을 이용해 천연 성벽으로 삼았으며, 골짜기 입구나 비교적 낮은 지대의 트인 곳에 1~2줄기의 석벽을 축조하였는데, 모두 석괴를 사용해서 축조하였음.

3. 출토유물

성내에서는 고구려 유물이 아주 소량 발견되었지만, 산성 바깥에서 고구려시기의 주거지 유적과 유물이 발견되었음.

4. 역사적 성격

南股河와 北股河가 동산산성 부근에서 합류하여 半拉江을 형성한 다음 동북쪽으로 흘러 渾江 본류에 유입됨.

寬甸에서 渾江 하류를 경유해 集安이나 桓仁으로 나아가던 교통로를 방어하던 군사중진이면서 渾江 하류 일대에 대한 지방지배의 거점으로 기능했을 것으로 추정됨.

참고문헌

- 潭其驤 主編, 1988, 『中國歷史地圖集釋文匯編』東北卷, 中央民族學院出版社.
- 孫進己·馮永謙 等, 1989, 『東北歷史地理』第2卷, 黑龍江人民出版社.
- 陳大爲, 1989, 「遼寧境內高句麗遺跡」, 『遼海文物學刊』 1989-2.
- 中國考古學會, 1993, 『中國考古學年鑒』, 文物出版社.
- 孫力, 1994, 「遼寧的高句麗山城及遺其意義」, 『高句麗渤海研究集成』高句麗 卷三, 哈爾濱出版社.
- 王連春, 1994, 「丹東市區的高句麗山城」, 『高句麗渤海研究集成』第3卷, 哈爾濱出版社.
- 王綿厚, 1994, 「鴨綠江右岸高句麗山城硏究」, 『遼海文物學刊』 1994-2.
- 王禹浪·王宏北, 1994, 『高句麗·渤海古城址硏究匯編』 (上), 哈爾濱出版社.
- 陳大爲, 1995, 「遼寧高句麗山城再探」, 『北方文物』 1995-3.
- 馮永謙, 1996, 「高句麗城址輯要」, 『北方史地硏究』, 中

州古籍出版社.
- 馮永謙, 1997, 「高句麗城址輯要」, 『高句麗渤海硏究集成』高句麗 卷(三), 哈爾濱出版社.
- 遼寧省地方志編纂委員會辦公室 主編, 2001, 『遼寧省志·文物志』, 遼寧人民出版社.
- 王綿厚, 2002, 『高句麗古城硏究』, 文物出版社.
- 王禹浪·王文軼, 2008, 『遼東半島地區的高句麗山城』, 哈爾濱出版社.
- 王禹浪·王文軼, 2012, 「丹東地區的高句麗山城」, 『哈爾濱學院學報』 2012-3.

05 관전 호산산성
寬甸 虎山山城 | 虎山遺址

1. 조사현황

○ 조사기간 : 1990~1993년.
○ 조사자 : 遼寧省 문물고고연구소(연구원 馮永謙)가 丹東市 문물관리위원회 판공실(주임 任鴻魁)과 고고팀을 구성해 1990~1993년 4년간 발굴조사 진행.
○ 조사 내용 : 明代 만리장성의 동단 기점 유적을 발견. 유적의 하부에서 대규모의 고구려 유적을 발견. 아울러 대량의 유물 출토.
○ 발표 : 馮永謙·任鴻魁, 1993, 「寬甸虎山獲重大發現」, 『中國文物報』.

1) 1차 발굴(1990년 10월~12월 하순)[1]
장성 동단기점의 臺址(편호 1호 대지)와 그곳과 연접한 호산 남쪽기슭으로 뻗어 있는 산상의 장성 벽체에 대한 발굴을 진행하였음. 1호대지 아래쪽에서 거대한 석축 우물을 발견하였음. 우물의 규모가 거대하여 12월 하순까지 발굴하였으나, 호산 남쪽 기슭과 압록강변의 기온이 비교적 높은 특수한 지리 환경임에도 불구하고 땅이 얼고 발굴 규모가 커서 발견된 잔존 우물벽에 대한 조사로 그치고 재차 발굴을 진행하지 못함.

2) 2차 발굴(1991년 9월~12월 31일)
○ 호산의 북면까지 뻗어 있는 장성 벽체와 봉화대 등에 대한 발굴 진행.
○ 1990년에 발견한 잔존 우물벽 중 조사하지 못한 부분에 대한 발굴을 진행함. 우물 내부에 함몰된 흙을 정리하느라 실제 발굴은 11월에 진행함.
○ 우물의 내벽 직경은 4.4m, 우물 바닥은 지표에서 깊이가 23m에 달함. 우물 내에서 다량의 유물이 출토되었는데, 특히 그전에 보이지 않던 보존상태가 양호한 중요 유물을 발견하였음(6. 출토유물 참조).

3) 3차 발굴(1992년 9월 중순~12월 하순)
○ 주요 발굴 대상은 우물임. 발굴에서 제거한 흙의 양은 매우 많았는데, 그 범위는 동서 길이 50m, 남북 너비 20m 정도였음.
○ 우물 입구는 두께가 12m에 달하는 토층을 전부 제거한 후 발굴했는데, 우물 뒤쪽의 상부에서 원형으로 석축한 井臺가 드러남. 이는 당시 우물을 사용하던 시기의 원래 지표임. 그 북쪽에 호산에서 떨어지는 물과 흙을 막기 위해 쐐기형돌을 사용하여 긴 벽을 축조하였고, 우물 둘레를 돌로 쌓아 반원형의 排水溝를 둘렀으며, 물을 길어 산 위로 왕래하기 위해 두 갈래의 石臺 계단 등을 축조하였음.
○ 우물 內口의 직경은 4.4m임. 그 바깥 부분에 돌로 타원형의 우물벽을 쌓았음. 우물 內口의 가장자리에서 바깥 둘레 가장자리까지의 두께는 남쪽이 12m, 동

---

[1] 연차별 발굴조사 현황은 馮永謙(1997)의 기술 내용을 정리한 것임.

쪽이 17m, 서쪽은 13m인데, 우물의 전체 직경은 동서 길이가 35m에 달함. 우물 벽의 바깥 가장자리는 쐐기형돌을 사용하여 축조하였는데 가지런하고 견고함. 그밖에 우물벽 가장자리를 너비 2m인 溝槽로 한 줄 둘렀는데, 槽 가운데는 가는 모래와 강자갈로 채웠음. 이는 우물의 여과층임.

○ 우물의 규모는 아주 거대한데, 직경, 깊이, 벽의 두께 등은 모두 보기 드문 경우이고, 아울러 기타 건축시설도 구조가 복잡함. 공정이 정밀하고 석축부분도 모두 평범하지 않으며, 서로 맞물려 있고 엉성하지 않음. 축조 당시 왕성한 지하수를 극복하고 이 정도로 축조하였다는 것은 그 건축 기술이 매우 높았음을 보여줌. 우물은 지금까지 보존상태가 완전함.

○ 우물은 잘 다듬은 쐐기형돌로 우물벽과 관련 건축물을 축조하였으며, 출토유물의 특징으로 보아 고구려 유적으로 추정됨.

4) 4차 발굴 (1993년 10월 상순~12월 중순)

○ 주요 발굴 목적은 고구려 성터의 유무 문제 해결이었음.

○ 호산 위쪽과 산의 남쪽에서 압록강변의 평지에 걸쳐 성벽 유적을 찾기 위해 트렌치 발굴을 진행함. 트렌치는 산 위와 아래에 종횡으로 너비 1m, 길이 10m로 100m정도 시굴함. 깊이도 토층상에 1m에서 3m 정도로 고르지 않았음.

○ 발굴 결과, 산 정상부와 산 아래 평지에서 모두 건물지와 유물이 발견되었음. 호산의 북면 정상부 가장자리에서 쐐기형돌로 축조한 석축성벽을 발견하였음. 산성의 석벽은 산세를 따라 축조하였는데, 벽체가 단속적으로 남아 있지만 산을 반 바퀴 정도 둘렀으며 길이는 600m에 달함. 어떤 구간의 성벽은 상당한 정도로 완전한데, 제6구간의 성벽은 너비가 3.5m, 잔고 1.75m이고, 제7구간의 성벽은 매우 뚜렷함.

○ 호산산성의 구조와 성돌의 특징에 근거해 고구려 산성임을 명확히 이해할 수 있음. 성벽 내외 양면은 모두 정밀하게 다듬은 쐐기형돌로 축조하였고, 벽체 내부는 자연석괴로 채웠는데, 이러한 종류의 쐐기형돌은 고구려의 성곽 축조에 보이는 특징임.

○ 호산 정상의 남부 가장자리에서는 발굴 결과 성벽유적이 발견되지 않았음. 호산의 동단은 그 아래가 압록강에 잇닿아 있고 가파름. 암석 석벽이 서 있는 산 입구에 석벽을 축조하였고, 그 나머지는 모두 산의 험요함을 이용해 성벽을 축조하지 않았음. 호산 남쪽의 평지상의 비교적 광활하고 평탄한 곳에 트렌치를 설치해 토층을 자세히 관찰하였으나 성벽은 발견되지 않았음. 특히 남부에는 성벽이 있을 것으로 생각하였으나 성돌이 발견되지 않았으며 진흙토층이었음. 북부 산 아래에 석괴가 있으나 성벽이 아니며, 주거지 유적의 흔적으로 보여짐.

○ 호산 정상 북면 가장자리에서 성벽이 발견된 것을 제외하면, 산상의 남면 가장자리에 성벽이 축조되지 않았는데, 이는 호산 정상에 완전한 형태의 산성을 축조하지 않았음을 보여줌. 호산은 동서 방향의 독립적으로 돌출해 있는 한 줄기 산등성이어서 비교적 넓은 산 정상은 없으며, 또 광활한 산골짜기도 형성되지 않았기 때문에 사람이 거주하고 활동할 공간을 제공해 주지 못함. 이 때문에 산정상을 둘러 감싸는 성벽을 축조할 수가 없음. 그러므로 그 남쪽 성벽은 반드시 남쪽의 산 아래 평지상에 축조할 수밖에 없음.

○ 석축의 거대 우물을 남쪽의 산 아래 평지 상에 축조한 까닭은 만일 남쪽 성벽 산아래 평지 상에 축조하지 않았다면 우물이 성내에 포괄될 수 없다는 것과 관련이 있음. 즉 성내에 용수를 제공하려는 것이 본래의 의도였다고 볼 수 있음. 이는 호산 자체의 크기를 고려해 성내 공간을 확대하기 위한 조치임. 성벽을 남쪽의 평지 상에 축조하면 앞쪽에는 수심이 깊고 광활한 압록강이 위치하게 되고, 호산 자체가 천험의 요지인 이곳에 성을 축조하는 것이 되어 주요 요충지를 공제하기 좋으므

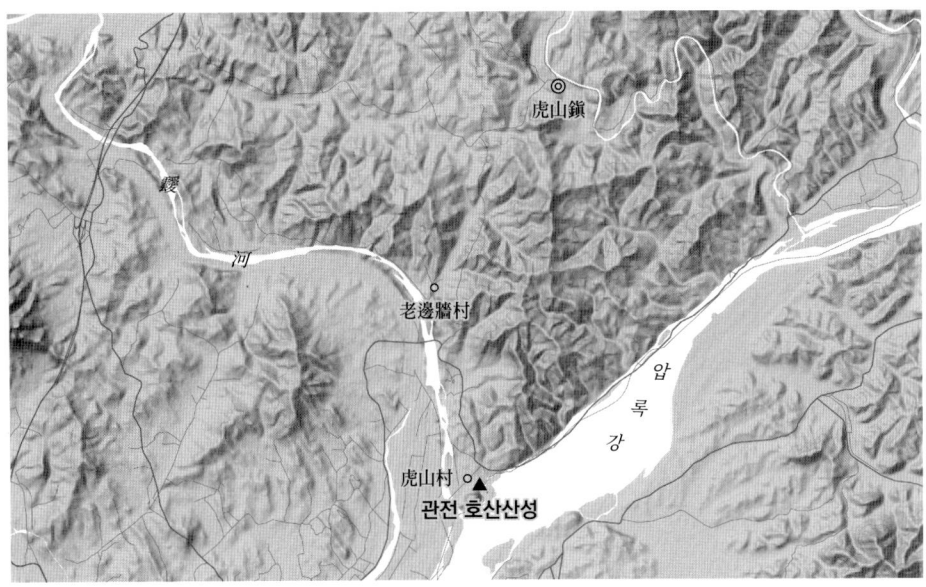

그림 1 호산산성 위치도

로 군사방어상 가장 선봉적인 지리 위치임.

2. 위치와 자연환경(그림 1~그림 2)

1) 지리위치
○ 遼寧省 丹東市 寬甸滿族自治縣 虎山鎮 虎山村 虎山의 정상에 위치.
○ 단동시 동북 10km 거리로 靉河와 압록강 합류 지점의 虎山에 위치.

2) 자연환경
○ 남쪽으로는 압록강이 있고, 서쪽으로는 靉河, 북쪽으로 虎山鎮과 접해 있음. 서남쪽으로 압록강 하구까지는 약 50여 km임.
○ 산성이 위치한 곳은 평지에서 돌출한 독립 구릉으로 멀리서 바라볼 때 평지상에 엎드려 있는 한 마리의 맹호와 같아 虎山이라는 명칭이 생겼음.
○ 호산은 해발 146.3m이고, 동서 길이 1,000m, 남북 너비 500m임. 비록 호산은 높지 않지만 현저하게 우뚝 솟아 있고 수로의 요충지에 위치하고 있으며, 북쪽으로 산줄기로 이어지고, 남쪽으로 압록강을 통제하고 동서 통로를 끊음으로써 자연지리 환경이 매우 우월하다고 볼 수 있음.
○ 호산을 둘러싼 사면은 가파르고, 정상 부분은 비교적 평탄함.

3. 성곽의 전체현황

○ 호산의 북면 정상부 가장자리에는 초목이 무성하고 빽빽하게 들어차 있는데, 그 토층 하부에서 쐐기형돌(楔形石)을 사용하여 구축한 석축 성벽이 발견되었음.
○ 성벽은 산세를 따라 구불구불 축조되어 있는데, 현존하는 벽체는 끊어진 부분도 있음. 산 둘레의 반바퀴 정도로 길이는 600여 m임. 어떤 구간은 성벽이 상당히 완전한 상태로 남아 있음. 이에 근거해 호산산성의 둘레를 약 1,200m로 추정할 수 있음(王禹浪·王文軼·王宏北, 2010).[2]
○ 성벽의 안팎 양면 모두 정밀하게 가공한 삼각형의

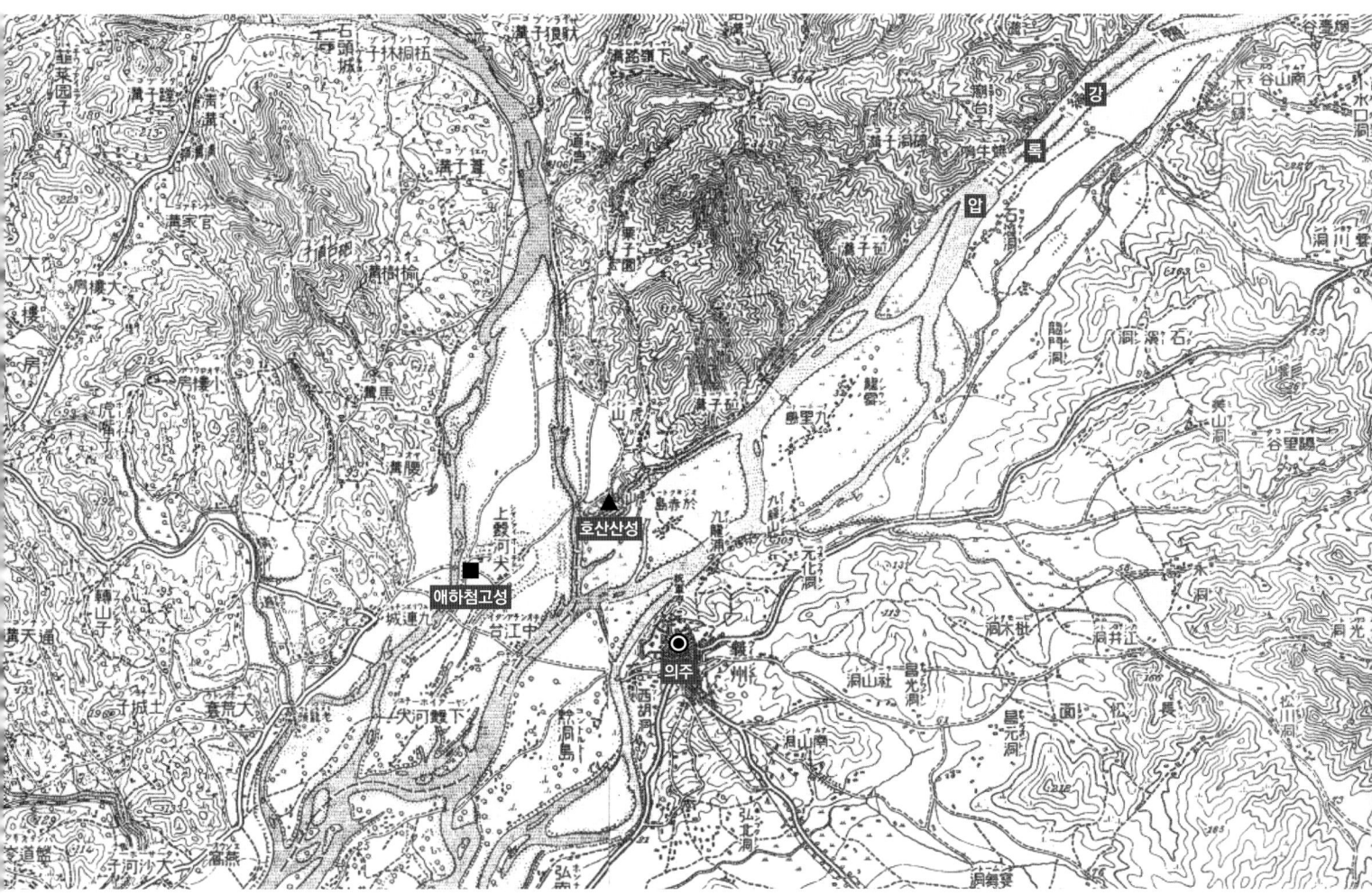

그림 2 호산산성 주변 지형도(滿洲國 10만분의 1 지형도)

쐐기형돌을 쌓아 축조. 벽체의 내부는 거칠게 다듬은 자연 형태의 석괴를 쌓아 채운 특징을 보이므로 고구려 산성으로 판단됨(王禹浪·王文軼·王宏北, 2010).

○ 호산 정상부에 각 시대의 유물, 유적이 매우 많음. 조사와 발굴 과정에서 청동기시대, 漢代, 고구려시기, 요·금대, 명대 등의 유적과 각종 유물을 확인함.

---

2 王綿厚(1994)에서는 수천 m라고 기록함.

4. 성벽과 성곽시설

1) 성벽

○ 남문의 양측에 석벽이 남아 있음. 쐐기형돌로 축조한 문 기초 아래에 水道와 水井이 있음(王綿厚, 1994).

○ 명대의 토축성벽 : 호산 남쪽 기슭, 압록강변에서 山水의 침식과 퇴적으로 인해 가려져 있던 토층 아래에서 명대의 1호 臺址를 발굴하였음. 대지는 흙을 다져 축조하였는데, 가장자리 길이 36m, 잔고 4m임. 대지 동면에 석축 성벽이 접해 있는데, 굽이굽이 이어져 호산과 연결되어 있음.

○ 현재 성벽은 많이 무너졌으나 토층 아래에 단속적이나마 석벽의 기초가 남아 있는데 가장 높은 곳은 1m에 달함. 잔고 2m, 너비 5m가 남아 있는 구간도 있음. 성벽 내 남면에서 산상까지 축조. 또 북쪽 비탈 아래의 산을 지나 비교적 낮은 산언덕까지 축조하였고 그 뒤로 완연하게 북쪽으로 이어져 북부의 관전과 봉성의 경계까지 이어져 있음. 토축 성벽의 길이는 560m에 달하며, 2기의 戰臺址와 3기의 봉화대, 차단벽(攔馬墻)이 있음.

○ 고구려시기 석축성벽 : 제4차 발굴과정에서 토축성벽 중에 석축성벽을 발견함. 호산을 둘러싼 1,000m 길이의 발굴 구역 중에 석축 벽체 500여 m가 드러남. 성벽 내외의 벽면은 모두 고구려의 특징적인 쐐기형돌로 쌓아 축조하였고, 가지런하고 정연하며, 중간은 자연석괴로 채워 쌓았음. 보존상태가 비교적 좋은 벽체는 너비 3.5m, 잔고 1.75m.

5. 성내시설과 유적

1) 우물

○ 명대 1호대지 북반부 기층 대지의 석축 유적은 현지인들이 돌을 운반해 감으로 인해 교란되었는데, 발굴과정을 거쳐 고구려시기의 규모가 큰 우물임을 실증하게 되었음. 우물은 이른바 명 장성 동단 기점 臺地 북반부의 아랫면에 위치함.

○ 우물 전체는 비교적 큰 돌을 쌓아 만들었으며, 우물의 형태는 원형이며, 內口의 직경 4.4m임. 우물 벽은 바닥의 基巖을 아래로 개착한 다음 그 위에 곧게 쌓았는데, 잘 다듬은 쐐기형돌을 사용해 축조하였음.[3]

○ 우물 입구의 외부는 소형의 불규칙한 석판을 사용해 쌓아 만든 원형의 井臺로서 고구려시기의 원래 지면임. 井臺는 현 지표에서 9.5m 떨어져 있으며, 우물 입구에서 바닥까지 깊이가 15m임.[4] 우물은 매우 깊은데, 우물이 마르는 겨울철에도 깊이가 6m가 되며, 여름철의 수심 깊이는 약 10m 정도임.

○ 우물의 벽체는 매우 두꺼운데, 우물 벽체의 가장자리 두께는 13.5m, 남쪽 벽체 두께는 12.05m, 동쪽의 우물 벽체 두께는 17m임. 가장자리 역시 쐐기형돌을 쌓아 만들었음. 우물 석벽의 바깥 직경은 동서 약 34.9m임. 우물의 석벽 가장자리에 너비 2m로 강자갈을 채운 모래층이 있는데, 우물물의 여과층임.

○ 井臺의 북면에 우물 입구와 함께 동심원을 만드는 반원형의 석축 排水溝가 있고, 수구의 북측에는 쐐기형돌을 쌓아 벽면의 흙을 차단하는 긴 벽을 축조하였음. 우물의 서변에 두 갈래의 석축 계단이 있어 산에 오르기 편리함.

○ 규모가 큰 우물은 축조가 매우 어렵고, 사용되는 석재의 양도 많으므로 돌을 다듬는 곳도 크고 깊음. 많은 인력과 아울러 장기적인 시간과 고정적인 용수도 필요로 했을 것임. 따라서 이곳에 산성 등과 같은 모종의 건축유적이 세워졌을 것으로 추정됨.

○ 우물 내부에서 약 30여 점의 유물이 출토됨.

6. 출토유물

○ 청동기시대, 漢代, 고구려, 요, 금, 명대의 유물이 출토됨.

○ 우물 내 출토유물 : 길이 약 3.7m에 달하는 목선(木船)과 목제노(木槳), 삿대(鐵頭木篙), 통(木桶), 구유

---

[3] 1990년대 조사 당시 우물 벽 53층이 남아 있었다고 함(馮永謙, 1991 ; 馮永謙, 1992a).

[4] "현재 지표에서 우물 입구(井臺)까지의 거리는 12m이고, 우물 입구부터 바닥까지는 11.25m"라는 조사 보고도 있음(馮永謙, 1991 ; 馮永謙, 1992a).

(木槽), 목완(木碗), 자작나무통(白樺樹皮桶), 널빤지(木揷板), 목제받침막대(木座杆), 바가지(葫蘆瓢), 갈대자리(葦席), 철제저울추(鐵錘), 철제갈고리(鐵二齒鉤), 회색 호(灰陶罐), 손잡이 2개 달린 큰 호(雙橫耳大陶罐) 및 각종 규격이 동일하지 않은 새끼줄(繩索) 등이 있음. 아울러 생선 및 새의 뼈도 발견됨.

○ 고구려시기 석축성벽 출토유물 : 찰갑편(鐵甲片), 화살촉(鐵鏃), 투겁창(鐵矛), 쇠단지(環耳鐵罐), 솥(直口鐵鍋), 거울(鐵鏡), 가래날(鐵揷), 도끼(鐵斧), 저울추(鐵錘), 鐵穿, 낫(鐵鎌), 삿대(鐵篙頭), 鐵提梁, 허리띠 걸쇠(鐵帶卡) 열쇠(鐵钥匙) 등과 같은 각종 철기류들이 있음.

7. 역사적 성격

호산산성은 靉河와 압록강이 합류하는 지점의 돌출된 독립 구릉인 호산에 자리잡고 있음. 고구려시기의 성곽은 호산의 남쪽 사면에 자리잡고 있음. 아직 조사가 이루어지지 않아 전모를 알 수 없지만, 고구려시기의 거대한 우물과 다양한 유물이 출토된 바 있음. 호산산성이 고구려시기의 성곽인 것은 명확한데, 출토품 가운데 화살촉(鐵鏃), 철제 호(環耳鐵罐), 거울(鐵鏡), 가래날(鐵揷) 등의 연대가 동진16국시기보다 늦지 않다면서 산성의 축조시기를 兩晉시기로 보기도 함(馮永謙, 1994).

호산산성은 靉河와 압록강의 합류 지점 동북쪽에 위치하는데, 靉河 건너편에는 漢代의 西安平縣 치소로 비정되는 애하첨고성이 자리잡고 있음. 고구려는 145~146년에 서안평현을 공격하여 후한의 帶方令을 살해하고, 樂浪太守의 처자를 노획했다고 하며, 230년대에는 압록강 하구를 통해 남중국의 孫吳와 교섭을 진행하기도 했음. 고구려가 일찍부터 서안평현이 위치한 압록강 하구 방면으로 진출하기 위해 시도했음을 알 수 있는데, 서안평현을 완전히 점령한 것은 311년임.

애하첨고성에서 고구려의 기와나 토기 등이 다수 출토되는 것으로 보아 고구려가 서안평현을 점령한 다음 이를 재활용한 것으로 보임. 다만 애하첨고성은 평지성으로 군사방어상의 취약점을 안고 있었기 때문에 이를 보완하기 위해 애하 건너의 압록강 상류 방면에 호산산성을 축조하여 운영한 것으로 추정됨.

호산산성 일대는 고구려 두 번째 도성인 국내성에서 압록강 수로를 통해 서해 방면으로 나아가는 관문이자, 요동지역과 서북한 지역을 연결하는 육로상의 요충지임. 이로 인해 고구려는 서안평을 점령한 이후 이 일대를 매우 중시하였을 것으로 보임. 국내성 시기에 압록강 수로를 통해 서해로 나아가는 관문의 역할이 중시되었다면, 평양 천도 이후에는 요동지역과 서북한을 연결하는 육로상의 요충지 역할이 강화되었을 것임.

『신당서』 권43하 지리지7하에 인용된 賈耽의 『道里記』에 따르면 당에서 압록강을 경유해 발해로 갈 때 "압록강 하구에서 배로 100여 리를 간 다음, 작은 배로 갈아타고 동북으로 30리를 거슬러 올라가면 泊汋口에 이르러 발해의 경계에 도착하고, 다시 500리를 거슬러 올라가면 九[5]都縣城에 이르는데 고구려의 옛 왕도이다"라고 함. 압록강 하구에서 배로 100여 리를 거슬러 올라간 지점은 애하첨고성이고, 다시 30리를 거슬러 올라가면 도착한다는 泊汋口는 관전 호산산성임. 이는 호산산성이 고구려 후기뿐 아니라, 발해시기에도 사용되었을 가능성을 시사함.

이처럼 관전 호산산성은 고구려시기의 박작성으로 비정되며, 압록강 하구를 거슬러 올라오는 길목을 통제하는 전략적 요충지로 파악됨. 이에 압록강 건너편의 의주 백마산성과 함께 압록강 방어의 중심성으로 기능

---

5 '丸'자의 오기임.

하였을 것으로 추정함(馮永謙, 1997).

실제 648년에 당 태종은 薛萬徹과 裴行方으로 하여금 군사 3만여 명과 누선 전함을 이끌게 하고 萊州로부터 바다를 건너와서 공격했는데, 이들은 압록강으로 들어와 박작성 남쪽 40리 되는 곳에 이르러 군영을 쳤음. 박작성주 所夫孫은 보병과 기병 1만여 명을 거느리고 막았으나, 裴行方의 공격으로 패퇴하였음. 당군은 박작성을 포위하였으나, 지형이 험준하여 함락시키지는 못하였음. 고구려의 장수 高文은 오골성과 안시성 등 여러 성의 군사 3만여 명을 거느리고 와서 구원하였는데, 薛萬徹이 군사를 나누어 이에 대응하니 고구려 군사가 패하여 무너졌다고 함.

한편 중국학계에서는 명나라가 고구려 산성의 성벽을 이용하여 호산 정상을 통과하는 장성의 장대 기단을 축조하였다고 파악하고 있음. 호산에 먼저 고구려 산성이 축조되었고, 그 뒤 명 장성이 남북으로 통과하여 양 성벽이 '中'자 모양을 이루게 되었다면서 호산산성을 明 萬里長城의 起點으로 파악하는 것임. 그러면서 명 장성이 호산 북쪽 기슭에서 내려와 虎山村을 거쳐 老邊墻村에 이르고, 다시 북쪽으로 이어지는데 지금도 성벽이 단속적으로 남아 있다고 함(馮永謙, 1991 ; 馮永謙, 1992b). 이에 중국은 호산산성을 명 만리장성의 東端이라고 대대적으로 홍보하며, 중국식 장성을 복원해 관광지로 조성하고 있음.

참고문헌

- 潭其驤 主編, 1988,『中國歷史地圖集釋文匯編』東北卷, 中央民族學院出版社.
- 馮永謙, 1991,「丹東虎山明萬里長城東端起點遺址」,『中國考古學年鑒』, 文物出版社.
- 馮永謙, 1992a,「丹東虎山高句麗遺址」,『中國考古學年鑒』, 文物出版社.
- 馮永謙, 1992b,「明萬里長城東端起點的發現與研究」,『歷史地理』10, 上海人民出版社.
- 馮永謙·任鴻魁, 1993,「寬甸虎山獲重大發現」,『中國文物報』.
- 袁輝, 1993,「泊汋口位置考」,『北方文物』1993-2.
- 王綿厚, 1994,「鴨綠江右岸高句麗山城研究」『遼海文物學刊』1994-2.
- 王禹浪·王宏北, 1994,『高句麗·渤海古城址研究匯編』(上), 哈爾濱出版社.
- 任鴻魁, 1994,「泊汋城方位考述」,『遼海文物學刊』1994-2.
- 馮永謙, 1994,「寬甸虎山高句麗泊灼城址」,『中國考古學年鑒』, 文物出版社.
- 陳大爲, 1995,「遼寧高句麗山城再探」,『北方文物』1995-3.
- 王連春, 1996,「丹東市區的高句麗山城」,『中國考古集成』東北卷兩晉至隋唐(二), 北京出版社.
- 馮永謙, 1996,「高句麗城址輯要」,『北方史地研究』, 中州古籍出版社.
- 馮永謙, 1997,「高句麗泊汋城址的發現與考證」,『北方史地研究』.
- 馮永謙, 1997,「高句麗城址輯要」,『高句麗渤海研究集成』高句麗 卷(三), 哈爾濱出版社.
- 遼寧省地方志編纂委員會辦公室 主編, 2001,『遼寧省志·文物志』, 遼寧人民出版社.
- 王綿厚, 2002,『高句麗古城研究』, 文物出版社.
- 王綿厚·王宏北, 2002,『高句麗渤海古城址研究匯編』, 哈爾濱出版社.
- 王禹浪·王文軼, 2008,『遼東半島地區的高句麗山城』, 哈爾濱出版社.
- 國家文物局 主編, 2009,『中國文物地圖集』遼寧分冊(下), 西安地圖出版社.
- 王禹浪·王文軼·王宏北, 2010,「遼東半島高句麗山城概述」,『黑龍江民族叢刊』2010-2.
- 王禹浪·王文軼, 2012,「丹東地區的高句麗山城」,『哈爾濱學院學報』2012-3.

06 관전 백채지관애
寬甸 白菜地關隘

1. 위치와 자연환경

遼寧省 丹東市 寬甸滿族自治縣 大西岔鎭 大白菜址村 黃家大院屯 동북 500m.

2. 성곽의 전체현황

○ 산골짜기 안에 위치한 관애임.
○ 골짜기를 가로지른 성벽이 남아 있는데, 길이 200m, 너비 10m, 높이 3m의 석벽임. 자연석괴를 사용하여 축조하였음.

3. 역사적 성격

고구려시기의 성곽으로 보고되었지만, 성격을 정확히 파악하기 어려움.

참고문헌

- 國家文物局 主編, 2009, 『中國文物地圖集』 遼寧分冊(下), 西安地圖出版社.

제5부

동항시(東港市) 지역의 성곽

01 동항 마권성
東港 馬圈城

1. 위치와 자연환경(그림 1)

遼寧省 東港市 新農鎭 馬圈子村 남쪽 100m.

2. 성곽의 전체현황

○ 성터는 평지에 위치함.
○ 평면은 대략 방형.
○ 규모 : 한 변의 길이는 150m(둘레 600m).
○ 다진 토벽의 기초가 한 구간 남아 있음.
○ 잔존 성벽 길이 약 3m, 너비 1m, 높이 약 1.3m.

3. 역사적 성격

고구려시기의 성곽이라면 요동반도 해안 일대를 방어하고 지배하던 소형 평지성으로 추정됨.

참고문헌

• 國家文物局 主編, 2009, 『中國文物地圖集』 遼寧分冊 (下), 西安地圖出版社.

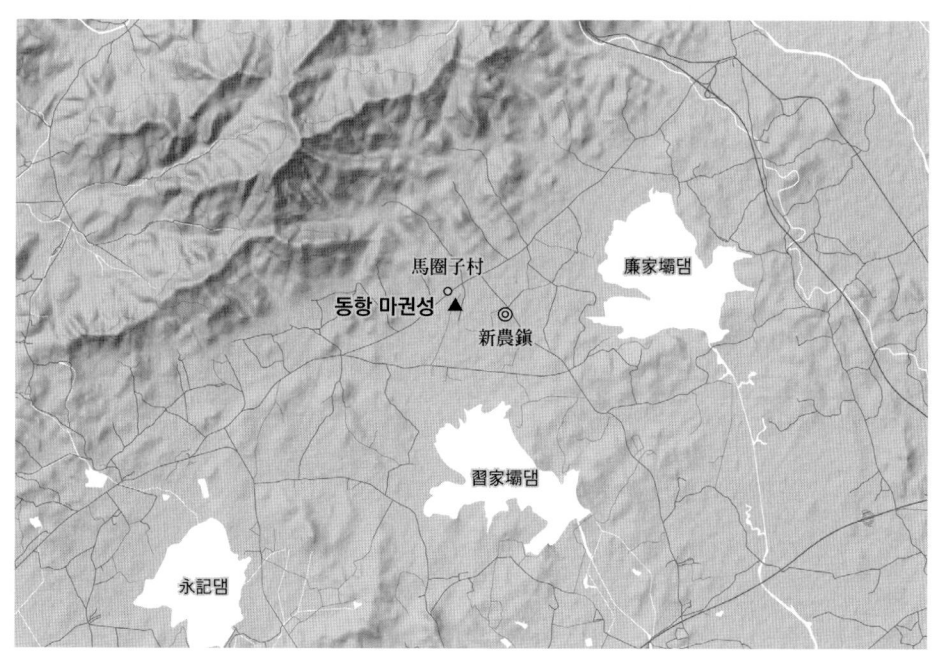

그림 1 마권성 위치도

02 동항 주가구산성
東港 周家溝山城

1. 위치와 자연환경(그림 1)

遼寧省 東港市 前陽鎭 山城村 周家溝屯 동북측.

2. 성곽의 전체현황

○ 성터는 산상에 위치함. 평면은 불규칙한 형태.
○ 동서 길이 150m, 남북 너비 50m(둘레 400m).
○ 자연석괴를 사용하여 세 갈래의 성벽을 축조하였음. 각 성벽의 간격은 60m. 성벽이 잔존한 구간의 길이 7m, 너비 3m, 높이 1.2m.

3. 출토유물

철제도끼(鐵斧)를 수집함.

4. 역사적 성격

고구려시기의 성곽이라면 압록강 하류 일대를 방어하던 소형 보루성으로 추정됨.

참고문헌

- 國家文物局 主編, 2009, 『中國文物地圖集』 遼寧分冊 (下), 西安地圖出版社.

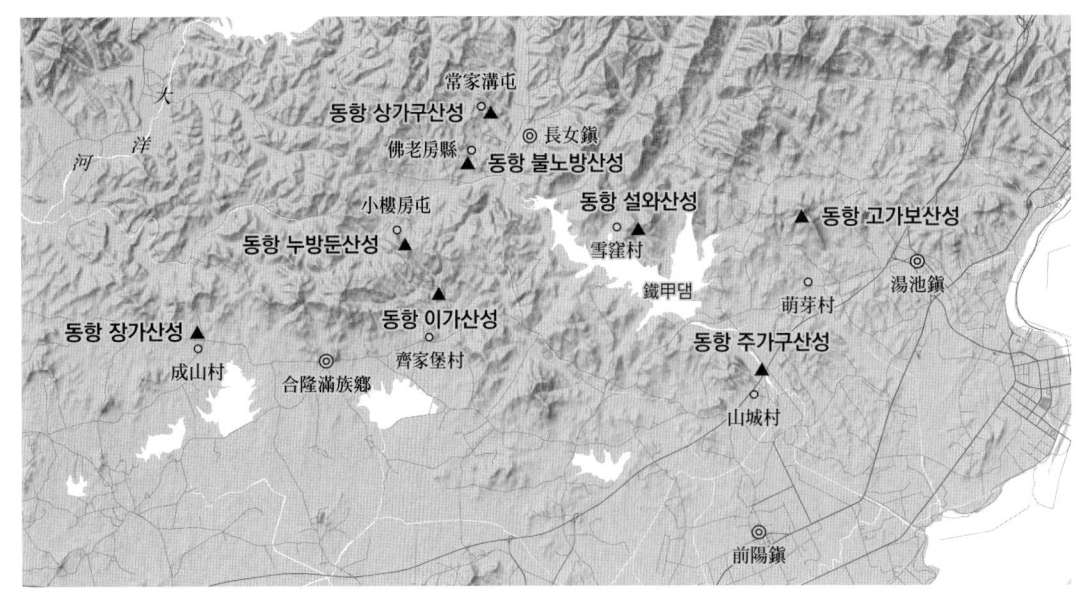

그림 1
주가구산성 위치도

03 동항 고가보산성
東港 高家堡山城

1. 위치와 자연환경(그림 1)

遼寧省 東港市 湯池鎭 萌芽村 高家堡子屯 동북 2km.

2. 성곽의 전체현황

○ 성터는 산상에 위치함.
○ 평면은 장방형. 길이 110m, 너비 40m(둘레 300m).
○ 축조방식 : 성벽은 자연석괴를 사용하여 축조하였음.
○ 보존상태 : 성벽 기초만 남아 있음.

3. 역사적 성격

고구려시기의 성곽이라면 압록강 하류 일대를 방어하던 소형 보루성으로 추정됨.

참고문헌

· 國家文物局 主編, 2009, 『中國文物地圖集』 遼寧分冊 (下), 西安地圖出版社.

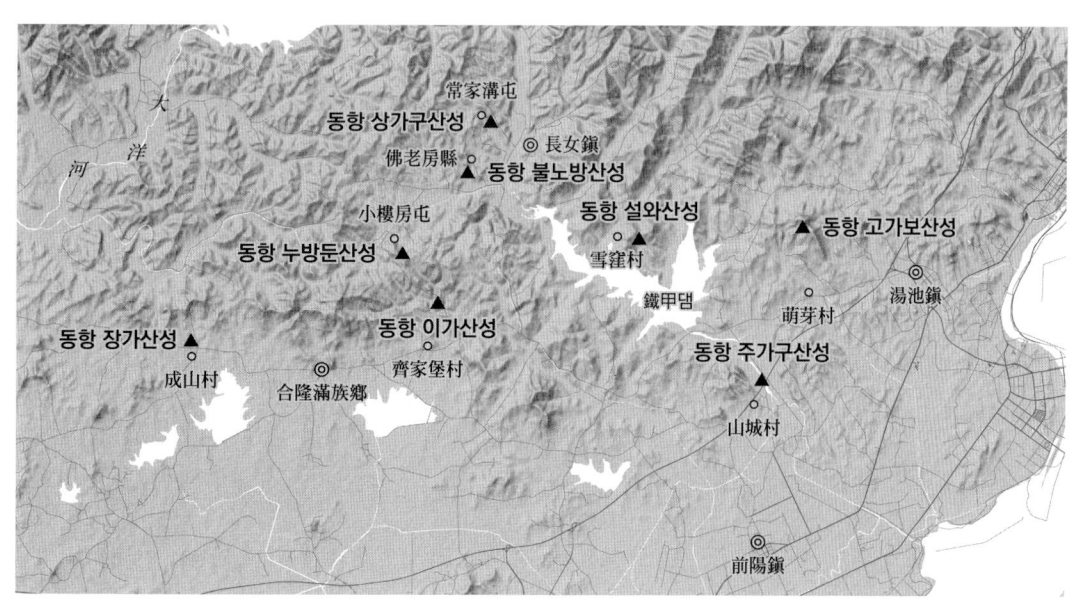

그림 1
고가보산성 위치도

04 동항 이가산성
東港 李家山城

1. 위치와 자연환경(그림 1)

遼寧省 東港市 合隆滿族鄉 齊家堡村 小李家堡屯 서북 1km.

2. 성곽의 전체현황

○ 성터는 산상에 위치함.
○ 성벽은 거의 남아 있지 않음. 대석괴로 쌓아 올린 벽체 기초가 한 구간 남아 있는데, 너비 2m, 높이 3m.
○ 원래 우물(水井)이 하나 있었으나 진흙탕이 된 상태임.

3. 역사적 성격

고구려시기의 산성(보루)으로 보고되었지만, 정확한 성격은 파악하기 어려움.

참고문헌

- 國家文物局 主編, 2009, 『中國文物地圖集』 遼寧分冊 (下), 西安地圖出版社.

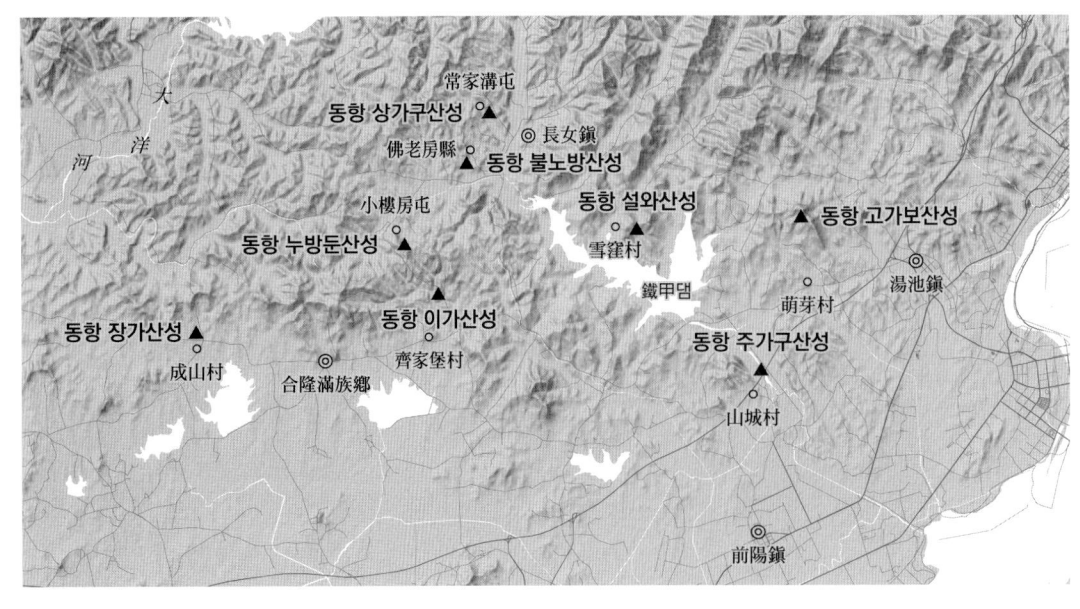

그림 1
이가산성 위치도

05 동항 장가산성
東港 張家山城

1. 위치와 자연환경(그림 1)

遼寧省 東港市 合隆滿族鄕 城山村 張家堡屯 서북 500m.

2. 성곽의 전체현황

○ 성터는 산상에 위치함.
○ 평면은 장방형. 길이 500m, 너비 50m(둘레 1,100m).
○ 축조방식 : 성벽은 불규칙한 대석괴를 사용하여 축조하였음.
○ 보존상태 : 성벽 두 구간이 남아 있는데 너비 1.5m, 높이 1m.
○ 북부에 성문이 하나 있음. 성문의 잔존 너비 30m.

3. 역사적 성격

고구려시기의 성곽이라면 압록강 하류 일대를 방어하던 소형 보루성으로 추정됨.

참고문헌

- 國家文物局 主編, 2009, 『中國文物地圖集』 遼寧分冊 (下), 西安地圖出版社.

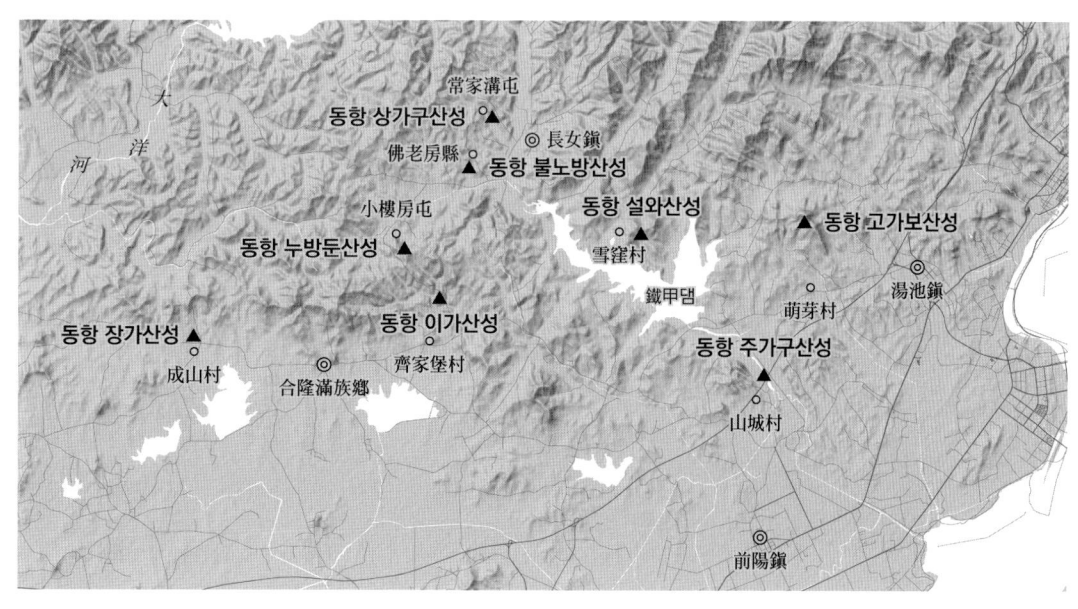

그림 1
장가산성 위치도

06 동항 누방둔산성
東港 樓房屯山城

1. 위치와 자연환경(그림 1)

遼寧省 東港市 長安鎭 王家村 小樓房屯 동남쪽 2km.

2. 성곽의 전체현황

○ 성터는 산상에 위치함. 평면은 장방형.
○ 성벽은 산세를 따라 자연석괴를 사용하여 축조하였음.
○ 잔존 성벽 길이 40m, 너비 25m.

3. 역사적 성격

고구려시기의 성곽이라면 압록강 하류 일대를 방어하던 소형 보루성으로 추정됨.

참고문헌

- 國家文物局 主編, 2009, 『中國文物地圖集』 遼寧分冊 (下), 西安地圖出版社.

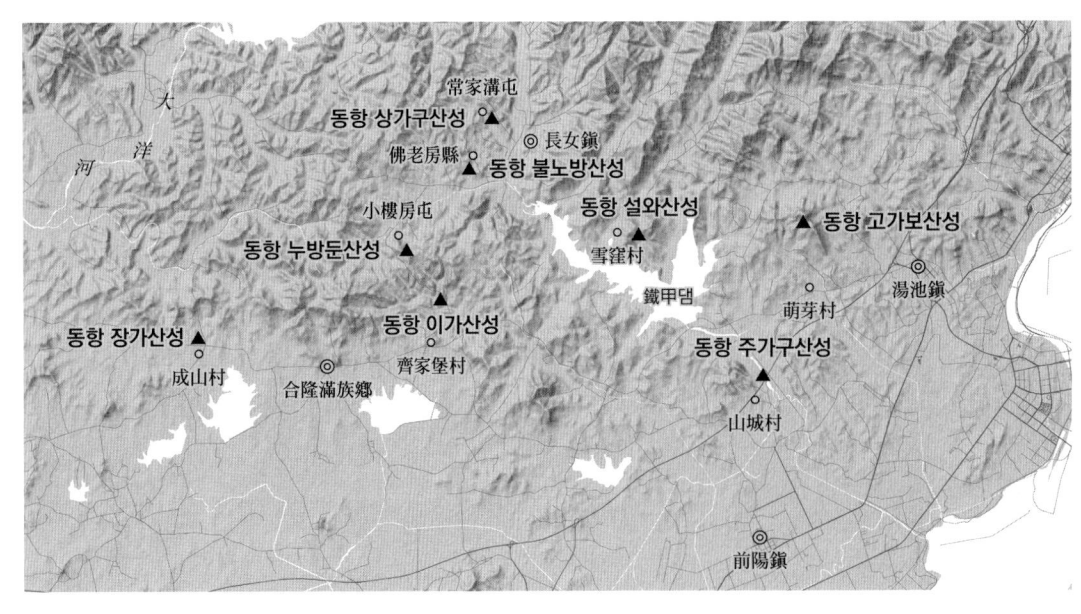

그림 1
누방둔산성 위치도

07 동항 불노방산성
東港 佛老房山城

1. 위치와 자연환경(그림 1)

遼寧省 東港市 長安鎭 佛老房村 남쪽 1km.

2. 성곽의 전체현황

○ 성터는 산상에 위치함.
○ 평면은 장방형. 길이 50m, 너비 30m(둘레 160m).
○ 성벽은 자연석괴를 사용하여 축조하였음. 산허리부터 정상까지 축조한 성벽이 세 갈래인데, 모두 통로가 설치되어 있음. 성벽은 대부분 무너졌음.
○ 土臺 : 城堡 내에서 가장 높은 지점에 土臺 하나가 있는데, 면적은 약 50m².

3. 출토유물

회색, 붉은색의 평기와편이 흩어져 있음.

4. 역사적 성격

압록강 하류 일대를 방어하던 고구려의 소형 보루성으로 추정됨.

참고문헌

- 國家文物局 主編, 2009, 『中國文物地圖集』 遼寧分冊 (下), 西安地圖出版社.

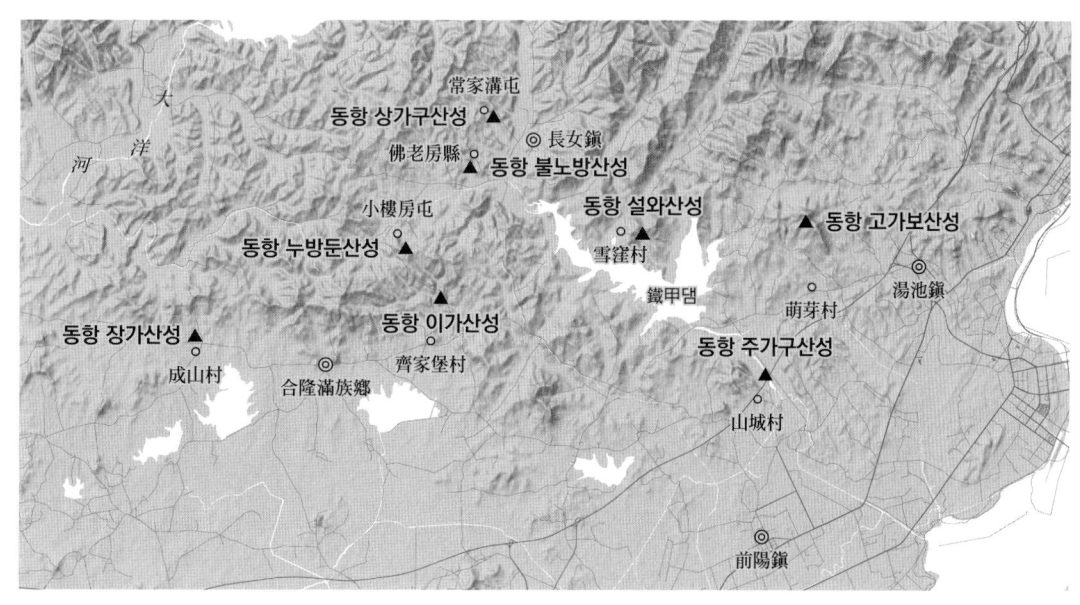

그림 1
불노방산성 위치도

08 동항 설와산성
東港 雪窪山城

1. 위치와 자연환경(그림 1)

遼寧省 東港市 長安鎭 雪窪村 동남쪽 2km.

2. 성곽의 전체현황

○ 성터는 산상에 위치함.
○ 평면은 장방형. 길이 90m, 너비 40m(둘레 260m).
○ 성벽은 자연석괴를 사용하여 산세를 따라 축조하였음.
○ 보존상태 : 길이 4m, 너비 4m, 높이 3m인 구간이 남아 있음.

3. 역사적 성격

고구려시기의 성곽이라면 압록강 하류 일대를 방어하던 소형 보루성으로 추정됨.

참고문헌

• 國家文物局 主編, 2009, 『中國文物地圖集』 遼寧分冊(下), 西安地圖出版社.

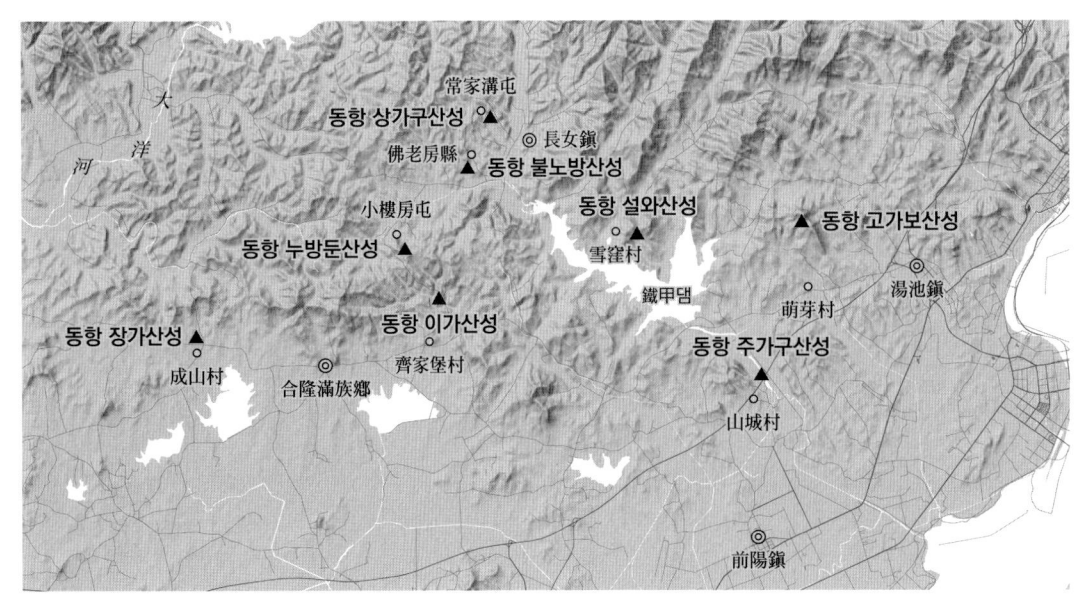

그림 1
설와산성 위치도

09 동항 상가구산성
東港 常家溝山城

1. 위치와 자연환경(그림 1)

遼寧省 東港市 長安鎭 佛老房村 常家溝屯 동남쪽 1km.

2. 성곽의 전체현황

○ 성터는 산상에 위치함.
○ 평면은 장방형. 길이 40m, 너비 20m(둘레 100m).
○ 성벽은 자연석괴를 사용하여 산세를 따라 축조하였음.
○ 보존상태 : 성벽의 기초가 단속적으로 남아 있음.
○ 성의 서부와 남부에 망대가 설치되어 있는데, 서부 망대는 길이 4m, 너비 2m이고, 남부 망대는 길이 4m, 너비 3m임.

3. 역사적 성격

고구려시기의 성곽이라면 압록강 하류 일대를 방어하던 소형 보루성으로 추정됨.

참고문헌

- 國家文物局 主編, 2009, 『中國文物地圖集』 遼寧分冊 (下), 西安地圖出版社.

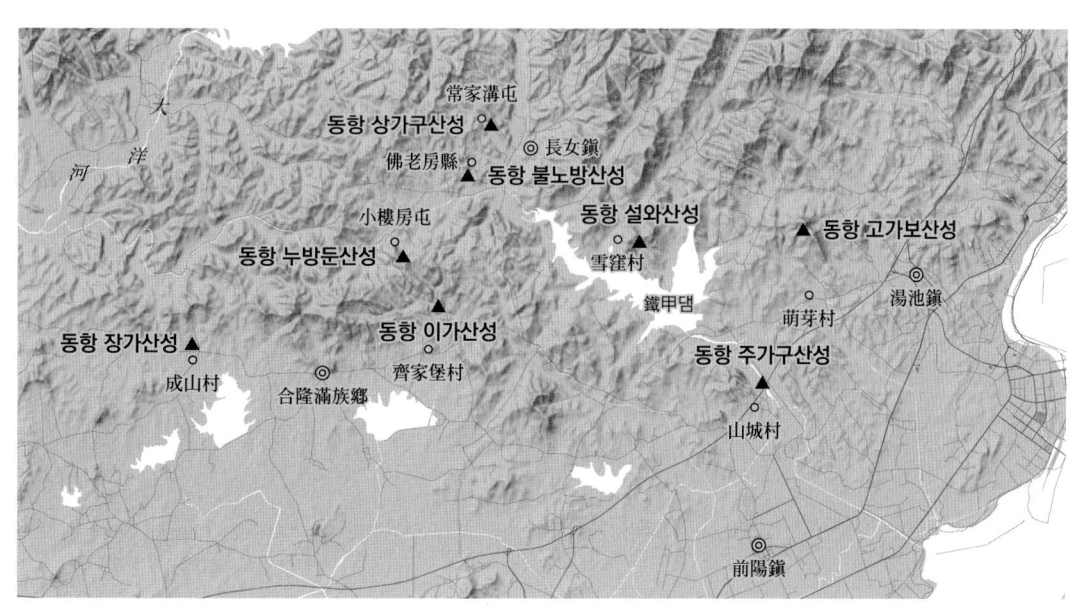

그림 1
상가구산성 위치도

제6부

대련시(大連市) 지역의 성곽

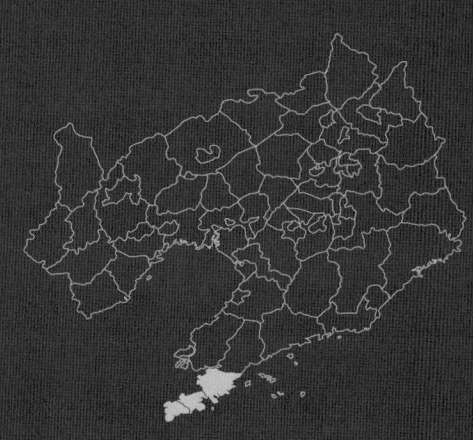

01 대련 대흑산산성
大連 大黑山山城 | 大和尙山城 | 大赫山山城

1. 조사현황

○ 1963년 9월 30일 : 중국 국가중점문물보호단위로 지정.
○ 1988년과 1990년 : 약 20만 元을 들여 성벽 복구.
○ 2012년 : 遼寧省 문물보호단위로 지정.

2. 위치와 자연환경(그림 1)

1) 지리위치
○ 遼寧省 大連市 金州區 시가지에서 동북쪽으로 20km 떨어진 友誼鄉 八里村 인근의 대흑산에 위치.

○ 서쪽으로 금주만과 9km, 남쪽으로 대련만과 6km 떨어져 있음.
○ '大和尙山城' 혹은 '大赫山山城'이라고도 함.

2) 자연환경
대흑산은 해발 663m인데, 기복이 심한 산들이 끊임없이 이어지며 험준한 바위들이 겹겹이 우뚝 솟아 있음.

3. 성곽의 전체현황(그림 2)

○ 해발 663m인 산 정상부에서 서쪽과 남쪽으로 뻗은 산능선상에 성벽을 축조하였기 때문에 굴곡과 기복이

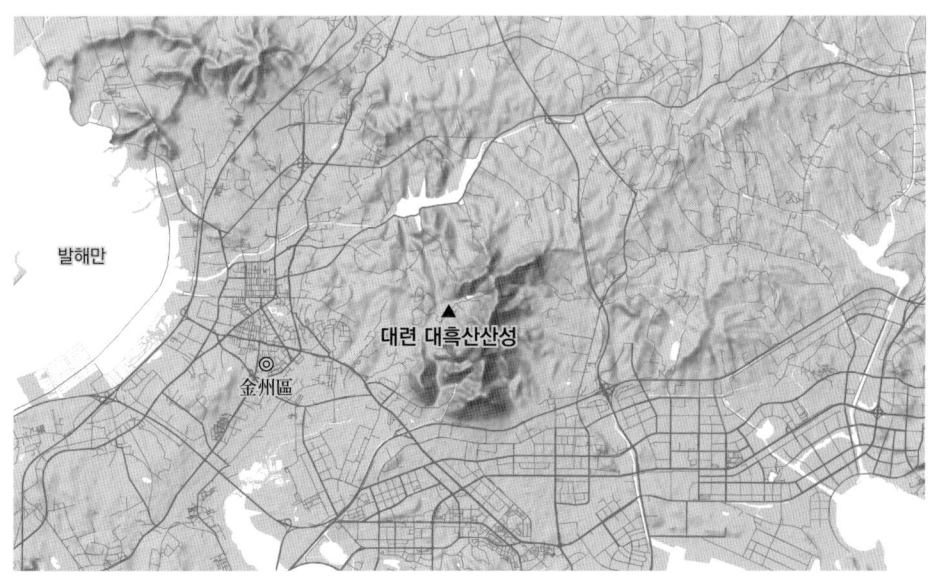

그림 1 대흑산산성 위치도

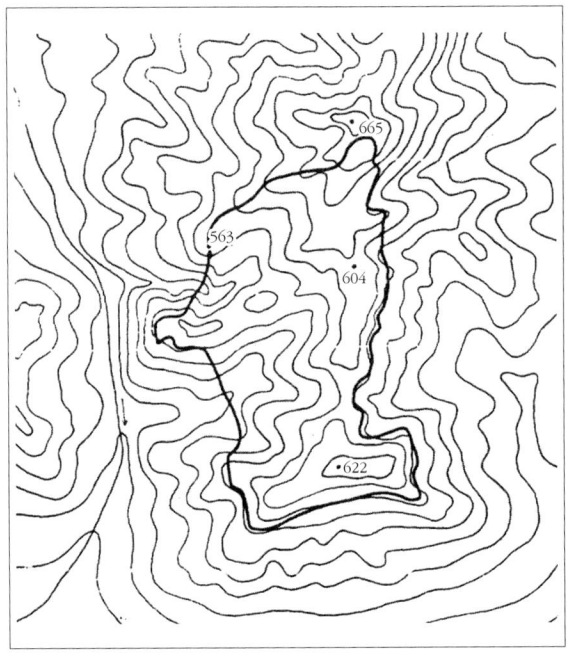

그림 2 대흑산산성 지형도(許明綱, 1996, 57쪽)

심함. 서남쪽으로 계곡을 감싸고 있는 包谷式 산성으로 불규칙한 타원형(장방형)을 이룸.
○ 성벽 둘레는 약 5km로 모두 16개의 산봉우리를 점하고 있음. 동쪽과 남쪽 성벽이 부분적으로 가장 잘 남아 있음.

4. 성벽과 성곽시설

1) 성벽

(1) 孫德連(1990)의 기술내용
○ 石英變質巖으로 축조. 성벽 높이 3~5m, 너비 1.5~2m 전후.
○ 성벽 위에서 1.5m 간격으로 한 변의 길이가 25cm인 정방형의 돌구멍 확인. 방어용 목책을 설치하던 기둥구멍임.

(2) 許明綱(1996)의 기술내용
○ 성벽은 현장에서 채석한 청회색 석회암으로 축조함.
○ 성돌은 크게 가공하지 않고, 협축식으로 축조하여 내부는 흙으로 채움.

(3) 王禹浪·王文軼(2011)의 기술내용
성벽은 모두 현지에서 채석한 성돌로 축조함.

2) 성문
○ 서남문 : 정문으로 關門寨口라 불리는 계곡의 입구에 위치.[1] 성문과 배수구는 모두 유실된 상태.
○ 서북문 : 길이 1km의 동서 방향 산골짜기 입구임. 계곡 입구 서쪽에는 봉황산이 있고, 동남 0.5km에 비사성 봉황 입구가 있음. 계곡 북측에는 元·明 시대의 건축지가 있음. 일명 鷄子口라 불림.

3) 장대(망대)
서북쪽 절벽 위의 평탄한 대지에 方形土臺가 있음. 이곳에서 연화문와당을 채집함. 대흑산산성에서 전망이 좋은 서북쪽의 장대지 부근은 관광지로 개발되어 있는데, 중국에서는 이 일대에 도로를 개설하고 기존 고구려 성벽을 파괴하여 새롭게 성문을 건설하였음.

5. 성내시설과 유적

○ 서남문 안쪽 계곡에 우물이 2개 있음. 滴水豪와 飮馬灣이라고 부름.
○ 성내에는 石鼓寺가 있는데, 본래 이름은 唐王殿임.

---

1 남문으로 보기도 함(馮永謙, 1997).

6. 출토유물

○ 戰國-隋唐代의 화폐 저장구덩이가 발견됨.
○ 고구려시기의 승문, 망격문 붉은색 기와와 연화문 와당이 출토되었음.

7. 역사적 성격

대흑산산성은 요동반도 서남단에 위치하고 있는데, 서쪽으로 금주만과 9km, 남쪽으로 대련만과 6km 떨어져 있음. 산성은 산을 등지고 바다를 마주하고 있고 지세가 험준하기 때문에 水陸 양면을 모두 방어할 수 있는 전략적 요충지임. 『資治通鑑』에서는 고구려의 비사성을 "사면이 절벽이고 오직 서문으로만 오를 수 있다(張亮帥舟師自東萊渡海, 襲卑沙城, 其城四面懸絶, 惟西門可上)"라고 묘사하고 있는데, 대흑산산성의 형세와 일치함. 이에 대흑산산성은 일반적으로 고구려의 卑沙城으로 비정하고 있음.

요동반도 서남단에 위치한 지리적 중요성으로 인하여 수나라와 당나라가 고구려를 침략할 때에 水軍을 동원하여 비사성을 둘러싼 전투가 치열하게 벌어졌음. 614년(영양왕 25) 수양제 3차 침입시에 수나라 장군 來護兒가 비사성을 공격했다고 함. 또한 645년(보장왕 4) 당 태종의 침입시에는 張亮이 수군을 이끌고 산동반도의 東萊로부터 바다를 건너와 비사성을 공격하여 함락시키고 남녀 8,000명을 포로로 잡아갔다고 함.

隋와 唐의 수군이 산동반도의 萊州를 출발해 발해만을 건너 요동반도를 공격하거나 평양성으로 진공할 때 반드시 지나가야 했음. 즉 비사성은 고구려 후기에 요동반도 서남단의 군사적 요충지였던 것임. 비사성에서는 발해만과 황해 방면을 한눈에 볼 수 있을 뿐 아니라, 험준한 지세로 둘러싸여 있어 요동반도 연안로를 이용한 해상교통을 장악하는 데 최적의 지점이라고 할 수 있음.

최근 비사성에서 전망이 좋은 서북쪽의 장대지 부근이 관광지로 개발되어 있는데, 중국에서는 이 일대에 도로를 개설하고 기존 고구려 성벽을 파괴하여 새롭게 성문을 건설하였음. 또한 거대한 장대를 만들어 사람들이 주변을 둘러볼 수 있도록 하였음. 이러한 건물지들은 학술적인 고증을 거치지 않은 중국식 건물로 고구려 성곽의 원형이 점차 사라지고 있음.

참고문헌

- 潭其驤 主編, 1988, 『中國歷史地圖集釋文彙編』東北卷, 中央民族學院出版社.
- 孫德連, 1990, 「卑沙城」, 『金州博物館館刊』 1990-1.
- 王禹浪·王宏北, 1994, 『高句麗·渤海古城址硏究彙編』上, 哈爾濱出版社.
- 遼寧省文物管理委員會, 1994, 『遼寧文物古蹟大觀』, 遼寧大學出版社.
- 李殿福(차용걸·김인경 역), 1994, 『중국 내의 고구려 유적』, 학연문화사.
- 東潮·田中俊明, 1995, 『高句麗の歷史と遺蹟』, 中央公論社.
- 陳大爲, 1995, 「遼寧高句麗山城再探」, 『北方文物』 1995-3.
- 馮永謙, 1996, 「高句麗城址輯要」, 『北方史地硏究』, 中州古籍出版社.
- 許明綱, 1996, 「大連地區高句麗四座山城略考」, 『博物館硏究』 1996-1.
- 馮永謙, 1997, 「高句麗城址輯要」, 『高句麗渤海硏究集成』 高句麗 卷(三), 哈爾濱出版社.
- 遼寧省地方志編纂委員會辦公室 主編, 2001, 『遼寧省志·文物志』, 遼寧人民出版社.
- 王綿厚, 2002, 『高句麗古城硏究』, 文物出版社.
- 王綿厚·王宏北, 2002, 『高句麗渤海古城址硏究彙編』, 哈爾濱出版社.
- 王禹浪·王文軼, 2008, 『遼東半島地區的高句麗山城』, 哈爾濱出版社.
- 王禹浪·王文軼·王宏北, 2010, 「遼東半島高句麗山城槪述」, 『黑龍江民族叢刊』 2010-2.
- 王禹浪·王文軼, 2011, 「大連地區的高句麗山城」, 『哈爾濱學院學報』 2011-6.

02 대련 당왕산성
大連 唐王山城

1. 위치와 자연환경

遼寧省 大連市 金州區 彎里街道 林場村 서북쪽 2.5km 산상에 위치.

2. 성곽의 전체현황

○ 성터는 산상에 위치. 석축 성벽임.
○ 성벽이 일부 남아 있는데, 잔존 성벽의 길이 60m, 너비 1m, 높이 1.3m.
○ 당 태종 이세민 시기에 축조되었다는 전설이 있는데, 그 때문에 唐王城이라는 성 이름이 유래되었음.

3. 출토유물

성내에서 돌도끼(石斧)와 토기편을 채집하였음.

4. 역사적 성격

고구려시기 산성으로 보고되었지만, 정확한 성격을 파악하기 어려움.

참고문헌

- 國家文物局 主編, 2009, 『中國文物地圖集』 遼寧分冊 (下), 西安地圖出版社.

03 대련 목양성
大連 牧羊城

1. 조사현황

1) 1928년 9월

○ 日本東亞考古學會와 關東廳博物館(현재 여순박물관의 전신)이 공동으로 발굴을 진행. 漢, 고구려, 요, 금시대의 유물 약간을 발견하였음.
○ 참가자 : 濱田耕作(京都大學), 水野淸一(京都大學), 島田貞彦(京都大學), 原田淑人(東京大學), 八番一郎(東京大學), 內藤寬(關東廳博物館), 森修(關東廳博物館), 庄嚴(北京大學).
○ 출판물 : 『牧羊城』(1931).

2) 1960년 이래

○ 牧羊城과 그 부근의 尹家村, 刁家村, 劉家村 등 조사.
○ 戰國-漢代의 石墓, 土坑墓, 甕棺墓, 貝墓 및 磚室墓 등 많은 고분 발견.
○ 大鳥崖 漢代 유적지에서 陶圈水晶 1개, 鐵钁, 陶器, 와당 등을 발견. 부근에서 '河陽令印', '武庫中丞' 등의 도장을 찍은 봉니 등이 수집됨.
○ 1979년에 대련시 인민정부가 목양성지를 市級 문물보호단위로 지정함.
○ 1988년에 요령성 인민정부가 省級 문물보호단위로 승격시킴.

3) 2006년 2월 13일

○ 성벽 현황 및 축조상태 조사.
○ 발표 : 劉美晶, 2007, 「遼東半島第一城-旅順牧羊城城址」, 『東北史地』 2007-3.

2. 위치와 자연환경(그림 1)

1) 지리위치

○ 遼寧省 大連市 旅順口 鐵山鎭 刁家村 서남쪽 및 劉家村 동남쪽 구릉지에 위치하는데, 서남쪽 500m 거리에 발해만이 있음.
○ 목양성 서쪽에 '羊頭窪'가 있는데, 전국·전한 시기의 羊頭窪는 요동반도와 산동반도를 연결하는 중요 항구였음.
○ 목양성은 지리적 요충지임. 산을 끼고 축성하였는데 지키기 쉽고 공격하기 어려운 지세이며, 수륙교통이 편리하여 중국본토와 만주지역(중국의 동북지역)을 연결하는 교두보 역할을 수행.
○ 『盛京通志』의 기록 : "牧羊城, 城(指距金州城)西南一百五十里, 周圍二百五十步, 門一".

2) 자연환경

당나라 태종이 고구려 정벌 당시 이곳에 도착하였는데 '양치는 노인'이 앉았던 자리에 성을 쌓았다는 전설로 인해 '牧羊城'이라 불림. 일명 '木羊城'이라고도 함.

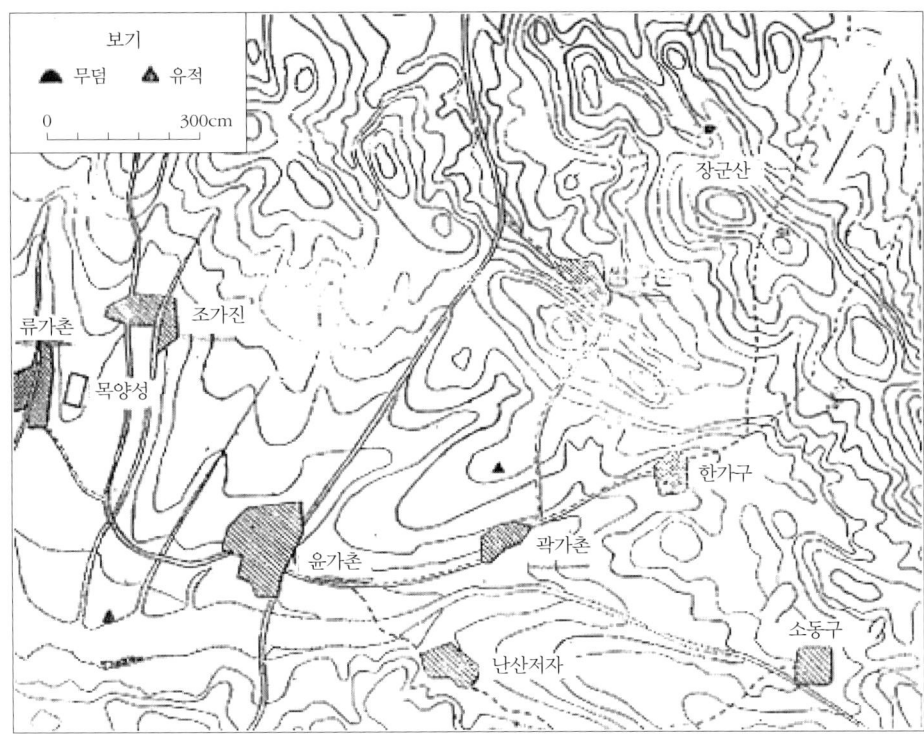

그림 1 목양성 지리위치도
(조중공동고고학발굴대, 1966, 55쪽)

3. 성곽의 전체현황 (2006년 조사 내용)

성의 형태는 장방형. 동서 너비 98m, 남북 길이 133m, 면적 1,842m². [1]

4. 성벽과 성곽시설

1) 성벽
○ 성벽은 무너졌으나 성벽 내의 토층에서 층층이 다진 흔적이 확인됨. 판축토성임. 바닥부 기초는 돌로 조성함. 상부는 흙을 다져 판축하였음.
○ 2006년 당시 성벽의 잔존 높이는 지면에서 약 2~3m이며, 잔존 길이는 10여 m.

2) 성문 ; 북문
○ 북쪽에 현존 너비 약 12m의[2] 트인 곳(缺口)이 있는데 성문지로 추정됨(許明綱, 1992).

5. 출토유물

1) 1928년 9월 조사 때의 출토유물
○ 청동기 시대 : 돌도끼(石斧), 돌칼(石刀), 돌화살촉(石鏃), 돌가락바퀴(石紡織), 뼈화살촉(骨鏃), 뼈바늘(骨針) 등.
○ 戰國－漢代 : 청동제화살촉(銅鏃), 청동제물미(銅

---

[1] 동서 너비 82m, 남북 길이 132m, 둘레 428m라는 기록(劉美晶, 2007), 동서 너비 82m라는 기록(許明綱, 1992 ; 國家文物局 主編, 2009)이 있음.

[2] 10m라는 기록도 있음(王禹浪·王宏北, 1994).

鏃), 청동제허리띠고리(銅帶鉤), 청동제도끼거푸집(銅斧石范), 철제괭이(鐵钁), 철제칼(鐵刀), 鐵錘, 泥質灰陶罐, 豆, 盆, 화문전, 암키와, 수키와, '長樂'·'未央' 등의 문자가 새겨진 半瓦當, 卷雲文 와당. 명도전, 明字圓錢, 一刀錢, 半兩錢, 五銖錢, 大泉五十 등.

2) 1960년 이래 조사 때의 출토유물

○ 戰國-漢代의 토갱묘, 패묘, 전실묘, 옹관묘, 석묘 등 많은 고분이 발견.
○ 大鳥崖 漢代 유적지에서 陶圈水晶 1개, 鐵钁, 陶器, 와당 등을 발견. 부근에서 '河陽令印', '武庫中丞' 등의 도장을 찍은 봉니 등이 수집됨.

6. 역사적 성격

목양성은 요동반도 서남단에 위치한 지리적 요충지임. 산을 끼고 축성하였는데 지키기 쉽고 공격하기 어려운 지세이며, 수륙교통이 편리하여 발해만과 황해 해로를 통해 중원대륙과 만주 및 한반도를 연결하는 해상 교통로상의 교두보 역할을 수행했음.

漢代 遼東郡의 속현인 沓氏縣城으로 추정하는 견해도 있는데, 고구려시기 유물이 출토되는 것으로 보아 고구려가 요동반도 지역을 석권한 이후 목양성을 재활용한 것으로 파악됨. 지리위치로 보아 군사중진보다는 해상교통로를 관할하기 위한 수운역참 등의 시설로 활용했을 가능성이 높음.

참고문헌

- 조중공동고고학발굴대, 1966, 『중국동북지방의 유적발굴보고』, 사회과학출판사.
- 許明綱, 1992, 「牧羊城城址」, 『遼東大學學報』 1992-2.
- 王禹浪·王宏北, 1994, 『高句麗渤海古城址研究匯編』(上), 哈爾濱出版社.
- 劉美晶, 2007, 「遼東半島第一城-旅順牧羊城城址」, 『東北史地』 2007-3.
- 國家文物局 主編, 2009, 『中國文物地圖集』 遼寧分冊(下), 西安地圖出版社.

제7부

와방점시(瓦房店市) 지역의 성곽

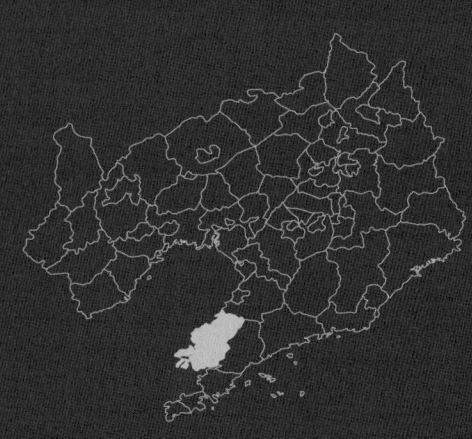

01 와방점 득리사산성
瓦房店 得利寺山城 | 龍潭山山城

1. 조사현황

○ 1985년 市級 문물보호단위로 지정됨.
○ 현재 遼寧省 문물보호단위.

2. 위치와 자연환경(그림 1)

1) 지리위치
○ 瓦房店市 북쪽으로 20km[1] 떨어진 得利寺鄕 북쪽의 龍潭山에 위치.
○ 남쪽으로 得利寺鎭과 약 5km 떨어져 있으며, 普蘭店市 元台鎭 二陶村 老白山山城과 약 30km, 북쪽으로 萬家嶺鎭 북쪽의 와방점산성과 30km, 서남쪽으로 와방점시 太陽鄕 那屯村 高麗城山山城과 약 20km 떨어져 있음.
○ 동쪽으로 와방점시 得利寺鎭 崔屯村 남쪽의 馬圈山城과 마주보고 있으며, 이 2기의 산성이 동북부 산지로의 출입을 공제하는 역할을 함.

2) 자연환경
산성이 위치한 용담산은 남북 길이 10km, 해발 555m로 지면에서 250m 높이 솟아올라있음. 용담산의 남, 북, 서 3면의 산봉우리는 우뚝 솟아 있고, 매우 험준하며 오로지 동면에 골짜기 하나가 있음. 산세는 기복이 있으며, 북쪽의 산봉우리가 비교적 높아서 형세가 험요함.

3. 성곽의 전체현황(그림 2)

○ 산성이 소재한 용담산은 남쪽과 북쪽의 두 봉우리가 서로 마주보고 있어 산성의 자연 성벽을 이룸. 해발 444m[2]의 북쪽 봉우리와 해발 318m의 비교적 낮은 남쪽 봉우리를 연결하는 산줄기를 따라 성벽을 둘렀음.
○ 남북으로 길고 동서로 좁은 형태로, 불규칙한 방형. 산성의 지형은 키 모양과 같음.[3] 포곡식 산성임. 산성의 둘레는 약 2,240m임.[4]

4. 성벽과 성곽시설

○ 성벽은 기복이 있는 능선을 따라 축조하였음. 성벽이 많이 무너지고 유실되어 성벽의 전모를 파악하기 힘듦.

---

1   30km라는 기록도 있음(王禹浪·王文軼·王宏北, 2010).

2   418m라는 기록도 있음(王禹浪·王文軼·王宏北, 2010).
3   장방형으로 보기도 함(國家文物局 主編, 2009).
4   남북 길이 약 600m, 동서 너비 약 400m라는 기록이 있음(國家文物局 主編, 2009).

그림 1 득리사산성 주변 지형도(滿洲國 10만분의 1 지형도)

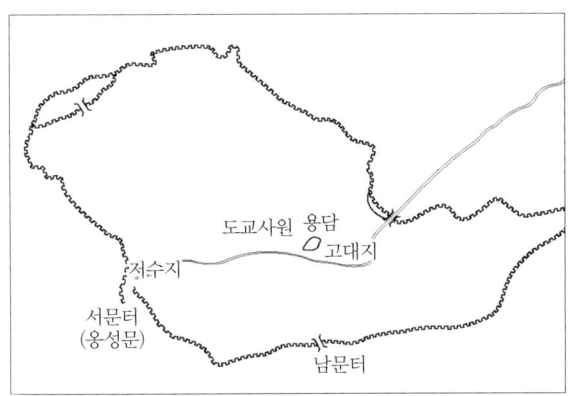

그림 2 득리사산성 평면도(『고구려 성 사진 자료집』, 331쪽)

동남문(동문) 남북 양측 구간의 성벽 보존상태가 비교적 좋으며 대부분의 성벽은 벽체 기초만 남아 있음. 가장 높은 곳의 잔고는 5m, 가장 낮은 곳의 잔고는 2~3m.[5]

○ 성의 동북쪽은 골짜기 입구로 문지임. 서쪽과 동남쪽에 각각 문이 한 개씩 있음.

○ 동남문(속칭 동문) : 정문이며, 지세가 비교적 낮고 경사도가 완만하여 당시 사람과 말의 출입구였을 것으로 추정됨. 현재 산 아래 차도와 연결된 출입구임.

○ 옹성과 水門址 : 동문 밖에 옹성이 축조되어 있으

---

[5] 3~10m라는 기록이 있음(國家文物局 主編, 2009).

며, 옹성의 좌측에 중앙이 낮은 평지가 있음. 평지를 가로질러 높고 큰 성벽을 축조하였는데, 벽체 아래에 샘물이 밖으로 흘러나가는 水口門이 있음.

○ 서문 : 험요하고 높은 곳으로 진공하거나 퇴각하면서 지킬 수 있는 요로임. 성문 위에서 아래를 굽어보면, "한 사람의 병사가 만 명의 병사를 막아낼 수 있는 지세"임을 확인할 수 있음.

5. 성내시설

1) 저수지

○ 산 아래 차도와 연결되는 동문 터가 정문에 해당하며, 동문을 들어서면 道觀이 있고, 그 옆에 龍潭灣이라 불리는 대형 저수지가 있음. 龍潭灣 저수지는 샘물(山泉)이 모여 이룬 연못인데 둘레를 거석으로 축조하였음. 평면은 장방형인데, 길이 48m, 너비 20m이고, 깊이 약 5m임.[6]

○ 현지 주민들은 속칭 "龍潭"이라 부르는데, 산성에서 가장 중요한 수원임.

6. 역사적 성격

득리사산성은 동쪽으로 와방점시 得利寺鎭 崔屯村 남쪽의 마권산성과 서로 마주보고 있는데, 이 2기의 산성은 요동반도 서남단이나 발해만에서 復州河를 거슬러 遼河 유역으로 나아가는 교통로를 공제하는 역할을 함.

요동반도 서쪽의 復州河 일대를 방어하던 군사중진이자 지방지배의 거점이었을 것으로 추정됨. 이에 647년 당군이 산동반도에서 발해만을 건너 공격했다는 고구려의 積利城이나 石城(王禹浪·王文軼, 2008), 〈광개토왕릉비〉에 나오는 力城(王綿厚, 1994 ; 王綿厚, 2002) 등으로 비정하기도 하는데, 명확한 논거가 제시된 상태라고 보기는 어려움.

참고문헌

- 譚其驤 主編, 1988, 『中國歷史地圖集釋文匯編』東北卷, 中央民族學院出版社.
- 王綿厚, 1994, 「鴨綠江右岸高句麗山城研究」, 『遼海文物學刊』1994-2.
- 王禹浪·王宏北, 1994, 『高句麗·渤海古城址研究匯編』(上), 哈爾濱出版社.
- 陳大爲, 1995, 「遼寧高句麗山城再探」, 『北方文物』1995-3.
- 馮永謙, 1996, 「高句麗城址輯要」, 『北方史地研究』, 中州古籍出版社.
- 許明綱, 1996, 「大連地區高句麗四座山城略考」, 『博物館研究』1996-1.
- 馮永謙, 1997, 「高句麗城址輯要」, 『高句麗渤海研究集成』高句麗 卷(三), 哈爾濱出版社.
- 遼寧省地方志編纂委員會辦公室 主編, 2001, 『遼寧省志·文物志』, 遼寧人民出版社.
- 王綿厚, 2002, 『高句麗古城研究』, 文物出版社.
- 王綿厚·王宏北, 2002, 『高句麗渤海古城址研究匯編』, 哈爾濱出版社.
- 이성제 편, 2006, 『고구려 성 사진 자료집』, 동북아역사재단.
- 王禹浪·王文軼, 2008, 『遼東半島地區的高句麗山城』, 哈爾濱出版社.
- 國家文物局 主編, 2009, 『中國文物地圖集』遼寧分冊(下), 西安地圖出版社.
- 王禹浪·王文軼·王宏北, 2010, 「遼東半島高句麗山城概述」, 『黑龍江民族叢刊』2010-2.
- 王禹浪·王文軼, 2011, 「大連地區的高句麗山城」, 『哈爾濱學院學報』2011-6.

---

[6] 길이 36m, 너비 25m라는 기록이 있음(許明綱, 1996).

02 와방점 마권산성
瓦房店 馬圈山城 | 馬圈子山城 | 馬圈子山山城

1. 위치와 자연환경(그림 1)

○ 瓦房店市 得利寺鎭 崔屯村 남쪽 馬圈子山 정상에 위치.
○ 산성은 復州河 상류에 위치하며 復州河를 사이에 두고 득리사산성과 동서로 마주봄. 득리사산성과의 거리는 3.4km.
○ 산성의 서남쪽 80km에 復州灣이 위치.
○ 산성 동북 3.4km에 松樹댐이 있음.
○ 동북 산간지대로 들어가는 입구에 해당.

2. 성곽의 전체현황

○ 포곡식 산성임.
○ 성벽 : 완만하게 곡선을 이루는 산등성이 상에 축조하였음.
○ 평면은 불규칙한 형태임.
○ 성벽은 모두 석괴를 사용하여 축조하였음.
○ 규모 : 산성의 둘레 약 2km.

3. 성벽과 성곽시설

성문 : 북쪽의 골짜기 입구에 설치하였음.

4. 성내시설과 유적

성내에 저수지와 샘(泉井)이 있음.

5. 출토유물

성내에서 고구려시기의 붉은색 승문 기와 등이 출토되었음.

6. 역사적 성격

와방점 마권산성은 득리사산성과 함께 요동반도 서남단이나 발해만에서 復州河를 거슬러 遼河 유역으로 나아가는 교통로를 공제하는 역할을 함. 득리사산성과 세트 관계를 이루며 요동반도 서쪽의 復州河 일대를 방어하던 군사중진이자 지방지배 거점의 역할을 담당했을 것으로 추정됨.

참고문헌
- 潭其驤 主編, 1988, 『中國歷史地圖集釋文匯編』 東北卷, 中央民族學院出版社.
- 王禹浪·王宏北, 1994, 『高句麗·渤海古城址研究匯編』 (上), 哈爾濱出版社.
- 王綿厚, 1994, 「鴨綠江右岸高句麗山城研究」, 『遼海文

그림 1 마권산성 주변 지형도(滿洲國 10만분의 1 지형도)

物學刊』1994-2.
- 陳大爲, 1995,「遼寧高句麗山城再探」,『北方文物』1995-3.
- 馮永謙, 1996,「高句麗城址輯要」,『北方史地研究』, 中州古籍出版社.
- 許明綱, 1996,「大連地區高句麗四座山城略考」,『博物館研究』1996-1.
- 馮永謙, 1997,「高句麗城址輯要」,『高句麗渤海研究集成』高句麗 卷(三), 哈爾濱出版社.
- 遼寧省地方志編纂委員會辦公室 主編, 2001,『遼寧省志·文物志』, 遼寧人民出版社.
- 王綿厚, 2002,『高句麗古城研究』, 文物出版社.
- 王綿厚·王宏北, 2002,『高句麗渤海古城址研究匯編』, 哈爾濱出版社.
- 王禹浪·王文軼, 2008,『遼東半島地區的高句麗山城』, 哈爾濱出版社.
- 國家文物局 主編, 2009,『中國文物地圖集』遼寧分冊(下), 西安地圖出版社.
- 王禹浪·王文軼·王宏北, 2010,「遼東半島高句麗山城槪述」,『黑龍江民族叢刊』2010-2.
- 王禹浪·王文軼, 2011,「大連地區的高句麗山城」,『哈爾濱學院學報』2011-6.

03 와방점 태양향 고려성산산성
瓦房店 太陽鄕 高麗城山山城 | 高力城山山城

1. 위치와 자연환경

1) 지리위치
○ 遼寧省 瓦房店市 太陽鄕(이전 太陽升鎭) 邢屯村 高麗城屯 남쪽의 高麗城山 정상에 위치.
○ 太陽升鄕의 원래 이름은 楡樹房村인데, '문화대혁명' 시기에 太陽升鄕으로 바뀌었음.

2) 자연환경
○ 산성이 자리잡은 곳은 復州河 하류 좌안의 산언덕 위임.
○ 산성의 서쪽으로 復州河와 접하고, 동쪽으로 언덕이 이어지며 산을 등지고 바다와 마주보고 있음.

2. 성곽의 전체현황

○ 포곡식 산성인데, 산세를 따라 성벽을 축조하였으며, 상대적으로 고도가 낮은데 약 100m 정도임. 평면은 대략 키(簸箕) 모양(장방형)인데, 지세는 座東朝西임. 둘레 약 1,000m 정도임.
○ 산성은 매우 험준하고 가파른 낭떠러지가 천연성벽을 이루고 있음. 성벽의 대부분은 이러한 절벽을 천연성벽으로 삼았으며, 인공적으로 가공한 괴석을 사용하여 험준한 천연 암석과 연결하여 인공성벽을 축조하였음.
○ 동측 능선과 연결된 북측 산봉우리의 동남쪽 경사지에 성벽이 남아 있는데, 불규칙한 돌멩이를 사용해 '干打壘'식으로 축조하였음. 길이 약 65m, 평균 너비 약 2.5m, 잔고 약 0.7m.
○ 산의 북쪽 북측에 길이 2m, 너비 약 1m, 높이 약 0.5m의 성벽이 남아 있음. 이 구간의 성벽 아랫면 산비탈에 다량의 성돌이 흩어져 있는데, 성벽이 무너져서 남겨진 성돌임.
○ 지세가 매우 험준하여 지키기 쉽고 공격하기 어려움.
○ 성문 : 성문은 골짜기 입구에 설치하였으며, 산을 오르는 길로 유일하게 작은 길 하나가 있음.
○ 산성에 올라서면 復州灣이 조망되고 遼東灣이 눈 아래 펼쳐짐.

3. 성내시설과 유적

산성 내에 우물(山泉井), 저수지 및 주거지가 있음.

4. 출토유물

성내에서 일찍이 불에 탄 흙덩이와 모래섞인 홍갈색 토기편이 출토됨.

5. 역사적 성격

산성 규모는 크지 않으나 지세가 험요한 곳에 자리잡은 까닭에 지키기는 쉽고 공격하기는 어려운 산성임. 復州河 연안에 자리하고 있는데, 동북쪽으로 復州河 상류 약 14km 거리에 득리사산성과 마권산성이 있음. 득리사산성·마권산성과의 위치 관계로 보아 고구려시기에 復州河 연안을 방어하던 前哨 기지 역할을 담당했을 것으로 추정됨.

참고문헌

- 王禹浪·王宏北, 1994, 『高句麗·渤海古城址研究匯編』(上), 哈爾濱出版社.
- 馮永謙, 1997, 「高句麗城址輯要」, 『高句麗渤海研究集成』 高句麗 卷(三), 哈爾濱出版社.
- 王禹浪·王文軼, 2008, 『遼東半島地區的高句麗山城』, 哈爾濱出版社.
- 王禹浪·王文軼·王宏北, 2010, 「遼東半島高句麗山城概述」, 『黑龍江民族叢刊』 2010-2.
- 王禹浪·王文軼, 2011, 「大連地區的高句麗山城」, 『哈爾濱學院學報』 2011-6.

04 와방점 남고산성
瓦房店 嵐崮山城 | 嵐崮山山城

1. 위치와 자연환경(그림 1)

1) 지리위치
○ 遼寧省 瓦房店市 李店鎭 嵐崮店村 서쪽 1km의 嵐崮山 정상에 위치함.
○ 남쪽으로 普蘭店灣과 약 20km 떨어져 있음.
○ 서남쪽으로 復州灣과 약 25km 떨어져 있음.
○ 북쪽으로 35.2km 거리에 득리사산성이 위치함.
○ 嵐崮山 서측에 철로와 고속도로가 있는데 普蘭店市, 瓦房店市 및 長興道로 향하는 길임.
○ 북쪽으로 李店鄕과 5km 떨어져 있음.
○ 동쪽으로 嵐崮댐과 1.5km 떨어져 있음.

2) 자연환경
○ 嵐崮山은 해발 406m로 부근에서 가장 높은 산봉우리임.
○ 嵐崮山의 동측에서 九龍河가 발원하여 서쪽으로 흐른 뒤에 三臺鄕에서 復州河로 유입됨.

2. 성곽의 전체현황

○ 포곡식 산성으로 성벽은 능선을 따라 축조하였음. 남북으로 좁고 긴 형태임. 북쪽에 골짜기 입구가 위치하며, 동, 서, 남 3면은 산봉우리와 산등성이를 천연성벽으로 삼음.
○ 산성은 자연석괴를 쌓아 산정상에 축조하였는데, 평면은 불규칙한 형태임. 성벽은 인공적으로 가공한 석괴를 사용해 축조하였음.
○ 규모 : 둘레 약 2km(王禹浪·王文軼, 2011) 또는 길이 약 270m, 너비 약 100m(國家文物局 主編, 2009) 등으로 조사됨.
○ 성벽은 무너졌음. 현존 성벽 길이 약 30m, 너비 약 2m, 높이 약 1m.

3. 성벽과 성곽시설

○ 동쪽 산봉우리 동남 기슭에 산등성이를 따라 축조한 성벽이 잔존함. 잔존 길이 30m, 너비 3m, 잔고 1m. 장방형 석괴로 축조함.
○ 서쪽 산봉우리에도 성벽을 축조함. 군사통신 시설이 있어서 성벽 현황을 파악할 수 없음.
○ 남문의 현존 너비 약 2.8m.
○ 산성의 서쪽으로 치우친 곳에 돌을 쌓은 망대가 있음.
○ 망대에 서면 普蘭店灣과 復州灣이 한눈에 들어옴.

4. 성내시설과 유적

○ 성내 중앙에 거대한 돌이 몇 개 서 있는데, 장대로 전해지고 있음.

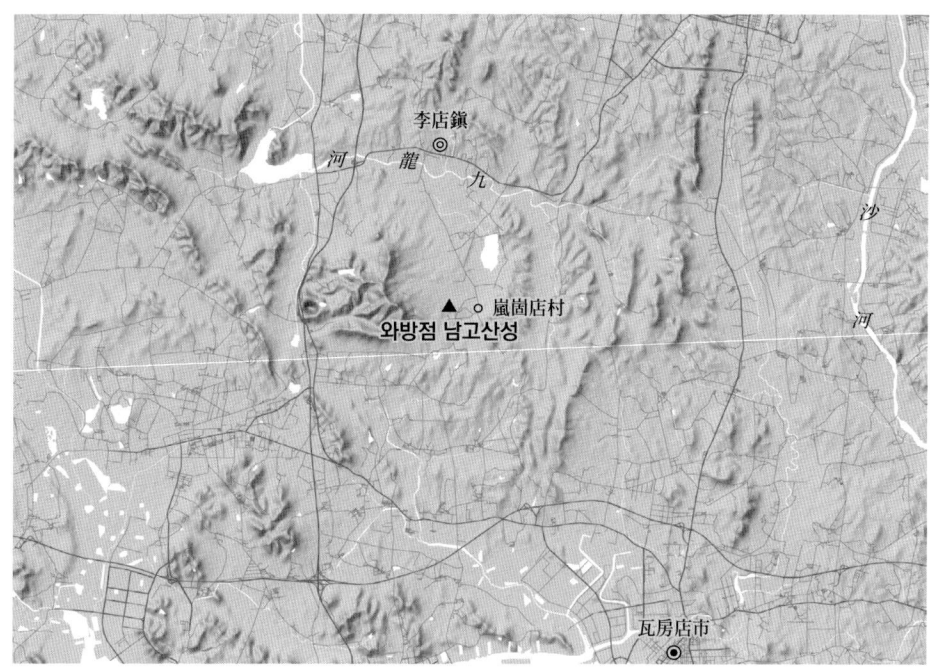

그림 1 남고산성 위치도

○ 산성 내에 우물(泉井)과 저수지가 있음.

5. 역사적 성격

復州河의 지류인 九龍河의 발원지에 자리잡고 있는데, 普蘭店灣과 復州灣을 동시에 제압할 수 있는 전략적 요충지임. 요동반도 서남부의 普蘭店灣이나 復州灣을 통해 상륙한 적군이 復州河 연안을 거슬러 북상하는 것을 일차적으로 저지하는 역할을 담당함. 復州河를 따라 북쪽으로 더 진격하면 瓦房店市 太陽鄕의 고려성산산성과 득리사산성 등이 이차적으로 방어함.

참고문헌

- 王禹浪·王宏北, 1994, 『高句麗·渤海古城址硏究匯編』(上), 哈爾濱出版社.
- 馮永謙, 1997, 「高句麗城址輯要」, 『高句麗渤海硏究集成』高句麗 卷(三), 哈爾濱出版社.
- 王禹浪·王文軼, 2008, 『遼東半島地區的高句麗山城』, 哈爾濱出版社.
- 國家文物局 主編, 2009, 『中國文物地圖集』 遼寧分冊(下), 西安地圖出版社.
- 王禹浪·王文軼·王宏北, 2010, 「遼東半島高句麗山城槪述」, 『黑龍江民族叢刊』 2010-2.
- 王禹浪·王文軼, 2011, 「大連地區的高句麗山城」, 『哈爾濱學院學報』 2011-6.

05 와방점 와방점산성
瓦房店 瓦房店山城 | 北瓦房店山城 | 萬家嶺鎭 瓦房店高麗城山山城

1. 위치와 자연환경(그림 1)

1) 지리위치
○ 大連 瓦房店市 북쪽 약 60km 거리의 萬家嶺鎭 北瓦房店村 부근 산 정상에 위치. 산성이 위치한 곳은 瓦房店市 관할 구역의 북쪽 경계로 개주시와 尙帽山(해발 878.9m)이 만나 경계가 되는 곳임.
○ 산성의 남쪽 약 30km 거리에 득리사산성이 있음. 서쪽 24km 거리에 요동만이 있음. 瀋陽-大連 철로와 고속도로가 산성 서측 15km 되는 지점에서 갈라지는데 남쪽에서 북쪽으로 통과함.

2) 자연환경
산성이 자리잡은 곳은 浮渡河 상류인데, 浮渡河는 북와방점촌 동북 老帽山 북쪽 산기슭에서 발원하여 서북으로 흐르다가 蓋州市 歸州鎭과 瓦房店市 龍王廟村 부근에서 渤海에 유입됨.

2. 성곽의 전체현황

○ 포곡식 산성임.
○ 산성의 성벽은 산등성이를 따라 석괴를 사용하여 쌓아 올렸음.
○ 지세는 동고서저임.
○ 평면은 불규칙한 모양을 띰.
○ 둘레 약 2.5km.

3. 성벽과 성곽시설

서문과 수문 : 가장 저지대인 서북쪽 골짜기 입구에 서문이 있는데, 서문 곁에는 수구문이 있음. 성 안의 샘물이 이 수구문을 통과해 浮渡河에 유입됨.

4. 출토유물

1) 철제벼루
○ 철제벼루(鐵硯)가 출토되었는데, 고구려 유물일 가능성이 있음.
○ 발견 경위 : 30년 전에 와방점시 농민이 산상에서 양을 방목하다가 철제벼루(鐵硯)를 발견하였음(현재 와방점시박물관 소장).
○ 장방형.
○ 높이 8cm, 길이 12cm, 너비 7.3cm.
○ 가운데는 凹形임. 한쪽 끝에 硯池(凹槽)가 있으며, 깊이 약 0.8cm로 水墨을 담을 수 있음.
○ 벼루의 基座 길이 14cm, 너비 9.5cm, 높이 3cm.
○ 아래에 다리가 4개 있으며, 높이 0.5cm.
○ 硯堂은 기좌와 일체로 주조하였음.
○ 중간은 비어 있고, 깊이 5cm. 기좌 상면에 炭火를

그림 1 와방점산성 위치도

설치할 수 있으며, 묵즙을 따뜻하게 하는 기능임.
○ 벼루 면의 아래에 전후 각각 3.5×3cm의 방형의 구멍(孔)이 상통하는데, 숯에 불을 피울 수 있음.
○ 벼루 아래 양측에 누공한 '卍' 도안이 각각 2개 있음. 한쪽은 약간 남아 있는데, 통풍 구멍임.
○ 기좌면의 네 모서리에 각각 한 개씩의 작은 구멍이 있는데, 숯이 다 타서 없어진 재가 아래로 떨어져 모이는 곳임.
○ 벼루의 무게는 1,175g.
○ 보존상태는 비교적 완전하며, 精美함.

5. 역사적 성격

산성은 遼東灣으로 흘러드는 소하천인 浮渡河 상류에 위치함. 遼東灣의 太平灣 일대에서 요동반도 내륙으로 나아가는 교통로를 방어하는 군사중진의 기능과 함께 浮渡河 연안 일대를 다스리는 지방지배의 거점 역할을 수행했을 것으로 추정됨.

참고문헌

- 潭其驤 主編, 1988, 『中國歷史地圖集釋文匯編』東北卷, 中央民族學院出版社.
- 趙雲積, 1992, 「北瓦房店山城出土鐵硯」, 『大連文物』 1992-2.
- 王綿厚, 1994, 「鴨綠江右岸高句麗山城研究」, 『遼海文物學刊』 1994-2.
- 王禹浪·王宏北, 1994, 『高句麗·渤海古城址研究匯編』 (上), 哈爾濱出版社.
- 陳大爲, 1995, 「遼寧高句麗山城再探」, 『北方文物』 1995-3.
- 馮永謙, 1996, 「高句麗城址輯要」, 『北方史地研究』, 中州古籍出版社.
- 許明綱, 1996, 「大連地區高句麗四座山城略考」, 『博物館研究』 1996-1.
- 馮永謙, 1997, 「高句麗城址輯要」, 『高句麗渤海研究集成』 高句麗 卷(三), 哈爾濱出版社.
- 遼寧省地方志編纂委員會辦公室 主編, 2001, 『遼寧省志·文物志』, 遼寧人民出版社.
- 王綿厚, 2002, 『高句麗古城研究』, 文物出版社.
- 王綿厚·王宏北, 2002, 『高句麗渤海古城址研究匯編』, 哈爾濱出版社.
- 王禹浪·王文軼, 2008, 『遼東半島地區的高句麗山城』, 哈爾濱出版社.
- 王禹浪·王文軼·王宏北, 2010, 「遼東半島高句麗山城概述」, 『黑龍江民族叢刊』 2010-2.
- 王禹浪·王文軼, 2011, 「大連地區的高句麗山城」, 『哈爾濱學院學報』 2011-6.

제8부

장하시(莊河市) 지역의 성곽

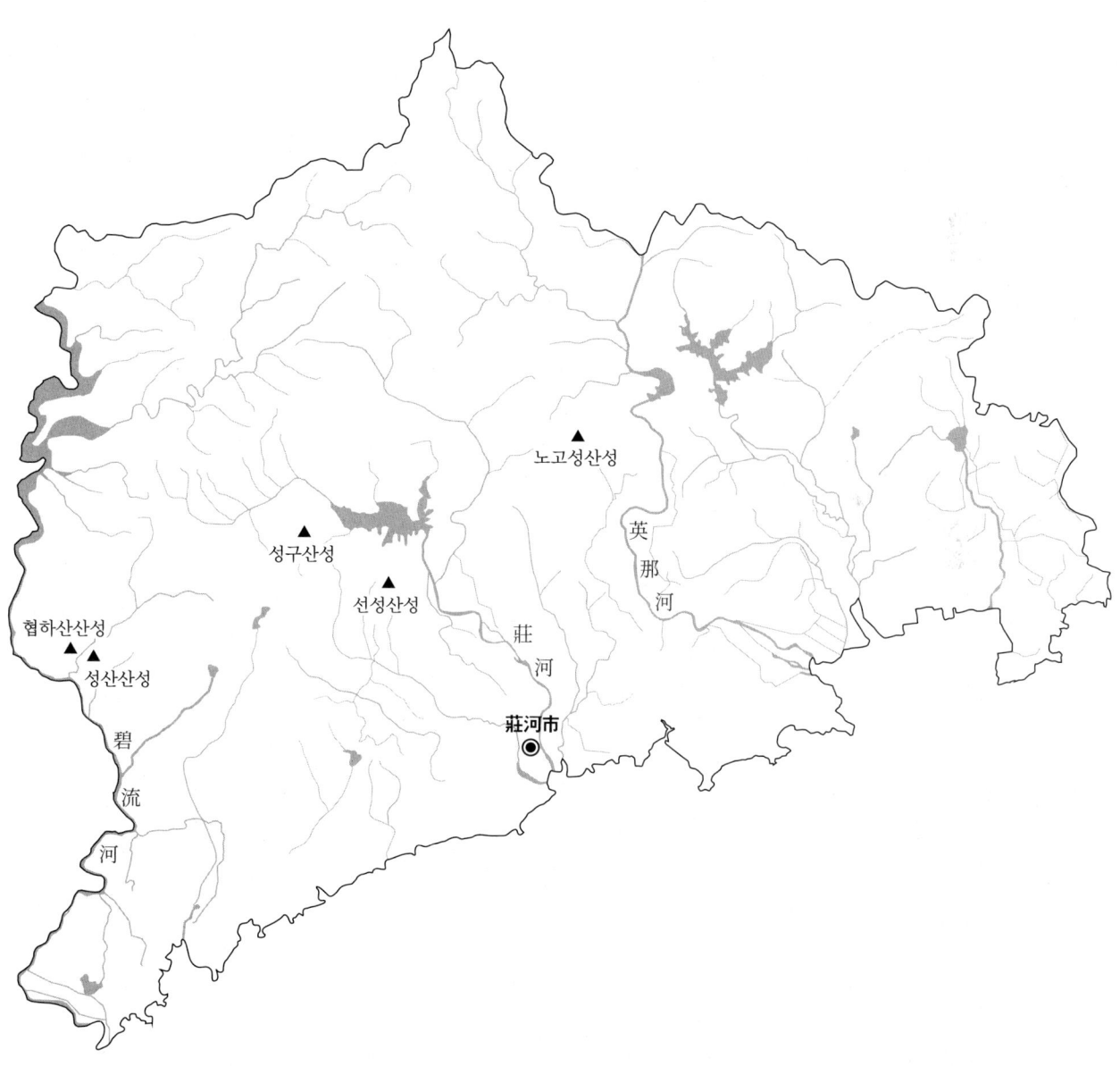

01 장하 선성산성
莊河 旋城山城 | 旋城村山城

1. 위치와 자연환경(그림 1)

1) 지리위치
遼寧省 莊河市 光明山鎭 旋城村 동북 500m 산 정상에 위치함.

2) 자연환경
○ 산성이 자리한 곳은 莊河 하류로 부근에서 莊河가 黃海로 유입됨.
○ 산을 등지고 바다를 바라보고 있어 莊河 연안로를 공제하기에 좋은 방어지점임.

2. 성곽의 전체현황

○ 포곡식 산성임.
○ 성벽은 산등성이를 따라 축조.
○ 석괴를 사용해 쌓아 올린 석축산성.
○ 평면 : 장방형.
○ 규모 : 둘레는 약 1,300m로 동서 너비 300m, 남북 길이 350m.
○ 현존 성벽의 평균 너비 3m, 잔고 0.7m.
○ 산성 소재지의 암벽은 깎아지른 듯 가팔라서 타고 오르기가 어렵기 때문에 오직 골짜기 입구(정문 소재지)를 통해서 성내로 진입이 가능함.

3. 성벽과 성곽시설

성문은 골짜기 입구에 위치함.

4. 성내시설과 유적

성내에 저수지와 샘 등이 남아 있음.

5. 출토유물

산성에 일찍이 모래혼입 붉은색의 음각문(劃文) 토기편과 회색 토기 구연편이 산포해 있음.

6. 역사적 성격

산성이 위치한 곳은 산을 등지고 바다를 바라보고 있어, 莊河 연안로를 공제하기에 좋은 방어지점임. 요동반도 남쪽 해안에서 莊河 상류 방면으로 진입하거나 蓋州에서 千山山脈을 가로질러 요동반도 남쪽으로 향하는 적군을 방어하던 군사중진이었을 것으로 추정됨. 또한 莊河 유역 일대를 다스리던 지방지배 거점의 기능도 수행했을 것으로 추정됨.

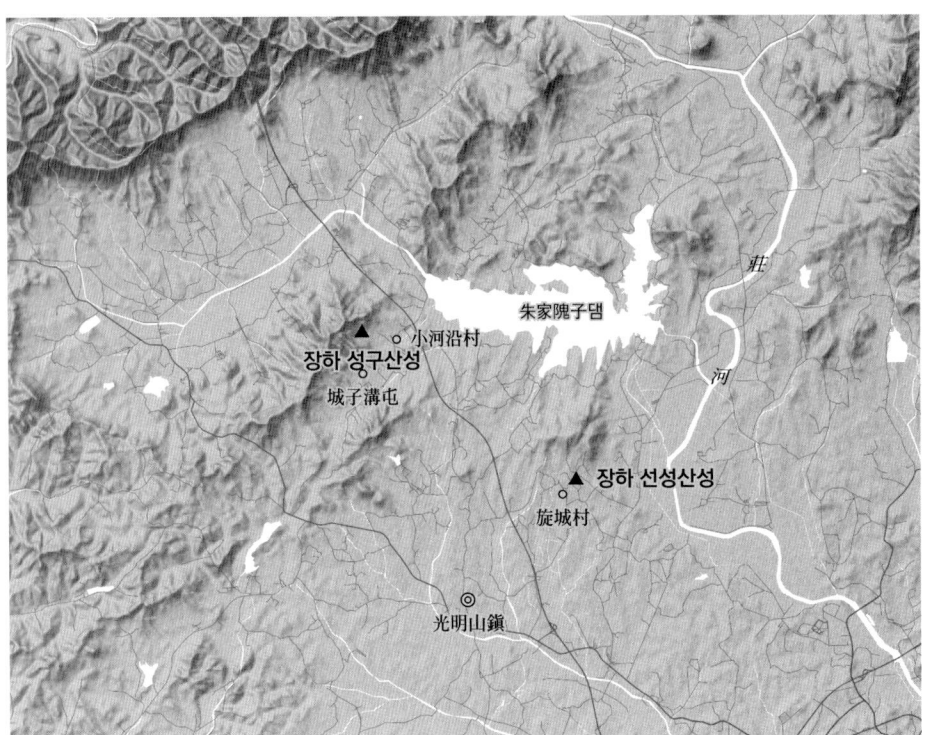

그림 1 선성산성 위치도

참고문헌

- 王禹浪·王宏北, 1994,『高句麗·渤海古城址研究匯編』(上), 哈爾濱出版社.
- 陳大爲, 1995,「遼寧高句麗山城再探」,『北方文物』1995-3.
- 馮永謙, 1996,「高句麗城址輯要」,『北方史地研究』, 中州古籍出版社.
- 馮永謙, 1997,「高句麗城址輯要」,『高句麗渤海研究集成』高句麗 卷(三), 哈爾濱出版社.
- 王禹浪·王文軼, 2008,『遼東半島地區的高句麗山城』, 哈爾濱出版社.
- 國家文物局 主編, 2009,『中國文物地圖集』遼寧分冊(下), 西安地圖出版社.
- 王禹浪·王文軼, 2011,「大連地區的高句麗山城」,『哈爾濱學院學報』2011-6.

02 장하 성구산성
莊河 城溝山城 | 城溝高力山山城

1. 위치와 자연환경(그림 1)

○ 遼寧省 莊河市 光明山鎭 小河沿村 城子溝屯 북쪽 1km 거리의 高力山에 위치함.
○ 산성은 莊河 상류의 주요 댐인 牛家隈子댐과 이웃해 있음.
○ 산성 남쪽으로 莊河 – 蓋州 간 305국도와 6km 정도 떨어져 있음.
○ 서쪽으로는 벽류하댐과 약 8km 떨어져 있음.

2. 성곽의 전체현황

○ 성지는 산상에 위치한 보루임.
○ 산세를 따라 돌을 쌓아 축조하였음(석축 산성).
○ 평면 : 장방형.
○ 규모 : 성벽의 전체 둘레는 300m(王禹浪·王文軼, 2011).
○ 현존 상태 : 길이 80m, 너비 70m, 잔고 1m(國家文物局 主編, 2009).
○ 성내에 우물(水井)이 있음.

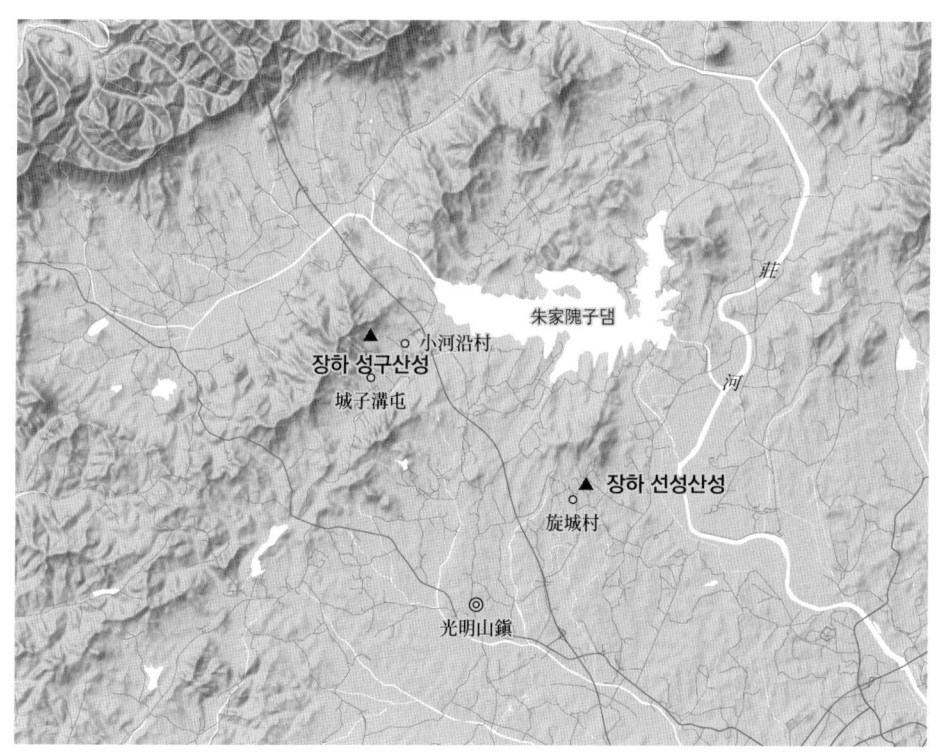

그림 1 성구산성 위치도

3. 출토유물

○ 성내에서 청동(銅), 철제 솥(鐵鍋) 각 1점이 출토됨.
○ 철제화살촉, 다리 달린 철제솥 등 유물이 출토됨.

4. 역사적 성격

고고조사로 볼 때 고구려시기의 산성으로 추정되며, 산을 등지고 바다를 바라보고 있어 莊河의 연안로를 공제하기에 좋은 방어지점임. 규모로 보아 소형 보루성으로 판단됨. 요동반도 남쪽 해안에서 莊河 상류 방면으로 진입하거나 蓋州에서 千山山脈을 가로질러 요동반도 남쪽으로 나아가는 교통로를 방어하는 기능을 담당했을 것으로 추정됨.

참고문헌

- 馮永謙, 1996, 「高句麗城址輯要」, 『北方史地研究』, 中州古籍出版社.
- 許明綱, 1996, 「大连地區高句麗四座山城略考」, 『博物館研究』 1996-1.
- 莊河縣志編纂委員會辦公室編, 1996, 『莊河縣志』, 新華出版社.
- 馮永謙, 1997, 「高句麗城址輯要」, 『高句麗渤海研究集成』 高句麗 卷(三), 哈爾濱出版社.
- 王禹浪·王文軼, 2008, 『遼東半島地區的高句麗山城』, 哈爾濱出版社.
- 國家文物局 主編, 2009, 『中國文物地圖集』 遼寧分冊(下), 西安地圖出版社.
- 王禹浪·王文軼, 2011, 「大連地區的高句麗山城」, 『哈爾濱學院學報』 2011-6.

03　장하 성산산성
莊河 城山山城 | 前城山城 | 前城山山城

1. 조사현황

1) 2005년 11~12월

(1) 조사자

大連市 文物考古硏究所.

(2) 조사내용

2005년 이전에도 문물부는 여러 차례 조사를 진행했었고 2005년에는 前城과 後城을 포괄하는 城山山城의 둘레, 방향, 구조 및 분포 상황 등에 대한 조사와 측량을 진행하였음. 市 문물보호단위로 지정함.

(3) 발표

大連市文物考古硏究所, 2006, 「大連城山山城2005年調査報告」, 『東北史地』 2006-4.

2. 위치와 자연환경(그림 1~그림 2)

1) 지리위치

○ 遼寧省 莊河市 서부의 城山鎭 沙河村 萬德屯 서북 1km의 城山에 위치.
○ 前城(성산산성)과 後城(협하산산성) 2기의 성을 포괄하여 城山山城이라 칭하기도 함.
○ 서쪽으로 碧流河와 마주보고 있으며, 남쪽으로 약 25km 거리에 黃海가 있고, 동남쪽으로 莊河市와 약 35km 떨어져 있음.
○ 碧流河는 북에서 남으로 흐르다가 황해로 유입되는데, 普蘭店市와 莊河市의 경계가 되며, 대련지역의 최대 담수 하천임.

2) 자연환경

○ 前城山의 최고 높은 지점은 해발 311m.
○ 서, 북, 남부의 산세는 비교적 가파르며 동부는 약간 완만함. 암석은 대부분 화강암임. 수종은 주로 상수리나무이고 일부 구간에는 소나무 종류가 심어져 있음.
○ 산성은 기본적으로 해발 200m 이상의 능선에 수축하였음.
○ 산성은 북고남저, 서고동저로 북부는 좁고 길며, 남부는 개활함. 기본적으로 남북 방향으로 놓여있음.

3. 성곽의 전체현황(그림 3)

○ 포곡식 산성임.
○ 규모 : 전성의 둘레 3,112.5m.
○ 모두 6개의 성문, 북부의 비교적 고지대에 장대와 내성, 서쪽 구간에 2개의 망대, 동쪽 구간에 1개의 치(馬面)를 설치하였음.
○ 내성 중부와 남부는 비교적 평탄하고 완만하며, 저수지, 제방(洩水壩), 건축유적 등이 있음.

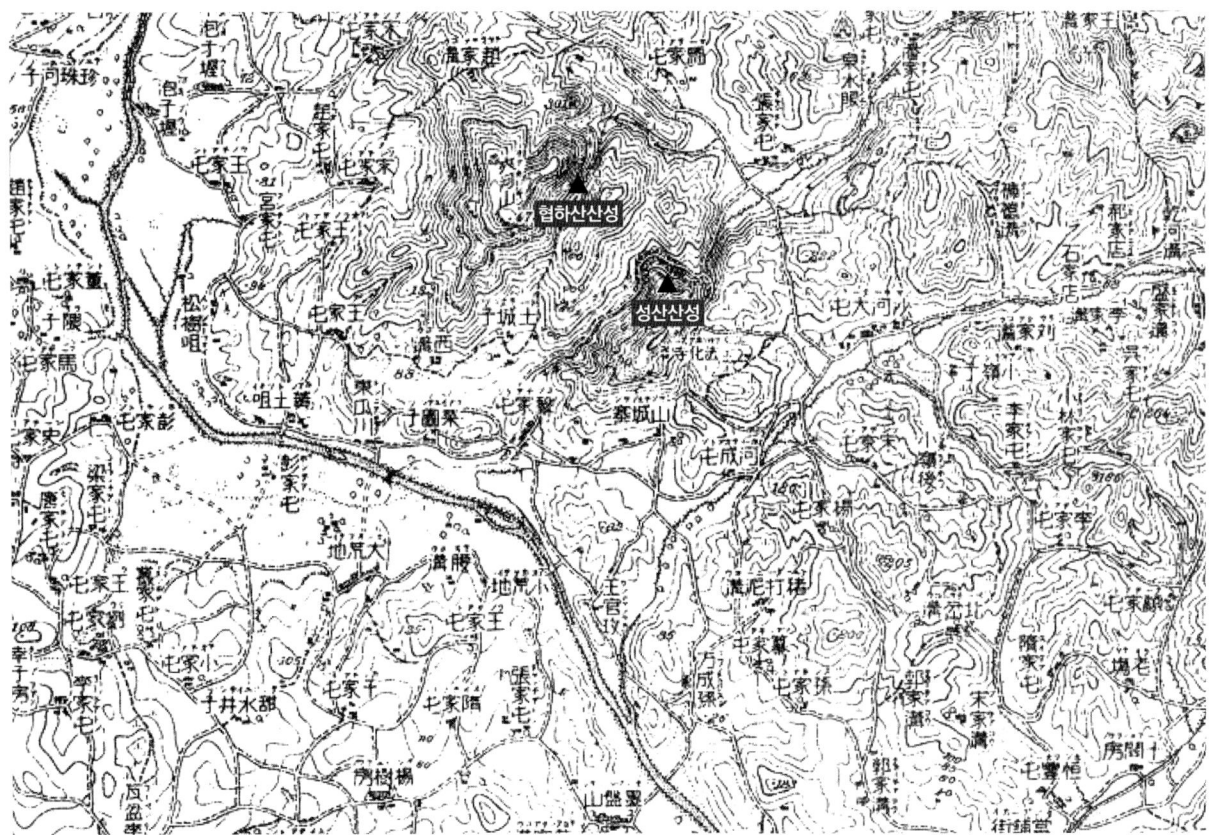

그림 1 성산산성 주변 지형도 1(滿洲國 10만분의 1 지형도)

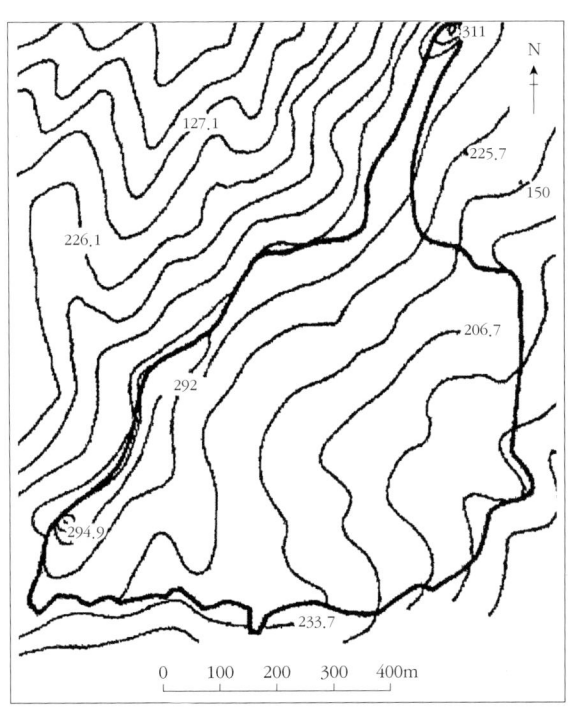

그림 2 성산산성 지형도 2(大連市文物考古硏究所, 2006, 78쪽)

○ 출토유물 : 성내에서 고구려시기의 철기, 토기 잔편, 기와편 및 요·금시기의 철기, 청대의 동전 등이 출토됨. 또 명대 만력 연간에 조영한 법화사 하원, 민국 연간에 조영한 법화사 상원과 도교건축인 오룡궁 등이 있음.

4. 성벽과 성곽시설

1) 성벽

성벽은 대부분 산등성이 방향을 따라 분포함. 다만 일부는 산등성이 아래의 제2, 3 등고선상에 분포해 있는데, 주로 남쪽과 서쪽 구간에 있음.

외벽은 성돌을 가지런히 쌓아 올렸으며 내측은 산비탈에 연결해 쌓았는데 산비탈의 경사도에 의지해서 수직으로 벽체를 쌓아 올려 마치 산비탈을 보호하는 축대

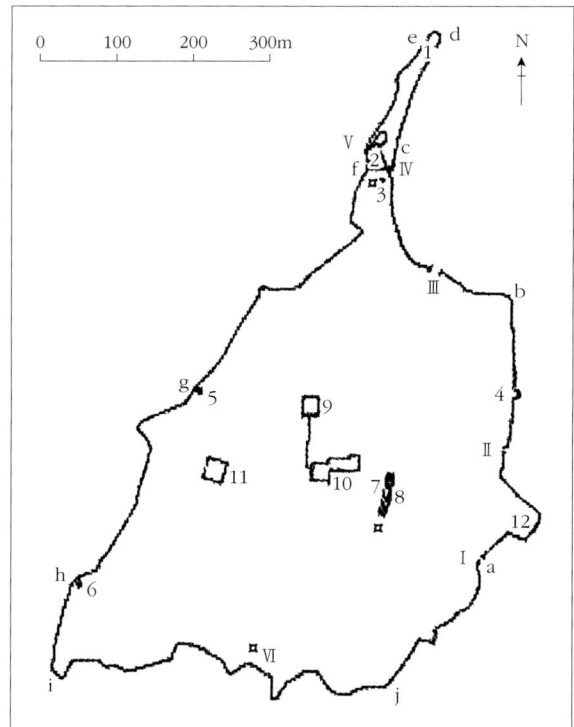

그림 3 성산산성 평면도(大連市文物考古硏究所, 2006, 78쪽)
1. 장대 2. 내성 3. 우물 4. 치 5. 1호 망대 6. 2호 망대
7. 저수지 8. 제언 9·10. 법화사 11. 五老宮 12. 塔林
Ⅰ. 동남문 Ⅱ. 동문 Ⅲ. 동북문 Ⅳ. 남문 Ⅴ. 서북문 Ⅵ. 서남문
□. 건물지

처럼 보임. 성벽 내측은 지면에서 조금만 솟은 까닭에 일반적으로 산정상과 높이가 거의 같음.

성벽은 모두 현지의 화강암을 가공하여 쌓았음. 벽체 외면은 쐐기형돌(楔形石)을 가공해 쌓았는데, 성돌의 입면은 圓角長方形과 방형(현지인은 '苞米粒'형이라고 표현)이고, 평면은 삼각형이며, 外端은 넓고 內端은 뾰족함. 벽체의 내측은 거칠게 다듬은 마름모 형태의 북꼴돌(菱形石)을 사용하였음. 쐐기형돌과 북꼴돌을 층층이 서로 교차시켜 쌓아 올렸는데, 서로 맞물리게 하여 마치 개 이빨이 맞물려있는 것과 같음. 내부에 흙이나 깬돌을 채워 넣지 않아 속칭 '干打壘' 혹은 '干挿石' 쌓기법이라 하는데, 바닥에서 위쪽으로 비스듬히 들여쌓아 바닥은 넓고 꼭대기는 좁음.

1호문(정문, 속칭 남문)을 기점으로 하여 시계 역방향으로 A, B, C, D 4구간으로 나누고 매 구간을 세분하여 시작점과 종착점을 알파벳 소문자로 표시하여 성벽의 현황을 조사함. A 구간은 기본적으로 동쪽 구간(a-d), B 구간은 북쪽 구간(d-e)으로 비교적 짧음. C 구간은 서쪽 구간(e-i)으로 지세가 서남-동남 방향으로 뻗어 있음. D 구간은 남쪽 구간(i-a)으로, 지세의 기복이 크며, 성벽이 구불구불함(그림 3).

(1) A 구간(a-d)의 성벽

전체 길이 996.5m. 성문 4개가 있고, 치 1개가 있음.

① a-b 구간

남북 방향. 길이 476.5m. 2호문과 치 하나가 있음. 원 벽체의 잔고는 2~9.5m인데, 대부분 4~6m이며, 성벽은 대부분 복원되었음.

② b-c 구간

길이 312m. b지점에서 서쪽으로 꺾이고 또 북쪽으로 꺾여 半弧形을 띰. 3호문이 있음. 원 벽체의 잔고는 1.6~5m인데, 3~4m임. c지점의 기점은 4호문이며 내성의 출입구임.

③ c-d 구간

北偏東 방향이고, 길이 205m. 원 성벽의 잔고는 0.5~8.5m인데, 대부분 2~4m임.

(2) B 구간(d-e) 성벽

성벽의 가장 북쪽. 활모양을 띰. 성벽이 가장 낮은데, 해발 고도가 가장 높은 지역임. 길이 30m. 중간 구간에 원 벽체 23층이 남아 있는데, 잔고는 3.5m.

(3) C 구간(e-i) 성벽

산성의 서쪽. 기본적으로 서남-동북 방향. 전체 길이는 1,176.5m. 산세가 가파르며, 산상에 소나무가 주로 심어져 있음. f 점은 내성의 기점이며, 5호문이 위치함.

① e-f 구간

일부 성벽은 내성의 성벽이면서 외성의 성벽이기도 함. 길이 233m. 극히 일부 구간은 자연암석을 성벽으로 삼았는데 길이 0.5~5m이고, 대부분은 1m 좌우. 5호문이 있는데, C 구간의 유일한 성문일 뿐만 아니라, 내성의 출입구이기도 함. c, d, e, f를 연결한 선의 범위 내에 내성과 장대 등의 유적이 있으며, 전체 성에서 가장 높은 곳임. 이 구간의 성벽은 전부 복원된 것임. g지점은 망대이며, 속칭 梳妝臺. 주위를 둘러싸는 벽체를 따로 설치하였음.

② f-g 구간

길이 445m. 원 벽체의 잔고는 0.2~2.8m인데, 대부분 1m 이하임. h지점은 망대인데, 속칭 '大蠹旗'라 함. 그 부근의 성벽에 트인 곳이 있는데 암문(便門)으로 생각됨. i지점은 C 구간의 가장 남쪽 지점이며, g, h지점의 성벽과 유적을 수리, 복원한 것을 제외하고 기타 일부는 아직 복원되지 않았음.

③ g-h 구간

길이는 360m인데, 일부는 자연 암석 구간임. 원래 벽체의 잔고는 0.5~2.5m. 대부분은 0.5~1.5m 사이임.

④ h-i 구간

길이 138.5m. 벽체 잔고는 0.5~3.5m인데, 대부분 1m 이하임.

(4) D 구간(i-a) 성벽

산성의 남쪽에 해당하는데, 전체 길이는 1,046m임. 6호문이 있음. 성벽은 대부분 구불구불하고 험요하며, 산세는 비교적 가파르고, 성벽이 계곡을 통과하며, 산등성이의 기복은 완연함. 특히 험요한 곳이나 거석이 돌출해 솟아 있는 곳은 천연 성벽으로 삼음. 산 아래는 계곡이며, 지면에 크기가 다른 화강암이 편재해 있는데, 산상에 비교적 소량 있음.

① i-j 구간

동서 방향. 길이 651.5m, 잔고 0.5~4m. 대부분 1~3m 사이임.

② j-a 구간

동북-서남 방향. 길이 251.5m. 잔고는 1~4.5m인데, 대부분 1m 내외임. 6호문에서 a지점까지의 성벽은 대부분 복원되었으며 복원되지 않은 곳의 성벽 동쪽 구간은 비교적 보존상태가 양호함. 최고 잔존 높이는 9m, 최저 잔존 높이는 0.5m인데, 일반적으로 3~5m 이상임. 남단과 서단은 보존상태에 차이가 있음. 완전히 파괴된 구간을 제외한 구간의 경우 잔고는 0.2~4.5m인데, 대부분 0.5~3m임. 성벽 너비는 일정하지 않으며, 너비 3m 내외, 최대 4~4.6m.

2) 성곽시설

(1) 성문

① 1호문(Ⅰ)

○ 산성의 정문인데, 통상 '남문'이라 칭함. 실제로는 동남문임.

○ 방위각은 166도. 길이 4.4m, 남은 너비 6.2~7.05m. 복원 후의 성문 너비 4.4m. 화강암을 잘 다듬어 쌓아 올려 축조하였음.

○ 산성에서 가장 크고 가장 넓은 문임. 문의 동쪽은 산 골짜기이며 성벽의 보존상태가 비교적 좋음. 최다 잔존 22층.

○ 1호문의 서쪽은 가파른 벼랑이 병풍을 만들어주고, 문의 서쪽 4m 되는 곳에서 성벽은 남쪽으로 꺾여 산등

성이를 따라 축조되어 기복이 있음.
○ 성문은 산성을 출입하는 주요 도로의 중요한 길목을 제어하며, 안전하지만 은폐되어 있어 시야가 비교적 막혀 있음.

② 2호문(Ⅱ)
○ '동문'이라 칭하며, 남문과 약 240m 떨어져 있음.
○ 방위각 109도. 문의 남은 너비 5~5.75m, 복원 후의 문 너비 3.75m, 길이 4.2m.
○ 2호문의 우측 성벽은 보존상태가 비교적 좋음. 잔고 5m. 26층 석괴가 남아 있음. 문의 좌측 2.3m 되는 곳에서 성벽은 북쪽으로 꺾임.

③ 3호문(Ⅲ)
현재 남아 있지 않지만 트인 곳이 남아 있음. 주위의 정황을 볼 때 성문이 있었음. 트인 곳의 남은 너비 4.3~4.6m, 잔고 1.2m. 주위의 성벽은 너비와 두께가 확장되었고, 이 문을 통과하면 산 아래쪽으로 비탈이 완만한데, 4호문과 약 240m 떨어져 있음.

④ 4호문(Ⅳ)
○ 속칭 '逸門'. 이미 복원됨. 내성의 동벽과 c-d 구간 성벽 사이의 상대적으로 트인 곳을 이용해 문을 만들었음.
○ 내성의 출입구임.
○ 현장조사에 따르면 이곳에 문 1개가 있었음. 트인 곳의 너비 약 2.7m, 방위각 190도.

⑤ 5호문(Ⅴ)
○ '북문'이라 칭하나 실제는 서북문임.
○ 내성문과 외성문의 역할을 함. 이 문을 통해 후성을 왕래할 수 있음.
○ 길이 3.4m, 너비 2.1m. 방위각 295도. 4~6층 원래의 기단렬이 잔존함.

○ 정밀하게 가공한 화강암을 쌓아 올려 만들었음.

⑥ 6호문(Ⅵ)
○ 현지에서 '서문'이라 칭하나 실제로 서남문에 해당.
○ 방위각 210도. 길이 3.8m, 너비 2.4m.
○ 성문의 기단렬은 보존상태가 좋은데, 기단렬 좌측에 5층, 우측에 6층이 잔존. 잔고 1.32~1.34m.
○ 문 양측 최저층에는 잘 다듬은 화강암 장대석을 두었는데, 두께는 45cm에 달함. 성문 양측의 문설주(墻垛) 제4층 중간쯤에 벽감(壁龕)이 남아 있는데, 길이 20cm, 너비 20cm.

4호문을 제외하면 기타 성문의 형태는 기본적으로 일치함. 문 양측에는 모두 가지런한 문설주(墻垛)가 있음. 세밀하게 화강암을 가공하여 쌓아 올렸으며, 정교하고 치밀하게 수축하였음. 비교적 수준 높은 성문 형식임.

(2) 치
○ 위치 : 성벽 a-b 구간에 위치. 남으로 2호문과 약 80m 떨어져 있음.
○ 평면은 방형, 기단부 형태는 圓角方形으로, 벽체 바깥으로 돌출해 있음.
○ 치는 복원되었으나 원래의 기단렬은 보존되어 있음.
○ 기단부는 사다리형으로, 저부가 크고 윗부분은 작음. 바닥에서 위쪽으로 계단형으로 들여쌓기하였으며, 가장 外端의 양각은 대형 굽도리돌을 별도로 사용해 쌓아 올렸음. 기타 부위 벽면은 원각방형 혹은 장방형의 쐐기형돌(楔形石)을 사용하였고 외측은 약간 활모양. 기단부의 길이 8.9~9.2m, 너비 8m, 잔고 3.8m. 잔존 기단부 성돌은 남쪽이 16층, 북쪽이 11층, 층의 높이 25cm임. 윗쪽을 향해 수직으로 장방형의 臺面을 형성함. 현재 잔존 臺面 길이 6.6~7.5m, 너비 5.7m. 망대의 작용을 함.
○ 치 북쪽의 연접부 : 치의 북측에서 치와 연접하고 또

뒷쪽으로 연결해 기단부를 견고하게 함. 축조방식은 고구려처럼 엄밀하지 않고, 성돌의 가공정도는 그다지 규칙적이지 않은데 요·금이 연용할 때 축조한 것으로 보임. 총 너비는 12.7m에 달함.

○ 4호문 동측의 삼각지대에도 치라 불리는 곳이 있음. 성문 부근의 산세가 성벽의 방향을 결정했는데, 자연지리조건에 따라 형성된 돌출지대로 성문 부근이기는 하나 치라고 부를 수는 없. 이 지대의 면적은 굉장히 크므로, 인공적으로 수축한 치와 본질적으로 구별됨.

(3) 장대
○ 산성의 가장 북단에 위치.
○ 지세는 가장 높으며, 해발 311m.
○ 정상은 상대적으로 평탄하고 완만함.
○ 현재 복원되어 본래 상태는 상세하지 않으나 일부 성벽이 남아 있음.

(4) 망대

① 1호 망대(그림 4)
○ 속칭 梳妝臺. 연개소문의 누이가 있었다는 전설이 있음. '서북망대'라고도 함.
○ 망대의 남쪽을 기준으로 방향은 남편서 30도. 해발 292m의 산정상임.
○ 보존상태는 비교적 좋음. 평면은 방형이고, 저부가 크고 윗부분은 작음. 아래에서 위로 계단 모양으로 들여쌓았고, 구조나 쌓은 방식은 치와 일치함.
○ 저부 길이 : 남면 7.9m, 동면 8.3m, 서면 8.25m, 북면 8.1m.
○ 윗부분의 길이 : 남면 5.5m, 동면 5.7m, 서면 5.6m, 북면 5.5m. 8~9층의 기단석이 남아 있음.
○ 동면의 전체 높이 2m, 북면의 높이 2.2m, 서와 남면의 높이 2.1~2.3m.
○ 저부의 둘레 길이 32m, 정상부의 둘레 길이 24m.

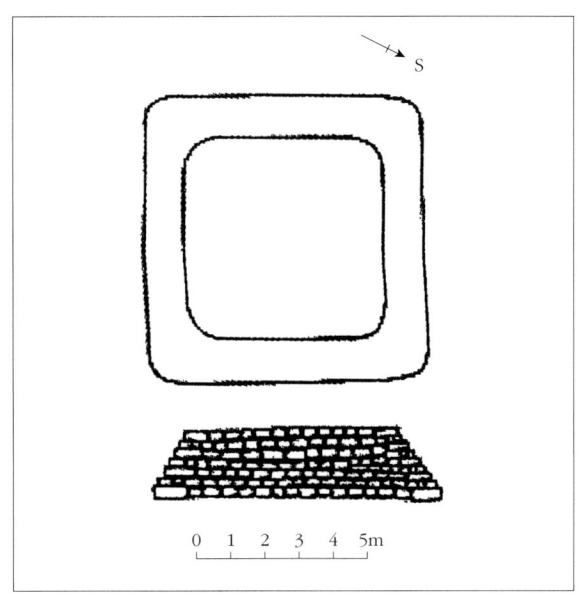

그림 4 성산산성 서북 망대 평면도 및 동쪽 입면도(大連市文物考古硏究所, 2006, 79쪽)

꼭대기층은 복원해서 증보하였음.
○ 축조 방식 : 네 모서리는 모두 대형 굽도리석을 사용하였고 기타 부위는 방형과 장방형의 쐐기형돌(楔形石)을 사용하여 층층이 쌓아 올려 축조하였음. 매 층마다 14~16cm씩 들여쌓았음.
○ 따로 외벽을 한 번 둘렀음.

② 2호 망대
○ 속칭 '大蠹旗' 혹은 '坐蠹旗'라 부름.
○ 파괴가 심해 원래 형태를 알 수 없음.
○ 현재는 복원되었는데, 복원 후의 기단부 모양은 1호 망대와 같음.
○ 입면은 사다리형. 기단부의 바닥 한 변 길이 9.9m, 윗면의 한 변 길이 4.75m, 높이 3m.

○ 내성에서 출토된 유물 : 홍색 승문기와 등 건축재료가 출토. 이곳에 건축유적이 있었음을 설명해줌.
○ 내성에 2개의 문 설치(그림 2).
○ 다른 고구려 산성처럼 내성 부근에 마굿간과 저수지 등이 있었다고 하나 실증하기 어려움.

2) 건물지(건축유적)
○ 성내의 공공건물인데, 병사가 주둔한 병영지와 주거지 등을 총체적으로 칭한 것임.
○ 내성 부근, 6호문 내측, 1호문 내측, 저수지 남쪽 5m 되는 지점 산비탈 등지에서 홍색 승문 기와와 수키와 등 고구려시기의 건축재료가 다량 발견되었음. 저수지 부근의 산비탈에서 다량의 홍색 승문기와와 수키와뿐만 아니라 붉은색의 불탄 흙덩이가 함유된 지층이 발견되었는데, 두께 약 20~30cm이며, 범위는 상세하지 않음.

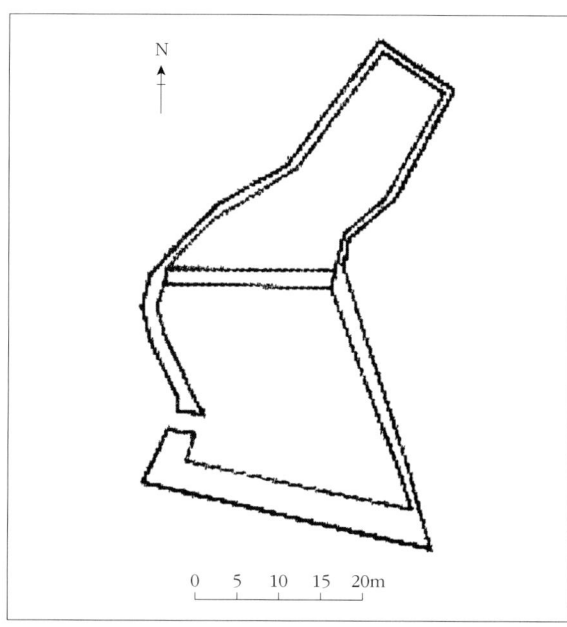

그림 5 성산산성의 복원한 내성 평면도(大連市文物考古硏究所, 2006, 79쪽)

5. 성내시설과 유적

1) 내성(속칭 禁城, 그림 5)
○ 산성의 동북부에 위치. 불규칙형. 둘레 120.5m.
○ 지세를 따라 상하 두 부분으로 나뉨. 지세가 비교적 높은 곳은 원래 봉화대이고, 낮은 곳은 '군사지휘의 중심 장소'임. 중간은 토벽이 드러나 있는데, 현재 1~2층 석괴가 남아 있음.
○ 보존상태 : 동벽의 보존상태가 비교적 양호함. 서북-동남 방향으로 뻗어 있으며, 최다 잔존 층수는 23층, 최고 잔존 높이 4.5m, 최저 잔존 높이 2.5m, 서벽 최고 잔존 높이 8m, 최저 잔존 높이 1m.
○ 봉화대는 원래 타원형이고 북부에 위치. 잔존 서벽 일부는 원래의 벽체 기초로 바닥에서 위로 비스듬히 들여쌓기했는데, 아래는 넓고 위는 좁아 계단형을 띰. 최다 잔존 층수는 15층, 봉화대 꼭대기의 최장 길이 28.9m, 최대 너비 20.4m, 가장 좁은 곳의 너비는 12.8m.

3) 수원

(1) 저수지(그림 6)
○ 위치 : 산성의 중부 편남쪽에 위치. 서쪽으로 법화사 하원과 약 40m 정도 떨어져 있음.
○ 인공적으로 다듬은 장방형에 가까운 못임. 약간 가공하거나 혹은 가공하지 않은 현지의 화강암을 쌓아 올려 만들었음. '干打壘' 쌓기법 채용. 원래 기단석이 23~25층 잔존. 잔고 3.2~5.5m.
○ 저수지의 동, 서 벽체는 긴 활 모양을 띰. 남벽은 좁고, 북면에는 천연의 트인 곳이 있음. 지세는 약간 낮으며 거석이 얹어져 있음. 산의 물(山水)이 자연스럽게 모여서 저수지로 들어감. 저수지의 바닥은 사토임.
○ 규모 : 남북 길이 60m, 너비 5m, 깊이 6m. 가용수 1,800m³.
○ 산성의 주요 수원지이며 현재 복원됨.

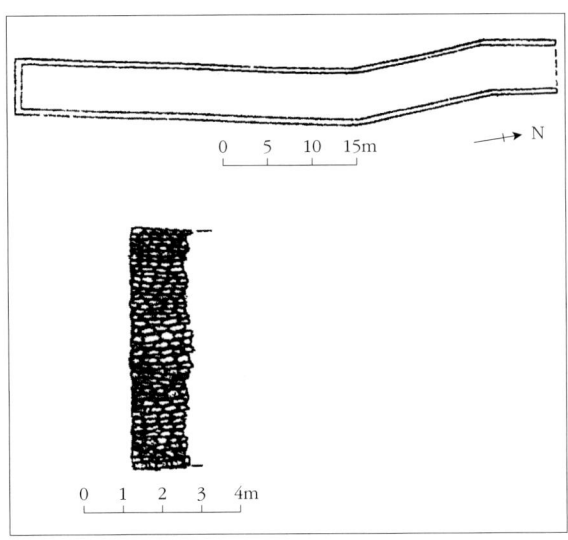

그림 6 성산산성 저수지 평면도 및 동벽 일부 입면도(大連市文物考古硏究所, 2006, 79쪽)

(2) 제언(洩水壩)

○ 위치 : 저수지의 동쪽 3m 지점.

○ 남북방향. 제언의 동쪽은 낮고 가운데가 들어가 있는 산골짜기임. 나머지 방향은 산골짜기의 자연 지세를 이용하였음. 중간은 낮고 양측은 높음. 약간 활모양을 띰.

○ 규모 : 길이 60m, 너비 약 80cm.

○ 제언의 윗부분은 저수지와 동일하게 평면을 이루며, 화강암으로 '간타루' 쌓기법을 채용해 축조했음. 현재는 복원됨.

(3) 우물

○ 위치 : 내성의 남단 바깥 3m 지점. 동벽에서 약 2m 떨어져 있음.

○ 평면은 원형. 口徑 2m, 우물 내벽의 직경 2.1~2.2m.

○ 현재 수면은 우물 입구에서 약 80cm 깊이에 있으며, 구체적인 깊이는 알 수 없음.

○ 축성 방식 : 우물입구와 벽은 가공하지 않은 잔돌을 쌓아 만들었는데, 井臺는 없음.

○ 산성의 수원 중의 하나임.

6. 출토유물

산성에서 출토된 유물은 주로 고구려시기의 철기가 대부분임. 낫(鎌), 칼(刀), 창(矛), 추(錘), 수레바퀴굿대축(車轄), 도끼(斧), 못(釘), 허리띠걸쇠(帶卡), 자귀(鏟) 등이 있음. 철기 다음으로 토기가 많으며 金代의 쟁기도 출토됨. 또 다른 곳에서 소량의 석기와 淸代 동전이 발견되었음.

1) 석기

(1) 문둔테석(門礎石 ; 臼形石)

○ 출토 위치 : 산성 내.

○ 크기 : 출토된 문둔테석은 크기가 다름. 중간의 문둔테공 또한 크기가 다름. 어떤 것은 직경 21cm, 깊이 22cm이고, 어떤 것은 작은데 직경 10cm 내외임.

○ 형태 : 모양은 그다지 규칙적이지 않으며, 중간의 문둔테공은 정연하게 가공하였음. 평면이 규칙적인 원형.

2) 토기

모두 잔편. 회색의 니질 토기.

(1) 토기편 1(편호 CS23)

단지 구연부임. 구순은 각이 짐. 구연은 외반되고(侈口) 말아 올라감(卷沿). 동체는 볼록함(그림 7-1).

(2) 토기편 2(편호 CS22)

단지 중복부임. 가로띠 손잡이(橫耳, 그림 7-2).

3) 철기

대다수는 부식이 심함.

(1) 쇠스랑모양 철기(叉狀器, 편호 CS1, 그림 8-1)

○ 크기 : 길이 20.5cm, 최대 너비 4.6cm, 가장 좁은

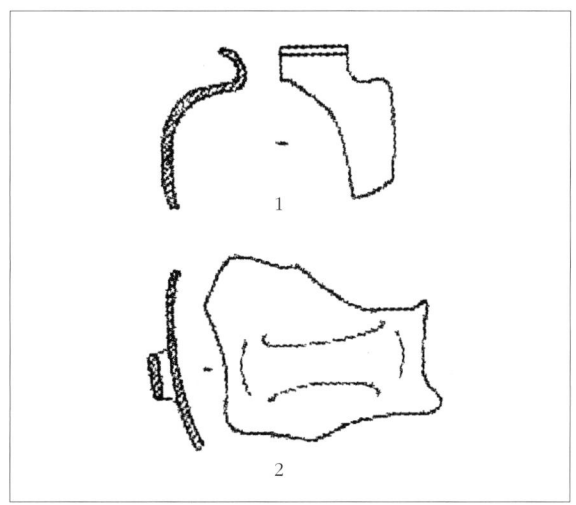

그림 7 성산산성 출토 토기(大連市文物考古硏究所, 2006, 79쪽)

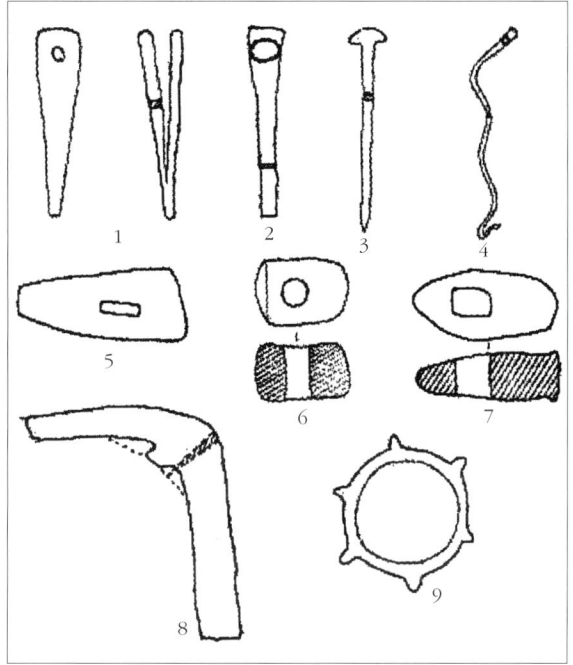

그림 8 성산산성 출토 철기(大連市文物考古硏究所, 2006, 79쪽)
1. 쇠스랑모양 철기 2. 끌 3. 못 4. 낚시바늘모양 철기
5. 도끼 6·7. 추 8. 낫 9. 수레바퀴 줏대축

곳 1.6cm.

○ 형태 : 한쪽 끝은 약간 넓으며 다른 한 쪽 끝은 좁음. 측면은 한쪽 끝이 서로 연결되어 있으며 다른 한쪽 끝은 V자형을 이루어 갈라짐. 꼬리 부근에 구멍이 하나 있음.

(2) 철제끌(편호 CS4, 그림 8-2)

○ 크기 : 길이 20cm, 날 너비 2cm, 꼬리 너비 3.3cm.

○ 형태 : 한쪽 끝에는 좁은 날이 있으며 꼭대기 끝에 구멍(鑿)이 있음.

(3) 철제못(편호 CS16, 그림 8-3)

○ 크기 : 길이 19.5cm.

○ 형태 : 한 끝은 버섯 모양이고, 다른 한 끝은 예리함.

○ 기타 문에 쓰인 못, 거멀못(鋦釘)이 출토됨.

(4) 낚시바늘모양 철기(彎鉤形器, 편호 CS13, 그림 8-4)

○ 크기 : 길이 61.5cm.

○ 형태 : 완전함. 몸체가 김. 앞단은 낚시바늘 모양. 중간은 만곡했으며 꼬리 끝에 구멍(鑿)이 있음.

(5) 철제추(空心錐形器 ; 錘)

① 철제추 1 (편호 CS5, 그림 8-6)

○ 크기 : 길이 7.8cm, 너비 3.8cm.

○ 형태 : 타원형임. 완전함. 중간에 구멍이 있음.

② 철제추 2 (편호 CS6, 그림 8-7)

○ 크기 : 남은 길이 5.5cm, 너비 4cm.

○ 형태 : 반이 남았음. 육각형. 중간에 구멍(孔)이 있음.

(6) 철제도끼(鐵斧)

① 철제도끼 1 (편호 CS7, 그림 8-5)

○ 크기 : 길이 14cm, 두께 4.4cm.

○ 형태 : 완전함. 평면은 삼각형에 가까움. 중간에 좁고 작은 장방형의 구멍이 있음.

② 철제도끼 2(편호 CS8)

○ 크기 : 길이 12cm, 두께 3.5cm.

○ 형태 : 한쪽 끝은 비교적 평평한데 힘을 받은 면임. 다른 한 끝은 약간 뾰족함. 중간에 방형 구멍이 있음.

(7) 철제낫(鎌, 편호 CS9, 그림 8-8)

○ 크기 : 남은 길이 19cm, 너비 3cm.

○ 형태 : 파손됨.

(8) 철제수레바퀴줏대축(車轊, 편호 CS10, 그림 8-9)

○ 크기 : 바깥 지름 10.4cm, 안 지름 8.5cm, 높이 4.5cm.

○ 형태 : 이미 절단됨. 둥근 모양. 둘레에 6개의 齒가 있음.

(9) 兩孔鐵器(편호 CS3, 그림 9-1)

○ 크기 : 길이 26cm, 너비 3.5~13cm.

○ 형태 : 평면은 삼각형에 가까움. 몸체는 납작하고 평평함. 한쪽 끝 가까이의 한 측에 구멍 2개가 있음.

(10) 철제허리띠걸쇠(帶卡)

① 철제허리띠걸쇠(편호 CS14, 그림 9-2)

○ 크기 : 길이 12.7cm.

○ 형태 : 중간에 T자형의 바늘(扣針)이 있음.

② 철제허리띠걸쇠(帶卡, 편호 CS15, 그림 9-3)

크기 : 길이 7cm.

(11) 철제투겁창(矛, 편호 CS19, 그림 9-4)

○ 크기 : 길이 29cm, 矛身의 길이 15cm.

○ 형태 : 파손품. 몸체는 좁고 길며, 꼬리 부분에 구멍(銎)이 있음. 矛身은 비교적 납작하고 평평함.

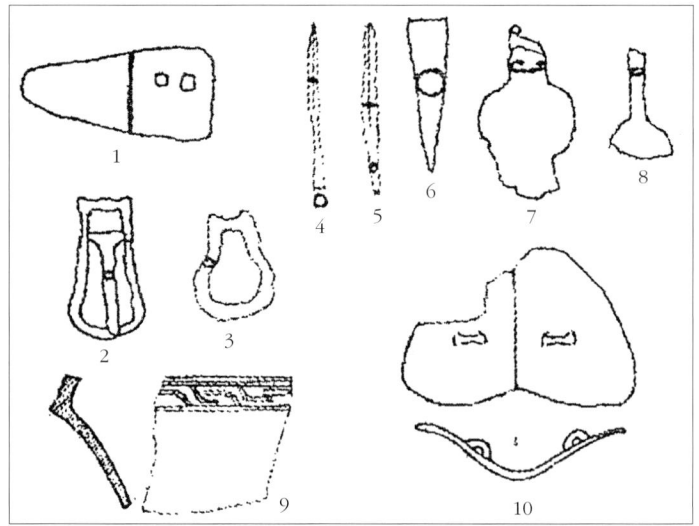

그림 9 성산산성 출토 철기(大連市文物考古硏究所, 2006, 79쪽)
1. 양공철기 2·3. 허리띠걸쇠 4. 투겁창 5. 화살촉 6. 물미 7·8. 호미 9. 솥 구연부 10. 쟁기

(12) 철제화살촉(편호 CS18, 그림 9-5)

○ 크기 : 길이 13cm, 너비 3.3cm.

○ 형태 : 가늘고 길며, 정(鋌)이 있음. 송곳 모양. 중간은 비어 있음. 안에 못 하나가 있음.

(13) 철제물미(錐形空心器, 편호 CS20, 그림 9-6)

○ 크기 : 길이 13cm, 너비 3.3cm.

○ 형태 : 파손됨. 추 형태임. 중간은 비어있음. 안에는 철못 한 개가 있음.

(14) 철제호미(鏟)

① 철제호미 1(편호 CS12, 그림 9-7)

○ 크기 : 남은 길이 16.5cm, 너비 9cm.

○ 형태 : 심하게 파손됨.

② 철제호미 2(편호 CS11, 그림 9-8)

○ 크기 : 남은 길이 16.5cm, 너비 10cm.

○ 형태 : 손잡이 및 몸체는 파손됨.

(15) 철제솥편(釜, 편호 CS21, 그림 9-9)
형태 : 구연 파편이 남아 있음. 구연은 내반됨. 어깨는 굽음. 동체부는 경사짐. 구연의 바깥에 규칙적인 요철문을 시문하였음.

7. 역사적 성격

성산산성은 고구려시기의 대형산성임. 협곡을 사이에 두고 마주보는 협하산산성과 세트 관계(姉妹城)를 이루고 있는데, 고구려 산성에서는 드문 형식임. 성산산성은 고구려 산성의 공통적 특징을 갖고 있음. 성벽은 산등성이를 따라 뻗어 있고 천험의 지세를 이용해 축조하였기 때문에 일반적으로 지키기는 쉽고 공격하기는 어려운 요새임.

성산산성의 규모, 구조, 출토방법과 유물 등을 토대로 축조시기를 고구려후기, 즉 광개토왕이 요동을 점령한 404년과 고당전쟁 사이로 보고 성산산성이 협하산산성보다 먼저 축조되었다고 보기도 함(大連市文物考古研究所, 2006). 성산산성의 치(馬面)와 등탑 백암성의 치(馬面)는 유사함. 성산산성의 '城中城(내성)'에는 2개의 망대가 따로 세워져 있고, 성문, 대형 저수지, 성벽의 축조 기법 등이 아주 치밀한 고구려 산성임.

성산산성은 위치로 보아 개주에서 벽류하 연안을 따라 요동반도 남쪽 해안으로 나아가거나 요동반도 남쪽에서 벽류하 상류 방면으로 진입하던 적군을 방어하던 군사중진으로 파악됨. 또한 벽류하 중하류 일대를 다스리는 지방지배의 거점으로도 기능했을 것임. 이에 성산산성을 647년 당군이 산동반도의 萊州에서 바다를 건너 공격했던 石城이나(王綿厚, 2002) 積利城으로(大連市文物考古研究所, 2006) 비정하기도 함.

참고문헌

- 潭其驤 主編, 1988, 『中國歷史地圖集釋文匯編』東北卷, 中央民族學院出版社.
- 陳大爲, 1989, 「遼寧境內高句麗遺跡」, 『遼海文物學刊』 1989-2.
- 王禹浪·王宏北, 1994, 『高句麗·渤海古城址研究匯編』 (上), 哈爾濱出版社.
- 陳大爲, 1995, 「遼寧高句麗山城再探」, 『北方文物』 1995-3.
- 王綿厚, 1994, 「鴨綠江右岸高句麗山城研究」, 『遼海文物學刊』1994-2.
- 馮永謙, 1996, 「高句麗城址輯要」, 『北方史地研究』, 中州古籍出版社.
- 許明綱, 1996, 「大連地區高句麗四座山城略考」, 『博物館研究』1996-1.
- 馮永謙, 1997, 「高句麗城址輯要」, 『高句麗渤海研究集成』高句麗 卷(三), 哈爾濱出版社.
- 王綿厚, 2002, 『高句麗古城研究』, 文物出版社.
- 大連市文物考古研究所, 2006, 「大連城山山城2005年調查報告」, 『東北史地』2006-4.
- 王禹浪·王文軼, 2008, 『遼東半島地區的高句麗山城』, 哈爾濱出版社.
- 國家文物局 主編, 2009, 『中國文物地圖集』遼寧分冊(上·下), 西安地圖出版社.
- 王禹浪·王文軼·王宏北, 2010, 「遼東半島高句麗山城概述」, 『黑龍江民族叢刊』2010-2.
- 王禹浪·王文軼, 2011, 「大連地區的高句麗山城」, 『哈爾濱學院學報』2011-6.

04 장하 협하산산성
莊河 夾河山山城 | 後城山城 | 後石城山城

1. 조사현황

○ 조사시기 : 2005년 11~12월.
○ 조사자 : 大連市 文物考古硏究所.
○ 조사내용 : 문물부가 여러 차례 조사를 진행했었고 2005년 11월에 前城과 後城을 포괄하는 城山山城의 둘레, 방향, 구조 및 분포 상황 등에 대한 조사와 측량을 진행하였음.
○ 발표 : 大連市文物考古硏究所, 2006, 「大連城山山城2005年調査報告」, 『東北史地』 2006-4.

2. 위치와 자연환경 (그림 1~그림 2)

1) 지리위치
○ 遼寧省 莊河市 서부의 산간지대에 위치.
○ 산성은 荷花山鎭 郭家村, 성산산성 동북의 砬子山에 위치.
○ 산성은 前城山 서북의 夾河山과 紅砬子山(속칭 砬子山) 산등성이에 위치하는데, 지금은 荷花山鎭에 속함.
○ 夾河山(後城)의 동남쪽에 성산산성(前城)이 있음.
○ 성산산성(前城)과 夾河山山城(後城) 2기의 성을 포괄하여 城山山城이라고 부르기도 함.
○ 협하산산성과 성산산성 사이에 夾河가 있음. 두 성의 직선거리는 약 1.5km임.

○ 夾河는 전성산의 동북부의 腰崴子에서 발원해서 동북에서 서로 흐르다가 碧流河에 유입됨. 협하의 전체 길이 17km.
○ 碧流河는 북에서 남으로 흐르다가 황해로 유입되는데, 普蘭店市와 莊河市의 경계가 되며, 대련지역의 최대 담수 하천임.

2) 자연환경
○ 지세는 서고동저, 남고북저임.
○ 夾河山山城 동면의 紅砬子山(현지에서는 東山)의 가장 높은 지점은 해발 334m.
○ 夾河山山城 서면의 협하산(현지에서는 西山)은 주위에서 가장 높은 산봉우리로 최고 지점은 해발 481.9m.
○ 夾河山은 紅砬子山(현지에서는 東山)과 비교해 상대적으로 낮고 완만한 편이지만 산세가 가파름. 험요한 개별 구간에는 성벽을 쌓지 않고 천연 거석을 성벽으로 삼았음. 전반적으로 낮고 오목한 곳에는 모두 석괴를 쌓아 성벽을 축조하였음.
○ 紅砬子山과 夾河山 사이는 산간분지와 계곡인데, 도처에 크기가 서로 다른 화강암석이 널려 있음.

3. 성곽의 전체현황 (그림 2)

○ 포곡식 산성임.

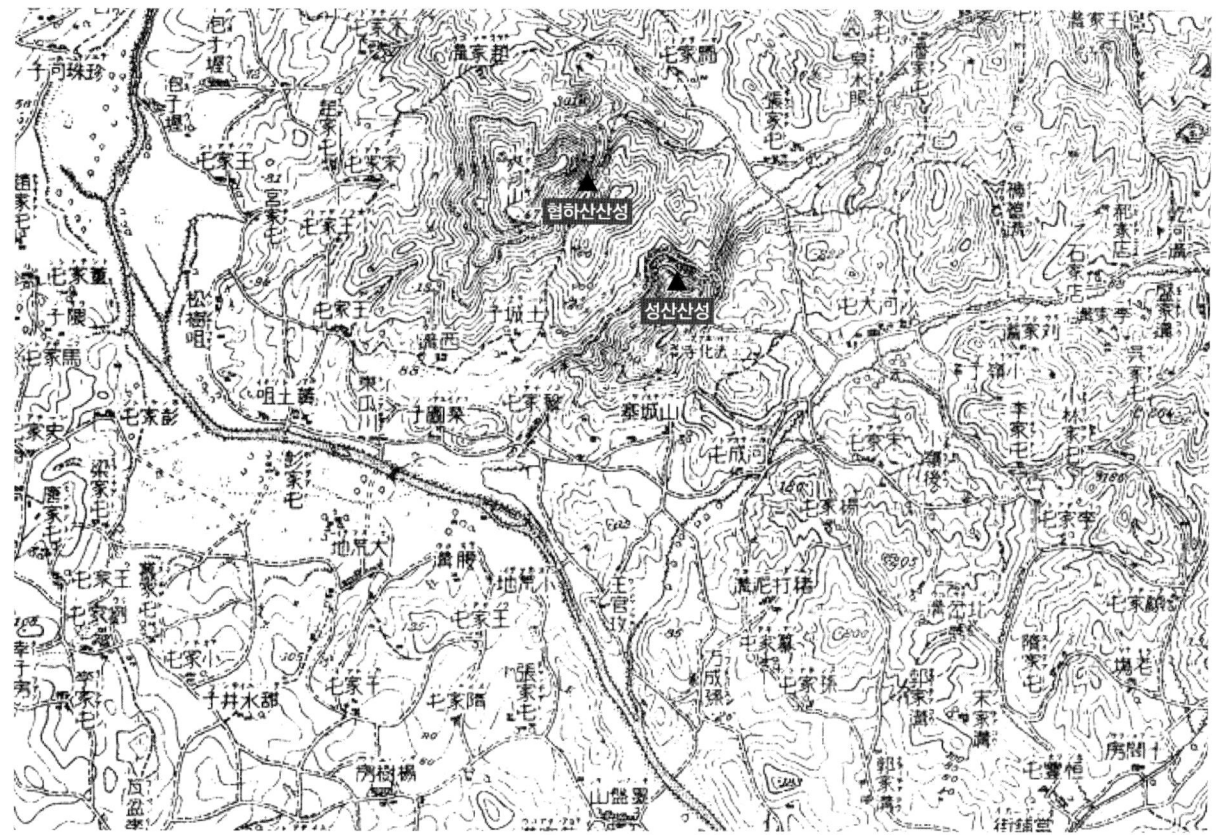

그림 1 협하산산성 주변 지형도(滿洲國 10만분의 1 지형도)

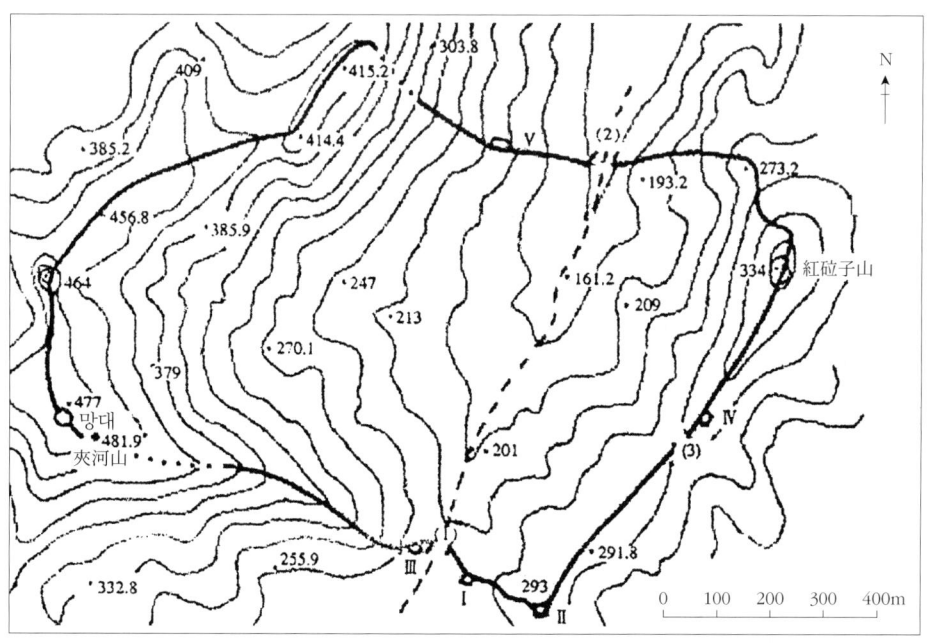

그림 2 협하산산성 평면도
(大連市文物考古研究所, 2006, 80쪽)

제8부 장하시(莊河市) 지역의 성곽

○ 산세를 따라 돌로 축조하였음.
○ 규모 : 둘레 4,650m.[1]
○ 평면은 불규칙한 평행사변형.
○ 남벽과 북벽이 넓고, 동벽과 서벽은 좁음.
○ 산성은 전체적으로 서남-동북 방향.
○ 동반부의 일부 성벽은 홍립자산에 위치하며, 길이도 비교적 짧음. 서반부의 일부 성벽은 협하산상에 위치하며 비교적 긺.

4. 성벽과 성곽시설

1) 성벽
편의상 A, B, C, D 구간으로 나누어 조사함.

(1) A구간 성벽(남벽)
○ 산성의 남벽, 실제로는 동남-서북 방향으로 뻗어 있음.
○ 가장 긴 성벽 구간임. 전체 길이 약 1,455m.
○ 경사도의 기복이 가장 크며, 서쪽 구간의 경사도가 동쪽 구간보다 큼.
○ 성문 1개, 치 3개, 망대 1개 등이 설치되었음.

① A 구간의 동반부
○ 남문을 기점으로 하는 동쪽 구간인데, 길이 약 286m로 매우 짧음. 성벽은 낮은 데서 높은 곳으로 산등성이를 따라 축조하였는데, 종점은 紅碮子山의 제2고봉으로 해발 293m임. 성벽 일부 구간의 보존상태가 양호하고, 일부 구간은 이미 전부 무너졌음.
○ 성벽 축조 방식은 비교적 규칙적임. 기타 구간은 대부분 크기가 다르고 가공하지 않은 자연석괴를 쌓아 올렸음. 어떤 구간에는 거석이 수풀처럼 버티고 서있어서 성벽을 쌓지 않았음에도 마치 성벽을 이루고 있는 것 같음. 일반적으로는 가파른 곳에 성벽을 쌓아 올린 석괴는 크고 두께는 육중함. 성벽의 단면은 사다리꼴로 아래가 넓고 위가 좁음.
○ 남문의 옹성 좌측 바깥 모서리를 기점으로 동쪽 3m 지점은 성벽 아래 너비 5.4m, 성벽 위 너비 3.7m. 성문 부근의 성벽이 특히 넓으며, 축조에 사용한 돌은 가공을 거쳤는데 성문 양측의 기단석이 비교적 큼.
○ 돌구멍(洞) : 기점에서 33~48m 구간의 성벽 윗면에 1개의 원형 돌구멍(圓洞)과 3개의 방형 돌구멍(方洞)이 있는데, 원형 돌구멍은 그다지 규칙적이지 않으며, 직경 35cm, 깊이 45cm로 대부분 괴석을 쌓아 원형을 이루었음. 3개의 방형 돌구멍은 원형 돌구멍에서 약 15m 떨어져 있으며, 간격은 1~3m임. 한 변의 길이는 모두 30cm 내외, 깊이는 35~50cm.
○ 기점에서 동쪽으로 58m 사이의 성벽은 보존상태가 상대적으로 양호하며, 잔고 3.5m 내외임. 대부분의 성돌은 가공을 하지 않았음.
○ 기점에서 48~122m 떨어진 구간의 성벽은 심하게 파괴되었으며 일부 구간은 완전히 무너졌음.
○ 기점에서 141m 떨어진 곳을 시작으로 성벽을 쌓은 석괴는 조잡하게 다듬었는데, 쌓은 방식은 비교적 가지런하며, 6~15층 석괴가 잔존. 성벽 위의 너비는 3.1~3.5m 사이이며, 아랫 너비 3.5~3.8m임.
○ 1호 치(그림 2의 I) : 기점에서 84m 떨어진 지점에 위치했는데, 벽체의 파괴가 심함. 평면은 사다리꼴이며, 바깥은 넓고 안은 좁으며, 길이 3.6~4.2m, 너비 2.3~3.2m, 잔고 0.2~1m. 가공한 석괴를 사용해 쌓아 올렸음.
○ 2호 치(그림 2의 II) : 기점에서 동쪽으로 286m 되는 곳은 紅碮子山 제2고봉인데, 성벽이 북쪽으로 꺾이기 시작하며, 성벽 모서리에 2호 치가 있음. 벽체가 돌출해 있고, 동쪽을 향해 있으며, 평면은 장방형임. 외

---

[1] 5,000m라는 기록이 있음(國家文物局 主編, 2009).

측은 평평하고 곧으며, 양측이 활모양임. 남북 길이 9.2m, 동서 너비 4.6m. 2층 기단이 남아 있음. 이 치는 A 구간 성벽의 종점이며 또 B 구간 성벽의 기점임.

② A 구간의 서반부
○ 남문에서 서쪽 망대까지의 구간으로 성벽 길이는 1,079m임.
○ 1개의 치와 1개의 망대가 있음.
○ 대다수 구간의 성벽은 보존상태가 양호하며, 일부 구간은 파괴가 심함. 파괴되지 않은 구간의 성벽은 높이 5m로 원래 성벽의 높이임.
○ 보존상태가 비교적 좋은 구간의 성벽은 너비 3~4.4m, 잔고 2~3m. 일부 구간의 성벽 너비 2.7~3.5m, 잔고 1.9~2.5m. 보존이 좋지 않은 구간의 잔고는 0.5~1.2m.
○ 이 구간의 종점은 夾河山의 가장 높은 산정상에 위치하고 있기 때문에 산등성이가 매우 좁으며, 경사도가 아주 큰 편임. 일부 구간은 산세가 수직이므로 인적이 드물고, 성벽의 축조가 규칙적이지 않음. 일부 구간은 성벽을 쌓지 않고 천연석벽을 성벽으로 삼았음. 성벽을 쌓을 수 있는 곳은 모두 성벽을 쌓았으며, 성벽의 높낮이에 상관없이 트인 곳(凹口)은 모두 할석으로 성벽을 쌓아 봉쇄함. 험준한 정상부의 트인 곳 중에는 1~2개의 석괴로 봉쇄하기도 함.
○ 3호 치(그림 2의 Ⅲ) : 남문 옹성 우측에 3호 치가 있는데 잘 다듬은 화강암 성돌로 쌓아 올렸으며 대체로 장방형임. 서측은 상대적으로 길이가 짧으며 동측 길이는 8m인데, 요·금시기에 보축하여 길이가 10.6m에 달함. 너비는 5m인데 그 뒤 보축하여 7.8m에 달함. 6층의 석괴가 잔존하며, 높이는 1.2m인데 후대에 또 높이를 더해서 1.4m에 달함.
○ 남문에서 534m 떨어진 곳에서 시작해 협하산 가장 높은 지점까지는 자연암석 구간인데 길이 약 300m임. 산세가 험준하며 협하산에서 가장 험요한 지대임. 천연 斷裂帶가 한 곳 있는데 너비는 1m에 못 미치고, 바닥을 볼 수 없을 정도로 천험한 곳임. 양 측은 장방형에 가까운 평평한 거석인데, 하나는 직립해 있고, 다른 하나는 평평하여 마치 사람이 서 있는 것 같음. 심곡에 떨어지는 것을 방지함. 직립한 석괴의 길이 2m, 높이 1.1m, 두께 0.3m. 이 구간의 트인 곳에는 동일한 모양의 석괴를 사용해 성벽을 쌓아 봉쇄함.
○ 가장 높은 지점에서 서쪽으로 향하여 경사도가 감소되면서 완만해지고, 해발 477m의 제2고봉에 이른 다음 성벽이 북쪽으로 꺾이기 시작함. 모퉁이에서 꺾어 돌고, 산정상은 비교적 평평하고 완만하며 개활함. 이 지점에 원형의 망대가 있는데, 인공석과 천연석을 결합한 형태임. 인공적으로 가공한 석괴는 비교적 가지런함. 직경 6m이고, 현재 5층이 남아 있음. 잔존한 최고 높이는 2m이며, 최저는 1.2m임. 圓臺 정상부는 비교적 평평한데, 그 위에 쇄석을 둘러서 만든 둥근 테두리가 있으며 직경은 각각 50cm와 50~60cm임.

(2) B 구간 성벽(동벽)
○ 전체 길이 1,045m. 대부분의 구간은 보존상태가 비교적 양호함. 일부 구간은 심하게 무너졌음. 성벽은 대부분 납작하고 평평하며 약간 작은 석괴를 사용해 축조하였는데 일부 구간은 상당히 규율적으로 쌓았음. 지세 때문에 일반적으로 외측의 성벽은 비교적 높고 내측의 성벽은 비교적 낮음.
○ 보존이 비교적 양호한 성벽은 너비가 3.1~4m, 잔고 3.1m. 일부 구간 내외측 성벽은 높이 2~3.2m로 분별됨. 파괴가 심한 구간은 성벽이 전혀 없고 일부는 20~60cm 정도가 남아 있음. 성문 1개, 치 1개 등이 설치되어 있음.
○ 3호 문(그림 2의 (3)) : 2호 치에서 473m 되는 지점에 3호 문이 있는데 성벽을 쌓은 방법이 비교적 규정적임. 문 기초는 이미 남아 있지 않으며, 다만 트인 곳이 있음. 이곳 지세는 평탄하고 완만하며, 산 아래를 왕래

할 수 있음.

○ 4호 치(그림 2의 Ⅳ) : 3호 문에서 북으로 30m 되는 곳은 자연 암석 구간인데, 암석은 거대하며, 인공의 흔적이 없음. 4호 치와 연결되며, 2호 치와 514m 떨어져 있음. 4호 치의 평면은 장방형에 가깝고 한 편은 길고 다른 한 편은 약간 짧으며 원래의 기초는 길이 3~4m, 너비 4m. 후대에 중수하여 단단하게 만들어 길이가 3.85~5m에 달하고, 잔고 0.5~1.6m, 방위각 123도. 치 우측의 성벽 윗변에 돌구멍(方洞)이 있음.

○ 방형 돌구멍(方洞) : B 구간의 기점에서 198m 지점을 시작으로 성벽 윗면에 일렬로 연속하는 방형 돌구멍이 발견되는데 현재 9개 남아 있고, 간격은 1.5~1.6m. 일반적으로 바깥쪽으로 치우친 외벽에서 약 80~86cm 떨어진 곳에 위치함. 방형과 장방형이 있으며, 일반적으로 길이 30cm, 너비 22~25cm, 깊이 50cm 정도임. 바깥 지세는 완만한 비탈임. 이 지점에서 북으로 50m 되는 지점에서 22개의 방형 돌구멍이 연속 발견됨. 형태, 크기는 앞의 것과 같음. 방형 돌구멍은 일반적으로 성벽의 윗면에 위치하며 연속 분포해 있고, 성벽의 윗면은 상대적으로 비교적 가지런하며, 깬돌을 사용해 평평하게 만들었음. 방형 돌구멍이 연속하는 외측은 산비탈이 상대적으로 개활하고 평평하며 완만함. 이곳의 방형 돌구멍은 방형의 나무 혹은 원형의 나무가 썩은 뒤에 남은 柱洞일 것으로 생각됨. 동벽의 기타 구간에서 간간이 방형 돌구멍이 발견되는데, 실제 방형 돌구멍의 수량은 더 많았을 것으로 추정됨.

○ 해발 334m인 홍립자산 최고점에서 이 구간 종점까지의 성벽은 기본적으로 훼손되었는데 일부 구간은 성벽이 남아 있지 않음. 성벽은 서북 방향으로 꺾였다가 다시 북쪽 방향으로 꺾이고, B 구간 성벽의 종점에서 대략 150m의 범위 내는 지세가 상대적으로 평평하고 완만한데, 성벽은 잔존하지 않음. 원 성벽의 기초 흔적도 보이지 않음. 이 사이에서 대량의 석괴가 한 곳에 흩어져 있는데, 깔아 채운 곳이 마치 해중의 암초와 같음.

(3) C 구간 성벽(북벽)

○ 전체 길이 1,137m. 동반부보다 서반부가 비교적 긺. 성벽의 보존상태는 일반적으로 좋지 않으며 대다수 구간이 무너졌고 일부 구간은 1, 2층의 석괴만 보임. 또 일부 구간에는 성벽이 보이지 않음. 개별 구간의 보존상태가 비교적 양호한 성벽은 잔고 3.5m. 북문과 치 1개가 설치되어 있음.

○ 북문 : 두 산 사이의 낮은 곳에 설치되어 있는데, 옹성 흔적이 보임.

○ 5호 치(그림 2의 Ⅴ) : 북문의 옹성 서측에서 대략 200m 떨어진 곳은 5호 치인데 벽체 바깥으로 돌출. 평면은 장방형이고 길이 4.1m, 너비 3.9m. 서반부 말단은 경사도가 가팔라 해발 415.2m의 산 정상부를 경과할 때 성벽이 보이지 않으며, 산세가 아주 험준해 경사도가 80도에 달함. 성벽을 축조하지 않고 천연 산등성이를 성벽으로 삼았음.

(4) D 구간 성벽(서벽)

○ 전체 길이 1,013m. 산세가 가장 높고 기본적으로 해발 400m 이상의 높은 산 위에 있음. 성벽은 산등성이 상의 산봉우리를 지나 연접하여 축조하였음. 뻗어 나가는 변화가 비교적 큰데, 처음에는 먼저 북향하다가 동북향으로 꺾임. 또 동쪽 모서리에서 꺾이고, 최후에 동북 방향으로 꺾임. 이 구간의 성벽은 보존상태가 가장 나쁘며, 성벽은 상대적으로 낮음. 일부 구간은 1, 2층의 성벽 기초석만 남았는데 잔고는 15~20cm 정도이고, 가장 좁은 곳은 겨우 1.9m. 기타 유적은 보이지 않음.

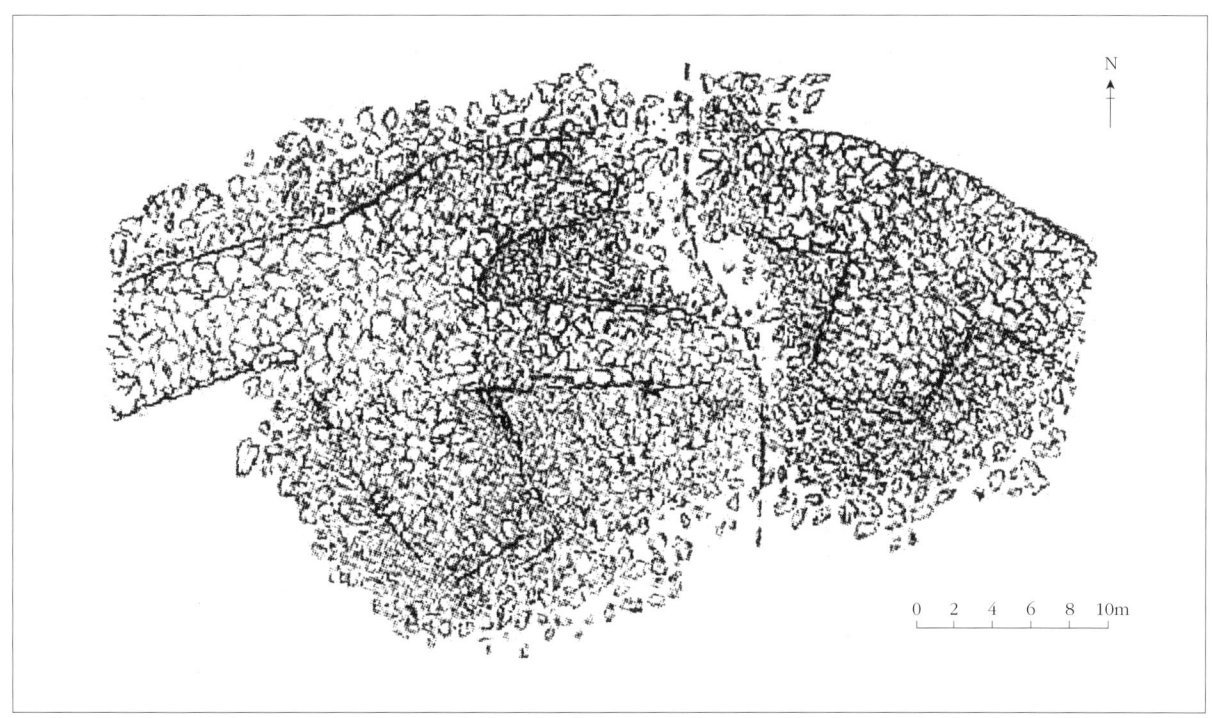

그림 3 협하산산성 남문 및 옹성(大連市文物考古硏究所, 2006, 80쪽)

2) 성곽시설

(1) 남문(그림 3)

○ A 구간 남벽의 동부 낮은 곳에 위치. 협하산산성(후성산성)의 정문임(그림 2의 (1)).

○ 현재 파괴가 심하며, 파괴된 구간에 트인 곳이 만들어졌고, 현지인들이 여러 번 담을 쌓았음. 성문 양측의 성벽과 옹성이 여전히 남았음. 지면에는 돌더미가 어지럽게 있음.

○ 남문의 구조 : 남문은 트인 곳이 남아 있는데, 최고 너비 18m, 최저 너비 7.5m, 벽체 너비 4.2m. 옹성 남북 총길이 20.8m, 안측 길이 15.7m임. 옹성 잔존 부분의 길이는 14m, 너비는 4.1m임. 후래에 외벽면이 무너졌기 때문에 원래의 기초 위에 여러 차례 개축하여 너비가 감소해서 3.5m가 되었으며 잔고 3.7m. 옹성 서측은 옹성벽과 연결되어 있는데, 3호 치에 해당함.

○ 반원형의 옹성 : 성벽의 뻗어나간 형태를 볼 때, 남문 부근의 주성벽 내의 오목한 모양의 반원형이 만들어져 서북에서 서남으로 꺾이고, 휜 정도는 비교적 큼. 남문은 반원형의 꼭지점(정점)에 있는데, 옹성벽이 서반부 구간에 남아 있음. 비교적 곧고 주성벽과 옹성벽 사이에 반원형의 옹성을 만들었음. 주 성벽 외측에 11.6m 길이의 활모양 벽 기초가 남아 있음. 이 옹성은 일반적인 옹성과 같지 않은데, 성 안을 향해 돌출해 있고, 성 바깥을 향해 돌출해 있지 않음. 남문 부근의 성벽에 사용된 석괴는 비교적 크고 가공을 거친 것으로, 1,2층 기단석이 남아 있음. 벽체는 너비를 더했음.

(2) 북문(그림 4)

○ 북문과 옹성은 파괴가 심함. 성문은 모두 남아 있지 않으며, 옹성은 서반부 활모양의 벽체 기초가 남아 있음. 북문 동벽은 험준한 벼랑으로 자연 지리의 이점을 이용해 성문의 한 벽면을 만들었음. 서측은 비교적 낮고 완만함. 벼랑과 옹성이 너비 16~16.8m의 트인

그림 4 협하산산성 북문서측 및 옹성 서단(大連市文物考古硏究所, 2006, 80쪽)

곳을 형성했음. 서쪽 옹성 벽의 남은 길이 12m, 너비 4.5m, 최고 높이 1.8m. 북문 서쪽 구간의 성벽은 훼손이 심하며, 북문 부근에는 2, 3호의 농가가 있었음.
○ 현재 협하산산성에는 농가가 거주하지 않음. 북문과 옹성은 중부 혹은 동쪽의 벼랑 가까운 곳에 의지해 설치하였을 것으로 추정됨.

(3) 치와 망대
○ 협하산산성에는 5개의 치와 1개의 망대가 설치되어 있음.
○ A, B, C 구간의 성벽에 위치하는데, 모두 산성의 부속 건축에 속함.
○ 치의 형태와 쌓은 방식은 기본적으로 일치하며 벽체 바깥으로 돌출해있는데, 어떤 것은 '角臺'의 작용을 함. 치와 망대 외벽체는 모두 가공한 쐐기형돌(楔形石)을 이용해 쌓아 올렸음. 다만 가공한 정도가 성산산성과 같지 않음. 협하산산성의 성벽은 쐐기형돌을 아주 소량 사용했음.

5. 성내시설과 유적

1) 건물지 : '戲臺' 유적
○ 위치 : 성내 중부의 북쪽에 깊은 도랑(溝)이 하나 있음. 도랑 내에 돌이 어지럽게 널려 있는데, 물이 범람한 흔적으로 보임. 도랑은 동쪽을 향해 모여들었다가 중부의 계곡으로 들어감. 도랑 북면 산비탈은 비교적 평탄하고 완만한데, 속칭 '戲臺' 유적이 발견됨.
○ 인공적으로 원형의 臺를 축조하였는데, 직경 9~9.5m, 높이 1.5m.
○ 출토유물 : 지면 부근과 경작지에서 회색 기와가 발견되었는데 대부분 민무늬이며, 내측은 포문임. 건물지임이 분명함. 그 외에 절구 모양의 돌(臼形石)이 발견됨.

6. 출토유물

○ 성내 중부의 북면 산비탈에서 일정 수량의 회색 기와가 발견되었음. 이런 회색 기와는 요·금시기에 해당하므로 이후 지속적으로 이 산성을 연용하였음을 말해줌.
○ 문둔테석(門確石 : 臼形石)이 발견되었는데, 불규칙한 형태로 길이 50~60cm, 臼窩 직경 12cm, 깊이 10cm.

7. 역사적 성격

협하산산성은 성산산성과 함께 고구려시기의 대형산성으로 "姉妹城"의 형식을 띰. 고구려 산성 중에서 그리 많이 보이지는 않는 형식임. 성산산성은 위패산성, 대흑산산성, 득리사산성 등 3기의 산성과 함께 고구려 요동반도 남부에 위치하여 요동지역을 縱深으로 통과하는 험요한 곳에 자리잡아 요동반도를 공제하는 역할을 함.

협하산산성은 위치로 보아 개주에서 벽류하 연안을 따라 요동반도 남쪽 해안으로 나아가거나 요동반도 남쪽에서 벽류하 상류 방면으로 진입하던 적군을 방어하던 군사중진으로 기능한 것으로 파악됨. 또한 성산산성과 함께 벽류하 중하류 일대를 다스리는 지방지배의 거점으로도 기능했을 것임. 특히 성산산성이 적군의 공격에 노출되었을 경우, 협하산산성으로 퇴각하여 籠城戰을 전개했을 가능성이 높음.

참고문헌

- 譚其驤 主編, 1988, 『中國歷史地圖集釋文匯編』東北卷, 中央民族學院出版社.
- 陳大爲, 1989, 「遼寧境內高句麗遺跡」, 『遼海文物學刊』 1989-2.
- 王禹浪·王宏北, 1994, 『高句麗·渤海古城址研究匯編』 (上), 哈爾濱出版社.
- 陳大爲, 1995, 「遼寧高句麗山城再探」, 『北方文物』 1995-3.
- 王綿厚, 1994, 「鴨綠江右岸高句麗山城研究」, 『遼海文物學刊』 1994-2.
- 馮永謙, 1996, 「高句麗城址輯要」, 『北方史地研究』, 中州古籍出版社.
- 許明綱, 1996, 「大連地區高句麗四座山城略考」, 『博物館研究』 1996-1.
- 馮永謙, 1997, 「高句麗城址輯要」, 『高句麗渤海研究集成』高句麗 卷(三), 哈爾濱出版社.
- 王綿厚, 2002, 『高句麗古城研究』, 文物出版社.
- 大連市文物考古研究所, 2006, 「大连城山山城2005年調查報告」, 『東北史地』 2006-4.
- 王禹浪·王文軼, 2008, 『遼東半島地區的高句麗山城』, 哈爾濱出版社.
- 國家文物局 主編, 2009, 『中國文物地圖集』 遼寧分冊 (下), 西安地圖出版社.
- 王禹浪·王文軼·王宏北, 2010, 「遼東半島高句麗山城概述」, 『黑龍江民族叢刊』 2010-2.
- 王禹浪·王文軼, 2011, 「大連地區的高句麗山城」, 『哈爾濱學院學報』 2011-6.

05 장하 노고성산성
莊河 老古城山城

1. 위치와 자연환경(그림 1)

1) 지리위치
遼寧省 莊河市 大營鎭 遲溝屯 서쪽 300m의 西老古城山 산상에 위치함.

2) 자연환경
○ 英那河 중하류에 위치.
○ 산성의 서측으로 장하-수암 도로가, 남쪽으로 丹大(단동시-대련시) 고속도로가 지나가는 등 교통이 편리한 곳에 위치하므로 육로교통의 결절지를 공제하기에 좋은 지점임.

2. 성곽의 전체현황

○ 성벽은 산상에 위치. 산세를 따라 돌을 쌓아 축조하였음.
○ 규모 : 산성의 전체 둘레 약 120m.
○ '攔馬墻'이라고도 불림.
○ 북쪽 산봉우리에 봉화대가 있음.

3. 역사적 성격

고구려 성곽이라면 英那河 연안로를 공제하던 소형 보

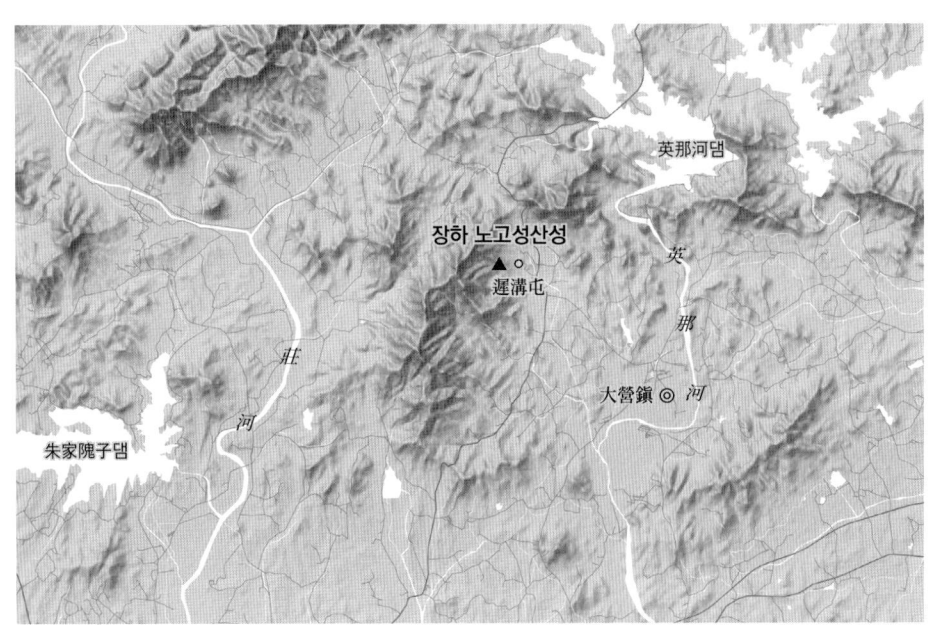

그림 1 노고성산성 위치도

루성으로 추정됨. 특히 산성의 서측으로 장하-수암 도로, 남쪽으로 단동-대련 고속도로가 지나가는 것에서 보듯이 요동반도 남쪽의 해안로 및 해안에서 英那河 상류 방면으로 진입하던 교통로 등을 방어하던 역할을 담당했을 것으로 추정됨.

참고문헌

- 王禹浪·王文軼, 2008, 『遼東半島地區的高句麗山城』, 哈爾濱出版社.
- 國家文物局 主編, 2009, 『中國文物地圖集』 遼寧分冊 (下), 西安地圖出版社.
- 王禹浪·王文軼, 2011, 「大連地區的高句麗山城」, 『哈爾濱學院學報』 2011-6.

제9부

보란점시(普蘭店市) 지역의 성곽

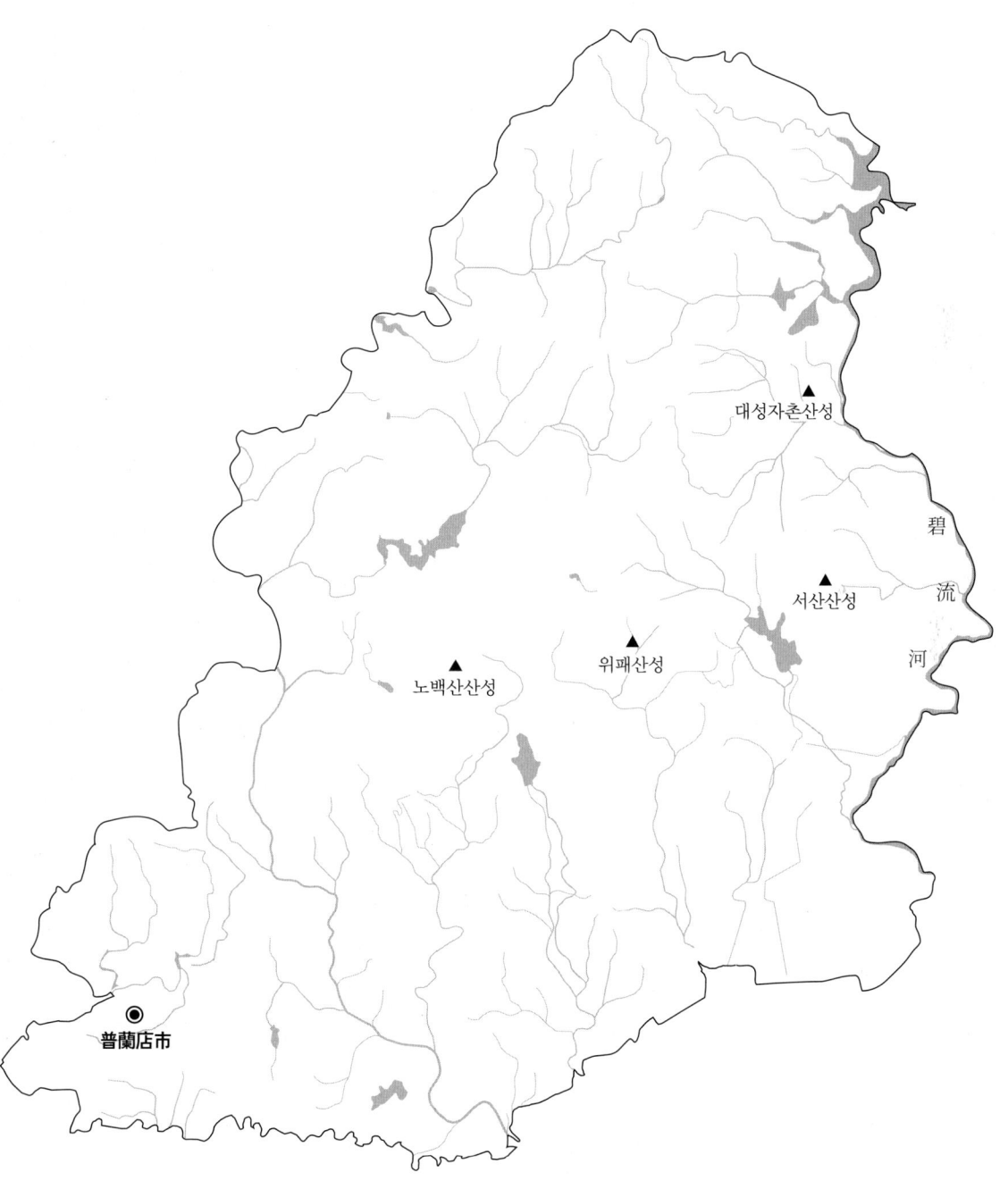

01 보란점 위패산성
普蘭店 魏覇山城 | 吳姑城山城 | 淸泉山城

1. 조사현황

○ 1985년에 魏覇山城은 大連市級 문물 보호단위로 지정됨.
○ 현재 遼寧省 문물보호단위로 지정되어 있음.

2. 위치와 자연환경(그림 1)

1) 지리위치
○ 遼寧省 普蘭店市 星台鎭 郭屯村 葡萄溝 북쪽의 위패산에 위치함.
○ 산성의 이름은 위패산 이름을 따서 얻었음.
○ 속칭 吳姑城, 淸泉山城이라고도 부름.
○ 『遼東志』에 따르면 "위패산성은 復州城 동쪽 180里"라고 기록되어 있는데, 復州는 즉 지금의 와방점시 관할의 復州鎭임(老城이라고도 함).
○ 위패산성은 요동반도 동남단에 위치하며, 황해변의 城子坦鎭에서 약 15km 떨어져 있음.
○ 서남쪽으로 대련시 금주구 대흑산산성이 약 80km 떨어져 있음.
○ 서북쪽으로 와방점시 득리사산성이 약 30km 떨어져 있음.
○ 동북쪽으로 莊河市 城山山城이 약 30km 떨어져 있음.

2) 자연환경
○ 위패산성은 碧流河 상류의 좌안에 자리함.
○ 위패산은 해발 420m.
○ 산성의 동, 서, 남, 북의 사면을 산이 에워싸고 있음.

3. 성곽의 전체현황(그림 2)

○ 산성은 두 개의 골짜기를 감싸고 능선과 계곡을 가로지르며 축조하였는데, 靑花崗巖의 장방형 석괴를 사용하였음.
○ 규모 : 전체 둘레 5,000m 전후, 남벽 1,000m, 서벽 500m.
○ 보존상태 : 성벽 잔고 9.4~10.24m, 윗 너비 3.29m.
○ 성곽은 서, 남, 북 3면이 산으로 둘러싸인 키모양으로 포곡식 산성임.
○ 서쪽과 북쪽의 산세는 비교적 험준함. 성 내부 지세는 서쪽이 높고 동쪽이 낮음. 산성의 동남부가 가장 낮은 지점인데, 산성을 출입하는 정문에 해당하며, 성벽을 높게 축조하였음.
○ 산성의 동, 서, 남쪽에 모두 3개의 성문을 설치하였음. 그중에 동문은 산성을 출입하는 주요 도로이며, 전체 성곽에서 보존상태가 가장 좋은 구간에 해당함. 동문 우측 성벽 底部의 모퉁이에 水口門이 있음.
○ 동, 남부의 성벽은 경사가 완만한 산등성이에 축조하였는데, 성벽은 심하게 무너졌음. 성벽 바깥쪽 산비

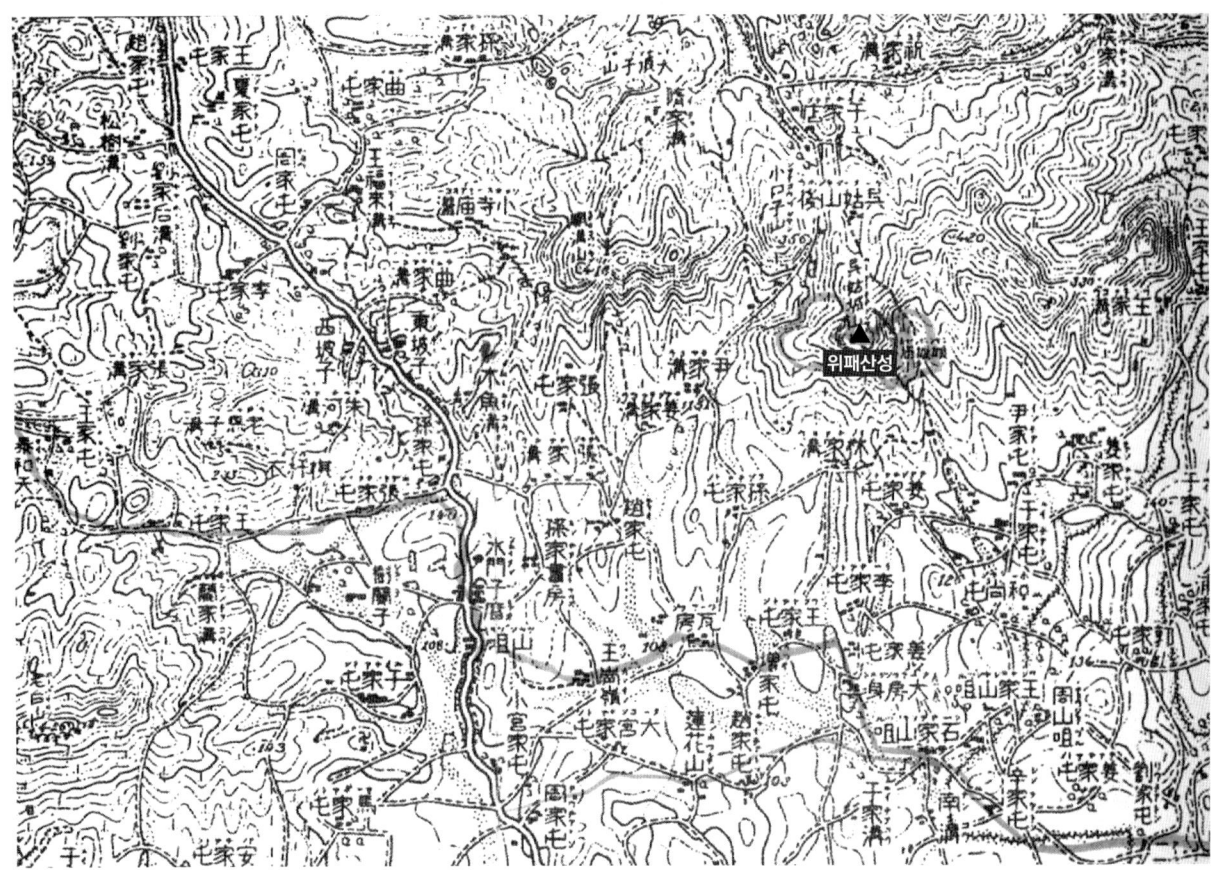

그림 1 위패산성 주변 지형도(滿洲國 10만분의 1 지형도)

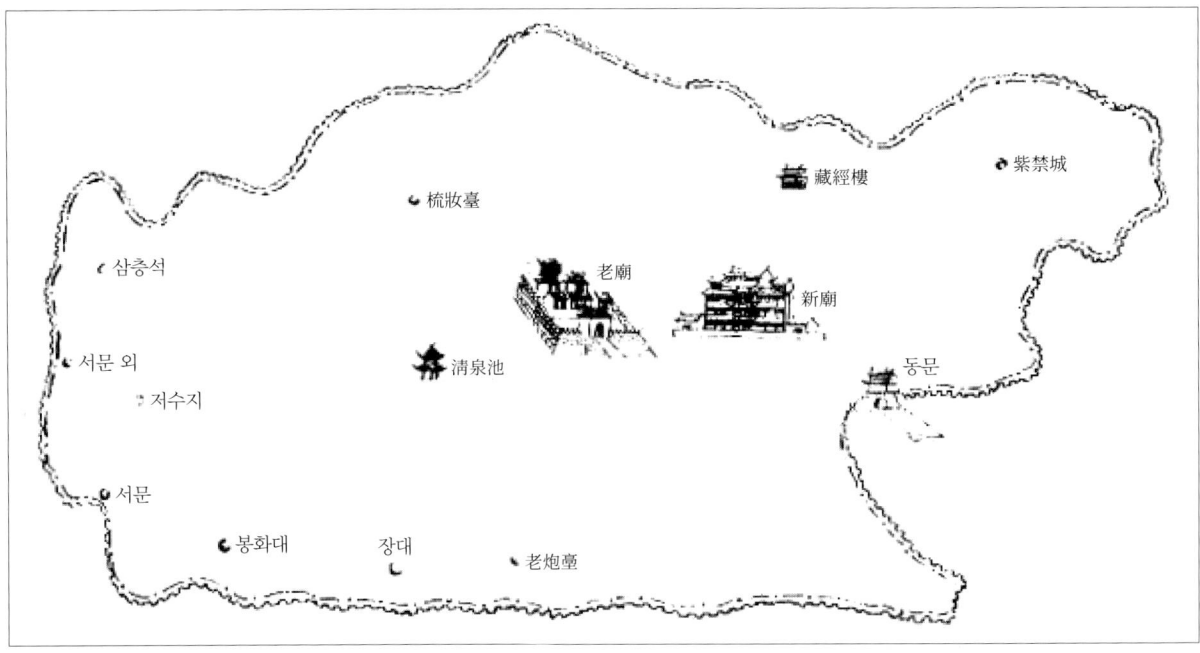

그림 2 위패산성 평면도(王禹浪·王文軼, 2008, 290쪽)

탈에 커다란 성돌 파편이 흩어져 있음. 성벽 안쪽의 지세는 서북쪽이 높고 동남쪽이 낮아서 경사도가 비교적 완만함.

4. 성벽과 성곽시설

1) 성벽

○ 서남과 정남의 성벽이 비교적 잘 보존되어 있음.
○ 城外臺 : 남북의 양쪽 성벽은 산마루를 따라 산성 외곽으로 뻗어 산성을 수호하는 '城外臺'를 형성. 두 개의 성외대는 오므라든 병목과 흡사함. 적군이 침공할 때 성문의 성벽과 양측의 성외대에서 협공할 수 있음. 천연의 옹성을 이루며, 산성의 평면은 '凹'자형과 같음.
○ 동남 모서리 : 잔고 1.5m로 보존상태가 양호함. 성벽의 외벽은 보수하였음. 일부는 허물어져 쐐기형돌의 뾰족한 부분이 노출되어 있음. 동남 모서리의 北翼 약 1.5m에 수구문이 하나 있는데, 한 변의 길이 약 20cm.
○ 남벽 : 성벽은 南翼을 돌아 서쪽 능선을 따라 남벽이 이어짐. 길이 1,000m, 동반부의 잔고 1~2m, 윗너비 1~2m. 성벽 외측은 무너진 정도가 심하며, 산비탈 쪽에 많은 양의 성돌이 흩어져 있음. 남벽 서부의 능선이 들어간 곳에 단속적으로 성벽을 축조하였음. 잔고 2~3m, 가장 서단 100m 정도는 잔고가 5m에 달하며, 윗너비는 2~3m임.
○ 서남 모서리 : 넓고 큰 치성의 평대 축조. 잔고 6m, 아랫너비 4×8m. 치성의 동쪽과 남쪽은 심하게 파괴되었음.
○ 서남 모서리 외곽 성벽 : 서남 모서리 치성에서 서남쪽으로 뻗은 산성 외곽의 능선을 따라 성벽 축조. 성벽의 흔적은 명확하지 않음. 길이 약 300m로 능선을 따라 침공하는 적군을 방어.
○ 서벽 : 길이 약 500m, 높이 3~4m. 남북 양단보다 중간부가 낮음. 중간부의 성벽이 높았을 것으로 추정됨.
○ 서북 모서리 : 장대석으로 축조한 방형 평대. 단면은 사다리꼴. 잔고 1.7m, 너비 2m. 동남각과 서면은 많이 파괴. 봉화대 또는 망대로 추정됨. 성곽 전체에서 가장 높은 지점. 서북 모서리에서 서쪽으로 뻗은 산등성이에는 성벽이 없음. 북쪽으로 뻗은 산등성이에는 성벽 축조. 동쪽으로 길게 뻗은 산등성이에도 성벽 축조(북벽).
○ 북벽 : 서북 모서리에서 동쪽으로 이어진 북부 산등성이에 성벽 축조. 북벽 최동단의 성벽 잔고 3m. 쐐기형돌의 첨두부가 노출되어 있어 干打壘式 축조방법을 확인할 수 있음.
○ 서북의 가장 높은 지점을 지나 서쪽으로 한 구간의 산등성이가 있는데, 산성의 바깥에 독립해 있음. 이로 인해 산등성이의 고도가 산성의 서측 산등성이보다 낮아서 상면에는 성벽을 수축하지 않았음. 세 번째 산등성이도 북쪽으로 뻗은 산등성이로 산성의 바깥에 독립해 있는데 대략 산성의 서·북 양측의 산등성이보다 낮아, 상면에 벽체를 축조하였음. 산등성이 서측에 무너진 성돌이 있는데 동측 비탈의 지세는 대체로 완만함. 이 산등성이는 산성의 북부 산등성이와 서쪽으로 뻗은 산등성이로 나뉘어져 두 줄기의 계곡을 형성하였으며, 계곡의 깊이가 수십 m이고 수목이 무성하여, 천연의 방어선을 형성하고 있음.

2) 성곽시설

(1) 성문

○ 산성의 동, 서, 남쪽 성벽에 모두 3개의 성문을 설치하였음.
○ 동문은 산성을 출입하는 주요 진입로이고, 너비 약 6m, 성벽 높이는 9m에 달함. 전체 성곽에서 보존상태가 가장 좋은 구간에 해당함.

(2) 수구문
○ 위치 : 동문 우측 성벽 底部 모퉁이에 수구문이 있음.
○ 한 변의 길이 약 20cm.
○ 지금도 맑은 샘물(山泉)이 흘러나와 성벽 하부를 지나 밖으로 흘러나감. 이 샘물은 성내 주요 수원으로 추정됨.

(3) 옹성
북문에서는 반원형으로 감싼 옹성 구조가 두드러짐. 또한 동문, 남문 역시 옹성 구조로 되어 있음.

(4) 망대(또는 봉화대)
○ 위치 : 산성의 서북 모서리에 장대석으로 축조한 방형 평대가 있음.
○ 단면은 사다리꼴.
○ 잔고 1.7m, 너비 2m.
○ 동남 모서리와 서면은 많이 파괴되었음.
○ 봉화대 또는 망대로 추정됨.
○ 성곽 전체에서 가장 높은 지점에 위치하여 시야가 탁 트여있음.

(5) 장대
성곽 서남단에 장대 시설이 있음.

5. 성내시설과 유적

1) 건물지
○ 小城 : 산성의 북부에 따로 1기의 소성을 할석으로 축조하였음. 현지에서는 '紫禁城'이라 칭함.
○ 내성 : 북문 가까운 곳에 위치함.
○ 淸泉寺 : 동문 안쪽에 위치한 도교 사원.
○ '장대', '梳妝樓', '養魚池' 등 건물 유적이 있음. 그 중에 자금성, 장대와 梳妝樓는 모두 당시 성내 건물지에 해당함.

2) 저수지
○ 서문 안쪽에 저수지가 하나 있는데 '飮馬灣'이라 칭함. 맑은 샘물이 산 가운데를 지나 모여서 만들어졌음.
○ 성 내부에 老廟가 있고, 그 곁에 淸泉池가 있는데 고구려시대의 저수지로 추정됨.

6. 출토유물

○ 산성 내에서 일찍이 고구려시기의 붉은색 승문, 망격문 기와편 등이 출토된 바 있음.
○ 서문이 있는 곳의 성내에서 후한시기의 塼室墓에 흔히 보이는 菱形花文塼 1점을 채집하였음. 또 淸泉寺 곁의 밭 가운데서 돌절구 1점을 발견하였음.

7. 역사적 성격

위패산성은 둘레 5km로 대련 대흑산산성, 와방점 득리사산성, 장하 성산산성 등과 함께 요동반도 남부에 축조한 규모가 비교적 큰 고구려 성곽임. 요동지역을 縱深으로 통과하는 험요한 곳에 자리잡고 있어서 요동반도를 공제하는 역할을 했던 것으로 추정되는데, 특히 요동반도 서남단 일대에서 와방점과 장하를 잇는 교통로를 공제했던 것으로 보임.

또한 성의 규모와 내부 공간으로 보아 주변 지역을 다스리는 지방지배의 거점으로도 기능했을 것으로 보임. 이에 〈광개토왕릉비〉에 나오는 北豊城으로 비정하기도 하지만(王綿厚, 1994 ; 王綿厚, 2002), 명확한 논거가 있는 것은 아님.

참고문헌

- 王綿厚, 1994, 「鴨綠江右岸高句麗山城研究」, 『遼海文物學刊』 1994-2.
- 王禹浪·王宏北, 1994, 『高句麗·渤海古城址研究匯編』 (上), 哈爾濱出版社.
- 馮永謙, 1996, 「高句麗城址輯要」, 『北方史地研究』, 中州古籍出版社.
- 許明綱, 1996, 「大連地區高句麗四座山城略考」, 『博物館研究』 1996-1.
- 馮永謙, 1997, 「高句麗城址輯要」, 『高句麗渤海研究集成』 高句麗 卷(三), 哈爾濱出版社.
- 遼寧省地方志編纂委員會辦公室 主編, 2001, 『遼寧省志·文物志』, 遼寧人民出版社.
- 서길수, 2001, 「碧流河 유역의 고구려 산성과 관방체계」, 『高句麗研究』 11.
- 王綿厚, 2002, 『高句麗古城研究』, 文物出版社.
- 王禹浪·王文軼, 2008, 『遼東半島地區的高句麗山城』, 哈爾濱出版社.
- 國家文物局 主編, 2009, 『中國文物地圖集』 遼寧分冊 (下), 西安地圖出版社.
- 王禹浪·王文軼·王宏北, 2010, 「遼東半島高句麗山城槪述」, 『黑龍江民族叢刊』 2010-2.
- 王禹浪·王文軼, 2011, 「大連地區的高句麗山城」, 『哈爾濱學院學報』 2011-6.

02 보란점 서산산성
普蘭店 西山山城 | 墨盤鎭 高麗城山城 | 高力城山山城 | 馬屯城址山城

1. 조사현황

1982년 현급 문물보호단위로 지정됨.

2. 위치와 자연환경(그림 1)

1) 지리위치

遼寧省 普蘭店市 墨盤鎭 서남 5km 거리의 馬屯村 西山(高力城山)에 위치함. 馬屯村은 '馬庄'이라고도 함(王禹浪·王文軼, 2008).[1]

2) 자연환경

○ 산성은 벽류하 중·하류의 지류들이 합쳐지는 지대의 우안에 자리잡고 있으며, 동북쪽으로 벽류하 좌안의 장하 성산산성과 약 14.9km 떨어져 있음. 산성 서남쪽으로 벽류하 우안의 魏覇山城과 약 14km 떨어져 있음.
○ 산성의 서쪽으로 廟嶺山과 10km 떨어져 있음. 廟嶺山은 해발 541m로 부근에서 가장 높은 산봉우리임. 산성의 북쪽으로 大城子村과 5km 떨어져 있음. 산성의 남쪽으로 벽류하 하류 우안의 지류에 건설한 紅旗댐과 5km 떨어져 있음. 산성의 동쪽으로 벽류하와 약 5km 떨어져 있음.

3. 성곽의 전체현황

○ 포곡식 산성임. 성벽은 능선을 따라 석괴를 사용하여 축조하였음. 동, 서 양측은 산등성이를 천연성벽으로 삼았고, 지세는 남쪽이 높고 북쪽이 낮음. 산성의 평면은 불규칙한 형태임. 둘레는 약 4km에 이름.
○ 성벽 너비 1.5m, 잔고 1.5m(馮永謙, 1997).

4. 성벽과 성곽시설

○ 성벽의 잔고는 5m, 너비 1.5m. 성돌은 대부분 쐐기형돌임.
○ 성문 : 서측과 골짜기 입구에서 2개 확인됨(王禹浪·王文軼 2008).[2]
○ 망대 : 모두 석괴를 사용하여 쌓아 올렸음.

5. 성내시설과 유적

○ 우물(泉井)과 저수지가 있음.
○ 산성의 북측에 집터가 있음.

---

1 王禹浪·王文軼(2011)에는 普蘭店市 墨盤鄕 王山頭村 梁溝(梁家溝) 고려성산에 위치했다고 나옴.

2 동북문, 동남문과 서남문 3곳에 성문을 설치하였다는 기록이 있음(王禹浪·王文軼, 2011).

그림 1 서산산성 위치도

6. 출토유물

산성 북측의 집터에서 고구려시기의 붉은색 승문 기와 편 등이 출토됨.

7. 역사적 성격

서산산성은 둘레 4km로 대형급 고구려 성곽임. 동쪽으로 벽류하를 사이에 두고 장하 성산산성과 대치하는 형세를 이루는데, 성산산성과 함께 벽류하 중·하류 연안로를 제압하고 지키기에 좋은 주요 방어지점임.

특히 개주에서 벽류하 연안을 따라 요동반도 남쪽 해안으로 나아가거나 요동반도 남쪽에서 벽류하 상류 방면으로 진입하던 적군을 방어하던 군사중진으로 기능한 것으로 파악됨. 또한 벽류하 중하류 일대를 다스리는 지방지배의 거점으로도 기능했을 것임.

참고문헌

- 陳大爲, 1989, 「遼寧境內高句麗遺跡」, 『遼海文物學刊』 1989-2.
- 王禹浪·王宏北, 1994, 『高句麗渤海古城址研究匯編』(上), 哈爾濱出版社.
- 陳大爲, 1995, 「遼寧高句麗山城再探」, 『北方文物』 1995-3.
- 馮永謙, 1997, 「高句麗城址輯要」, 『高句麗渤海研究集成』 高句麗 卷(三), 哈爾濱出版社.
- 서길수, 2001, 「벽류하 유역의 고구려 산성과 관방체계」, 『高句麗研究』 11.
- 王綿厚, 2002, 『高句麗古城研究』, 文物出版社.
- 王禹浪·王文軼, 2008, 『遼東半島地區的高句麗山城』, 哈爾濱出版社.
- 王禹浪·王文軼·王宏北, 2010, 「遼東半島高句麗山城概述」, 『黑龍江民族叢刊』 2010-2.
- 王禹浪·王文軼, 2011, 「大連地區的高句麗山城」, 『哈爾濱學院學報』 2011-6.

03 보란점 노백산산성
普蘭店 老白山山城 | 白雲山山城

1. 위치와 자연환경(그림 1)

1) 지리위치
○ 遼寧省 大連 普蘭店市 元臺鎭 二陶村 동쪽 老白山 꼭대기에 위치.
○ 서쪽 3.4km 거리에 東方紅댐, 북쪽 8km 거리에 劉大댐, 동남쪽 6.7km거리에 小梁屯댐이 있음. 동북 2.4km 거리에 313번 省道, 동쪽 17.2km 거리에 212번 省道가 있음.
○ 동쪽으로 위패산성과 20km 떨어져 있음.

2) 자연환경
○ 백운산(현지 주민들은 노백산이라 칭함)은 해발 420.2m.
○ 노백산산성이 위치한 곳은 大沙河의 중류 좌안이며, 大沙河를 사이에 두고 와방점시와 마주보고 있음.
○ 大沙河는 普蘭店市 북측의 산봉우리에서 발원해 요동지역의 남쪽으로 흘러 단독으로 황해로 유입됨.

2. 성곽의 전체현황

○ 평면은 불규칙한 형태. 북쪽이 높고 남쪽이 낮은 座北朝南임(王禹浪·王文軼, 2011).
○ 규모 : 산성의 둘레는 약 2.5km(王禹浪·王文軼, 2008).[1]

3. 성벽과 성곽시설

1) 성벽
○ 성벽은 산세를 따라 석괴를 사용해 산등성이에 축조하였음.
○ 보존상태 : 성벽의 너비 2m, 잔고 8m.
○ 북측 산마루(山梁)에 인접한 동산 서쪽 기슭에 남북 방향의 작은 산마루(山梁) 1줄기가 있는데, 길이는 20~30m임. 작은 산마루에는 북쪽 산마루와 같은 규모의 성벽이 축조되어 있는데, 성벽의 너비는 1.5m, 높이는 약 2m임. 보존상태는 양호함. 이 구간 성벽이 있는 산마루는 매우 험준하여 거의 90도 초벽에 가까움. 이 구간 성벽과 305번 국도와의 거리는 6km 정도이고, 서쪽으로 벽류하댐과의 거리는 8km임(王禹浪·王文軼, 2011).

2) 성곽시설
○ 성문 : 계곡 입구에 성문을 설치하였음.
○ 망대 : 성내 동남부에 망대가 있는데[2] 방형이며, 잔고 2.8m. 바닥은 넓고 위는 좁음. 모두 석괴로 축조하였음.

---

[1] 성의 둘레가 2km라는 기록이 있음(王禹浪·王文軼, 2011, 6쪽).
[2] 봉화대로 보기도 함(馮永謙, 1997).

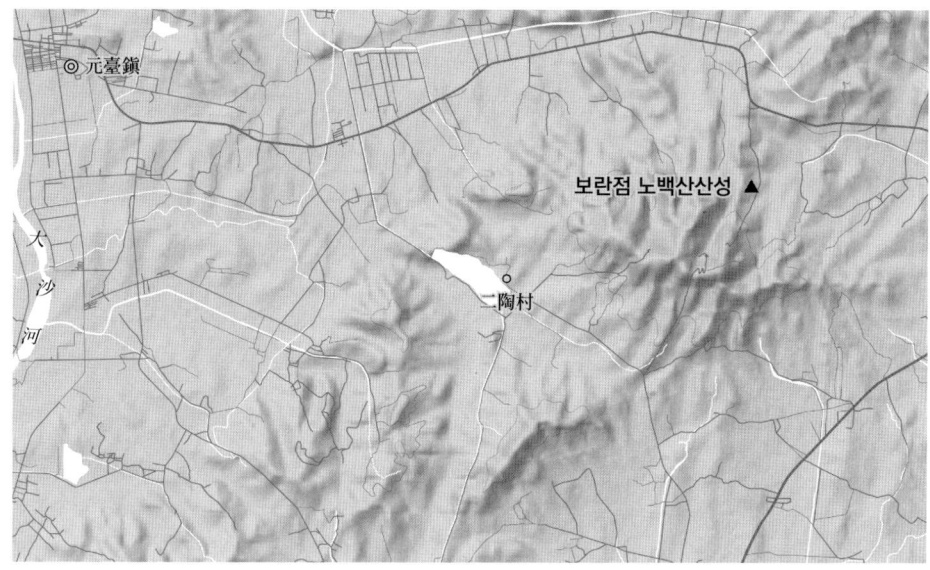

그림 1 노백산산성 위치도

4. 성내시설과 유적

산성 내에 우물과 저수지 등이 있음.

5. 출토유물

철제화살촉, 철제솥 등이 출토됨(王禹浪·王文軼, 2011).

6. 역사적 성격

노백산산성은 둘레 2.5km로 중형급 고구려 성곽임. 동쪽 20km에 위치한 위패산성과 상호 호응하는 형세를 이루며, 보란점과 장하를 잇는 교통로를 공제했을 것으로 추정됨. 요동반도 남쪽 해안에서 大沙河 상류 방면으로 나아가는 교통로를 공제하는 기능도 담당했을 것으로 보임. 또한 둘레 2.5km에 이르는 중형급 성곽인 만큼, 大沙河 연안 일대를 다스리는 지방지배 거점의 기능도 수행했을 것으로 보임.

참고문헌

- 陳大爲, 1989, 「遼寧境內高句麗遺跡」, 『遼海文物學刊』 1989-2.
- 王禹浪·王宏北, 1994, 『高句麗渤海古城址硏究匯編』(上), 哈爾濱出版社.
- 陳大爲, 1995, 「遼寧高句麗山城再探」, 『北方文物』 1995-3.
- 馮永謙, 1997, 「高句麗城址輯要」, 『高句麗渤海硏究集成』 高句麗 卷(三), 哈爾濱出版社.
- 서길수, 2001, 「벽류하 유역의 고구려 산성과 관방체계」, 『高句麗硏究』 11.
- 王綿厚, 2002, 『高句麗古城硏究』, 文物出版社.
- 王禹浪·王文軼, 2008, 『遼東半島地區的高句麗山城』, 哈爾濱出版社.
- 王禹浪·王文軼·王宏北, 2010, 「遼東半島高句麗山城槪述」, 『黑龍江民族叢刊』 2010-2.
- 王禹浪·王文軼, 2011, 「大連地區的高句麗山城」, 『哈爾濱學院學報』 2011-6.

04 보란점 대성자촌산성
普蘭店 大城子村山城

1. 위치와 자연환경

1) 지리위치
遼寧省 普蘭店市(新金縣) 雙塔鎭 大城子村 부근의 산언덕(夾河山이라고도 함)에 위치함.

2) 자연환경
산성은 벽류하 하류 우안에 자리함.

2. 성곽의 전체현황

산성의 상세한 정보는 알려지지 않음.

3. 역사적 성격

고구려시기의 성곽이라면 벽류하 하류에서 벽류하 연안을 따라 개주 경내로 진입하는 교통로를 방어하는 역할을 담당했을 것으로 추정됨.

참고문헌
- 陳大爲, 1989, 「遼寧境內高句麗遺跡」, 『遼海文物學刊』 1989-2.
- 王禹浪·王宏北, 1994, 『高句麗渤海古城址研究匯編』(上), 哈爾濱出版社.
- 陳大爲, 1995, 「遼寧高句麗山城再探」, 『北方文物』 1995-3.
- 馮永謙, 1997, 「高句麗城址輯要」, 『高句麗渤海硏究集成』 高句麗 卷(三), 哈爾濱出版社.
- 서길수, 2001, 「벽류하 유역의 고구려 산성과 관방체계」, 『高句麗硏究』 11.
- 王綿厚, 2002, 『高句麗古城硏究』, 文物出版社.
- 大連市文物考古硏究所, 2006, 「大连城山山城2005年調查報告」, 『東北史地』 2006-4.
- 王禹浪·王文軼, 2008, 『遼東半島地區的高句麗山城』, 哈爾濱出版社.
- 王禹浪·王文軼·王宏北, 2010, 「遼東半島高句麗山城概述」, 『黑龍江民族叢刊』 2010-2.
- 王禹浪·王文軼, 2011, 「大連地區的高句麗山城」, 『哈爾濱學院學報』 2011-6.

제10부

영구시(營口市) 지역의 성곽

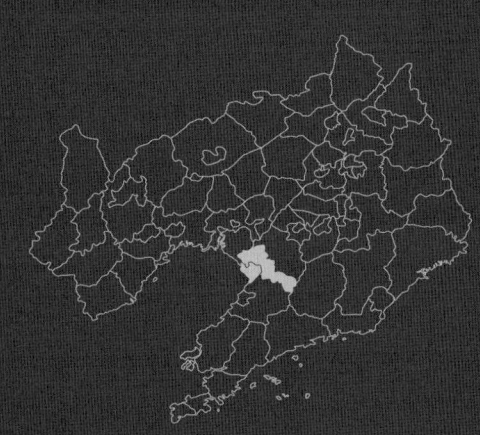

01 영구 오관산성
營口 五官山城

1. 조사현황

縣文物保護單位로 지정됨.

2. 위치와 자연환경(그림 1)

營口市 老邊區 柳樹鎭 石灰村에 있는 산 위에 위치하는데, 서북-동남 방향으로 있음.

3. 성곽의 전체현황

○ 평면은 장방형임.
○ 길이는 100m, 너비는 50m임.
○ 유물로는 토기, 기와 등이 출토됨.

4. 성벽과 성곽시설

성벽은 깬 돌로 축조하였는데, 남은 높이가 0.6~0.9m임.

5. 출토유물

홍색 토기편, 홍색 암·수키와 등이 출토됨.

6. 역사적 성격

고구려시기의 성곽이라면 遼河 하구 일대를 방어하던 소형 보루성으로 추정됨.

참고문헌

- 國家文物局, 2009, 『中國文物地圖集』 遼寧分冊, 西安地圖出版社.

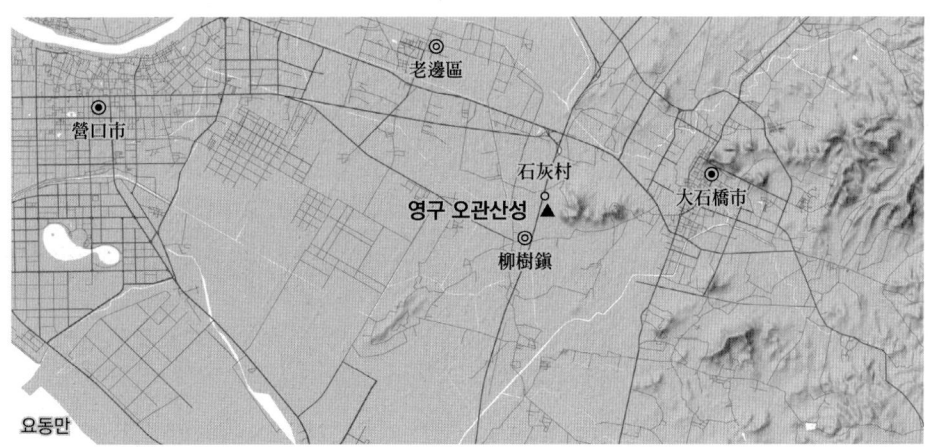

그림 1 오관산성 위치도

제11부

개주시(蓋州市) 지역의 성곽

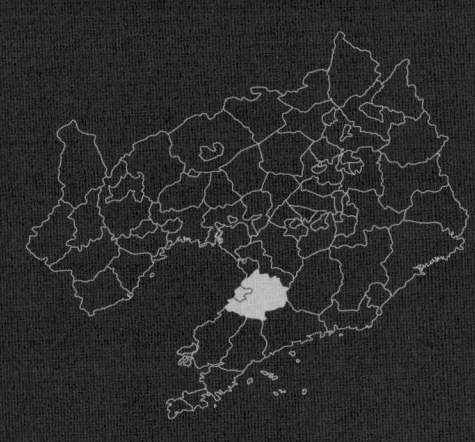

01 개주 하고성지
蓋州 下古城址

1. 위치와 자연환경

○ 蓋州 시가지의 蓋縣縣城 안에 위치함.
○ 고성이 위치한 곳은 大淸河가 범람하여 형성된 해안평지인데, 大淸河는 營口市 동부의 산간지대에서 발원하여 蓋縣縣城을 지나 西崴子에서 遼東灣으로 유입됨. 下古城子 서측은 遼東灣과 인접해 있고, 동측은 千山山脈과 잇닿아 있음.

2. 성곽의 전체현황

성은 현재 전부 파괴되어 정황을 알 수 없음.

3. 출토유물

고구려의 홍색 승문기와 등이 출토되었다고 함.

4. 역사적 성격

蓋州 下古城址는 遼河 河口 동안에 위치한 평지성임. 『晋書』卷109 慕容皝載記 및 『資治通鑑』卷95 晋紀17 咸康2年 春正月 기사를 보면, 336년 前燕 慕容皝이 慕容仁을 평정할 때, 昌黎 동쪽에서 출발해 結氷된 바다를 따라 300여 리를 행군하여 歷林口에 이른 다음, 군량을 모두 버리고 平郭으로 진공하였다고 함. 慕容皝이 진공했다는 平郭은 漢代 요동군의 속현인 平郭縣의 치소로 당시 모용인의 반란 거점이었음.

慕容皝의 토벌군은 結氷된 바다를 건너기 위해 몸을 가볍게 하고, 歷林口에서 平郭이 그렇게 멀지 않은 거리이기 때문에 군량을 버렸을 것으로 추정됨. 歷林口는 강의 河口로서 大陵河 동쪽에서 300여 리 거리라면 遼河 河口가 위치한 營口일 가능성이 높음. 따라서 平郭은 營口에서 군량을 버리고 결빙된 바다를 통해 도달할 수 있는 지역으로 추정됨. 현재 營口-蓋州 사이에는 길이와 폭이 20~30여 km인 鹽田이 있고, 염전지대 앞쪽으로는 갯벌이 해안가를 따라 펼쳐져 있는데, 극심하게 추운 겨울에는 해안가가 결빙하였을 것임. 이로 미루어 漢代의 平郭은 遼河 河口의 東岸에 위치한 蓋州 下古城址로 추정됨(孫進己·馮永謙, 1989).

蓋州 下古城址에서는 고구려시기의 붉은색 승문기와 등이 출토되었음. 고구려가 요동지역을 장악한 이후, 종래의 平郭城을 일정 기간 재사용하였던 것임. 실제 고구려는 436년에 내항한 北燕王 馮文通을 처음에는 '平郭'에 안치하였다가 北豊으로 옮겼다고 함(『魏書』卷97 列傳85 馮文通傳). 고구려가 요동지역을 점령한 이후 '平郭'이라는 종전 명칭을 그대로 이용하고, 평지토성도 재사용했던 것임(여호규, 1999).

참고문헌

- 孫進己·馮永謙, 1989, 『東北歷史地理』, 黑龍江人民出版社.
- 여호규, 1999, 『高句麗 城』 II, 國防軍史研究所.
- 王禹浪·王宏北, 2007, 『高句麗·渤海古城址研究匯編』 (上), 哈爾濱出版社.

02 개주 노야령산성
蓋州 老爺嶺山城 | 東昇山城

1. 위치와 자연환경(그림 1)

○ 蓋州市 東城街道 白果農場 東昇村 북쪽의 산 위에 위치함.
○ 이곳은 大淸河 하류에 해당함. 산성의 동면은 산골짜기 입구임.

2. 성곽의 전체현황(그림 2)

○ 老爺嶺山城은 東昇山城이라고도 부름.
○ 산성 평면은 남북이 약간 길고 동서가 좁은 타원형에 가까움.
○ 남북 길이는 200m, 동서 가장 넓은 지점의 너비는 150m, 둘레는 약 600m임. 성내 면적은 약 3만 m²임.

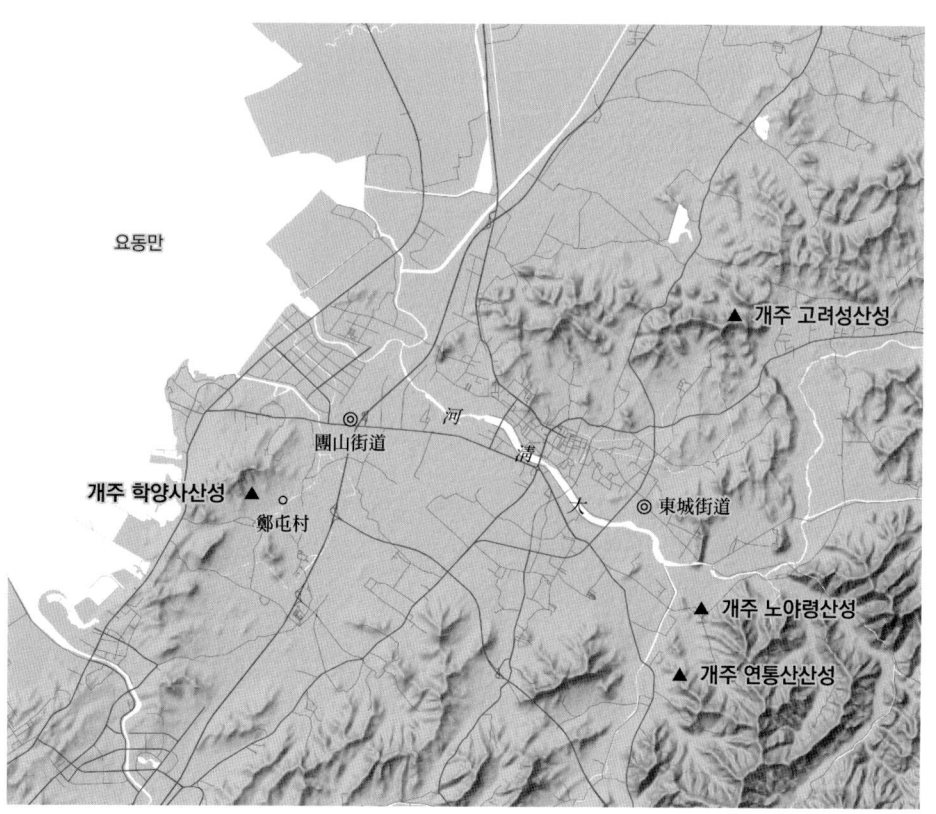

그림 1 노야령산성 위치도

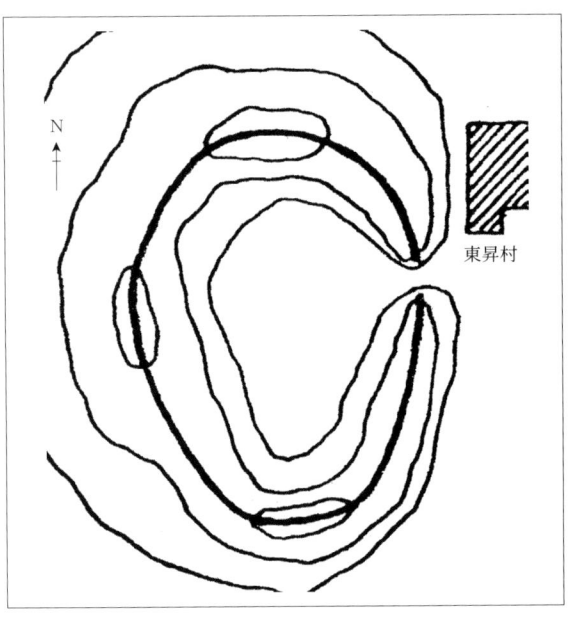

그림 2 노야령산성 평면도(崔艷茹·馮永謙·催德文, 1996, 61쪽)

3. 성벽과 성곽시설

1) 성벽
○ 성벽은 자연석괴로 축조함.
○ 성벽은 동에서 서남 방향으로 산등성이를 따라 펼쳐져 있음.
○ 산성 동벽 북단이 상대적으로 성벽이 잘 남아 있는데, 현재 남아 있는 성벽은 너비 2m, 높이 1m 정도임.

2) 성문
성문은 동벽에서 약간 북쪽으로 치우친 산골짜기 입구에 있음.

4. 역사적 성격

노야령산성은 요동만으로 흘러드는 大淸河 유역에 위치하고 있음. 고구려산성의 특징을 갖추고 있다는 점에서 魏·晉 이후에 축조된 것으로 추정되고 있음(崔艷茹·馮永謙·催德文, 1996). 규모상 노야령산성은 둘레 1km 이하의 소형 성곽에 해당함. 실제 고구려 성곽이라면 大淸河 연안과 遼河 하구 일대를 방어하던 기능을 수행했을 것으로 추정됨.

참고문헌

- 崔艷茹·馮永謙·催德文, 1996, 『營口市文物志』, 遼寧民族出版社.
- 王禹浪·王文軼, 2008, 『遼東半島地區的高句麗山城』, 哈爾濱出版社.
- 國家文物局, 2009, 『中國文物地圖集』 遼寧分冊, 西安地圖出版社.
- 崔艷茹, 2009, 「營口地區山城調査與檢討」, 『東北史地』 2009-3.
- 王禹浪·王文軼·王宏北, 2010, 「遼東半島高句麗山城槪述」, 『黑龍江民族叢刊』 2010-2.
- 王禹浪·王文軼, 2011, 「營口地區的高句麗山城」, 『哈爾濱學院學報』 2011-9.

03　개주 학양사산성
蓋州 鶴羊寺山城

1. 조사현황

○ 조사기간 : 2011년 5월.
○ 조사자 : 王禹浪, 王文軼.
○ 발표 : 王禹浪·王文軼, 2011, 「營口地區的高句麗山城」, 『哈爾濱學院學報』 2011-9.

2. 위치와 자연환경

1) 지리위치(그림 1)
○ 蓋州市 團山街道 鄭屯村 서쪽 1km 鶴羊山 위에 위치함. 과거 성 안에 鶴羊寺란 사원이 있었는데, 鶴羊寺山城이란 이름은 바로 이 사원에서 유래함. 『營口市文物志』에는 朝陽寺山城이라고 부르고 있는데(崔艷茹·馮永謙·催德文, 1996), 營口市博物館이 그 지역 방언 'hao yang si'와 'chao yang si'의 음이 비슷하여 '朝陽寺'로 잘못 표기한 것이라고 함(王禹浪·王文軼, 2011). 산성은 산 동남 산비탈과 산골짜기에 자리 잡고 있음.
○ 蓋州市 團山街道 鄭屯村과 光輝村 경계지점 동남쪽의 산 위에 위치함.
○ 산성 서남쪽에 신석기시대 유적지가 있음.

2) 자연환경
○ 산성은 遼東灣과 접해 있는데, 산을 등지고 바다를 바라보고 있음.
○ 大淸河 하류와 가까움. 그 남측에는 이름 없는 하류가 沙崗鎭 惠屯에서 북쪽으로 산성 동남의 鄭屯과 동측의 興隆屯을 지나다가, 興隆屯에서 서북쪽으로 꺾여 흘러 西張屯 부근에서 발해 遼東灣으로 흘러 들어감. 이 하천 入海口에서 鶴羊寺山城까지의 직선거리는 3km임.
○ 鶴羊寺山에는 남북 방향의 산등성이 4줄기가 동쪽에서 서쪽으로 형성되어 있음. 산등성이를 차례대로 1호, 2호, 3호, 4호라고 편호하였을 때, 4줄기의 산등성이가 서로 이어져서 하나의 북측 산등성이를 형성하고, 이것과 인접한 2줄기의 산등성이가 다시 각기 다른 산골짜기를 형성하고 있음. 2호·3호 두 산등성이의 높이는 1호·4호 산등성이보다 높고, 3개의 산골짜기 가운데, 가장 면적이 개활함. 鶴羊寺山城은 바로 2·3호 산등성이에 형성된 산골짜기에 자리 잡고 있음. 2호·3호 산등성이와 북부 산등성이가 동·서·북 3면에서 산성을 環狀으로 감싸고 있는데, 산성의 주요 방어장벽임.
○ 남부 골짜기 입구는 산성으로 들어가는 주요 통로로, 산성의 남문임. 현재 너비가 약 2m인 흙길이 산 아래의 鄭屯에서 거슬러 올라와 남문을 통과하여 羊山 기슭에 위치한 鶴羊寺에 도달하고 있음.

그림 1 학양사산성 위치도

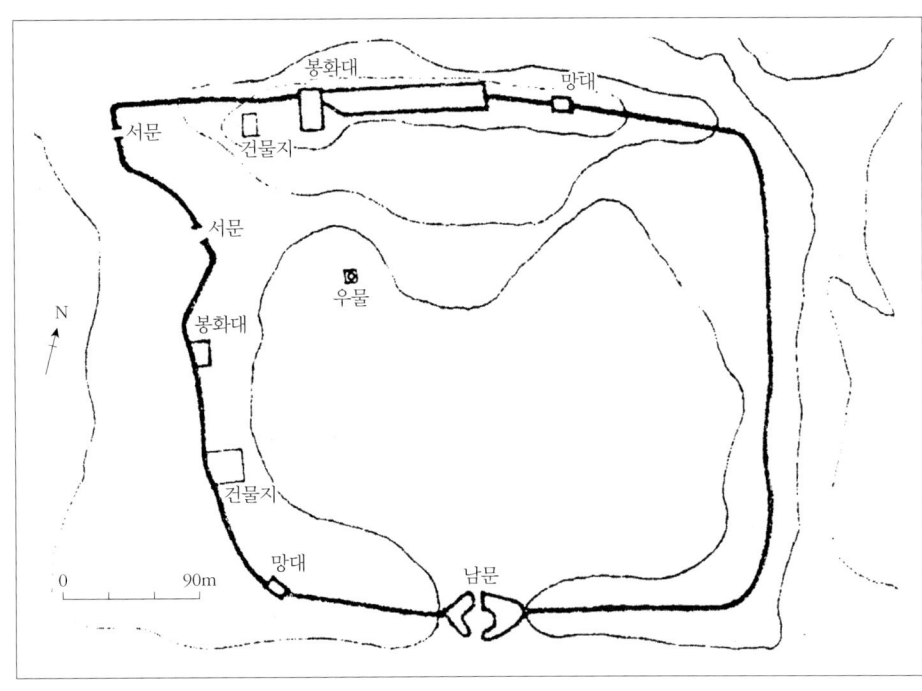

그림 2 학양사산성 평면도
(崔艶茹·馮永謙·催德文 1996, 58쪽)

3. 성곽의 전체현황(그림 2)

○ 산성 내 지세는 북쪽이 높고 남쪽이 낮은데, 산성은 座北朝南으로 산세를 따라서 축조함.
○ 산성은 자연적 혹은 인위적인 파괴가 매우 심한 상태임. 성의 평면은 방형에 가까움. 다만 서북 모서리가 바깥으로 돌출됨.
○ 동서 너비는 약 350m, 남북 길이는 약 350m, 둘레는 1,379m임. 성의 면적은 12.25만 m²임(崔艶茹·馮永謙·催德文, 1996 ; 崔艶茹, 2009).[1]
○ 성벽, 성문, 망대, 장대, 건물지, 우물, 봉화대 등이 남아 있음. 유물로는 기와편이 출토됨.

4. 성벽과 성곽시설

1) 성벽

○ 성벽은 산등성이를 따라 화강암으로 쌓았음.
○ 성벽은 너비 약 1.2~2m, 잔고 1~2m임. 동벽은 길이 323m, 잔고 1m임. 서벽은 길이 422m, 잔고 2m임. 남벽은 길이 270.63m, 잔고 1~2m임. 북벽은 길이 538m임.
○ 서면은 산의 험준함을 이용함. 가파른 절벽에는 성벽이 축조되어 있지 않고, 나머지 구간에는 성벽의 기단 흔적이 남아 있음.
○ 2011년 5월 王禹浪, 王文軼 등이 조사하였을 때에는 네 줄기의 남북 방향 산등성이에는 성벽이 발견되지 않았다고 함(王禹浪·王文軼, 2011). 다만 북측 산등성이 가운데 가장 높은 지점에서 파손된 성벽이 있는데, 이 성벽은 북측 산등성이 가장 높은 지점의 동쪽 구간에 위치함. 성벽은 남북 방향이고, 잔고는 2m, 너비는 1.5m, 길이는 약 5m임. 성벽 동쪽으로 북측 4호 산등성이와 연접되어 있는데, 높이는 10m 정도의 아래임. 지세로 볼 때, 이 성벽은 4호 산등성이에서 침범해 오는 적을 방어하기 위해 축조한 것으로 추정됨(4호 산등성이는 상대적으로 완만하여 오르기가 쉬움).

2) 성문

성문의 개수에 대해서는 남문 1개와 서문 2개 등 3개라는 견해와 함께(崔艶茹·馮永謙·催德文, 1996 ; 王禹浪·王文軼, 2008 ; 崔艶茹, 2009 ; 王禹浪·王文軼, 2011) 2개라는 견해도 있음(國家文物局, 2009).

(1) 남문

○ 남문은 남벽 중앙의 골짜기에 있음.
○ 너비는 4m임.
○ 바깥에는 옹성의 흔적이 있음.

(2) 서문

○ 두 개의 서문은 서벽 북단에 있음.
○ 북쪽 서문은 서북 모서리 근처에 있는데, 너비는 2m임.
○ 중간 서문은 성벽 중단 근처에 있는데, 너비는 2m임. 문 바깥은 馬場이었다고 전해지고 있음.

3) 망대

○ 성 서남 모서리에 망대가 있음. 길이, 너비 각 4m임.
○ 북측 산등성이 가운데 가장 높은 지점에 위치한 성벽에서 서쪽으로 멀지 않은 곳(성 북벽 중단 높은 산꼭대기)은 산성 전체에서 가장 높은 지점인데, 바로 이곳에 망대가 남아 있음.
○ 망대의 규모에 대해서는 '길이 3m, 높이 1.5m'라는 견해(王禹浪·王文軼, 2011), '길이 16m, 너비 9m'라는 견해(崔艶茹·馮永謙·催德文, 1996 ; 王禹浪·王文軼, 2008 ; 崔艶茹, 2009) 등이 있음.

---

[1] 200만 m²라는 기록이 있음(國家文物局, 2009).

4) 장대
○ 성내 가운데 산기슭에 높이 5m의 큰 암석이 있는데, 위로 올라가기 쉽지 않음. 그 위에는 1.5m의 평탄한 방형의 臺基가 있는데, 장대로 추정됨.
○ 남북 길이 10m, 동서 너비 7.7m, 면적 약 77m²임.

5. 성내시설과 유적

1) 건물지

(1) 건물지 1
○ 성 서북 모서리 근처 문 안쪽 동측에 건물지 기초가 있음.
○ 돌로 된 2단 계단이 있음. 각 계단은 길이 1.45m, 너비 0.43m, 높이 0.3m임.
○ 건물지는 남북 길이 9.13m, 동서 너비 7.3m임.
○ 건물지 앞 4.5m의 서남 모서리에서는 벽의 기초 한 줄을 볼 수 있는데, 담장 기초석임.
○ 병사들의 주거지로 추정됨.

(2) 건물지 2
○ 서벽 가운데 부분에 건물지의 담장 기초석이 있음.
○ 기초석은 남북 너비 11m, 동서 길이 17m임.
○ 병사들의 주거지로 추정됨.

(3) 건물지 3
○ 북벽 중단 높은 산꼭대기에 있는 망대 동측의 작은 산속에 저지대가 있는데, 북쪽은 성벽과 잇닿아 있고 서쪽에는 망대가 있으며 동·남 양면에는 각각 석벽이 축조되어 있음.
○ 동서 길이 40m, 남북 너비 10m, 면적은 약 400m²임.
○ 병사들의 주거지로 추정됨.

2) 우물
성 안 북부에서 서쪽으로 치우친 지점에 오래된 우물 한 개가 있음.

3) 봉화대
봉화대 터 두 곳이 있음(國家文物局, 2009).

6. 출토유물

고구려 기와편이 출토되었음.

7. 역사적 성격

학양사산성은 요동만으로 흘러드는 大淸河 하류에 위치하고 있음. 고구려산성의 특징을 갖추고 있다는 점에서 魏·晋 이후에 축조된 것으로 추정되고 있음(崔艶茹·馮永謙·催德文, 1996). 전체 둘레가 약 1.6km인 학양사산성은 중소형 성곽에 해당함. 학양사산성이 실제 고구려 성곽이라면 大淸河 연안과 遼河 하구 일대를 방어하던 군사성보의 기능과 함께 지방 지배의 거점으로 기능했을 것으로 추정됨.

참고문헌
- 崔艶茹·馮永謙·催德文, 1996, 『營口市文物志』, 遼寧民族出版社.
- 王禹浪·王文軼, 2008, 『遼東半島地區的高句麗山城』, 哈爾濱出版社.
- 國家文物局, 2009, 『中國文物地圖集』 遼寧分冊, 西安地圖出版社.
- 崔艶茹, 2009, 「營口地區山城調査與檢討」, 『東北史地』 2009-3.
- 王禹浪·王文軼·王宏北, 2010, 「遼東半島高句麗山城概述」, 『黑龍江民族叢刊』 2010-2.
- 王禹浪·王文軼, 2011, 「營口地區的高句麗山城」, 『哈爾濱學院學報』 2011-9.

04   개주 연통산산성

蓋州 煙筒山山城 | 竈洞峪山城

1. 조사현황

營口市文物保護單位로 지정됨.

2. 위치와 자연환경(그림 1)

1) 지리위치

○ 蓋州市 동남쪽 10km 徐屯鎭 盧東溝村(또는 盧屯이라고도 부름) 동남쪽[1]의 煙筒山에 위치함. 동북쪽 主峰에 煙筒과 모양이 유사한 巨石 산봉우리가 있기 때문에 煙筒山이라고 부름. 煙筒山은 해발 618m임.
○ 산성 서쪽 1.6km 거리에 大淸河의 지류가 있음.
○ 산성 서쪽 18km[2] 거리에 遼東灣이 있음.
○ 산성 서북쪽 16.6km 거리에 鶴羊寺山城이 있음.

2) 자연환경

○ 산성은 大淸河와 碧流河의 분수령에 위치함. 大淸河는 여기에서 발원하여 북쪽으로 흐르다가 서쪽으로 꺾은 후 遼東灣으로 유입됨. 碧流河는 남쪽으로 흘러 황해로 유입됨.
○ 煙筒山에는 동서 두 줄기의 산등성이가 있고, 두 줄기 산등성이가 합쳐져서 비교적 큰 산골짜기가 형성되어 있음. 산골짜기의 방향은 坐南面北으로 지세가 남쪽이 높고 북쪽이 낮음. 두 줄기의 산등성이 남측에는 남부의 산등성이가 연결되어 있음. 북측은 산골짜기 입구임.
○ 산성은 산을 등지고 바다를 바라보고 있음.
○ 산골짜기 입구에는 寺廟의 山門이 있음. 山門을 지나는 작은 길은 산기슭 아래의 蓋州市와 莊河市를 연결하는 305번 국도와 연결됨.

3. 성곽의 전체현황(그림 2)

○ 『蓋平縣志』에 의하면, '竈洞峪山城'이라는 명문이 돌에 새겨져 있다고 하는데, 이 때문에 竈洞峪山城이라고 부르기도 함.
○ 성은 전체적으로 內城, 中城, 外城으로 구분할 수 있음(崔艷茹·馮永謙·催德文, 1996 ; 崔艷茹, 2009).[3]
○ 평면은 남북이 긴 불규칙형임. 中城의 평면은 'ㄱ'자임.
○ 외성은 남북 길이 140m, 동서 너비 65m임. 총면적

---

[1] '서남쪽'으로 기재한 경우도 있지만 오류임.

[2] 王綿厚(2002)와 王禹浪·王宏北(2007, 2010)은 30km라고 기록함.

[3] 王禹浪·王文軼(2011) 등은 성의 구조를 外城, 內城으로 구분하고 있는데, 내성은 煙筒峰이 있는 산봉우리 정상부에 축조되어 있고, 성벽은 산봉우리 절벽을 따라 축조되어 있으며, 평면은 불규칙적이고, 둘레는 약 300m 정도라고 기록함.

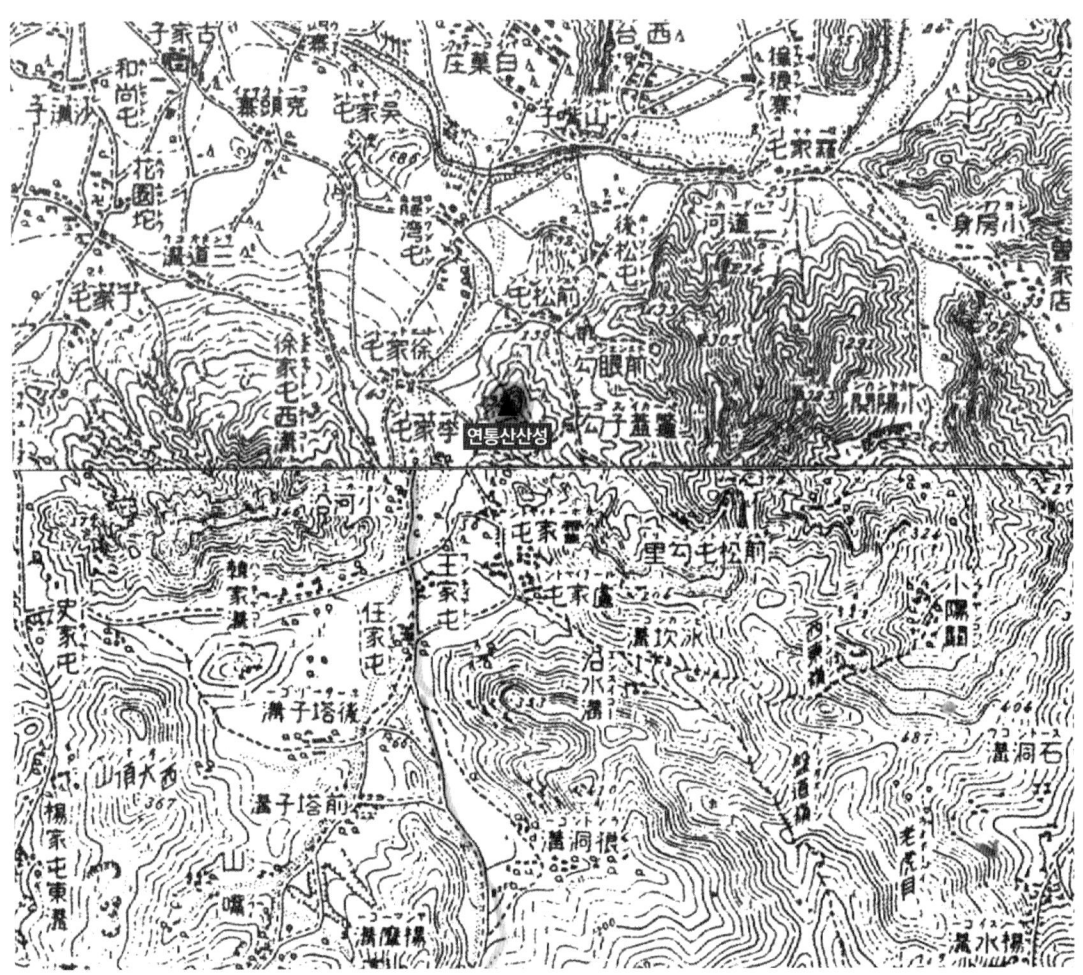

그림 1 연통산산성 주변 지형도(滿洲國 10만분의 1 지형도)

은 9,100m². 내성은 남북 길이 30m, 동서 너비 15m임.
○ 煙筒山의 전체적인 지리환경을 볼 때, 동·서·남쪽 세 줄기의 산등성이가 둥글게 감싸면서 형성된 골짜기가 산성의 외성이고, 동북 主峰의 성벽 등의 유적은 산성 內城의 중요 부분을 구성함(王禹浪·王文軼, 2011).
○ 煙筒山의 東北 主峰(煙筒形 거석이 있는 산봉, 이하 煙筒峰) 북쪽 구릉에 성문, 봉화대, 성벽 등의 유적이 남아 있음.
○ 유물로는 벽돌, 기와편, 토기편 등이 출토됨.

4. 성벽과 성곽시설

1) 성벽

○ 산성은 산등성이를 따라 돌로 축조하였음. 커다란 돌은 打製이고, 성벽 내부의 돌은 대부분 작은 자연석 괴임.
○ 성벽은 가장 높은 구간이 10m에 달하지만, 일반적으로 높이는 5m이고, 너비는 2m임. 煙筒山 서·남 산등성이에는 성벽유적이 아직 발견되지 않았음. 즉 산세가 험준한 절벽은 자연스럽게 성벽의 역할을 함.
○ 성의 중심(내성)은 내성 동남 모서리로, 성에서 가장 높은 지점임. 험준한 산봉우리인 동면을 제외하고,

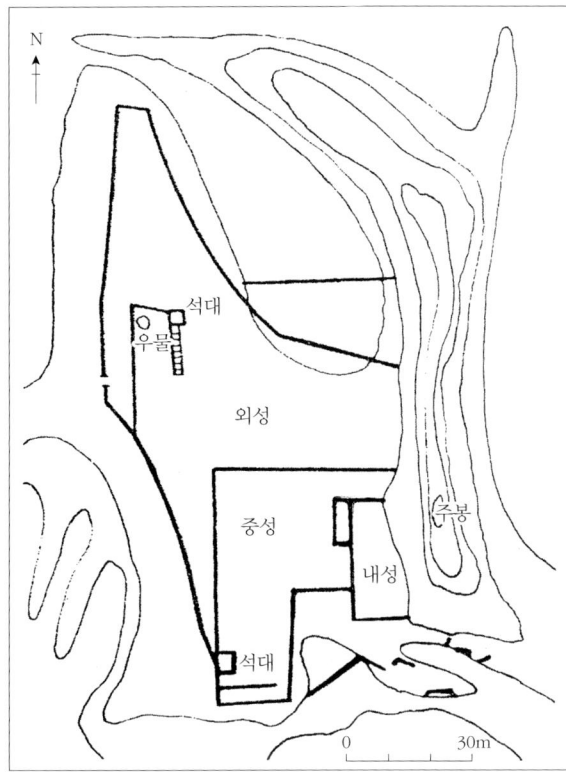

그림 2 연통산산성 평면도(崔艷茹·馮永謙·催德文, 1996, 60쪽)

나머지는 성벽이 축조되어 있음. 내성을 오르려면 계단 없이 암벽을 올라야 하는 등 오르기가 쉽지 않은데, 당시 축성인의 의도가 있었던 것으로 보임(崔艷茹·馮永謙·催德文, 1996). 서벽 남단이 외성과 겹치는 것을 제외하고, 나머지는 모두 내성 성벽임.

○ 성 남면에 작은 方城圈이 있는데, 계단이 있어 내성으로 갈 수 있음. 이 작은 성은 동서 길이 10m, 남북 너비 3m임. 당시 南城 방어를 강화하기 위해 축조한 것임.

2) 성문

서벽과 中城 남·북 등 세 개의 문이 있음(王禹浪·王文軼, 2011).[4]

(1) 서문

○ 서벽 가운데에 있음.

○ 문 위에 커다란 돌이 올려져 있음. 보존은 비교적 양호함.

○ 너비 2m, 길이 2.6m, 높이 2.5m임.

(2) 중성 남문

○ 중성 남문에는 커다란 돌이 있음. 보존은 비교적 양호함.

○ 너비 1.2m, 길이 2.3m, 높이 1.95m임. 성문과 연결된 성벽은 높이 4m, 길이 10m임.

(3) 중성 북문

○ 중성 북문에는 커다란 돌이 있음. 보존은 비교적 양호함.

○ 북문(산성 골짜기)은 너비 1.2m, 길이 2.8m, 높이 2.3m임. 성문과 연결된 성벽은 높이 3.5m, 길이 4.7m임. 문은 돌이 천정이 되는 山門임.

3) 망대(장대 추정지)

○ 망대 두 곳과 장대 두 곳이 있다고 함(國家文物局, 2009).

○ 煙筒 巨石의 북측에 高臺유적이 있는데, 천연암석을 활용하여 만든 平臺로 높이 7m, 한 변의 길이 5m임. 망대나 장대로 추정됨(崔艷茹·馮永謙·催德文, 1996).

○ 성 가운데에 두 개의 높은 石臺가 있는데, 남·북에 위치하고 있음. 石臺에서는 석벽이 있고, 문화층의 두께는 30cm이며, 수키와, 암키와, 벽돌, 백회덩어리 등이 출토되었음. 아마도 건축물이 있었던 것으로 추정

---

4   王禹浪·王文軼 등은 中門을 설정하지 않고, 내성에 남·북 두 개가 있다고 하였음. 그러므로 내성에 있다고 하는 문 두 개는 중성에 있는 문이라고 추정됨. 한편 서벽 가운데에 성문 1개가 있다는 기록

(崔艷茹·馮永謙·催德文, 1996 ; 王禹浪·王宏北, 2007 ; 王禹浪·王文軼, 2008 ; 國家文物局, 2009 ; 崔艷茹, 2009), 산골짜기 입구에 성문 1개가 있다는 기록(王綿厚, 2002)이 있음.

됨. 남쪽의 석대는 높이 2.9m, 동서 길이 2.85m, 남북 길이 4.8m이고, 계단을 통해 위로 올라갈 수 있음. 북쪽의 석대는 높이 10m, 동서 길이 5.6m, 남북 너비 11m임.

4) 돌구멍
성에는 4개의 돌구멍(石眼)이 있음. 서벽에 있는 돌구멍은 원형임. 그밖에 높이 10m의 절벽 위에 방형 돌구멍이 있음. 원형 돌구멍은 직경 10cm, 깊이 14cm이고, 방형 구멍은 12×12×4cm임. 당시 어떤 물건을 세우거나 깃발을 꽂기 위해 축조한 것으로 보임(崔艶茹·馮永謙·催德文, 1996).

5. 성내시설과 유적

1) 봉화대
○ 내성(혹은 중성) 가운데 부분의 절벽 윗부분에 봉화대 1곳이 남아 있음(崔艶茹·馮永謙·催德文, 1996).
○ 한 변의 길이는 약 2m, 높이는 약 1.5m임.

2) 우물
○ 서문 안에서 동북쪽으로 8m 떨어진 지점에 우물이 있음.
○ 우물은 벽과 바닥을 돌로 축조하였고, 계단이 있음.
○ 우물은 직경 1m임.
○ 우물은 현재 진흙이 차서 말라 있음.

6. 출토유물

○ 승문벽돌, 회색기와편 등이 출토됨.
○ 高臺 아래 지면에 암키와편이 흩어져 있음.
○ 산성 안에서 기와편이 가장 많이 출토되었는데, 토기편은 여러 시기의 것이 혼입되어 있음. 오랜 기간 동안 성이 사용되었다는 것을 알 수 있음.

7. 역사적 성격

煙筒山山城은 大淸河 상류에 위치한다는 점에서 일차적으로 大淸河 하류의 鶴羊寺山城 등과 함께 大淸河 연안을 방어하던 성곽이라고 파악됨. 또한 이곳은 大淸河와 碧流河의 분수령 지대로 遼河 하구 일대에서 碧流河 연안로를 따라 요동반도의 남쪽 해안지대로 나아갈 때 반드시 거쳐야하는 길목임. 연통산산성은 遼河 하구에서 碧流河 연안로로 진입하는 전략적 요충지를 방어하는 기능도 수행했던 것임.

煙筒山山城은 비록 규모가 작지만, 북쪽으로 고구려 建安城으로 추정되는 蓋州市 高麗城山城과 가깝고, 서남쪽으로는 雙臺子鄕 破臺山城과 楊遠鄕 奮英山城이 있고, 동남쪽으로는 什字街鄕 高麗城山山城과 赤山山城이 있음. 연통산산성은 이러한 여러 성곽과 함께 大淸河-碧流河 연안로를 공제하는 방어체계를 구성했던 것으로 파악됨.

이에 고구려가 광개토왕대에 後燕과의 쟁투를 통해 요동지역을 석권한 뒤 遼東지역에 방어적 성격의 산성을 대거 축조했을 것으로 상정한 다음, 이때 연통산산성을 비롯해 營口지역의 고구려 산성을 축조했을 것으로 파악하기도 함(崔艶茹, 2009).

참고문헌
- 孫進己·馮永謙, 1989, 『東北歷史地理』, 黑龍江人民出版社.
- 東潮·田中俊明, 1995, 『高句麗の歷史と遺跡』, 中央公論社.
- 陳大爲, 1995, 「遼寧高句麗山城再探」, 『北方文物』 1995-3.
- 崔艶茹·馮永謙·催德文, 1996, 『營口市文物志』, 遼寧

民族出版社.
- 馮永謙, 1997,「高句麗城址輯要」,『高句麗渤海研究集成』高句麗 卷3, 哈爾濱出版社.
- 王綿厚, 2002,『高句麗古城研究』, 文物出版社.
- 魏存成, 2002,『高句麗遺迹』, 文物出版社.
- 王禹浪·王宏北, 2007,『高句麗·渤海古城址研究匯編』(上), 哈爾濱出版社.
- 王禹浪·王文軼, 2008,『遼東半島地區的高句麗山城』, 哈爾濱出版社.
- 國家文物局, 2009,『中國文物地圖集』遼寧分冊, 西安地圖出版社.
- 崔艷茹, 2009,「營口地區山城調查與檢討」,『東北史地』 2009-3.
- 王禹浪·王文軼·王宏北, 2010,「遼東半島高句麗山城概述」,『黑龍江民族叢刊』 2010-2.
- 王禹浪·王文軼, 2011,「營口地區的高句麗山城」,『哈爾濱學院學報』 2011-9.

05 개주 고려성산성
蓋州 高麗城山城 | 靑石嶺山城 | 靑石關山城 | 石城山山城

1. 조사현황

1) 1920년대
조사자 : 島田好.

2) 1958년
○ 조사기간 : 1958년 6월.
○ 조사자 : 閻萬章.

3) 1963년
1963년 9월 遼寧省文物保護單位로 지정됨.

4) 1964년
조사자 : 閻萬章.

5) 1973년
조사내용 : 철제도끼, 철제솥, 철제화살촉 등이 출토됨.

6) 1981년
조사자 : 王綿厚, 閻萬章.

7) 1994년
○ 조사기간 : 1994년 5월.
○ 조사자 : 林直樹.
○ 발표 : 林直樹, 1994, 「中國東北部の高句麗山城」, 『靑丘學術論集』 5.

8) 2007년
○ 조사기간 : 2007년 10월 23일.
○ 조사자 : 王禹浪, 王海波.
○ 발표 : 王禹浪·王海波, 2009, 「營口市靑石嶺鎭高句麗山城考察報告」, 『民族歷史』 2009-5.

9) 2015년
○ 조사기간 : 2015년 4~12월.
○ 조사기관 : 中國社會科學院考古研究所, 遼寧省文物考古研究所, 蓋州市文物局.
○ 조사자 : 賈笑冰, 王飛峰.
○ 조사내용 : 3개 기관으로 구성된 高麗城山城考古隊가 5년 간 조사와 발굴을 진행하기로 결정함. 2015년에는 산성과 그 주위를 조사함. 國家文物局의 요청으로 金殿山 동남측의 대형 건물지 일부, 4호 문지 일부 등 성내 800m²를 발굴조사함.
○ 발표 : 王飛峰, 2015, 「2015年度遼寧省蓋州市高麗城山城調査和考古發掘收獲」, 2015년 사회과학원 고고성과(25)(http://www.kaogu.cn/zixun/2015nianzhongguoshehuikexueyuankaoguyanjiusuotianyekaoguchengguoxiliebaodao/2016/0203/53000.html) ; 王飛峰, 2016, 「蓋州市高麗城山城」, 『中國考古學年鑑』.

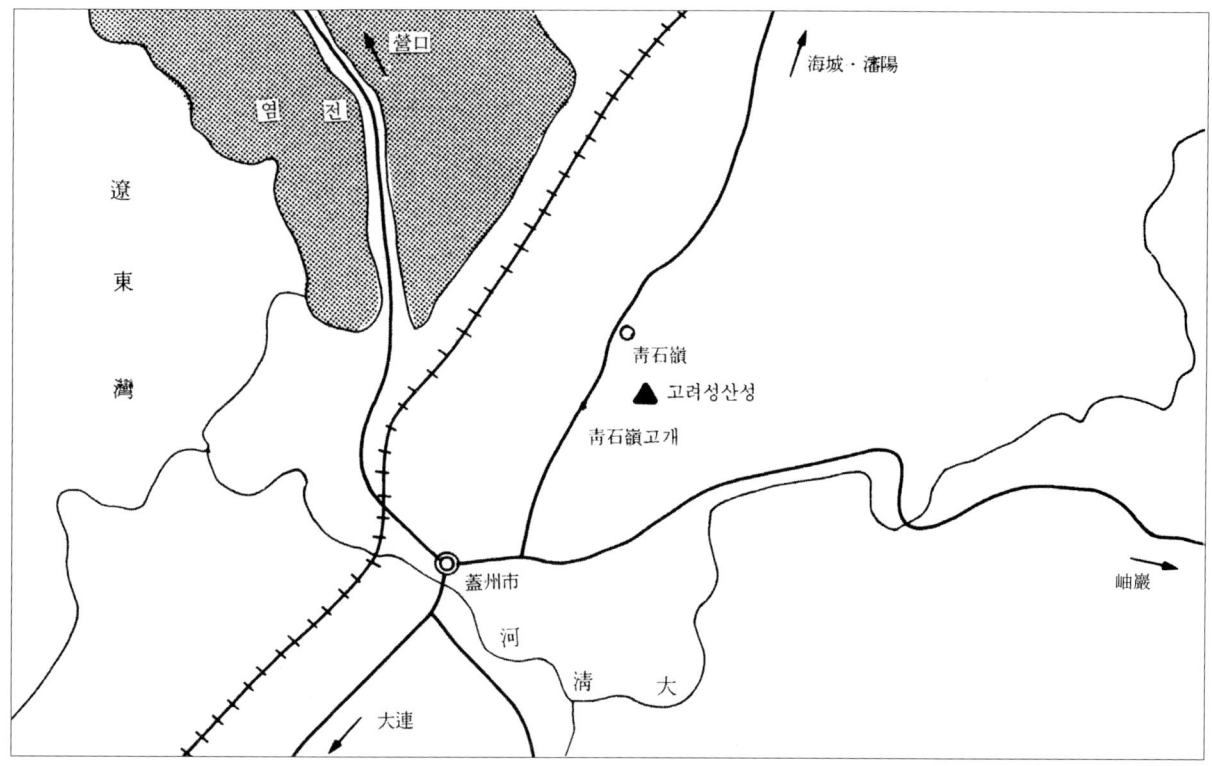

그림 1 고려성산성 위치도(30만분의 1)(여호규, 1999, 339쪽)

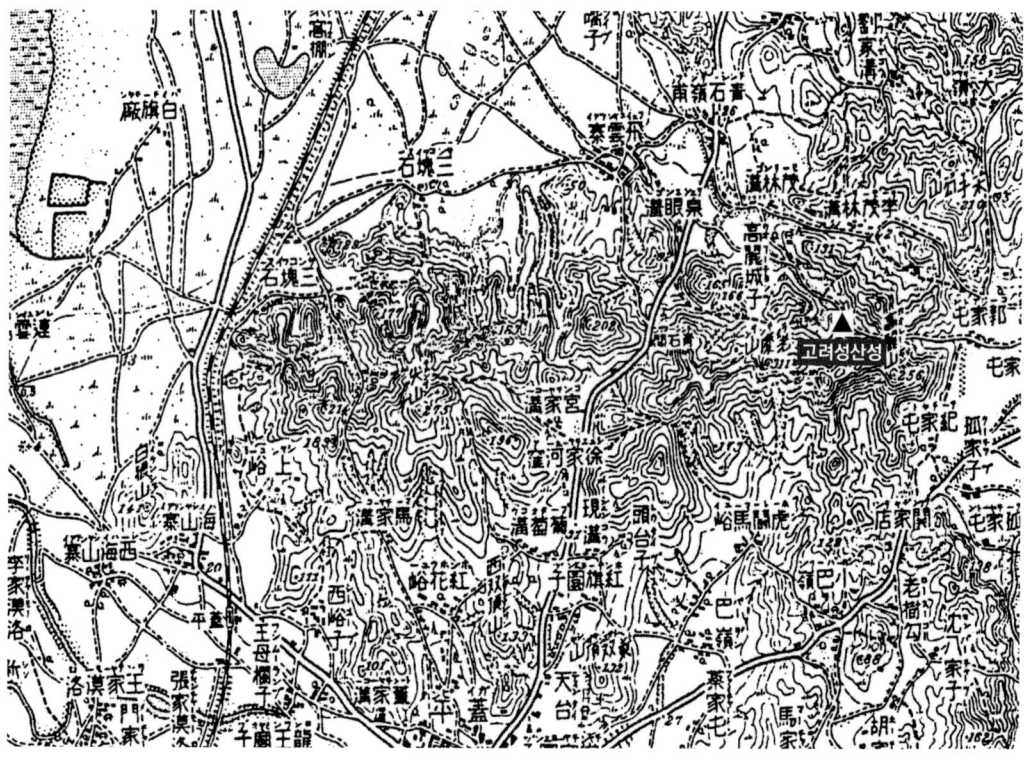

그림 2 고려성산성 주변 지형도(滿洲國 10만분의 1 지형도)

2. 위치와 자연환경(그림 1~그림 2)

1) 지리위치
○ 蓋州市 동북 7.5km[1] 떨어진 靑石嶺鎭(駐腰嶺子村) 靑石關堡鎭 高麗城子村의 동쪽 산에 위치함. 동쪽 산은 石城山 또는 高麗城山이라고도 부름. 산과 촌락의 이름은 모두 성에서 유래함.
○ 산성 서문 밖은 高麗城子村, 동문 밖은 團甸鄕인데, 촌과 산성과의 거리는 약 3km임. 성 남쪽 산 아래는 郭家屯村임.
○ 산성 서쪽으로 멀지 않은 곳에 蓋州에서 大石橋로 가는 202國道가 있고, 6km 떨어진 지점에 瀋大고속도로가 있음. 산성에서 서북쪽으로 약 30km 떨어진 지점에는 營口市, 남쪽으로 7.5km 떨어진 지점에는 蓋州市, 서쪽으로 12km 떨어진 지점에는 渤海灣, 서북쪽으로 31km 떨어진 지점에는 遼河口, 동남쪽으로 5km 떨어진 지점에는 大淸河, 동쪽으로 31km 떨어진 지점에는 大石橋市 海龍川 高句麗山城, 남쪽으로 42km 떨어진 지점에는 赤山山城, 북쪽으로 110km 떨어진 지점에 遼陽이 있음. 날씨가 좋을 때 높은 곳의 성벽 위에 서면, 서남쪽으로는 蓋州市, 서쪽으로는 渤海灣, 동남쪽으로는 大淸河, 서북쪽으로는 遼河 河口와 營口市를 볼 수 있음.
○ 성 바깥 高麗城子村 서쪽 1.5km 떨어진 泉眼溝村에 고분군이 있음.
○ 서남쪽으로 2.5km 떨어진 지점에 明代의 蓋縣 靑石關堡遺址가 있음.

2) 자연환경
○ 서쪽 골짜기를 통해 성 내부로 진입할 수 있는데, 골짜기 입구 남북 양측에 해발 300m 전후의 老靑山(남쪽)과 老慶山(북쪽)이 있음. 두 산에서 동쪽으로 기다랗게 뻗은 산줄기가 남북 양쪽에서 타원형을 이루며 산성을 감싸다가, 골짜기 입구 맞은편인 동남쪽에서 약간 낮은 고개를 이루며 만남. 老慶山에서 뻗은 북쪽 산줄기는 일직선으로 그다지 험준하지 않은 반면, 老靑山에서 뻗은 남쪽 산줄기는 암벽으로 이루어져 매우 험준함. 高麗城山城은 골짜기를 제외한 사방이 산등성이로 둘러싸여 있고, 내부에는 평지가 넓게 펼쳐진 천혜의 요새임.
○ 산성 동벽의 남단은 산성 남부의 산맥과 접해 있는데, 그 결합 부분에는 크고 높은 산언덕이 있음. 동벽 꼭대기에 서서 북쪽에서 남쪽을 바라보면, 이 산언덕이 성 안쪽 깊숙이 위치해 있고, 성 안쪽으로 기울여져 있는 지세임을 알 수 있음.
○ 서남 산봉우리는 해발 300m임. 산세는 매우 험준함. 산성에 있는 산들은 千山山脈 서부 支脈에 속함.
○ 성내 지세는 동남이 높고, 서북이 낮음.
○ 성내 안에는 민가가 있고, 대부분의 토지는 과수원으로 경작됨.
○ 서벽에서 동쪽을 바라보면, 산성 중앙에 있는 金殿山 후방이 山坳이고, 두 줄기의 산등성이가 남북 兩翼으로 뻗고 있음을 볼 수 있음.
○ 산성 동남쪽에는 大淸河와 蓋平河가 있음.

3. 성곽의 전체현황(그림 3)

○ 明淸대에 편찬된 『遼東志』, 『全遼志』, 『蓋平縣志』 등에서는 '石城'으로 기록함. 『蓋平縣志』에 따르면 淸代 주민들은 '高麗城'이라고 불렀다고 함. 성은 이 외에도 靑石嶺山城, 石城山山城 등으로 불림.
○ 형식은 포곡식(簸箕型) 산성임.
○ 산성 평면은 불규칙한 장방형임. 남북 길이는 1,300m, 동서 길이는 1,500m로, 전체 둘레는 약

---

[1] 馮季昌·孫進己·馮永謙(1987)과 馮永謙(1997) 등은 15里로 기록함.

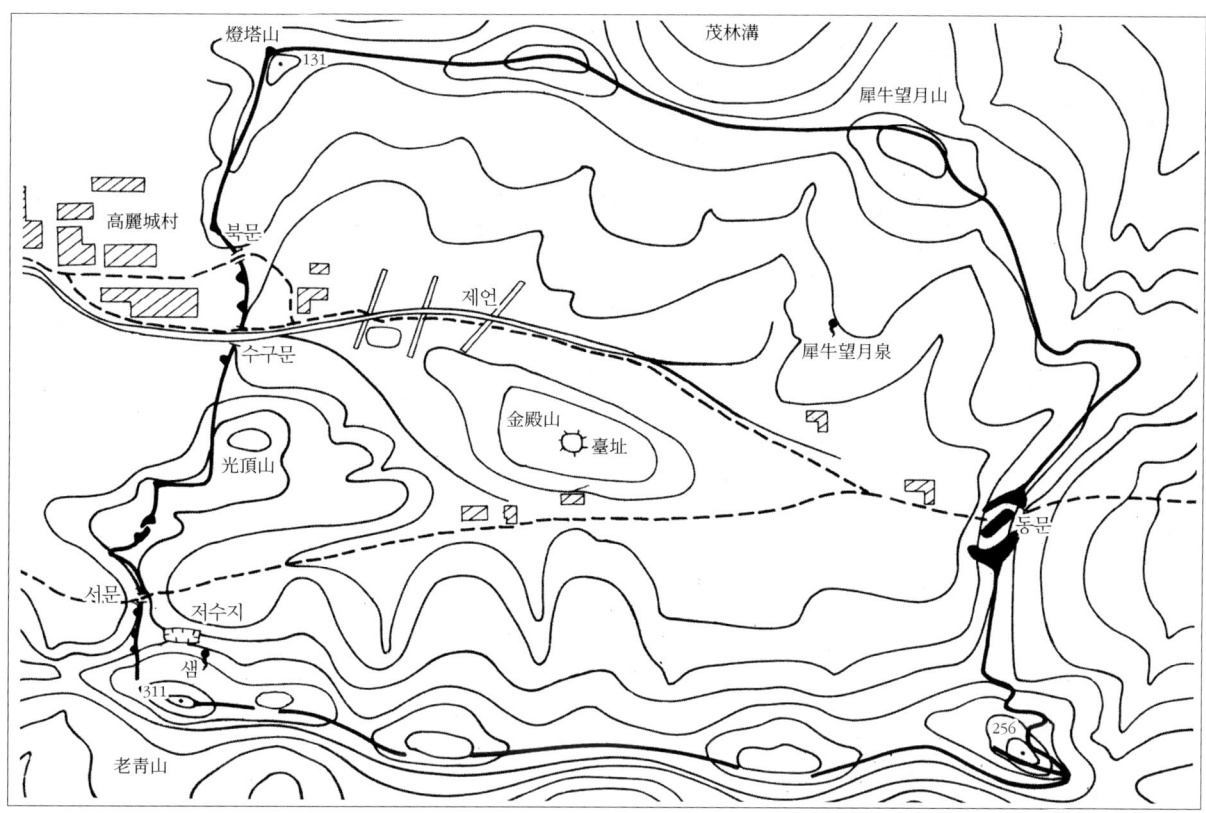

그림 3 고려성산성 평면도(王綿厚, 2002, 84쪽)

5km 정도임.[2] 면적은 195만 m²임.

○ 성벽, 성문, 망대, 치, 水口門, 제언(土壩), 저수지, 우물, 샘 등이 남아 있음.

4. 성벽과 성곽시설

1) 성벽

○ 성벽은 산세를 따라 산등성이나 바깥쪽 비탈에 축조함.

○ 성벽은 인공 축성과 산등성이를 이용한 천연 축성을 상호 결합함. 그중 인공적으로 축성한 성벽은 흙을 다진 토축과 석축으로 구성. 남벽 이외에 동벽, 서벽, 북벽 등에 모두 흙을 다진 성벽이 남아 있음. 서벽 중간 구간은 흙을 다진 토벽의 보존상태가 비교적 좋은데, 길이가 180m 정도, 높이는 20m 정도 남아 있음. 석축 성벽의 일부는 높이가 2m를 넘음.

○ 성돌은 불규칙한 장방형 깬돌로 일반적으로 길이 60cm, 너비 40cm, 두께 20cm임. 작은 돌의 경우는 길이 50cm, 너비 30cm, 두께 20cm임. 성돌은 泥片 巖계로(林直樹, 1994)[3] 주변에서 구했는데, 현재 서남문 바깥에는 채석장이 있음. 성돌 사이는 황토와 깬돌

---

[2] 鳥田好는 6km라고 기록. 孫進己·馮永謙(1989), 孫力(1994), 陳大爲(1995), 崔艶茹·馮永謙·催德文(1996), 馮永謙(1997) 등은 10리라고 기록함. 馮季昌·孫進己·馮永謙(1987)은 둘레 길이 10여 里, 동서 직경 3里, 남북 약 2里 반으로 기록함.

[3] 王禹浪·王海波(2009)는 석질이 風化石으로 위패산성에서 보이는 화강암과 다르고, 철광을 포함하고 있어서 홍색을 띤다고 기록함.

로 틈을 메웠음(王禹浪·王海波, 2009).
○ 비교적 보존이 양호한 벽면은 殘高 1.6～1.7m, 기단부 너비 4.25～4.5m, 정상부 너비 1.5～2.3m임.
○ 성벽은 대부분 바깥이 높고 안쪽이 낮으며, 일부 험준한 곳에는 안측에 圍墻을 축조함.

(1) 동벽
○ 동벽은 주로 남·북 양좌의 높은 산에서 뻗어 나온 산등성이를 따라 축조함. 산등성이 위에 돌로 성벽 기초를 쌓고, 그 위에 흙을 다져서 성벽을 축조하였는데, 한 층은 황토, 한 층은 깬돌 혹은 깬돌이 들어간 황토를 다져서 층층이 축조함. 다져진 층은 6～7cm임. 토질은 불순함.
○ 동벽 남단은 산의 험준함을 이용하면서 성벽을 축조하지 않음.

(2) 서벽
○ 서벽 가운데에서 남쪽으로 치우친 지점에 있는 높이 100m의 작은 산이 서벽을 두 부분으로 나누고 있음. 이 산봉우리는 험준하고, 토층은 비교적 얕으며, 들풀들이 무성하고, 나무가 없어서, 오르기가 쉽지 않음. 서벽 南段에서 남쪽으로 뻗어 나온 산등성이와 북쪽으로 뻗어 나온 산등성이를 따라 성벽을 축조함.
○ 서벽 남단-중부의 산봉우리 구간은 작은 산에서 남쪽으로 뻗어 나간 산등성이와 南山에서 북쪽으로 뻗어 나간 산등성이를 따라 축조함. 대부분 돌로 쌓았는데, 성돌 사이의 틈은 황토나 깬돌로 채워 넣었음. 성벽은 들여쌓기를 채용함. 성돌은 화강암이 아닌 현지에서 구할 수 있는 돌인데, 약간 홍색을 띠고 있음. 이 구간은 성벽을 산등성이 위에 축조하지 않고, 산등성이 바깥 비탈에 축조함. 이 구간에서는 두 곳에 성벽이 잘 남아 있는데, 성벽의 윗너비는 3m 정도이고, 잔고는 2～4m 정도임. 성벽 바깥에는 성돌이 많이 흘러 내린 모습을 볼 수 있음. 서부의 작은 산 남북 양측 모두 산 정상부를 이용해서 環壕를 축조하였는데, 環壕 바깥에는 가공하지 않은 돌을 쌓아서 방어를 강화하고자 함. 성벽 위에는 1.3～2m 간격으로 돌구멍(柱洞)이 있는데, 41×36cm의 방형이고, 깊이는 30～40cm임. 두 구간의 석벽 남측에서는 지세가 점차 낮아지는 모습이 보이는데, 동벽과 마찬가지로 낮은 산등성이 위에 황토와 깬돌을 다져서 성벽을 축조함.
○ 중부의 산봉우리-북단 구간은 지세가 가장 낮은 곳이기 때문에, 성 안의 샘이 모여 형성된 시내가 이곳에서 밖으로 흘러나감. 성벽은 많이 보이지는 않는데, 北山과 西墻孤山을 연결하는 거대한 토축성벽을 볼 수 있음. 높이는 10m에 가까움. 斷層에서는 다져진 층을 명확하게 확인할 수 있는데, 그 층의 두께는 10～15cm임.
○ 서쪽 골짜기 입구에는 점토질이 혼합된 황갈색 사질토를 9cm 전후로 층층이 다지면서 쌓아 올렸는데, 허물어진 단면에는 횡으로 결을 이루는 성벽 층위가 명확하게 드러나 있음. 성벽은 아랫 너비 60～100m, 높이 20～30m임. 완만한 경사를 이루면서 좌우 산등성이와 자연스럽게 이어지기 때문에 외부에서 보면 산등성이와 성벽을 쉽게 구별하기 어려움. 서문이나 수구문 부근 성벽 아래쪽에 돌과 자갈이 흩어져 있고 특히 서문 바깥쪽 성벽 아래에 할석을 2m 정도 겹겹이 쌓아 올린 것을 볼 때, 토축성벽을 구축하기 전에 자갈·돌·할석 등으로 성벽 기초를 다졌을 것으로 추정됨(여호규, 1999).

(3) 북벽
○ 비교적 평평하고 곧은 산등성이에 축조함.
○ 대부분 깬돌로 축조한 석축이며, 북벽 서단에 토축성벽을 확인할 수 있음(林直樹, 1994).[4]

---

[4] 辛占山(1994)은 남북 산등성이 모두 장방형 성돌로 축조하였고, 殘高는 3m, 기단부 너비는 5m라고 기록함.

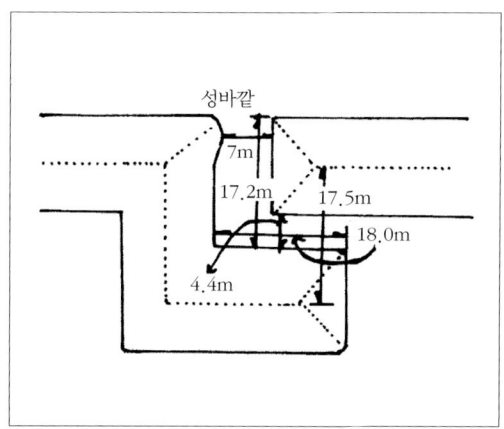
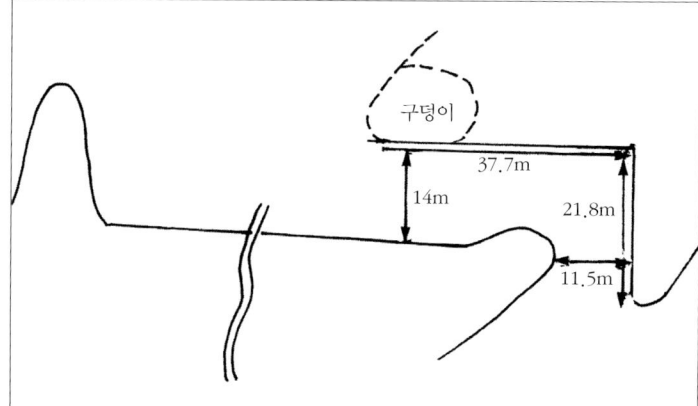

그림 4 고려성산성 서북문(좌)과 서남문(우) 평면도(松波宏隆, 1996)

(4) 남벽

○ 대부분 돌로 축조하였는데, 남벽 동단은 수직절벽을 천연성벽으로 삼거나 일부 정상부를 따라 석축 성벽을 축조함. 산비탈을 깎은 공법이 보이는데, 외벽만 돌을 쌓고 내벽은 돌을 쌓지 않았음.

○ 老靑山 - 남문의 남벽 서단은 흙으로 성벽을 축조. 남문 부근 성벽 단면에는 9cm 전후의 두께로 층층이 다져 쌓은 토벽 층위가 남아 있음.

2) 성문

성문은 본래 서문 2개, 남문 2개, 동문 1개 등 5개가 있는 것으로 알려졌으나(林直樹, 1994 ; 여호규, 1999),[5] 2015년 조사에서는 6개가 확인되었다고 함(王飛峰, 2016).

(1) 서북문(그림 4의 좌)

○ 서쪽 골짜기 입구를 가로질러 쌓은 토축성벽 북단에 있음. 정문임.

○ 서벽의 북쪽 성벽을 바깥으로, 남쪽 성벽을 안으로 나란히 교차되도록 축조한 다음, 그 사이에 문길을 조성하고 성벽과 수직 방향으로 성문을 구축함. 두 성벽이 교차하는 지점에서 안쪽으로 10여 m 이상 들어온 지점에 성문을 구축하면서 옹성구조를 갖추고 있음. 더욱이 서벽을 골짜기 안쪽에 구축하여 남북 양측의 老靑山과 老慶山이 전체적으로 서벽을 감싸면서 천연옹성구조를 이루도록 하는, 즉 인공적인 內甕과 자연적인 外甕이 일체를 이루는 옹성구조를 갖추고 있음(여호규, 1999).

○ 흙으로 다져진 북벽은 높고 큰데, 殘高 15m, 정상부 너비 2.4~3m, 기단부 너비 10m임. 다져진 흙층 두께는 8~10cm이고, 다져진 층 사이에 棍孔이 있음.

○ 지세가 가장 낮은 부분으로 서북문의 남측에 수구문이 있어, 성 안의 물이 이곳으로 흘러나감. 현재 성 안으로 차량이 진입할 수 있는 도로가 형성되어 있음.

(2) 서남문 (그림 4의 우)

○ 서벽 남쪽 양측 석벽 사이의 토축성벽에 위치하고 있음.

○ 4~6cm 크기의 자갈돌이 들어간 흙, 흑갈색과 적갈색 흙을 번갈아가면서 단단히 굳힌 흙, 25cm 전후의

---

5 동문 1개, 서문 2개 등 3개라는 기록(馮季昌·孫進己·馮永謙, 1987 ; 孫力, 1994 ; 李殿福, 1994 ; 崔艶茹·馮永謙·催德文, 1996 ; 馮永謙, 1997 ; 王綿厚, 2002 ; 魏存成, 2002 ; 王禹浪·王宏北, 2007 ; 王禹浪·王文軼, 2008 ; 國家文物局, 2009 ; 王禹浪·王海波, 2009 ; 崔艶茹, 2009 ; 王禹浪·王文軼, 2011), 동문 1개, 서문 3개 등 4개라는 기록(辛占山, 1994)이 있음.

큰 돌멩이가 섞인 흙 등으로 축조함.
○ 翼墻, 內城, 옹성 구조를 갖추고 있음.
○ 문벽은 殘高 15~20m, 기단부 너비 10~15m임.
○ 굽어 돌아 가야만 성내로 진입할 수 있어서 방어에 유리함.

(3) 동문
○ 동벽에서 북쪽으로 치우친 산골짜기 입구에 위치함.
○ 지세가 비교적 높음.
○ 성문 양 옆에는 황토·깬돌을 다져서 축조한 翼墻이 있는데, 두 줄기의 翼墻은 앞뒤로 교차 배열되어 있고, 그 중간에는 5~6m의 트인 곳(缺口)이 있어 출입이 가능함.
○ 성벽과 翼墻은 기본 너비가 10m에 가깝고, 현재 성문 밖 높이는 3~4m 정도이며, 남북 방향으로 점차 높아짐.
○ 성문 가운데에는 남북 방향의 격벽(隔墻, 檔門墻)이 축조되었는데, 影壁(밖에서 대문 안이 들여다보이지 않도록 대문을 가린 벽)과 같음. 격벽(隔墻)의 규모와 관련해서 길이 30m·너비 10m(辛占山, 1994), 길이 20m·너비 15m·높이 10m(崔艶茹·馮永謙·催德文, 1996 ; 崔艶茹, 2009), 길이 50m·너비 15m(王綿厚, 2002)라는 기록이 있음. 隔墻의 축조로 방어가 더욱 강화됨.
○ 翼墻과 안쪽 성벽에는 옹성 구조가 형성됨(陷入形 옹문).

(4) 남문
○ 老靑山의 능선에 위치함.
○ Z자 모양으로 굴곡한 옹문임.
○ 잔고 4m, 아래 너비 10m임.
○ 적갈색 자갈이 섞인 곳, 적갈색과 회갈색 흙을 번갈아 층층이 다져 쌓은 곳이 있음.

(5) 남서문
○ 老靑山의 능선에 위치함.
○ Z자 모양으로 굴곡형 옹문임.

(6) 2015년 발굴 내용
4호 문지의 옹성은 성내에 설치됨. 옹성의 형태는 곱자형임. 옹성 성벽에서 판축 흔적은 명확히 보이지 않음.

3) 망대
○ 성벽의 네 모서리 모두 성벽보다 높은데, 일부는 2층의 호형 石基가 남아 있음. 망대(角樓) 같은 시설물이 축조되었던 것으로 추정됨.
○ 모서리 정상부와 네 주위에는 灰層, 홍색승문 암키와, 방격문 암키와 및 무늬가 없는 수키와 등이 출토됨. 아울러 지압문이 있는 승문기와편도 출토됨.

4) 將臺
○ 산성 내부 중앙에는 金殿山이라고 불리는 작은 산이 있음. 金殿山의 동서 길이 200m, 남북 너비 100m, 높이 약 15m임(王綿厚, 2002 ; 王禹浪·王文軼, 2008 ; 王禹浪·王海波, 2009 ; 王禹浪·王文軼, 2011).[6]
○ 金殿山 정상 중앙부에서 서쪽으로 치우친 지점에 방형에 가까운 臺址가 있는데, 남북 길이 7m, 동서 너비 5m이고, 주위에는 돌들이 쌓여져 있음. 이 臺址는 건물지로 추정되는데, 이곳에 서면 성 내부의 평평한 대지와 성을 둘러싼 산등성이를 거의 모두 관찰할 수 있을 뿐만 아니라, 서벽 너머 遼東灣까지 한눈에 들어온다는 점에서 장대로 추정됨. 당시 고려성산성의 중요 건물지 중의 하나일 것이며, 사용 기간은 비교적 길 것으로 추정됨.
○ 대량의 수키와와 암키와가 출토되었고, 와당에 연결

---

6   동서 길이 100m, 남북 너비 12m, 높이 20m라는 기록이 있음(崔艶茹·馮永謙·催德文, 1996 ; 崔艶茹, 2009).

된 수키와 잔편이 발견되었음. 한편 金殿山 서쪽 산기슭에 승문홍색기와, 회색토기편, 승문회색벽돌이 출토됨. 출토된 유물들은 남북조 혹은 수당시기에 고구려에서 제작한 것으로 추정됨. 유물들은 대체로 海城 英城子山城에서 출토된 유물과 비슷함.

5) 치
경사가 완만한 남문 부근 동측에 흙으로 축조한 치가 있음.

6) 水口門
○ 두 서문 사이에 수구문이 있어, 성 내부의 물이 밖으로 흘러나감.
○ 수구문은 성 안 마을로 통하는 진입로에 의해 거의 파괴됨. 다만 진입로 양측에 깬돌이 많이 쌓여 있는 것으로 보아, 돌로 성벽기초를 튼튼하게 다진 것으로 추정됨(여호규, 1999).

7) 재구덩이(灰坑)
2015년 조사 당시 재구덩이가 발견되었다고 함(王飛峰, 2015).

5. 성내시설과 유적

1) 건물지
○ 金殿山 동남측에 대형 건물지가 있음. 건물지는 동서 방향으로 남쪽에서 북쪽을 바라보는 형세임. 건물은 한 세트일 가능성이 있으며, 길이는 약 28m, 너비 약 9m임. 건물지의 길이는 100m에 근접한데, 이와 같이 규모가 큰 건물지는 국내외 기타 고구려 성지에서 보이지 않음. 건물지의 臺基는 재 슬래그(爐渣), 작은 철덩이(小鐵塊), 목탄 등이 섞인 灰土를 깔아 조성했음(王飛峰, 2015).

○ 성내 서벽 가운데 부분에 지역주민이 흙을 파내면서 생긴 트인 곳(豁口)이 있는데, 갈라진 틈 단면에서 문화층을 볼 수 있음. 지표에서 1.1~1.2m 깊이에 있고, 두께는 0.6m임. 상층은 돌이고, 하층에는 燒土·목탄·소량의 燒石·燒泥가 있음. 1964년 조사 당시 북면에서는 많은 홍색 승문 기와편과 방격문 기와편, 남면에서는 철제찰갑편, 절벽 남단에서는 회색의 손잡이가 있는 토기편(灰色帶耳)이 발견되었다고 함. 아마도 이곳에 주거지가 있었던 것으로 추정됨.
○ 남문 안쪽에 적갈색 기와편이 층위를 이룰 정도로 퇴적되어 있는 것으로 보아, 건물이 있었을 것으로 추정됨. 또한 성 내부의 평지는 요하 유역 고구려산성 가운데 가장 넓은 편으로, 고구려시기에는 평지 곳곳에 건물과 주거지가 산재하였을 것으로 추정됨(여호규, 1999).

2) 제언(土壩) [7]
○ 金殿山 북부에 남북 방향의 제언(土壩, 吊橋杠이라고도 불림)이 있음.
○ 제언의 규모는 길이 70m, 높이 15m, 기단부 너비 30~35m임(國家文物局, 2009 ; 崔艷茹, 2009). [8]
○ 위치한 지세는 동쪽이 높고, 서쪽이 낮으며, 중간은 저지대임.
○ 제언은 남쪽으로 金殿山과 연결되어 있고, 북쪽은 북벽의 남쪽 산비탈과 연결되어 있음.
○ 제언 사이로 트인 곳(豁口)이 있는데, 너비는 약 20m임. 촌내 통행이 가능하도록 파내져서 현재 차도로 이용되고 있음.

---

[7] 차단벽으로 파악하기도 함(辛占山, 1994 ; 여호규, 1999).
[8] 길이 30m, 너비 10m라고도 파악함(辛占山, 1994). 제언의 높이가 0.6m라고도 함(崔艷茹·馮永謙·催德文, 1996 ; 王綿厚, 2002 ; 王禹浪·王文軼, 2008 ; 王禹浪·王海波, 2009 ; 王禹浪·王文軼, 2011).

○ 트인 곳 북쪽의 절단된 벽에서 다져진 흙층을 볼 수 있는데, 다져진 층은 높이 3.5m, 너비 5m임. 그 서쪽은 전부 土堆임. 다져진 흙층을 통해 인공적으로 축조한 격벽(隔墻)임을 확인할 수 있음. 북측 단면은 점토질이 섞인 황토를 층층이 다져 둥그스름하게 쌓아 올리고 바깥쪽 하단에 돌을 깔아 기초를 다진 다음, 그 위에 자갈이나 할석이 섞인 흙을 성토함. 남측 단면은 깬돌과 자갈이 섞인 황갈색 사질토를 성토하였는데, 중간 부분에 자갈을 12cm 두께로 두 겹 쌓았음.
○ 제언은 山水의 흐름을 막아 저장하여, 산성 안의 人馬에 물을 제공하기 위해 축조된 것임. 제언 안쪽에 형성된 분지는 남북 너비 200m, 동서 길이 300m인데, 인공적으로 만든 저수지임. 부근의 작은 河岸 灘地에는 승문 홍색 기와와 승문 회색 벽돌 등이 남아 있음.

3) 저수지
○ 金殿山과 서벽 水門 사이, 즉 서문 안 20m 지점에 구덩이가 있는데, 저수지임. 길이와 너비는 20m이고, 수심 깊이는 약 3m임.
○ 지역주민은 '萬人坑' 혹은 '飮馬灣'이라고 부름.

4) 샘
○ 샘은 5개가 있음(孫力, 1994 ; 李殿福, 1994 ; 東潮 · 田中俊明, 1995 ; 崔艷茹 · 馮永謙 · 催德文, 1996 ; 國家文物局, 2009 ; 崔艷茹, 2009).[9]
○ 북쪽 성벽 남쪽 비탈 중단, 저수지, 제언 동북 산비탈, 성 서남각 산기슭, 金殿山 서북 약 100m 떨어진 지점의 평지(蛤蟆塘) 등에 있음.
○ 샘의 직경은 일반적으로 40~60cm임.

○ 구조는 간단한데, 일부는 돌로 우물 입구를 만듦.[10]
○ 천연샘으로 현재도 주민들의 식수로 사용됨.

6. 출토유물

1) 철기
○ 철제등자, 편자, 가래, 수레바퀴 굿대축 등이 출토.
○ 1973년에는 철제솥, 철제단지, 철제화살촉 등이 출토.
○ 1964년 성내 서벽 중부의 트인 곳(豁口) 남면에서 철제찰갑편이 출토되었음. 모두 장방형이고, 크기는 8.8×2.2×0.2cm이며, 변에 구멍이 뚫어져 있음.

2) 기와
○ 성 내에서 홍색 방격문 기와, 승문 기와편이 출토되었는데, 고구려유물의 특징을 갖추고 있음. 가장 집중적으로 출토된 지점은 金殿山에서 서북쪽으로 100m 떨어진 평지와 저수지임.
○ 금전산 동남쪽 건물지 부근에서 고구려 연화문와당 잔편(약 1/6)이 채집되었음.
○ 4호문 근처 서벽 내측에서 고구려 연화문 와당 잔편(약 1/4)이 채집되었음(그림 5).

3) 토기
호(陶罐), 솥(陶釜) 등이 출토됨(王飛峰, 2015).

4) 석기
○ 성내에서 고구려 돌절구(石臼)와 돌절굿공이(石杵) 등이 대량 채집되었는데, 절구는 다른 고구려 성지에서 보이지 않았던 것임. 산성의 성격 혹은 인구 수와 일정 관계가 있을 가능성이 있음(王飛峰, 2015 · 2016).

---

9 2개라는 기록(辛占山, 1994), 4개라는 기록(王綿厚, 2002 ; 王禹浪 · 王文軼, 2008 ; 王禹浪 · 王海波, 2009 ; 王禹浪 · 王文軼, 2011) 이 있음.

10 2007년 조사 당시 지역주민은 우물이 3개 있다고 말하였고, 조사자는 2개를 찾았다고 함(王禹浪 · 王海波, 2009).

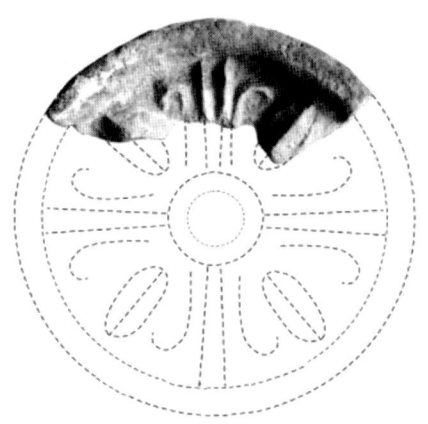

그림 5 고려성산성 출토 연화문와당(1/4) 복원도

○ 숫돌(砥石)이 출토됨(王飛峰, 2015).

5) 기타
○ 성 안의 경작지에서 승문 벽돌로 쌓은 漢代의 묘장이 발견됨.

○ 성 바깥 高麗城村으로부터 서쪽 1里의 寶泉溝村 북쪽 100m 지점과 서쪽 1km의 泉眼溝村에 고분군이 있음. 전자의 고분군에서는 길이 36cm, 너비 17cm, 두께 0.6cm의 회색 승문 벽돌과 회색 분(盆), 회색 단지편이 출토되었는데, 漢(後漢)魏의 유물로 추정됨. 후자의 고분군에서는 홍색 기와, 승문 벽돌, 동제고리 등이 출토되었는데, 고구려의 약간 늦은 시기 유물로 추정됨. 부근의 朱甸댐 동남측에서 漢·魏 및 고구려 유적이 발견되었음(王飛峰, 2015).

7. 역사적 성격

1) 지정학적 위치
遼河 河口에서 남쪽으로 復州河·復州灣까지는 비교적 큰 규모의 고구려 성곽이 다수 존재하고 있는데, 그 가운데 규모가 가장 큰 산성이 蓋州 高麗城山城임. 이 일대는 沿海·沿河 지역이어서, 교통이 편리하고, 평원 토질이 비옥하여 농업재배에 적합함. 한편 營口지역의 산지에는 철광석이 많이 생산되었는데, 발해와 遼代에 鐵州가 설치되기도 함. 高麗城山城이 위치한 곳은 遼河 河口 左岸의 산지와 바다에 접한 평원이 서로 만나는 부분임.

이곳에서 서쪽으로 나아가면 遼東灣을 따라 遼河 河口까지 바로 도달할 수 있음. 또한 동북 방면으로는 평원을 따라 遼東城까지 도달할 수 있음. 퇴각시에는 동남쪽 산기슭을 따라 團甸을 지나 산세가 험한 千山山脈으로 들어갈 수 있음. 이처럼 高麗城山城은 요동평원과 요동반도 경계지대의 전략적 요충지로 요동평원이나 요동반도에서 상대편으로 나아가려면 반드시 거쳐야 했음.

2) 역사지리 비정과 그 성격
상기와 같은 고려성산성의 지정학적 위치 때문에 八木奘三郞 이래 많은 연구자들이 개주 고려성산성을 고구려의 건안성으로 비정함.[11] 『新唐書』地理志에 인용된 가탐의 『道里記』에 따르면, "建安城은 安東都護府에서 서쪽으로 300里 떨어져 있고, 원래 平郭縣이다"라고 함. 『翰苑』 번이부 고려전에 인용된 『高麗記』에도 "平郭城은 지금의 建安城이고, 나라 서쪽에 있다. 漢의 平郭縣이다"라는 기록이 있음. 이러한 문헌기록을 바탕으로 종래 고려성산성을 漢代 平郭縣의 치소로 비정하기도 했음.

다만 蓋州 시가지의 蓋縣縣城 하층에서 漢代 古城인 下古城址가 발견된 이래 漢代 平郭縣의 치소는 하고성지로 비정되고 있음. 이로 보아 고구려가 요동평원으로 진출한 다음 처음에는 漢代의 평지성인 하고성지를 활용하다가 그 부근에 고려성산성으로 비정되는 건

---

[11] 李文信, 1962 ; 辛占山, 1994 ; 王綿厚, 1994·2002 ; 李殿福, 1994 ; 東潮·田中俊明, 1995 ; 陳大爲, 1995 ; 孫進己·馮永謙, 1989.

안성을 축조했다고 파악됨. 실제 개주 하고성지에서는 고구려시기의 기와가 출토되었는데, 고구려가 요동평원으로 진출한 다음 재활용하였음을 보여줌.

645년 6월 당의 太宗은 요동성과 백암성을 함락시킨 다음, "安市城은 견고하여 공격하기 어려우니, 建安城을 먼저 치자"고 했으나, 장수 李勣은 "安市城을 건너 建安城을 공격하면 보급로가 끊긴다"고 주장하며 반대하였음. 또한 645년에 당의 張亮은 산동반도의 東萊에서 발해만을 건너 卑沙城을 함락시킨 다음 建安城으로 진공했다고 하며, 營州都督 張儉은 요하 하류를 도하해 建安城을 공격했다고 함. 建安城이 安市城으로 추정되는 海城 英城子山城 남쪽, 대흑산성으로 비정되는 卑沙城의 동북에 위치했다는 것인데, 蓋州 高麗城山城의 입지 조건과 부합함. 이상의 제반 고고자료와 문헌사료를 종합하면 고려성산성은 고구려의 건안성임이 거의 명확함.[12]

한편 요동평원에서 千山山脈을 넘어 압록강 일대로 향하는 교통로는 本溪-鳳城路(細河-草河路), 海城-岫巖路(沙鐵河-大洋河路), 蓋州-莊河路(大淸河-碧流河路) 등 세 루트가 있는데, 高麗城山城은 가장 아래쪽 루트인 蓋州-莊河路(大淸河-碧流河路)의 길목에 위치함. 高麗城山城은 군사전략상으로 요동평원과 요동반도의 경계지대이면서 요동평원-압록강 일대 루트의 길목이라는 이중적인 기능을 지니고 있음. 그러므로 高麗城山城은 海城 英城子山城이나 燈塔 白巖城보다 군사적으로 더 중요한 위치를 차지했을 것임. 더욱이 이들 각 루트의 성곽들이 유기적으로 연결되어 입체적 군사방어체계를 구성하고 있었다는 사실을 염두에 둔다면, 高麗城山城은 군사전략적으로 遼河 남부지역에서 핵심 역할을 수행하였다고 추정됨.

蓋州의 下古城址로 비정되는 漢代의 平郭縣에 '鐵官', '鹽官'이 설치되었다는 점을 고려하면, 高麗城山城은 지방지배라는 측면에서 주변의 다른 산성보다 중요하였을 것으로 추정됨. 이와 관련하여 총 둘레가 5km를 넘는 초대형 산성이면서 내부에 평지가 넓게 펼쳐진 점과 산성 바로 앞쪽에 遼河 河口가 위치한 점이 주목됨. 이러한 사실을 고려할 때, 建安城으로 비정되는 蓋州 高麗城山城은 고구려시기에도 漢代 平郭縣처럼 철산지와 소금산지 혹은 주변 일대의 소금과 철을 총괄하는 중요한 기능을 수행하였다고 추정됨.

따라서 建安城은 요동지역에서 가장 중요한 軍事重鎭이자 지방 지배를 위한 거점이었다고 파악됨. 唐이 고구려를 멸망시킨 다음 安市城에는 安市州라는 羈縻州를 설치한 반면, 建安城에는 遼城州都督府를 설치한 遼東城처럼 '建安州都督府'라는 '都督府'를 설치한 것은 바로 이를 반영함. 建安城은 고구려시기에 최소한 處間近支 이상이 파견된 주요 지방 거점성이었다고 추정됨(여호규, 1999).

특히 〈高欽德墓誌銘〉에 따르면 고구려 유민인 高欽德의 증조인 高瑗과 조부인 高懷가 建安州 都督을 지냈다고 함. 고흠덕의 활동시기(677~733)를 고려하면, 증조인 고원은 7세기 초중반에 활동한 인물로 그가 역임한 建安州 都督은 당의 도독에 비견되었던 고구려 최고위 지방장관인 褥薩로 파악됨(拜根興, 2012; 권은주, 2014). 조부인 고회가 역임한 建安州 都督도 고구려 지방관일 가능성이 높음. 이로 보아 建安城에는 7세기에 최고위 지방장관인 褥薩이 파견되었을 가능성이 높다고 추정됨.

고려성산성의 축조 시기는 대체로 고구려가 요동지역을 점령한 5세기 전후로 파악되는데(辛占山, 1994; 林直樹, 1994; 崔艷茹, 2009), 4~5세기(魏存成, 2011)

---

12 王禹浪·王海波(2009)는 각종 문헌에 建安城은 '險絶'하다고 기록된 반면, 蓋州 高麗城山城은 營口 지역의 다른 고구려산성에 비해 지세가 비교적 완만하다는 점에서 건안성으로 보기 힘들다고 파악함. 오히려 대형 산성, 遼河 하구 부근이라는 입지조건, 漢 安市縣과 湯池縣의 부근, 3~4만 명의 대규모 군대가 주둔할 수 규모, 풍부한 수원, 성 동남쪽의 土山, 唐 太宗이 공격한 성곽 동남면과 서면의 성벽과 각루의 존재 등과 같은 고려성산성의 특징이 안시성과 부합한다면서 안시성으로 비정했음.

또는 6세기 초나 그보다 빠른 시기(馮季昌·孫進己·馮永謙, 1987；李殿福, 1994) 등으로 추정하기도 함. 또한 고려성산성은 규모상 대형산성으로 주변에 대응되는 평지성이 존재할 가능성을 상정하기도 함(王飛峰, 2015, 2016).

참고문헌

- 馮季昌·孫進己·馮永謙, 1987, 「古城址」, 『東北歷史地理論著匯編』.
- 陳大爲, 1988, 「遼寧高句麗山城初探」, 『中國考古學會第五次年會論文集』, 文物出版社.
- 孫進己·馮永謙, 1989, 『東北歷史地理』, 黑龍江人民出版社.
- 陳大爲, 1989, 「遼寧境內高句麗遺跡」, 『遼海文物學刊』 1989-2.
- 孫力, 1994, 「遼寧的高句麗山城及其意義」, 『高句麗渤海研究集成』 高句麗 卷三, 哈爾濱出版社.
- 辛占山, 1994, 「遼寧境內高句麗城址的考察」, 『遼海文物學刊』 1994-2.
- 王綿厚, 1994, 「鴨綠江右岸高句麗山城研究」, 『遼海文物學刊』 1994-2.
- 李殿福 著, 차용걸·김인경 역, 1994, 『中國內의 高句麗遺蹟』, 學硏出版社.
- 林直樹, 1994, 「中國東北部の高句麗山城」, 『青丘學術論集』 5.
- 東潮·田中俊明, 1995, 『高句麗の歷史と遺跡』, 中央公論社.
- 陳大爲, 1995, 「遼寧高句麗山城再探」, 『北方文物』 1995-3.
- 松波宏隆, 1996, 「遼寧高句麗山城再探」, 日本高句麗山城研究會 발표문.
- 崔艶茹·馮永謙·催德文, 1996, 『營口市文物志』, 遼寧民族出版社.
- 馮永謙, 1997, 「高句麗城址輯要」, 『高句麗渤海硏究集成』 高句麗 卷3, 哈爾濱出版社.
- 여호규, 1999, 『高句麗 城』 Ⅱ, 國防軍史研究所.
- 王綿厚, 2002, 『高句麗古城研究』, 文物出版社.
- 魏存成, 2002, 『高句麗遺迹』, 文物出版社.
- 王禹浪·王宏北, 2007, 『高句麗·渤海古城址研究匯編』 (上), 哈爾濱出版社.
- 王禹浪·王文軼, 2008, 『遼東半島地區的高句麗山城』, 哈爾濱出版社.
- 國家文物局, 2009, 『中國文物地圖集』 遼寧分冊, 西安地圖出版社.
- 王禹浪·王海波, 2009, 「營口市靑石嶺鎭高句麗山城考察報告」, 『民族歷史』 2009-5.
- 崔艶茹, 2009, 「營口地區山城調査與檢討」, 『東北史地』 2009-3.
- 王禹浪·王文軼·王宏北, 2010, 「遼東半島高句麗山城槪述」, 『黑龍江民族叢刊』 2010-2.
- 王禹浪·王文軼, 2011, 「營口地區的高句麗山城」, 『哈爾濱學院學報』 2011-9.
- 魏存成, 2011, 「中國境內發現的高句麗山城」, 『社會科學戰線』 2011-1.
- 拜根興, 2012, 『唐代高麗百濟移民研究』, 中國社會科學出版社.
- 권은주, 2014, 「고구려유민 高欽德, 高遠望 부자 묘지명 검토」, 『대구사학』 116.
- 王飛峰, 2015, 「2015年度遼寧省蓋州市高麗城山城調査和考古發掘收獲」, 2015년 사회과학원 고고성과(25) (http://www.kaogu.cn/zixun/2015nianzhongguoshehuikexueyuankaoguyanjiusuotianyekaoguchengguoxiliebaodao/2016/0203/53000.html).
- 王飛峰, 2016, 「蓋州市高麗城山城」, 『中國考古學年鑑』.
- 遼寧省文物考古研究所. 홈페이지 田野考古 게시판 蓋州市高麗城山城(http://www.lnwwkg.com/news_list.asp?type2=43&type1=4).

06 개주 동쌍대촌 고려성산산성
蓋州 東雙臺村 高麗城山山城

1. 조사현황

1) 2011년 조사
○ 조사기간 : 2011년 5월.
○ 조사자 : 王禹浪, 王文軼 등.
○ 조사내용 : 성벽은 찾지 못함. 다만 지역주민들이 산성이 위치한 산을 高麗城山이라고 부른 것을 확인함.
○ 발표 : 王禹浪·王文軼, 2011, 「營口地區的高句麗山城」, 『哈爾濱學院學報』 2011-9.

2. 위치와 자연환경

○ 蓋州市 雙臺子鎭(현재 鮁魚圈區 蘆屯 사무소) 東雙臺村에서 남쪽으로 0.5km 떨어진 高麗城山 꼭대기에 위치함.
○ 산성은 沙河 상류에 위치함.
○ 서쪽으로 약 20km 떨어진 지점에 沙河 入海口가 있음.
○ 산세는 험준하나, 산 정상부는 평탄함.
○ 산 정상부에서 보면 시야가 개활함.

3. 성곽의 전체현황

○ 성 평면은 불규칙형의 多邊形임.

○ 동서 길이는 30m, 남북 너비는 20m, 총면적은 약 600m²임.

4. 성벽과 성곽시설

○ 성벽은 산 정상부 주위의 절벽 가장자리를 따라 돌로 축조함.
○ 성벽의 보존상태는 구간마다 차이가 있는데, 대부분 심하게 훼손되었음.

5. 출토유물

산성 안에서 문확돌(石眼) 추정석이 출토됨. 직경은 11cm, 깊이는 22cm임.

6. 역사적 성격

산성의 규모가 작고 유물이 출토되지 않아 어느 시대에 축조되었는지 확정할 수 없으나, 축조 특징을 근거로 고구려 성곽으로 추정하고 있음(崔艷茹·馮永謙·催德文, 1996). 한편 산성을 직접 답사했으나 성벽을 찾지 못했다며 성곽이 애초에 없었을 가능성을 제기하기도 함(王禹浪·王文軼, 2011). 고구려시기의 성곽이라면 遼東灣과 沙河 연안 일대를 공제하던 소형 보루성으로 추정됨.

참고문헌

- 崔艶茹·馮永謙·催德文, 1996, 『營口市文物志』, 遼寧民族出版社.
- 王禹浪·王文軼, 2008, 『遼東半島地區的高句麗山城』, 哈爾濱出版社.
- 崔艶茹, 2009, 「營口地區山城調査與檢討」, 『東北史地』 2009-3.
- 王禹浪·王文軼·王宏北, 2010, 「遼東半島高句麗山城概述」, 『黑龍江民族叢刊』 2010-2.
- 王禹浪·王文軼, 2011, 「營口地區的高句麗山城」, 『哈爾濱學院學報』 2011-9.

07 개주 파대산성
蓋州 破臺山城 | 城子溝山城

1. 위치와 자연환경

1) 지리위치 (그림 1)
○ 蓋州市 남부 雙臺子鎭(城南雙臺鎭) 破臺子村 남쪽 1.5km 떨어진 城子溝屯의 高麗城山(高力城山) 위에 위치. 산은 해발 478m임.
○ 산성은 沙河 상류에 위치함. 沙河는 동쪽에서 서쪽으로 흐르면서 蘆屯·安平을 거쳐 鮁鮮 주위에서 발해만으로 유입됨.
○ 동쪽으로 19km 떨어진 지점에 沙河 河口가 있음.
○ 북쪽에 蓋州 高麗城山城이 있어, 남북으로 호응하는 관계를 형성함.

2) 자연환경
○ 산성 동·북·남면은 산으로 둘러싸여 있고, 중간은 산골짜기임. 서면은 산골짜기 입구인데, 발해만과 마주하고 있음.
○ 산성 북측 산등성이와 남쪽 산등성이는 매우 험준함. 산성 남·북 양측 산등성이 西端에 큰 면적의 채굴 흔적이 있음.
○ 성 안의 동북 모서리에는 작은 산이 있는데, 지역주민은 '金鑾殿' 혹은 '金殿山'이라고 부름.
○ 성내 지세는 동쪽이 높고 서쪽이 낮음.

그림 1 파대산성 위치도

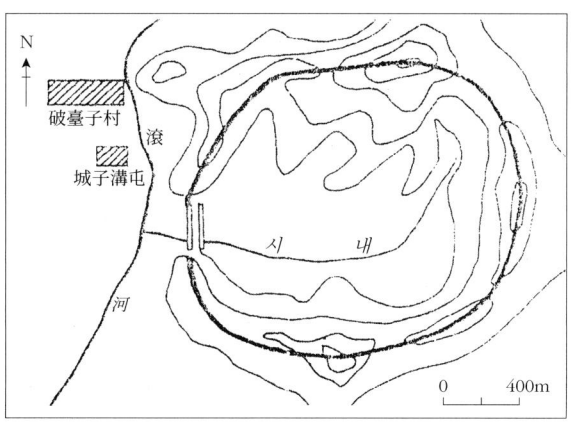

그림 2 파대산성 평면도(崔艶茹·馮永謙·催德文, 1996, 63쪽)

2. 성곽의 전체현황(그림 2)

○ 산성 평면은 동서가 넓고 남북이 좁은 장방형에 가까운 타원형임.
○ 규모는 동서 길이 약 2.5km, 남북 너비 1.6km, 전체 둘레 약 6km, 성 안 면적 375만 m²임.[1]
○ 성벽, 성문, 건물지, 샘 등이 남아 있음.

3. 성벽과 성곽시설

1) 성벽
○ 성벽은 산등성이를 따라 축조하였는데, 산을 한 바퀴 돌고 있음.
○ 북·동·남 세 면에는 돌로 성벽을 축조함.
○ 북벽은 남은 길이 50m, 높이 3m, 너비 2m임.
○ 동측 산등성이에 성벽이 남아 있는데, 높이는 3m, 너비는 2m임.
○ 서면의 산골짜기 입구에는 흙을 다져 축조한 성벽이 잔존하며, 붕괴된 토축 성벽 너비는 20m임. 토축 성벽

---

[1] 동서 길이 약 1.5km, 남북 너비 1km, 전체 둘레 약 5km이라는 기록이 있음(王禹浪·王文軼, 2011).

은 채석장 작업으로 인해 완전히 파괴되었음.
○ 산성 북측 산등성이와 남측 산등성이는 매우 험준하여 성벽을 축조하지 않음.

2) 성문
성문은 서면 산골짜기에 나 있음. 문의 너비는 약 5m임.

4. 성내시설과 유적

1) 건물지
성 안 동북부에 건물지가 있음(馮永謙, 1997).

2) 샘
金殿山 남측에 일년 내내 흐르는 샘이 있음. 작은 시내를 형성하면서 동쪽에서 서쪽으로 흘러 골짜기 입구로 나감. 沙河의 上源 가운데 하나임.

5. 역사적 성격

파대산성은 渤海의 요동만으로 유입하는 沙河 연안에 위치함. 산성은 수비는 용이하고 적군이 공격하기는 어려운 험준한 지세를 갖추고 있음. 규모도 둘레 5~6km로 대형 성곽에 속함. 다만 축조시기를 단정할 만한 유물이 거의 출토되지 않은 상황임. 이에 파대산성을 4~5세기 이후에 축조된 고구려 성곽으로 파악하고(魏存成, 2011), 고구려의 銀城으로 비정하기도 하지만(王綿厚, 1994), 明·淸代의 성곽으로 분류하기도 함(王禹浪·王文軼, 2011).

한편 파대산성 부근에는 雙臺, 四方臺, 破臺子, 樓臺溝 등 '臺'자가 포함된 지명이 다수 있는데, 고구려 千里長城의 흔적으로 해석하기도 함(『營口市文物志』). 현재로서는 파대산성의 축조시기를 단정하기 힘

든 상황인데, 고구려시기의 성곽이라면 遼東灣과 沙河 연안 일대를 방어하던 군사중진이었다고 추정됨. 특히 규모가 5~6km에 이르는 대형성곽이라는 점에서 沙河 연안 일대를 다스리는 지방지배의 거점 기능도 수행했을 것으로 추정됨.

참고문헌

- 孫進己·馮永謙, 1989, 『東北歷史地理』, 黑龍江人民出版社.
- 王綿厚, 1994, 「鴨綠江右岸高句麗山城硏究」, 『遼海文物學刊』 1994-2.
- 東潮·田中俊明, 1995, 『高句麗の歷史と遺跡』, 中央公論社.
- 陳大爲, 1995, 「遼寧高句麗山城再探」, 『北方文物』 1995-3.
- 崔艶茹·馮永謙·催德文, 1996, 『營口市文物志』, 遼寧民族出版社.
- 馮永謙, 1997, 「高句麗城址輯要」, 『高句麗渤海硏究集成』 高句麗 卷3, 哈爾濱出版社.
- 魏存成, 2002, 『高句麗遺迹』, 文物出版社.
- 王禹浪·王文軼, 2008, 『遼東半島地區的高句麗山城』, 哈爾濱出版社.
- 國家文物局, 2009, 『中國文物地圖集』 遼寧分冊, 西安地圖出版社.
- 崔艶茹, 2009, 「營口地區山城調査與檢討」, 『東北史地』 2009-3.
- 王禹浪·王文軼·王宏北, 2010, 「遼東半島高句麗山城槪述」, 『黑龍江民族叢刊』 2010-2.
- 王禹浪·王文軼, 2011, 「營口地區的高句麗山城」, 『哈爾濱學院學報』 2011-9.
- 魏存成, 2011, 「中國境內發現的高句麗山城」, 『社會科學戰線』 2011-1.

08 개주 손가산성
蓋州 孫家山城 | 孫家窩堡山城 | 高力城山山城

1. 위치와 자연환경(그림 1)

○ 蓋州市 남부 萬福鎭 孫家窩堡村(孫家窩棚村)에서 동북쪽으로 1km 떨어진 高麗城山(高力城山) 위에 위치함.
○ 高麗城山은 이어지는 산줄기에 홀로 우뚝 솟은 높은 산으로 해발은 500m임. 산세는 동쪽이 낮고 서쪽이 높음. 봉우리에 오르면 萬福鎭 관할지역을 거의 다 볼 수 있음.
○ 산성은 碧流河 상류에 위치함.

2. 성곽의 전체현황(그림 2)

○ 산성 평면은 동서 방향으로 기다랗고 중간 부분이 약간 잘록하게 들어간 형태임.
○ 산성은 동서 길이 400m, 남북 최고 너비 250m, 둘레 길이는 약 1,200m임. 총 면적 10만 m²임.

3. 성벽과 성곽시설

1) 성벽
○ 성벽은 서남 산봉우리에서 산등성이를 따라 양측 산봉우리에 자연석괴로 쌓음.
○ 성벽은 기단부 너비 2m, 잔고 1.5~2m, 정상부 너비 1.8m임.[1]

2) 성문
동벽에서 약간 북쪽으로 치우친 지점에 문 한 개가 있는데, 산골짜기 입구임.

4. 역사적 성격

孫家山城은 요동반도 서남쪽의 碧流河 상류에 위치함. 이곳은 遼河 河口의 蓋州 일대에서 大淸河-碧流河 연안로를 따라 요동반도 남쪽 해안지대로 나아가는 전략적 요충지임. 손가산성이 고구려시기의 성곽이라면 벽류하 연안의 羅屯鎭의 赤山山城, 什字街鎭 田屯村 高力城山山城 등과 서로 호응하며 碧流河 상류일대를 방어하였을 것으로 추정됨.

참고문헌

- 崔艶茹·馮永謙·催德文, 1996, 『營口市文物志』, 遼寧民族出版社.
- 陳大爲, 1995, 「遼寧高句麗山城再探」, 『北方文物』 1995-3.
- 馮永謙, 1997, 「高句麗城址輯要」, 『高句麗渤海研究集成』 高句麗 卷3, 哈爾濱出版社.

---

[1] 너비 2m, 잔고 0.5m라는 기록이 있음(馮永謙, 1997).

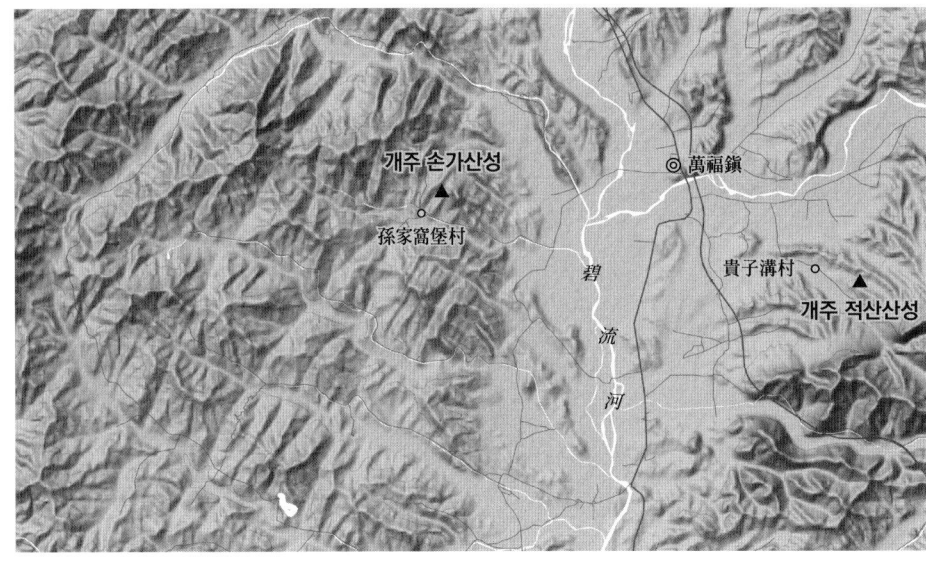

그림 1 손가산성 위치도

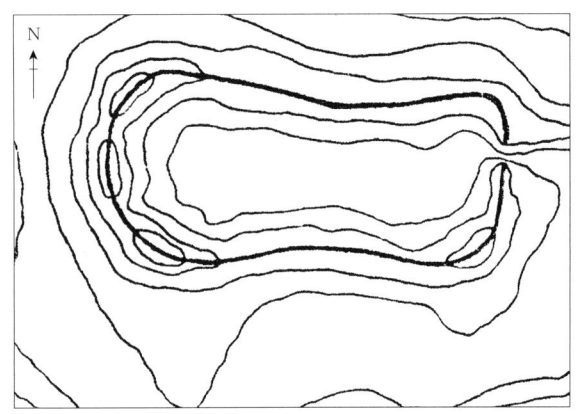

그림 2 손가산성 평면도(崔艶茹·馮永謙·催德文, 1996, 62쪽)

- 魏存成, 2002, 『高句麗遺迹』, 文物出版社.
- 王禹浪·王文軼, 2008, 『遼東半島地區的高句麗山城』, 哈爾濱出版社.
- 國家文物局, 2009, 『中國文物地圖集』遼寧分冊, 西安地圖出版社.
- 崔艶茹, 2009, 「營口地區山城調査與檢討」, 『東北史地』 2009-3.
- 王禹浪·王文軼·王宏北, 2010, 「遼東半島高句麗山城概述」, 『黑龍江民族叢刊』 2010-2.
- 王禹浪·王文軼, 2011, 「營口地區的高句麗山城」, 『哈爾濱學院學報』 2011-9.

09 개주 적산산성
蓋州 赤山山城

1. 조사현황

1) 2007년 10월 24일
○ 조사자 : 王禹浪, 王文軼, 劉述昕, 孫軍.
○ 발표 : 王禹浪·王文軼, 2010, 「營口地區蓋州市萬福鎭貴子溝村赤山山城考察報告」, 『黑龍江民族叢刊』 2010-4.

2) 2009년 6월
○ 조사자 : 王禹浪·王文軼.
○ 조사내용 : 國家敎育部 人文社會科學項目課題의 보고업무를 완성하기 위해, 赤山山城에 대한 선행조사를 진행함. 赤山山城의 지리위치, 형태와 구조, 지리환경 등을 조사함. 아울러 赤山山城과 문헌과의 결합을 시도하면서 정리 및 고증을 진행함. 2007년도의 조사내용과 대조 확인작업을 진행하면서 2007년도의 조사기록이 믿을 수 있음을 확인함.

3) 현재
市文物保護單位로 지정됨.

2. 위치와 자연환경(그림 1)

1) 지리위치
○ 蓋州市 남부 萬福鎭(羅屯鎭) 貴子溝村(柜子溝村)에서 동쪽으로 2.5km 떨어진 赤山에 위치함. 赤山이란 이름은 산 위의 바위가 대부분 적색이기 때문에 붙여짐. 赤山은 해발 889.1m로, 營口지역에서 높은 산 가운데 하나임. 赤山은 遼東의 명산 가운데 하나로, 淸代에는 遼南道敎 名山이었음. 赤山은 기이한 봉우리와 바위, 동굴, 맑은 샘, 오래된 사원 등으로 유명함. 산성은 赤山의 남쪽 기슭에 축조되어 있는데, 16기의 산봉우리를 점유함.
○ 산성이 위치한 지점은 蓋州市 萬福鎭(羅屯鎭)과 礦洞溝鎭의 경계지점임. 山의 서쪽 골짜기 입구에 萬福鎭(羅屯鎭) 貴子溝村이 있음. 赤山山城 서측의 벽류하 左岸에 305국도가 있는데 요하 하구의 營口市와 요동반도 남쪽의 莊河市를 연결하는 주요 도로임. 서북쪽 약 40km 거리에 蓋州城이 있고, 營口市와는 약 75km 떨어져 있음.

2) 자연환경
○ 赤山은 20여 km²를 점유하고 있고, 三淸峰, 五洞峰, 旋門峰, 天橋峰, 天池峰으로 나눌 수 있음. 그중 三淸峰이 제일 높은데, 해발 891m임.
○ 赤山은 蓋州市 동남부 千山山脈의 餘脈에 속하는데, 蓋州市 경내의 낮은 산간지대에 속함. 赤山山城의 동북부는 기복이 있는 여러 산들이 이어지고 있어 비교적 높지만, 평탄한 지세를 보이기도 함.
○ 赤山 동측으로 산이 끊이지 않고 이어져 있는데, 평균 해발은 약 200m임. 동남쪽은 해발 1,130m임. 옛

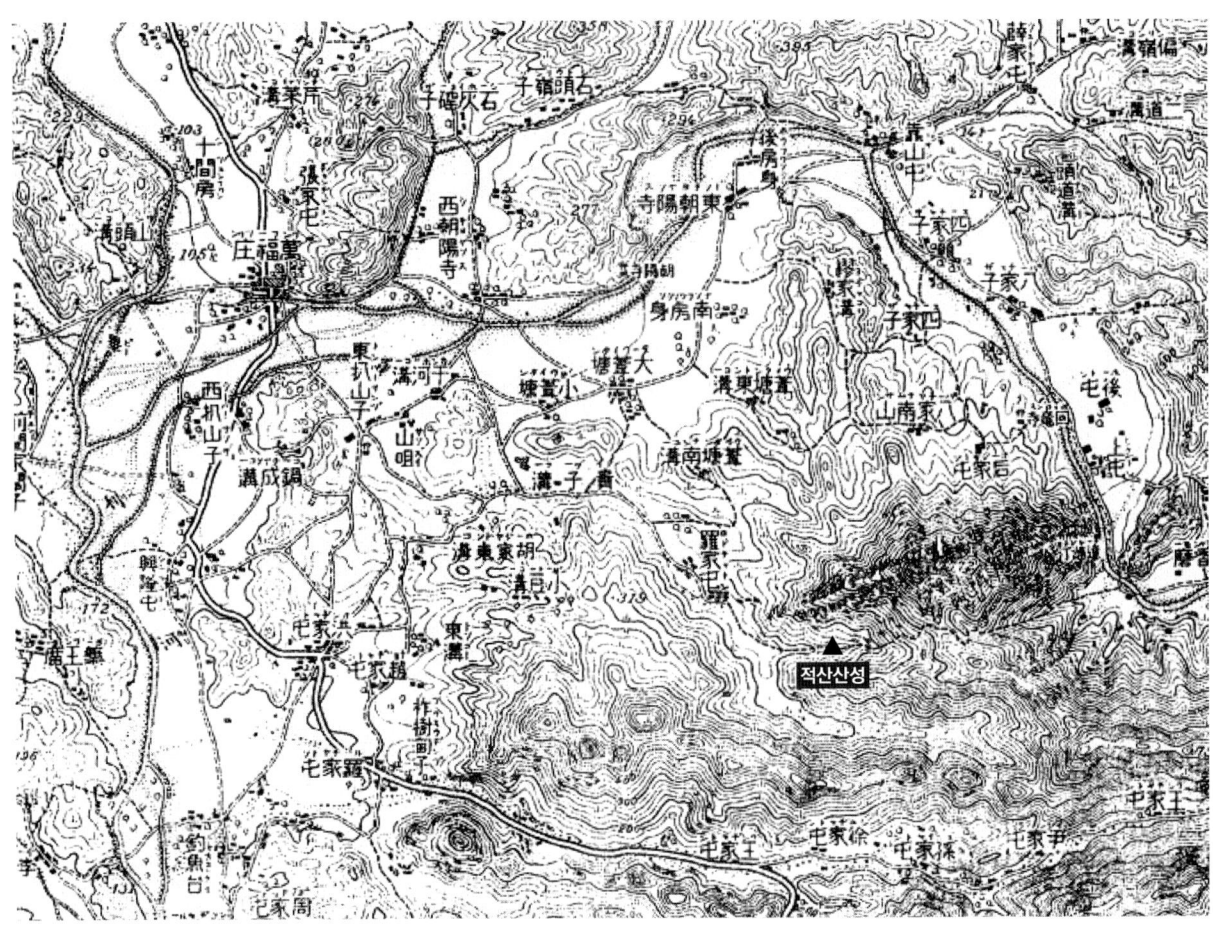

그림 1 적산산성 주변 지형도(滿洲國 10만분의 1 지형도)

부터 遼南의 제1봉으로 알려진 해발 1,130m의 步雲山과 멀리서 서로 마주함.

○ 赤山은 서쪽으로 갈수록 지세가 낮은 산간지대, 구릉지대(평균해발 48m), 평원지대(19m), 해안산지(해발 5m) 순으로 계단식처럼 낮아지는데, 동쪽에서 서쪽으로 渤海灣 방향으로 경사짐. 赤山 동측의 大連 莊河市 경내 지세도 이와 대체로 유사함. 다만 서쪽에서 동쪽으로 황해 방향으로 경사짐. 이렇게 중간이 높고 동서가 낮은 지세는 요동반도지역 주요 지세의 특징임. 이러한 주요 이유는 요동반도지역의 중앙부가 기본적으로 동북쪽에서 서남쪽으로 뻗은 千山山脈에서 나온 지맥으로, 요동반도가 중간이 높고 동·서 양측으로 갈수록 해발이 낮아지면서 각각 황해·발해 두 바다에 접해지는 지세의 특징 때문임. 이로 인해 요동반도의 주요 하천이 중부 산간지대에서 발원하여 동쪽으로 흘러 황해로, 혹은 서쪽으로 흘러 渤海灣으로 유입되는 것임. 하류는 대부분 산골짜기 혹은 평원지대에 흐르기 때문에 시대와 관계없이 교통노선이 되었는데, 하천을 따라감으로써 산봉우리의 장애물을 피할 수 있었음. 고구려는 축조할 산성 입지를 선택할 때 이러한 특징을 충분히 고려함.

○ 赤山은 북쪽으로 碧流河 상류의 지류와 접해 있고, 서쪽으로 碧流河 상류 간류와는 약 10km 떨어져 있는 등, 碧流河 상류 근처에 위치함. 碧流河는 蓋州市의 棋盤山 남쪽 기슭에서 발원하는데, 그 위치는 북위 39° 24'~40°20', 동경 122°10'~122°31' 사이이고, 발원

지의 해발은 1,047m임. 남쪽으로 大連 莊河, 普蘭店 경내로 흐르고, 普蘭店市 城子坦鎭 謝家屯 부근에서 황해로 유입됨. 碧流河 본류의 전체 길이는 156km이고, 유역면적은 2,814m²로, 大連市 경내에서는 가장 큰 하천임.

○ 성 서쪽은 좁고 구불구불해서 앞으로 지나가기가 매우 어려움. 남면도 협곡으로, 가볍게 지나가기는 어려움. 동면은 약간 개활하지만, 산비탈이 비교적 가파라서 오르기가 쉽지 않음. 전체적으로 매우 험준함.

○ 성 가운데는 평탄한 분지임.

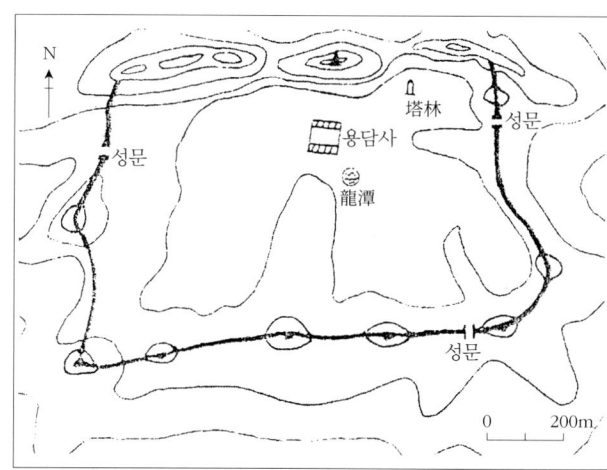

그림 2 적산산성 평면도(崔艶茹·馮永謙·催德文, 1996, 66쪽)

3. 성곽의 전체현황(그림 2)

○ 포곡식(簸箕型) 산성임.

○ 전체적으로는 불규칙한 장방형임.

○ 성곽의 전체 둘레에 대해서는 2,389m(國家文物局, 2009), 3,520m(崔艶茹·馮永謙·催德文, 1996 ; 王禹浪·王文軼, 2008 ; 王禹浪·王文軼, 2010 ; 王禹浪·王文軼, 2011), 4,000m(陳大爲, 1995), 5,000m(孫進己·馮永謙, 1989 ; 王綿厚, 1994 ; 馮永謙, 1997 ; 王綿厚, 2002 ; 王禹浪·王宏北, 2007) 등 다양한 조사기록이 있음.

○ 성벽, 성문, 치, 건물지, 高臺遺址, 저수지, 샘 등이 남아 있음.

4. 성벽과 성곽시설

1) 성벽

○ 산성 북쪽은 5기의 산봉우리가 천연장벽을 이루고, 산 아래는 碧流河 지류가 있는 등 매우 험준한 곳이므로, 성벽이 축조되어 있지 않음.

○ 성벽은 주로 동·서·남쪽에 있는데, 산등성이의 지세를 따라 둥그렇게 굽어져 있고, 기복이 심함.

○ 성벽은 쐐기형돌을 어긋나게 중첩해서 축조함.

○ 현재 남아 있는 성벽은 일반적으로 너비는 2.5~4.5m이고, 외측성벽에 남아 있는 최고 높이는 4.6m에 달함.

○ 일부 구간은 성벽이 파괴되어 돌들이 전부 흩어져 있지만, 성벽 흔적은 비교적 양호하게 남아 있음.

(1) 동벽

○ 동벽은 赤山 제1좌 고봉인 三淸峰에서 시작함.

○ 전체 길이는 약 500여 m임.

○ 성벽 아래에는 성벽이 붕괴되어 흘러 내려온 성돌이 흩어져 있으나, 비교적 양호하게 보존되어 있다고 할 수 있음.

○ 현재 남아 있는 성벽은 내측 성벽의 높이 2~3m, 외측 성벽의 높이 5~6m, 너비 약 3m 정도임.

○ 성돌은 대부분 靑石을 사용함.

○ 동벽 위에 서면, 산성 밖의 여러 산들로 둘러싸인 옥석댐(玉石水庫)을 볼 수 있음.

(2) 남벽

○ 산성 남벽의 전체 길이는 1,300m임.

○ 성벽이 있는 6개의 산봉우리 위에 5개의 哨臺가 있음.

(3) 서벽

○ 서벽은 5좌의 작은 산봉우리를 공유함.
○ 성벽의 길이는 약 450m임.
○ 서문에도 성벽이 있었던 것으로 추정됨. 성문에서 하천을 따라 서쪽으로 약 50m 정도 가면, 대량의 청색·회색 깬돌이 있음. 돌은 강돌과 片狀巖이고, 띠 형태로 배열되어 있음. 성문 南端 가까이에 있는 산기슭 아래에는 깬돌로 쌓은 臺地가 있는데, 臺地 앞에는 여러 줄의 작은 묘목이 심어져 있음. 하천 정가운데에는 촌민이 큰 자연석으로 쌓은 마당이 있는데, 벽을 쌓는 데 사용한 돌이 성돌로 추정됨. 이로 볼 때, 이 河谷에 비교적 긴 성벽 구간이 있었다고 볼 수 있음. 벽을 쌓는 데 사용된 석재는 근처에서 조달하였는데, 강돌과 산 양측의 片狀巖을 충분히 이용하였음.

2) 성문

동문, 서문, 남문 등 성문 3개가 있음.[1]

(1) 동문

○ 동벽에서 북쪽으로 치우친 산 입구에 위치함.
○ 문의 너비는 3m, 길이는 7.5m임.

(2) 남문

○ 남벽 서쪽으로부터 제5좌 산봉우리 서쪽의 협곡 입구(隘口)에 위치함.
○ 너비는 약 7.8m임.

(3) 서문

○ 서벽에서 북쪽으로 치우친 지점의 산골짜기 입구에 있음.
○ 너비는 약 3m임.

---

[1] 동문, 서문 2개라는 기록이 있음(陳大爲, 1995 ; 馮永謙, 1997 ; 魏存成, 2002 ; 國家文物局, 2009).

○ 정문임.

3) 치

○ 동문에서 남쪽으로 23.4m 떨어진 지점에 치 1개가 있음.
○ 『營口市文物志』에 의하면 치는 남아 있는 높이 4.6m, 밖으로 나온 길이 9.3m, 너비 8.1m라고 함. 그러나 2007년 조사 때는 너비 7m, 바깥으로 나온 길이 8m였다고 함. 이러한 실측의 변화는 세월의 흐름에 따라 성벽이 일정 정도 파괴되었기 때문이라고 할 수 있음. 실측 당시 치 주위에는 나무들이 무성했다고 함(王禹浪·王文軼, 2010).

5. 성내시설과 유적

1) 龍潭寺

○ '龍潭寺'는 도교와 관련이 있는 사원으로, 그 이름은 사원 동남쪽에 있는 '龍潭'이라고 불리는 저수지 이름에서 유래함.
○ 龍潭寺는 네 면이 산으로 둘러싸여 있고, 면적이 비교적 큰 높은 고지 위에 자리 잡고 있음.
○ 사원의 방향은 坐北朝南이고, 현재 正殿 1間, 配殿 2間, 廂房 4間, 山門이 있음.
○ 정원 안에는 다수의 비석과 돌로 만든 절구 등의 유물이 있음.
○ 사원 안에는 凱捷碑(1963년 蓋州市人民政府가 縣級 文物保護單位로 공포함)와 淸朝 光緖 4년(1878년)의 重修赤山龍潭寺三淸殿碑 등 淸代 石碑 5개가 있음. 그 밖에 明代重修龍潭寺造佛安禪碑가 있는데, 『營口市文物志』에 명문이 게재되어 있음. 명문은 "重修龍潭寺造佛安禪記 / 賞聞山不在高有仙則名 / 水不在深有龍則灵 / 陟此山之巔 / 玩此山之景 / 其名且灵靡可殫述 / 姑擧一二以鳴兵盛 / 城坦屛翰於外 / 其卽日

肢之榮衛矣乎 / 龍潭停毓於中 / 其卽心淵之活潑矣乎 / 至若回光返照之志 / 明示末路之當当 / 有懸井潆回之异 / 熟非歌器之戒 / 盈卓哉 / 佳境不可无禪林 / 而禪林不可不美大也 / 憶昔唐貞觀十九年 / 有太宗因盖蘇文弒君虐民 / 又阻新羅入貢 / 不奉詔命 / 遂親征高麗駐蹕此山 / 謂薛仁貴曰 / 朕不願得遼東 / 愿得一卿也 / 仍望山頭石人 / 視曰 / 雪恥酬有王 / 除凶報千古 / 艷上暴晚 / 照行幸上 / 隨遣職方郎中陳大德建 / 因班師而名曰凱旋寺 / 彼時庵僅三間 / 草創未備 / 歲久因循 / 座生荊棘 / 迨劉普明誠普欠充拓 / 思綿力未之何 / 齊心默禱感動檀那 / 始也 / 生員曹公諱中式肄業於此 / 率衆以建昔閣 / 継也 / 致侍嚴君諱愈慶 / 新增殿宇 / 而誠以造□宝蓮佛圣像鱗集規模㔱振矣 / 安禪百日圖報神人矣 / 而又爲之感衆 / 以修盤道助工以勤修繕 / 雖十方響應者不可枚擧 / 而主持引領者□(아래 파손) / 明万歷四十四年". 이 비문은 주로 赤山 龍潭寺와 관련 있는 내용을 기술하고 있지만, 赤山山城과 관련한 중요한 정보도 담고 있음. 唐 太宗이 貞觀 19년(645) 고구려 원정을 떠났을 때 駐蹕山에 머물렀는데, 교지를 내려 凱捷寺를 축조하였다고 함. 즉, 唐 太宗이 고구려 원정을 나갈 때 이 산에 머물렀다는 것임. 이 기록은 고구려 원정 당시, 당군이 赤山에 주둔하고 있던 고구려군과 치열한 전투 끝에 최종적으로 승리를 거두었다는 것을 전함.

2) 건물지
자세히 알려진 바는 없음.

3) 高臺 건축지
자세히 알려진 바는 없음.

4) 저수지
龍潭寺 동남쪽에 저수지가 있는데, 사계절 마르지 않는다고 해서 '龍潭'이라고 부름.

5) 샘
작은 시내가 모여 산 입구에서 산 바깥으로 흘러 碧流河로 유입됨.

6. 역사적 성격

적산산성은 요동반도 서남쪽의 碧流河 상류에 위치함. 벽류하 상류는 遼河 河口의 營口·蓋州 일대에서 大淸河-碧流河 연안로를 따라 요동반도 남쪽 해안지대로 나아가는 교통로의 전략적 요충지라 할 수 있음. 碧流河 연안에는 普蘭店 巍霸山城, 西山山城, 大城子村山城, 莊河 後石城山城과 城山山城, 蓋州 高力城山山城 등 여러 고구려 산성이 분포하고 있는데, 赤山山城과 함께 碧流河 연안로의 縱深防禦體系를 구축하고 있음.

요동반도에는 전체 둘레가 3km를 넘는 대형급 고구려 산성이 11기 확인되었는데, 그중 赤山山城, 巍霸山城, 西山山城, 後石城山城, 城山山城 등 5기가 碧流河 유역에 위치함. 이는 벽류하 연안로가 요동반도 일대의 방어체계에서 매우 중시되었음을 반영함. 赤山山城을 비롯한 이들 5기의 성곽은 지세가 매우 험준하여 방어가 쉽고 적군이 공격하기는 어려우며, 수로와 육로 교통의 요충지에 위치하고 있음.

赤山山城 서측의 碧流河 左岸에는 305번 국도가 있는데, 遼河 하구의 營口市와 요동반도 남쪽의 莊河市를 연결하는 주요 도로임. 특히 蓋州市 萬福鎭에서 莊河市 桂雲花鎭에 이르는 간선도로는 서측으로 碧流河와 접해 있고, 동측으로는 여러 산과 인접해 있는데, 營口·蓋州와 莊河를 잇는 육상 교통에서 반드시 거쳐야 하는 전략적 요충지임. 이로 보아 적산산성은 營口·蓋州와 莊河를 잇는 大淸河-碧流河 연안로를 공제

하는 군사중진이었던 것으로 추정됨. 또한 전체 둘레가 3km를 넘는 대형성곽이라는 점에서 벽류하 상류 연안 일대를 다스리는 지방지배 거점의 기능도 수행했을 가능성이 높음.

이에 적산산성의 축조시기에 대해 고구려가 요동지역을 점령한 5세기경일 것으로 추정하기도 함(崔艶茹, 2009；魏存成, 2011). 또한 고구려의 평곽성으로 추정하거나(王綿厚, 1994) 지세가 '絶險'하다는 것을 근거로 건안성으로 비정하기도 하는데(王禹浪·王宏北, 2007；王禹浪·劉冠櫻, 2009), 명확한 논거가 제시되었다고 보기는 어려움.

참고문헌

- 陳大爲, 1988,「遼寧高句麗山城初探」,『中國考古學會第五次年會論文集』, 文物出版社.
- 孫進己·馮永謙, 1989,『東北歷史地理』, 黑龍江人民出版社.
- 辛占山, 1994,「遼寧境內高句麗城址的考察」,『遼海文物學刊』1994-2.
- 王綿厚, 1994,「鴨綠江右岸高句麗山城研究」,『遼海文物學刊』1994-2.
- 東潮·田中俊明, 1995,『高句麗の歷史と遺跡』, 中央公論社.
- 陳大爲, 1995,「遼寧高句麗山城再探」,『北方文物』1995-3.
- 崔艶茹·馮永謙·催德文, 1996,『營口市文物志』, 遼寧民族出版社.
- 馮永謙, 1997,「高句麗城址輯要」,『高句麗渤海研究集成』高句麗 卷3, 哈爾濱出版社
- 王綿厚, 2002,『高句麗古城研究』, 文物出版社
- 魏存成, 2002,『高句麗遺迹』, 文物出版社
- 王禹浪·王宏北, 2007,『高句麗·渤海古城址研究匯編』(上), 哈爾濱出版社.
- 王禹浪·王文軼, 2008,『遼東半島地區的高句麗山城』, 哈爾濱出版社.
- 國家文物局, 2009,『中國文物地圖集』遼寧分冊, 西安地圖出版社.
- 崔艶茹, 2009,「營口地區山城調查與檢討」,『東北史地』2009-3.
- 王禹浪·劉冠櫻, 2009,「大石橋市海龍川山城考察報告」,『黑龍江民族叢刊』2009-3.
- 王禹浪·王文軼, 2010,「營口地區蓋州市萬福鎭貴子溝村赤山山城考察報告」,『黑龍江民族叢刊』2010-4.
- 王禹浪·王文軼·王宏北, 2010,「遼東半島高句麗山城概述」,『黑龍江民族叢刊』2010-2.
- 王禹浪·王文軼, 2011,「營口地區的高句麗山城」,『哈爾濱學院學報』2011-9.
- 魏存成, 2011,「中國境內發現的高句麗山城」,『社會科學戰線』2011-1.

10 개주 분영산성
蓋州 奮英山城 | 奮東山城 | 東山山城

1. 위치와 자연환경(그림 1)

1) 지리위치
○ 蓋州市 (동)남부 楊運鎭 奮英村(奮東村) 東山 정상부에 위치함.
○ 서쪽으로 20km 떨어진 지점에 渤海灣이 있음.
○ 奮英山城과 雙臺鎭 破臺山城의 거리는 15km임.
○ 서남쪽으로 20km 떨어진 지점에 瓦房店市 萬家嶺鎭 瓦房店山城이 있음.

2) 자연환경
○ 산성은 熊岳河 상류 右岸의 산지에 위치하면서, 산을 등지고 바다를 바라보는 지세를 갖춤. 熊岳河는 산성 서남 老帽山에서 발원하여 서쪽으로 흘러 바다로 유입됨. 熊岳河 주변의 온천은 遼寧 3대 온천 가운데 하나임.
○ 산성에서 동쪽으로 8km 떨어진 지점에 歪歪山이 있는데, 해발이 360m로 이 일대에서 해발이 가장 높음. 산성 일대는 산봉우리가 높고, 평원과 접해 있음.

2. 성곽의 전체현황(그림 2)

○ 奮英山城은 奮東山城, 東山山城이라고도 부름.
○ 평면은 동서가 약간 긴 타원형임.
○ 동서 길이 700m, 남북 너비 400m, 총 둘레 약

그림 1 분영산성 위치도

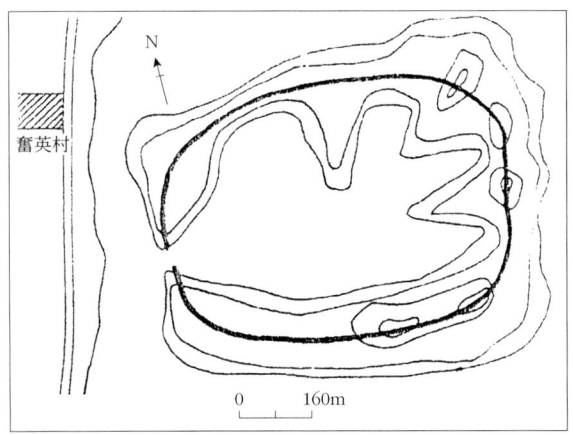

그림 2 분영산성 평면도(崔艶茹·馮永謙·催德文, 1996, 64쪽)

2.2km이고,[1] 총면적은 약 28만 m²임.
○ 성벽, 성문, 망대, 우물 등이 남아 있음.

3. 성벽과 성곽시설

1) 성벽
○ 성벽은 남북 두 줄기의 산등성이를 따라 축조하여 구불구불함.
○ 산성 동면은 산봉우리의 험준함을 천연 성벽으로 이용함.
○ 산성 성벽은 자연석괴를 쌓아서 축조함. 현재 대부분 붕괴되었지만, 성벽은 명확하게 남아 있음. 서남·서북 양단에 남아 있음.
○ 성벽 너비는 2m, 殘高는 약 1m임.

2) 성문
성벽 서부 골짜기 입구에 문 한 개가 있는데, 흙을 다져서 축조함.

3) 망대
○ 성내 가장 높은 곳에 위치함.
○ 망대에 서면 渤海灣을 볼 수 있음.

4. 성내시설과 유적

산성 안에 우물 1개가 있음.

5. 역사적 성격

奮英山城은 발해의 요동만으로 흘러드는 熊岳河 상류에 위치함. 분영산성 부근의 沙河 상류에는 雙臺子 破臺山城, 浮渡河 상류에는 萬家嶺鎭 瓦房店山城 등이 각각 위치하고 있음. 이들 세 하천 모두 동쪽에서 서쪽으로 흘러 遼東灣으로 유입됨. 그러므로 奮英山城이 고구려시기의 성곽이라면 요동만과 熊岳河 연안 일대를 방어했을 것으로 추정됨. 또한 둘레가 2km 전후인 중형급 성곽이라는 점에서 熊岳河 연안 일대를 다스리던 지방지배의 거점 역할도 수행했을 것임. 이에 고구려가 광개토왕대에 후연과의 쟁투를 통해 요동지역을 점령한 다음 분영산성을 축조했다고 보기도 함(崔艶茹, 2009).

참고문헌
· 孫進己·馮永謙, 1989, 『東北歷史地理』, 黑龍江人民出版社.
· 王綿厚, 1994, 「鴨綠江右岸高句麗山城硏究」, 『遼海文物學刊』 1994-2.
· 東潮·田中俊明, 1995, 『高句麗の歷史と遺跡』, 中央公論社.
· 陳大爲, 1995, 「遼寧高句麗山城再探」, 『北方文物』 1995-3.
· 崔艶茹·馮永謙·催德文, 1996, 『營口市文物志』, 遼寧

---
[1] 陳大爲(1995)는 3華里라고 기록함.

民族出版社.
- 馮永謙, 1997, 「高句麗城址輯要」, 『高句麗渤海研究集成』 高句麗 卷3, 哈爾濱出版社.
- 魏存成, 2002, 『高句麗遺迹』, 文物出版社
- 王禹浪·王宏北, 2007, 『高句麗·渤海古城址研究匯編』 (上), 哈爾濱出版社.
- 王禹浪·王文軼, 2008, 『遼東半島地區的高句麗山城』, 哈爾濱出版社.
- 國家文物局, 2009, 『中國文物地圖集』 遼寧分冊, 西安地圖出版社.
- 崔艷茹, 2009, 「營口地區山城調查與檢討」, 『東北史地』 2009-3.
- 王禹浪·王文軼, 2010, 「營口地區蓋州市萬福鎭貴子溝村赤山山城考察報告」, 『黑龍江民族叢刊』 2010-4.
- 王禹浪·王文軼·王宏北, 2010, 「遼東半島高句麗山城槪述」, 『黑龍江民族叢刊』 2010-2.
- 王禹浪·王文軼, 2011, 「營口地區的高句麗山城」, 『哈爾濱學院學報』 2011-9.

11 개주 난고령산성
蓋州 蘭姑嶺山城

1. 조사현황

○ 조사기간 : 2008년 5월 15일.
○ 조사자 : 王禹浪, 王文軼.
○ 내용 : 성벽을 찾지 못함.
○ 발표 : 王禹浪·王文軼, 2008, 『遼東半島地區的高句麗山城』, 哈爾濱出版社.

2. 위치와 자연환경

1) 지리위치

○ 蓋州市 동쪽 45km 臥龍泉鎭 腰堡村에서 동북쪽으로 약 2.5km 떨어진 高麗城山 위에 위치함. 蘭姑嶺 主峰은 高麗城山 동남에 위치함. 지역주민들이 이 일대 산을 蘭姑嶺이라고 불렀기 때문에 산성을 蘭姑嶺山城이라고 부름. 『蓋平縣志』 卷1 『城堡』에 "高麗城이 蘭姑嶺 북쪽에 있다"라고 기록되어 있는데, 이 문헌에 기재된 산성이 바로 蘭姑嶺山城이라고 추정됨(崔艶茹·馮永謙·催德文, 1996 ; 崔艶茹, 2009).
○ 蘭姑嶺山 아래 촌락은 高麗城이라 불렸다고 함(王禹浪·王文軼, 2011).
○ 산성 서북쪽으로 25km 떨어진 지점에 海龍川山城이 있고, 산성 서남쪽으로 25km 떨어진 지점에 赤山山城이 있음.

2) 자연환경

○ 高麗城山은 해발 800여 m로 주변에서 가장 높은 산임. 主峰에서 동서쪽으로 양 날개처럼 뻗어 나가는 산등성이는 주봉보다 약 30m 낮으며, 매우 좁고 가파름. 또한 동남쪽과 서남쪽으로 뻗은 두 줄기는 주봉보다 100m 정도 낮은 산등성이임.[1] 주봉의 꼭대기에는 돌로 축조된 원형 성벽이 있음.
○ 蘭姑嶺山은 높고 험준하며, 산 정상부로 통할 수 있는 길이 없음(王禹浪·王文軼, 2011).
○ 산 남쪽이 산골짜기 입구인데, 너비는 약 40m임(崔艶茹·馮永謙·催德文, 1996 ; 崔艶茹, 2009).

3. 성곽의 전체현황(그림 1)

○ 주봉과 마주 보는 남측 산골짜기가 主城이고, 서측에도 작은 성이 있는 것으로 보임(崔艶茹·馮永謙·催德文, 1996 ; 崔艶茹, 2009).
○ 성벽 전체의 둘레는 3km임. 전체면적은 1,000×500m 정도임.
○ 산성은 너무 심하게 훼손되어 명확하게 보이지 않음.
○ 성벽, 성문, 우물 등이 남아 있음.

---

[1] 王禹浪·王文軼(2008)은 '四'자 형태에서 맨 아래에 있는 횡 하나만 빠진 모양이라고 표현하기도 함.

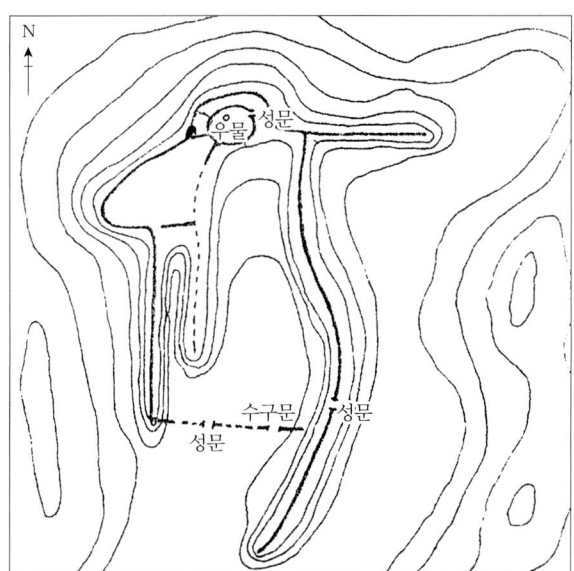

그림 1 난고령산성 평면도(崔艶茹·馮永謙·崔德文, 1996, 70쪽)

4. 성벽과 성곽시설

1) 성벽

○ 高麗城山 주봉 꼭대기에 원형의 성이 있는데, 직경은 30m임.[2]

○ 북벽 : 원형의 성 동북쪽 100m 지점에서 시작하여 좁은 산등성이를 따라 서쪽으로 축조함. 성 부근에서는 북측을 둥글게 돌아 나가며 성의 서북 모서리를 이룸.

○ 서벽 : 길이는 1km임. 서북 모서리에서 서남쪽으로 뻗어 나가다가, 서남 산등성이 끝까지 이르러서는 동쪽으로 꺾어 비교적 낮은 산등성이로 내려온 후, 다시 직각으로 꺾어 산등성이를 따라 남쪽 끝까지 내려옴.

○ 동벽 : 원형의 성 동쪽 主峰 아래에서 북벽과 연결됨. 남동쪽의 주봉보다 약 100m 정도 낮은 산등성이를 따라 축조하였으며, 산등성이의 남쪽 끝까지 이어짐.

○ 남벽 : 서벽과 동벽 사이의 골짜기를 가로지르는 구간에 축조함. 산골짜기의 입구로서 입구의 너비는 40m임. 이곳에 성문과 수구문을 설치함. 성벽은 무너졌고 석괴가 흩어져 있음.

○ 翼墻 : 主峰 서남 모서리 아래에 비교적 낮은 산등성이가 남쪽으로 뻗어 있는데, 이 산등성이에 인공적으로 축조한 성벽이 있음. 다만 이 산등성이는 동·서 산성 성벽의 산등성이보다 짧음.

○ 성벽은 자연석괴로 외벽을 쌓고 중간에는 흙을 층층이 쌓아서 축조함. 殘高 1.3m, 너비 약 2m임.

2) 성문

○ 원형의 성 동남 모서리에 문이 있는데, 문의 너비는 약 5m임.

○ 골짜기 남단에서 100m 가까이 들어온 입구에 성문이 있는데, 문의 너비는 약 7m임. 문의 형태는 붕괴되어 알아볼 수가 없음.

3) 수구문

산골짜기 입구인 남쪽에 수구문이 있음. 수구문의 형태는 알 수 없음.

5. 성내시설과 유적

원형의 성 서북 모서리에 우물이 있는데, 직경은 1m이고, 깊이는 진흙이 채워져 알 수 없음.[3]

---

2 王禹浪·王文軼(2008)은 답사 당시, 원형의 성을 찾지 못하였다고 함. 다만 산정상부에 비교적 평탄한 대지가 있는데, 대지 면적은 대략 60m²이고, 윗면에는 나무가 무성했다고 기록함.

3 王禹浪·王文軼은 조사 당시, 우물을 찾지 못함. 다만 원형 구덩이 두 곳을 발견하였는데, 직경은 1.5m이고, 깊이는 대략 1m라고 함. 구덩이 한 곳은 안쪽에 돌로 벽을 쌓았고, 다른 한 곳은 단순한 흙구덩이였다고 함. 두 곳의 흙구덩이는 산 정상부의 서북 모서리에 있는데, 보고서에 기록된 우물이라고 생각하고 있음. 그러면서 산 정상부에 지하수 압력의 원리가 부합되는 곳이 없기 때문이라고 이곳에 우물이 있었을 거라고는 생각하지 않고 있음(王禹浪·王文軼, 2008).

6. 역사적 성격

蘭姑嶺山城은 碧流河 상류의 산간지대에 위치함. 『蓋平縣志』권1 城堡條의 "高麗城이 蘭姑嶺 북쪽에 있다"라고 기록을 토대로 '蘭姑嶺山城'으로 명명하고 고구려 성곽으로 추정함(崔艷茹·馮永謙·催德文, 1996 ; 崔艷茹, 2009). 특히 성곽이 해발 800m 이상의 높은 산에 위치하고, 이곳에서 서북쪽 25km 거리의 海龍川山城이나 서남쪽 25km 거리의 赤山山城 등을 조망할 수 있다는 점에서 營口지역의 고구려 산성 가운데 매우 중요한 전략적 요충지로 평가함(崔艷茹·馮永謙·催德文, 1996). 이에 고구려가 광개토왕대에 요동지역을 점령한 다음 축조했다고 파악하기도 함(崔艷茹, 2009).

다만 王禹浪과 王文軼은 2008년에 산성을 직접 답사했지만 성벽을 발견하지 못했다고 함. 산성이 실제 존재했으나 발견하지 못했을 가능성과 함께 산성이 애초부터 존재하지 않았을 가능성을 모두 상정한 다음, 지형상 이렇게 험준한 곳에 성곽을 축조하기는 불가능했을 것으로 판단함. 더욱이 현지주민들도 석축 성벽은 없다고 전했다고 함. 이에 현지주민의 전언을 근거로 高麗城이란 지명은 종전에 蘭姑嶺山 아래에 高麗人(朝鮮族이 거주하였는데, 그들을 '高麗'라고 칭했을 가능성도 있음)이 살았기 때문에 이 지역을 高麗城이라 불렀을 것으로 추정함(王禹浪·王文軼, 2008).

그러므로 현재로서는 난고령산성의 존부에 대해 명확하게 단정하기는 힘든 상태임. 다만 난고령산성이 실재하고 또 고구려시기에 축조했다면, 碧流河 상류의 산간지대를 다스리고 방어하던 기능을 수행했을 것으로 추정됨.

참고문헌

- 崔艷茹·馮永謙·催德文, 1996, 『營口市文物志』, 遼寧民族出版社.
- 王禹浪·王文軼, 2008, 『遼東半島地區的高句麗山城』, 哈爾濱出版社.
- 崔艷茹, 2009, 「營口地區山城調查與檢討」, 『東北史地』 2009-3.
- 王禹浪·王文軼, 2011, 「營口地區的高句麗山城」, 『哈爾濱學院學報』 2011-9.

12 개주 갑하산성
蓋州 閘河山城

1. 위치와 자연환경

○ 蓋縣顯城 동남쪽 什字街鄕 부근 閘河山 정상부에 위치함.
○ 碧流河 상류에 위치함.

2. 성곽의 전체현황

성벽, 석대, 샘이 남아 있음.

3. 성벽과 성곽시설

산성은 산세를 따라 돌로 축조함.

4. 성내시설과 유적

산성 안에는 石臺와 샘이 있음.

5. 역사적 성격

『遼東志』에 "蓋州城 동남 200里의 閘河山에 石城이 있다"고 나오는데, 이 산성으로 추정됨(王禹浪·王宏北, 2007). 다만 성곽의 현황에 대한 자료가 거의 없어 그 성격을 정확하게 파악하기는 어려운 상태임.

참고문헌

- 王禹浪·王宏北, 2007, 『高句麗·渤海古城址硏究匯編』(上), 哈爾濱出版社.

13 개주 악왕묘촌 고려성산산성
蓋州 岳王廟村 高麗城山山城

1. 위치와 자연환경

蓋州市 什字街鎭 岳王廟村에서 서쪽으로 1.5km 떨어진 高麗城山 위에 위치하는데, 여러 산들 가운데 가장 높은 산꼭대기에 해당함.

2. 성곽의 전체현황(그림 1)

○ 면적은 약 2,000m²임.
○ 성벽이 남아 있음.

3. 성벽과 성곽시설

○ 남벽과 서벽은 파괴되어 보이지 않음.
○ 북벽의 길이는 약 50m임.
○ 동벽의 길이는 약 40m임.
○ 성벽은 자연석괴로 축조함.

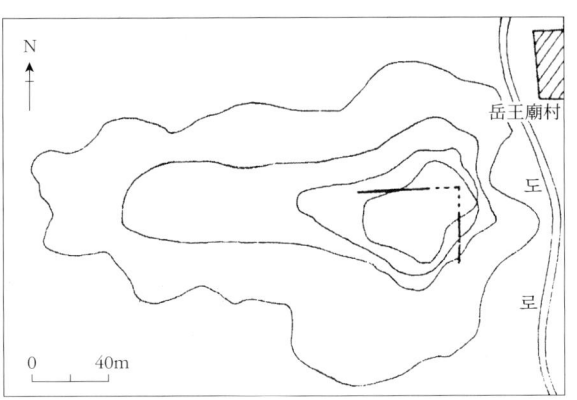

그림 1 악왕묘촌 고려성산산성 평면도(崔艶茹·馮永謙·催德文 1996, 85쪽)

산성과 다르다면서 明代의 瞭望哨所址로 추정하기도 함(崔艶茹·馮永謙·催德文, 1996). 현재로서는 산성의 성격을 정확하게 파악하기 힘든 상태임.

참고문헌

· 崔艶茹·馮永謙·催德文, 1996, 『營口市文物志』, 遼寧民族出版社.
· 崔艶茹, 2009, 「營口地區山城調査與檢討」『東北史地』 2009-3.

4. 역사적 성격

악왕묘촌 고려성산산성은 碧流河 상류 연안에 위치함. 고구려시기의 성곽으로 추정하기도 하지만(崔艶茹, 2009), 성벽의 축조상태가 조잡하고 그 특징이 고구려

14 개주 전둔촌 동고력성산산성
蓋州 田屯村 東高力城山山城

1. 위치와 자연환경

○ 蓋州市 남부 什字街鎭 田屯村 동측 산봉우리 정상부에 위치하는데, 산은 해발 약 400m임. 지역주민들은 산성이 위치한 산을 '高力城山(高麗城山)'이라 부르는데, 성 이름은 이 산의 이름에서 유래한 것임. 산성은 여러 산 가운데 가장 높은 봉우리에 위치함.
○ 성 서쪽은 千山山脈에 잇닿아 있음.
○ 성 동쪽은 碧流河 河谷지대와 접해 있는데, 碧流河 넘어 赤山山城과 서로 마주 보는 형세를 하고 있음. 두 개의 石城은 碧流河 河谷 양측에 위치하여 천산산맥을 출입하는 길을 통제함.

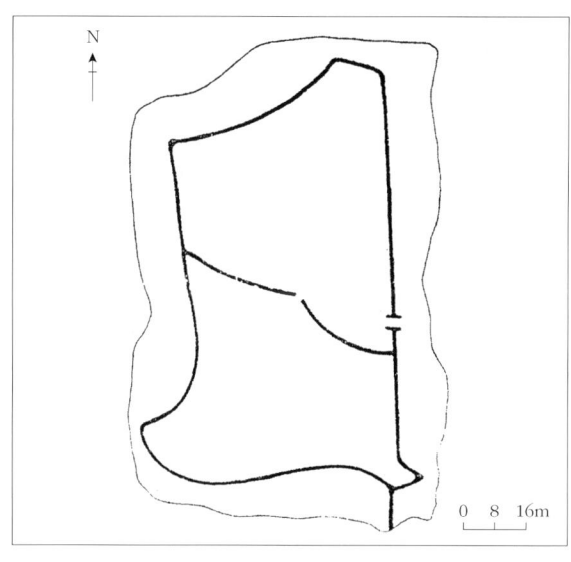

그림 1 전둔촌 동고력성산산성 평면도(崔艶茹·馮永謙·催德文 1996, 65쪽)

2. 성곽의 전체현황(그림 1)

○ 산성 평면은 불규칙형임.
○ 남·북 2개의 성으로 이루어진 복곽식 성곽임. 성곽 중간에 동서 방향으로 쌓은 석축성벽이 있고, 이를 경계로 南城과 北城으로 나뉨.
○ 성의 전체 둘레는 300m, 면적 5,000m²임.
○ 성벽, 성문, 망대 등이 남아 있음.

3. 성벽과 성곽시설

1) 성벽
○ 성벽은 산세를 따라 돌로 축조함.
○ 동·북·남 세 면에 돌로 쌓은 성벽이 있는데, 성벽은 일반적으로 너비 4m, 잔고 3m임.
○ 서측은 자연적으로 형성된 가파른 절벽을 천연성벽으로 이용하면서, 성벽을 축조하지 않음.

2) 성문
동벽에 성문이 있는데, 너비는 1.7m, 높이는 1.6m임. 문 양측에는 모두 石柱와 石板이 있음.

3) 망대

성의 동남 모서리와 서북 모서리에는 각각 망대터가 있음.[1]

4. 역사적 성격

東高力城山山城은 碧流河 상류에 위치하며 田屯村의 西高麗城山山城과 서로 호응하는 양상을 띠고 있음(辛占山, 1994). 고구려가 광개토왕대에 후연과의 쟁투를 통해 요동지역을 점령한 다음 축조했을 것으로 파악하기도 함(崔艷茹, 2009). 다만 東高力城山山城이 고구려시기의 성곽이라고 단정할 만한 명확한 논거가 확보된 상태는 아님. 실제로 고구려시기에 축조했다면 규모상 碧流河 상류 연안 일대를 방어하던 소형 보루성으로 추정됨.

참고문헌

- 孫進己·馮永謙, 1989, 『東北歷史地理』, 黑龍江人民出版社.
- 辛占山, 1994, 「遼寧境內高句麗城址的考察」, 『遼海文物學刊』 1994-2.
- 東潮·田中俊明, 1995, 『高句麗の歷史と遺跡』, 中央公論社.
- 陳大爲, 1995, 「遼寧高句麗山城再探」, 『北方文物』 1995-3.
- 崔艷茹·馮永謙·催德文, 1996, 『營口市文物志』, 遼寧民族出版社.
- 馮永謙, 1997, 「高句麗城址輯要」, 『高句麗渤海硏究集成』 高句麗 卷3, 哈爾濱出版社.
- 魏存成, 2002, 『高句麗遺迹』, 文物出版社.
- 王禹浪·王宏北, 2007, 『高句麗·渤海古城址硏究匯編』(上), 哈爾濱出版社.
- 王禹浪·王文軼, 2008, 『遼東半島地區的高句麗山城』, 哈爾濱出版社.
- 崔艷茹, 2009, 「營口地區山城調査與檢討」, 『東北史地』 2009-3.
- 王禹浪·王文軼, 2011, 「營口地區的高句麗山城」, 『哈爾濱學院學報』 2011-9.

---

1 馮永謙(1997)은 동북 모서리와 동남 모서리에 있다고 기록.

15 개주 전둔촌 서고려성산산성
蓋州 田屯村 西高麗城山山城

1. 위치와 자연환경

○ 蓋州市 什字街鎭 田屯村 서남 高麗城山 위에 위치함.
○ 高麗城山은 북·동·남 세 면이 절벽이고, 서쪽이 기슭으로 비교적 완만함.

2. 성곽의 전체현황(그림 1)

○ 산성 평면은 방형에 가까움.
○ 길이, 너비 모두 약 80m 정도임.
○ 성벽과 성문이 남아 있음.

3. 성벽과 성곽시설

1) 성벽
현재 성벽은 높이 2m, 너비 2m임.

2) 성문
성문은 서면에 나 있는데, 문지는 붕괴되어 명확하지 않음.

4. 역사적 성격

西高力城山山城은 벽류하 상류에 위치하며 東高麗

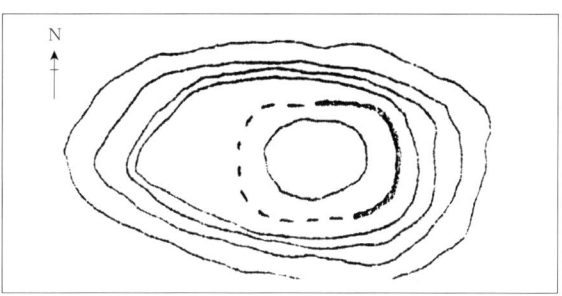

그림 1 전둔촌 서고려성산산성 평면도(崔艶茹·馮永謙·催德文, 1996, 65쪽)

城山山城과 서로 호응하는 양상을 띠고 있음(辛占山, 1994). 고구려가 광개토왕대에 후연과의 쟁투를 통해 요동지역을 점령한 다음 축조했을 것으로 파악하기도 함(崔艶茹, 2009). 다만 西高力城山山城이 고구려시기의 성곽이라고 단정할 만한 명확한 논거가 확보된 상태는 아님. 실제로 고구려시기에 축조했다면 규모상 벽류하 상류 연안 일대를 방어하던 소형 보루성으로 추정됨.

참고문헌

- 辛占山, 1994, 「遼寧境內高句麗城址的考察」, 『遼海文物學刊』 1994-2.
- 崔艶茹·馮永謙·催德文, 1996, 『營口市文物志』, 遼寧民族出版社.
- 崔艶茹, 2009, 「營口地區山城調査與檢討」, 『東北史地』 2009-3.
- 王禹浪·王文軼, 2011, 「營口地區的高句麗山城」, 『哈爾濱學院學報』 2011-9.

16 개주 패방촌 고려성산산성
蓋州 牌坊村 高麗城山山城

1. 위치와 자연환경

○ 蓋州市 什字街鄉 牌坊村에서 남쪽으로 0.5km 떨어진 高麗城山 정상부에 위치함. 高麗城山은 해발 약 500여 m로 주위에 있는 산봉우리보다 높음. 산 위에 올라서면 시야가 개활함.
○ 산 북쪽 아래에는 候家河가 동쪽으로 흐르는데, 碧流河로 유입됨.
○ 산 정상부는 서쪽이 높고 동쪽이 낮음.
○ 성 안은 비교적 평탄한데, 동남쪽으로 경사진 비탈임.

2. 성곽의 전체현황

○ 성 내부의 남북 길이는 25m, 동서 너비는 50m, 면적은 1,250m²임.
○ 성벽, 성문, 망대, 우물 등이 남아 있음.
○ 유물로는 토기편이 출토됨.

3. 성벽과 성곽시설

1) 성벽
○ 성 서면은 높이 수십 m의 절벽으로 그 험준함이 성벽과 같기 때문에, 인공성벽을 축조하지 않음.
○ 북·동·남 세 면에는 돌로 성벽을 축조함. 석벽은 자연 화강암과 인공적으로 가공한 돌을 혼합해서 축조함.
○ 동면에는 방어효과를 높이기 위해 바깥쪽에 석벽을 두 겹 추가로 축조함.

2) 성문
○ 산성 동남 모서리에 문이 있음.
○ 문은 너비 1.3m, 殘高 1.3m임.
○ 정상부는 존재하지 않고, 형태는 명확하지 않음.

3) 망대
산성 동남 모서리에 망대가 있음.

4. 성내시설과 유적

성 안에는 우물 한 개가 있었는데, 지금은 말라 있음.

5. 출토유물

○ 깊이 1m의 黃土 文化層에서 모래혼입 홍색 토기와 모래혼입 갈색 토기편이 출토되었는데, 태토가 牌坊村 지석묘(石棚) 출토품과 유사함.
○ 산성 안에서 고구려시기 유물은 발견되지 않았음.

6. 역사적 성격

고려성산산성 내부의 黃土 文化層에서 牌坊村 지석묘에서 출토된 것과 유사한 토기가 출토되었다는 점을 근거로 청동기시대에 축조되었을 가능성을 제기하기도 하지만(崔艶茹, 2009), 명확한 논거가 제기된 상태라고 보기는 어려움. 또한 고구려시기의 성곽이라고 단정할 만한 근거도 없는 상태임. 향후 추가적인 조사가 필요한 상태인데, 고구려시기에 축조되었다면 碧流河 상류 연안을 방어하던 소형 보루성으로 추정됨.

참고문헌

- 崔艶茹, 2009, 「營口地區山城調査與檢討」, 『東北史地』 2009-3.

제12부

대석교시(大石橋市) 지역의 성곽

01 대석교 고장산성
大石橋 高莊山城 | 北馬圈子山城

1. 조사현황

大石橋市 文物保護單位로 지정됨.

2. 위치와 자연환경(그림 1~그림 2)

1) 지리위치

○ 大石橋市 百寨子鎭(南樓街道;曹官屯) 高莊村에서 북쪽으로 2km[1] 떨어진 해발 35m의 馬圈子山 정상부에 위치함. 馬圈子山이라는 이름의 유래에 대해 "산 정상에 위치한 성벽의 모양이 마굿간과 닮았다고 해서 불렀다"는 설(王禹浪·王宏北, 2007;王禹浪·王文軼, 2008;崔艶茹, 2009;王禹浪·王文軼, 2011), 산성을 "옛 사람들이 말을 가둬 키웠던 '말우리'로 오해해서 불렀다"는 설(馮永謙, 1997) 등이 있음. 『蓋平縣志』에 "蓋州鎭 북쪽 55里에 둘레가 190步인 百家寨堡가 있다"는 기록이 있는데, 바로 이 산성을 가르키는 것임.
○ 산성의 위치는 大淸河 상류임. 산성에서 大淸河 지류를 따라 상류로 거슬러 올라가면, 천산산맥을 넘어 岫巖지역에 도달함. 산성은 遼河 河口일대의 요동평원에서 大淸河 지류와 본류의 상류일대로 진입하는 길목에 위치함.

○ 산성 서쪽 5km 거리에 大石橋市가 있는데, 도로를 통해 연결되어 있음. 산성에서 遼東灣까지의 거리는 약 20km임.[2] 서북쪽 35km 거리에 遼河 河口, 서남쪽 25km 거리에 蓋州 高麗城山城, 동북쪽 약 30km 거리에 海城 英城子山城, 동남쪽 약 19km 거리에 大石橋 海龍川山城이 있음.

2) 자연환경

산성 지세는 동쪽이 높고 서쪽이 낮음.

3. 성곽의 전체현황(그림 2~그림 3)

○ 성곽의 전체 현황과 관련하여, 성곽 평면이 약간 타원형의 장방형으로 방향은 동북-서남향이고, 성벽 둘레는 약 2.5km, 면적은 1,200만m²라는 기록이 있음(王禹浪·王宏北, 2007;王禹浪·王文軼, 2008;王禹浪·王文軼, 2011). 또한 내·외성으로 이루어진 복곽식 산성으로 평면은 장방형이고, 外城은 길이 1,000m, 너비 800m, 內城은 길이 70m, 너비 30m라는 기록(國家文物局, 2009)이 있음.
○ 성벽, 성문, 저수지, 우물, 샘 등이 남아 있음.
○ 유물로는 동제화살촉, 기와, 토기 등이 출토됨.

---

[1] 馮永謙(1997)은 4km라고 기록함.

[2] 王禹浪·王文軼·王宏北(2010)은 25km라고 기록함.

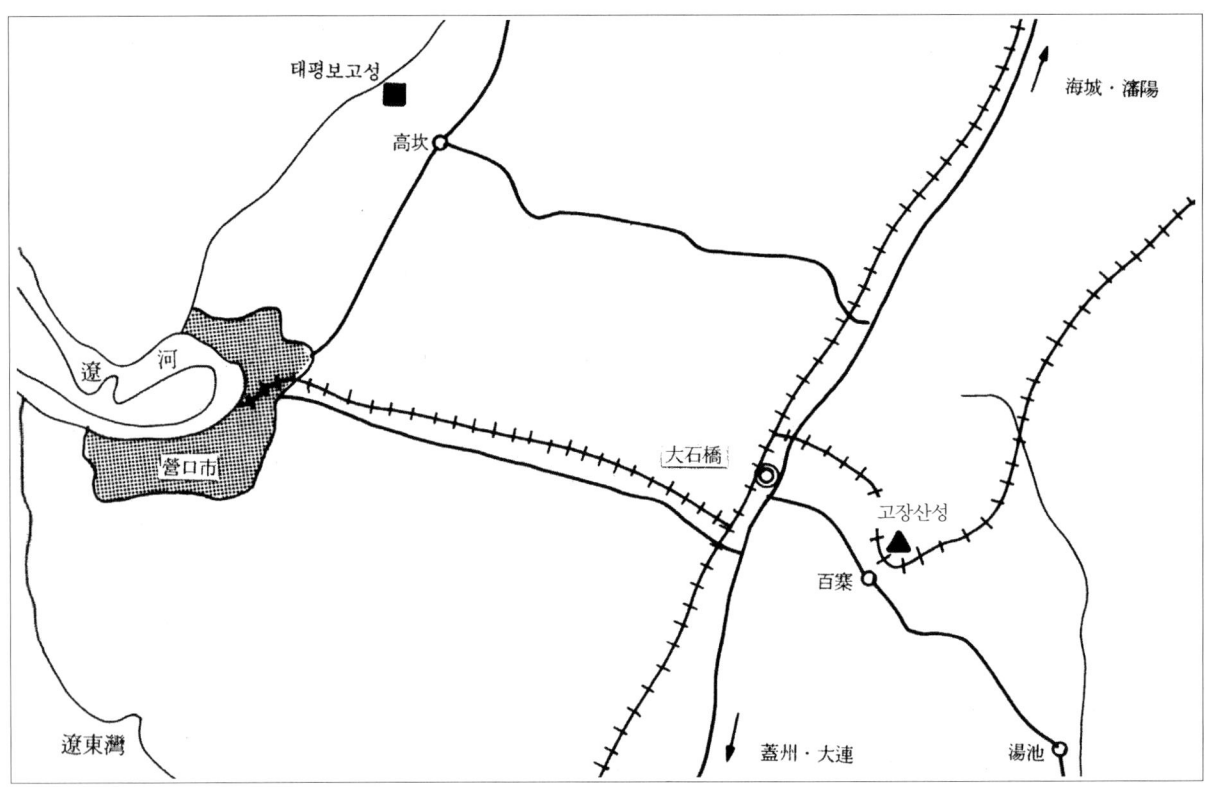

그림 1 고장산성 위치도(35만분의 1)(여호규, 1999, 333쪽)

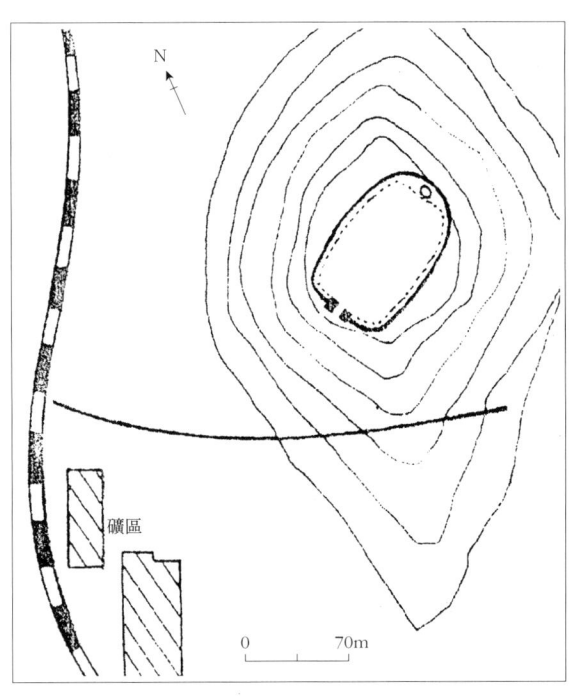

그림 2 고장산성 평면도 1(崔艷茹·馮永謙·催德文, 1996, 56쪽)

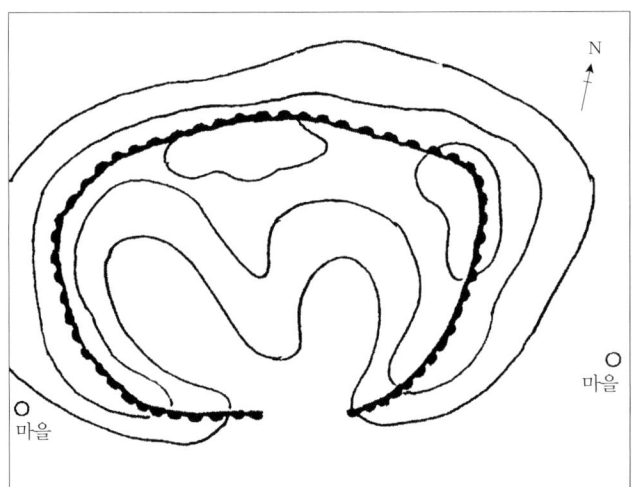

그림 3 고장산성 평면도 2(王禹浪·王文軼, 2008, 295쪽)

4. 성벽과 성곽시설

1) 성벽
○ 성벽은 산등성이를 따라 축조하였음. 성벽은 석회암으로 축조하였는데, 인공적으로 가공한 흔적이 명확하게 보임.
○ 남벽은 평평하고 곧음.
○ 동·서벽은 약간 밖으로 볼록 튀어 나온 弧形임.
○ 북벽은 명확하게 밖으로 볼록 튀어 나온 圓弧形임.
○ 남문 앞 20m 지점에 동서 방향의 차단벽(擋墻)이 있음. 길이는 1,000m임.
○ 현재 남아 있는 성벽은 기단부 너비 2m, 윗너비 1.6m, 높이 0.9~1.1m임(崔艶茹·馮永謙·催德文, 1996; 王禹浪·王文軼, 2008; 崔艶茹, 2009; 王禹浪·王文軼, 2011).[3]

2) 성문
○ 남벽 가운데에 문이 있는데, 문 너비는 1.93m, 길이는 4m임. 문 양측에 길이·너비 각 4m인 측벽(門垛)이 있음.
○ 서남면에 있는 성문은 방향이 南偏西 55°임.

3) 회곽도
성 안에는 성벽을 따라 너비 2m의 회곽도가 있음.

5. 성내시설과 유적

1) 저수지
자세히 알려진 바는 없음.

2) 우물
성내 가운데에서 북벽에 가까운 지점에 우물이 있는데, 직경은 1m, 깊이는 0.5m임.[4]

3) 샘
일대에는 샘이 매우 많고, 지하수가 풍부함.

6. 출토유물

○ 동제화살촉 2매가 출토됨.
○ 성 안에서 홍색 포문 기와, 토기 구연부 등이 출토되었는데, 소성온도는 비교적 높음. 홍색 기와를 통해 산성이 고구려시기에 축조된 것을 알 수 있음.

7. 역사적 성격

高莊山城은 요동평원에서 大淸河 연안을 거쳐 岫巖 방면으로 향하는 길목에 자리잡고 있음. 遼河 河口 방면과 직선으로 연결되고, 세 갈래의 遼河 渡河路 가운데 가장 아래쪽에 위치한 盤山-高平-牛莊-海城의 南路와 이어짐. 이로 보아 요동평원에서 大淸河 연안으로 진입하는 전략적 요충지를 방어하기 위한 군사방어성이었다고 추정됨. 이에 고장산성을 포함해 營口지역의 고구려산성은 고구려가 광개토왕대에 후연과의 쟁투를 통해 요동지역을 점령한 다음 축조했을 것으로 파악하기도 함(崔艶茹, 2009).

高莊山城의 동북쪽 30km 거리에는 海城 英城子山城, 서남쪽 20km 거리에는 蓋州 高麗城山城 등이 위치함. 요동평원에서 천산산맥으로 향하는 진입로의

---

[3] 기단부 너비 2m, 잔고 0.4~0.9m라는 기록(國家文物局, 2009), 너비 2m, 잔고 0.9m라는 기록(馮永謙, 1997)이 있음.

[4] 우물이 2개라는 기록이 있음(國家文物局, 2009).

길목에 위치한 고구려 산성들이 유기적으로 연결되어 입체적 군사방어체계를 구성하고 있다는 점에서, 高莊山城도 동북의 英城子山城, 서남의 高麗城山城 등과 함께 입체적 군사방어체계를 구성하였다고 추정됨.

요동지역의 고구려산성은 군사방어뿐 아니라 지방지배를 위한 거점성으로도 기능하였음. 高莊山城은 둘레 2.5km의 중형산성에 속함. 또한 高莊山城 동남쪽의 湯地鄕 英水溝에서 漢代 安市縣으로 비정되는 평지성이 발견되었고, 그 외 湯地鄕에서 遼·金代 古城과 明代 湯池堡 관련 유적이 발견되고 있음. 이로 볼때, 高莊山城도 고구려시기에는 大淸河 상류 일대를 지배하는 지방거점성으로 기능하였다고 추정됨(여호규, 1999).

참고문헌

- 孫進己·馮永謙, 1989, 『東北歷史地理』, 黑龍江人民出版社.
- 陳大爲, 1995, 「遼寧高句麗山城再探」, 『北方文物』 1995-3.
- 崔艶茹·馮永謙·催德文, 1996, 『營口市文物志』, 遼寧民族出版社.
- 馮永謙, 1997, 「高句麗城址輯要」, 『高句麗渤海硏究集成』 高句麗 卷3, 哈爾濱出版社.
- 여호규, 1999, 『高句麗 城』 Ⅱ, 國防軍史硏究所.
- 魏存成, 2002, 『高句麗遺迹』, 文物出版社.
- 王禹浪·王宏北, 2007, 『高句麗·渤海古城址硏究匯編』 (上), 哈爾濱出版社.
- 王禹浪·王文軼, 2008, 『遼東半島地區的高句麗山城』, 哈爾濱出版社.
- 國家文物局, 2009, 『中國文物地圖集』 遼寧分冊, 西安地圖出版社.
- 崔艶茹, 2009, 「營口地區山城調查與檢討」, 『東北史地』 2009-3.
- 王禹浪·王文軼·王宏北, 2010, 「遼東半島高句麗山城槪述」, 『黑龍江民族叢刊』 2010-2.
- 王禹浪·王文軼, 2011, 「營口地區的高句麗山城」, 『哈爾濱學院學報』 2011-9.

02 대석교 해룡천산성
大石橋 海龍川山城

1. 조사현황

○ 조사기간 : 2007년 10월 22일.
○ 조사자 : 王禹浪, 劉冠櫻, 劉述昕 등.
○ 조사내용 : 성곽의 전체 현황 등 조사.
○ 발표 : 王禹浪·劉冠櫻, 2009, 「大石橋市海龍川山城考察報告」, 『黑龍江民族叢刊』2009-3.

2. 위치와 자연환경(그림 1)

1) 지리위치
○ 海龍川山城은 大石橋市 동부 周家鎭 東金寺村 海龍川山 위에 위치함.
○ 大靑河 상류 左岸 약 2km에 위치함.
○ 산성 서문 산기슭 아래는 周家鎭 東金寺村임.
○ 성 남쪽 산 아래에는 大石橋에서 岫巖으로 통하는 도로가 가까이 있고, 성 북측에는 海城－岫巖 간 도로가 있음. 이처럼 두 도로가 지나는 교통의 요지로, 군사와 교통 모두 중요한 요충지라고 할 수 있음.
○ 서쪽으로 湯池鎭까지의 거리는 9km임.
○ 서쪽으로 요동만까지의 거리는 38km임.
○ 산성에서 바다까지의 거리는 비교적 멀고, 요동반도에서 遼東 중심지역으로 가는 요충지의 산지 사이에 위치함.

2) 자연환경
○ 산성이 위치한 海龍川山은 해발 663.5m이고, 여

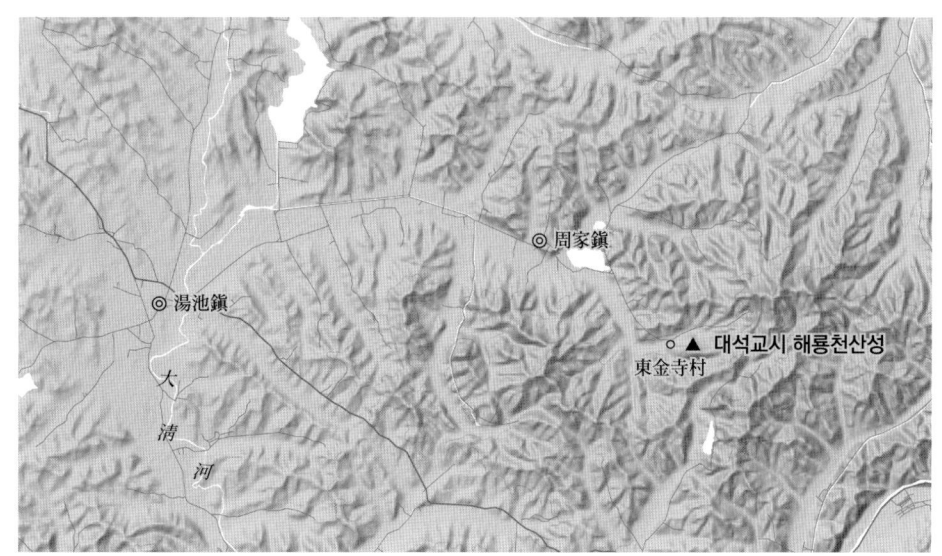

그림 1 해룡천산성 위치도

러 산봉우리가 첩첩히 싸여 있으며, 산세는 험준함. 舊 『海城縣志』에는 海龍川東山을 "海城 東南의 산들 가운데 으뜸"이라고 기록한 바 있음. 산성은 海龍川 主峰 아래 서남쪽의 연속되는 산등성이 위에 축조되어 있음.

○ 산성은 8개의 산봉우리를 공유하고, 안으로 세 개의 산등성이를 포괄하고 있는데, 3개의 산봉우리는 남북으로 배열되어 있음. 정 가운데 산등성이는 동서 방향으로 놓여 있는데, 성의 製高點임. 남북 양측의 산등성이는 정 가운데의 산등성이보다 낮음. 세 줄기의 산등성이는 지세가 가파르지만 험준하지 않아서 성을 축조하고 병사를 주둔시키는데 이상적임.

○ 성의 동·북 양면은 큰 산으로 둘러싸여 있고, 협곡의 수는 헤아릴 수 없음. 동부 산등성이와 북부 산등성이의 제일 높은 산봉우리에서 성내로 산비탈이 뻗어 있음.

○ 성 동북 모서리는 海龍川의 여러 산들 가운데 主峰임.

○ 성 남쪽에는 높은 산이 있음.

○ 성 바깥 서남으로 멀지 않은 곳에 높은 봉우리가 있음.

○ 북부 산등성이와 북측 산봉우리로 형성된 산골짜기는 지세가 비교적 가파르고, 면적이 약간 협소하며, 나무가 밀집분포하고 있어서 경작지로서의 조건을 갖추고 있음.

○ 남면 산등성이와 동면 산봉우리로 형성된 골짜기에 현재 주민이 개간한 밭이 있음. 구릉은 완만하고 면적은 다른 골짜기와 비교해 볼 때 개활함. 성 안 전체 환경을 볼 때 고구려시기 병사 주둔의 장소였던 것으로 보임.

○ 산성은 동쪽이 높고 서쪽이 낮으며, 평탄하고 개활한 구역이 있음.

○ 서쪽은 산골짜기 입구인데, 성 안의 물이 흘러 나가는 水口門이기도 함.

○ 산성 동남부 성벽 바깥에 인공적으로 쌓은 원주형의 크고 높은 흙더미가 있는데, 현재는 성벽 쪽으로 무너져 있음. 바닥 직경은 30m, 높이는 20m임. 산 정상부는 비교적 평탄함.

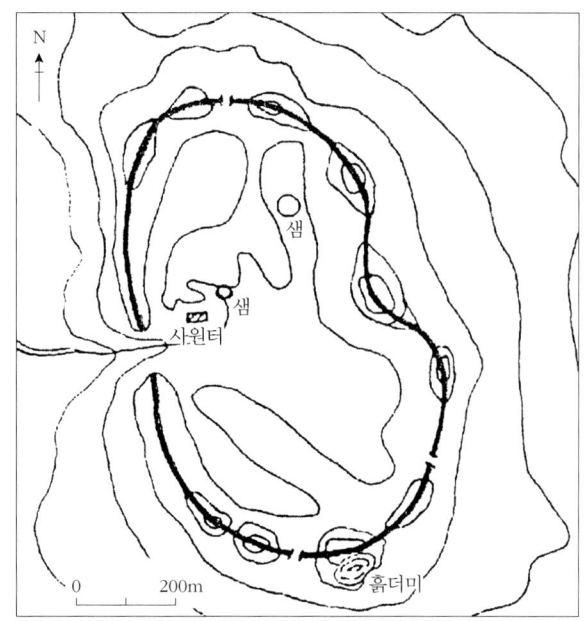

그림 2 해룡천산성 평면도(崔艶茹·馮永謙·催德文, 1996, 54쪽)

○ 산성 서남 모서리에 원추형의 산언덕이 있음. 산언덕에서는 산돌을 볼 수 있고, 토양은 부드러운데, 대부분 암석이 드러나는 남부 산등성이와 명확한 차이가 있음. 그리고 산언덕에 있는 나무는 대부분 재생림(次生林)으로, 90%가 떡갈나무임. 이에 대해 인공적으로 쌓았기 때문이라는 견해가 있음(王禹浪·劉冠櫻, 2009).

○ 산성 남쪽과 동남쪽에는 大淸河 상류 강줄기가 있는데, 현재 강줄기 위에 다리가 있음.

3. 성곽의 전체현황 (그림 2)

○ 산성은 포곡식(簸箕型) 산성임.
○ 산성 평면은 동서가[1] 약간 긴 불규칙형한 장방형임.
○ 산성의 규모는 둘레 3km, 총면적 150여 만 m²임 (王綿厚, 2002 ; 王禹浪·王文軼, 2008 ; 王禹浪·劉冠櫻,

---

1 평면도 상으로는 남북이 조금 더 긴 모습을 보여주고 있음.

2009 ; 崔艷茹, 2009 ; 王禹浪·王文軼, 2011).[2]
○ 주요 건축물들은 산성 아래의 골짜기에 집중적으로 분포하고 있음.
○ 성벽, 성문, 망대, 회곽도(馬道), 건물지, 샘 등이 남아 있음.
○ 유물로는 기와가 출토됨.

4. 성벽과 성곽시설

1) 성벽
○ 성벽은 산세를 따라 축조함.
○ 산성 남·북·동 세 면의 산세가 험준한 곳에 돌로 성벽을 쌓았음. 서면은 산 입구임.
○ 전체 성벽 가운데 2/3 정도가 남아 있음.
○ 성벽 규모 : 기단부 너비 2m, 높이 1~3m(崔艷茹·馮永謙·催德文, 1996 ; 營口市博物館, 2000 ; 崔艷茹, 2009) ; 너비 1m, 높이 1~3m(王綿厚, 2002 ; 王禹浪·王文軼, 2008 ; 王禹浪·劉冠櫻, 2009 ; 王禹浪·王文軼, 2011) ; 기단부 너비 3m, 높이 1m(國家文物局, 2009) ; 서벽 너비 약 3m, 바닥 너비 5~8m(王禹浪·劉冠櫻, 2009).

(1) 서벽
○ 서문 북측은 산이 굽이굽이 이어져 있고 산등성이는 매우 험준해서 오르기가 어려운데, 산등성이 위에 돌로 쌓은 성벽이 있음.
○ 성벽은 산세를 따라 북쪽에서 남쪽 방향으로 높게 쌓음.
○ 서벽은 남부 모서리 높은 산등성이와 서로 연결되는데, 남북 방향의 서벽과 동서 방향의 남벽 결합부에 길이 3m, 높이 1.1m의 성벽이 남아 있음. 모두 푸른색 응회암(靑石)임(王禹浪·劉冠櫻, 2009).
○ 서문 남측에는 토석혼축 성벽이 있음.
○ 성 안의 물이 흘러나가는 지점에는 흙을 다져서 성벽을 축조함.
○ 남측 산등성이와 수구문 사이의 구간은 성벽이 끊김.

(2) 남벽
○ 남벽은 동쪽에서 서쪽으로 뻗어 있는 산등성이에 축조되어 있음.
○ 산등성이 북측은 성 안이고, 산등성이 남측은 깊은 골짜기로 기슭은 매우 험준함.
○ 남벽 중단에 산등성이에서 성 안으로 통하는 작은 길이 있는데, 고구려시기 성벽을 수비하던 중요한 길 가운데 하나로 추정됨(王禹浪·劉冠櫻, 2009).
○ 남벽 동단은 남북방향의 동쪽 산등성이와 연접되어 있는데, 그 연접부가 산성의 동남 모서리임. 그 성벽 외측에는 성벽보다 약간 높은 산봉우리가 있는데, 실질적으로는 동부 산등성이의 최남봉이고, 남면 산등성이의 동남면보다 돌출되어 있음. 또한 남쪽 산등성이와 천연 협곡을 형성하는데, 동쪽 산등성이 성벽이 그 위까지는 올라가지 않고 남쪽 성벽과 가까운 지점에 연결됨. 또한 성벽의 바깥쪽과 이 산봉우리 사이에는 남쪽 성벽 외측에 있는 협곡을 방어할 수 있는 참호를 조성하였음.

(3) 동벽
○ 동벽은 남북방향으로 이어지는 산봉우리 사이의 산등성이에 축조함. 성벽은 산세를 따라 축조하였고, 중간의 낮은 양측에는 성벽을 높게 축조함.
○ 성벽은 모두 돌로 쌓았음. 대부분 자연석괴인데, 가지런하고 정연한 돌은 매우 적게 보임. 평균 너비는 2.5m임.
○ 동벽 바깥에는 서북-동남 방향의 깊은 골짜기가 있음.

---

[2] 둘레가 4km라는 기록(國家文物局, 2009), 둘레가 6華里 이상이라는 기록(崔艷茹·馮永謙·催德文, 1996 ; 營口市博物館, 2000) 등이 있음.

○ 동벽에 서서 동쪽과 동남쪽을 보면 개활한 골짜기와 하천 등을 볼 수 있음.

2) 성문
○ 서문 1개, 남문 1개, 동문 2개가 있음(王禹浪·王文軼, 2008).
○ 서문 : 요하 하류평원과 대면하고 있는 서부의 산골짜기에 있음. 흙을 다져서 쌓은 성벽이 산성의 서문(정문)임. 또한 모든 성 안의 물이 흘러 나가는 水口門이기도 함.
○ 남문 : 성벽 위의 병사와 성 내부 간의 연락에만 쓰이는 전용 문길로 생각됨(王禹浪·王文軼, 2008).
○ 동남문 : 남부 산등성이 동부와 동측 산등성이 남부의 결합부에 있음. 산 아래와 동벽으로 통하는 회곽도가 있음. 이 곳의 성벽은 안팎을 엇갈리게 축조한 후, 두 줄기의 부가성벽(附墻)을 증설하여 산 아래에서 성 안을 공격하는 적을 방어하고자 함(王禹浪·王文軼, 2008).
○ 동문 : 동·남 두 성벽 모서리에서 동쪽으로 계속 가면 동벽 남쪽임. 여기에서 꺾어 북쪽으로 20m 가면 동문이 있음(동벽 가운데 부분). 동문은 서문에 서로 대응하는 산골짜기 아래에 축조되어 있음. 동문은 매우 좁으면서 옹문구조를 볼 수 있음. 동문에서 나오면 산 아래 골짜기로 통하는 험준하고 좁은 산길이 있음(王禹浪·王文軼, 2008).

3) 망대
○ 성 안 서쪽과 서북 모서리에 망대 2기가 있음.
○ 성 동남 모서리의 동남쪽에 높은 산봉우리가 있는데, 그 위에 돌로 쌓은 보루가 있음. 망대터로 보임.

4) 회곽도
남벽과 동벽이 만나는 동남문에 산 아래와 동벽으로 통하는 회곽도가 있음.

5. 성내시설과 유적

1) 東金寺
○ 골짜기 중앙에는 東金寺가 있는데, 寶林寺로 개명됨.
○ 사원이 있는 곳의 지세는 약간 평탄하고, 면적이 가장 협소함.
○ 사찰방향은 坐北朝南임.
○ 사찰 담장 밖에는 주춧돌, 碑身, 碑額 등이 놓여져 있음. 碑身에서 '東金寺碑記'라는 글자를 볼 수 있음. 석비의 양식은 遼·金·元 시기임.

2) 건물지
○ 산성 안에 인공적으로 축조한 평탄한 臺地 3곳이 남아 있음. '演兵場'이라고 불리는데, 비교적 중요한 건물지라고 할 수 있음.
○ 건물지에 대해 양식을 비축하고 군사를 양성하던 곳이라고 추정하기도 함(營口市博物館, 2000).

3) 저수지
성 최남부 골짜기의 동부에 저수지가 있음.

4) 샘
○ 성 안에 샘이 있는데, 샘이 한데 모여 시내를 이루면서 동북쪽에서 서남쪽으로 흘러, 마지막에는 산성의 지세가 가장 낮은 곳으로 흘러나감.
○ 산성 안은 水源이 풍부한데, 남·북 골짜기에서 암벽 틈 사이로 흘러 나오는 두 줄기의 맑은 샘을 볼 수 있음.

6. 출토유물

○ 산성 안 평탄한 남쪽 대지에 고구려시기의 홍색 니질 포문 기와가 출토됨. 이를 통해 산성 안에 건물지가 있었음을 확인할 수 있음.

○ 성 안에서는 고구려시기 유물 외에 遼·金시기의 유물들도 출토되고 있음.

7. 역사적 성격

1) 지정학적 위치

海龍川山城은 遼東灣으로 흘러드는 大靑河 상류에 위치해 있는데, 遼河 河口 일대에서 岫巖으로 나아가는 大石橋-岫巖 도로와 海城-岫巖 도로가 산성 부근을 지나감. 전체 둘레가 3km 전후의 중대형 성곽이라는 점에서 遼河 남부지구의 고구려 성곽 가운데 비중이 컸을 것으로 파악됨.

2) 역사지리 비정

상기와 같은 海龍川山城의 지정학적 위치와 규모 때문에 안시성으로 비정하는 견해가 제기되기도 했음. 645년 당군이 안시성을 공격하던 상황을 보면, 안시성은 요동성의 남쪽이면서 建安城의 북쪽에 위치하며, 험준한 지형에 위치한 난공불락의 요새이며, 동남 모서리 외곽에 인공 土山을 축조했고, 서쪽에는 산줄기, 남쪽에는 산, 북쪽에는 산과 협곡, 동쪽에는 강이 위치한 것으로 확인되는데, 종래 안시성으로 비정되던 해성 영성자산성은 이러한 조건을 갖추지 못했다고 파악함.

반면 海龍川山城은 상기와 같은 안시성의 조건을 모두 갖추고 있다는 것임. 더욱이 고구려는 漢 遼東郡의 속현인 安市縣의 이름을 따서 안시성이라 명명했을 텐데, 안시현의 치소가 海城市 析木城鎭 析木城村의 漢代 古城址로 海龍川山城과 매우 가깝다고 함(崔艷茹·馮永謙·催德文, 1996 ; 營口市博物館, 2000 ; 王綿厚, 2002).

반대로 海龍川山城은 다음과 같은 10가지 특징을 갖추고 있는데, 이는 안시성의 조건과 부합하지 않는다며 안시성설을 부정하기도 함(王禹浪·劉冠櫻, 2009).

첫째, 성의 둘레는 3,000m 정도임. 둘째, 산성 평면은 불규칙형임. 셋째, 8개의 산봉우리를 점유하고 있음. 넷째, 산성 안은 지세가 개활하여 병사를 모으고 군량을 저장하는데 양호한 조건을 갖추고 있음. 다섯째, 산성 안의 수원은 풍족한데, 현재도 남·북 산골짜기 암벽 틈으로 흐르는 두 줄기의 샘을 볼 수 있음. 여섯째, 모두 동·서·남·북 4개의 성문이 있음. 일곱째, 성 내 서북 모서리에서 망대 두 기를 볼 수 있고, 너비 1m, 높이 1~3m의 성벽을 볼 수 있음. 여덟째, 성 안에는 '演兵場'이라 불리는 인공적으로 축조한 평탄한 대지가 세 곳 있는데, 중요한 건물지가 있었다고 할 수 있음. 아홉째, 산성내 남쪽 대지에서 布文이 있는 고구려시기의 泥質 홍색 토기가 출토됨. 열째, 동남이 아니라 서남 모서리에 인공적으로 쌓은 土山이 있음.

해룡천산성의 이러한 특징은 안시성의 조건과 부합하지 않는다는 것임. 문헌사료를 종합하면 안시성의 조건은 첫째 駐蹕山의 서북에 위치하고, 唐里로 8里 정도 떨어져 있어야 함. 둘째, 규모는 최소한 3~4만 명의 군대를 갖추어야 하고, 풍부한 수원도 갖추고 있어야 함. 셋째, 동남쪽에 토산이 있어야 하는데 唐軍이 철수한 후 고구려군이 土山을 제거하였는지는 문헌상으로 알 수 없기 때문에 그 존재는 일종의 가능성에 불과함. 넷째, 당 태종은 동남과 서남 두 길로 安市城을 공략하였는데, 이는 반대로 安市城의 서면과 동남면이 가장 공격하기 쉽고 수비하기 어렵다는 뜻임. 그러므로 서면과 동남은 이에 합당한 지형을 갖추어야 하고, 성의 서면에 성벽과 각루가 있어야 함. 다섯째, 성의 위치는 遼河 하류와 멀지 않아야 함. 여섯째, 漢 安市縣과 湯池縣 부근에 있어야 함.

海龍川山城의 특징은 문헌에 나타난 이러한 安市城의 조건과 부합하지 않는다는 것임. 海龍川山城 동남 모서리 쪽에 있는 성벽보다 높은 산봉우리에 근거하여 安市城이라고 주장하지만, 그 산봉우리는 자연적으로 형성된 것이고 인공 토산이 아니라는 것임. 산성 서남 모서리에는 성 안으로 경사져 있는 산비탈이 있고 서벽 남단 일부분을 덮고 있는 산언덕이 있는데, 산언덕은 돌이 적고 토양이 매우 부드러우며 식생은 대부분 灌木임. 이에 반해 그 왼쪽에 인접한 남벽 성벽에 있는 山嶺은 산돌이 노출되고, 식생 대부분이 樹木이라는 점에서 명확하게 대비됨. 이 외에 산성 전체는 동쪽이 높고 서쪽이 낮은 지형인데, 서남 모서리에 축조된 토산이 동남 모서리에 축조된 토산보다 명확하게 우월함. 海龍川山城 서남 모서리의 산언덕은『新唐書』에 기재된 '東南隅土山'의 위치와 부합하지 않음.

이처럼 현재 중국학계에서는 해룡천산성이 안시성인지 여부를 둘러싸고 다양한 논의가 이루어지고 있음. 다만 해룡천산성의 현황에 대한 정밀한 조사가 진행되지 않은 상황이어서 어느 쪽 견해가 타당한지 단정하기는 쉽지 않은 상태임. 다만 海龍川山城이 고구려시기의 성곽이라면 지리위치상 遼河 河口 일대에서 岫巖으로 나아가는 大石橋-岫巖路나 海城-岫巖路를 방어하는 군사중진이었을 가능성이 높음. 또한 전체 둘레가 3km 전후의 중대형 성곽이라는 점에서 大淸河 상류 일대를 다스리는 지방지배의 거점 기능도 수행했을 것으로 추정됨.

참고문헌

- 崔艷茹·馮永謙·催德文, 1996, 『營口市文物志』, 遼寧民族出版社.
- 營口市博物館, 2000, 「關于安市城址的考察與硏究」, 『北方文物』 2000-2.
- 王綿厚, 2002, 『高句麗古城硏究』, 文物出版社.
- 王禹浪·王文軼, 2008, 『遼東半島地區的高句麗山城』, 哈爾濱出版社.
- 國家文物局, 2009, 『中國文物地圖集』 遼寧分冊, 西安地圖出版社.
- 王禹浪·劉冠櫻, 2009, 「大石橋市海龍川山城考察報告」, 『黑龍江民族叢刊』 2009-3.
- 崔艷茹, 2009, 「營口地區山城調査與檢討」, 『東北史地』 2009-3.
- 王禹浪·王文軼·王宏北, 2010, 「遼東半島高句麗山城槪述」, 『黑龍江民族叢刊』 2010-2.
- 王禹浪·王文軼, 2011, 「營口地區的高句麗山城」, 『哈爾濱學院學報』 2011-9.
- 魏存成, 2011, 「中國境內發現的高句麗山城」, 『社會科學戰線』 2011-1.

03 대석교 태평보고성
大石橋 太平堡古城

1. 조사현황

○ 縣文物保護單位로 지정됨.
○ 1981년 봄 : 大石橋市 高坎鎮 太平堡村 서북 200m 떨어진 높은 대지에서 성을 발견. 지역주민들은 高麗城이라고 부름.

2. 위치와 자연환경(그림 1 ~ 그림 2)

○ 大石橋市 高坎鎮 太平堡村 서측[1]에 위치함.
○ 老邊村 서북 약 15km에 위치함.
○ 태자하와 매우 가까움.
○ 遼河 河口에서 약 10여 km 떨어진 성으로 遼河 河口에서 가장 가까운 고구려성임.
○ 성 안은 갈색토이고, 현재는 과수원임.

3. 성곽의 전체현황

○ 평지성(보루)임. 평면은 방형임.
○ 발견 당시 보존이 비교적 양호하였다고 하나, 지금은 성의 흔적을 찾아보기 어려움.

○ 한 변 길이는 약 200m임.
○ 대지 중앙에 段이 지는 높은 지대가 있는데, 한 변의 길이는 약 100m 전후임.

4. 성벽과 성곽시설

1) 성벽
과수원 내부에 土壘가 남아 있었다고 하나, 지금은 흔적을 찾을 수가 없음.

2) 성문
『奉天通志』卷87에 성문 1개가 있었다는 기록이 있음.

5. 출토유물

○ 홍색 및 회색 포문기와, 철제도끼편, 청색벽돌, 토기 구연부 등이 출토됨(崔艷茹·馮永謙·催德文, 1996).
○ 고구려시기 : 와당, 홍색기와 등이 출토됨.
○ 요대의 백자편, 북송의 熙寧元寶 등이 출토됨.

6. 역사적 성격

태평보고성은 遼河 河口의 東岸에 위치한 소형 평지

---
[1] 國家文物局(2009)은 남측이라고 기록함.

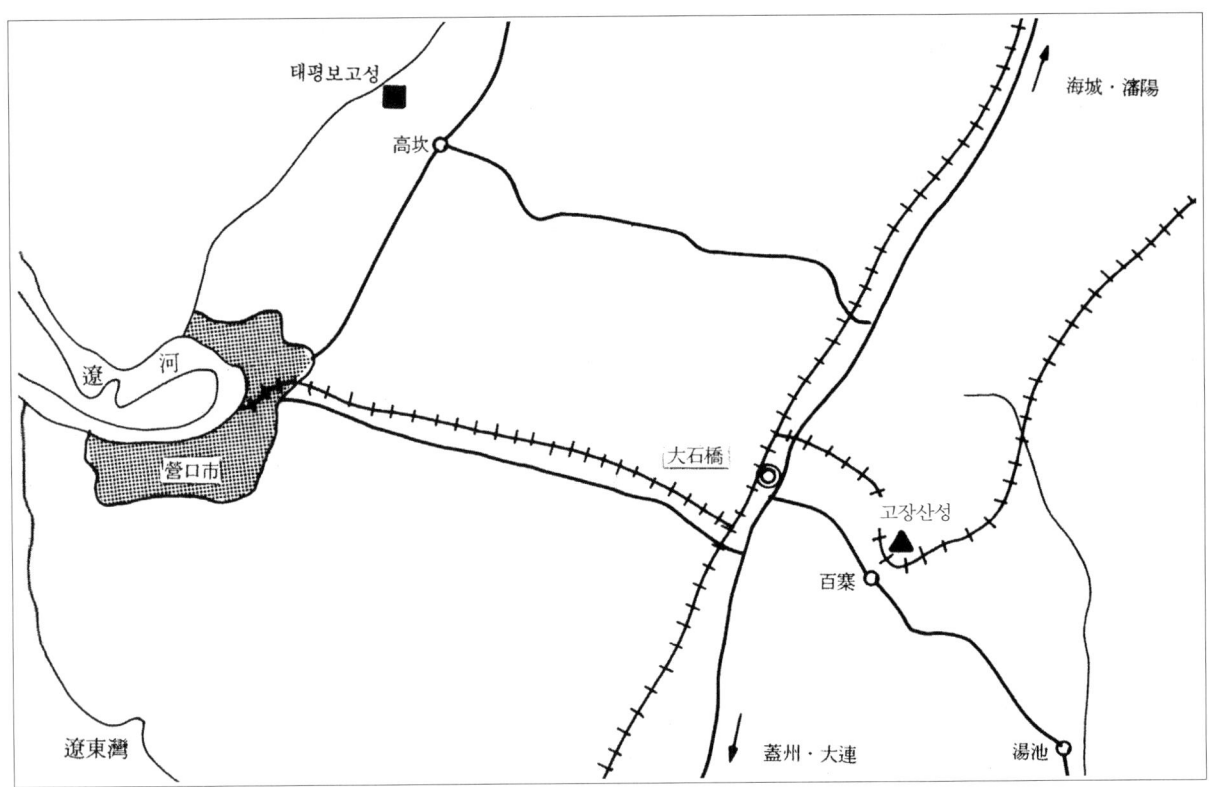

그림 1 태평보고성 위치도 1(35만분의 1)(여호규, 1999, 333쪽)

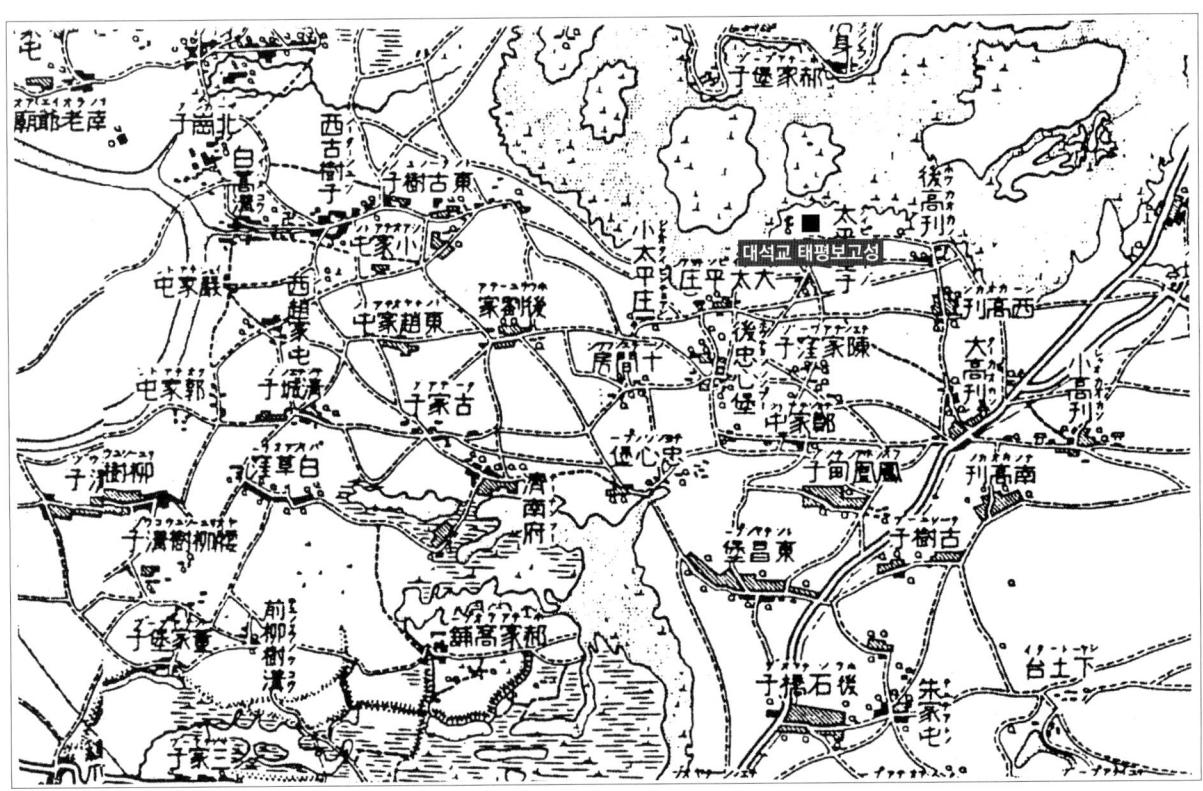

그림 2 태평보고성 주변 지형도(滿洲國 10만분의 1 지형도)

성임. 성 하부에는 고구려유적이 있고, 상부는 明代에 축조된 太平堡城址임. 『奉天通志』 卷87에는 "太平堡가 성(海城) 서남 70里에 있고, 주위가 98步이며, 문 한 개가 있고, '靑城子'라고도 불린다"라는 기록이 있는데, 이 기록에 나타난 성이 太平堡城址임. 다만 太平堡城址는 과거 고구려성이라고 불리었으나, 靑城이란 명칭으로는 불리지 않았음. 太平堡城址에서 3.5km 떨어진 溝沿鄕 靑城村 遼城址가 靑城으로 추정되는 바, 두 성의 이름을 혼동하여 기록한 것으로 추정됨. 즉 靑城子는 太平堡城址가 아님(崔艶茹·馮永謙·催德文, 1996).

요하유역의 다른 고구려성이 요동평원에서 요하 지류 연안으로 진입하는 길목에 위치한 반면, 太平堡古城은 요하 하구 부근 지역으로서 요하에 가장 근접한 위치에 있음. 요하 하구 일대를 방어하던 소형 보루성으로 추정되며, 부여성-발해만에 쌓았다는 千里長城이 農安-營口의 東岸에 축조되었다고 추정되는 만큼 천리장성과의 관련성도 설정해볼 수 있음(여호규, 1999). 다만 성 주변에서 고구려의 千里長城과 연관될 수 있는 유적이 발견되지는 않은 상태임(梁振晶, 1994).

참고문헌

- 梁振晶, 1994, 「高句麗千里長城考」, 『遼海文物學刊』 1994-2.
- 崔艶茹·馮永謙·催德文, 1996, 『營口市文物志』, 遼寧民族出版社.
- 여호규, 1999, 『高句麗 城』 Ⅱ, 國防軍史研究所.
- 國家文物局, 2009, 『中國文物地圖集』 遼寧分冊, 西安地圖出版社.

04 대석교 차엽구고려성산산성
大石橋 茶葉溝高麗城山山城

1. 위치와 자연환경

○ 大石橋市 黃土嶺鄉 茶葉溝村 서북쪽 高麗城山 위에 위치함. 高麗城山은 해발이 400m이고, 정상은 평탄함.
○ 大淸河 상류지역에 위치함.

2. 성곽의 전체현황(그림 1)

○ 성은 동서가 길고 남북이 짧음. 남북 너비는 동쪽이 좁고 서쪽이 넓음.
○ 둘레는 약 320m이고, 성내 면적은 2,900m²임.
○ 성벽, 성문, 水門, 망대, 우물 등이 남아 있음.

3. 성벽과 성곽시설

1) 성벽
○ 산성 성벽은 산 정상부 절벽 가장자리를 따라 축조함. 성곽의 전체 형태는 산 정상부의 형태와 일치하는데, 배가 크게 부른 오이 모양과 유사함.
○ 성벽은 천연화강암을 어긋나게 쌓아 올려서 축조하였는데, 큰 돌의 크기는 직경이 1~2m에 달함.
○ 현재 남아 있는 성벽은 너비 1.7~2.5m, 殘高 1~1.6m이고, 가장 높은 지점은 3m 이상임.

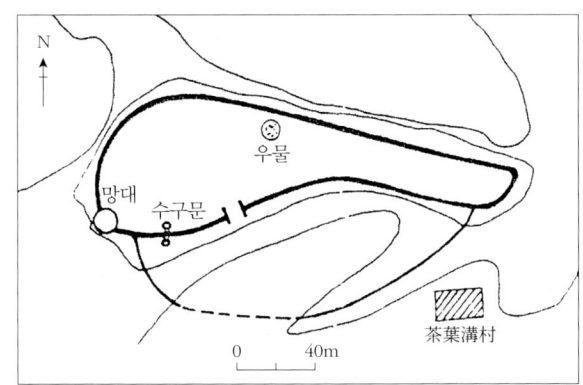

그림 1 차엽구고려성산산성 평면도(崔艷茹·馮永謙·催德文, 1996, 57쪽)

2) 성문
산성 남벽 가운데에 문이 있는데, 너비는 약 4.5m임.

3) 망대
성의 서남 모서리에는 직경 4m의 원형 망대터가 있음.

4) 水口門
남문 서측 3m 떨어진 거리에 水口門이 있음. 바깥이 낮고 안이 높은 경사진 지형임. 남은 높이는 40cm, 너비는 25cm임.

4. 성내시설과 유적

성 안 가운데에서 북벽에 가까운 지점에 우물이 있는

데, 직경은 70cm, 깊이는 50cm임. 물은 말라 있음.

5. 역사적 성격

茶葉溝高麗城山山城은 遼東灣으로 흘러드는 大淸河 상류에 자리잡고 있는데, 동북쪽 가까이에 둘레 3km 전후의 해룡천산성이 위치함. 이에 海龍川山城의 衛城 가운데 하나로 추정하기도 함(崔艷茹·馮永謙·催德文, 1996). 또한 茶葉溝高麗城山山城을 포함해 營口 지역의 고구려 성곽은 고구려가 광개토왕대에 후연과의 쟁투를 통해 요동지역을 점령한 다음 축조했을 것으로 파악하기도 함(崔艷茹, 2009).

다만 茶葉溝高麗城山山城은 상세한 조사가 진행되지 않아 축조시기나 그 성격을 정확하게 파악하기 힘든 상황임. 茶葉溝高麗城山山城이 고구려시기에 축조되었다면 지리위치와 규모상 遼河 河口 일대에서 岫巖으로 나아가는 大石橋-岫巖路나 海城-岫巖路를 방어하던 소형 보루성의 기능을 수행했을 것으로 추정됨.

참고문헌

- 崔艷茹·馮永謙·催德文, 1996, 『營口市文物志』, 遼寧民族出版社.
- 王禹浪·王文軼, 2008, 『遼東半島地區的高句麗山城』, 哈爾濱出版社.
- 崔艷茹, 2009, 「營口地區山城調査與檢討」, 『東北史地』 2009-3.
- 王禹浪·王文軼·王宏北, 2010, 「遼東半島高句麗山城概述」, 『黑龍江民族叢刊』 2010-2.
- 王禹浪·王文軼, 2011, 「營口地區的高句麗山城」, 『哈爾濱學院學報』 2011-9.

제13부

안산시(鞍山市) 지역의 성곽

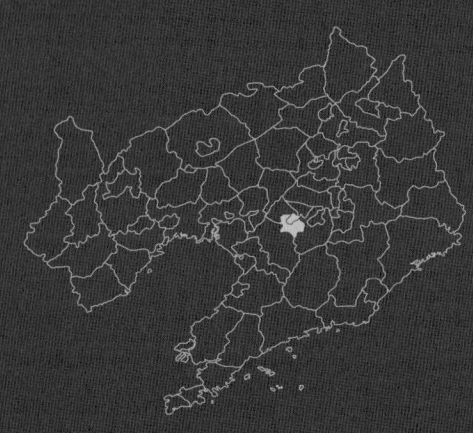

01 안산 고도관석성
鞍山 古道關石城

1. 조사현황

1990년을 전후하여 鞍山市 博物館에서 발견함.

2. 위치와 자연환경(그림 1 ~ 그림 2)

1) 지리위치

○ 古道關石城은 千山 北溝 西部에 있는데, 千山 古道關에서 서북쪽으로 약 1km 떨어진 해발 500m인 산 정상에 위치함.

○ 千山에는 遼·金대에 龍泉寺, 中會寺, 大安寺, 香巖寺 등이 세워졌고, 淸代에 觀, 宮, 庵 등이 세워졌는데, 9곳의 宮, 8곳의 관, 12곳의 茅庵이 있었다고 함.

○ 동쪽으로 2km 떨어진 지점에 龍泉寺가 있음.

○ 산성에서 서쪽으로 10km 떨어진 지점에는 欐石山城, 동쪽으로 70km 떨어진 지점에는 老石城山城과 城爾峪山城 등이 있음.

○ 산성 남쪽으로 약 5km 떨어져 있는 香巖寺 南塔 가장자리 절벽에 길이 50m의 석벽이 있음. 香巖寺에서 동쪽 500m 지점의 仙人臺 靑石路 서쪽, 속칭 小仙人臺 아래 가장자리 남쪽 산비탈에는 동서 길이 40m, 잔고 2m인 인공석벽이 있음. 그 성벽 위의 평탄한 곳에는 돌로 축조한 동서 길이 15m, 높이 2m, 깊이 5m의 남향 건물터가 있음. 건물터에서 연자방아(石碾)가 출토되었는데, 직경은 1.6m이고, 가운데에는 방형 구멍이 있음. 유적지는 南塔유적과 마주하고 있음. 두 유적지는 서부 천산산맥의 주요 關口에 있는데, 동쪽의 大安寺로 나아갈 때 반드시 거쳐야 요해처임. 두 유적지는 망대지로 추정됨. 大安寺는 香巖寺 동쪽 2km 지점에 위치하는데, 당 태종이 이곳 병사주둔지에 있었다고 전해지고 있음. 사원 동쪽에 英烈觀山이 있는데, 唐王殿유적이 남아 있음. 유적지에서는 대형 주춧돌과 遼代 백자편 등이 출토됨. 慈祥觀溝는 옛 맷돌이 많이 있어서 '古碾子溝'로도 불리는데, 唐軍이 사용하였던 것이라고 전해지고 있음.

○ 동북쪽으로는 遼東城이 있는 遼陽市, 서남쪽으로는 英城子山城이 있는 海城市가 자리 잡고 있음.

2) 자연환경

○ 千山은 동북-서남 방향인 千山山脈에서 요동평원을 향해 서북쪽으로 길게 뻗어 나온 지맥으로서 중국 동북지역 3대 명산 가운데 하나임. 999개나 되는 산봉우리로 이루어져 있다고 해서 千山으로 불린다고 함 (여호규, 1999).

○ 동쪽으로는 五佛頂 등 첩첩히 놓인 산봉우리가 있고, 남쪽으로는 仙人臺(해발 708m) 등 기암절벽이 있으며, 서쪽으로는 欐石山城과 마주보고 있고, 북쪽 아래로는 石橋村이 있는데, 평원임.

○ 성에서 가장 높은 지점은 동북 모서리인데, 큰 돌이 드러나 있고, 오르기는 매우 어려움.

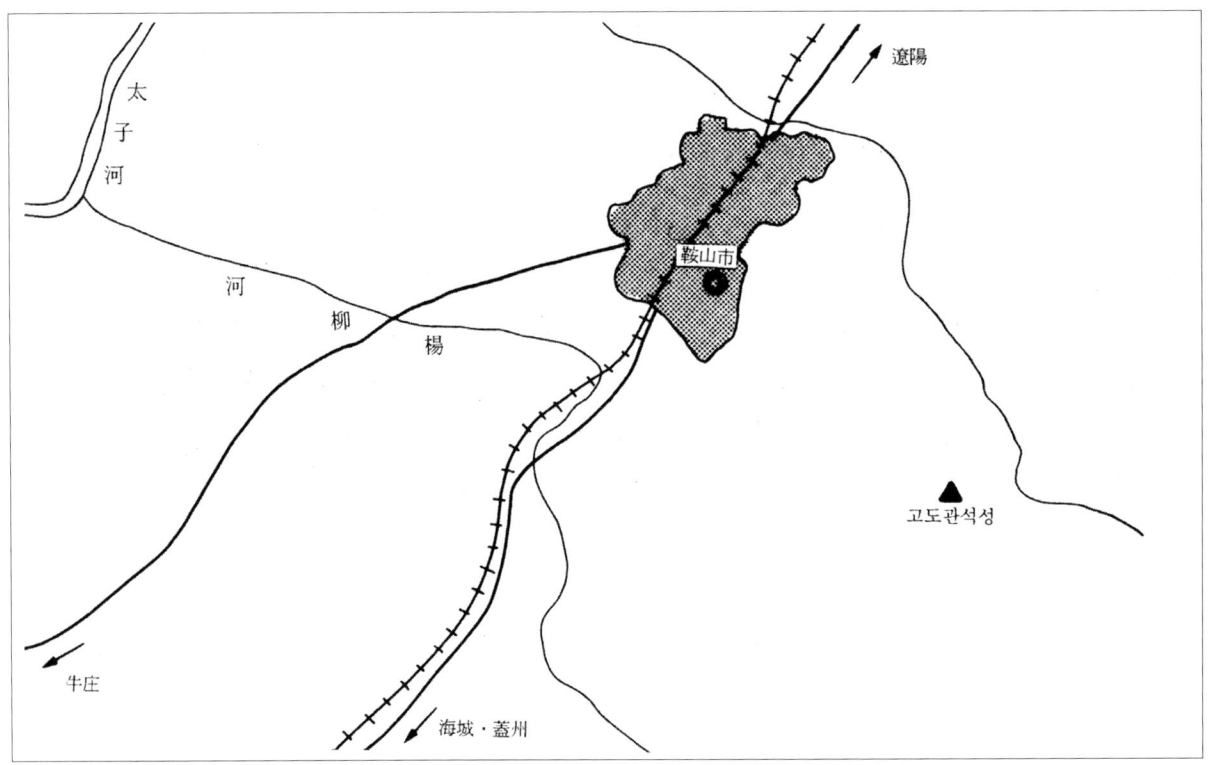

그림 1 고도관석성 위치도(35만분의 1)(여호규, 1999, 299쪽)

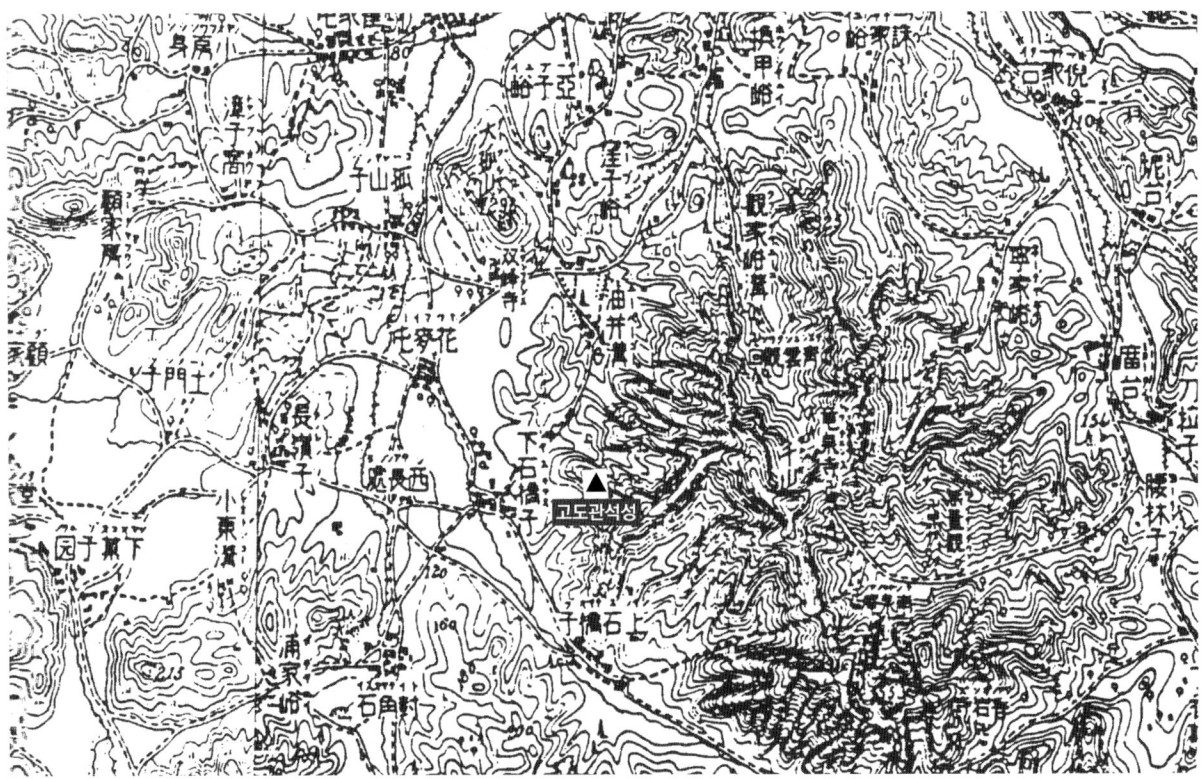

그림 2 고도관석성 주변 지형도(滿洲國 10만분의 1 지형도)

3. 성곽의 전체현황

○ 古道關石城은 산봉우리 정상에 자리 잡고 있음.
○ 평면은 북쪽이 높고 남쪽이 낮은 장방형임.
○ 동서 길이 80m, 남북 너비 40m, 면적은 약 3,000m²임.
○ 성벽, 성문, 망대, 목책시설, 건물터, 저수지, 우물 등이 남아 있음.
○ 유물로는 遼·金대 자기편들이 발견됨.

4. 성벽과 성곽시설

1) 성벽
○ 동·북·서 세 면은 절벽을 천연성벽으로 삼았음.
○ 완만한 비탈인 남면에만 사다리꼴로 다듬은 돌로 성벽을 쌓았음. 동서 길이 60m, 너비 2m, 잔고 2~5m임.
○ 남벽 동단 내측에 남북 방향의 성벽 한줄기가 축조되어 있음. 길이 14m, 너비 1.5m, 남은 높이 4m임. 북단에는 작은 통로가 있는데, 돌계단을 통해 동쪽 암벽으로 갈 수 있음.
○ 성돌로 성벽을 축조할 때, 백회를 사용한 흔적은 없음.

2) 성문
○ 성문은 남벽 서단에 있음.
○ 양 옆은 초벽이고, 돌로 축조함.
○ 아치형 천정이 있고, 너비는 1.2m임.
○ 성 안으로 진입할 수 있는 유일한 문임.

3) 망대
○ 남벽 동단 내측 성벽 정상부에는 남북 길이 14m, 동서 너비 6m인 평탄한 대지가 있음. 남부에는 직경 3m, 너비 0.8m, 깊이 0.6m인 구덩이가 있음. 그 구덩이에서는 遼·金대에 제작된 것으로 추정되는 瓷碗이 출토됨. 망대나 봉화대시설로 추정됨.
○ 서북·동남·서남의 절벽 위에는 망대가 있음.

4) 목책시설
○ 성벽 윗면에는 4~7m 간격으로 장방형의 돌 6개가 가로 방향으로 놓여 있음. 돌은 길이 1.5m, 너비 0.4m, 두께 0.3m임. 성벽 바깥으로 튀어난 부분에 직경 12cm의 구멍이 있음. 배열상황으로 보아 목책을 세웠던 방어시설로 추정됨(여호규, 1999).
○ 산 정상부 동쪽 절벽 가장자리에 구멍 3개가 있음. 중간에 있는 구멍은 방형이고, 양측에 있는 구멍은 원형임. 구멍은 직경 12cm, 깊이 12cm, 구멍 사이의 간격은 약 1m임(張喜營, 1992).

5. 성내시설과 유적

1) 건물지
○ 서북·동남·서남 절벽의 망대 아래에 모두 평탄한 곳이 있는데, 직경 3m 전후의 원형 구덩이가 파여 있음. 막사유적으로, 사병들이 휴식을 취했던 곳으로 추정됨(張喜營, 1992).
○ 성 동남쪽 산골짜기 아래에서 약 100m 떨어진 지점의 남쪽 비탈 아래에 기초부를 구축한 坐北朝南의 건물지가 있음. 한 건물지는 석벽이 길이 5m, 너비 4m임. 다른 한 건물지는 동서 길이 15m, 잔고 1.5m로서 5m 간격으로 칸을 나눈 3칸 건물임. 유적 안에서는 맷돌(半扇石磨)이 발견됨. 이 건물지는 산성과 일정한 관계가 있는 것으로 보이는데, 병사가 주둔하던 宿營地로 추정됨(張喜營, 1992).

2) 저수지
성 동남쪽 산골짜기 아래에서 약 100m 떨어진 지점의 남쪽 비탈 아래에 있는 두 건물지에서 동쪽으로 약 5m 떨어진 지점에 직경 8m의 원형 저수지가 있음. 저수지 아래에는 남북 방향으로 놓인 길이 20m의 석벽이 있음.

3) 우물

성문 내측에서 북쪽으로 약 10m 떨어진 지점과 남벽 중간에서 바깥쪽으로 1m 떨어진 지점에 돌로 쌓은 방형 우물이 있음. 두 우물은 모두 고갈됨. 우물 하부에는 동서 길이 20m, 너비 1m, 높이 1m인 석벽을 구축함.

6. 출토유물

○ 遼·金대의 자기가 출토됨.
○ 남벽 동단 내측 성벽 정상부의 평탄한 대지 남부 구덩이에서 출토된 瓷碗은 胎土가 紅砂임. 안팎으로 얇게 회색 유약이 칠해져 있는데, 바닥까지는 발라지지 않았음. 직경은 6.8cm임. 足口는 평평하고, 광택이 남.

7. 역사적 성격

古道關石城은 서북방의 요동평원과 千山을 한 눈에 볼 수 있는 千山 北溝의 최고봉에 위치함. 古道關石城이 위치한 산은 千山의 북쪽 지맥에 위치한 首山(馬首山)과 밀접한 관계가 있음. 首山은 遼東城 곧 遼陽市에서 서남쪽으로 7.5km 떨어진 거리에 위치했다고 하는데, 238년 公孫氏 정벌에 나선 曹魏軍과 645년 고구려 침공에 나선 唐軍이 遼東城(襄平)을 공격하기에 앞서 주둔한 요해처였음.

645년 唐 太宗은 遼澤을 건너 台安 孫城子-鞍山의 中路를 통해 遼河를 渡河한 다음, 千山 서북쪽의 鞍山-遼陽일대 요동평원을 가로질러 首山에 이르렀음. 이로 본다면 古道關石城은 요동평원을 가로지르는 교통로를 공제하기 위한 군사방어성으로 추정됨(여호규, 1999). 한편 고도관산성을 659년 고구려군과 薛仁貴가 전투를 벌인 橫山으로 비정하기도 함(張喜營, 1992).

참고문헌

· 張喜營, 1992,「千山古代石城調査記」,『中國考古集成』東北卷(兩晋至隋唐 二).
· 여호규, 1999,『高句麗 城』Ⅱ, 國防軍史硏究所.

02　안산 마운산산성
鞍山 摩雲山山城

1. 조사현황

市文物保護單位로 지정됨.

2. 위치와 자연환경(그림 1)

遼寧省 鞍山市 千山區 唐家房鎭 摩雲山村 동북 2.5km에 위치함.

3. 성곽의 전체현황

○ 성곽은 산상에 위치함.
○ 평면은 불규칙한 형태를 띠고 있음.
○ 동서 길이 약 400m, 남북 너비 약 200m임.

4. 성벽과 성곽시설

○ 성벽은 산세를 따라 축조하였으며, 큰 돌을 사용하여 쌓아 올렸음.
○ 남아 있는 성벽 높이는 약 2m임.

5. 성내시설과 유적

성내에 석축 우물 1개가 있음. 직경은 0.6m, 깊이는 약 2m임.

그림 1　마운산산성 위치도

6. 역사적 성격

마운산산성은 요동평원 일대를 한눈에 볼 수 있는 千山의 북쪽 사면에 위치함. 마운산산성이 고구려시기의 성곽이라면 요동평원을 가로지르는 교통로를 공제하기 위한 소형 성곽으로 기능했을 것으로 추정됨.

참고문헌

- 國家文物局 主編, 2009, 『中國文物地圖集』 遼寧分冊 (下), 西安地圖出版社.

제14부

해성시(海城市) 지역의 유적

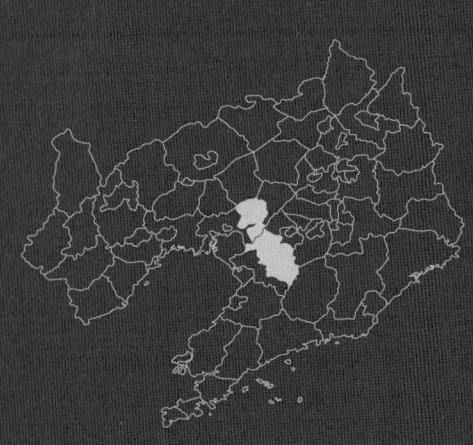

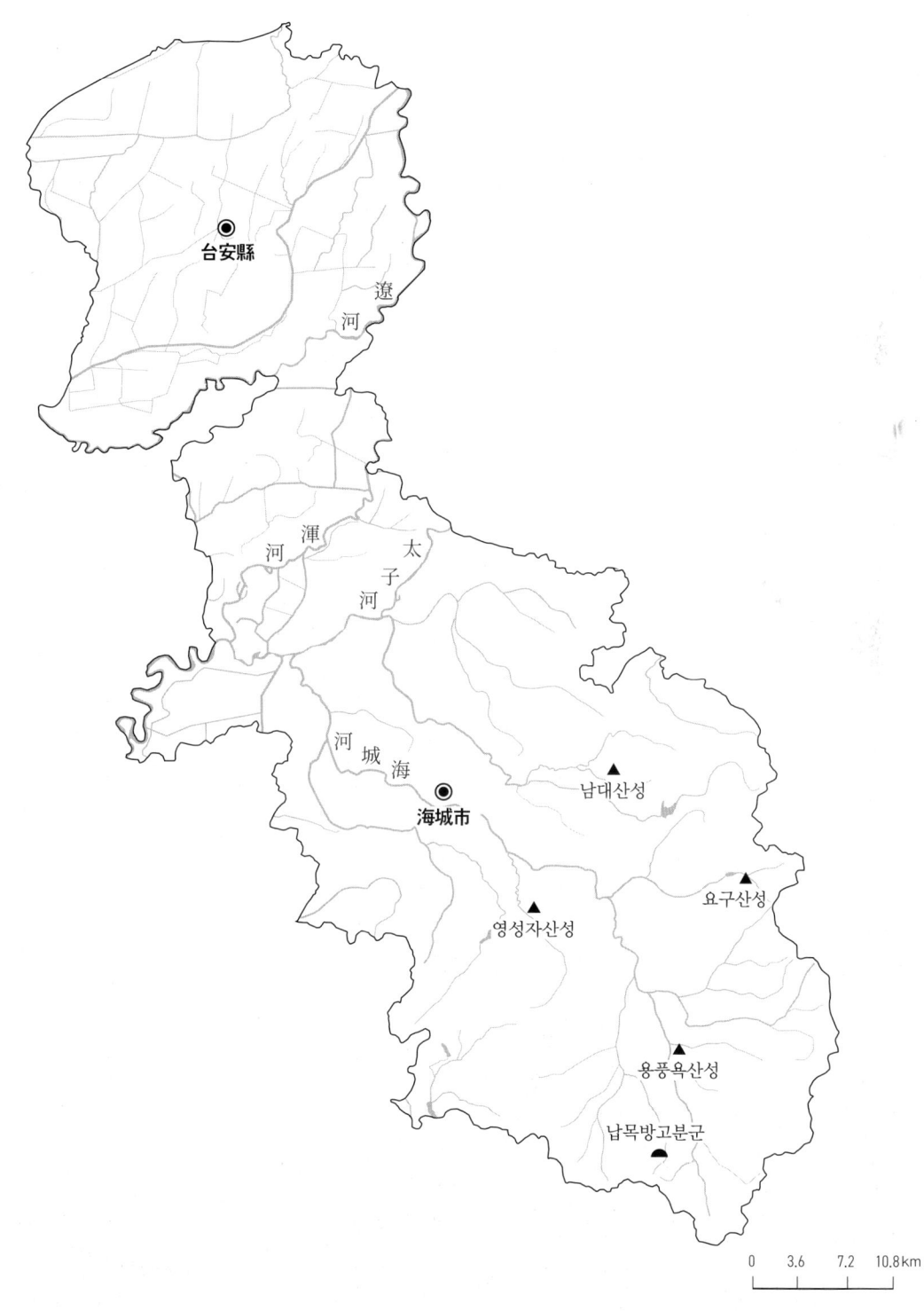

1
고분군과 고분

01 해성 납목방고분군
海城 拉木房古墳群

1. 위치와 자연환경(그림 1)

海城市 孤山鎭 拉木房村 골짜기에 위치.

2. 고분군의 분포현황

○ 약 1,500m² 범위에 고분 분포. 4개의 큰 분구가 남북으로 배열. 서로의 거리는 10여 m임.
○ 무덤 둘레를 깨진 돌로 둘러쌓음. 둘레 길이는 50여 m에 달하며 평면은 장방형에 가까움.

3. 출토유물

지표에서 승문벽돌(繩文磚)을 비롯해 내면에는 方格文을 새기고 배면에는 細繩文을 새긴 암키와, 布文의 기와 잔편 등을 수습.

4. 역사적 성격

고구려 고분군으로 보고되었지만, 보고된 내용상으로는 정확한 성격을 파악하기는 어려움.

참고문헌

· 國家文物局 主編, 2009, 『中國文物地圖集』 遼寧分冊(上·下), 西安地圖出版社.

그림 1 납목방고분군 위치도

2
성곽

01 해성 영성자산성
海城 英城子山城

1. 조사현황

1) 1926년
○ 조사기간 : 1926년 8월.
○ 조사자 : 島田好.
○ 조사내용 : 산성을 발견함.
○ 발표 : 島田好, 1926, 『滿蒙誌』.

2) 1928년
○ 조사기간 : 1928년 11월 7일.
○ 조사자 : 八木奘三郞.
○ 발표 : 八木奘三郞, 1929, 「海城近傍の英城子」, 『續滿洲舊蹟志』, 南滿洲鐵道株式會社.

3) 1934년
○ 조사기간 : 1934년 겨울.
○ 조사자 : 金毓黻.
○ 조사내용 : 화살촉, 철제솥, 唐泉 등을 발견함.
○ 발표 : 金毓黻, 1941, 『東北通史』.

4) 1958년
○ 조사기간 : 1958년 4월.
○ 조사자 : 李文信.

5) 1964년
1964년 5월 鞍山市人民政府가 市級重點文物保護單位로 지정함.

6) 1981년
조사자 : 王綿厚, 閻萬章.

7) 1992년
○ 조사기간 : 1992년 5월.
○ 조사자 : 林直樹.
○ 발표 : 林直樹, 1994, 「中國東北部の高句麗山城」, 『靑丘學術論集』 5.

8) 1993년
○ 조사기간 : 1993년 5월.
○ 조사자 : 林直樹.
○ 발표 : 林直樹, 1994, 「中國東北部の高句麗山城」, 『靑丘學術論集』 5.

9) 1994년
○ 조사기간 : 1994년 4월.
○ 조사자 : 富品瑩, 吳洪寬.
○ 발표 : 富品瑩·吳洪寬, 1994, 「海城英城子高句麗山城調査記」, 『遼海文物學刊』 1994-2.

10) 2007년
○ 조사기간 : 2007년 6월 17일.
○ 조사자 : 王禹浪, 王文軼 등.

○ 발표 : 王禹浪·王文軼, 2008, 『遼東半島地區的高句麗山城』, 哈爾濱出版社.

11) 2007년
遼寧省級文物保護單位로 지정됨.

2. 위치와 자연환경(그림 1 ~ 그림 3)

1) 지리위치
○ 海城市 동남쪽으로 7.5km[1] 떨어진 八里鎭 英城子村 동쪽 200m의 산 위에 위치함.[2] 英城子山城은 英城子村 동면 산 위에 자리 잡고 있기 때문에 그 이름이 붙여짐. 海城市 八里鎭 英城子村의 처음 명칭은 高麗營城子였는데, 이후에 營城子로 불리다가, 다시 英城子로 불리게 됨. 성 이름도 '營城子山城' 혹은 '高麗城'으로도 불렸음. 『盛京通志』에는 嬴城山이라고 기록되어 있음. 예전에 성 바깥에서 乾隆 51년(1786) 6월에 주조된 철제 종이 발견되었는데, '奉天府海城縣, 城東南高麗營子'라는 명문이 있었음. 이를 통해 산성이 위치한 '英城子'는 乾隆 이후 잘못 전해져 내려온 명칭임을 알 수 있음.
○ 좌표지리는 북위 40°46'48.39", 동경 122°46'36.78"임. 평균 해발은 160m임.
○ 서쪽으로 약 7.5km 떨어진 지점에 海城市, 동남쪽으로 약 12.5km 떨어진 지점에 析木城, 동쪽으로 약 5km 떨어진 지점에 牌樓鄕, 산성 서쪽 약 350m 떨어진 지점에 海岫철로가 있음.
○ 성 아래에는 析木城과 岫巖으로 통하는 도로가 있

[1] 東潮·田中俊明(1995)은 7km, 林直樹(1994)는 8km, 王禹浪·王宏北(2007)은 10km라고 기록함.
[2] 營口市博物館(2002)은 英城子村 서북 해발 100m의 산 위에 있다고 기록함.

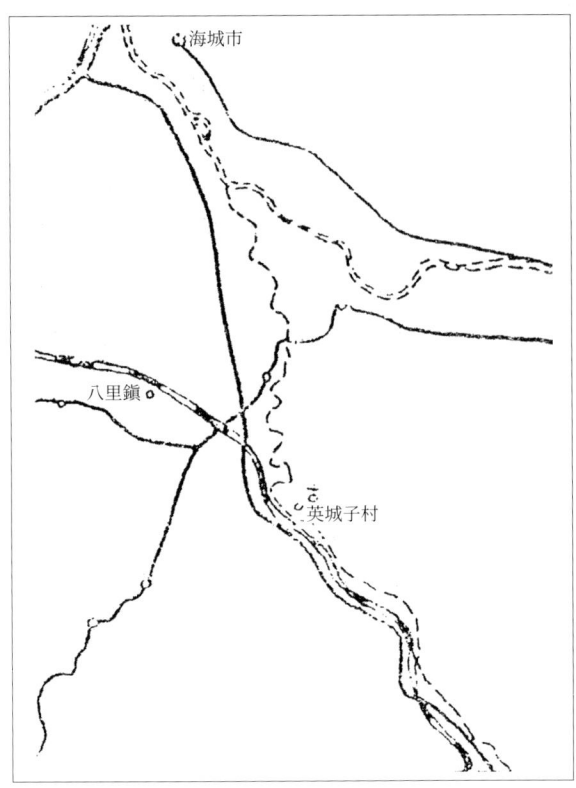

그림 1 영성자산성 위치도 1(富品瑩·吳洪寬, 1994, 12쪽)

음. 발해만 방면에서 岫巖을 거쳐 압록강 하류로 향하는 도로가 지나는 것임. 析木, 岫巖으로 향하는 도로 동쪽에서 평야에서 산지로 들어오는 입구를 막는 곳에 산성이 위치함. 산성은 海城에서 岫巖으로 오는 길 가운데, 맨 처음에 있는 산에 축조됨.

2) 자연환경
○ 성 북쪽에는 海城河 지류인 沙鐵河가 동남에서 서북으로 흐르다가, 다시 海城河로 유입됨. 海城河는 서북으로 흘러 태자하 下流로 유입됨. 하천과 산성 간의 가장 가까운 거리는 350m임. 沙鐵河 상류를 따라 동남쪽으로 나아가면 충적평지와 산봉우리가 끝없이 이어지면서 점차 험준해지다가 천산산맥 본줄기를 만나게 됨. 천산산맥을 넘어 大洋河 유역으로 진입한 다음, 大洋河 연안 교통로를 통해 鳳城을 비롯하여 요동반도 남쪽 해안가, 압록강 방면 등으로 나아갈 수 있음.

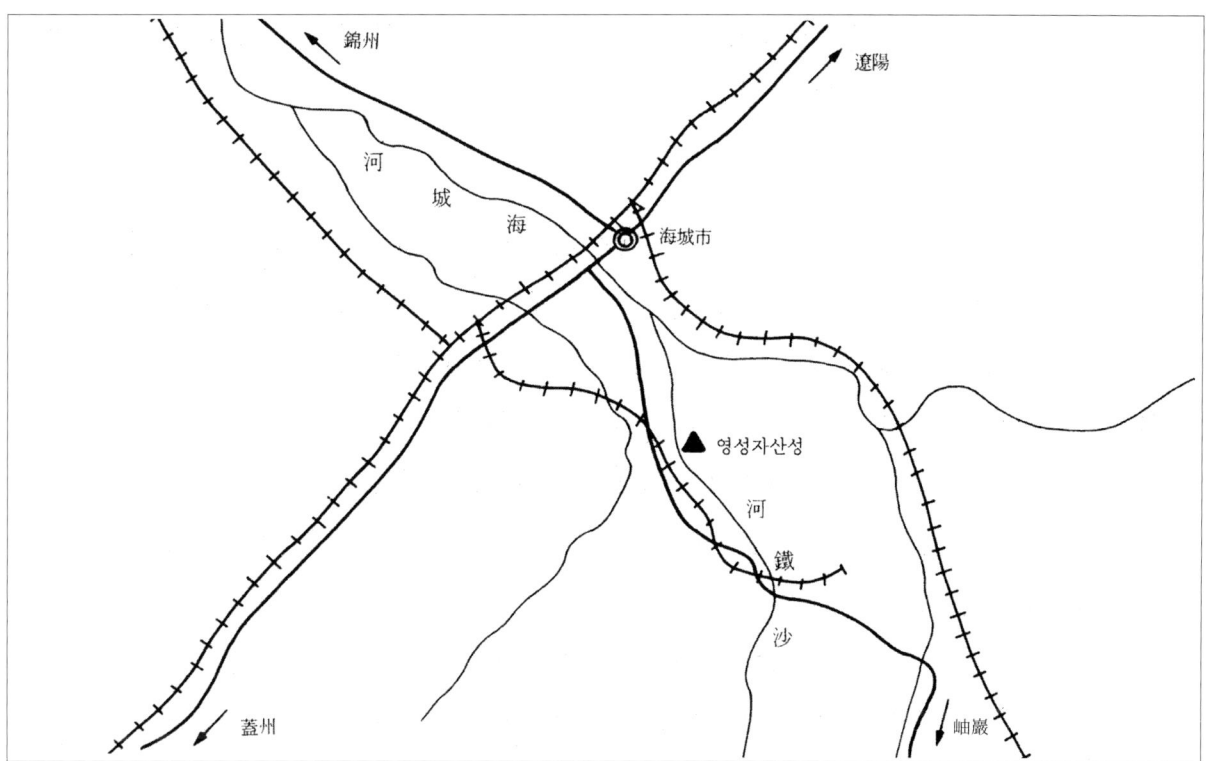

그림 2 영성자산성 위치도 2(35만분의 1)(여호규, 1999, 319쪽)

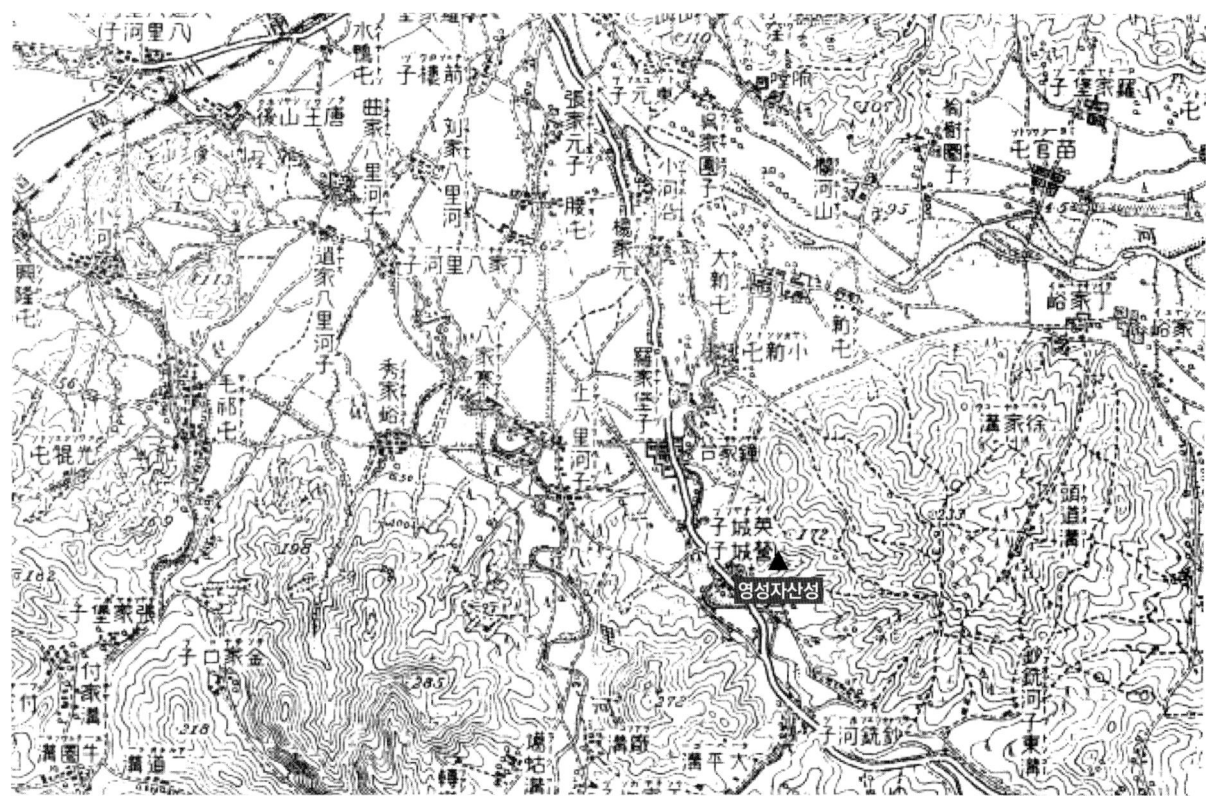

그림 3 영성자산성 주변 지형도 2(滿洲國 10만분의 1 지형도)

海城 英城子山城은 요동평원에서 沙鐵河와 大洋河 유역으로 진입하는 길목의 전략적 요충지에 자리잡고 있는 것임.

○ 성 서북쪽으로는 요동평원이 펼쳐져 있고, 동남쪽으로는 沙鐵河 연안 충적평지가 기다랗게 뻗어 있으며, 그 건너편에는 산봉우리들이 이어짐. 북쪽에는 산성보다 조금 높은 산이 자리 잡고 있음.

○ 산성의 방향은 坐東面西임.

○ 산성 지세는 동·북·남 세 면이 높고 서면이 비교적 낮으며, 중간에 작은 산골짜기가 형성되어 있음. 동북 모서리에서 서남과 동남 두 갈래로 뻗어 내린 산등성이가 포물선을 그리며 산성을 감싸고 두 줄기가 만나는 서쪽에 골짜기 입구가 있음.

○ 산등성이 바깥쪽의 산비탈은 비교적 가파른 반면, 안쪽으로는 경사가 완만한 산비탈이 펼쳐져 있음.

○ 성 안은 평탄한 지세가 매우 적음. 성 안에는 민가들이 있음.[3]

○ 성에서 가장 높은 지점인 동남 모서리에 오르면 토산 꼭대기와 사방을 조망할 수 있음. 다만 남쪽은 산이 막고 있어 전모를 볼 수 없음.

3. 성곽의 전체현황 (그림 4~그림 6)

○ 포곡식(簸箕型) 산성임.
○ 산성은 전체적으로 불규칙한 장방형임.[4]
○ 전체 둘레는 2,472m(富品瑩·吳洪寬, 1994 ; 王綿厚, 2002 ; 魏存成, 2002 ; 王禹浪·王文軼, 2008)임.[5] 총 면적은 45만㎡(營口市博物館, 2000).

○ 산성에는 성벽, 성문, 망대, 水口門, 회곽도, 치, 각루, 건물지, 우물, 샘 등이 남아 있음.

○ 출토된 유물로는 금제고리, 도·검·모·전촉(箭頭) 등 철기, 벽돌, 기와, 토기, 돌절구, 투석용 석환(砲石), 주춧돌, 명도전·오수전·개원통보 등 화폐 등이 있음. 그 외에 遼代 유물 등도 출토됨.

4. 성벽과 성곽시설

1) 성벽

○ 산성 동·북·남 세 면의 성벽은 산세를 따라 산등성이 꼭대기에 흙을 다져서 축조함.[6] 일부 성벽에서는 7~8cm의 두께로 흙이 다져진 층을 볼 수 있음. 일부는 험준한 산등성이를 천연성벽으로 이용하면서 성벽을 축조하지 않음.

○ 시간이 지남에 따라 성벽 표면은 風雨로 무너졌고, 나무가 성벽을 덮고 있으나, 인공적으로 축조한 성벽의 흔적은 아직도 명확하게 남아 있음.

(1) 서벽

○ 지세는 비교적 낮음.
○ 대부분 인공적으로 성벽을 축조하였고, 길이는

---

3 八木奘三郞(1929)이 1928년에 조사할 때, 성벽 내외를 합쳐서 100戶 이상이 거주하였고, 성 안에는 13~15호가 있었다고 함.

4 金毓黻(1941)은 타원형, 陳大爲(1995)는 圓角長方形, 營口市博物館(2000)은 너비가 서쪽이 넓고 동쪽이 좁은 사다리꼴형이라고 기록함.

5 3km(島田好, 1926), 4km(東潮·田中俊明, 1995 ; 王禹浪·王宏北, 2007 ; 國家文物局, 2009), 4.5km(林直樹, 1994), 5華里(陳大爲, 1995), 8里(馮季昌·孫進己·馮永謙, 1987 ; 孫進己·馮永謙, 1989 ; 王綿厚, 1994 ; 李殿福, 1994 ; 馮永謙, 1997), 10里(金毓黻, 1941)라는 기록이 있음.

6 王綿厚(1994)는 돌로 쌓았다고 기록함. 島田好(1926)는 기초는 돌로 쌓고, 벽심은 흙과 돌을 섞어서 채운 다음, 위에는 흙을 덮었다고 기록함. 林直樹(1994)는 양 측면에 돌을 쌓고 그 안에 흙과 돌을 채워 넣었으며, 그 위로 흙을 덮었다고 하면서, 이러한 축조방법이 撫順 高爾山城 동성 남문 서쪽에서도 보인다고 함. 八木奘三郞(1929)은 하부는 토축이고, 그 위에는 불규칙한 切石을 놓았으며, 그 위에 흙을 덮었다고 기록함.

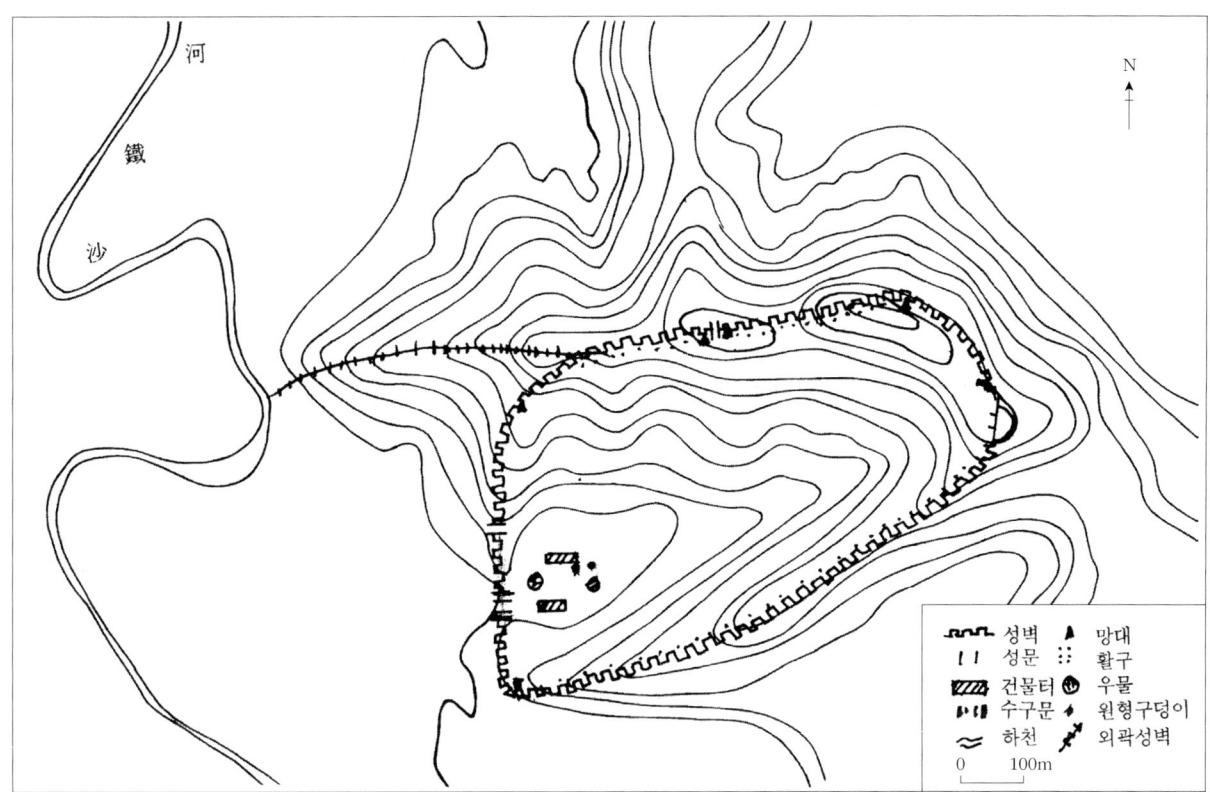

그림 4 영성자산성 평면도 1(富品瑩·吳洪寬, 1994, 13쪽)

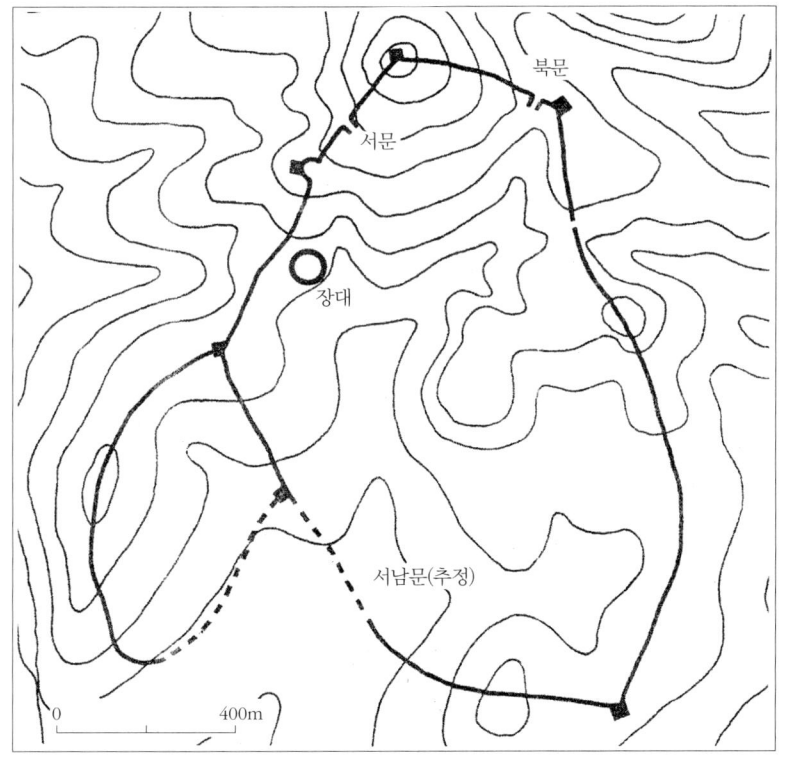

그림 5 영성자산성 평면도 2(林直樹, 1994)

제14부 해성시(海城市) 지역의 유적 315

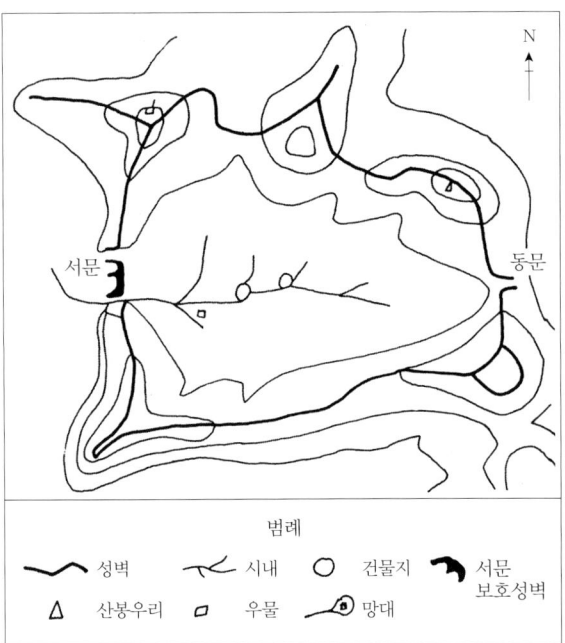

그림 6 영성자산성 평면도 3(陳大爲, 1995, 224쪽 ; 王綿厚, 2002, 81쪽)

488m임(富品瑩·吳洪寬, 1994).[7]

○ 水口門 남쪽-서남 모서리의 망대까지 성벽 구간은 길이가 134m, 높이가 12m임. 자연암석을 기저부로 삼았고, 정상부의 너비는 1.5m임. 이 성벽 구간의 水口門과 가까운 성벽 바닥부는 거의 자연 산등성이로, 암석은 동서 방향으로 단열층을 이루면서, 북쪽에서 남쪽으로 점차 낮아짐. 윗부분은 운모암 풍화토로 쌓았고, 다져진 층은 보이지 않음.

○ 水口門-서문 구간의 성벽은 길이 100m, 정상부 너비 6m임. 이 구간 성벽 남북 양단인 水門과 성문 근처 성벽은 다른 부분에 비해 벽체가 두터운데, 너비가 29.5m에 달하고, 흙으로 다져진 층의 높이가 8m임. 이는 서문과 水口門에 견고함을 더하고자 한 것임. 흙으로 다져진 층은 매우 정연한데, 매 층의 두께는 7cm임. 흙으로 다져진 층의 정상부에는 약 6m의 회갈색 흙이 쌓여 있는데, 다져진 흔적이 보이지 않기 때문에, 2차적으로 축조해 이루어진 것으로 추정됨. 이 구간 성벽 정상부는 농민들이 계단식 밭으로 개간하였음. 성벽 정상부의 너비는 알 수 없음.

○ 서문-서북 모서리 망대까지의 성벽구간에서는 흙으로 다져진 부분이 명확하지 않음. 토질은 산 내의 운모암 풍화토임. 길이는 190m, 높이는 13m, 현재 남아 있는 정상부의 너비는 1.5m임.

○ 서문 외벽 기단부에 돌로 쌓은 성벽면이 있었는데, 지금은 무너졌음. 돌은 일반적으로 쐐기형 혹은 사다리꼴형이고, 크기는 대체로 30×20×50cm, 40×25×60cm임. 원래 그 바깥에는 높이 20m 정도의 흙으로 다져진 층이 있고, 바깥으로 석벽이 있었는데, 높이는 1.6m이었다고 함. 현재 바깥에 있는 석벽은 보이지 않음. 흙으로 다져진 층은 현재 5m 정도임.

(2) 북벽

○ 북벽의 길이는 693m임(富品瑩·吳洪寬, 1994).[8]
○ 성벽 외측은 경사가 험하고, 해발은 130~170m임.
○ 서북 모서리-북문 구간은 길이 368m, 기단부 너비 약 4m, 정상부 너비 1m임.
○ 북문-동북 모서리의 망대 구간은 길이 318m, 기단부 너비 2~4m, 높이 3m, 정상부 너비 1m임. 이 구간의 성벽은 비교적 양호하게 남아 있음. 성벽 외측의 경사는 험준하고, 해발은 130~170m임.

(3) 동벽

○ 길이는 302m임(富品瑩·吳洪寬, 1994).[9]
○ 동북 모서리의 망대-동문 구간은 길이가 223m임. 동문-남부 성벽 붕괴 구간은 길이가 141m임. 동문-

---

7 營口市博物館(2002)은 300m로 기록함.

8 營口市博物館(2000)은 1,000m로 기록함.
9 營口市博物館(2000)은 100m로 기록함.

남부 성벽과 동부 성벽의 결합부까지는 79m임.
○ 인공적으로 축조한 성벽의 높이는 3.3~5m임. 정상부의 너비는 동남쪽의 높은 지대를 제외하고 1.5m 정도이고, 기저부의 너비는 5.5m임.
○ 성 외측 경사는 가파르고, 해발은 160~170m임.

(4) 남벽
○ 남부 성벽 붕괴지점에서 서남 모서리의 망대에 이르는 구간임.
○ 길이는 920m임(富品瑩·吳洪寬, 1994).[10]
○ 성벽 높이는 1~5m, 기저 너비는 약 5.5m, 정상부의 너비는 1m임. 성벽 높이의 기복은 비교적 차이가 큰데, 가장 높은 곳은 5m, 가장 낮은 곳은 1m에 달함.
○ 성벽 외측 경사는 매우 험하고, 해발은 약 60~150m임. 성 내측은 평평하고 완만함.
○ 1994년 4월 조사 때 길이 200m의 회곽도가 발견되었는데, 현재는 과수원으로 개간됨.
○ 북벽과 동벽에 비하여 보존상태는 양호하지 않음.

(5) 바깥을 둘러싸고 있는 성벽[11]
○ 북벽 바깥에서 서쪽으로 산등성이를 이용해서 인공적으로 축조한 성벽이 있는데, 산 아래까지 이어져 沙鐵河에서 끝남.
○ 높이는 1~3m, 너비는 약 4m, 길이는 약 500m임.

2) 성문
서문, 북문, 동문 3개임(富品瑩·吳洪寬, 1994 ; 여호규, 1999 ; 魏存成, 2002)[12]

(1) 서문
○ 서문은 서벽 중간에 있는데, 방향은 270°임.
○ 성의 정문임.
○ 성벽토가 허물어져서, 성문의 원래 너비를 알 수가 없음.
○ 서문 외벽 기단부에는 돌로 쌓은 벽이 있는데, 대부분 허물어져서 돌들이 흩어져 있음. 돌은 쐐기형 혹은 사다리꼴 모양으로, 크기는 대체로 30×20×50cm, 40×25×60cm임.
○ 1958년 조사 때에는 서문 바깥 우측에 높이 20여 m의 다져진 흙층이 있었다고 함. 다져진 층의 두께는 3~5cm임. 바깥은 석벽으로 둘러싸여 있었는데, 높이는 1.6m이었음.
○ 성문 자체에서는 옹성구조를 발견할 수 없음. 그런데 서문이 위치한 토벽이 골짜기 입구 안쪽에 구축되었다는 점에서 자연적인 옹성 구조라고 할 수 있음. 즉 수구문 남쪽과 서문 북쪽의 산등성이가 토벽 바깥쪽으로 길게 뻗어 있으면서 토벽과 그 양단의 서문·수구문을 감싸는 형세를 이루고 있음. 이는 요하유역 고구려산성에서 흔히 보이는 자연지세를 이용한 陷入形(內凹式) 옹성구조임(林直樹, 1994 ; 여호규, 1999).
○ 성 안 任國卿의 집에서 서문 문둔테석이 발견되었는데, 장방형이고, 길이는 80cm, 너비는 50cm, 두께

---

10 王禹浪·王文軼(2008)은 980m, 營口市博物館(2000)은 800m로 기록함.
11 八木奘三郎(1929)은 이 성벽으로써 내·외성으로 구분하였음. 林直樹(1994)는 바깥을 둘러싸고 있는 성벽을 外城으로 파악하면서, 외성·내성의 관계를 고이산성 西城·東城과 유사하다고 봄. 외성·내성의 결합 지점에는 치모양의 평탄한 면(角臺)이 있는데, 평탄면 끝에 외성 성벽이 그대로 연결되고 있는 것처럼 보인다고 함. 외성이 평지와 접해지는 부분에는 성벽과 성문이 있었다고 추정하였고, 택지, 학교, 밭이 들어서서 없어졌다고 기록함.

12 동·서문 2개(王綿厚, 2002 ; 王禹浪·王文軼, 2008), 동·서·남·북 4개(馮季昌·孫進己·馮永謙, 1987 ; 李殿福, 1994 ; 馮永謙, 1997 ; 營口市博物館, 2000 ; 王禹浪·王宏北, 2007 ; 國家文物局, 2009 ; 王禹浪·王文軼·王宏北, 2010)라는 기록이 있음. 八木奘三郎(1929)은 수구문과 활구를 성문으로 보고 5개로 기록함. 陳大爲(1995)는 3개라고만 기록함. 東潮·田中俊明(1995)은 서북문, 동북문, 동남문이 있다고 기록함. 林直樹(1994)는 서문, 북문, 서남문이 있다고 기록함.

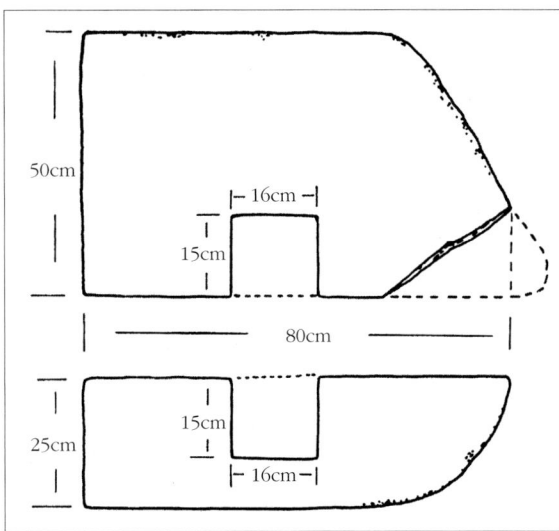

그림 7 영성자산성 서문 문둔테석 평면도, 측면도(王綿厚, 2002, 82쪽)

는 24cm임. 중간 한 측면에는 16×16cm의 凹形 지도리홈(鑿坑)이 있음(그림 7).

(2) 동문
○ 동문이 있는 지점은 정동쪽이고 가장 높은 지점이기도 함.
○ 방향은 90°이고, 문 양끝 사이의 거리는 현재 7m임.
○ 內凹式의 옹성구조를 갖추고 있음.
○ 동문지는 큰 장대석을 깔아 축조하였는데, 지역 주민에 의해 파괴됨.
○ 축조방법은 고이산성 성문과 유사함.
○ 동문과 서문의 거리는 약 1km임.[13]

(3) 북문
○ 북문은 북벽 중간에 있음.
○ 방향은 10°이고, 현재 너비는 7m임.

---

[13] 馮季昌·孫進己·馮永謙(1987)과 馮永謙(1997) 등은 1여 km라고 기록함. 그리고 남문을 설정하면서, 남·북문의 거리를 0.5km로 기록함.

○ 북문 동쪽 근처에 고구려 기와가 흩어져 있는 것으로 보아, 각루가 있었던 것으로 추정됨(여호규, 1999).

3) 망대(角臺)
○ 성의 서남 모서리, 서북 모서리, 동북 모서리, 동남 모서리 등에 망대가 있음.
○ 네 망대 가운데, 동남 모서리의 망대가 가장 규모가 큼. 동남 모서리의 망대는 동문에서 남측으로 30m 떨어진 지점에 위치함. 망대의 서벽은 성벽과 연결되어 있음. 높이는 동벽보다 2.65m 정도 높음. 벽체는 인공적으로 축조하였음. 내측 높이는 5.95m이고, 외측은 높이가 17m임. 망대 정상부는 평평하고, 사다리꼴인데, 외벽은 길이가 26m이고, 내벽은 너비·길이가 42m이며, 양허리 부분은 각각 30m임. 토질은 운모암 풍화토인데, 다져진 층의 밀도는 비교적 작음. 망대 외측 기저의 길이는 약 40m임. 현재 망대 정상부는 남북 방향의 7층 계단 밭이 개간되어 있음. 주변에 고구려 기와가 흩어져 있었다고 하는데, 적갈색의 복선 연화문 와당도 출토되었다고 함. 지역주민들은 이 곳을 點將臺라고 부르고 있었음(林直樹, 1994).

4) 將臺
○ 서벽 내측 경사진 면에 將臺가 있었던 것으로 추정됨.
○ 장대 근처에서 기와편이 출토됨.

5) 水口門
○ 서문의 남쪽에는 트인 곳이 있는데, 성 안에 山水가 밖으로 흘러나가는 주요 水口門임.
○ 방향은 255°이고, 현재 너비는 약 40m임.
○ 수구문 남측 성벽은 자연암반을 천연성벽으로 이용하였고, 북측 성벽은 황토를 다져서 축조함. 북측 성벽은 계곡물에 의해 상당 부분 유실됨.

6) 開口部

○ 남벽에 위치하는데, 동남 모서리 高臺와는 69m 떨어져 있음.

○ 남문으로 보기도 하였으나(八木奘三郞, 1929), 開口部 양단 사이의 거리가 서·북·동문의 너비와 다른 것으로 볼 때, 남문으로 보기 힘듦(富品瑩·吳洪寬, 1994).

○ 방향은 155°, 기본 너비는 5m, 높이는 2m이고, 開口部 현재 너비는 4.5m 임.

7) 회곽도

1994년 4월 조사 때 남벽에서 길이 200m의 회곽도가 발견됨. 현재는 과수원으로 개간됨.

8) 치

島田好 등이 조사하였을 때, 성벽 바깥에 치가 있었다고 하나, 지금은 찾아보기 어려움.

5. 성내시설과 유적

1) 건물지

(1) 건물지 1

○ 水口門에서 서북방향으로 70m 떨어진 지점의 농가 뒤에 구덩이가 있음. 구덩이 안에서 방형 주춧돌이 발견되었는데, 변의 길이는 0.9m, 두께는 0.28m임.

○ 구덩이의 동서 길이 50m, 남북 너비 30m의 범위 안에 많은 홍색·회색의 평기와편이 흩어져 있음. 과수원과 경작지를 정리했을 때 대형의 건축자재가 발견되었다고 보고되었는데, 龍鳳文으로 장식된 회색의 용마루 장식부재(房脊構件)가 출토되었다고 함.

(2) 건물지 2

○ 성벽 정상부 안쪽 0.4m 지점에는 20m 간격으로 직경 3m의 움푹 들어간 구덩이가 있는데, 이러한 구덩이는 산성 대부분에 분포되어 있음. 다만 서벽 성벽 꼭대기는 계단식 밭·과수원 등으로 개간되었기 때문에 구덩이의 흔적을 볼 수가 없음.

○ 북벽과 동벽에서는 구덩이가 매우 규칙적으로 분포하고 있고, 남벽에 있는 구덩이들은 불규칙적으로 분포하고 있는데, 일부는 25~30m 간격으로 위치하고 있음.

○ 동북 모서리의 돌출부에 위치한 망대의 북쪽에도 구덩이가 있음. 고구려 군대의 戍兵 주거지로 추정됨. 성내 각지에서 5개 이상의 초석들이 발견되었다고 함(林直樹, 1994).

(3) 건물지 3

성 안에 돌로 쌓은 원형 건물지 3곳이 있는데, 水牢라고 불리고 있음(李殿福, 1995 ; 王禹浪·王宏北, 1997 ; 馮永謙, 1986 ; 王綿厚, 2002 ; 國家文物局, 2009). 서문 안 좌측, 성내 중앙 水溝 옆, 성내 서문 안 도랑 좌측 민가 등에 위치함. 성내 중앙 水溝 옆에 있는 건물지는 돌로 쌓았고, 깊이 3m, 직경 20여 m임(王綿厚, 2002). 吉林市 龍潭山城의 水牢·旱牢와 유사하다는 견해가 있음(李殿福, 1995).

2) 우물

○ 총 4곳이 있음(富品瑩·吳洪寬, 1994 ; 魏存成, 2002).[14]

○ 우물 1곳은 水口門에서 동북쪽으로 약 50m 떨어진 지점에 위치함. 우물벽은 쐐기형돌을 쌓아 축조함. 外口 직경은 1.2m, 內徑은 0.7m, 깊이는 7m 이하임. 현재 우물 입구는 지역주민들이 시멘트로 발라 개축함.

○ 또 다른 우물 한 곳은 서쪽 수구문에서 약 150m 떨어진 任國園의 주택에 있음. 주인의 말에 의하면, 이곳에 우물이 있는지 모르고 우물을 팠는데, 지표 1m

---

[14] 李殿福(1995), 王禹浪·王宏北(1997), 王綿厚(2002), 國家文物局(2009) 등은 1개, 馮永謙(1997)은 10개라고 기록함.

정도 팠을 때 井자 모양으로 층층이 쌓아 올린 대형 목재를 발견하였다고 함. 직경은 1.7m임. 이 우물 북쪽으로 같은 형태의 우물이 2곳 있었다고 함.

3) 샘
성 안에는 샘이 있는데, 동쪽에서 서쪽으로 흘러, 성 바깥으로 나감.

4) 土山 추정지
o 성 동남 모서리 바깥쪽에 사다리꼴의 작은 토산이 있는데, 성벽이 축조된 산등성이와 연접하고 있음. 다만 성벽에서 약 100m 떨어진 지점에 가 보면, 산등성이가 아래로 움푹 들어가 있고 바닥은 낮고 편평함.
o 높이는 성벽보다 2.65m 높음. 정상부에는 치아 모양의 平臺와 건물지가 있고, 홍색 기와가 매우 많이 있음.
o 토산의 남쪽기슭과 서쪽기슭에는 山水가 뚫고 나온 깊은 도랑이 있음. 도랑 내에서 수평 토층이 퇴적되어 있는 것을 볼 수 있는데, 퇴적물은 깬돌이 들어간 흙임. 이 같은 현상을 인공 축조의 근거로 보면서(馮季昌·孫進己·馮永謙, 1987 ; 李殿福, 1994 ; 王綿厚, 2002), 唐의 李道宗이 安市城 동남 모서리에 쌓았다는 토산으로 보기도 함(魏存成, 2002 ; 王禹浪·王宏北, 2007 ; 魏存成, 2011). 반면 산등성이 정 가운데를 동벽 기단부로 보고 동벽과 그 위의 건축물이 붕괴된 후에 남은 흙덩이로 보면서, 인공적으로 축조한 토산이 아니라고 보기도 함(營口市博物館, 2000).

6. 출토유물

o 금제고리편, 도·검·모·전촉(箭頭) 등 철기, 회색 승문 벽돌, 홍색 승문·방격문 암키와편, 연화문 와당,[15] 옹(瓮)과 단지 등 토기편, 돌절구, 투석용 석환, 주춧돌, 명도전·오수전·개원통보 등 화폐(개원통보가 가장 많이 출토) 등이 출토됨.
o 개원통보와 회색 승문 벽돌은 唐代의 유물임.
o 遼代의 유물로서는 보습·호미·쟁기 등 철제 농기구, 회색 滴水瓦, 수면문 와당, 집선문 벽돌, 백자편, 치미편, 회색도기편, 불상 등이 출토됨.
o 산성 각지에서는 金雲母가 결입된 편마암계 암석이 분포하고 있는데, 금운모는 산성 내 흩어져 있는 토기와 기와에 혼입되어 있음. 토기와 기와의 생산지와 공급처의 관계를 생각해 볼 수 있음(林直樹, 1994).

1) 기와

(1) 평기와편 1
o 출토지 : 英城子山城.
o 형태 : 파손됨.
o 문양 : 배면 승문, 내면 포문.
o 색깔 : 홍색.

(2) 평기와편 2
o 출토지 : 英城子山城.
o 형태 : 파손됨.
o 문양 : 배면 승문, 내면 포문.
o 색깔 : 회색.

(3) 암키와
o 출토지 : 英城子山城.
o 크기 : 길이 32cm, 너비 23cm, 두께 2cm.
o 형태 : 파손됨.
o 색깔 : 회색.

---

15 林直樹(1994)는 연화문 와당을 5세기 중~후엽에 제작된 것으로 추정하기도 함.

2) 벽돌

- 출토지 : 英城子山城.
- 크기 : 길이 33cm, 너비 22cm, 두께 5cm.
- 형태 : 장방형.
- 문양 : 승문.
- 색깔과 태토 : 회색이고, 니질에 운모암 풍화토의 부스러기가 들어감. 소성온도는 비교적 높음.

3) 토기

단지는 雙耳와 無耳로 나눌 수 있음.

4) 석기

(1) 투석용 석환(石丸)

- 출토지 : 英城子山城.
- 크기 : 직경 25cm.
- 형태 : 원형의 돌로, 대부분 성벽 위에서 출토됨. 석질은 매우 단단함. 당시 고구려군이 성을 지켰던 무기 가운데 하나이거나, "唐軍이 衝車·투석용 석환으로 성을 공격하였다"는 문헌기록을 증명하는 유물일 수도 있음.

7. 역사적 성격

1) 지리 위치

英城子山城은 요동평원에서 岫巖을 거쳐 압록강 하류 방면으로 나아가는 海城-岫巖路의 길목에 위치함. 英城子山城은 여러 측면에서 遼河 지류 연안에 위치한 고구려 산성과 유사한데, 입지조건을 보면 요동평원에서 遼河 지류 연안으로 진입하는 길목에 위치하였고, 하천과 나란히 달리던 산줄기에서 충적평지 쪽으로 돌출한 지형에 자리잡고 있음. 축성방식도 지형조건에 따라 토벽과 토석혼축성벽 등을 다양하게 구사하였고, 골짜기 입구에 위치한 정문은 자연지세를 이용한 陷入形 옹성구조를 갖추고 있음.

2) 축조시기와 역사지리 비정

英城子山城의 성격이나 기능은 遼河 지류 연안에 위치한 다른 고구려 산성과 유사하였다고 추정됨. 이에 영성자산성은 島田好(1926) 이래 수많은 연구자들이 고구려의 안시성으로 비정하고 있음.[16] 특히 金毓黻(1941)은 영성자산성 동면이 동북과 동남을 포함해서 산이 이어지고, 서남에도 산이 있으며, 서북에는 작은 산이 있으나 약간 먼 것을 볼 수 있는데, 唐 太宗이 李勣에게 명을 내려 병사를 거느리고 西嶺에 진을 치게 한 곳은 海城 서남쪽의 산으로 추정된다고 파악함. 또한 長孫無忌가 병사들을 이끌고 산에서 협곡으로 나왔고 太宗이 병사들을 이끌고 오른 북쪽 산은 성 동북쪽에 포함되어 연이어진 산으로, 즉 駐蹕山으로 추정함. 또한 橋梁을 철거하라고 명하였다는 점에서 성 부근에 하천이 있었음을 알 수 있는데, 지금 海城의 南河로 추정된다고 파악하기도 함.

영성자산성 주변의 지세가 『新唐書』, 『舊唐書』, 『資治通鑑』 등에 기록된 安市城의 지형조건과 부합한다는 것임. 또한 東潮·田中俊明(1995)은 長孫無忌가 우회하여 들어간 골짜기를 英城子의 동남쪽 析木에서 북쪽으로 흐르는 沙鐵河라고 지적하기도 함. 馮永謙(1997)도 英城子山城 외곽의 동남부에 보이는 인공 토산은 당군이 安市城을 공격할 때 축조한 토성과 입지조건이 부합하며, 蓋州 高麗城山城으로 비정되는 建安城과의 상대 위치도 부합한다고 파악함. 한편 『漢書』 地理志에는 "大遼水 즉 遼河 河口 부근에 漢代 安市縣이 있다"고 기록되어 있는데, 遼河의 변천을 생

---

16 金毓黻, 1941 ; 馮永謙, 1986 ; 孫進己·馮永謙, 1989 ; 陳大爲, 1995 ; 品罃·吳洪寬, 1994 ; 여호규, 1999 ; 魏存成, 2002 ; 國家文物局, 2009.

각하면 安市縣은 大石橋市 湯池鄕보다 북쪽으로 추정됨. 또한 漢代 安市縣은 평지성으로 추정됨. 그러므로 漢代 安市縣과 高句麗 安市城의 관계와 위치는 분리해서 보는 것이 합리적이며, 英城子山城은 고구려가 요동지역으로 진출한 다음 새롭게 축조하였다고 보아야 함.

안시성은 문헌자료상 7세기에 비로소 등장하지만, 영성자산성은 고구려가 광개토왕대에 요동지역을 점령한 이후 5세기에 축조되었을 것으로 추정됨(富品瑩·吳洪寬, 1994). 특히 산성 내에서 출토된 와당의 제작연대는 5세기 중~후엽으로 추정된다는 점을 근거로 늦어도 5세기 중반에는 축조했을 것으로 추정하기도 함(林直樹, 1994).

英城子山城은 지리위치상 遼東平原에서 沙鐵河·大洋河를 거쳐 압록강 하류로 향하는 전략적 요충지를 방어하기 위해 축조되었다고 추정됨. 645년 唐 太宗이 白巖城을 함락시키고 安市城을 공격하자, 고구려는 15만 대군을 이끌고 安市城을 구원케 함. 이때 고구려군은 安市城에서 40里 떨어진 곳에 진을 쳤다가 동남쪽 8里까지 접근하였는데, 沙鐵河를 따라 동남에서 서북 방향으로 安市城에 접근하였던 것임. 반면 唐軍은 白巖城에서 서남쪽으로 요동평원을 따라 安市城으로 진군하였다고 추정됨. 645년 양 군의 이러한 행군로는 英城子山城이 요동평원에서 沙鐵河 연안으로 진입하는 전략적 요충지를 방어하기 위해 축조되었음을 보여줌.

현재 요동평원에서 千山山脈을 넘어 압록강 일대로 향하는 교통로는 本溪-鳳城路(細河-草河路), 海城-岫巖路(沙鐵河-大洋河路), 蓋州-莊河路(大淸河-碧流河路) 등 세 루트가 있음. 이 가운데 英城子山城은 중앙 루트인 海城-岫巖路 입구에 위치함. 한편 645년 唐 太宗은 安市城보다 군사방어력이 미약한 建安城을 먼저 공격하자는 제의를 하나, 李勣은 唐軍의 군량이 북쪽의 遼東城에 있는데, 安市城을 건너뛰어 곧바로 남쪽의 建安城을 공격하면 보급로가 끊기게 되어 곤경에 빠질 수 있다면서 반대함. 또한 唐에 투항한 高延壽와 高惠眞이 烏骨城(鳳城 鳳凰山城)을 거쳐 곧바로 平壤城으로 진격하자고 건의하자, 唐의 長孫無忌는 "烏骨城으로 곧바로 향하면 建安城·新城 등의 고구려군이 배후에서 추격할 것"이라면서 반대한 바 있음.

이는 요동평원에서 압록강 일대로 향하는 각 교통로의 고구려성들이 상호 유기적으로 연계되어 입체적 군사방어체계를 구성하였음을 보여줌. 英城子山城은 이러한 입체적 군사방어체계 가운데 중간 루트의 입구에 위치하였기 때문에 어느 방향에서 공격하든 그냥 지나칠 수 없었음. 더욱이 新民 高臺山-瀋陽의 北路, 台安 孫城子-鞍山의 中路, 盤山-高平-牛莊-海城의 南路 등 세 갈래의 遼河 渡河路 가운데, 英城子山城은 南路와 곧바로 이어지며 鞍山을 거쳐 中路로도 나아갈 수 있음. 이러한 사실을 고려할 때 英城子山城은 요동평원에서 沙鐵河 연안으로 진입하는 전략적 요충지에 자리 잡은 軍事重鎭이었고, 遼東平原-鴨綠江 일대의 입체적 군사방어체계상에서 중요한 위치를 차지하였다고 추정됨(여호규, 1999).

英城子山城은 둘레 2.5km로서 대형 산성에 속하고 주거용 공간도 비교적 넓음. 다른 고구려 산성처럼 군사방어뿐 아니라 지방지배를 위한 거점성으로 기능했으며, 안시성 성주는 민정권과 군사지휘권을 동시에 지닌 지방관으로 추정됨(노태돈, 1996). 이상과 같이 영성자산성을 안시성으로 비정하는 통설에 대해 비판하는 견해도 지속적으로 제기되고 있음.

가령 王禹浪·王文軼(2008)은 『新唐書』 고려전에 따르면 安市城에는 軍·民 10만 명이 머물렀다고 하는데, 英城子山城의 규모로는 10만 명이 살기에는 부족하고, 3~4만 명의 군대가 주둔할 정도라고 파악함. 또한 英城子山城은 서·북 산세가 완만하다는 점에서 안시성처럼 산세가 험준하다고 볼 수 없다고 함. 성벽도 대부분 흙을 다져서 축조하였는데, 당군의 공격을 오랫동안 막아내기는 어렵다고 파악함. 전체적으로 보아 海城 英城子山城을 安市城으로 비정할 만한 근거가 부족하다는 것임. 이에 安市城을 영성자산성 서남쪽의 海龍川山城으로 비정한 다음, 영성자산성을 安市 동북 100里에 위치했다는 銀城(『翰苑』에 인용된 高麗記)으로 비정하기도 함(王綿厚, 2002). 銀山은 遼寧省 營口와 海城 사이에 위치했는데, 은백색 마그네슘이 많이 생산되어서 그 이름이 유래한 것으로 추정.

참고문헌

- 島田好, 1926, 『滿蒙誌』.
- 八木奘三郎, 1928, 「海城近傍の英城子」, 『續滿洲舊蹟志』, 南滿洲鐵道株式會社.
- 金毓黻, 1941, 『東北通史』.
- 馮季昌·孫進己·馮永謙, 1987, 「古城址」, 『東北歷史地理論著匯編』.
- 陳大爲, 1988, 「遼寧高句麗山城初探」, 『中國考古學會第五次年會論文集』, 文物出版社.
- 孫進己·馮永謙, 1989, 『東北歷史地理』, 黑龍江人民出版社.
- 陳大爲, 1989, 「遼寧境內高句麗遺跡」, 『遼海文物學刊』 1989-2.
- 林直樹, 1994, 「中國東北部の高句麗山城」, 『靑丘學術論集』 5.
- 富品瑩·吳洪寬, 1994, 「海城英城子高句麗山城調査記」, 『遼海文物學刊』 1994-2.
- 孫力, 1994, 「遼寧的高句麗山城及其意義」, 『高句麗渤海研究集成』 高句麗 卷三.
- 辛占山, 1994, 「遼寧境內高句麗城址的考察」, 『遼海文物學刊』 1994-2.
- 王綿厚, 1994, 「鴨綠江右岸高句麗山城研究」, 『遼海文物學刊』 1994-2.
- 李殿福 著, 차용걸·김인경 譯, 1994, 『中國內의 高句麗遺蹟』, 學硏出版社.
- 東潮·田中俊明, 1995, 『高句麗の歷史と遺跡』, 中央公論社.
- 陳大爲, 1995, 「遼寧高句麗山城再探」, 『北方文物』 1995-3.
- 노태돈, 1996, 「5~7세기 고구려의 지방제도」, 『한국고대사논총』 8.
- 馮永謙, 1997, 「高句麗城址輯要」, 『高句麗渤海研究集成』 高句麗 卷3, 哈爾濱出版社.
- 여호규, 1999, 『高句麗 城』 Ⅱ, 國防軍史研究所.
- 營口市博物館, 2000, 「關于安市城址的考察與研究」, 『北方文物』 2000-2.
- 王綿厚, 2002, 『高句麗古城研究』, 文物出版社.
- 魏存成, 2002, 『高句麗遺迹』, 文物出版社.
- 王禹浪·王宏北, 2007, 『高句麗·渤海古城址研究匯編』 (上), 哈爾濱出版社.
- 王禹浪·王文軼, 2008, 『遼東半島地區的高句麗山城』, 哈爾濱出版社.
- 國家文物局, 2009, 『中國文物地圖集』 遼寧分冊, 西安地圖出版社.
- 王禹浪·王文軼·王宏北, 2010, 「遼東半島高句麗山城概述」, 『黑龍江民族叢刊』 2010-2.
- 魏存成, 2011, 「中國境內發現的高句麗山城」, 『社會科學戰線』 2011-1.

02 해성 남대산성
海城 南臺山城

1. 위치와 자연환경(그림 1)

○ 海城市 南臺鎭 山城子村 동북쪽에 있는 산 정상에 위치함.
○ 성 바깥에는 漢代 고분군이 있음.

2. 성곽의 전체현황

○ 평면은 방형임.
○ 한 변 길이는 42m임.
○ 성벽, 성문, 우물 등이 남아 있음.
○ 벽돌, 기와 등이 출토됨.

3. 성벽과 성곽시설

1) 성벽
○ 성벽은 토축임.
○ 바닥 너비는 7m, 정상부 너비는 1.2m, 높이는 약 1.6m임.

2) 성문
○ 남벽에 문이 있음.

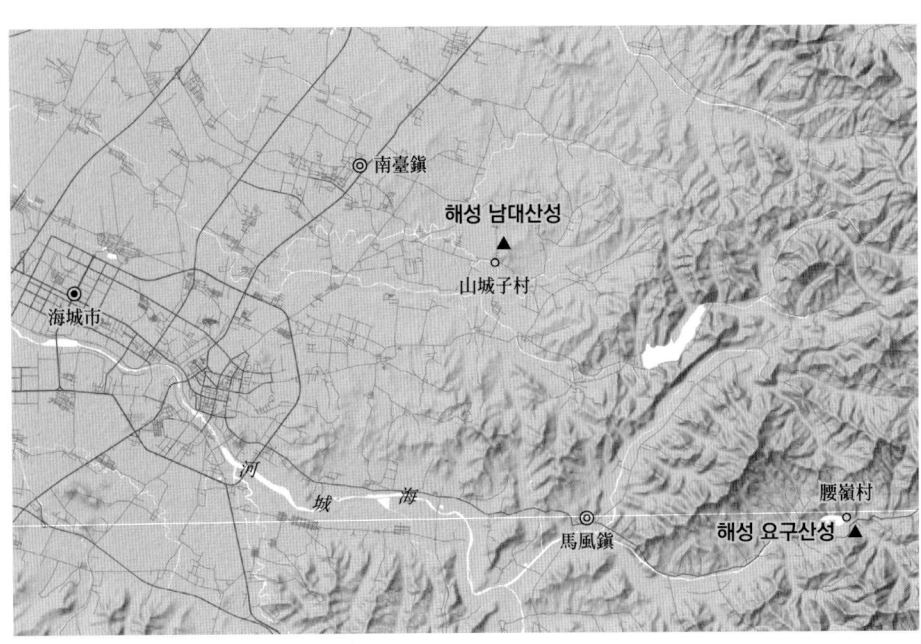

그림 1 남대산성 위치도

○ 문은 너비가 약 6m임.

4. 성내시설과 유적

성내 동북 모서리에 돌로 쌓은 우물 1개가 있음.

5. 출토유물

승문 벽돌, 태사격자문(網文) 기와 등이 출토됨.

6. 역사적 성격

요동평원 일대와 海城河 연안을 방어하던 고구려시기의 소형 보루성으로 추정되는데, 안시성으로 비정되는 영성자산성의 위성일 가능성이 높음.

참고문헌

- 國家文物局, 2009, 『中國文物地圖集』 遼寧分冊, 西安地圖出版社.

03 해성 요구산성
海城 窯溝山城

1. 위치와 자연환경(그림 1)

海城市 馬風鎭 腰嶺村 남측의 산 위에 위치함.

2. 성곽의 전체현황

○ 평면은 장방형임.
○ 동서 길이 100m, 남북 너비 10m임.
○ 성벽, 흙구덩이 등이 남아 있음.

3. 성벽과 성곽시설

○ 산세를 따라 큰 돌로 성벽을 축조함.
○ 성벽은 남은 너비 0.4m, 높이 약 1.4m임.

4. 성내시설과 유적

성 안에는 5개의 흙구덩이가 있는데, 직경은 3m, 깊이는 1m임.

5. 역사적 성격

고구려시기의 성곽이라면 요동평원 일대와 海城河 연안을 방어하던 소형 보루성으로 추정되는데, 안시성으로 비정되는 영성자산성의 위성일 가능성이 높음.

참고문헌
- 國家文物局, 2009, 『中國文物地圖集』 遼寧分冊, 西安地圖出版社.

그림 1 요구산성 위치도

04 해성 용풍욕산성
海城 龍風峪山城

1. 조사현황

市文物保護單位로 지정됨.

2. 위치와 자연환경(그림 1)

海城市 析木鎭 龍風峪村에서 동북으로 400m 떨어진 산의 정상부에 위치함.

3. 성곽의 전체현황

○ 평면은 방형에 가까움.
○ 동서 길이는 180m, 남북 너비는 약 160m임.
○ 성벽, 건물지가 남아 있음.
○ 벽돌, 기와, 수키와, 토기편, 백자편 등 출토됨.

4. 성벽과 성곽시설

○ 성벽은 산세를 따라 축조하여 기복이 있음.
○ 성벽은 돌로 축조함.
○ 성벽은 남은 높이가 2~3m임.

그림 1 용풍욕산성 위치도

5. 성내시설과 유적

성 안에서 건물지 기단부가 발견됨.

6. 출토유물

○ 회색 승문 벽돌, 포문 기와, 회색 토기편 등이 출토됨.
○ 遼代의 유물로 백자편이 출토됨.

7. 역사적 성격

고구려시기의 성곽이라고 단정할 만한 유구나 유물이 확인된 상태는 아님. 다만 고구려시기의 성곽이라면 요동평원에서 海城河 연안로를 따라 岫巖 방면으로 나아가던 교통로를 방어하고 海城河 연안 일대를 다스리던 소형 성곽이었을 것으로 추정됨. 위치상 안시성으로 비정되는 영성자산성의 위성일 가능성도 있음.

참고문헌

- 國家文物局, 2009, 『中國文物地圖集』 遼寧分冊, 西安地圖出版社.

제15부

수암현(岫巖縣) 지역의 유적

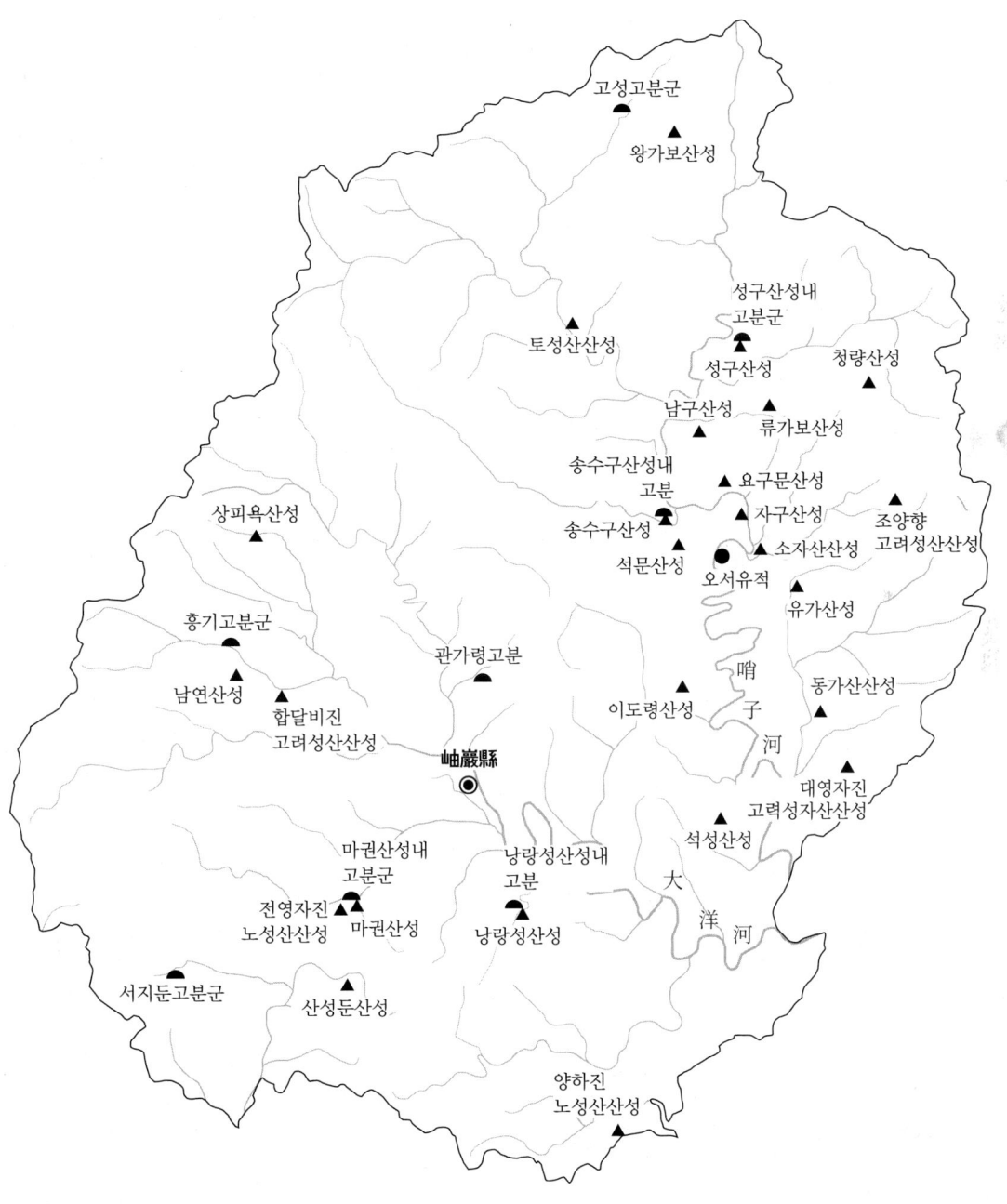

1
고분군과 고분

01 수암 고성고분군
岫巖 古城古墳群

1. 위치와 자연환경 (그림 1)

岫巖縣 三家子鎭 古城村 王西後山 120m에 위치.

2. 고분군의 현황

고분은 약 2,000m² 범위에 분포. 지표에서 수십여 기의 적석묘를 볼 수 있고, 고분은 모두 적석석실묘임.

3. 역사적 성격

적석묘이고, 인근에 고구려 성인 老城이 있어서 고구려 무덤으로 추정됨.

수암 일대에는 청동기시대 석붕(지석묘)이 다수 분포하며, 청동기시대에서 초기철기시대에 걸친 무덤 중에도 석실을 가진 적석석개묘도 있어서 『中國文物地圖集』 遼寧分冊(2009)에 소개된 내용만으로 그 시기를 판단하기 어려움.

다만, 봉성의 맹가와 호가보의 적석묘가 석실적석묘인 점을 고려해 볼 때 그와 유사한 성격의 고구려 고분일 가능성을 배제할 수는 없음.

참고문헌

- 崔雙來, 1997, 「丹東地區高句麗山城及其墓葬考察紀要」, 『中國考古集成』 東北卷 兩晉至隋唐(二), 北京出版社.
- 國家文物局 主編, 2009, 『中國文物地圖集』 遼寧分冊(上·下), 西安地圖出版社.

그림 1 고성고분군 위치도

02　수암 관가령고분
岫巖 關家嶺古墳

1. 위치와 자연환경(그림 1)

岫巖縣 平階村 關家嶺 북쪽 산 위에 위치.

2. 고분의 현황

○ 고분은 적석묘이며, 분구 평면은 원형으로 직경 2.8m이고 높이 0.8m임.
○ 묘실은 동서방향의 사이벽(隔壁)을 두고 남, 북으로 두 개가 있음.
○ 불에 탄 흔적이 있는 판석이 확인됨.

3. 역사적 성격

적석묘인 점으로 보아 고구려 무덤으로 비정하고 있음. 수암일대에는 청동기시대 석붕(지석묘)이 다수 분포하며, 청동기시대에서 초기철기시대에 걸친 무덤 중에도 석실을 가진 적석석개묘도 있어서 『中國文物地圖集』 遼寧分冊(2009)에 소개된 내용만으로 그 시기를 판단하기 어려움.

　다만, 봉성의 맹가와 호가보의 적석묘가 석실적석묘인 점을 고려해 볼 때 그와 유사한 성격의 고구려 고분일 가능성을 배제할 수는 없음.

참고문헌

• 國家文物局 主編, 2009, 『中國文物地圖集』 遼寧分冊(上·下), 西安地圖出版社.

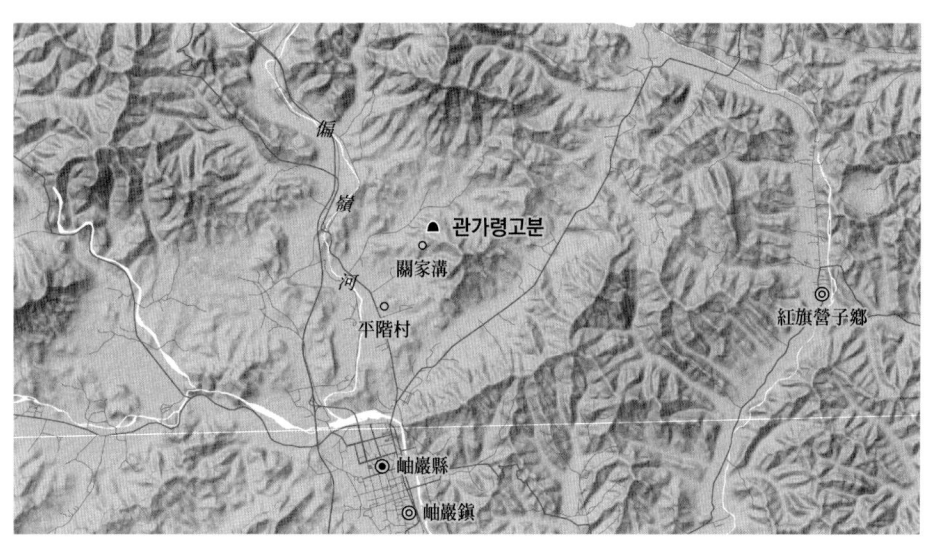

그림 1 관가령고분 위치도

03 수암 낭랑성산성내고분
岫巖 娘娘城山城內古墳

1. 위치와 자연환경(그림 1)

岫巖縣 楊家堡鎭 楊家堡村 서쪽 400m에 자리한 낭랑성산성 내의 남부에 위치.

2. 고분의 현황

○ 고분은 대형 계단적석묘.
○ 방형 석재(條石)로 쌓았고 기저부는 직경 12m 정도.
○ 일본인에게 도굴당하여 자료를 찾을 수 없음.

3. 역사적 성격

고구려 적석묘로 보고된 계단적석묘는 고구려 집안 통구 분지의 중대형 고분에 해당됨. 해당 고분은 관전 노고립자고분과 함께 단동지역에서 확인된 대형 계단적석묘 2기 중의 하나임. 계단적석묘가 4세기 이후에 정형화됨을 고려해 볼 때 낭랑성산성 내의 계단적석묘의 상한 연대는 4세기 이전으로 소급되지는 않음.

참고문헌

- 楊永芳·楊光, 1994, 「岫巖境內五座高句麗山城調查簡報」, 『遼海文物學刊』 1994-2.
- 崔雙來, 1997, 「丹東地區高句麗山城及其墓葬考察紀要」, 『中國考古集成』 東北卷 兩晉至隋唐(二), 北京出版社.
- 國家文物局 主編, 2009, 『中國文物地圖集』 遼寧分冊(上·下), 西安地圖出版社.
- 王禹浪·王文軼, 2012, 「鞍山地區山城研究」, 『黑龍江民族叢刊』 2012-2.

그림 1
낭랑성산성내고분 위치도

04 수암 성구산성내고분군
岫巖 城溝山城內古墳群

1. 위치와 자연환경(그림 1)

岫巖縣 黃花甸(子)鎭 老鸛窩村 下河南屯 老城溝 부근 산 위에 성구산성(노성구산성)이 있는데, 그 산성 내 남벽 북쪽 산비탈에 위치.

2. 고분군의 현황

1) 고분군 배열
고분군은 산비탈을 따라 내려가면서 동서 방향으로 4줄로 질서 있게 배열되어 있음. 제1행은 1기, 제2행은 2기, 제3행은 6기, 제4행은 4기 등 총 13기 고분이 있음.

2) 고분 구조
○ 崔雙來(1997)는 원형 적석묘로 파악.
○ 가공한 돌로 축조하였으며, 강자갈(河卵石)은 보이지 않음.
○ 분구는 높이 1~0.5m, 바닥 직경 2~5m로 획일적이지 않음.
○ 분구 대부분이 무너져 내려서 열상을 이루는 무덤

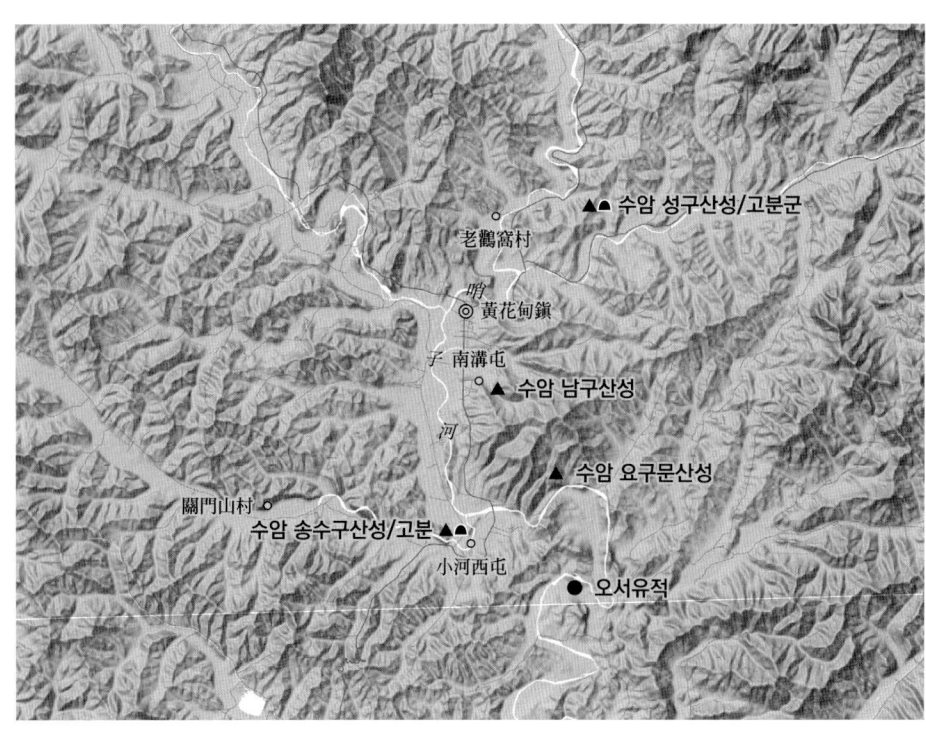

그림 1
성구산성내고분군 위치도

사이 간격은 고르지 않음. 남북 간격은 15m 정도이고, 가장 짧은 거리는 3m임. 동서 간격은 10~15m임.
○ 제3행 앞에 동서 방향의 석렬이 한 줄 있는데 길이 약 50m, 석렬 높이는 0.5m임. 이는 산에서 물이 흘러 내리는 것을 방지하기 위해 설치한 것으로 추정.

3. 역사적 성격

고분군은 아직 발굴조사를 실시하지 않아 고분 형식이 불명확하여 그 시기와 성격을 판단하기 어려움. 楊永芳·楊光(1994)은 자연석으로 쌓은 장방형 석관묘로 파악하고 개석은 판석을 사용하였다고 봄. 崔雙來(1997) 및 王禹浪·王文軼(2012)은 적석묘로 파악함.

참고문헌

- 楊永芳·楊光, 1994, 「岫巖境內五座高句麗山城調査簡報」, 『遼海文物學刊』 1994-2.
- 崔雙來, 1997, 「丹東地區高句麗山城及其墓葬考察紀要」, 『中國考古集成』 東北卷 兩晉至隋唐(二), 北京出版社.
- 國家文物局 主編, 2009, 『中國文物地圖集』 遼寧分冊(上·下), 西安地圖出版社.
- 王禹浪·王文軼, 2012, 「鞍山地區山城硏究」, 『黑龍江民族叢刊』 2012-2.

05 수암 마권산성내고분군
岫巖 馬圈山城內古墳群

1. 위치와 자연환경(그림 1)

岫巖縣 前營子鎭 新屯村 동북측에 자리한 마권자산 위의 산성 내에 위치함. 마권산성 안의 동북부, 성벽에서 가까운 산비탈에 고분이 위치함.

2. 고분군의 현황

○ 자연 할석으로 쌓은 원형 적석묘 10여 기 발견. 규모는 비교적 작으며 비교적 큰 고분은 직경이 4m에 불과함.
○ 분구는 평면이 원형임. 분구 돌은 성구산성 내의 고분들과 마찬가지로 인공으로 쪼갠 돌을 사용하였고 강자갈은 보이지 않음.

3. 역사적 성격

고구려 산성 내에서 발견되었고, 적석분구를 가졌다는 점에서 고구려 고분으로 파악하고 있음. 그러나 발굴조사를 거치지 않아서 고분형식이 불명확하여 그 시기와 성격을 판단하기 어려움. 다만, 낭랑성산성이나 성구산성, 송수구산성 내에서도 적석묘가 확인되는 것으로 미루어 비슷한 성격의 무덤으로 추정할 수 있음.

참고문헌

- 楊永芳·楊光, 1994, 「岫巖境內五座高句麗山城調查簡報」, 『遼海文物學刊』 1994-2.
- 崔雙來, 1997, 「丹東地區高句麗山城及其墓葬考察紀要」, 『中國考古集成』 東北卷 兩晉至隋唐(二), 北京出版社.
- 國家文物局 主編, 2009, 『中國文物地圖集』 遼寧分冊(上·下), 西安地圖出版社.
- 王禹浪·王文軼, 2012, 「鞍山地區山城硏究」, 『黑龍江民族叢刊』 2012-2.

그림 1
마권산성내고분 위치도

06 수암 서지둔고분군
岫巖 西地屯古墳群

1. 위치와 자연환경(그림 1)

岫巖縣 龍潭鎭 紅石砬子村 西地屯 서북 2km에 위치.

2. 고분군의 분포현황

○ 고분이 분포하는 범위는 약 800m²
○ 석실묘 10여 기.
○ 불규칙한 원형을 띠고 있음.

3. 역사적 성격

『中國文物地圖集』遼寧分冊(2009)에 고구려시대 석실묘로 보고되었음. 그러나 석실을 매장부로 한 고구려 무덤에는 적석묘와 봉토묘가 있으므로, 서지둔의 고분이 적석묘인지 봉토묘인지 알 수 없으며, 따라서 그 시기와 성격을 판단할 수 없음.

참고문헌

• 國家文物局 主編, 2009, 『中國文物地圖集』遼寧分冊(上·下), 西安地圖出版社.

그림 1 서지둔고분군 위치도

07 수암 송수구산성내고분
岫巖 松樹溝山城內古墳

1. 위치와 자연환경(그림 1)

岫巖縣 黃花甸鎭 關門山村 小河西屯 松樹溝 송수구 산성 내의 北溝에 위치.

2. 고분군의 현황

적석묘로 소개됨.

3. 역사적 성격

고구려 산성 내에 위치하고, 적석묘가 고구려의 특징적 무덤 형식이므로 고구려 무덤으로 비정하였음. 그러나 정식 조사를 거치지 않아서 무덤의 형식과 연대는 물론 정확한 성격을 파악하기는 어려움. 다만, 낭랑성산성 이나 성구산성, 마권산성 내에서도 적석묘가 확인되는 점으로 미루어 비슷한 성격의 무덤으로 추정됨.

참고문헌

- 楊永芳·楊光, 1994, 「岫巖境內五座高句麗山城調査簡報」, 『遼海文物學刊』 1994-2.
- 國家文物局 主編, 2009, 『中國文物地圖集』 遼寧分冊(上·下), 西安地圖出版社.
- 王禹浪·王文軼, 2012, 「鞍山地區山城硏究」, 『黑龍江民族叢刊』 2012-2.

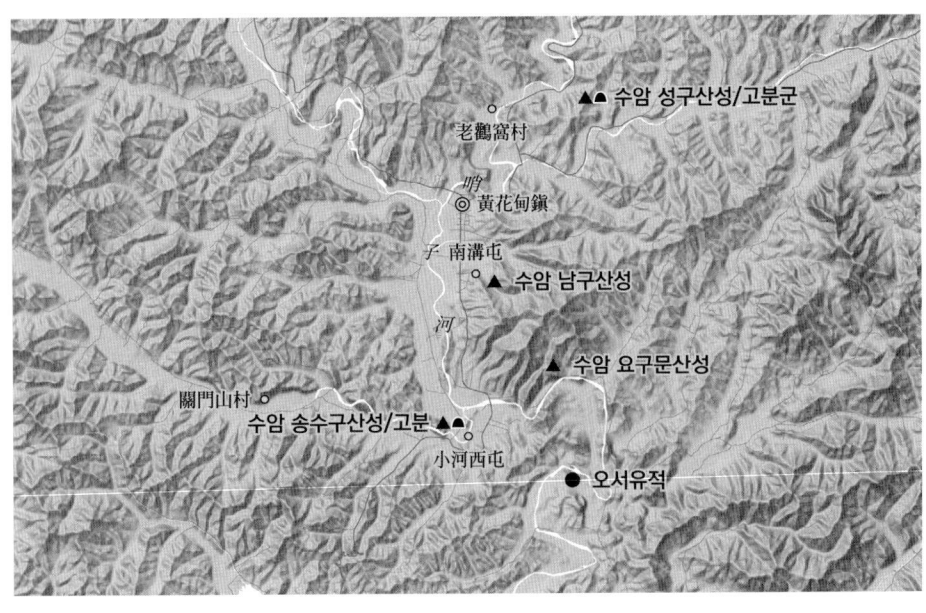

그림 1
송수구산성내고분 위치도

08 수암 흥기고분군
岫巖 興紀古墳群

1. 위치와 자연환경

岫巖縣 哈達碑鎭 馬家店村의 강 우안 단구에 위치. 단구는 동서 방향으로 좁고 길어서 수 km에 달하며, 남북 너비가 약 300m임. 지세는 평탄함.

2. 고분군의 현황

1) 고분군 배열
고분군은 동서로 배열하고 있지만 정연한 양상은 아님.

2) 고분 구조
○ 분구돌은 큰 돌과 불규칙한 돌이 혼재되어있고, 분구 상면은 비교적 평탄함. 지표에서 70~80cm 높으며 기저부는 남북 6m, 동서 4m의 장방형을 이루고 있음.
○ 현지인들이 여러 차례 봉석을 가져가서 파괴됨. 현존하는 분구로 추론해보면, 각 고분의 분구는 상당히 높고 컸을 것임.
○ 고분 형식은 원구식 적석묘이며, 묘실은 쌍실과 단실로 구분. 모두 동북에서 서남향을 하고 있음. 묘실 네 벽은 대형 판석을 세워 축조하였으며, 중간에 판석 한 매를 세워 쌍실로 만듦. 묘실 벽은 높이 1m, 길이 1.9m, 너비 0.7m임.
○ 묘실은 지표 위에 돌을 세워 벽석을 만들고, 그 위에는 두껍고 큰 개석을 덮어 마치 석붕(지석묘)과 같은 형상을 띰. 묘실 바닥은 강자갈층으로, 그 위에 한 층의 백회를 발랐고, 백회층 위에 다시 목탄을 한 층 더 깔았음.

3. 출토유물

○ 1호묘에서는 남실에서 한 개체의 골격을 발견함. 대부분 부패하고 두개골과 대퇴골(股骨)만이 남아 있음. 정강이뼈(脛骨), 골반(盆骨), 가슴뼈(胸骨)는 부패하였고 동물에게 물린 상태임. 葬式은 仰身直肢葬. 남성이며, 부장품이 없음.
○ 현지인들이 수리건설 당시 땅을 다질 때 무덤 안에서 토기(陶罐)를 발견했다고 함.

4. 역사적 성격

석실적석묘로 석실은 지상에 위치하며, 석실 벽은 판상의 돌을 세웠으며 석실 주위에 돌을 쌓아 분구를 만들었음. 이러한 구조는 봉성의 맹가와 호가보의 석실적석묘와 유사한 구조임. 장법도 봉성 맹가3호분과 같은 앙신직지장임.

봉성 맹가와 호가보적석묘의 보고자는 이와 같은 고분 구조를 고구려 적석묘의 만기형식에 해당된다고 보았고, 호가보2호묘에서 출토된 모래혼입 회도관이 본계 晉墓에서 출토된 I식 도관(陶罐), 무순 前屯13호묘 도관과 유사 형식이어서 4세기경으로 비정한 바 있음(許玉林·任鴻魁, 1991).

이러한 점들을 종합해 보면 흥기적석묘도 봉성의 맹가·호가보와 비슷한 시기에 조성된 무덤으로 보이나, 보고된 내용만으로 추정하기 어려움.

참고문헌

- 崔雙來, 1997, 「丹東地區高句麗山城及其墓葬考察紀要」, 『中國考古集成』東北卷 兩晉至隋唐(二), 北京出版社.

2
성곽

01 수암 이도령산성
岫巖 二道嶺山城

1. 위치와 자연환경(그림 1)

○ 遼寧省 岫巖縣 紅旗營鎭(紅旗營子鄕) 二道溝村 二道嶺屯 북쪽 1km 산언덕에 위치.
○ 산성의 동북쪽 약 45km 거리에 해발 1,141m의 帽盔山이 있음.
○ 산성의 서쪽 약 60km 거리에 해발 1,045m의 綿羊頂子山이 있음.
○ 大洋河 상류의 지류인 牤牛河가 가까이 닿아있음.

2. 성곽의 전체현황

○ 포곡식 산성임. 성벽은 석축으로 평면은 둥근 형태.
○ 성벽은 산능선을 따라 돌을 쌓아 축조하였음.
○ 전체 둘레 약 1km. 잔존 길이 60m, 너비 1m, 높이 0.5m.
○ 성내 製高點에 토석혼축의 원형 건물지가 있음.
○ 산성의 서쪽에 개구부가 있는데, 성문으로 추정됨.

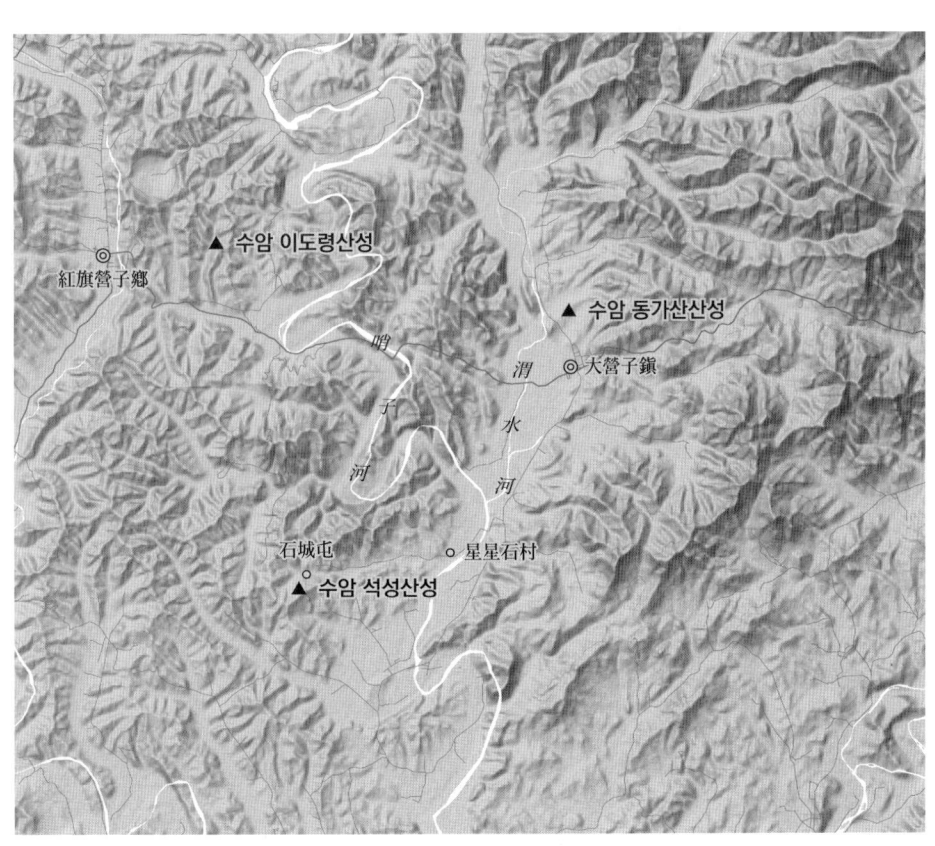

그림 1 이도령산성 위치도

3. 역사적 성격

이도령산성은 大洋河 상류의 지류인 牡牛河 유역에 위치하고 있음. 입지조건과 축조방법상 고구려 성곽으로 추정됨. 西北面은 천산산맥을 천연성벽으로 삼고 있기 때문에 황해 방면에서 大洋河 유역을 거슬러 올라오는 적군을 방어했을 것으로 추정됨. 또한 大洋河 상류의 牡牛河 연안 일대를 다스리는 지방지배 거점의 기능도 수행했을 것으로 추정됨.

참고문헌

- 陳大爲, 1989,「遼寧境內高句麗遺跡」,『遼海文物學刊』1989-2.
- 辛占山, 1994,「遼寧境內高句麗城址的考察」,『遼海文物學刊』1994-2.
- 楊永芳·楊光, 1994,「岫巖境內五座高句麗山城調査簡報」,『遼海文物學刊』1994-2.
- 王綿厚, 1994,「鴨綠江右岸高句麗山城研究」,『遼海文物學刊』1994-2.
- 劉兆田·楊光·董玉芹, 1994,「岫巖娘娘城山城興廢年代初探」,『遼海文物學刊』1994-2.
- 陳大爲, 1995,「遼寧高句麗山城再探」,『北方文物』1995-3.
- 馮永謙, 1997,「高句麗城址輯要」,『高句麗渤海研究集成』高句麗 卷(三) 哈爾濱出版社.
- 王綿厚, 2002,『高句麗古城研究』, 文物出版社.
- 王禹浪·王文軼, 2008,『遼東半島地區的高句麗山城』, 哈爾濱出版社.
- 國家文物局 主編, 2009,『中國文物地圖集』遼寧分冊(下), 西安地圖出版社.
- 王禹浪·王文軼·王宏北, 2010,「遼東半島高句麗山城槪述」,『黑龍江民族叢刊』2010-2.
- 王禹浪·王文軼, 2012,「丹東市區的高句麗山城」,『哈爾濱學院學報』2012-3.
- 王禹浪·王文軼, 2012,「鞍山地區山城研究」,『黑龍江民族叢刊』2012-2.

02 수암 낭랑성산성
岫巖 娘娘城山城

1. 조사현황

○ 1982년 단동지역 문물조사 때 수암 경내에서 초기, 후기로 비정되는 20여 기의 고구려산성을 발견하였는데, 낭랑성산성도 그 가운데 하나였음(劉兆田·楊光·董玉芹, 1994).
○ 1962년 縣級 문물보호단위로 지정.
○ 1965년 市級 문물보호단위로 지정.
○ 1988년 省級 문물보호단위로 지정.

2. 위치와 자연환경(그림 1)

1) 지리위치
遼寧省 鞍山市 岫巖縣城 남쪽 약 15km[1]의 楊家堡鄕 娘娘城村(臥龍村) 後山(椅形山)에 위치. 楊家堡村에서는 서쪽으로 400m 떨어져 있음.

2) 자연환경
산성의 산세는 서북쪽이 험준하며 동남쪽이 낮고 완만한 의자 모양(椅形)을 띔. 내성, 외성의 남측 산 아래에서 臥龍河가 大洋河로 유입됨.

3. 성곽의 전체현황(그림 2)

○ 포곡식 산성임. 지세는 서북 양측이 높고 남쪽이 약간 낮으며, 동쪽은 입구로 지세가 가장 낮음.
○ 평면 : 고리 모양. 내성과 외성, 2개의 성으로 나누어짐.
○ 규모 : 전체 둘레 3,500m(王綿厚, 1994),[2] 총면적 약 8만 여 m², 내성 둘레 약 2,835m.
○ 내성은 2개의 산골짜기를 포함하며, '人'자형을 이루고 있음.
○ 성의 동북 모서리, 서남 모서리, 서북 모서리는 자연적으로 형성된 작은 산언덕이며, 가장 높은 지점으로 아래와 잇닿아 있음. 이곳에서 전체 성곽을 조망할 수 있음.
○ 내성의 동남부에 외성이 하나 있음. 외성벽은 둘레 2,385m임.[3] 반원형 혹은 활모양(弧形)임. 벽체 규모는 작고 바닥은 평평하며, 남단과 북단의 성벽은 내성벽과 연결되어 있음.

4. 성벽과 성곽시설

1) 성벽
○ 성벽은 산능선을 따라 축조하였는데, 비스듬하게 경

---

[1] 12km라는 기록이 있음(王禹浪·王宏北, 1994).
[2] 4km라는 기록이 있음(王禹浪·王宏北, 1994).
[3] 2km라는 기록(王禹浪·王宏北, 1994), 2.3km이라는 기록(劉兆田·楊光·董玉芹, 1994)이 있음.

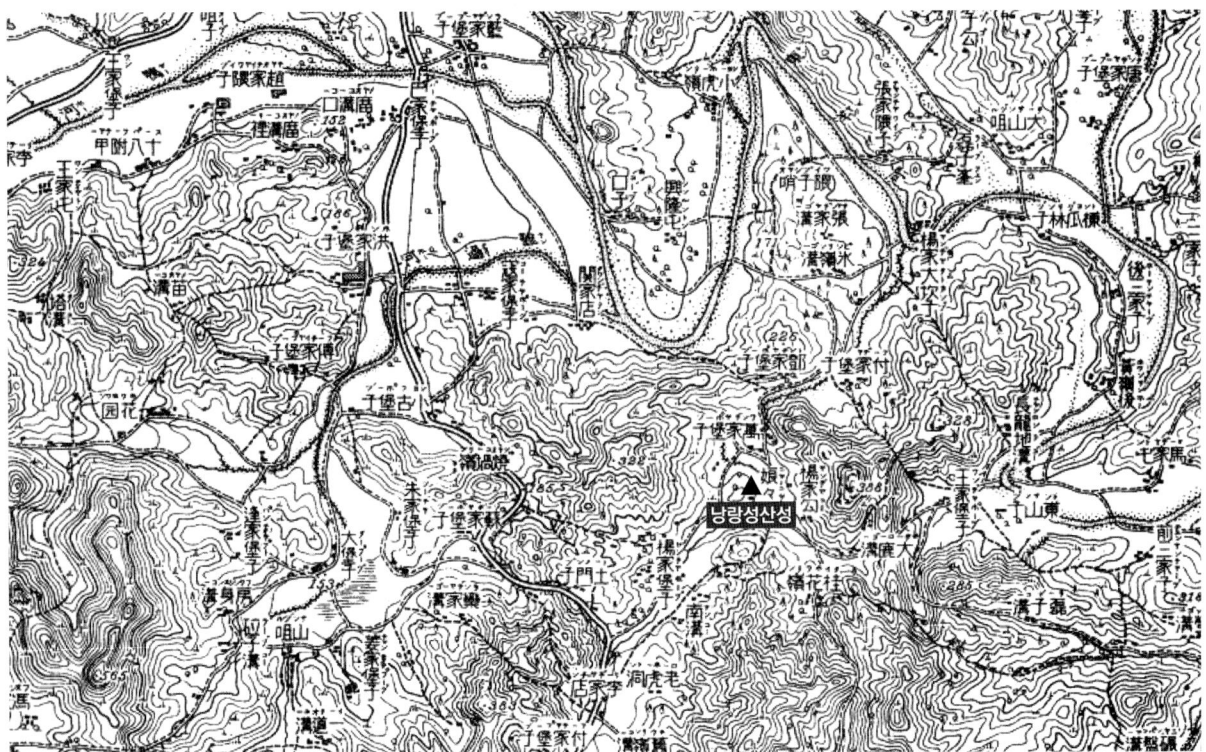

그림 1 낭랑성산성 주변 지형도(滿洲國 10만분의 1 지형도)

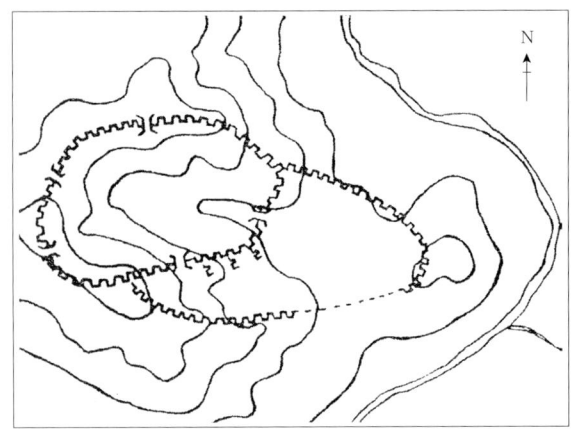

그림 2 낭랑성산성 평면도(劉兆田·楊光·董玉芹, 1994, 10쪽)

사진 모양을 띠며 안쪽이 낮고 바깥쪽이 높음.
○ 성벽 높이 3~5m, 아랫너비 4~5m, 윗 너비 2.5~3m임.
○ 외벽은 높이 약 3m임. 크기가 50×30×20cm 내외인 쐐기형돌로 축조하였음. 성돌의 평평한 면을 밖으로 향하도록 하고, 立面은 가지런하며, 촘촘히 쌓아 올렸는데, 가로 방향으로 수평을 이루며 빈틈이 없음. 안쪽은 북꼴돌(菱形石)을 맞물리게 끼워넣고 잔돌(碎石)로 채웠음.
○ 성벽의 주요 재료는 방형의 靑石인데, 인공적으로 다듬어 축조하였음(王禹浪·王文軼, 2008).
○ 산능선의 기복에 따라 성벽의 높이가 일정하지 않으며, 산능선이 낮아진 곳에는 성벽을 높게 축조함.

2) 성곽시설

(1) 성문

○ 동문, 남문, 서문, 북문, 서남문의 5개가 설치되어 있음.[4]
○ 각 성문의 문 너비는 평균 약 3m.

---

[4] 동, 남, 서, 북문 4개가 있다는 기록이 있음(王綿厚, 1994 ; 王禹浪·王宏北, 1994).

○ 동부 골짜기 입구가 정문임. 양측 문 기초의 장대석은 보존상태가 좋음. 동문의 벽체 기초 폭은 약 10m, 꼭대기 폭 6m, 잔고 8m.

(2) 성가퀴(여장)

남문 동측 성벽에 축조되어 있음.

(3) 치(馬面)

○ 위치 : 산성의 동남쪽에 치(馬面)가 3개 있음.
○ 형태 : 방형(王禹浪·王宏北, 1994 ; 平臺式).
○ 축조방식 : 모두 쐐기형돌(楔形石)을 사용하여 쌓아 축조하였음.
○ 규모 : 바닥 너비 5m, 길이 8m, 잔고 4m.

(4) 배수구와 저수지

○ 위치 : 정문 벽체의 기초 북측 바닥 부분에 돌을 쌓아 축조한 배수구와 저수지가 있음.

(5) 망대

○ 위치 : 북문 동측 성벽의 가장 높은 지점에 위치.
○ 형태 : 원주형.
○ 규모 : 직경 6m, 높이 약 5m.
○ 축조방식 : 바깥 부분은 인공적으로 다듬은 쐐기형 돌로 축조하였고 내부는 잔돌(碎石)을 끼워넣어 맞물리도록 채워 넣었음.

(6) 기타 설치물

○ 위치 : 북문 서벽의 높은 언덕.
○ 규모 : 둘레 10m, 잔고 2m.
○ 형태 : 할석으로 쌓은 방형의 석축시설. 꼭대기 부분에 방형의 구덩이가 몇 개 있는데, 유사시 군사시설로 이용되었을 것으로 추정됨.

5. 성내시설과 유적

1) 성내시설

(1) 건물지

골짜기(溝谷) 동남측 몇 군데에 臺地가 있는데, 1987년 泥石이 흘러내리면서 건물지의 일부가 드러났음.

(2) 장대

성 안 서북쪽 산 정상에 건물지가 있는데, 인공적으로 다듬은 석괴를 쌓아 축조하였음. 고구려 장대일 가능성이 매우 큼.

(3) 哨所

외성의 산비탈 아래의 높은 臺地상에 위치함. 인공적으로 쌓아 올린 토석혼축의 건물 유적인데, 초소와 유사함.

(4) 수원

골짜기(溝谷)쪽에 자연수원이 하나 있는데, 돌로 축조한 옛 우물이 있음.

(5) 적석묘

산성의 남부에 적석묘가 있음(國家文物局 主編, 2009).

6. 출토유물

○ 성내에서 비교적 다량의 붉은색 승문 암키와와 연화문 와당, 단지(陶罐), 철제고리(鐵環), 수레바퀴굿대축(鐵輨), 철제화살촉(鐵箭鏃) 등의 유물이 출토되었음.
○ 산성의 내성과 외성 사이의 산지에서 다량의 붉은색 연화문 와당, 홍갈색 토기편 등 고구려시기의 유물이 출토되었음(王禹浪·王宏北, 1994).

7. 역사적 성격

岫巖 낭랑성산성은 千山山脈에서 발원해 요동반도 남쪽의 황해로 흘러드는 大洋河 중류 연안에 위치함. 낭랑성산성이 위치한 岫巖縣 소재지 일대는 千山山脈의 산간지대이지만, 상당히 넓은 분지가 형성되어 있음. 또한 낭랑성산성은 둘레 3km 이상의 중대형 산성인데, 성 내부에서 고구려시기의 기와와 토기가 다량 출토되었을 뿐 아니라 적석묘도 분포하고 있어서 고구려 성곽임이 거의 명확함.

요동평원에서 千山山脈을 넘어 압록강 일대로 향하는 교통로는 本溪-鳳城路(細河-草河路), 海城-岫巖路(沙鐵河-大洋河路), 蓋州-莊河路(大淸河-碧流河路) 등 세 루트가 있음. 이 가운데 낭랑성산성은 중간 루트인 海城-岫巖路의 중앙에 위치함. 海城-岫巖路는 大洋河 연안로를 따라 요동반도 남쪽의 해안지대로 직진할 수 있을 뿐 아니라, 大洋河 지류인 哨子河와 拉古河 연안을 가로질러 오골성으로 비정되는 봉성 봉황산산성으로 나아가 本溪-鳳城路 방면으로 진입할 수 있고, 서남쪽으로는 英那河와 莊河를 가로질러 蓋州-莊河路 방면으로 나아갈 수도 있음.

海城-岫巖路는 요동평원에서 천산산맥을 가로지르는 여러 교통로를 종횡으로 연결하는 중추적인 역할을 한다고 할 수 있음. 645년 唐 太宗이 安市城 공략을 앞두고 전략회의를 개최했을 때 唐에 투항한 高延壽와 高惠眞 등은 안시성을 공격하지 말고, 烏骨城(鳳城 鳳凰山城)을 거쳐 곧바로 平壤城으로 진격하자고 건의한 바 있음. 안시성은 海城-岫巖路의 입구에 위치한 해성 영성자산성으로 비정된다는 점에서 高延壽와 高惠眞 등은 안시성을 출발해 海城-岫巖路를 거쳐 오골성으로 진격하자고 건의했다고 추정됨.

이로 보아 海城-岫巖路의 중간 지점에 위치한 낭랑성산성은 요동평원-천산산맥 산간로의 縱深防禦體系에서 중핵적인 역할을 담당했다고 추정됨. 또한 낭랑성산성은 둘레 3km 전후의 중대형 성곽이라는 점에서 상당히 넓은 분지를 이루는 岫巖縣 소재지 일대를 다스리는 지방지배의 거점성으로도 기능했을 것으로 추정됨. 이에 낭랑성산성을 647년 당군이 산동반도의 萊州에서 바다를 건너 공격했다는 積利城으로 비정하기도 함(王綿厚, 1994 ; 王綿厚, 2002). 또한 낭랑성산성을 『삼국사기』권37 지리지4의 목록에 나오는 多伐嶽州로 비정한 다음, '州'가 부기된 점에 주목해 최고위 지방관인 褥薩이 파견되었을 것으로 추정하기도 함(노태돈, 1999).

참고문헌

- 陳大爲, 1989, 「遼寧境內高句麗遺跡」, 『遼海文物學刊』 1989-2.
- 辛占山, 1994, 「遼寧境內高句麗城址的考察」, 『遼海文物學刊』 1994-2.
- 楊永芳·楊光, 1994, 「岫巖境內五座高句麗山城調査簡報」, 『遼海文物學刊』 1994-2.
- 王綿厚, 1994, 「鴨綠江右岸高句麗山城研究」, 『遼海文物學刊』 1994-2.
- 王禹浪·王宏北, 1994, 『高句麗·渤海古城址研究匯編』(上), 哈爾濱出版社.
- 劉兆田·楊光·董玉芹, 1994, 「岫巖娘娘城山城興廢年代初探」, 『遼海文物學刊』 1994-2.
- 陳大爲, 1995, 「遼寧高句麗山城再探」, 『北方文物』 1995-3.
- 馮永謙, 1997, 「高句麗城址輯要」, 『高句麗渤海研究集成』 高句麗 卷(三), 哈爾濱出版社.
- 노태돈, 1999, 『고구려사 연구』, 사계절.
- 王綿厚, 2002, 『高句麗古城研究』, 文物出版社.
- 王禹浪·王文軼, 2008, 『遼東半島地區的高句麗山城』, 哈爾濱出版社.
- 國家文物局 主編, 2009, 『中國文物地圖集』 遼寧分冊(下), 西安地圖出版社.
- 王禹浪·王文軼·王宏北, 2010, 「遼東半島高句麗山城槪述」, 『黑龍江民族叢刊』 2010-2.
- 王禹浪·王文軼, 2012, 「丹東市區的高句麗山城」, 『哈爾濱學院學報』 2012-3.
- 王禹浪·王文軼, 2012, 「鞍山地區山城研究」, 『黑龍江民族叢刊』 2012-2.

03 수암 석문산성
岫巖 石門山城 | 石門溝山城

1. 위치와 자연환경(그림 1)

遼寧省 鞍山市 岫巖滿族自治縣 黃花甸鎭 關門山村 石門屯 북쪽 1.5km에 위치. 산성이 자리잡은 곳은 大洋河 지류인 哨子河 上流로 수암-요양, 수암-봉성 간 도로가 지나가고 있음.

2. 성곽의 전체현황

○ 성터는 산 위에 위치함.
○ 산성은 산세를 따라 축조하였음.
○ 평면은 타원형. 둘레 1,500m.
○ 산골짜기 양측의 산등성이를 천연성벽으로 삼았음.
○ 골짜기 입구에서 1km 떨어진 지점에 자연석괴를 사용하여 두 갈래의 석벽을 축조하였음. 두 성벽의 간격은 250m.[1] 외벽의 남은 길이 70m, 내벽의 길이 60m, 아랫너비(基寬) 5m, 윗 너비(頂寬) 1.5m, 높이 2m.

3. 출토유물

성내 남부에 돌절구(石臼)와 단지편(陶罐)이 흩어져 있음.

4. 역사적 성격

석문산성이 자리잡은 곳은 大洋河 지류인 哨子河의 上流인데, 岫巖-遼陽 및 岫巖-鳳城 간 도로가 모두 그 부근을 지나가는 곳으로 교통로상의 요충지임. 고구려시기의 성곽이라면 哨子河의 上流 연안을 방어하면서 지방지배를 도모하던 중소형 산성으로 추정됨. 위치상 哨子河 지류인 古洞河 맞은편의 松樹溝山城과 세트 관계를 이루었을 가능성이 높음.

참고문헌

- 陳大爲, 1989, 「遼寧境內高句麗遺跡」, 『遼海文物學刊』 1989-2.
- 辛占山, 1994, 「遼寧境內高句麗城址的考察」, 『遼海文物學刊』 1994-2.
- 楊永芳·楊光, 1994, 「岫巖境內五座高句麗山城調査簡報」, 『遼海文物學刊』 1994-2.
- 王綿厚, 1994, 「鴨綠江右岸高句麗山城硏究」, 『遼海文物學刊』 1994-2.
- 劉兆田·楊光·董玉芹, 1994, 「岫巖娘娘城山城興廢年代初探」, 『遼海文物學刊』 1994-2.
- 陳大爲, 1995, 「遼寧高句麗山城再探」, 『北方文物』 1995-3.
- 馮永謙, 1997, 「高句麗城址輯要」, 『高句麗渤海硏究集成』 高句麗 卷(三), 哈爾濱出版社.

---

1 3m라는 기록이 있음(馮永謙, 1997 ; 王禹浪·王文軼·王宏北, 2010 ; 王禹浪·王文軼, 2012).

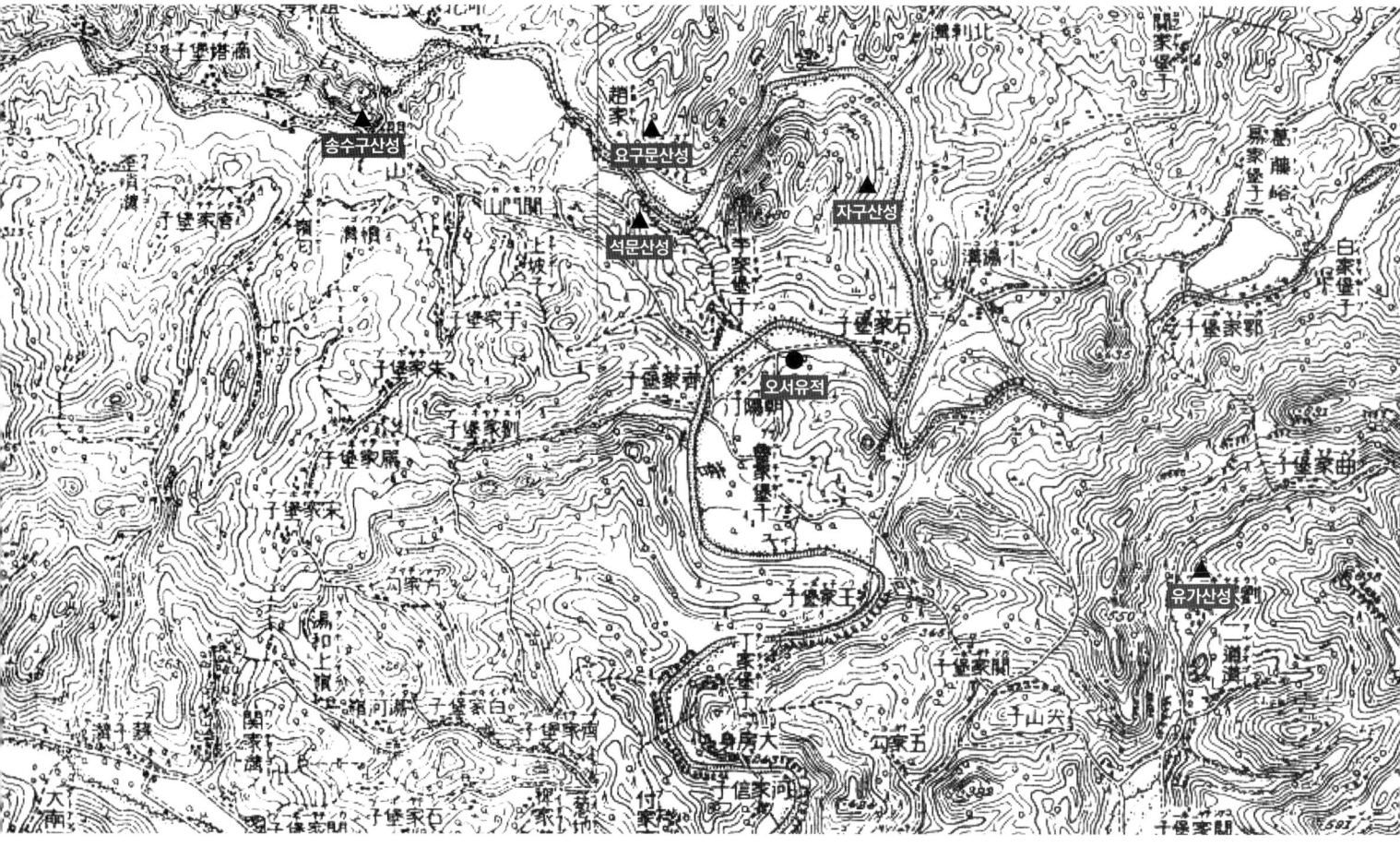

그림 1 석문산성 주변 지형도(滿洲國 10만분의 1 지형도)

- 王綿厚, 2002, 『高句麗古城研究』, 文物出版社.
- 王禹浪·王文軼, 2008, 『遼東半島地區的高句麗山城』, 哈爾濱出版社.
- 國家文物局 主編, 2009, 『中國文物地圖集』 遼寧分冊 (下), 西安地圖出版社.
- 王禹浪·王文軼·王宏北, 2010, 「遼東半島高句麗山城槪述」, 『黑龍江民族叢刊』 2010-2.
- 王禹浪·王文軼, 2012, 「丹東市區的高句麗山城」, 『哈爾濱學院學報』 2012-3.
- 王禹浪·王文軼, 2012, 「鞍山地區山城研究」, 『黑龍江民族叢刊』 2012-2.

04 수암 송수구산성
岫巖 松樹溝山城

1. 위치와 자연환경(그림 1)

1) 지리위치
鞍山市 岫巖縣 동북 35km 黃花甸鎭 關門山村(郭家嶺村) 小河西屯 松樹溝의 산 위에 위치.

2) 자연환경
송수구산성은 古洞河와 哨子河가 합류하는 지점에 위치함. 古洞河가 서쪽, 남쪽, 동쪽을 지나 산성을 감싸면서 북쪽으로 흘러가며, 哨子河가 산성의 북면을 통과함. 산성의 동북 모서리는 關門山과 서로 이어져 있음.

2. 성곽의 전체현황(그림 2~그림 3)

○ 포곡식 산성으로 능선을 따라서 축조하였음. 산세는 키(簸箕) 모양과 같아서 서쪽이 높고 동쪽이 낮음.
○ 산성의 평면은 불규칙한 타원형 및 다변형으로 내성과 외성으로 이루어져 있음. 산성 둘레는 1,740m임.[1]
○ 내성의 둘레는 약 2,500m임(國家文物局 主編, 2009).
○ 성벽은 능선을 천연성벽으로 이용한 서남쪽 구간을 제외하고 전부 인공적으로 축조하였음.

---

[1] 2,000m라는 기록(王禹浪·王文軼, 2012)과 2,500m라는 기록(王綿厚, 1994)이 있음.

○ 성벽은 석축임. 북단의 잔존 길이 약 1,000m, 높이 1~3m, 동단의 잔존 길이 약 500m, 높이 4~8m(國家文物局 主編, 2009).
○ 성내부에는 골짜기(溝) 2개와 언덕(崗) 1개 있는데, Y자 모양을 띰.
○ 성문은 동문과 서문 2개가 있음. 동문은 성 동쪽 골짜기 입구에 있음.
○ 외성은 산등성이와 하천을 천연성벽으로 삼았으며, 하천 변에 100m의 석벽이 남아 있음.
○ 산성 내부에서 적석묘군이 발견되었음.

3. 성벽과 성곽시설

1) 성벽

(1) 동벽
○ 위치 : 계곡 입구에 동벽이 위치하며, 성 내부의 물(山水)이 밖으로 흘러나가는 요로인데, 이곳이 곧 동문임.
○ 골짜기 입구에 차단벽(攔水墻 ; 遮水壁)을 쌓아 만들었으며, 수구(涵洞 ; 水口)가 하나 있음. 너비와 높이는 각각 약 1m.
○ 동문 북단에서 시작해서 동벽의 북쪽 구간까지의 길이는 약 300m. 동문이 위치한 낮은 곳에서 높은 곳을 향해 산능선을 따라 수축하였고, 현재 남아 있는 성벽

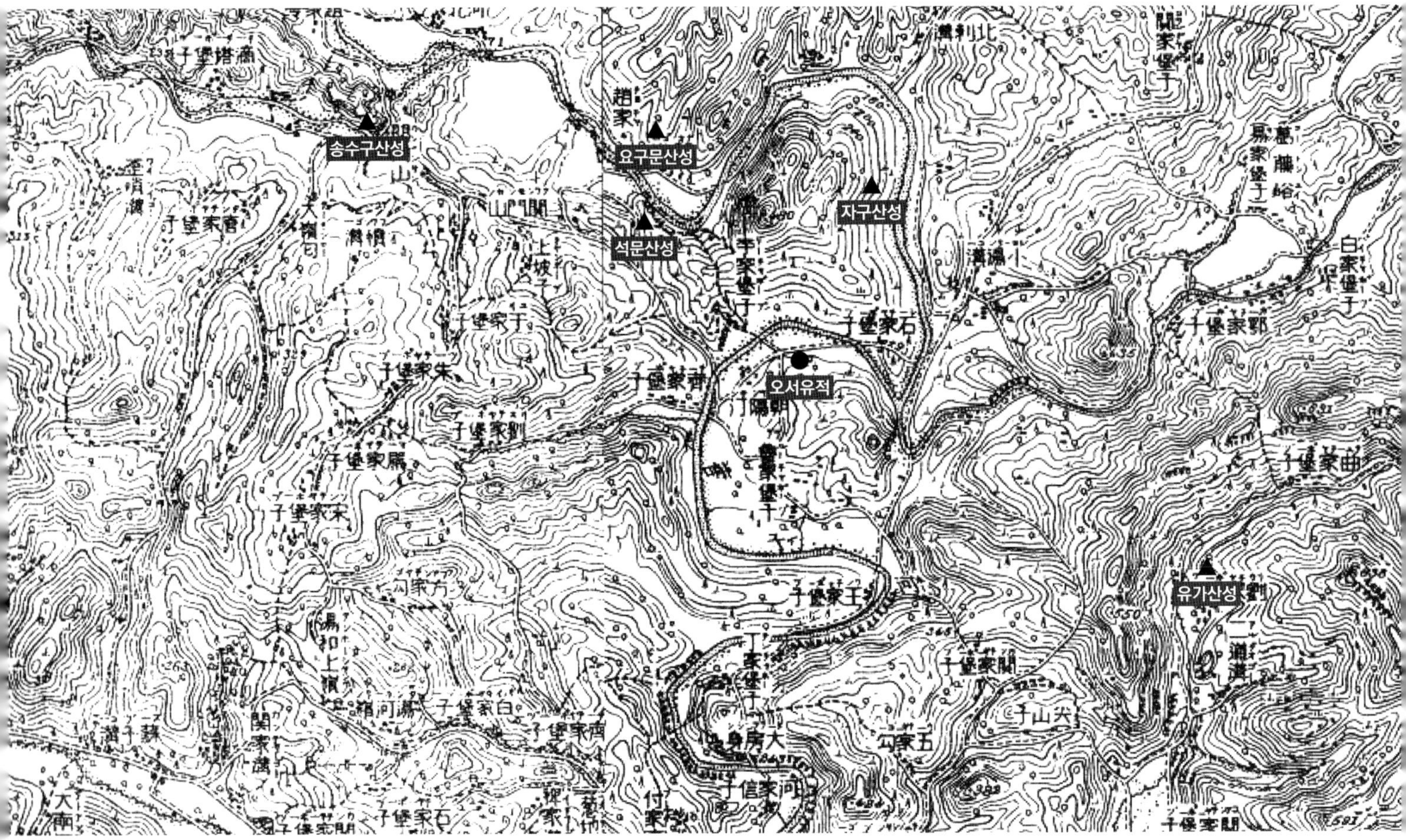

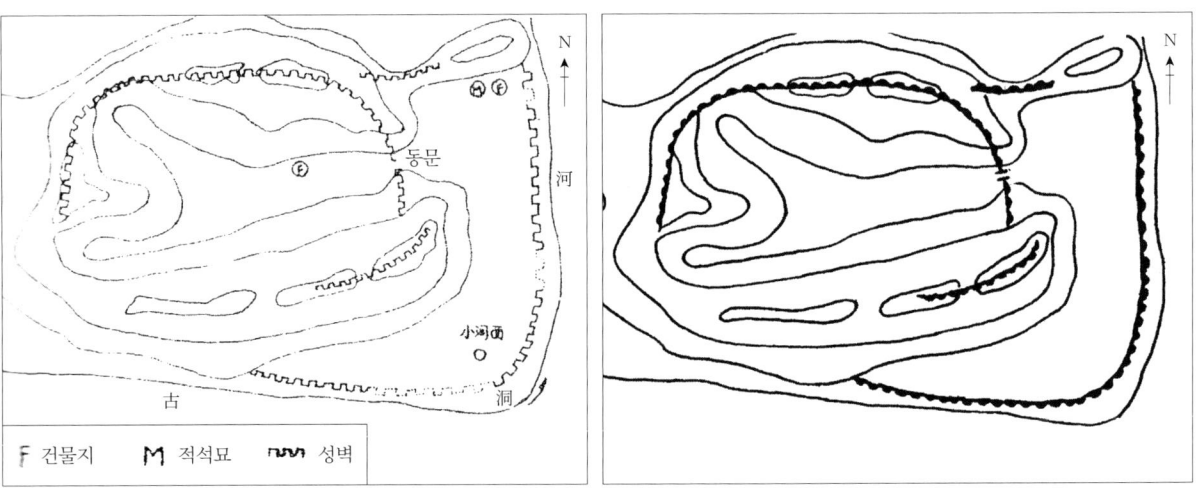

그림 1 송수구산성 주변 지형도(滿洲國 10만분의 1 지형도)

그림 2 송수구산성 평면도 1(楊永芳·楊光, 1994, 11쪽)

그림 3 송수구산성 평면도 2(王禹浪·王文軼, 2008, 298쪽)

기초의 폭은 동일하지 않은데, 넓은 곳은 12m, 좁은 곳은 4m임. 잔고는 5~8m.

○ 동벽 바깥 50m 거리에 한 갈래의 성벽이 있음. 매우 규칙적이고 가지런하게 축조하였는데, 현재 남아 있는 길이는 10m 전후, 성벽의 높이 1~1.5m. 동벽 바깥의 방어선임.

○ 동벽 바깥쪽에 古洞河 연안을 따라서 외벽을 축조했음.

(2) 북벽

○ 규모 : 길이 500m.[2]

○ 현재 잔존 성벽의 기초 폭 12m, 좁은 곳은 5m, 잔고 3m.

○ 북벽의 바깥에도 외벽을 하나 설치하였음. 지세로 보아 당시 중점 방어 구간이었을 것으로 추정됨.

(3) 서벽

○ 규모 : 길이 400m.

○ 성가퀴 : 서벽의 북쪽 구간에 52m 길이의 성가퀴(女墻)가 있는데, 현재 잔고 1m, 아랫너비 1.5m, 윗너비 1.3m.

○ 서문 : 서남쪽으로 185m 되는 지점에 트인 곳이 있음. 트인 곳의 폭은 1.5m인데 서문에 해당하며, 동문과 서로 마주보고 있음.

○ 트인 곳에서부터 남쪽으로 산의 험준한 지형을 이용해 천연성벽을 삼았는데, 이 구간은 산세가 가팔라서 오르기 힘듦.

(4) 남벽

○ 남벽의 서쪽 80m 구간은 천연의 험준함을 이용하였고, 나머지 부분은 인공적으로 축조하였음.

---

2 북벽의 잔존 길이는 1,000m, 높이 1~3m라는 기록이 있음(國家文物局 主編, 2009).

○ 성벽의 폭은 동벽, 북벽과 서로 같음.

2) 성곽시설

(1) 성문

○ 동문 : 산성 내부의 물이 밖으로 흘러나가는 계곡 입구(谷口)에 위치.

○ 서문 : 북벽 기점 서남쪽 185m 지점에 위치. 트인 곳의 폭 1.5m.

(2) 성가퀴(女墻)

서벽의 북쪽 구간에 위치. 전체 길이 52m, 잔고 1m, 아랫너비 1.5m, 윗너비 1.3m.

(3) 망대(瞭望臺)

산성에서 가장 높은 지점과 험준한 구간에 망대를 축조하였음. 망대의 지표상에 대량의 암키와와 수키와 잔편 및 불에 탄 붉은 색의 돌덩이가 흩어져 있음. 암키와의 겉면에는 菱形文이 있음.

① 제1 망대

○ 위치 : 동문에서 남쪽으로 100m 되는 곳에 위치.

○ 규모 : 직경 10m, 높이 4m로 규모가 비교적 큼.

② 제2 망대

○ 위치 : 동벽과 남벽이 교차하는 곳에 위치.

○ 규모 : 직경 8~10m이고, 현재 기단석(기석) 2~3층이 남아 있음.

③ 제3 망대

○ 위치 : 서벽과 북벽이 교차하는 곳에 위치. 이곳은 산성에서 가장 높은 지점임.

○ 규모 : 직경 10~12m, 높이 3m.

○ 규모가 비교적 크고 견고하게 수축하였음.

(4) 차단벽(攔水墻 ; 遮水墻)
동벽 골짜기 입구(溝口)에 물을 차단하는 벽(攔水墻)을 인공적으로 쌓았음.

(5) 배수구(涵洞)
동벽 골짜기 입구에 위치. 너비와 높이가 각각 약 1m.

4. 성내시설과 유적

1) 주거지
산성 안에 넓은 면적의 주거지가 있음.

2) 우물
산성 안의 남쪽 골짜기에 옛 우물이 하나 있음.

3) 적석묘
산성 안의 북쪽 골짜기에 적석묘가 있음.

5. 출토유물

○ 망대 : 지표상에 대량의 암키와 수키와 잔편 및 불에 탄 붉은 색의 돌덩이(석괴)가 흩어져 있음.
○ 산성내 거주지 : 붉은색의 승문 암키와, 붉은색 민무늬 수키와, 호(陶罐) 잔편, 철기, 석기 등이 밀집 분포함. 암키와 두께는 약 3cm임.

6. 역사적 성격

송수구산성은 성 내부에서 고구려시기의 기와가 출토되었을 뿐 아니라, 적석묘가 분포한다는 점에서 고구려의 성곽임이 거의 명확함. 산성이 자리잡은 곳은 大洋河 지류인 哨子河와 古洞河의 합류 지점 일대로 수암–요양, 수암–봉성 간 도로가 부근을 지나가는 교통로상의 요충지임.

전체 둘레 2km 전후의 중형급 성곽이라는 점에서 哨子河와 古洞河 연안을 방어하던 군사중진이자 지방지배의 거점으로 기능했을 것으로 추정됨. 위치상 古洞河 맞은편의 석문산성과 세트 관계를 이루었을 가능성이 높음. 이에 645년 고연수와 고혜진이 이끌던 고구려의 15만 대군이 당군에게 패배한 다음, 도망갔다는 銀城(孫進己·馮永謙, 1989)이나 後黃城으로(王綿厚, 1994) 비정하기도 함.

참고문헌

- 孫進己·馮永謙, 1989, 『東北歷史地理』, 黑龍江人民出版社.
- 陳大爲, 1989, 「遼寧境內高句麗遺跡」, 『遼海文物學刊』 1989-2.
- 辛占山, 1994, 「遼寧境內高句麗城址的考察」, 『遼海文物學刊』 1994-2.
- 楊永芳·楊光, 1994, 「岫巖境內五座高句麗山城調査簡報」, 『遼海文物學刊』 1994-2.
- 王綿厚, 1994, 「鴨綠江右岸高句麗山城硏究」, 『遼海文物學刊』 1994-2.
- 劉兆田·楊光·董玉芹, 1994, 「岫巖娘娘城山城興廢年代初探」, 『遼海文物學刊』 1994-2.
- 陳大爲, 1995, 「遼寧高句麗山城再探」, 『北方文物』 1995-3.
- 馮永謙, 1997, 「高句麗城址輯要」, 『高句麗渤海硏究集成』 高句麗 卷(三), 哈爾濱出版社.
- 王綿厚, 2002, 『高句麗古城硏究』, 文物出版社.
- 王禹浪·王文軼, 2008, 『遼東半島地區的高句麗山城』, 哈爾濱出版社.
- 國家文物局 主編, 2009, 『中國文物地圖集』 遼寧分冊 (下), 西安地圖出版社.
- 王禹浪·王文軼·王宏北, 2010, 「遼東半島高句麗山城槪述」, 『黑龍江民族叢刊』 2010-2.
- 王禹浪·王文軼, 2012, 「鞍山地區山城硏究」, 『黑龍江民族叢刊』 2012-2.

05 수암 요구문산성
岫巖 鬧溝門山城

1. 위치와 자연환경(그림 1)

○ 遼寧省 岫巖縣 黃花甸鎭 關門山村 鬧溝門屯 북쪽 500m 거리의 山頂에 위치. 서남쪽으로 關門山村 小河西屯 松樹溝山城과 약 5km 떨어져 있음.
○ 산성이 위치한 지점은 古洞河와 哨子河가 합류하는 곳으로 古洞河가 哨子河에 유입된 후 물의 흐름이 크게 증가하기 때문에 강의 연안을 따라 靑河口, 黃花甸, 關門山 등 충적평원 3곳을 형성해 아주 비옥함.

2. 성곽의 전체현황

1) 王禹浪·王文軼(2008) 및 王禹浪·王文軼(2012)의 기술내용
○ 규모 : 산성의 면적은 비교적 작은데 약 20×30m² 내외, 둘레 약 100m.
○ 방형의 할석을 사용해 비교적 낮은 석벽을 축조하였음.

2) 國家文物局 主編(2009)의 기술내용
○ 성벽은 산등성이를 따라 축조.
○ 평면은 장방형. 성벽의 길이 200m, 너비 100m.
○ 남부 골짜기 입구에 성문이 있으며, 양측에 자연석괴로 성벽을 축조하였음. 길이 60m로 산능선과 이어져 있음.
○ 성 내부에 석축의 方臺形 건물지가 있으며, 한 변의 길이 3m.

3. 성내시설과 유적

산성 내에 샘이 하나 있음.

4. 출토유물

유물은 소량 출토되었음.

5. 역사적 성격

산성이 자리잡은 곳은 大洋河 지류인 哨子河와 古洞河의 합류 지점 일대로 수암-요양, 수암-봉성 간 도로가 부근을 지나가는 교통로상의 요충지임. 고구려시기의 성곽이라면 哨子河와 古洞河 연안 일대를 방어하던 군사초소나 墩臺 성격의 城堡로 추정됨. 위치상 哨子河 맞은편의 석문산성이나 哨子河·古洞河 합류 지점 부근의 송수구산성 등의 소형 위성일 수도 있음.

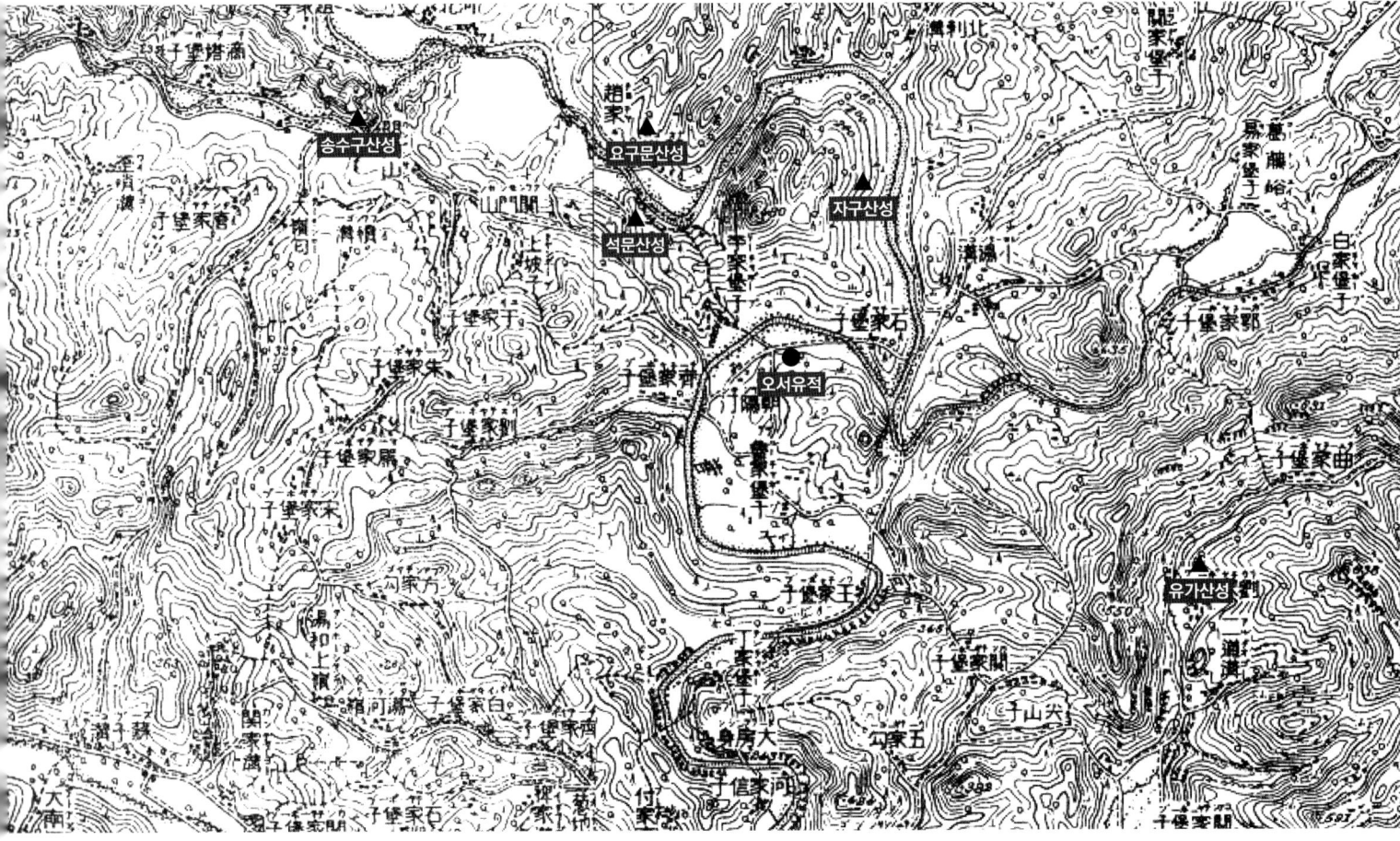

그림 1 요구문산성 주변 지형도(滿洲國 10만분의 1 지형도)

참고문헌

- 陳大爲, 1989, 「遼寧境內高句麗遺跡」, 『遼海文物學刊』 1989-2.
- 辛占山, 1994, 「遼寧境內高句麗城址的考察」, 『遼海文物學刊』 1994-2.
- 楊永芳·楊光, 1994, 「岫巖境內五座高句麗山城調査簡報」, 『遼海文物學刊』 1994-2.
- 王綿厚, 1994, 「鴨綠江右岸高句麗山城研究」, 『遼海文物學刊』 1994-2.
- 劉兆田·楊光·董玉芹, 1994, 「岫巖娘娘城山城興廢年代初探」, 『遼海文物學刊』 1994-2.
- 陳大爲, 1995, 「遼寧高句麗山城再探」, 『北方文物』 1995-3.
- 馮永謙, 1997, 「高句麗城址輯要」, 『高句麗渤海研究集成』 高句麗 卷(三), 哈爾濱出版社.
- 王綿厚, 2002, 『高句麗古城研究』, 文物出版社.
- 王禹浪·王文軼, 2008, 『遼東半島地區的高句麗山城』, 哈爾濱出版社.
- 國家文物局 主編, 2009, 『中國文物地圖集』 遼寧分冊(下), 西安地圖出版社.
- 王禹浪·王文軼·王宏北, 2010, 「遼東半島高句麗山城概述」, 『黑龍江民族叢刊』 2010-2.
- 王禹浪·王文軼, 2012, 「丹東市區的高句麗山城」, 『哈爾濱學院學報』 2012-3.
- 王禹浪·王文軼, 2012, 「鞍山地區山城研究」, 『黑龍江民族叢刊』 2012-2.

06 수암 남구산성
岫巖 南溝山城 | 攔馬墻

1. 위치와 자연환경(그림 1)

1) 지리위치
遼寧省 鞍山市 岫巖滿族自治縣 黃花甸鎭 陳家堡村 南溝屯 동쪽 300m 산 정상에 위치함.

2) 자연환경
○ 산성이 자리한 곳은 大洋河 지류인 哨子河 상류 좌안임.
○ 산을 등지고 강을 마주하고 있으며, 지세가 험요함.
○ 당지의 주민들은 속칭 攔馬墻이라 부름.

2. 성곽의 전체현황

○ 포곡식 산성으로 산세를 따라서 축조하였음.
○ 평면은 타원형. 전체 둘레는 2,500m임.[1]

3. 성벽과 성곽시설

○ 산성은 대부분 험준한 자연 산등성이를 천연성벽으로 삼았으며, 골짜기 입구에 석괴를 사용하여 성벽을 축조하였음. 인공성벽 길이 약 500m, 바닥 너비 약 6m, 남아 있는 높이 약 3m(王禹浪·王文軼, 2012).
○ 성의 서쪽 골짜기 입구에 자연석괴를 이용하여 쌓아 올린 성벽이 남아 있음. 북쪽 구간의 길이 75m, 중간 구간의 길이 30m(國家文物局 主編, 2009).

4. 출토유물

돌절구(石臼)와 단지(陶罐) 잔편이 발견됨.

5. 역사적 성격

산성이 자리잡은 곳은 大洋河 지류인 哨子河 상류 연안으로 수암-요양, 수암-봉성 간 도로가 부근을 지나가는 교통로상의 요충지임. 둘레 2km 전후의 중형급 성곽이라는 점에서 고구려시기의 성곽이라면 哨子河 연안 일대를 방어하던 군사중진이자 지방지배의 거점으로 기능했을 것으로 추정됨.

참고문헌
· 陳大爲, 1989, 「遼寧境內高句麗遺跡」, 『遼海文物學刊』 1989-2.
· 辛占山, 1994, 「遼寧境內高句麗城址的考察」, 『遼海文物學刊』 1994-2.

---
[1] 둘레가 1,500m라는 기록이 있음(王禹浪·王文軼, 2008 ; 王禹浪·王文軼, 2012).

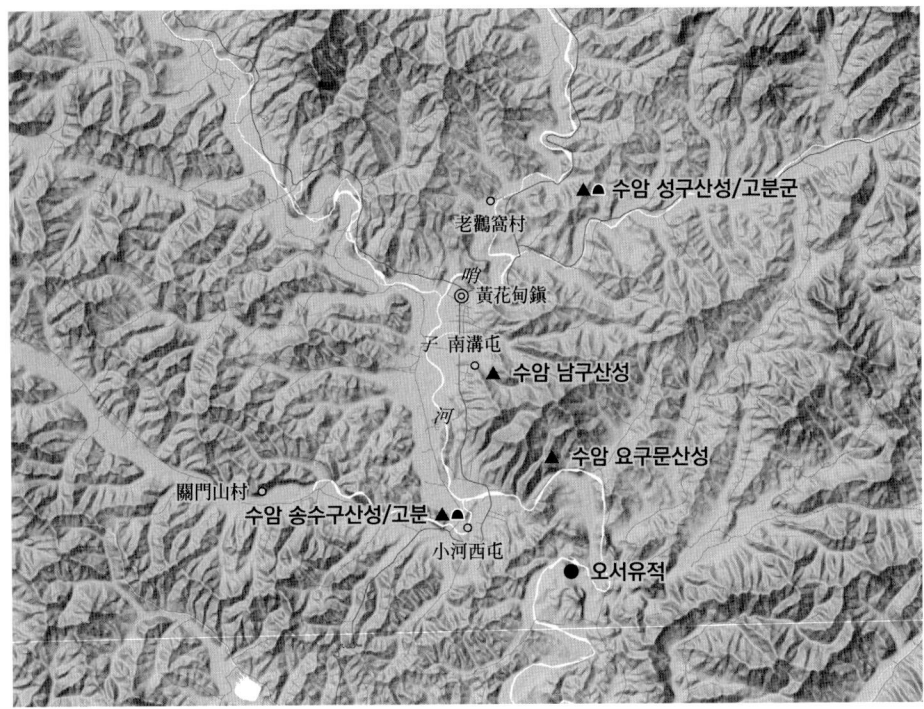

그림 1 남구산성 위치도

- 楊永芳·楊光, 1994,「岫巖境內五座高句麗山城調查簡報」,『遼海文物學刊』1994-2.
- 王綿厚, 1994,「鴨綠江右岸高句麗山城硏究」,『遼海文物學刊』1994-2.
- 劉兆田·楊光·董玉芹, 1994,「岫巖娘娘城山城興廢年代初探」,『遼海文物學刊』1994-2.
- 陳大爲, 1995,「遼寧高句麗山城再探」,『北方文物』1995-3.
- 馮永謙, 1997,「高句麗城址輯要」,『高句麗渤海硏究集成』高句麗 卷(三), 哈爾濱出版社.

- 王綿厚, 2002,『高句麗古城硏究』, 文物出版社.
- 王禹浪·王文軼, 2008,『遼東半島地區的高句麗山城』, 哈爾濱出版社.
- 國家文物局 主編, 2009,『中國文物地圖集』遼寧分冊(下), 西安地圖出版社.
- 王禹浪·王文軼·王宏北, 2010,「遼東半島高句麗山城槪述」,『黑龍江民族叢刊』2010-2.
- 王禹浪·王文軼, 2012,「鞍山地區山城硏究」,『黑龍江民族叢刊』2012-2.

07 수암 성구산성

岫巖 城溝山城 | 老城溝山城

1. 위치와 자연환경(그림 1~그림 2)

○ 鞍山市 岫巖縣城 북쪽 60km 黃花甸鎭 老鸛窩村 河南屯 동남쪽 500m 거리의 老城溝山 위에 위치.
○ 성구산성의 주위는 여러 산들로 둘러싸여 있으며 서쪽으로 哨子河에 닿아있음.

2. 성곽의 전체현황(그림 3)

○ 성터는 산 위에 위치하고 산세를 따라 축조하였음.
○ 성벽은 토석 구조로, 외벽은 자연석괴를 사용하여 쌓아 올렸으며 안쪽은 흙을 채워 넣었음(楊永芳·楊光, 1994).[1]
○ 산성은 타원형임(楊永芳·楊光, 1994).[2]
○ 산성 밖에 壕溝와 오솔길이 있음(王綿厚, 1994).
○ 성 안은 북부가 높고 동면과 남면은 완만한 산비탈임. 북쪽과 남쪽을 향해 펼쳐진 능선 사이에 비교적 개활한 비탈지가 형성되어 있음.
○ 전체 둘레는 약 2,000여 m(楊永芳·楊光, 1994), 1,500m(國家文物局 主編, 2009), 1,000m(王綿厚, 1994) 등으로 파악됨.

---

[1] 토석혼축이라는 기록이 있음(王綿厚, 1994).
[2] 모서리가 둥근 형태라는 기록(國家文物局 主編, 2009)과 키(簸箕)형에 가깝다는 기록(王禹浪·王文軼, 2012)이 있음.

3. 성벽과 성곽시설

1) 성벽

성벽은 서문에서 양측 산비탈을 따라 남북 양 방향으로 쌓았음.

(1) 남벽

○ 남벽은 지세를 따라 점차 높아짐.
○ 남벽 중부 구간에 벽체 높이 0.5m, 바닥 폭 2m, 꼭대기 폭 1~1.5m인 성벽이 남아 있는데, 모두 불규칙한 석괴로 쌓아 올렸음.
○ 제1 원형 기단(臺基) : 남벽과 동벽이 만나는 곳에 원형의 기단(臺基)이 하나 있음. 잔고 1m, 직경 8m.
○ 제2 원형 토축 건축물 : 제1 원형 기단에서 벽체 하나가 동남 방향으로 뻗어 있으며, 약 100m 되는 곳에 또 하나의 원형 토축 건축물이 있음. 높이 약 10m, 정상부 직경 4m.
○ 제3 원형 토축 건축물 : 제2 원형 토축 건축물에서 동남 방향으로 30m 되는 곳에 원형의 토축 건축물이 있음. 잔고 5m, 정상부 직경 3m.
○ 壕溝 1 : 제2 원형 토축 건축물과 제3 원형 토축 건축물 사이에 동서 방향의 壕溝가 있음. 구덩이 폭 4m, 깊이 1.5m.
○ 제4 원형 토축 건축물과 壕溝 2 : 壕溝 1 앞쪽으로 가면 같은 모양의 토축 원형 건축물이 있는데 잔고와 정상부의 형태는 전자와 유사하며, 중간에 壕溝가 있음.

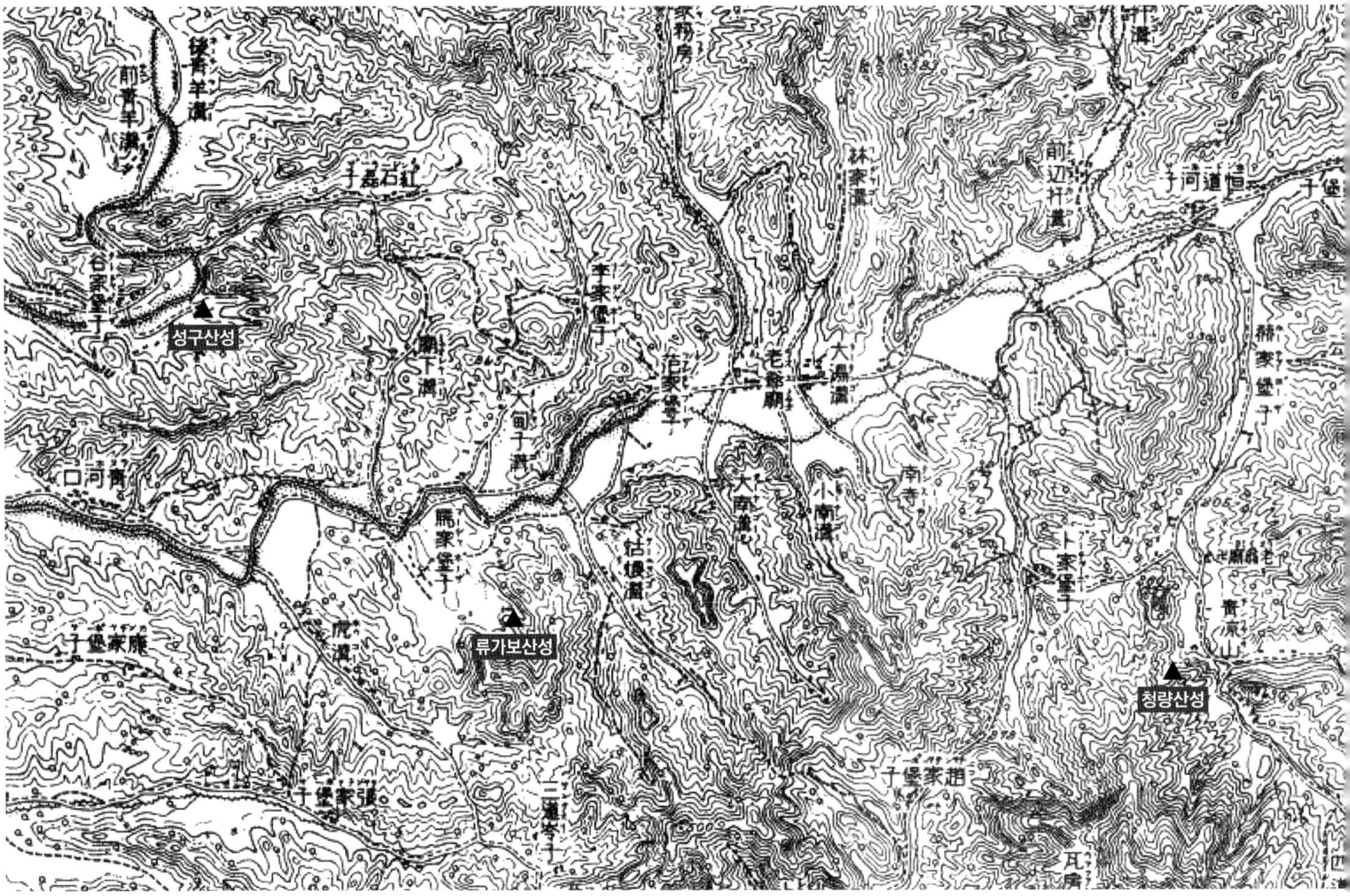

그림 1 성구산성 주변 지형도(滿洲國 10만분의 1 지형도)

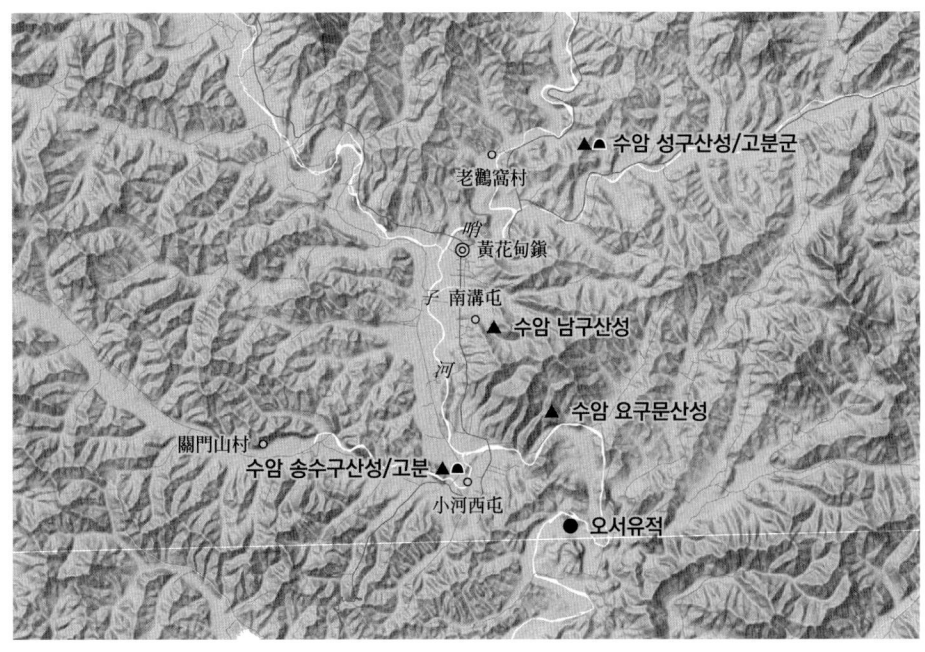

그림 2 성구산성 위치도

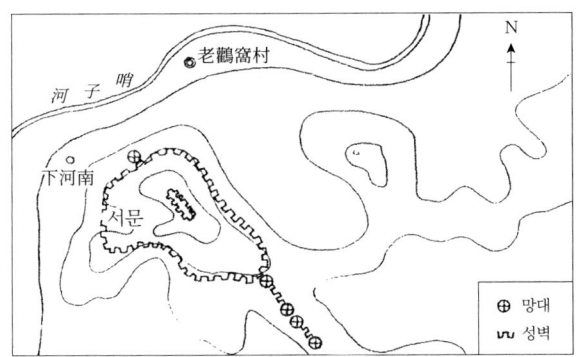

그림 3 성구산성 평면도(楊永芳·楊光, 1994, 9쪽)

○ 이 구간의 성벽과 4개의 원형 건축물은 모두 군사방어 성격의 건축물로 추측되며, 원형의 건축물은 臺를 지키기 위한 구조물로 추정됨.

(2) 동벽과 小城

○ 동벽 남단 한 구간의 성벽은 보존상태가 비교적 양호하며, 그 구조는 토석혼축임.
○ 토축 성벽은 높이 0.5m, 너비 0.5～1m로 균등하지 않음.
○ 석괴를 바깥에 쌓고, 안에는 흙을 다져 채워 넣었음.
○ 동벽의 북부에는 석괴로 쌓은 한 구간의 성벽이 남아 있는데, 벽체가 가지런함. 잔고 1m, 꼭대기 폭 1.5m. 당시 성벽의 모습을 엿볼 수 있음.
○ 소성 : 동벽과 북벽이 만나는 지점에 작은 성이 하나 보이는데, 사면의 성벽 가운데 가장 높은 곳에 축조하였음. 소성은 석축계열로 불규칙한 긴 장방형이며, 동서 길이 30m, 남북 폭 5～10m로 균일하지 않음.

(3) 북벽과 원형의 석축 기단(臺基)

○ 북벽은 산능선을 따라 축조하였음. 낮은 곳에는 성벽을 비교적 높게 축조하였는데, 벽체는 대체로 불규칙한 돌(할석), 길쭉한 돌(石條)을 사용해 축조하였고, 잔고 0.5～1m로 균일하지 않음. 북벽의 바깥은 산세가 험준하여 지키기 쉽고 공격하기 어려운 지형이기 때문에 동벽보다 규모가 작음.
○ 원형의 석축 기단(臺基) : 북벽과 서벽이 만나는 곳에도 역시 원형의 석축 기단(臺基)이 하나 있는데, 이 기단(臺基)의 규모는 비교적 작으며, 북벽과 동벽이 만나는 곳의 小城과 멀리서 서로 호응함.

(4) 서벽

산세를 따라 아래로 내려가면서 성문 입구까지 축조하였음.

2) 성문

산성 서부의 골짜기 입구는 서문인데 산성의 水門임.

4. 성내시설과 유적

1) 건물지(房址)

○ 성내 건물지는 서부 골짜기 입구 양측의 비탈지 상에 분포함.
○ 일부 건물지에서 기단석(基石)이 발견됨.

2) 석관묘

성내에서는 자연석괴를 쌓아 만든 장방형의 석관묘가 발견되었는데 윗부분에 석판이 덮혀 있음.

3) 야철지(冶燒址)

성문 바깥에서 석괴를 쌓아 축조한 원형의 야철지가 발견되었는데, 불에 그을린 쇠찌꺼기(鐵渣)가 달라붙어 있는 할석이 출토됨.

5. 출토유물

산성 서부 골짜기 입구의 양쪽 비탈지 상에서 일부 건

물지의 기단석(基石)이 발견되며, 암키와편, 비교적 다량의 모래가 혼입된 붉은색 토기편, 니질의 회색 토기편, 화강암을 다듬어 만든 돌절구(石臼) 등이 확인됨.

6. 역사적 성격

산성이 자리잡은 곳은 大洋河 지류인 哨子河 상류 연안으로 수암-요양, 수암-봉성 간 도로가 부근을 지나가는 교통로상의 요충지임. 둘레 1~2km 전후의 중소형급 성곽이라는 점에서 哨子河 상류 일대를 방어하던 군사중진이자 지방지배의 거점으로 기능했다고 추정됨.

참고문헌

- 陳大爲, 1989, 「遼寧境內高句麗遺跡」, 『遼海文物學刊』 1989-2.
- 辛占山, 1994, 「遼寧境內高句麗城址的考察」, 『遼海文物學刊』 1994-2.
- 楊永芳·楊光, 1994, 「岫巖境內五座高句麗山城調査簡報」, 『遼海文物學刊』 1994-2.
- 王綿厚, 1994, 「鴨綠江右岸高句麗山城研究」, 『遼海文物學刊』 1994-2.
- 王禹浪·王宏北, 1994, 『高句麗·渤海古城址硏究匯編』(上), 哈爾濱出版社.
- 劉兆田·楊光·董玉芹, 1994, 「岫巖娘娘城山城興廢年代初探」, 『遼海文物學刊』 1994-2.
- 陳大爲, 1995, 「遼寧高句麗山城再探」, 『北方文物』 1995-3.
- 馮永謙, 1997, 「高句麗城址輯要」, 『高句麗渤海硏究集成』 高句麗 卷(三), 哈爾濱出版社.
- 王綿厚, 2002, 『高句麗古城硏究』, 文物出版社.
- 王禹浪·王文軼, 2008, 『遼東半島地區的高句麗山城』, 哈爾濱出版社.
- 國家文物局 主編, 2009, 『中國文物地圖集』 遼寧分冊(下), 西安地圖出版社.
- 王禹浪·王文軼·王宏北, 2010, 「遼東半島高句麗山城槪述」, 『黑龍江民族叢刊』 2010-2.
- 王禹浪·王文軼, 2012, 「鞍山地區山城硏究」, 『黑龍江民族叢刊』 2012-2.

08 수암 류가보산성
岫巖 柳家堡山城

1. 위치와 자연환경(그림 1)

遼寧省 鞍山市 岫巖滿族自治縣 黃花甸鎭 三道岺村 柳家堡子屯 북측에 위치. 大洋河 지류인 哨子河 상류에 해당함.

2. 성곽의 전체현황

면적 약 200m²로 소형 보루에 해당함.

그림 1 류가보산성 주변 지형도(滿洲國 10만분의 1 지형도)

3. 출토유물

홍갈색 토기편과 돌절구(石臼) 2점이 발견되었음.

4. 역사적 성격

시기를 규명할 수 있는 유물이 출토되지 않아 성곽의 축조시점을 정확히 파악하기는 어려운 상태임. 고구려 시기의 성곽이라면 哨子河 상류 연안 일대를 방어하던 소형 보루성으로 추정됨.

참고문헌

- 國家文物局 主編, 2009, 『中國文物地圖集』 遼寧分冊 (下), 西安地圖出版社.

09 수암 전영자진 노성산산성
岫巖 前營子鎭 老城山山城

1. 위치와 자연환경

○ 遼寧省 鞍山市 岫巖滿族自治縣 前營子鎭 新屯村 남쪽 6km 되는 지점인 城山溝屯 남측의 老城山 정상에 위치.
○ 前營鎭의 원래 지명은 와방점임.
○ 수암현 서남부에 속하는데, 大洋河 상류의 지류인 雅河 우안임.
○ 산성의 남쪽으로 龍潭鎭 속칭 石佛崖와 닿아있으며, 서쪽으로는 前營鎭-龍潭鎭 도로와 철로가 지나감.

2. 성곽의 전체현황

○ 포곡식 산성임.
○ 산성의 성벽은 산등성이를 따라 축조하였음.
○ 산성의 평면은 불규칙한 형태.
○ 규모 : 산성의 둘레 약 1.5km.
○ 성벽을 모두 석괴를 사용해 쌓아 올린 석축산성임.
○ 골짜기 입구에 성문이 설치되어 있음.

3. 성내시설과 유적

산성 내에 우물(山泉井)과 저수지가 있음.

4. 출토유물

성내에서 고구려시기의 붉은색 승문 기와편과 태격자문(網格文) 기와편이 발견되었음.

5. 역사적 성격

산성이 자리잡은 곳은 大洋河 지류인 雅河 연안임. 기와의 출토양상으로 보아 고구려시기의 성곽임은 거의 명확함. 둘레 1.5km 전후의 중소형급 성곽이라는 점에서 雅河 연안 일대를 방어하던 군사중진이자 지방지배의 거점으로 기능했다고 추정됨. 雅河 맞은편에 위치한 마권산성과 세트 관계를 이루었을 것으로 추정됨.

참고문헌

- 陳大爲, 1989, 「遼寧境內高句麗遺跡」, 『遼海文物學刊』 1989-2.
- 辛占山, 1994, 「遼寧境內高句麗城址的考察」, 『遼海文物學刊』 1994-2.
- 王綿厚, 1994, 「鴨綠江右岸高句麗山城研究」, 『遼海文物學刊』 1994-2.
- 陳大爲, 1995, 「遼寧高句麗山城再探」, 『北方文物』 1995-3.
- 馮永謙, 1997, 「高句麗城址輯要」, 『高句麗渤海研究集成』 高句麗 卷(三), 哈爾濱出版社.
- 王綿厚, 2002, 『高句麗古城研究』, 文物出版社.
- 王禹浪·王文軼, 2008, 『遼東半島地區的高句麗山城』,

哈爾濱出版社.
- 王禹浪·王文軼·王宏北, 2010,「遼東半島高句麗山城槪述」,『黑龍江民族叢刊』2010-2.
- 王禹浪·王文軼, 2012,「丹東市區的高句麗山城」,『哈爾濱學院學報』2012-3.
- 王禹浪·王文軼, 2012,「鞍山地區山城硏究」,『黑龍江民族叢刊』2012-2.

10 수암 마권산성

岫巖 馬圈山城 | 馬圈山城 | 馬圈子山山城

1. 위치와 자연환경(그림 1 ~ 그림 2)

1) 지리위치

○ 岫巖縣 서남쪽 약 12km의 前營子鄉 新屯村 馬圈山 위에 위치.

○ 마권산성은 大洋河 상류의 雅河와 비교적 가까우며, 남쪽 약 3.5km 거리에 전영자진 신둔촌 노성산산성이 있음.

2) 자연환경

○ 산성은 座北向南으로, 북쪽이 높고 남쪽이 낮음.

○ 산성 내부에 산언덕이 하나 있는데 산언덕 양측에 두 갈래의 골짜기(溝)가 형성되어 있음.

○ 산성의 남쪽에 雅河(鴨兒河)가 있음.

2. 성곽의 전체현황(그림 3)

○ 산성의 둘레는 약 1,200m 정도임(楊永芳·楊光, 1994).[1]

○ 산성은 산세를 따라서 축조하였는데, 평면은 타원형에 가까움.

○ 산성의 동북 모서리, 서남 모서리, 서북 모서리는 자연적으로 형성된 작은 산언덕이며, 가장 높은 지점에 있으면서 아래와 잇닿아 있어 전체 성곽을 조망할 수 있음.

그림 1 마권산성 위치도

---

[1] 1,314m라는 기록이 있음(國家文物局 主編, 2009 ; 王綿厚, 1994 ; 王禹浪·王文軼, 2012).

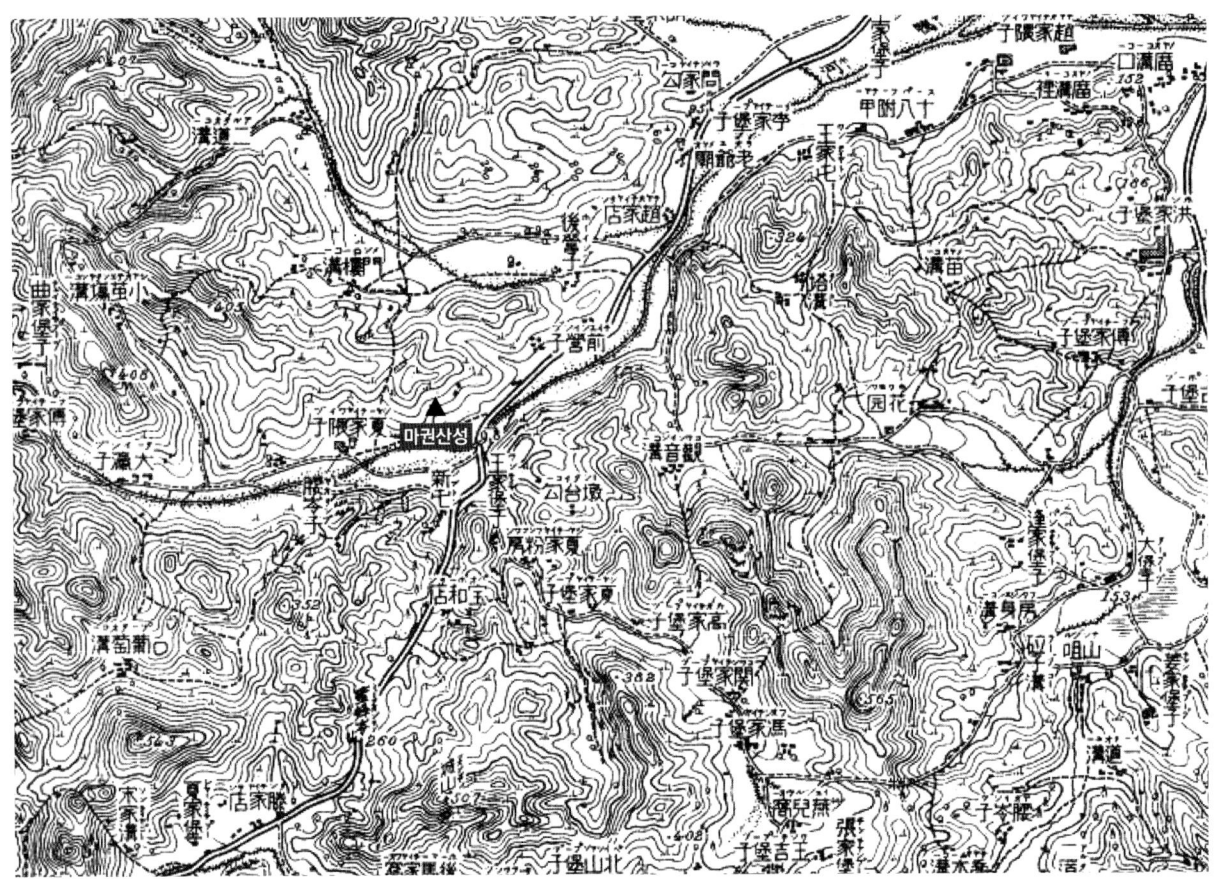

그림 2 마권산성 주변 지형도(滿洲國 10만분의 1 지형도)

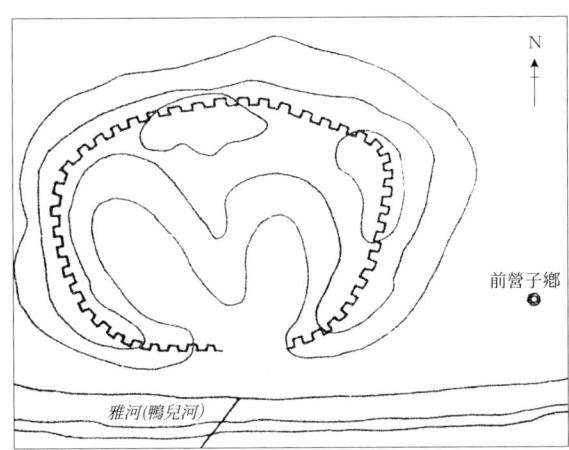

그림 3 마권산성 평면도(楊永芳·楊光, 1994, 10쪽)

---

2 토석혼축구조라는 기록이 있음(國家文物局 主編, 2009).
3 잔고 1~2m, 너비 2~3m라는 기록이 있음(國家文物局 主編, 2009).

3. 성벽과 성곽시설

1) 성벽

○ 성벽은 자연석괴를 쌓아 축조하였음(楊永芳·楊光, 1994).[2]

○ 성벽은 너비 5m, 잔고 3m임(楊永芳·楊光, 1994).[3]

○ 산 능선을 따라 자연석괴로 성벽을 축조하였는데 아랫너비(基寬) 약 5m, 윗 너비 약 1.5m. 외벽의 높이 약 3m.

○ 성벽은 비스듬하게 경사진 모양을 띠며 안이 낮고 바깥쪽이 높음.

2) 성문

○ 위치 : 산성의 남쪽 골짜기 입구.

○ 성문 좌우 성벽 사이의 너비 8m, 잔고 2.5m.
○ 성문은 일찍이 파괴. 잔존 성문의 기단석(基石)에서 성문이 자연석괴를 사용해 쌓아 만든 것임을 알 수 있음.

4. 성내시설과 유적

산성 안쪽의 경사지에서 적석묘 몇 기가 발견. 자연석괴를 쌓아 만든 것으로 규모가 비교적 작은데, 큰 것도 직경 4m에 불과함.

5. 출토유물

성내에서 일찍이 모래혼입 홍갈색 토기와 모래혼입 회색 토기, 泥質의 회색 토기편과 기와편 등이 발견되었음.

6. 역사적 성격

산성이 자리잡은 곳은 大洋河 지류인 雅河 연안임. 유물 출토양상과 적석묘의 분포상황으로 보아 고구려시기의 성곽임은 거의 명확함. 둘레 1.2km 전후의 중소형급 성곽이라는 점에서 雅河 연안 일대를 방어하던 군사중진이자 지방지배의 거점으로 기능했다고 추정됨. 雅河 맞은편에 위치한 前營子鎭 노성산산성과 세트 관계를 이루었을 것으로 추정됨.

참고문헌

- 陳大爲, 1989, 「遼寧境內高句麗遺跡」, 『遼海文物學刊』 1989-2.
- 辛占山, 1994, 「遼寧境內高句麗城址的考察」, 『遼海文物學刊』 1994-2.
- 楊永芳·楊光, 1994, 「岫巖境內五座高句麗山城調查簡報」, 『遼海文物學刊』 1994-2.
- 王綿厚, 1994, 「鴨綠江右岸高句麗山城研究」, 『遼海文物學刊』 1994-2.
- 陳大爲, 1995, 「遼寧高句麗山城再探」, 『北方文物』 1995-3.
- 馮永謙, 1997, 「高句麗城址輯要」, 『高句麗渤海研究集成』高句麗 卷(三), 哈爾濱出版社.
- 王綿厚, 2002, 『高句麗古城研究』, 文物出版社.
- 王禹浪·王文軼, 2008, 『遼東半島地區的高句麗山城』, 哈爾濱出版社.
- 國家文物局 主編, 2009, 『中國文物地圖集』 遼寧分冊(下), 西安地圖出版社.
- 王禹浪·王文軼·王宏北, 2010, 「遼東半島高句麗山城槪述」, 『黑龍江民族叢刊』 2010-2.
- 王禹浪·王文軼, 2012, 「丹東市區的高句麗山城」, 『哈爾濱學院學報』 2012-3.
- 王禹浪·王文軼, 2012, 「鞍山地區山城研究」, 『黑龍江民族叢刊』 2012-2.

11 수암 유가산성

岫巖 劉家山城 | 劉家堡山城

1. 위치와 자연환경(그림 1)

1) 지리위치

遼寧省 鞍山市 岫巖滿族自治縣 大營子鎭 橫山村 劉家堡子屯 북쪽 1km의 높은 산에 위치함.

2) 자연환경

○ 산성 부근은 大洋河 상류의 소지류인 渭水河 유역임.
○ 渭水河는 大碾子溝 부근에서 哨子河에 유입되고, 哨子河를 지나 大洋河에 유입된 다음 황해로 들어감. 이 때문에 산성도 哨子河 혹은 大洋河 유역의 산성에 속한다고 할 수 있음.

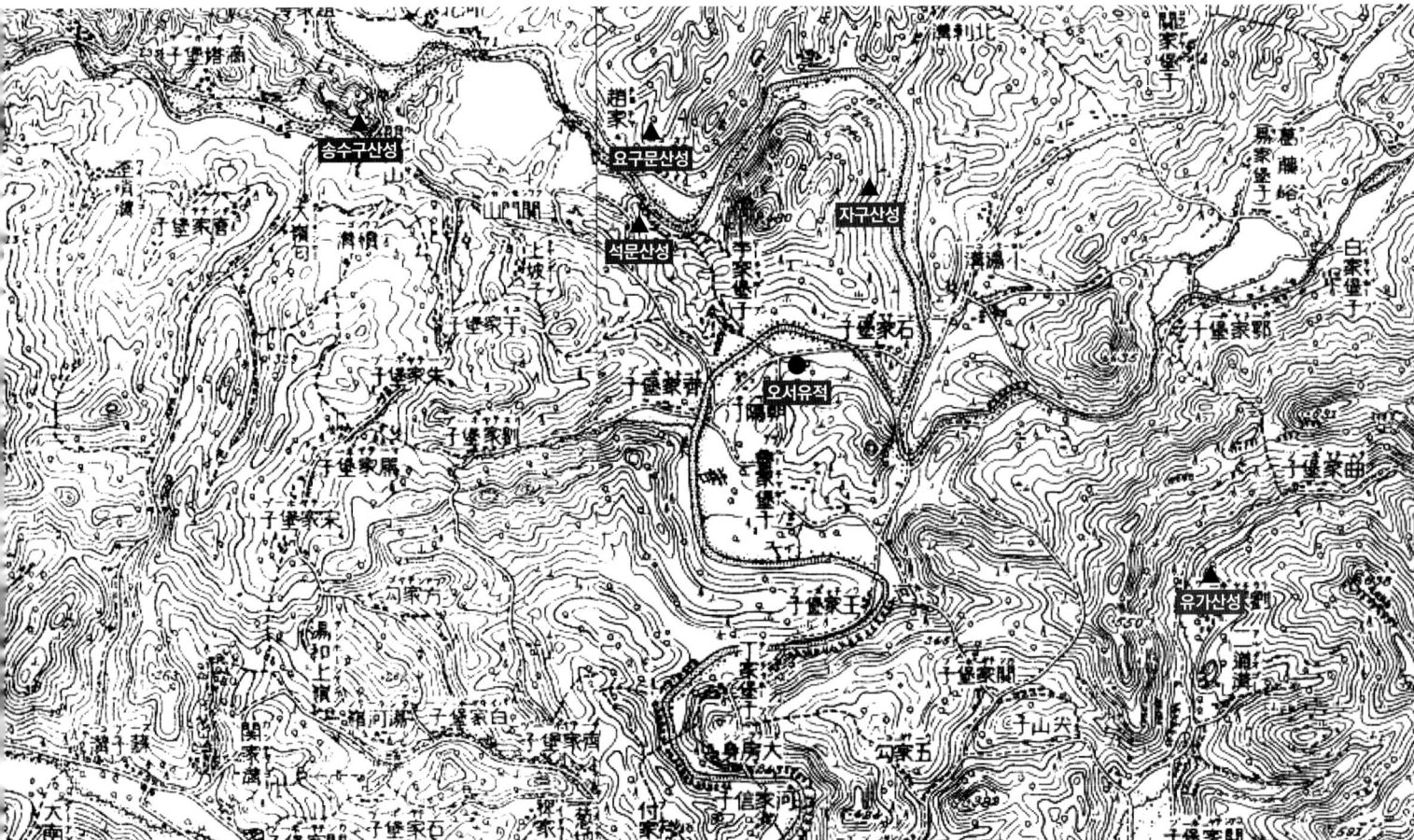

그림 1 유가산성 주변 지형도(滿洲國 10만분의 1 지형도)

2. 성곽의 전체현황

○ 포곡식 산성으로 산등성이를 따라 자연석괴를 사용하여 축성하였음.
○ 평면은 방형으로 둘레는 816m임(王禹浪·王文軼, 2008).[1]
○ 보존상태 : 남, 북, 서 3면에 성 벽체가 남아 있음. 잔존 아랫너비 8m, 윗너비 5m, 높이 1m.
○ 성문 : 산성의 남쪽 골짜기 입구(谷口)에 성문이 하나 설치되어 있음.

3. 역사적 성격

유물이 출토되지 않아 성곽의 축조시점을 정확히 파악하기는 어려운 상태임. 고구려시기의 성곽이라면 哨子河 지류인 渭水河 연안 일대를 방어하고 다스리던 소형 성곽으로 추정됨.

참고문헌

- 陳大爲, 1989, 「遼寧境內高句麗遺跡」, 『遼海文物學刊』 1989-2.
- 辛占山, 1994, 「遼寧境內高句麗城址的考察」, 『遼海文物學刊』 1994-2.
- 陳大爲, 1995, 「遼寧高句麗山城再探」, 『北方文物』 1995-3.
- 馮永謙, 1997, 「高句麗城址輯要」, 『高句麗渤海硏究集成』 高句麗 卷(三), 哈爾濱出版社.
- 王綿厚, 2002, 『高句麗古城硏究』, 文物出版社.
- 王禹浪·王文軼, 2008, 『遼東半島地區的高句麗山城』, 哈爾濱出版社.
- 國家文物局 主編, 2009, 『中國文物地圖集』 遼寧分冊 (下), 西安地圖出版社.
- 王禹浪·王文軼, 2012, 「鞍山地區山城硏究」, 『黑龍江民族叢刊』 2012-2.

---

1 동서 길이 204m, 남북 너비 200m라는 기록(國家文物局 主編, 2009)과 전체 둘레 800m라는 기록(王禹浪·王文軼, 2012)이 있음.

12 수암 석성산성
岫巖 石城山城

1. 위치와 자연환경(그림 1)

○ 遼寧省 鞍山市 岫巖縣 大營子鎭 星星石村 石城屯 서남쪽 1km 산 정상에 위치. 산성이 자리한 곳은 哨子河와 渭水河 합류지점의 서남방으로 수암시 동부 가장자리에 해당함.

○ 동쪽으로는 廟嶺-帽盔山 구간에서 봉성시와 경계를 접함. 哨子河는 서북쪽에서 수암 경내로 들어와 서남쪽으로 흐르다가 大營子 남쪽 10km의 哨子河鎭에서 大洋河에 유입됨.

2. 성곽의 전체현황

○ 王禹浪·王文軼(2008)의 기술 내용 : 성벽은 석괴와 판석으로 축조. 둘레는 약 100m, 면적은 18×30m.

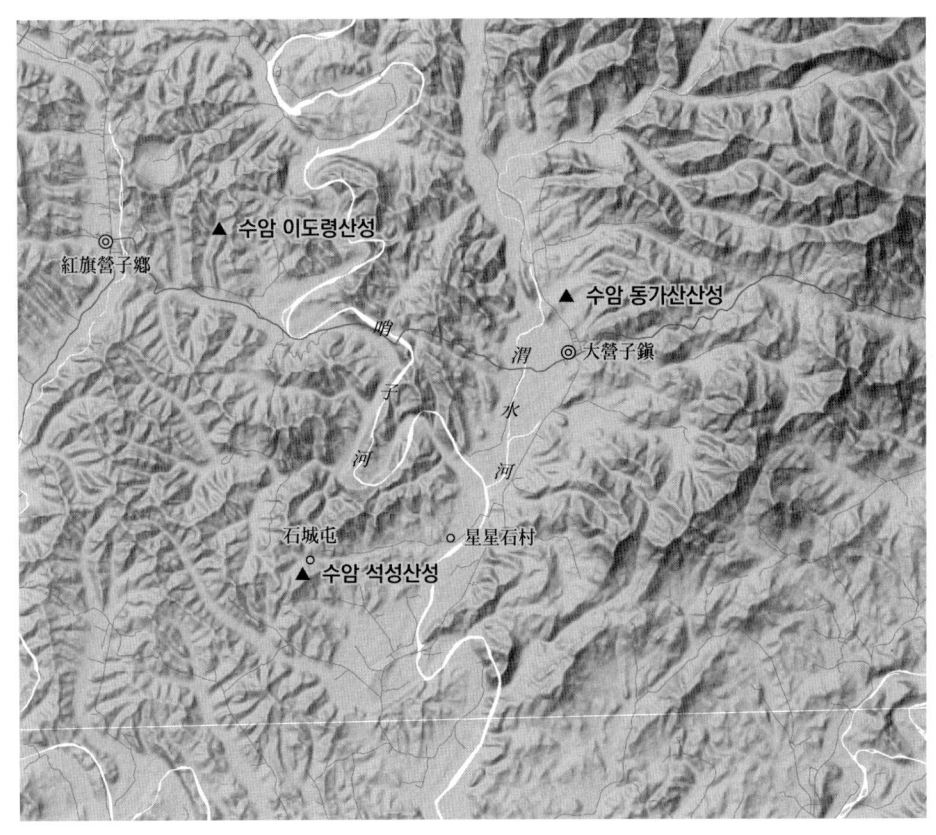

그림 1 석성산성 위치도

○ 國家文物局 主編(2009)의 기술 내용 : 평면은 장방형. 길이 약 300m, 너비 약 100m. 성벽의 잔존길이 100m, 기저부 너비 3m. 자연석괴로 외벽을 축조한 다음 내부는 흙으로 채웠음.

3. 역사적 성격

유물이 출토되지 않아 성곽의 축조시점을 정확히 파악하기는 어려운 상태임. 고구려시기의 성곽이라면 大洋河 상류의 渭水河와 哨子河 합류지점 일대를 방어하던 소형 보루성으로 추정됨.

참고문헌

- 陳大爲, 1989, 「遼寧境內高句麗遺跡」, 『遼海文物學刊』 1989-2.
- 辛占山, 1994, 「遼寧境內高句麗城址的考察」, 『遼海文物學刊』 1994-2.
- 王綿厚, 1994. 「鴨綠江右岸高句麗山城研究」, 『遼海文物學刊』 1994-2.
- 陳大爲, 1995, 「遼寧高句麗山城再探」, 『北方文物』 1995-3.
- 馮永謙, 1997, 「高句麗城址輯要」, 『高句麗渤海研究集成』 高句麗 卷(三), 哈爾濱出版社.
- 王綿厚, 2002, 『高句麗古城研究』, 文物出版社.
- 王禹浪·王文軼, 2008, 『遼東半島地區的高句麗山城』, 哈爾濱出版社.
- 國家文物局 主編, 2009, 『中國文物地圖集』 遼寧分冊(下), 西安地圖出版社.
- 王禹浪·王文軼·王宏北, 2010, 「遼東半島高句麗山城槪述」, 『黑龍江民族叢刊』 2010-2.
- 王禹浪·王文軼, 2012, 「丹東市區的高句麗山城」, 『哈爾濱學院學報』 2012-3.
- 王禹浪·王文軼, 2012, 「鞍山地區山城研究」, 『黑龍江民族叢刊』 2012-2.

13　수암 대영자진 고력성자산산성
岫巖 大營子鎭 高力城子山山城

1. 위치와 자연환경

遼寧省 鞍山市 岫巖縣 大營子鎭(大營子鄉) 立新村 남쪽의 고력성자산상에 위치. 산성이 자리한 곳은 渭水河 유역에 가까움.

2. 성곽의 전체현황

○ 산성은 산세를 따라서 축조하였음.
○ 산성의 평면은 타원형에 가까움(王禹浪·王文軼, 2008).
○ 성벽의 보존상태는 비교적 좋음.

3. 역사적 성격

고구려시기의 산성으로 보고되었지만, 정확한 성격을 파악하기 어려움. 고구려시기의 성곽이라면 大洋河 상류의 渭水河와 哨子河 합류지점 일대를 방어하던 기능을 수행했을 것으로 추정됨.

참고문헌

- 陳大爲, 1989, 「遼寧境內高句麗遺跡」, 『遼海文物學刊』 1989-2.
- 辛占山, 1994, 「遼寧境內高句麗城址的考察」, 『遼海文物學刊』 1994-2.
- 王綿厚, 1994, 「鴨綠江右岸高句麗山城研究」, 『遼海文物學刊』 1994-2.
- 陳大爲, 1995, 「遼寧高句麗山城再探」, 『北方文物』 1995-3.
- 馮永謙, 1997, 「高句麗城址輯要」, 『高句麗渤海研究集成』 高句麗 卷(三), 哈爾濱出版社.
- 王禹浪·王文軼, 2008, 『遼東半島地區的高句麗山城』, 哈爾濱出版社.
- 王禹浪·王文軼·王宏北, 2010, 「遼東半島高句麗山城概述」, 『黑龍江民族叢刊』 2010-2.
- 王禹浪·王文軼, 2012, 「鞍山地區山城研究」, 『黑龍江民族叢刊』 2012-2.

14 수암 동가산산성
岫巖 東街山山城

1. 위치와 자연환경(그림 1)

遼寧省 鞍山市 岫巖滿族自治縣 大營子鎭 大營子村 東街屯 서북 2km에 위치. 大洋河 상류의 渭水河와 哨子河 합류지점 동북쪽에 해당함.

2. 성곽의 전체현황

○ 산상에 위치. 평면은 장방형. 길이 20m, 너비 10m.
○ 자연석괴를 사용하여 쌓아 축조하였음.
○ 남아 있는 성벽의 아랫너비(基寬) 1m, 높이 1m.

3. 역사적 성격

고구려 성곽으로 보고되었지만 정확한 현황을 알기는 어려운 상태임. 고구려시기의 성곽이라면 大洋河 상류의 渭水河와 哨子河 합류지점 일대를 방어하던 소형 보루성으로 추정됨.

참고문헌

· 國家文物局 主編, 2009, 『中國文物地圖集』 遼寧分冊 (下), 西安地圖出版社.

그림 1 동가산산성 위치도

15 수암 조양향 고려성산산성
岫巖 朝陽鄉 高麗城山山城

1. 위치와 자연환경

○ 遼寧省 鞍山市 岫巖縣 朝陽鄉 大嶺村 磁子溝 高麗城山 상에 위치.
○ 수암시 朝陽鎭 동쪽 20km 哨子河 상류 지류의 우안 산 정상에 위치함. 해발 641m.
○ 고려성산산성은 서북쪽으로 王泡溝와 1.5km 떨어져 있음.
○ 서북쪽으로 石棚村과 2.7km 떨어져 있고, 동북쪽으로 石人溝와 1.5km 떨어져 있음. 남쪽으로 大嶺村 및 哨子河 지류와 3km 떨어져 있음(王禹浪·王文軼, 2012).
○ 산성의 서북쪽으로 石湖溝와 2km, 서쪽으로 石棚村과 3.5km, 동북쪽으로 石人西溝와 3.5km, 남쪽으로 大嶺村 및 哨子河 지류와 약 1km 떨어져 있음(王禹浪·王宏北 1994 ; 王禹浪·王文軼, 2012).
○ 조양-수암 간 도로가 산성의 남측에 있는 大嶺村을 통과함.

2. 성곽의 전체현황

○ 포곡식 산성임.
○ 산성의 규모는 비교적 작은데, 둘레 약 1,500m.
○ 성벽은 산등성이가 뻗어나간 방향을 따라 석괴를 쌓아 축조하였음.
○ 산성 내에서 山泉水가 흘러나오고 있음.
○ 성문은 골짜기 입구에 설치하였음.

3. 역사적 성격

고구려 성곽으로 보고되었지만 유물이 출토되지 않아 정확한 축조 시기를 알기는 어려운 상태임. 고구려시기의 성곽이라면 둘레 1.5km의 소형 산성이라는 점에서 哨子河 지류 연안을 방어하는 군사성보의 기능과 함께 지방지배 거점의 역할도 수행했을 것으로 추정됨.

참고문헌
• 陳大爲, 1989, 「遼寧境內高句麗遺跡」, 『遼海文物學刊』 1989-2.
• 王綿厚, 1994, 「鴨綠江右岸高句麗山城研究」, 『遼海文物學刊』 1994-2.
• 王禹浪·王宏北, 1994, 『高句麗·渤海古城址研究匯編』(上), 哈爾濱出版社.
• 陳大爲, 1995, 「遼寧高句麗山城再探」, 『北方文物』 1995-3.
• 馮永謙, 1997, 「高句麗城址輯要」, 『高句麗渤海研究集成』 高句麗 卷(三), 哈爾濱出版社.
• 王綿厚, 2002, 『高句麗古城研究』, 文物出版社.
• 王禹浪·王文軼, 2008, 『遼東半島地區的高句麗山城』, 哈爾濱出版社.
• 王禹浪·王文軼·王宏北, 2010, 「遼東半島高句麗山城概述」, 『黑龍江民族叢刊』 2010-2.
• 王禹浪·王文軼, 2012, 「丹東市區的高句麗山城」, 『哈爾濱學院學報』 2012-3.
• 王禹浪·王文軼, 2012, 「鞍山地區山城研究」, 『黑龍江民族叢刊』 2012-2.

16 수암 소자산산성
岫巖 小茨山山城

1. 위치와 자연환경

1) 지리위치
○ 遼寧省 鞍山市 岫巖縣 朝陽鎭 溝門村 小茨山 정상에 위치.
○ 북쪽으로 哨子河를 사이에 두고 멀리 黃花甸鎭 關門山村 鬧溝門山城과 마주보고 있음. 요구문산성과의 거리는 약 6.5km임.[1]
○ 서쪽으로 關門山村 小河西屯 松樹溝山城과 약 7km 떨어져 있음.

2) 자연환경
산성 서측으로 哨子河가 흐르고, 그 주변으로 충적평원이 펼쳐져 있으며, 북·남·동쪽의 3면은 산으로 이어져 있음.

2. 성곽의 전체현황

○ 산성의 면적은 鬧溝門山城과 기본적으로 같은데 평균 20×30m이고, 둘레는 약 100m임.
○ 산성의 성벽은 방형의 석괴를 쌓아 축조하였으며 높이는 2m에 불과함.
○ 성내 중앙부는 오목함.

---

[1] 5km라는 기록이 있음(王禹浪·王文軼, 2008).

3. 출토유물

유물은 소량 출토되었음.

4. 역사적 성격

고구려시기의 성곽으로 보고되었지만 정확한 축조 시기를 파악하기는 힘든 상태임. 고구려 성곽이라면 哨子河 연안로를 방어하던 소형 군사보루로 추정됨. 鬧溝門山城이나 松樹溝山城과 세트 관계를 이루었을 가능성이 높음.

참고문헌
- 陳大爲, 1989, 「遼寧境內高句麗遺跡」, 『遼海文物學刊』 1989-2.
- 辛占山, 1994, 「遼寧境內高句麗城址的考察」, 『遼海文物學刊』 1994-2.
- 王綿厚, 1994, 「鴨綠江右岸高句麗山城研究」, 『遼海文物學刊』 1994-2.
- 陳大爲, 1995, 「遼寧高句麗山城再探」, 『北方文物』 1995-3.
- 馮永謙, 1997, 「高句麗城址輯要」, 『高句麗渤海研究集成』 高句麗 卷(三), 哈爾濱出版社.
- 王綿厚, 2002, 『高句麗古城研究』, 文物出版社.
- 王禹浪·王文軼, 2008, 『遼東半島地區的高句麗山城』, 哈爾濱出版社.
- 王禹浪·王文軼·王宏北, 2010, 「遼東半島高句麗山城槪述」, 『黑龍江民族叢刊』 2010-2.
- 王禹浪·王文軼, 2012, 「鞍山地區山城硏究」, 『黑龍江民族叢刊』 2012-2.

17 수암 자구산성
岫巖 茨溝山城

1. 위치와 자연환경(그림 1)

遼寧省 鞍山市 岫巖滿族自治縣 朝陽鄉 溝門村 남쪽 茨溝屯 남쪽 1.5km의 산 위에 위치. 大洋河 지류인 哨子河 우안에 해당함.

2. 성곽의 전체현황

○ 성터는 산 위에 위치.
○ 평면은 모서리가 둥근 방형임.
○ 성벽은 산등성이를 따라 축조하였음.
○ 남아 있는 성벽의 길이 45m, 너비 1.5m, 높이 0.7m.

그림 1 자구산성 주변 지형도(滿洲國 10만분의 1 지형도)

3. 출토유물

성내에서 돌절구(石臼), 돌절굿공이(石杵)가 발견됨.

4. 역사적 성격

고구려시기의 산성으로 보고되었지만, 정확한 성격을 파악하기 어려움. 고구려 성곽이라면 哨子河 연안로를 방어하던 소형 군사보루로 추정됨. 鬧溝門山城이나 松樹溝山城과 세트 관계를 이루었을 가능성이 높음.

참고문헌

- 國家文物局 主編, 2009, 『中國文物地圖集』 遼寧分冊 (下), 西安地圖出版社.

18 수암 산성둔산성
岫巖 山城屯山城

1. 위치와 자연환경

1) 지리위치
遼寧省 鞍山市 岫巖滿族自治縣 龍潭鎭 大房子村 남쪽 山城屯 부근의 산 정상에 위치.

2) 자연환경
○ 산성이 위치한 지역은 산이 높고 수풀이 빽빽하며, 샘과 시냇물이 종횡으로 흐르고, 정면은 大洋河 상류 및 英那河 상류의 분수령임.
○ 산성의 북측으로 산줄기를 사이에 두고 前營子鎭 城山溝山城이 있는데, 두 산성의 거리는 10km에 불과함.
○ 산성은 강가에 잇닿아 있음.

2. 성곽의 전체현황

○ 성벽은 산등성이를 따라서 축조하였음.
○ 비교적 작으며, 둘레 약 300m.
○ 산성의 성벽은 석괴를 쌓아 축조하였음.
○ 성문은 골짜기 입구에 설치하였음.
○ 성내에 우물(泉水井)이 있음.

3. 역사적 성격

고구려시기의 산성으로 보고되었지만, 정확한 성격을 파악하기 어려움. 산성 부근으로 岫巖-莊河 도로가 지나간다는 점에서 고구려 성곽이라면 大洋河와 英那河 분수령 일대를 방어하던 소형 보루성으로 추정됨.

참고문헌

- 陳大爲, 1989, 「遼寧境內高句麗遺跡」, 『遼海文物學刊』 1989-2.
- 辛占山, 1994, 「遼寧境內高句麗城址的考察」, 『遼海文物學刊』 1994-2.
- 王綿厚, 1994, 「鴨綠江右岸高句麗山城硏究」, 『遼海文物學刊』 1994-2.
- 陳大爲, 1995, 「遼寧高句麗山城再探」, 『北方文物』 1995-3.
- 馮永謙, 1997, 「高句麗城址輯要」, 『高句麗渤海硏究集成』 高句麗 卷(三), 哈爾濱出版社.
- 王綿厚, 2002, 『高句麗古城硏究』, 文物出版社.
- 王禹浪·王文軼, 2008, 『遼東半島地區的高句麗山城』, 哈爾濱出版社.
- 王禹浪·王文軼·王宏北, 2010, 「遼東半島高句麗山城槪述」, 『黑龍江民族叢刊』 2010-2.
- 王禹浪·王文軼, 2012, 「丹東市區的高句麗山城」, 『哈爾濱學院學報』 2012-3.
- 王禹浪·王文軼, 2012, 「鞍山地區山城硏究」, 『黑龍江民族叢刊』 2012-2.

19 수암 양하진 노성산산성
岫巖 洋河鎭 老城山山城 | 瓦房店山城

1. 위치와 자연환경(그림 1)

1) 지리위치
遼寧省 鞍山市 岫巖滿族自治縣 洋河鎭 瓦房店村 楊家爐屯 서남쪽 3km의 산 위에 위치.

2) 자연환경
○ 산성은 대양하 지류인 小洋河에 닿아있음.
○ 산성의 동면에 羅圈背댐이 있음.
○ 산성의 남면에 수암에서 丹東 東港市로 가는 도로가 통과함.
○ 산성의 북쪽 약 14km 지점에 大洋河가 있음.

2. 성곽의 전체현황

○ 산성의 성벽은 석축이며, 삼면이 산으로 에워싸여 있음.
○ 규모 : 산성의 전체 둘레 약 450m.
○ 성벽 : 산등성이를 따라 자연할석으로 축조.
○ 평면은 弧形임.
○ 잔존 길이 10m. 외벽에 치성이 있는데, 잔존 너비 2m, 높이 2.5m.
○ 성문 : 북쪽 골짜기 입구에 성문이 있음.

그림 1 노성산산성 위치도

3. 역사적 성격

고구려시기의 산성으로 보고되었지만, 정확한 성격을 파악하기 어려움. 岫巖에서 大洋河 하구로 나아가는 도로가 산성 부근을 지나간다는 점에서 海城이나 蓋州 등 요동평원에서 岫巖을 거쳐 大洋河 하구의 요동반도 남쪽 해안으로 나아가던 교통로를 방어하던 소형 보루성의 기능을 담당했을 것으로 추정됨. 또한 大洋河를 거슬러 수암 방면으로 진격하는 적군을 방어하는 기능도 담당했을 것임.

참고문헌

- 陳大爲, 1989, 「遼寧境內高句麗遺跡」, 『遼海文物學刊』 1989-2.
- 辛占山, 1994, 「遼寧境內高句麗城址的考察」, 『遼海文物學刊』 1994-2.
- 王綿厚, 1994, 「鴨綠江右岸高句麗山城硏究」, 『遼海文物學刊』 1994-2.
- 陳大爲, 1995, 「遼寧高句麗山城再探」, 『北方文物』 1995-3.
- 馮永謙, 1997, 「高句麗城址輯要」, 『高句麗渤海硏究集成』 高句麗 卷(三), 哈爾濱出版社.
- 王綿厚, 2002, 『高句麗古城硏究』, 文物出版社.
- 王禹浪·王文軼, 2008, 『遼東半島地區的高句麗山城』, 哈爾濱出版社.
- 王禹浪·王文軼·王宏北, 2010, 「遼東半島高句麗山城槪述」, 『黑龍江民族叢刊』 2010-2.
- 王禹浪·王文軼, 2012, 「鞍山地區山城硏究」, 『黑龍江民族叢刊』 2012-2.

20 수암 합달비진 고려성산산성
岫巖 哈達碑鎭 高麗城山山城

1. 위치와 자연환경

○ 遼寧省 鞍山市 岫巖縣 哈達碑鎭 서남쪽 30km 지점 大洋河 상류의 湯池河 중류 좌안 산줄기에 위치.
○ 高麗城山은 石灰窯鎭과 哈達碑鎭의 경계 지점에 자리하고 있음.
○ 동쪽으로 西坎村, 泉眼村과 2km 떨어져 있음.

2. 성곽의 전체현황

○ 포곡식 산성으로 성벽은 능선을 따라 석괴로 축조하였음. 둘레 약 1.5km.
○ 골짜기 입구에 성문을 설치하였으며, 동시에 물이 범람했을 때 흘러나갈 수 있도록 수구(洞口)를 축조하였음.
○ 성문 아래에 차단벽(攔馬墻)이 있음.
○ 성내 가장 높은 곳에 인공적으로 축조한 平臺가 있음.
○ 평대의 옆에는 샘 및 인공적으로 조성한 우물이 있음.

3. 역사적 성격

고구려시기의 산성으로 보고되었지만, 정확한 성격을 파악하기 어려움. 고구려 성곽이라면 둘레 1.5km의 중소형 산성이라는 점에서 大洋河 상류의 湯池河 연안 일대를 방어하는 군사성보의 기능과 함께 지방지배 거점의 역할도 수행했다고 추정됨. 군사방어상으로는 岫巖-蓋州 교통로를 공제하는 것이 가장 중요한 역할이었을 텐데, 남연산성과 세트관계를 이루었을 것임.

참고문헌

- 陳大爲, 1989, 「遼寧境內高句麗遺跡」, 『遼海文物學刊』 1989-2.
- 辛占山, 1994, 「遼寧境內高句麗城址的考察」, 『遼海文物學刊』 1994-2.
- 王綿厚, 1994, 「鴨綠江右岸高句麗山城硏究」, 『遼海文物學刊』 1994-2.
- 陳大爲, 1995, 「遼寧高句麗山城再探」, 『北方文物』 1995-3.
- 馮永謙, 1997, 「高句麗城址輯要」, 『高句麗渤海硏究集成』 高句麗 卷(三), 哈爾濱出版社.
- 王綿厚, 2002, 『高句麗古城硏究』, 文物出版社.
- 王禹浪·王文軼, 2008, 『遼東半島地區的高句麗山城』, 哈爾濱出版社.
- 王禹浪·王文軼·王宏北, 2010, 「遼東半島高句麗山城槪述」, 『黑龍江民族叢刊』 2010-2.
- 王禹浪·王文軼, 2012, 「丹東市區的高句麗山城」, 『哈爾濱學院學報』 2012-3.
- 王禹浪·王文軼, 2012, 「鞍山地區山城硏究」, 『黑龍江民族叢刊』 2012-2.

21 수암 남연산성
岫巖 南碾山城

1. 위치와 자연환경(그림 1)

遼寧省 鞍山市 岫巖滿族自治縣 哈達碑鎭 李大堡村 南碾屯 서쪽 1km에 위치. 大洋河의 지류인 哈達河 연안에 위치.

2. 성곽의 전체현황

○ 포곡식 산성임.
○ 성터는 산 위에 위치함.
○ 둘레 1,200m.
○ 양측 산등성이를 천연성벽으로 삼았음.
○ 성의 동쪽 골짜기 입구에 인공성벽을 쌓았으며 성문을 설치하였음.
○ 성벽은 자연석괴를 사용하여 축조하였음.
○ 잔존 길이 100m, 아랫너비 4.5m, 윗너비 2.5m, 높이 2m.

3. 역사적 성격

고구려시기의 산성으로 보고되었지만, 정확한 성격을 파악하기 어려움. 고구려 성곽이라면 둘레 1.2km의 중소형 산성이라는 점에서 大洋河 상류의 哈達河 연안 일대를 방어하는 군사성보의 기능과 지방지배 거점의 역할을 수행했다고 추정됨. 군사방어상으로는 岫巖-蓋州 교통로를 공제하는 것이 가장 중요한 역할이었을 텐데, 고려성산산성과 세트관계를 이루었을 것임.

참고문헌

· 國家文物局 主編, 2009, 『中國文物地圖集』 遼寧分冊 (下), 西安地圖出版社.

그림 1 남연산성 위치도

22 수암 상피욕산성
岫巖 桑皮峪山城

1. 위치와 자연환경(그림 1)

遼寧省 鞍山市 岫巖滿族自治縣 哈達碑鎮 桑皮峪村 三城溝屯 남측에 위치. 大洋河의 지류인 哈達河 상류에 해당함.

2. 성곽의 전체현황

○ 성터는 산 위에 위치함.
○ 서로 연결된 3개의 산봉우리에 각기 성이 하나씩 있음.
○ 대체로 산등성이를 천연성벽으로 삼았음.
○ 잔존 성벽의 총 길이 약 100m임.
○ 자연석괴를 사용하여 축조하였음.

3. 역사적 성격

고구려시기의 산성으로 보고되었지만, 정확한 성격을 파악하기 어려움. 고구려 성곽이라면 大洋河 상류의 哈達河 상류 일대를 방어하는 군사성보의 기능과 함께 지방지배 거점의 역할을 수행했다고 추정됨.

참고문헌

· 國家文物局 主編, 2009, 『中國文物地圖集』 遼寧分冊 (下), 西安地圖出版社.

그림 1 상피욕산성 위치도

23 수암 토성산산성
岫巖 土城山山城 | 古城山山城

1. 위치와 자연환경

○ 遼寧省 鞍山市 岫巖縣 韭菜溝鄉 永泉村 동남쪽 0.5km 거리의 土城山 정상에 위치함.
○ 토성산이라는 이름은 古城으로 인해서 얻은 이름임.
○ 산성이 위치한 곳은 哨子河 상류 좌안으로, 哨子河를 사이에 두고 韭菜溝鎭 소재지와 멀리서 서로 마주하고 있음.
○ 산성의 동남쪽으로 黃花甸鎭 老城溝山城과 약 6km 떨어져 있음.
○ 哨子河 연안을 따라 북쪽으로 천산산맥을 넘어가면 遼陽, 本溪 지역에 진입할 수 있으며, 지금 도로가 개통된 상태임.
○ 哨子河를 따라 남쪽으로 내려가면 大洋河에 진입하고 황해로 진출할 수 있음.

2. 성곽의 전체현황

성곽의 전체 둘레는 약 2,000m.

3. 성벽과 성곽시설

○ 성벽은 석괴를 사용해 산등성이를 따라 쌓아 올린 석축임(王禹浪·王文軼, 2008).[1]

○ 성벽의 기단부 너비 4m, 잔고 6m.
○ 성벽 바깥에는 해자와 회곽도가 있음.
○ 성문은 동남쪽 골짜기 입구에 축조하였음.
○ 성내 높은 곳에는 망대를 쌓아 올렸음.

4. 성내시설과 유적

산성 내에 우물(山泉井)이 있음.

5. 출토유물

성내에서 일찍이 토기편, 기와편, 자기편, 돌절구, 동제 국자(銅勺), 동전, 화살촉 등 유물이 출토되었음.

6. 역사적 성격

고구려시기에 처음 축조되었고, 요·금시기에 재사용되었다고 파악됨. 산성이 자리잡은 곳은 大洋河 지류인 哨子河 상류 연안으로 수암–요양 간 도로가 부근을 지나가는 교통로상의 요충지임. 둘레 2km 전후의

---

[1] 토석혼축이라는 기록이 있음(馮永謙, 1997).

중형급 성곽이라는 점에서 哨子河 상류 일대를 방어하던 군사중진이자 지방지배의 거점으로 기능했다고 추정됨.

참고문헌

- 陳大爲, 1989, 「遼寧境內高句麗遺跡」, 『遼海文物學刊』 1989-2.
- 辛占山, 1994, 「遼寧境內高句麗城址的考察」, 『遼海文物學刊』 1994-2.
- 王綿厚, 1994, 「鴨綠江右岸高句麗山城研究」, 『遼海文物學刊』 1994-2.
- 王禹浪·王宏北, 1994, 『高句麗·渤海古城址研究匯編』(上), 哈爾濱出版社.
- 陳大爲, 1995, 「遼寧高句麗山城再探」, 『北方文物』 1995-3.
- 馮永謙, 1997, 「高句麗城址輯要」, 『高句麗渤海研究集成』高句麗 卷(三), 哈爾濱出版社.
- 王綿厚, 2002, 『高句麗古城研究』, 文物出版社.
- 王禹浪·王文軼, 2008, 『遼東半島地區的高句麗山城』, 哈爾濱出版社.
- 王禹浪·王文軼·王宏北, 2010, 「遼東半島高句麗山城概述」, 『黑龍江民族叢刊』 2010-2.
- 王禹浪·王文軼, 2012, 「鞍山地區山城研究」, 『黑龍江民族叢刊』 2012-2.

24 수암 청량산성

岫巖 清凉山城 | 清凉山山城 | 攔馬墻

1. 위치와 자연환경(그림 1)

○ 鞍山市 岫巖縣 북쪽 80km 湯溝鄕 淸凉山村 馬河屯 서쪽 800m의 골짜기에 위치.
○ 골짜기 내부의 지세는 개활하고 주위는 청량산 능선에 둘러싸여 있으며, 산의 주봉은 마치 병풍과 같음.

2. 성곽의 전체현황(그림 2)

○ 산봉우리의 능선 상에 축조한 산복식 산성임.
○ 동, 서, 남 3면은 절벽과 산등성이를 천연성벽으로 삼았음.
○ 주봉을 포함해 북부의 산 허리 부분을 포괄하고 있음.

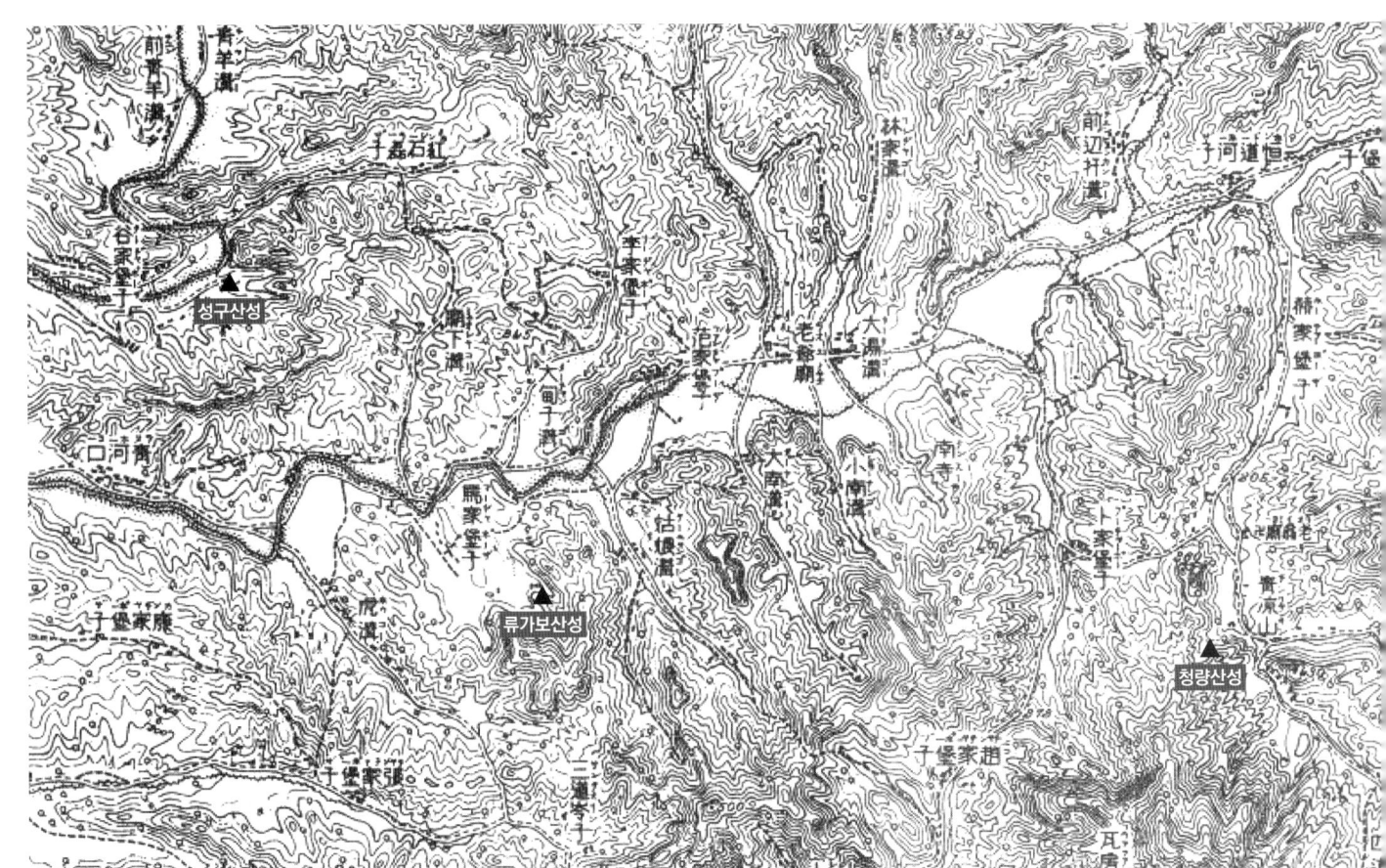

그림 1 청량산성 주변 지형도(滿洲國 10만분의 1 지형도)

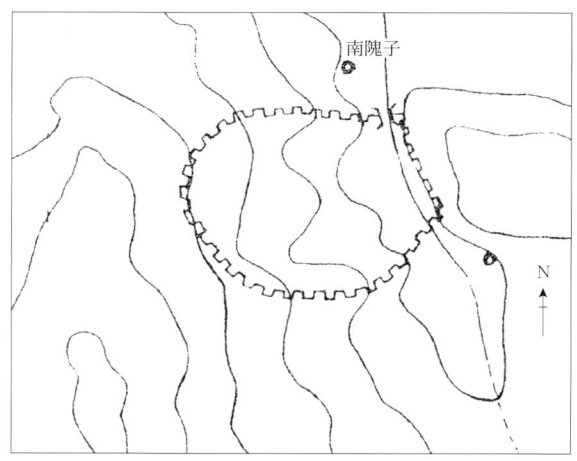

그림 2 청량산성 평면도(楊永芳·楊光, 1994, 19쪽)

○ 산성 둘레 : 2km(楊永芳·楊光, 1994) 또는 5km(國家文物局 主編, 2009) 전후로 조사됨.
○ 평면 : 북쪽의 지세가 낮은 키(簸箕) 모양(楊永芳·楊光, 1994).[1]
○ 북부 골짜기 입구 가까이에 자연석괴를 쌓아 석벽을 축조하였는데, 잔존 길이 130m, 너비 6m, 높이 3m임(國家文物局 主編, 2009).
○ 북벽 잔존 성벽의 길이 200m, 높이 약 6m(楊永芳·楊光, 1994).

3. 성벽과 성곽시설

1) 성벽
○ 동, 서, 남 3면의 성벽은 절벽과 산등성이를 천연성벽으로 삼았는데 바깥쪽은 가파른 절벽에 잇닿아 있고, 안쪽으로는 비교적 광활한 비탈지를 포괄함.
○ 북벽은 지세가 비교적 낮아서 산성의 형태가 마치 키(簸箕) 모양 같으며, 북면의 산 능선은 대체로 평탄하므로 불규칙한 자연석괴로 석축 성벽을 축조. 홍수로 인한 그 충격으로 무너져 골짜기에 길이 200m, 높이 약 6m의 성벽만이 남아 있음.

2) 성문
청량산의 북면 골짜기 입구에 북문이 있음.

4. 역사적 성격

고구려시기의 성곽으로 보고되었지만, 정확한 축조 시기는 파악하기 힘든 상태임. 산성이 자리잡은 곳은 大洋河 지류인 哨子河의 소지류 연안으로 수암-봉성간 도로가 부근을 지나가는 교통로상의 요충지임. 고구려 성곽이라면 둘레 2km 이상의 중형급 성곽이라는 점에서 哨子河의 지류 연안을 방어하던 군사중진이자 지방지배의 거점으로 기능했다고 추정됨.

참고문헌

- 陳大爲, 1989, 「遼寧境內高句麗遺跡」, 『遼海文物學刊』 1989-2.
- 辛占山, 1994, 「遼寧境內高句麗城址的考察」, 『遼海文物學刊』 1994-2.
- 楊永芳·楊光, 1994, 「岫巖境內五座高句麗山城調査簡報」, 『遼海文物學刊』 1994-2.
- 王綿厚, 1994, 「鴨綠江右岸高句麗山城硏究」, 『遼海文物學刊』 1994-2.
- 陳大爲, 1995, 「遼寧高句麗山城再探」, 『北方文物』 1995-3.
- 馮永謙, 1997, 「高句麗城址輯要」, 『高句麗渤海硏究集成』 高句麗 卷(三), 哈爾濱出版社.
- 王綿厚, 2002, 『高句麗古城硏究』, 文物出版社.
- 王禹浪·王文軼, 2008, 『遼東半島地區的高句麗山城』, 哈爾濱出版社.
- 國家文物局 主編, 2009, 『中國文物地圖集』 遼寧分冊(下), 西安地圖出版社.
- 王禹浪·王文軼·王宏北, 2010, 「遼東半島高句麗山城槪述」, 『黑龍江民族叢刊』 2010-2.
- 王禹浪·王文軼, 2012, 「鞍山地區山城硏究」, 『黑龍江民族叢刊』 2012-2.

---

[1] 불규칙한 원형이라는 기록이 있음(國家文物局 主編, 2009).

25 수암 왕가보산성

岫巖 王家堡山城 | 古城山城 | 古城村山城

1. 위치와 자연환경(그림 1)

○ 遼寧省 鞍山市 岫巖縣 三家子鎭 북쪽 30km의 古城村 小王家堡屯 동남측 산 위에 위치.
○ 古城村은 王家堡子屯으로 불리었는데, 마을의 남쪽에 성곽이 위치.
○ 哨子河 상류에 해당하는데, 古城村 주위를 여러 산이 둘러싸고 있으며, 지세가 험준함.

2. 성곽의 전체현황

1) 王禹浪·王文軼(2008) 및 王禹浪·王文軼(2012)의 기술내용
○ 규모 : 성곽의 규모는 비교적 작은데, 둘레 약 300m.
○ 성벽을 석괴로 쌓아 축조한 석축산성임.
○ 성내에 샘(泉眼)이 있음.
○ 산성의 건축 특징으로 볼 때 고구려시기에 축조한 산성으로 판단됨.

2) 國家文物局 主編(2009)의 기술내용
○ 산성은 두 곳에 위치하며 서로 마주보고 있음.
○ 평면은 장방형.
○ 규모 : 두 성 모두 길이 50m, 너비 20~30m.
○ 성벽은 자연석괴로 축조하였음.

3. 성내시설과 유적

성내에 샘(泉眼)이 있음.

4. 역사적 성격

고구려시기의 성곽으로 보고되었지만, 정확한 축조 시기를 파악하기는 힘든 상태임. 산성이 자리잡은 곳은 大洋河 지류인 哨子河 상류 연안으로 수암-요양 도로가 부근을 지나가는 교통로상의 요충지임. 고구려 성곽이라면 哨子河 상류 일대를 방어하던 소형 보루였다고 추정됨. 지리위치상 주로 서해 방면에서 쳐들어오는 적을 방어하기 위해 축조했을 것으로 파악됨.

참고문헌
- 陳大爲, 1989, 「遼寧境內高句麗遺跡」, 『遼海文物學刊』 1989-2.
- 辛占山, 1994, 「遼寧境內高句麗城址的考察」, 『遼海文物學刊』 1994-2.
- 楊永芳·楊光, 1994, 「岫巖境內五座高句麗山城調查簡報」, 『遼海文物學刊』 1994-2.
- 王綿厚, 1994, 「鴨綠江右岸高句麗山城研究」, 『遼海文物學刊』 1994-2.
- 劉兆田·楊光·董玉芹, 1994, 「岫巖娘娘城山城興廢年代初探」, 『遼海文物學刊』 1994-2.
- 陳大爲, 1995, 「遼寧高句麗山城再探」, 『北方文物』

그림 1 왕가보산성 위치도

1995-3.
- 馮永謙, 1997, 「高句麗城址輯要」, 『高句麗渤海硏究集成』 高句麗 卷(三), 哈爾濱出版社.
- 王綿厚, 2002, 『高句麗古城硏究』, 文物出版社.
- 王禹浪·王文軼, 2008, 『遼東半島地區的高句麗山城』, 哈爾濱出版社.
- 國家文物局 主編, 2009, 『中國文物地圖集』 遼寧分冊(下), 西安地圖出版社.
- 王禹浪·王文軼·王宏北, 2010, 「遼東半島高句麗山城槪述」, 『黑龍江民族叢刊』 2010-2.
- 王禹浪·王文軼, 2012, 「鞍山地區山城硏究」, 『黑龍江民族叢刊』 2012-2.

3
기타 유적

01 수암 오서유적
岫巖 吳西遺址

1. 위치와 자연환경(그림 1 ~ 그림 2)

遼寧省 鞍山市 岫巖滿族自治縣 朝陽鄉 朝陽村 吳家堡子 동쪽 400m.

2. 성곽의 전체현황

면적 약 1,200m².

3. 성내시설과 유적

석관묘가 발견됨.

4. 출토유물

泥質의 회색 토기 구연 등이 발견됨.

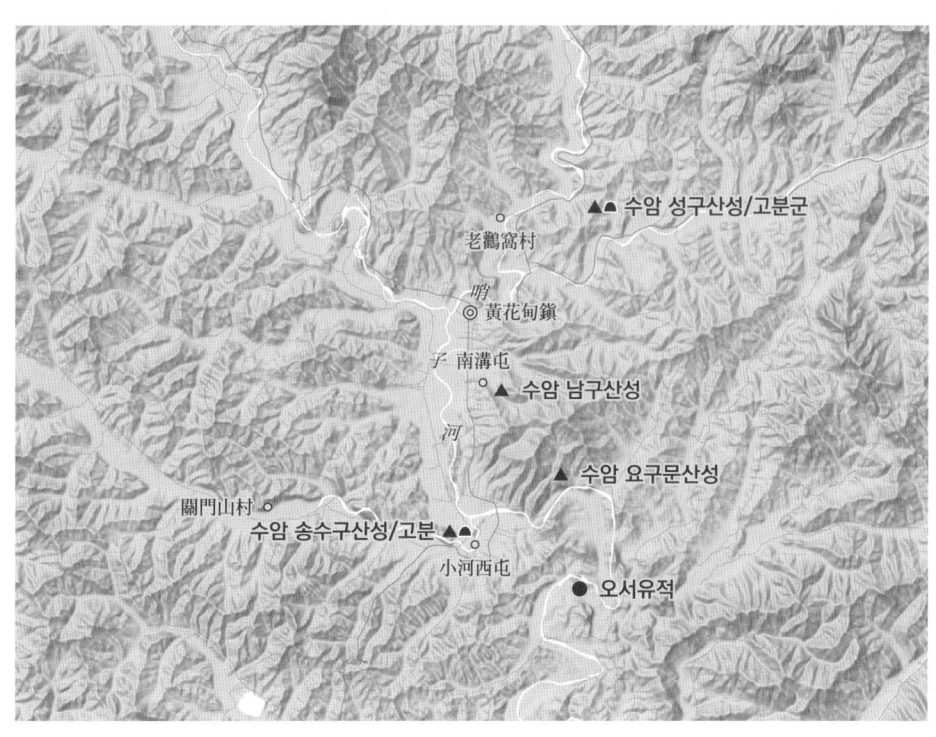

그림 1 오서유적 위치도

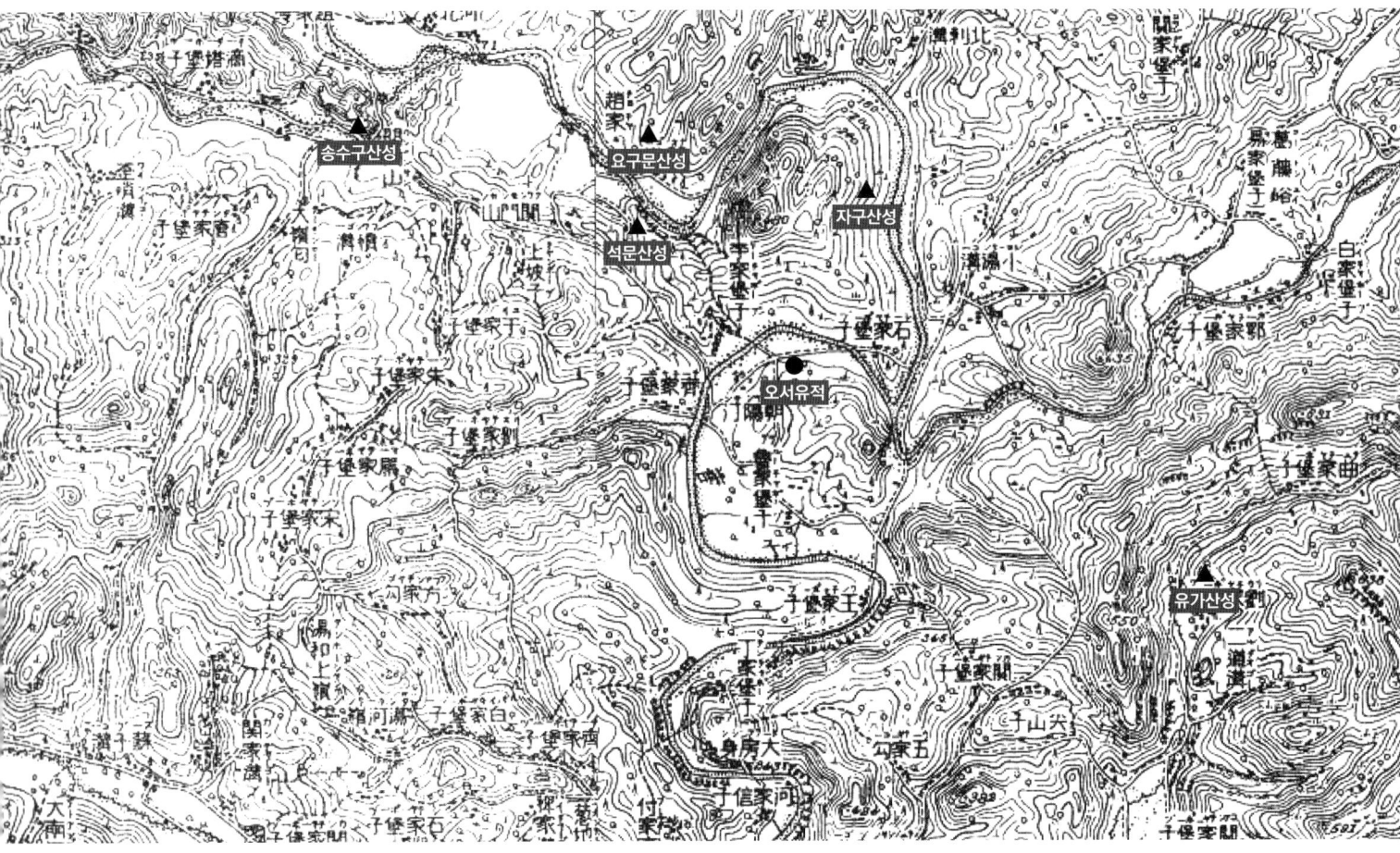

그림 2 오서유적 주변 지형도(滿洲國 10만분의 1 지형도)

5. 역사적 성격

고구려시기의 유적으로 보고되었지만, 정확한 성격을 파악하기 어려움.

참고문헌

- 國家文物局 主編, 2009, 『中國文物地圖集』 遼寧分冊 (下), 西安地圖出版社.

제16부

요양시(遼陽市) 지역의 성곽

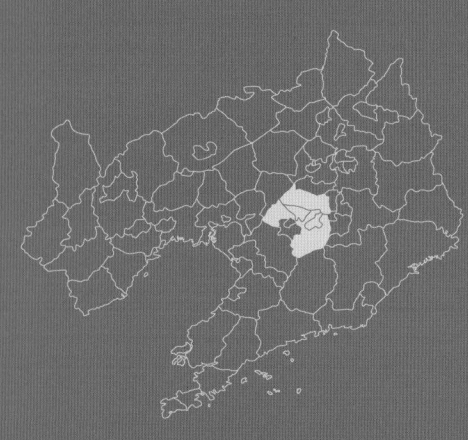

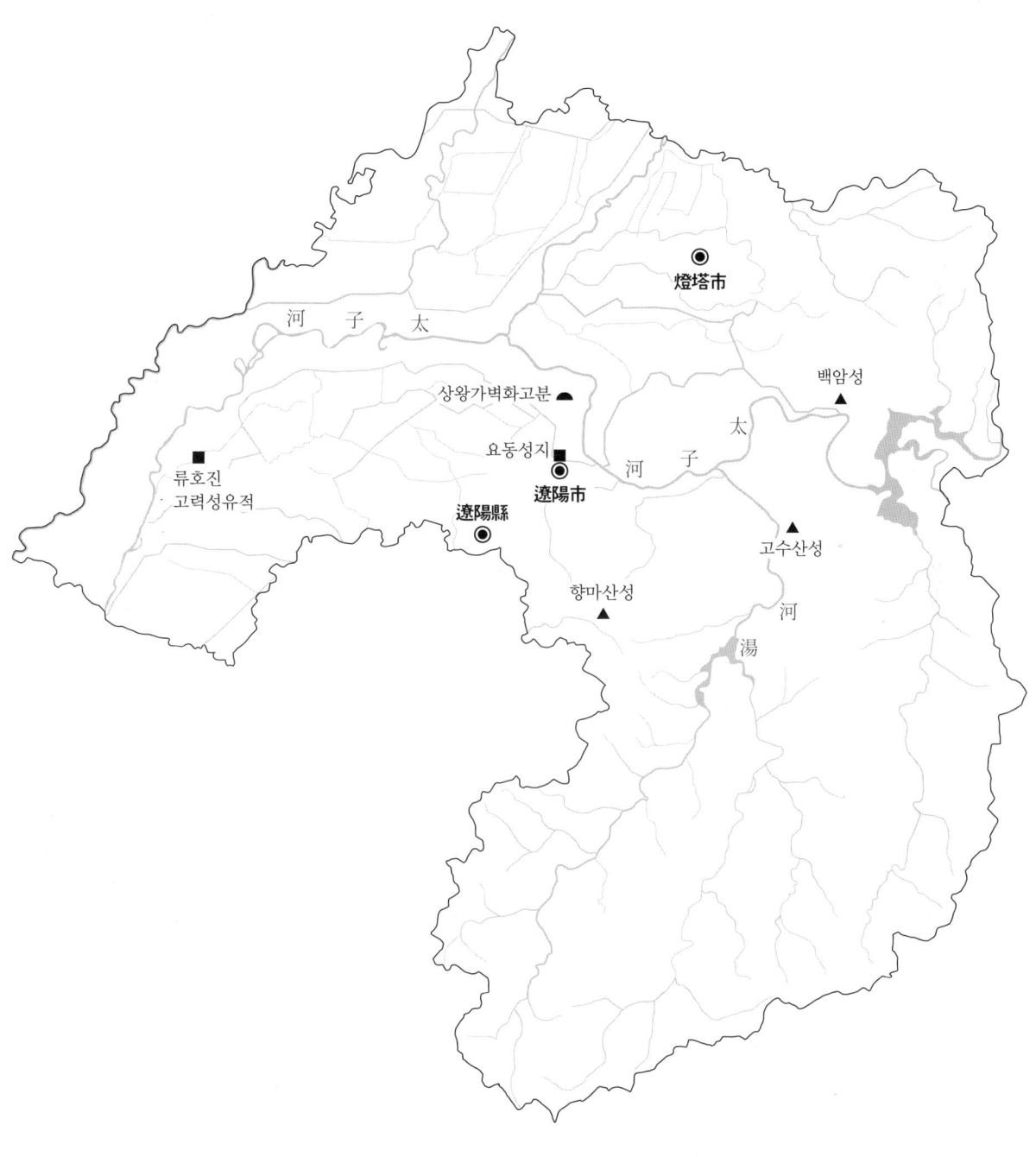

01 요양 요동성지
遼陽 遼東城址

1. 조사현황

1) 1992년
遼陽市가 中心路를 개설할 때, 稅課司小學校 동측에서 고구려 石室墓를 발견(王禹浪·王宏北, 2007).

2) 1994년
○ 조사기간 : 1994년 8월.
○ 조사자 : 王禹浪, 松村潤, 細谷 등 9명.

2. 위치와 자연환경(그림 1~그림 2)

○ 遼寧省 遼陽市에 위치함. 遼陽市 일대는 首山 동북쪽, 太子河 西岸의 충적평지에 자리 잡고 있음. 서북쪽으로는 요동평원이 있고, 동남쪽으로는 구릉성 평지가 전개되다가 千山山脈의 고산준령이 나타남. 遼陽市 일대는 요동평원-千山山脈의 점이지대로서, 예로부터 요동평원을 따라 요동반도와 渾河 방면뿐 아니라 千山山脈을 넘어 압록강 일대로 나아가는 육상교통로가 발달함.
○ 遼陽市 일대는 新民-瀋陽의 北路, 台安-鞍山의 中路, 盤山-高平-海城의 南路 등 세 갈래의 遼河 渡河路가 모이는 지역임. 또한 太子河와 遼河의 水路를 통해 遼東灣을 거쳐 西海로 나아갈 수도 있었음. 그리하여 遼陽市 일대는 육상과 수로 교통의 요충지로서 戰國時代 이래 요동지역의 중심지로 자리 잡았음.

3. 성곽의 전체현황(그림 3~그림 4)

○ 고구려 遼東城이 있었던 곳은 현대 건축물들이 자리 잡으면서 사라짐. 또한 遼東城에 대한 문헌기록도 상세하지 않음. 그런데 1953년 3월 북한 평안남도 순천군 용봉리에서 고구려 遼東城이 그려진 벽화묘(遼東城塚)가 발견됨(고고학 및 민속학 연구소, 1958). 고구려가 요동지역을 완전히 장악한 시기는 대략 4세기 말~5세기 초이고, 처음에는 '襄平'이라는 명칭을 사용하다가 '遼東城'으로 개칭함. 따라서 遼東城塚의 성곽도는 5세기 전반에 그려졌을 가능성이 있음. 하지만 遼東城塚이 4세기 후반에 처음 조영되어 5세기 전반까지 여러 차례에 걸쳐 시신을 매장하였을 가능성도 배제할 수는 없음(여호규, 1999).
○ 무덤에 그려진 遼東城 성곽도를 보면(그림 4), 먼저 성 서쪽에는 산이 있는데, 지금의 首山으로 추정됨. 성 동쪽에는 강이 있는데, 지금의 太子河로 추정됨(魏存成, 2002). 遼東城 평면은 장방형임. 그리고 內城과 外城으로 나눌 수 있음. 內城은 서남 모서리에 있고, 면적은 대략 성곽의 1/2임. 성 사이에는 성문으로부터 나오는 도로가 표시되어 있음. 성벽에는 성가퀴와 치가 설치되어 있음. 성가퀴와 치는 벽돌과 돌을 쌓아 축조한 것으로 보임. 성의 모서리에는 각루가 있는데, 각루

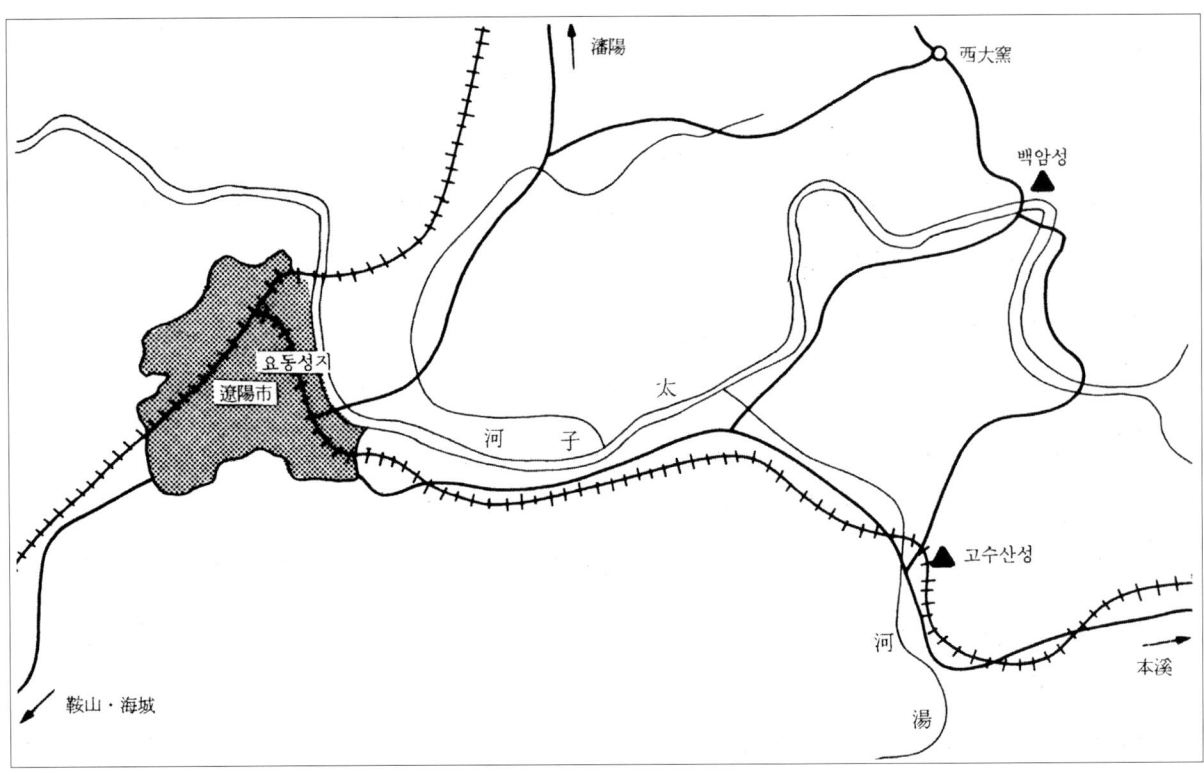

그림 1 요동성지 위치도(30만분의 1)(여호규, 1999, 284쪽)

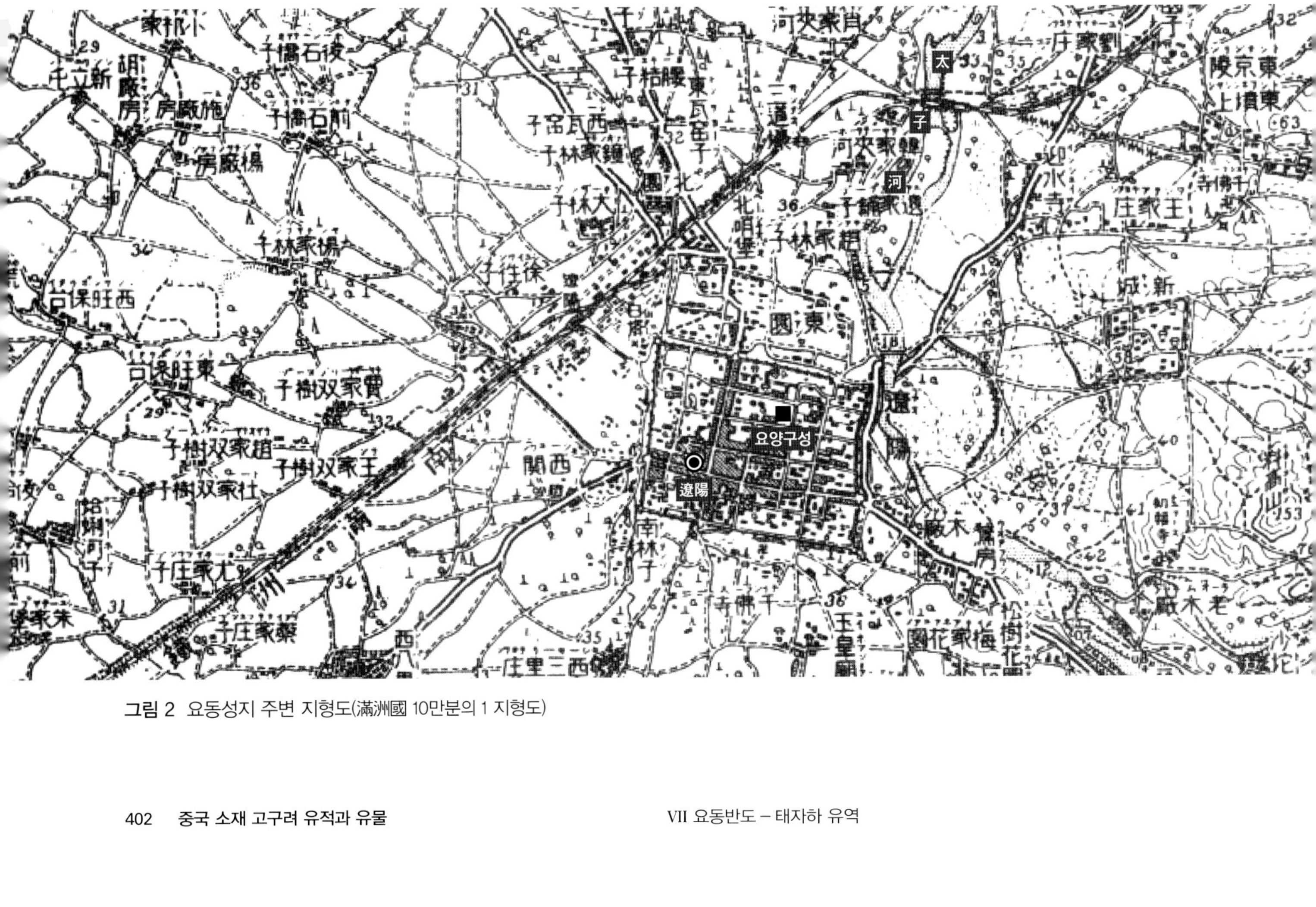

그림 2 요동성지 주변 지형도(滿洲國 10만분의 1 지형도)

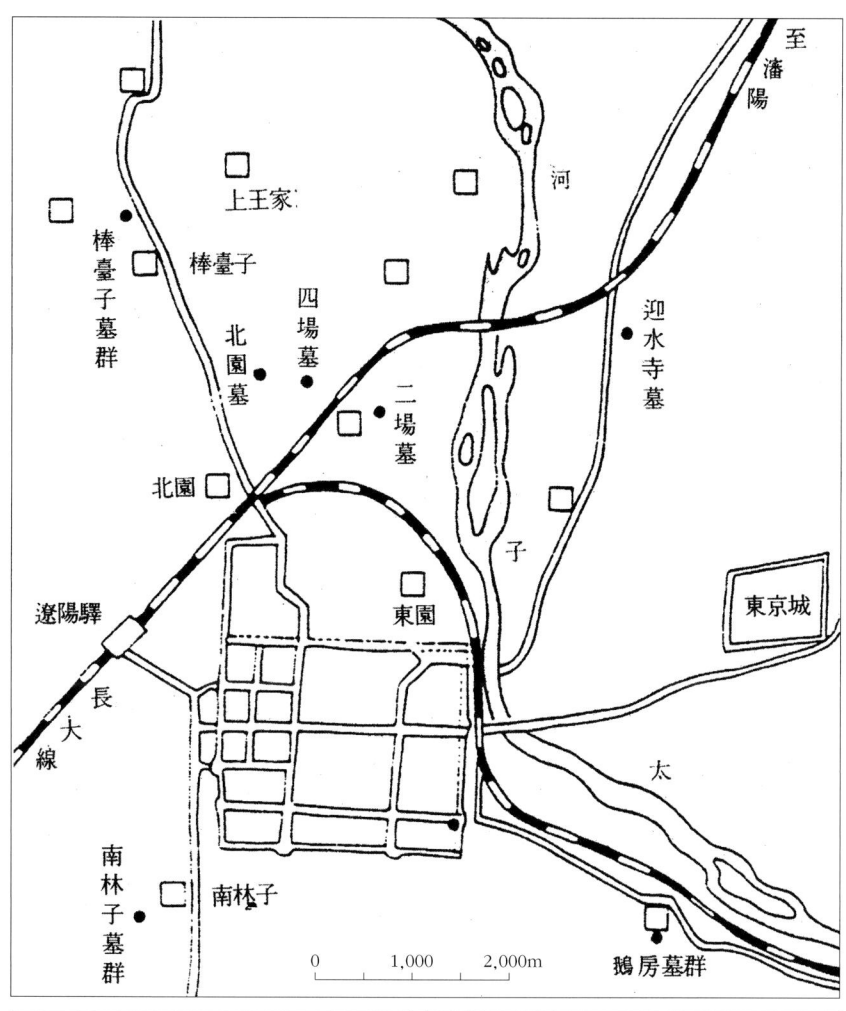

그림 3 요양구성의 평면도와 한·진대 고분군의 분포도(東潮, 1997, 290쪽)

그림 4 요동성총의 요동성 모습 (고고학 및 민속학 연구소, 1958)

는 모두 단층임. 문루는 외성 동문·서문·남문에 있는데, 외성 동문·서문의 문루는 2층인 반면, 남문의 문루는 단층임. 외성 동문 안쪽 좌우에 단층집이 한 채씩 있는데, 오른쪽 집 밑에 楷書로 '遼東城'이라고 쓴 명문이 있음.

○ 내성은 상업구역 혹은 일반인의 거주구역으로 추정됨(李殿福, 1994). 내성에는 2층 기와집과 3층 목탑(누각)이 있음. 이로 보아 내성은 遼東城 통치집단의 거주지(魏存成, 2002)[1]나 官署가 있던 곳(李殿福, 1994)으로 추정됨. 외성 동문 바깥에도 누각 같은 다층집이 한 채 있음. 한편 문루나 각루 사이에는 누각으로 보이는 건물이 묘사되어 있는데, 치 위에 세워진 건물로 추정됨(田村晃一, 1988). 성곽도로 미루어 보면, 고구려의 遼東城은 내성과 외성이 결합한 구조임. 그리고 성곽은 평면이 방형이라는 점에서 일반적인 고구려성과 같지 않다고 할 수 있음(王禹浪·王文軼·王宏北, 2010).

○ 645년 唐軍의 遼東城 공략 기사를 통해 성벽 주위에는 해자를 둘렀고 성벽 위에는 성가퀴를 설치하였으며 각 모서리에는 각루를 세웠음을 알 수 있음. 朱蒙 祠堂 외에도 성곽 내부에는 많은 건물을 조영하였다고 추정되는데, 실제 1980년대 초에 遼陽舊城 동북부에서 두 갈래의 토루와 함께 판축기법으로 다진 건물 기초부 2곳이 발견됨(여호규, 1999).

4. 출토유물

○ 遼陽市 중심부와 그 부근에서 戰國時代-漢代의 유적이 많이 발견됨. 고구려시기의 유물은 遼陽市 舊城區 북부에서 많이 발견됨(여호규, 1999).

---

[1] 이러한 내·외성의 배치는 後漢대 內蒙古 和林格爾의 護烏桓校尉 고분에서 발견된 繁陽, 寧縣 등의 城市圖 벽화에도 보인다고 하면서, 후한시대 州縣의 일정한 규율로 파악하기도 함.

○ 20세기 전반에 遼陽舊城 남벽 아래와 동북 모서리 부근에서 漢代 기와와 함께 고구려시기 기와가 출토됨(黑田原次, 1942).

○ 1993년 8월 關帝廟를 중수할 때 關帝廟 우측 건물 기초 아래에서 석각이 출토됨. 이곳은 遼陽舊城에서 가장 높은 지점임. 석각은 위에는 "遼宮殿", 그 아래에는 "城高三丈, 南爲三門, 壯以樓觀, 四隅有角樓, 相去各二里, 宮墻北有襄國皇帝御容殿"이라고 새겨져 있었음. 일부 학자는 석각에 보이는 '襄國皇帝'는 고구려 제18대 왕인 故國壤王 伊連·於只支로, '襄'자는 '壤'자의 오기로 보기도 함. 그러나 '襄國皇帝'는 遼太祖 阿保機의 장자인 耶律倍의 시호임. 그러므로 이 석각은 遼代에 세워진 것으로 고구려의 유물이 아님(王禹浪·王宏北, 2007).

○ 遼陽市가 중심로를 개설할 때, 稅課司小學校 동측에서 고구려 石室墓를 발견함(王禹浪·王宏北, 2007).

5. 역사적 성격

1) 고구려 요동성지의 위치

고구려 遼東城址는 遼陽市 舊城區 일대로 비정되나, 정확한 위치는 알 수 없음. 『三國志』 卷8 魏書8 公孫度傳에는 238년 曹魏軍이 公孫氏 정권을 공격할 때 "길이 數十丈인 流星이 首山에서 동북쪽으로 흘러 襄平城 동남에 떨어졌다"는 기록이 있고, 『晋書』 卷1 宣帝本紀 景初 2년조에는 "長星이 襄平城 서남에서 동북으로 흘러 梁水 곧 太子河에 떨어졌다"는 기록이 있음. 首山은 遼陽市 서남쪽 7.5km에 위치하였고, 梁水 곧 太子河는 遼陽市 동남에서 流路를 바꾸어 北流함.

이로 보아 3세기 중반의 襄平城은 首山의 동북과 梁水의 西北 곧 遼陽市 일대로 비정됨. 遼陽市 일대에서 漢代-晋代 고분은 遼陽舊城을 중심으로 서쪽의 遼陽驛 부근, 남문 바깥, 동부 특히 동벽 남단, 그리고 북쪽 1.5~3km 거리의 근교에 집중적으로 분포함(그림 3). 이에 비해 漢代 기와는 遼陽舊城 내부와 동북 모서리 외곽의 東園 부근에서 많이 발견됨. 이로 볼 때 戰國時代-晉代의 襄平城은 遼陽舊城 일대로 추정됨. 다만 동북 모서리 외곽에 漢代 기와가 많이 분포하고, 遼陽舊城 동벽 남단 아래에서 後漢代 벽화묘가 발견되었다는 점에서, 遼陽舊城보다 북쪽으로 치우쳐 위치했을 가능성이 높음(여호규, 1999).[2]

고구려 遼東城의 위치와 관련하여, 7세기 전반의 상황을 반영하는 『翰苑』에 인용된 『高麗記』에는 "故城의 南門에 碑가 있는데, 세월이 오래되어 매몰되었으며 여러 척이 드러나 있다. 耿虁의 비이다"라는 기사가 있음. 耿虁는 2세기 전반 遼東太守를 지낸 인물이므로 '故城'은 後漢代의 襄平城을 지칭하는 것임. 이로 보아 후한대의 襄平城과 고구려 遼東城의 위치가 다를 것이라고 추정됨(東潮·田中俊明, 1995 ; 여호규, 1999).

고구려는 전통적으로 산성을 축조하였고, 중국 郡縣 治所를 그대로 활용한 경우가 많았다는 점을 볼 때, 後漢-晉代에 개축된 襄平城을 고구려가 轉用하였을 가능성이 높음(東潮·田中俊明, 1995 ; 여호규, 1999 ; 王綿厚, 2002). 고구려가 요동지역을 완전히 장악한 직후인 414년에 건립된 〈廣開土王陵碑〉에 '襄平道'라는 명칭이 나오며, 魏·晉代 봉토석실묘와 구조가 동일한 4세기 말경의 遼東城塚에 '遼東城'이라는 명문과 함께 성곽도가 그려진 것은 이를 반영함.

한편 遼陽舊城 남벽 아래와 동북 모서리 부근에서 漢代의 기와와 함께 고구려시기의 기와편이 출토되었음. 그 뒤 遼陽市 舊城區 북부에서 고구려시기 유물이 상당수 출토되었고, 遼陽舊城 서벽 안쪽의 稅課司小學校 부근에서 고구려시기 石室墓가 발견됨. 이로 보아 고구려의 遼東城은 遼陽舊城보다 동북쪽으로 약간 치우쳤을 가능성이 높음. 따라서 후한대 襄平城과 고구려 遼東城은 위치가 달랐다 하더라도 전체적으로는 대략 일치하면서 성벽 라인이 약간 다른 정도였다고 추정됨(여호규, 1999).

2) 요동성의 지정학적 위상과 성격

遼陽은 戰國時代-晉代에는 '襄平'이라고 불렸는데, 戰國시기 燕 遼東郡의 首府였음. 秦·漢대에도 遼東郡의 治所가 있었고, 王莽대에 일시적으로 昌平이라고 불렀음. 후한 말년에는 公孫氏가 遼東·遼西를 50여년 동안 점령하기도 함. 319년에는 慕容鮮卑가 차지하면서 前燕의 東方重鎭이 되었음. 이 무렵 遼河를 大遼河, 太子河를 衍水 또는 大梁水라고 불렀는데, 여름과 가을에 물이 불어나면 배로 大遼河에서 大梁水로 이동해서 襄平城까지 도달할 수 있었다고 함(馮季昌·孫進己·馮永謙, 1987). 400~402년경 고구려가 요동평원을 점령하면서 襄平城은 遼東城으로 명칭이 바뀜. 遼東城은 고구려 영토로 편입된 이후, 처음에는 종전처럼 '襄平'으로 불리다가 점차 遼東城으로 칭해짐.

遼東城은 요동지역 육상·수로 교통의 중심지로서 사방으로 뻗은 교통로와 세 갈래 遼河 渡河路의 집결지점임. 또한 요동평원-鴨綠江路의 세 루트 가운데 가장 북쪽에 위치한 本溪-鳳城路의 출발점임. 本溪-鳳城路는 瀋陽에서 沙河를 따라 나아가는 북쪽 진입로와 遼陽에서 太子河를 거슬러 나아가는 남쪽 진입로가 있음. 북쪽 진입로에는 瀋陽 塔山山城(蓋牟城)과 本溪 邊牛山城이 자리 잡고 있으며, 남쪽 진입로에는 遼東城과 함께 白巖城과 姑嫂山城이 太子河를 사이에 두고 마주보면서 길목을 봉쇄하고 있음. 이처럼 遼東城은 전략적으로도 중요한 요충지였음. 이에 7세기 전반에 수 양제와 당 태종은 고구려 원정시에 요동성을 함락시키기 위해 심혈을 기울였던 것임.

---

[2] 孫進己·馮永謙(1989)은 遼陽舊城의 동부 일대로 비정함.

遼東城은 5~7세기경 요동일대에서 가장 중요한 거점성이었는데, 군사중진의 기능 외에 지방지배의 거점 역할도 담당했다고 파악됨. 『周書』 高麗傳에서는 國內城, 漢城과 함께 遼東城을 대표적인 지방 성곽으로 기록했음. 645년 唐軍이 遼東城을 함락시켰을 당시, 성 내부에 병사 만여 명을 비롯하여 남녀 4만 명, 양식 50만 석이 있었다고 함. 또한 당이 고구려를 멸망시킨 다음 安市城 등에는 安市州라는 羈縻州를 설치한 반면, 遼東城에는 그보다 한 등급 위인 遼城州都督府를 설치하였음. 한편 遼東城主 아래에는 '遼東城長史' 곧 성주의 막료로서 성주 직할지를 관장하는 縣令級 지방관인 可邏達이 존재하였음. 이로 볼 때 遼東城에는 褥薩-處閭近支-可邏達-婁肖라는 지방관 가운데 최소한 處閭近支(道使) 이상이 파견되었다고 추정됨(여호규, 1999).

더욱이 최근 발견된 고구려 유민묘지명인 〈高乙德 묘지명〉에 따르면 고을덕의 조부인 高岑은 영류왕대에 遼府都督을 역임했다고 하는데(王連龍, 2015 ; 葛繼勇, 2015 ; 李成製, 2015), '遼府'는 요동성을 지칭하며 都督은 당의 도독에 비견되었던 고구려 최고위 지방장관인 褥薩을 지칭함. 또한 〈高提昔묘지명〉에 따르면 증조인 高伏仁이 水境城道使와 遼東城大首領을 역임했다고 하는데(王其禕·周曉薇, 2013 ; 김영관, 2013), 道使가 처려근지의 이칭임을 고려하면 遼東城大首領은 요동성 욕살을 일컫는다고 볼 수 있음. 이처럼 최근에 발견된 고구려 유민의 묘지명에 따르면, 7세기에 요동성에는 최고위 지방관인 褥薩이 파견되었다고 파악됨.

참고문헌

- 八木奘三郎, 1929, 『續滿洲舊蹟志』, 南滿洲鐵道株式會社.
- 黑田原次, 1942, 「遼陽の官署址と寺觀」, 『遼陽』, 滿洲古蹟古物名勝天然記念物保存協會.
- 고고학 및 민속학 연구소, 1958, 「평안남도 순천군 룡봉리 요동성총 조사보고」, 『고고학자료집』 1.
- 馮季昌·孫進己·馮永謙, 1987, 「古城址」, 『東北歷史地理論著匯編』.
- 孫進己·馮永謙, 1989, 『東北歷史地理』, 黑龍江人民出版社.
- 李殿福 著, 차용걸·김인경 譯, 1994, 『中國內의 高句麗遺蹟』, 學硏出版社.
- 東潮·田中俊明, 1995, 『高句麗の歷史と遺跡』, 中央公論社.
- 東潮, 1997, 『高句麗考古學』, 吉川弘文館.
- 여호규, 1999, 『高句麗 城』 Ⅱ, 國防軍史硏究所.
- 王綿厚, 2002, 『高句麗古城硏究』, 文物出版社.
- 魏存成, 2002, 『高句麗考古』, 吉林大學出版社.
- 王禹浪·王宏北, 2007, 『高句麗·渤海古城址硏究匯編』 (上), 哈爾濱出版社.
- 王禹浪·王文軼·王宏北, 2010, 「遼東半島高句麗山城槪述」, 『黑龍江民族叢刊』 2010-2.
- 김영관, 2013, 「高句麗 遺民 高提昔 墓誌銘에 대한 연구」, 『백산학보』 97.
- 王其禕·周曉薇, 2013, 「國內城高氏: 最早入唐的高句麗移民-新發現唐上元年《泉府君夫人高提昔墓誌》釋讀」, 『陝西師範大學學報』 2013-5.
- 葛繼勇, 2015, 「신출토 入唐 고구려인 '高乙德墓誌'와 고구려 말기의 내정 및 외교」, 『韓國古代史硏究』 79.
- 王連龍, 2015, 「唐代高麗移民高乙德墓志及相關問題硏究」, 『吉林師範大學學報』 2015-4.
- 李成製, 2015, 「어느 고구려 무장의 가계와 일대기: 새로 발견된 '高乙德墓誌'에 대한 譯註와 分析」, 『中國古中世史硏究』 38.

제17부

등탑시(燈塔市) 지역의 성곽

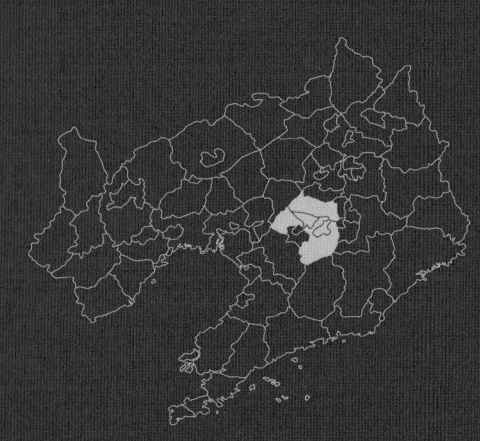

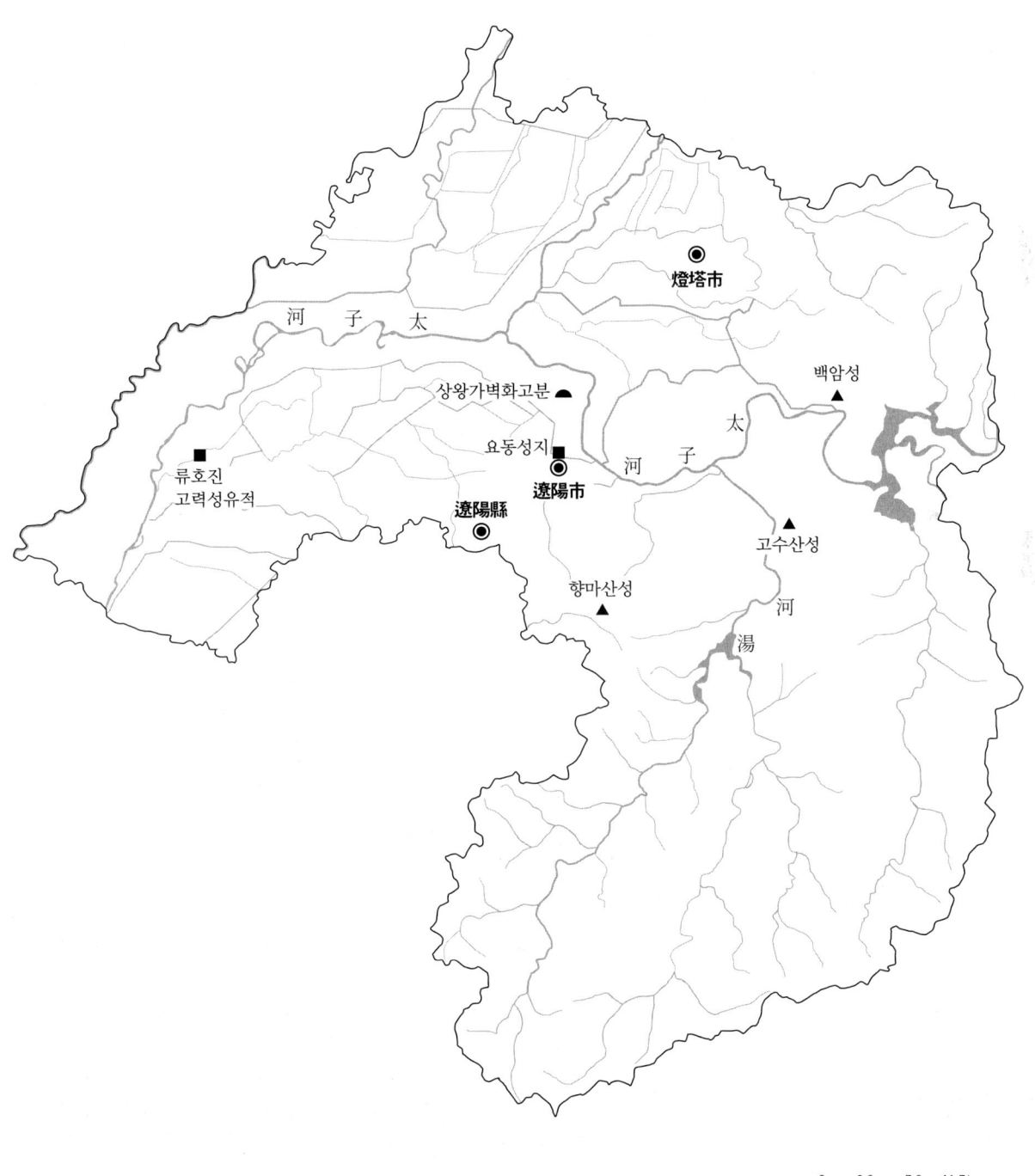

01 등탑 백암성

燈塔 白巖城 | 燕州城 | 巖州城 | 石城山山城

1. 조사현황

1) 1941년
○ 조사기간 : 1941년 10월 18~21일.
○ 조사자 : 三上次男, 小山冨士夫, 齋藤菊太郎, 坂本萬七, 田中堯雄, 齋藤武一, 島田正郞 등.
○ 조사내용 : 撫順의 고구려유적 조사를 마치고, 백암성 및 江官屯의 유적조사에 나섰음.
○ 발표 : 三上次男, 1990, 『高句麗と渤海』, 吉川弘文館.

2) 1981년
조사자 : 閻萬章.

3) 1993년
○ 조사기간 : 1993년 5월.
○ 조사자 : 林直樹.
○ 발표 : 林直樹, 1994, 「中國東北部の高句麗山城」, 『靑丘學術論集』 5.

4) 2009년
○ 조사기간 : 2009년 7월 중순~11월 중순.
○ 조사기관 : 遼寧省文物考古硏究所.
○ 조사내용 : 서남쪽 절벽의 트인 곳(缺口) 북단은 남쪽으로 태자하와 접하고, 성내 진입도로가 통과하고 있는데, 총 900㎡를 발굴조사함. 고구려시기 성벽과 치, 요·금시기의 문지(옹성) 등을 발견함. 아울러 고구려-요·금시기의 도기, 철기, 청동기, 석기 등의 유물이 출토됨. 발굴조사를 통해 백암성의 구조에 대해 좀 더 자세한 자료를 얻음. 또한 성문 구조의 변화를 통해, 각 시기별 성의 지위와 기능을 파악할 수 있었음.
○ 발표 : 蘇鵬力, 2010, 「燈塔市燕州城城址」, 『中國考古學年鑒』, 文物出版社.

5) 2010년
○ 조사기간 : 2010년 5~12월.
○ 조사기관 : 遼寧省文物考古硏究所.
○ 조사내용 : 동벽 북단의 1호 치 근처에서 문지 1곳, 서북벽에서 치 4곳 발견. 아울러 1호 문지, 치 5개, 회곽도 1개, 배수시설 등을 발굴함. 고구려-요·금시기의 도기, 자기, 석기, 청동기, 골기 등 300여 점의 유물 출토. 백암성의 성문, 치, 회곽도, 배수시설의 위치와 수, 그리고 성문, 치, 회곽도의 구조를 파악하고, 산성 방어체계에 대한 새로운 지식을 얻음.
○ 발표 : 蘇鵬力, 2011, 「燈塔市燕州城城址」, 『中國考古學年鑒』, 文物出版社.

6) 2011년
○ 조사기간 : 2010년 5월 15일~11월 29일.
○ 조사기관 : 遼寧省文物考古硏究所.
○ 조사내용 : 성벽 120여 m 등 2,000㎡를 발굴조사. 문지 1곳, 배수구 2곳, 치 1곳을 발견. 고구려와 요·금

시기의 유물 300여 점을 수습. 성벽을 정리하면서 2차 개축한 흔적을 발견. 무너진 퇴적 중에 포함된 유물을 통해 金代에 대규모 개축이 이루어졌음을 확인.
○ 발표 : 蘇鵬力·司偉偉, 2012, 「燈塔市燕州城城址」, 『中國考古學年鑒』, 文物出版社.

7) 2012년
○ 조사기간 : 2012년 7~10월.
○ 조사기관 : 遼寧省文物考古硏究所.
○ 조사내용 : 1,000㎡ 발굴. 회곽도, 배수구, 주거지, 고분 등 발견함.
○ 발표 : 蘇鵬力, 2013, 「燈塔市燕州城城址」, 『中國考古學年鑒』, 文物出版社.

8) 2013년
○ 조사기간 : 2013년 6~11월.
○ 조사기관 : 遼寧省文物考古硏究所.
○ 조사내용 : 遼寧省文物考古硏究所가 진행하는 제5차 고고발굴임. 산성 중부에서 남쪽으로 치우진 지점을 주로 발굴하였는데, 이 구역은 지세가 평탄하고 완만하며, 수목이 비교적 적음. 발굴 면적은 2,000㎡임. 주거지(房址), 재구덩이(灰坑), 고분, 대형 건물지(명청대 石城鳳安保國寺址) 등을 발견. 철기, 자기, 토기, 청동기, 골기 등을 수습하였는데, 고구려-명·청 대 유물임.
○ 발표 : 蘇鵬力·于懷石·任秀芬, 2014, 「燈塔市燕州山山城」, 『中國考古學年鑒』, 文物出版社.

9) 2016년
○ 조사기간 : 2016년 5~11월.
○ 조사기관 : 遼寧省文物考古硏究所.
○ 조사내용 : 10m×10m 피트 22개를 시굴함. 유구의 퇴적 정황을 근거로 발굴구역 서부 일부분에 대해 피트 확장 발굴을 진행. 발굴 면적은 약 2,500㎡임. 발굴한 유구로는 주거지(房址), 재구덩이(灰坑), 건물지, 도로 등이 있음. 출토유물로는 토기, 자기, 철기, 골기, 동전 등이 있음.
○ 발표 : 于懷石, 2017, 「燈塔市燕州山山城」, 『中國考古學年鑒』, 文物出版社.

2. 위치와 자연환경(그림 1~그림 3)

1) 지리위치
○ 遼陽市에서 30km 떨어진 燈塔市 동남부 西大窯鄕(鎭) 官屯村 관할 城門口村의 동쪽 산 정상부에 위치함. 산은 石城山, 白巖山이라고도 불림. 해발은 197m임. 이 지역은 遼金시대에 가마터가 있던 江官屯으로 널리 알려져 있음.
○ 遼陽 동남 太子河 南岸을 따라 동쪽으로 가면, 木廠·鵝房·峨嵋莊·高城子小屯·雙廟子·梅家嶺·龍鳳寺·英守堡子를 경유하게 되고, 江官屯 동북쪽 및 근처 촌락에 서로 맞닿게 됨. 太子河 北岸(右岸)의 홀로 솟은 산봉우리에 축조된 산성이 백암성임.
○ 本溪湖를 지나 서쪽의 遼陽으로 향하는 太子河는 도중에 기복 있는 산언덕의 방해를 받아 계속 굴곡을 이룸. 동북으로 향하던 흐름이 커다란 암반에 막히면서 급하게 방향을 돌려 서쪽으로 향하게 되는데, 그 암반 위에 우뚝 솟은 산성이 백암성임.
○ 산성 남쪽 太子河 건너편에는 孤家子가 있고, 서남에는 江官屯이 있음. 太子河를 따라 하류로 내려가면 요동평원 한복판에 자리 잡은 遼陽市가 나오고, 상류를 거슬러 올라가면 천산산맥을 넘어 압록강에 이르는 최단코스인 本溪-鳳城路의 출발점, 즉 本溪市가 나옴. 백암성은 요동평원과 천산산맥의 접경지대로서 太子河를 거슬러 本溪를 거쳐 천산산맥으로 진입할 경우 거쳐야 하는 요충지에 자리잡고 있음.

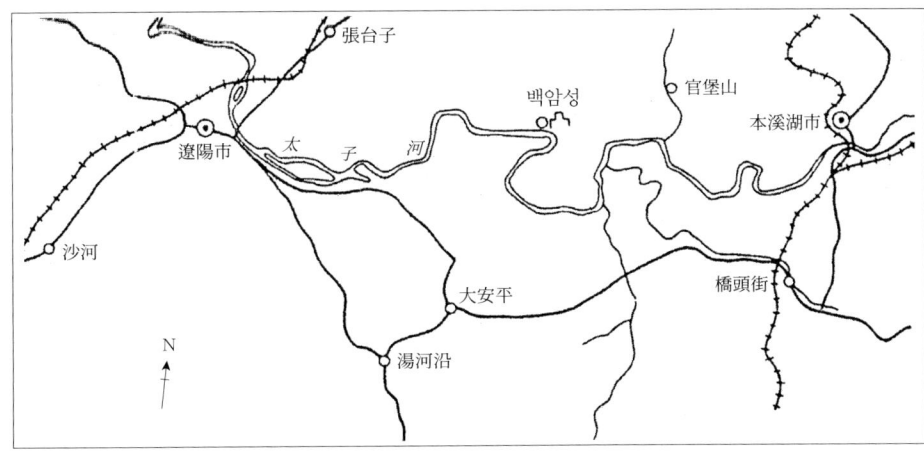

그림 1 백암성 위치도 1
(三上次男, 1997, 111쪽)

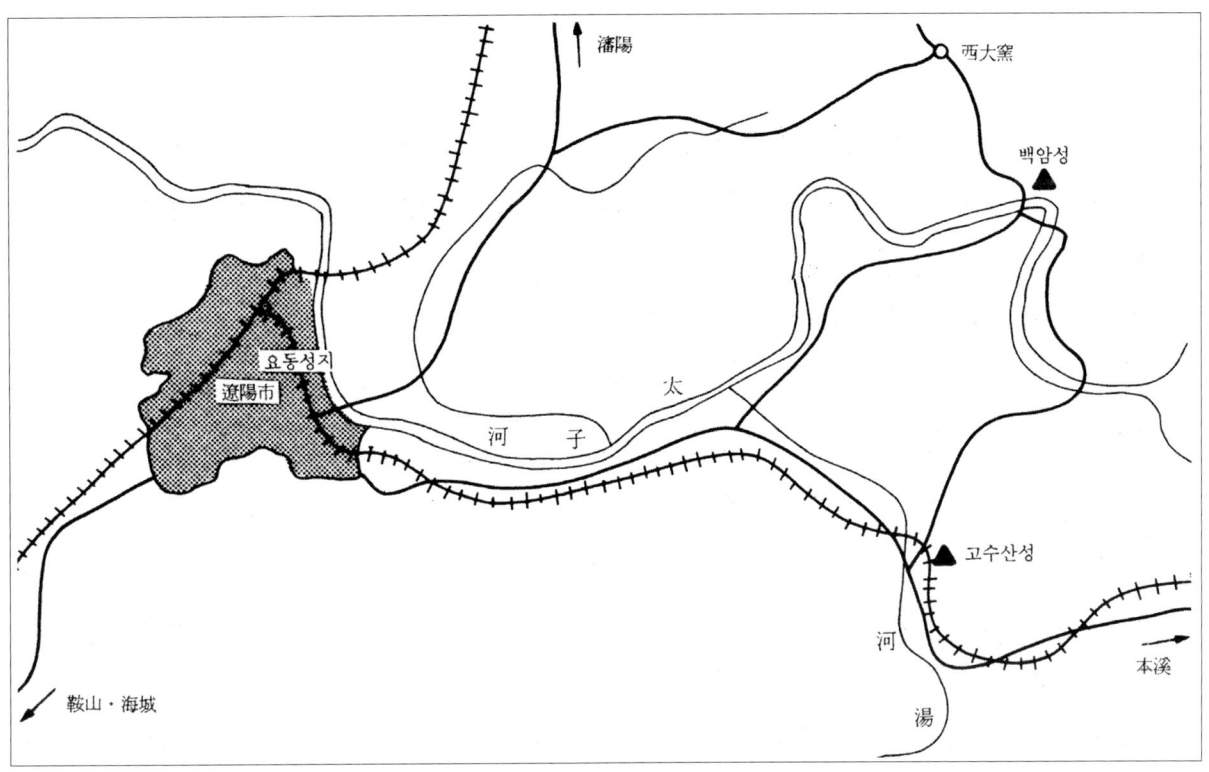

그림 2 백암성 위치도 2(여호규, 1999, 284쪽)

2) 자연환경

○ 산성 동쪽으로는 천산산맥을 등지고 있고, 서부는 渾河·太子河·北沙河의 충적평원을 향하고 있음. 북쪽으로는 鏵子鎭과 가까움. 남부는 大靑山과 마주하고 있고, 두 산 사이로 太子河가 흐름.

○ 성 안의 중심은 남문의 내부 분지임. 1944년 조사 때는 계단 형태로 농가가 집락을 이루고 있었다고 함(三上次男, 1990).

○ 산성에서 가장 높은 지점은 동남 모서리인데, 주위를 둘러보면, 동·남·서 세 면을 선명하게 볼 수 있음.

○ 산성 아래 해발 48m 지점에 도랑이 있었다고 함(李鴻業, 1999).

그림 3 백암성 주변 지형도(滿洲國 10만분의 1 지형도)

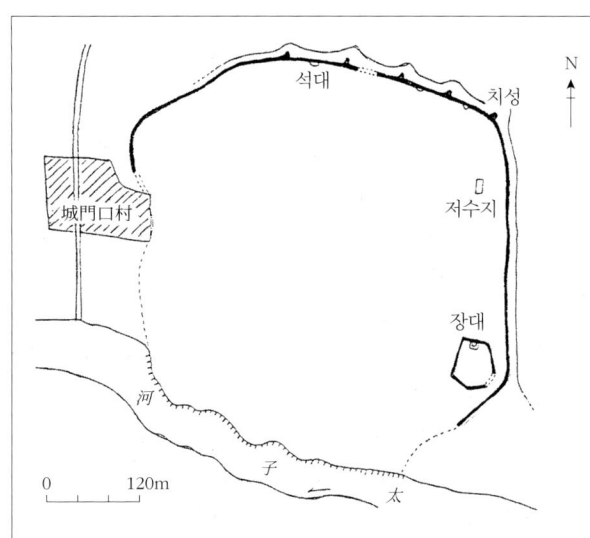

그림 4 백암성 평면도 1(陳大爲, 1995a, 147쪽)

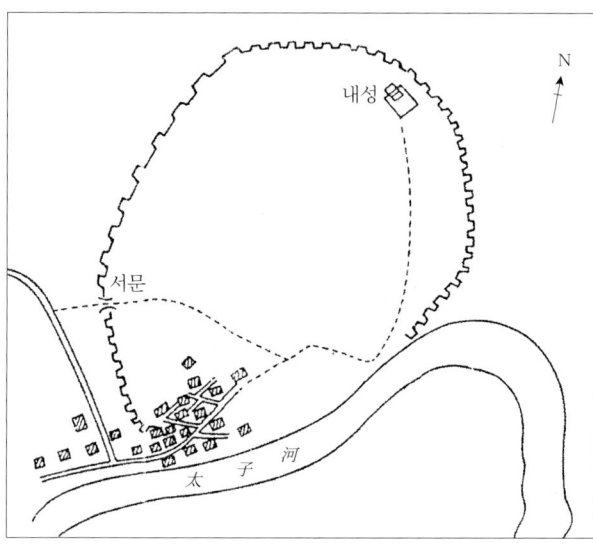

그림 5 백암성 평면도 2(三上次男, 1997, 115쪽)

그림 6 백암성 복원도
(李鴻業, 1999, 37쪽)

3. 성곽의 전체현황 (그림 4~그림 6)

○ 성의 명칭에 대해 국내에서는 白巖城으로 부르는 반면, 중국에서는 燕州城으로 통칭되고 있음. 唐이 점령한 이후에는 巖州城이라고 불림. 『盛京通志』에는 石城山, 『中國歷史地圖集』에는 石城子라고 부르고 있음.

○ 평면은 가지런하지 않은 圓角方形임.

○ 남북 직경 480m, 동서 너비 440~450m, 둘레 2.5km임(陳大爲, 1995a ; 李鴻業, 1999).[1]

○ 성벽, 성문, 치, 石臺, 장대, 성가퀴, 배수시설, 토루(土壘), 건물지, 봉화대, 수원시설 등이 남아 있음.

○ 유물로는 모래혼입 홍색 토기편, 돌어망추, 홍색 방격문 기와, 金·元시기의 瓷罍, 포문 기와편, 白釉褐花 瓷片, 圓柱形 陶窯具, 철제찰갑편 등이 출토됨.

4. 성벽과 성곽시설

1) 성벽

○ 성벽은 산허리에 축조함.

○ 성벽은 산세를 따라 산등성이 약간 바깥쪽에 축조함. 이를 통해 얻을 수 있는 이점을 살펴보면, 첫 번째, 산등성이에서 채석을 하여 성벽을 축조할 수 있으므로, 운반거리를 줄일 수 있음. 두 번째, 채석한 후의 산등성이가 성내의 평탄한 통로로 변하면서, 병력이 성을 따라 움직이는 데 유리함. 세 번째, 성벽 밖은 가팔라서 수비가 쉬운 반면, 성 안은 평탄해져서 방어도구 및 무기를 운반하기 편함(李鴻業, 1999).

○ 성벽을 돌로 축조함. 벽석은 모두 청회색의 水成巖[2]으로, 네모지고 정연하게 다듬었음.

○ 성돌의 크기에 대해서는 큰 돌 길이 1.8m, 너비 0.7m, 두께 0.4m, 일반적으로는 길이 0.29m, 너비 0.2m, 두께 0.15m라는 조사기록(陳大爲, 1995a), 외벽의 큰 석재 30×60×40cm, 작은 석재 20×35×25cm라는 조사기록(王綿厚, 2002) 등이 있음.

○ 내측 벽석은 대부분 판형태의 棱方形 돌임. 요동지역 산성 가운데 성벽이 가장 양호하게 남아 있음.

○ 성벽을 축조한 방법을 살펴보면 뾰족하게 다듬은 돌을 서로 맞물리게 쌓아 壁心을 축조하였고, 바깥쪽에는 정연하게 다듬은 돌로 벽면을 쌓았음. 돌이 서로 맞물려 결합해서 생긴 인장력(拉力)에 의존하면서 진흙

---

[1] 『盛京通志』와 陳大爲(1995a)는 4里라고 기록함.

[2] 林直樹(1994)는 기반층을 이루는 粘板巖을 이용했고, 성내에 채석 흔적이 남아 있다고 함. 李鴻業(1999)은 백회색의 석회암으로 기록함. 아울러 白巖山은 캄브리아기시기에 형성된 석회암으로 절리와 층리가 발달하여 條石에서 떼내 城磚으로 제작하기에 용이하다고 기록하고 있음.

이나 석회 등을 이용하지 않음(陳大爲, 1995a).[3] 현재 벽면은 아직도 정연하고 견고함. 석재의 장축방향은 성벽 방향과 수직을 이루며, 기다란 성돌의 단면이 성벽의 벽면을 이루기 때문에, 성벽면은 견고하고 쉽게 떨어지지 않음(李鴻業, 1999).

○ 동벽과 남벽은 모두 안쪽이 낮고 바깥쪽이 높음. 내벽은 4~8층이고, 높이는 0.8~3m임(王綿厚, 2002).[4] 외벽은 17~20층이고, 높이 5.5m, 정상부 너비 2.35m임(陳大爲, 1995a).

○ 성 기단부의 견고성은 축성자가 중시한 부분임. 먼저 성벽 기단부는 기반암과 접하도록 하였는데, 기단석의 하단 모양은 지반의 곡선과 일치하고 있음. 기단부 위에 성벽을 쌓을 때, 성돌은 수평을 유지하면서 약간씩 뒤로 물려 기단부와 예각을 이루도록 함(그림 7-A).

(1) 동벽

○ 동벽은 동남 모서리를 기준으로 두 부분으로 나누어짐. 동남 모서리에서부터 서남쪽으로 뻗어진 성벽은 서남쪽으로 갈수록 산세를 따라 점차 낮아짐. 이 성벽에서 약 170m 가면 태자하 절벽에 이르게 됨. 동남 모서리에서 북쪽으로 300m 지점까지 이어진 성벽은 비교적 곧게 축조되어 있음.

○ 동벽은 견고하게 축조했지만, 치가 축조되어 있지 않고, 높이·너비 모두 서북벽에 비해 떨어진다고 할 수 있음. 아마도 절벽이 있어 적이 쳐들어 왔을 때 그 위험이 적기 때문이라고 추정됨(三上次男, 1990).

○ 축성자들은 성벽에서 떨어지는 빗물이 성벽 아래의 토양을 침식하여 성벽이 붕괴되는 것을 방지하고자 하였음. 동벽 외벽 하단부에 물이 흘러나갈 수 있는 石槽

---

3 반면 李鴻業(1999)은 돌 사이에 하얀 石灰가 가득 차 있다고 하면서, 이는 明代에 중수한 山海關과 다르다고 파악함. 또한 안에 가는 모래가 첨가되어 있지 않았다고 기록함.

4 높이가 0.8~1.9m라는 기록이 있음(陳大爲, 1995a).

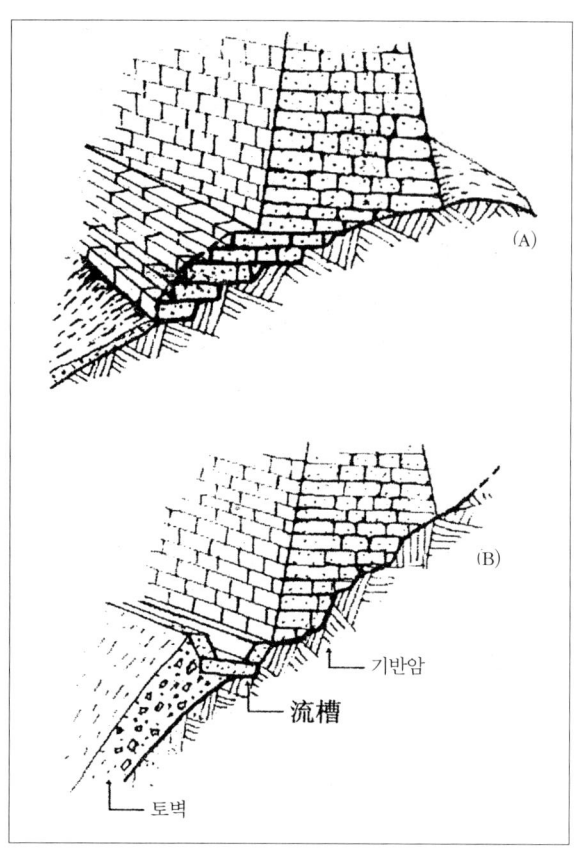

그림 7 백암성 기초공정(李鴻業, 1999, 37쪽)

를 조성함(그림 7-B). 이렇게 石槽를 조성함으로써 성벽 기저부의 흙이나 돌이 유실되어 기단부 아래에 틈이 조성되는 것을 방지됨(李鴻業, 1999).

(2) 남벽

남면은 태자하의 가파른 절벽(길이 300~400m)을 천연성벽으로 삼고 성벽을 축조하지 않음.

(3) 서벽

○ 서벽은 완만한 구릉과 연결되어 있음.
○ 서벽 북단에 성벽 기단부가 남아 있음.
○ 서벽은 완만한 구릉과 연결되는 낮은 지대이기 때문에 높은 성벽을 구축하였는데, 높이는 10m, 아랫너비는 8m, 너비는 4m임(李鴻業, 1999).

그림 8 백암성 북벽 정면도(南秀雄, 1996)

(4) 북벽(그림 8)

○ 평면은 바깥쪽으로 휜 활 모양임.

○ 북벽은 경사진 산비탈을 따라 내려오면서 축조했는데, 길이는 약 500m임.

○ 지세가 비교적 평탄하기 때문에 성벽축조방법이 동벽과 같지 않은데, 안쪽으로는 산등성이가 위치해 있고, 바깥에 성벽을 축조함.

○ 외벽 규모 : 높이 7m, 쌓은 돌 30∼40층(王綿厚, 2002) ; 높이 7.8m, 쌓은 돌 35∼37층(陳大爲, 1995a).

○ 내벽 규모 : 높이 5m, 정상부 너비 4m(王綿厚, 2002) ; 높이 5.3m, 정상부 너비 4.4m(陳大爲, 1995a).

○ 기단부에는 계단식 기단부(階梯墻基)가 축조되어 있는데, 대략 3∼9층 정도 퇴물림쌓기를 하였음(여호규, 1999). 側角이 남아 있고, 성벽이 돌아가는 부분(轉角)은 모두 둥그스름하게 다듬었음.

○ 동북쪽을 바라보면, 눈앞의 저지대가 완만한 경사를 이루면서 점점 높아지다가, 결국은 성벽과 닿음. 이 부분은 성에서 가장 방비가 약한 측면이기 때문에 거대하고 견고한 성벽을 축조했을 것으로 추정됨. 백암성이 당군의 공격을 받았을 때 李勣이 서남의 남문을 공격했고, 태종이 서북면을 공격했던 것은 당연하다고 할 수 있음(三上次男, 1990).

(5) 동남 모서리 內城

○ 산성에서 제일 높은 지점인 동남 모서리에 방형에 가까운 內城이 있음.

○ 내성은 남북 길이 45m, 동서 너비 35m임. 높이에 대해서는 1.7∼2.7m(陳大爲, 1995a), 1∼3m(王綿厚, 2002), 6m(李鴻業, 1999) 등의 조사기록이 있음. 쌓은 층은 10∼18층, 정상부 너비는 2.7∼3m임.[5]

○ 내성 북벽과 성곽 전체의 북벽은 서로 평행하게 위치해 있는데, 두 성벽 간의 간격은 약 10m임.

2) 성문

(1) 서남문

① 2009년 이전의 조사 내용

○ 남쪽 절벽이 서쪽으로 점차 기울어져 강 연안과 비슷하게 낮아진 곳에 서남문이 있는데, 성문으로 추정됨(林直樹, 1994 ; 李鴻業, 1999).

○ 1944년 조사 때에는 농가가 계단형으로 밀집해 있었기 때문에 문의 흔적을 찾을 수 없었다고 함(三上次男, 1990).

○ 山水가 아래로 흘러가는 배수구이기도 함.

② 2010년도 발굴조사 내용

○ 문지는 길이 7.6m, 너비 5m, 남은 높이 0.4∼2.8m, 방향은 305°임.

○ 문길 노면은 심하게 파괴되어 문길 남측 너비 약 2m의 범위만 남아 있음.

○ 남, 북, 동 세 변에서 기다란 홈(溝槽)이 발견되었고, 홈 안에는 목탄 흔적이 있음. 서단에서는 홈이 발견되지 않지만, 남북방향으로 분포한 목탄 흔적을 볼 수 있음.

○ 문길 남측 노면 위에서는 돗자리 형태의 編製物이

---

[5] 李鴻業(1999)은 2m라고 기록함.

발견됨.
○ 문지 중부에서 서쪽으로 치우친 지점의 돌 위에 원형의 작은 구덩이 세 개가 있는데, 문지도리(門樞)가 있었던 곳으로 볼 수 있음. 문지 양측 성벽 근처에 있는 구덩이는 간격이 4.1m이고, 서로 마주하고 있음. 나머지 한 구덩이는 문지 중부에서 남쪽으로 치우친 지점에 있는데, 동쪽으로 0.8m 정도 이동한 것으로 보임. 남측 두 곳 구덩이 부근에서는 문못이 질서 있게 출토되었음. 남벽 밑에서 출토된 문못은 비교적 긴데, 길이는 약 25cm이고, 편이 덧붙여지지 않았음. 문길 중부에서 남쪽으로 치우진 지점에 있는 원형 구덩이 부근에서 출토된 철제못은 비교적 짧은데, 길이가 16cm이고, 편이 덧붙여져 있음. 출토 당시 장방형으로 분포하고 있었음. 문길에 크기가 다른 두 유형의 문이 있었다고 볼 수 있음.
○ 문지 양벽 표면에 크기가 다른 석판 10개가 있음. 면적은 0.22~0.72m², 두께는 0.08~0.12m임.
○ 문지 서북 모서리와 동남 모서리에서는 강자갈을 대량으로 사용한 흔적이 있음. 문지의 서남 모서리에는 낮은 벽을 축조하였음.
○ 유물은 문길 남측의 너비 2m 범위 안에서 집중적으로 출토되고 있는데, 모두 철기임. 성문과 관련 있는 철제못을 제외하면, 주로 무기와 甲騎裝具임. 형태가 다른 창 20여 점, 화살촉 약 100점, 칼(刀) 3점, 철제 갑옷 1세트, 등자 1점, 馬面簾 1점, 괭이 2점, 문지도리 1점 등이 출토됨. 갑옷과 화살촉이 가장 많이 출토되었는데, 모두 세트로 출토됨. 화살촉은 鏟形, 矛形, 뱀머리 모양 등 다양한 유형이 있는데, 方頭鏟形이 가장 많음. 이 이외에 乾元重寶 한 점이 출토되었음.

③ 2011년도 발굴조사 내용
○ 방향은 300°인데, 문길, 옹성, 배수구 등으로 구성됨.
○ 옹성은 반폐쇄구조로, 문구멍(門洞) 없이 문지 남측의 9호 치와 북측의 서북쪽으로 굽어져 뻗어 있는 성벽을 이용. 동서 길이 6m, 남북 너비 17m, 남은 높이 3m임.
○ 문길은 심하게 파괴됨. 평면은 장방형이고, 동서 길이 7.2m, 남북 너비 4.7m, 남은 높이 3m 정도임. 문길 노면은 동쪽이 높고 서쪽이 낮음. 노면에는 당시 깔았던 돌이 남아 있음.
○ 석판 위에는 성문에 놓았던 문확돌(石臼窩)이 남아있음. 문확돌은 문길 입구 부근 양측의 문지방(地栿)이 있었던 홈의 안쪽에 위치함. 문확돌 중간에 철이 부식된 흔적이 있는데, 원래는 철로 제작한 문지도리를 놓았던 것으로 추정됨.
○ 문길의 남벽 아래에는 기다란 홈이 있는데, 서쪽에서 동쪽으로 갈수록 깊어짐. 너비는 40cm임. 바닥에는 돌이 깔려 있음. 홈의 동단에는 가장자리를 돌로 쌓은 흔적이 남아 있음. 문길 북벽 아래는 파괴가 심하여 홈을 볼 수 없음. 다만 벽 아래에 돌 1열을 볼 수 있음. 구조와 용도는 남측과 같음. 홈에서는 많은 양의 목탄을 볼 수 있는데, 나무로 만든 문지방(地栿)이 있던 곳으로 바닥에 돌을 깔아 문지방을 받쳐 가라앉는 것을 방지했음.
○ 문길 양측의 벽면에 문기둥을 세웠는데, 지면에서 위쪽을 향해 두께가 10cm 정도로 크기가 다른 방형이나 장방형의 석판을 벽면의 표면에 붙여 벽면에 끼운 기둥을 눌러 탈락을 방지함.
○ 문길에는 소량의 기와편이 산포하고 있고, 기타 유물은 보이지 않음.

(2) 서(북)문
서벽 북단에 있었던 것으로 보이나(三上次男, 1990), 자세히 알려진 바는 없음.

(3) 동북문
2010년 발굴조사 때, 동벽 북단의 1호 치 근처에서 문지가 발견되었다고 함(遼寧省文物考古硏究所 홈페이지).

(4) 요·금시기 문

○ 2009년에 조사했다고 하는데, 어느 문을 지칭하는지 명확하지 않음.

○ 요·금시기의 문지로, 고구려 성벽 일부분을 개축한 것임.

○ 북측 서단에 門垛가 있고, 너비 3.1m, 길이 2m임.

○ 문지는 동서 길이 9m, 남북 너비 3m, 문기둥을 세웠던 벽면(門洞壁)의 남은 높이 0.5~1.5m임.

○ 문길 양측에는 土襯石이 있고, 土襯石에는 목탄 흔적이 남아 있음.

○ 문길의 남측 동단에는 성벽으로 통하는 회곽도가 있는데, 3층(階)이 남아 있음.

3) 치

(1) 북벽 동단의 치(그림 9)

○ 북벽 동단, 즉 동북 모서리에서 서쪽으로 250~260m 범위 안에 약 70m 간격으로 치 5개[6]가 있음. 다만 가장 서쪽의 1호 치는 없어졌고, 4개만 남아 있음.

○ 4개의 치 가운데 서쪽으로 1~2호 치는 원각방형이라는 고구려시기의 원래 모습을 간직하고 있음. 반면 3~5호 치는 기단부만 고구려시기의 굽도리양식을 간직하고 있고, 상단부는 후대에 개축되면서 모서리가 직각으로 각이 져 있음(여호규, 1999).

○ 치의 규모에 대해서는 다음과 같은 다양한 조사 기록이 있음. 길이 8.4m, 너비 5.2m, 높이 7.2~7.8m, 쌓은 돌 33~37층(陳大爲, 1995a) ; 길이 8.4m, 너비 5.2m, 높이 7~8m, 쌓은 돌 33~38층(王綿厚, 2002) ; 길이 5.3m, 너비 5m(東潮·田中俊明, 1995) ; 길이 6m, 너비 6m(馮永謙, 1997). 1944년 조사 때는 서쪽에서부터 세 번째 치는 길이 5.3m, 너비 5.06m이었다

---

[6] 林直樹(1994)는 9개가 있다고 기록함.

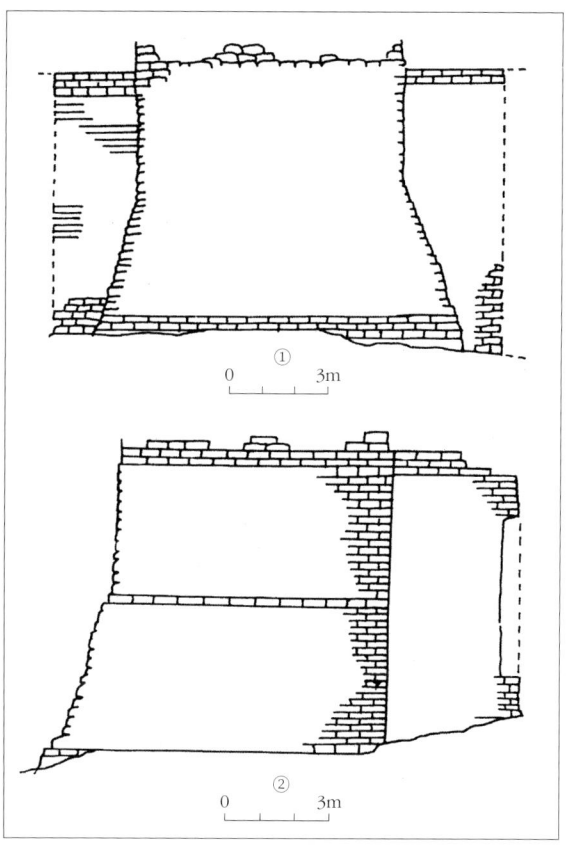

그림 9 백암성 치의 정면도(①)와 측면도(②)(陳大爲, 1995a, 148쪽)

고 함. 치는 60×31cm 크기의 성돌을 수직으로 규칙적으로 쌓아 올렸음.

○ 치 아랫부분은 계단 형태로 전방을 향해 튀어나오게 하여 基底를 보강하는 퇴물림쌓기로 구축하였음. 또한 모서리를 둥글게 조정하는 굽도리 양식이 채용됨. 이러한 축조방법은 平壤 長安城(林直樹, 1994), 瀋陽 石臺子山城(여호규, 1999)에서도 공통적으로 보임.

○ 치의 하단부를 보면 안쪽에 두꺼운 성돌로 1단을 축조할 때, 바깥쪽에는 약간 납작한 돌로 2단을 축조한 모습을 볼 수 있음. 이렇게 12~13층 정도를 쌓아 올렸는데, 대체로 장력을 분산하여 성벽의 붕괴를 예방하려는 축성법으로 추정됨(여호규, 1999).

○ 치가 있는 구간이 평지에 있고 성벽의 높이를 볼 때, 방어용을 제외하고, 성벽 안의 石臺와 함께 성벽을 더욱 견고하게 하는 기능도 있었던 것으로 추정됨.

(2) 서북벽의 치

① 2010년도 발굴조사 내용
○ 성의 서측에서 5개의 치를 새롭게 발견. 기존의 북벽 4개를 합치면 모두 9개가 있는 것임. 새롭게 발견된 치를 5, 6, 7, 8, 9호라고 편호함.
○ 9개의 치는 두 유형으로 나눌 수 있음. 한 유형은 길이 10m, 너비 8m의 縱長型이고, 다른 한 유형은 너비 8m, 너비 5m의 橫寬型임. 동벽과 북벽이 돌아가는 곳의 1호, 북벽과 서북벽이 돌아가는 곳의 5호가 縱長型이고, 나머지는 橫寬形임.
○ 북벽의 치 간격은 55~61m임. 서북벽의 치 간격은 38~42m임.
○ 6, 7, 8호를 제외한 나머지 치는 개축한 흔적이 있는데, 개축할 때 백회를 접착제로 사용함.
○ 치 부근에서 많은 화살촉이 출토되었는데, 형태는 비교적 유사함. 주로 촉두가 끌모양인 것이 많이 출토됨. 또한 철제삽, 철제괭이 등의 공구와 백회알갱이도 출토됨.

② 2011년도 발굴조사 내용
8호 치의 평면은 장방형임. 길이 10m, 너비 8m, 남은 높이 1~2m임. 쐐기형돌로 立面을 쌓았고, 중간에는 돌로 메웠음. 서남 모서리는 파괴됨.

4) 石臺
○ 치가 있는 성벽 내면에는 두 개의 치 사이로 石臺가 3개 축조되어 있음.[7]
○ 石臺는 동서 길이 2~8m, 남북 너비 3~4m임. 높이는 2~4m로 성벽보다 1m 정도 낮음.

5) 장대(點將臺)
○ 성 안에서 가장 높은 동남 모서리에는 돌로 축조된 方臺가 있는데, 장대라고 불리고 있음. 장대는 내성으로 둘러싸여 있음.
○ 장대에 올라가면, 성 전체와 성 밖 주변을 볼 수 있음.
○ 장대는 남북 길이 8m, 동서 너비 7.4m임. 높이는 4.3~5.7m임(東潮·田中俊明, 1995 ; 陳大爲, 1995a).[8]
○ 장대는 석벽이 조잡하다는 점에서 성벽 축조방법과 다른데, 산성보다 늦게 축조된 것으로 추정됨(陳大爲, 1995a). 그렇다 하더라도 고구려시기에도 활용되었을 것임.
○ 『遼陽縣志』에는 이곳이 장대로는 부적합하다고 하면서, 그 이유로 臺 아래쪽의 산비탈 각이 20°에 달해서 사병 조련에 불리하기 때문이라고 적고 있음. 한편 이 곳을 봉화대로 보는 견해가 있음. 그러면서 내성 내부는 臺를 수비하는 병사의 兵舍이고 불을 피우는 재료가 있던 곳으로 추정함. 아울러 方臺와 그 아래에 있는 내성에 출입구와 계단이 없는 점을 주목하여 병사들의 출입이 사다리를 통해 이루어졌을 것으로 추정함. 그리고 사다리는 위로 올라간 후 수거할 수 있기 때문에 성이 점령당해 적군이 내성까지 진입하더라도 봉화대에 접근할 방법이 없었을 것이라고 하면서, 이러한 방어시설이 萬里長城의 山海關에서 볼 수 있다고 주장하기도 함(李鴻業, 1999).[9]

6) 성가퀴
○ 북벽 정상부에는 외벽 안쪽으로 성가퀴가 있음.
○ 너비 : 0.8~0.85m(陳大爲, 1995a) ; 0.8~2m(王綿厚, 2002). 일부는 0.2~0.3m의 높이를 갖추고 있음.
○ 일부 돌 틈에서는 백회를 볼 수 있음.

---

7 王綿厚(2002)는 5개가 축조되어 있다고 기록함.

8 4~5m라는 기록이 있음(王綿厚, 2002).
9 三上次男(1990)도 봉화대로 보고 있음.

7) 배수시설

(1) 2009년 이전의 조사내용
○ 서남문이 배수구의 역할을 담당함.
○ 동벽 남단 기단에는 너비 0.66m, 높이 0.22m의 장방형 구멍이 있는데, 배수시설로 추정됨. 이러한 시설은 丹東 虎山山城 남문터에서도 볼 수 있음.

(2) 2010년도 발굴조사 내용
서문지 바깥에 고구려시기에 축조된 배수구가 있음. 배수구 벽은 돌로 쌓았고, 위는 석판으로 덮었음. 너비 0.75m, 깊이 0.8m, 남은 길이 약 10m임. 위를 덮은 석판은 크기가 다르고 두께는 0.1~0.2m임.

(3) 2011년도 발굴조사 내용
배수구는 1호 문지(서남문) 중간을 통과하고 양단으로 뻗어나가는데, 30m가 확인됨. 배수구 바닥에는 석판이 깔려 있고, 돌로 벽을 구축함. 상부의 덮개석은 큰 것은 두께 0.6m, 길이 2.63m임. 배수구 윗부분은 서쪽에서 동쪽으로 갈수록 높아지고, 문길 입구 및 문길 노면과 연접함. 다만 문길 바깥의 노면보다 높음. 옹성 안쪽 구간의 덮개석이 옹성 바깥의 덮개석보다 두꺼운데, 이는 방어의 강화를 위해서임.

(4) 2012년도 발굴조사 내용
8호 치의 남면 약 20m 지점에 있는 배수구는 성벽 아랫부분을 통과함. 입수구는 나팔형임. 아랫부분에는 석판이 깔려 있고, 윗부분에는 판석을 세웠음. 입수구 반대편에 있는 출수구는 비교적 작음. 아랫부분에는 판석이 깔려 있고, 윗부분은 노출되어 있음. 배수구와 성벽이 하나로 되어 있다는 점에서 동일 시기에 축조된 것이라고 볼 수 있음.

8) 토루(土脊)
○ 성 동남벽 바깥에 동남-서북 방향의 토루(土脊) 한 줄기가 있음.
○ 높이는 1m, 너비는 2~3m임.
○ 토루 남쪽에는 그리 길지 않은 溝口가 있고, 아래는 太子河이며, 그 동쪽 산등성이 아래 비탈은 완만함.
○ 토루는 산성에서 가장 높은 지점에 속하는 바깥을 방어하거나, 산성 안 取水 통로를 통제하는 시설로 추정됨.

9) 회곽도와 계단

(1) 2009년 이전의 조사 내용
서변-북변 안쪽을 따라 주위보다 얕은 너비 5~6m의 길이 있는데, 회곽도로 추정됨.

(2) 2010년도 발굴조사 내용
○ 5호와 6호 치 사이의 성벽 내측에 회곽도가 있는데, 성벽을 따라 축조하였음. 길이 17.8m, 너비 4.7m, 남은 높이 2.9m임.
○ 북단에 계단이 있음.

(3) 2012년도 발굴조사 내용
○ 회곽도 4개는 성벽과 동시에 축조된 것으로 고구려 시기 유구임.
○ 회곽도는 서벽 내측에 있는데, 성벽 외측의 치와 마주하고 있음.
○ 회곽도의 구조와 형태는 기본적으로 동일함. 돌로 축조하였고, 길이는 20m, 너비는 4m, 남은 높이는 2m임.
○ 회곽도는 경사져 있고, 경사면은 계단 형태를 띰. 계단은 비교적 좁고 밀집.

5. 성내시설과 유적

1) 건물지

(1) 2009년 이전의 조사 내용
○ 성내 가운데에서 남쪽으로 치우친 지점에서 고구려시기 홍색 방격문 기와가 대량으로 출토되었는데, 건물지로 추정됨.
○ 동·북·서변 내부 경사진 면에 계단 형태의 대지가 있음. 산성에 계단형 대지가 남아 있다는 것은 건물지가 있었다고 볼 수 있음. 다만 채토와 채석 등은 매우 적고, 돌로 쌓은 건물기초는 보이지 않음. 이로 볼 때, 건물지 대부분은 간단한 오두막집(茅草木房)이었던 것으로 추정됨(李鴻業, 1999).
○ 서문 입구 근처 높은 대지에서 기와편이 발견됨. 이곳에는 당시 장군의 처소가 있었던 것으로 추정됨(李鴻業, 1999).

(2) 2012년도 발굴조사 내용
주거지(房址) 3기가 확인됨. 돌로 쌓았고 온돌이 남아 있음. 구조는 명확하지 않음. 출토된 유물로 볼 때 요·금시기에 축조된 것으로 추정됨.

(3) 2013년도 발굴조사 내용
○ 9개의 주거지(房址)를 확인.
○ 9개 가운데 F1, F8은 고구려시기에 축조된 것임. F1은 基巖 위에 있음. 동측은 基巖을 이용함. 북측에는 돌로 쌓은 담(石墻)이 있고, 담 안에는 기둥구멍이 있음. 서측은 F8에 의해 파괴됨. 주거지 안에는 온돌이 있음. F8에는 남북 방향의 고래(烟道) 2줄기가 남아 있음. 출토된 유물은 泥質의 민무늬 홍색 토기가 주를 이룸.
○ 요·금시기의 주거지(房址)는 7곳인데, 그 가운데 F6이 보존상태가 제일 양호함. F6은 반지하식임. 평면은 원각장방형임. 동서 길이 4.2m, 남북 너비 2.6m, 깊이 0.15~0.64m임. 담(墻体)은 돌, 기와편, 벽돌 등으로 축조하였고, 밖으로 경사져 있음. 基巖 위에 축조함. 문은 주거지 남측에 있음. 주거지 안 북부에 온돌(火炕)이 있는데, 길이 2.2m, 너비 1.7~2.26m, 높이 0.41m임. 온돌은 동서 방향의 고래(烟道) 4줄기로 조성되어 있음. 각 구들에 세워진 돌이 칸을 나누고 있고, 격담(隔墻) 동서에는 0.28~0.5m의 豁口가 있음. 일부 구들의 豁口 바닥에는 석판 한 개가 깔려 있는데, 연기가 용이하게 나가도록 함. 炕面에는 커다란 석판이 깔려 있음. 북측의 炕面은 보존이 비교적 양호하고, 남측의 炕面 석판은 파괴됨. 아궁이는 炕 남측에서 동쪽으로 치우친 지점에 위치함. 작은 돌을 쌓아서 조성함. 아궁이 입구는 서남측에 위치함. 아궁이 윗부분은 얇은 석판이 덮고 있음. 굴뚝은 주거지에 위치함. 炕과 굴뚝 사이에는 커다란 얇은 석판이 세워져 있음.
○ 명·청대의 石城鳳安保國寺址가 발견되었음.

2) 저수지
○ 성 안 동벽 북단에 움푹 패인 장방형의 구덩이가 있는데, 저수지로 알려져 있음.
○ 규모 : 남북 길이 7.5m, 동서 너비 6~7m, 깊이 0.8~1m(陳大爲, 1995a) ; 남북 길이 7m, 동서 너비 6m, 깊이 1m(王綿厚, 2002) ; 남북 길이 10m, 동서 너비 7m, 깊이 2m(林直樹, 1994).
○ 주위 벽은 모두 자연석으로 쌓았는데, 산돌은 가공됨.
○ 산성 내 수원시설 가운데 하나로, 자연암석 위를 판 것임.

3) 수원시설
남벽에 태자하로 내려갈 수 있는 小路가 있었다고 함. 李文信에 의하면 절벽 사이에서 平臺와 柱洞이 발견되었다고 함. 이로 볼 때, 원래는 棧道式 난간이 있었다고 추정되는데, 강물을 길러와 수원으로 삼았다는 증거로 볼 수 있음(陳大爲, 1995a).

4) 고분
2012년 발굴 당시 고분 4기가 확인됨. 墓坑은 암석을 직접 굴착하여 조성함. 모두 叢葬임. 墓壙은 길이 2m, 너비 1m, 깊이 0.5m임. 수장품은 보이지 않음. 다만 장식품이 발견되었는데, 금실이 달린 귀고리장식, 동제단추장식, 동제팔찌, 동제고리, 貝幣, 대롱모양의 돌구슬(石珠), 五銖錢 등이 있음. 시대는 전한 후기–후한 초기로 추정됨.

6. 출토유물

1) 2009년 이전의 출토유물
○ 신석기시대의 유물로는 모래혼입 홍색토기편, 돌어망추 등이 출토됨.
○ 고구려의 유물로는 홍색 방격문 기와편이 출토됨. 서벽에 접해 있고 남면이 내려다보이는 고지 한쪽 면에 고구려 기와편이 흩어져 있었다고 함(三上次男, 1990). 또 다른 기와는 곡률이 작고, 두께는 12mm로 얇으며, 니질로 제작되었고, 배면에 승문이 있음(李鴻業, 1999). 고구려 淵蓋蘇文의 누이 淵蓋蘇眞이 심었다는 韭菜가 전해지고 있음.
○ 1993년 5월 조사 당시 촌내 뜰 앞에서 문둔테석을 발견하였는데, 주민들에 의하면 저택부지 내 채소밭에서 출토되었다고 함. 화강암으로 만들어졌고, 폭은 70cm, 높이는 50cm임. 그리고 직경 35cm, 깊이 27cm의 포물선 모양의 단면을 드러내고 있는 구멍이 있음. 이러한 문둔테석은 海城 英城子山城, 撫順 高爾山城, 集安 覇王朝山城, 吉林 龍潭山城과 발해유적인 敦化 敖東城 등에서도 출토된 바 있는데, 고구려와 발해에 걸친 문화 특색으로 추정됨(林直樹, 1994). 촌내에서 이와 비슷한 문둔테석을 볼 수 있음. 이 가운데 2개는 문둔테석 상면이 있는데, 후세의 것으로 추정됨(林直樹, 1994).
○ 성 안 서측의 비교적 평탄한 황무지에 반원형의 石碑首가 출토됨. 위에는 雙龍戱珠花文이 새겨져 있었고, 비머리(碑額)에는 雙勾線으로 "石城風安保國寺碑" 8자가 새겨져 있음. 이로 볼 때, 성은 遼·金·元시기에도 이용되었고, 성 안에 石城風安保國寺가 건립되었음을 알 수 있음. 이와 관련하여 요·금에 속하는 기와편과 자기편 등도 출토되고 있음. 그 가운데 완(碗)은 황색 유약이 발라져 있는데, 바닥 직경 8cm, 구경 20cm임. 안쪽 바닥은 유약이 발려져 있지 않고, 불에 그을린 흔적이 있음(李鴻業, 1999).
○ 산 정상부, 성 안측 길 근처에 길이 6m, 너비 4m, 깊이 1m의 돌로 만들어진 네모난 통(槽)이 있는데, 물을 저장한 것으로 추정됨(李鴻業, 1999).

2) 2009년 이후 출토유물
○ 2009년 발굴 당시 고구려시기의 석각이 출토되었는데, 명문은 "…… (在) …… 庚申太兄孟 …… (下) 部大兄 ……"으로 추정됨.
○ 석각 이외에도 2009년에는 泥質의 홍색 연화문 와당, 홍갈색의 승문·석문 수키와 및 암키와가 출토됨. 요·금시기의 유물도 출토되었는데, 토기, 자기, 포문회색 기와, 瓷偶, 적은 양의 수면문 와당 등이 있음. 청동기로는 요·금시기의 화폐 이외에 화판형 잔받침대(盞蓋盞托) 1점, 물고기 두 마리가 있는 거울, 철기로는 화살촉, 못(釘), 허리띠고리(帶扣), 석기로는 보살머리상, 골기로는 각종 형태의 비녀(簪), 덧바퀴(算), 글자가 새겨진 기물 등이 출토됨.
○ 2010년 발굴 당시 수면문 와당과 연화문 와당이 출토됨.
○ 2011년 발굴 당시 고구려, 요·금시기의 유물 300여 점이 출토됨. 그 가운데 고구려시기의 암키와와 수키와가 많은데, 복원이 가능한 것은 비교적 적음. 출

토된 연화문 와당은 직경 15.3cm, 전체 길이 45.5cm 임. 수키와는 끝에 원형의 丁孔이 있고 瓦舌은 없음. 자기로는 완(碗), 설(碟) 등, 토기로는 호(罐), 분(盆), 옹(瓮等) 등이 출토됨. 철기로는 주로 화살촉이 출토되었고, 생산공구도 보임. 청동기는 화폐가 주를 이루는데, 수·당부터 요·금시기의 화폐가 모두 확인됨. 그 가운데에서 송대 화폐가 주를 이룸. 출토된 석각은 남은 길이 24cm, 너비 23cm, 두께 6cm임. 글자는 楷書임. 界格이 있는데, 길이 4cm, 너비 3.5cm임.

○ 2013년 발굴 당시 출토된 금대 유물은 자기가 주를 이룸. 가장 많이 출토된 백자는 태질이 비교적 굵음. 홍색과 짙은 회색의 胎가 대다수임. 들린 굽(圈足)을 갖추고 있고, 바닥 안쪽에는 대부분 유약이 칠해져 있거나(澁圈) 뭉쳐진 흔적이 있음. 완(碗), 반(盤), 호(罐), 잔(盞) 등이 있음. 출토된 철기는 못(釘)이 대다수이고, 화살촉, 찰갑편, 창(矛), 코뚜레(穿鼻), 칼(刀), 침(針), 가위(剪刀) 등도 있음. 토기로는 泥質의 회색과 황갈색 토기편이 출토되었음. 대부분 무늬가 없고, 일부 선문(弦文)이 있음. 골기로는 비녀(簪), 빗(篦) 등이 출토되었음. 북송시기에 제작된 동전이 집중적으로 출토되었음.

7. 역사적 성격

1) 역사지리 비정과 축조 시기

백암성은 현재 중국에서는 연주성으로 불리는데, 20세기 전반 이래 대부분의 연구자들이 흰색의 바위산에 위치했고 성돌도 흰색이라는 것을 근거로 고구려의 白巖城으로 비정하고 있음.[10] 문헌자료상 547년(陽原王 3년) 新城을 보수할 때 白巖城을 개축했다고 하며, 551년에는 突厥이 白巖城을 공략했다고 함. 613년에는 隋의 斛斯政이 栢崖城 곧 白巖城으로 피신하여 고구려로 망명했고, 645년 당 태종의 고구려 원정시에는 城主 孫代音의 투항으로 일시적이지만 唐의 '巖州'가 설치되었다고 함.

이러한 문헌기록으로 보아 白巖城은 개축 시점인 547년 이전에 이미 축조되었던 것으로 추정됨(孫進己·馮永謙, 1989). 이에 고구려가 5세기에 요동지역을 점령하면서 백암성을 축조했을 것으로 파악함. 三上次男(1990)은 백암성의 축조연대는 고구려 중기에 요동을 확보한 이후일 것이라며, 長壽王 24년 北燕이 北魏에 의해 멸망하고 북연왕 馮氏가 고구려에 투항하면서 요동은 자연스럽게 고구려에 넘어 갔을 것이고, 이때 요동평원에서 도성인 국내성(集安)으로 통하는 要路인 太子河 연안로의 요충지에 백암성을 축조했다고 추정했음. 그와 더불어 백암성 지역에 漢·魏·晋 시대부터 고구려에 대비하기 위한 어떤 시설이 있었을 가능성도 배제할 수 없다고 함.[11]

東潮·田中俊明(1995)은 고구려가 遼東郡治를 차지한 후 배후의 수비를 위해 백암성을 축성했다고 추정하며, 4세기 말이나 5세기 초에 축조했을 가능성이 높다고 보았음. 이에 대해 李鴻業(1999)은 백암성은 고구려가 요동성을 점령하기 이전에 축조한 성곽인데, 요동성을 점령한 이후로는 2차 방어선이 되었을 것으로

10　三上次男, 1990 ; 孫進己·馮永謙, 1989 ; 王綿厚, 1994·2002 ; 陳大爲, 1995a ; 東潮·田中俊明, 1995 ; 馮永謙, 1997 ; 여호규, 1999 ; 魏存成, 2002.

11　이와 관련하여 2012년에 전한 후기-후한 초기로 추정되는 고분이 발견된 사실에 유의할 필요가 있음. 다만 李鴻業(1999)은 다음과 같은 네 가지 이유를 들면서 고구려가 처음 축조했다고 추정했음. 첫 번째, 전략적인 측면에서 보면 고구려의 영토확장 때 이곳에 축성하면서 용이하게 영토를 방어할 수 있었음. 두 번째, 漢魏晋시기 고구려의 영토는 압록강 부근에 있어서 중국의 입장에서는 요동성 부근에 따로 哨所를 축조할 필요가 없었음. 세 번째, 漢人은 성을 축조할 때 백성들의 성내 거주를 고려하는데, 백암성은 군사와 백성이 격리되어 있음. 네 번째, 축성기술은 오랜 시간 동안 여러 민족 간에 관련 경험이 축적되는데, 백암성은 독특한 산성 풍격을 지니고 있음.

추정함. 즉 백암성은 隋나 唐의 100만 대군의 진격을 지연시키고 후방 지원군 및 군사의 정비를 할 수 있는 시간을 벌어주는 역할을 했다는 것임.

2) 지정학적 위상과 성곽의 성격

백암성의 전략적 위상은 7세기 전반 隋唐의 침공로를 통해 알 수 있음. 수나라 군대는 612년과 613년 모두 懷遠鎭 곧 台安 孫城子－鞍山 루트를 통해 요하를 건넌 다음, 요동성으로 향하였음. 그리고 수 양제의 주력군은 요동성을 공격하는 한편, 별동대를 편성하여 烏骨城과 鴨綠水를 거쳐 平壤城으로 진공하는 작전을 구사함. 한편 613년에도 수의 斛斯政이 백암성으로 피신하여 고구려로 망명한 사실을 보면, 수의 별동대는 요동성에서 백암성을 거쳐 오골성으로 진공하였다고 추정됨. 수의 별동대는 遼陽－本溪路로 진입해서 本溪－鳳城路를 통해 천산산맥을 넘은 다음, 압록강을 건너 평양성으로 나아감으로써 요동성에서 평양성으로 나아가는 최단코스를 선택하였다고 볼 수 있는데, 백암성은 이 코스의 진입로에 위치한 전략적 요충지임.

한편 고구려－당 전쟁 당시 李世勣이 이끌던 당군은 通定津에서 遼河를 渡河한 다음(新民 高臺山－瀋陽路), 玄菟城과 新城(撫順 高爾山城)을 공격하다가 여의치 않자, 蓋牟城을 공격하여 함락시킴. 이세적 군대는 大安 孫城子－鞍山루트를 통해 遼河를 渡河한 당 태종의 本隊와 합류하여 遼東城을 함락시킨 다음, 白巖城을 점령함. 그리고 당군은 安市城(海城 英城子山城) 공략에 나섰으나 실패함. 唐軍의 진군로는 요동평원－압록강 사이의 교통로와 거의 일치함.

요동평원에서 천산산맥을 넘어 압록강 일대로 향하는 교통로는 本溪－鳳城路(細河－草河路), 海城－岫巖路(沙鐵河－大洋河路), 蓋州－莊河路(大淸河－碧流河路) 등 세 루트가 있음. 이 가운데 가장 위쪽의 本溪－鳳城路는 瀋陽과 遼陽 두 방면에서 접근할 수 있음. 白巖城은 遼東城에서 시작되는 남쪽 진입로의 길목에 위치하였고, 瀋陽에서 시작되는 북쪽 진입로에는 瀋陽 塔山山城(蓋牟城)과 本溪 邊牛山城이 있음. 그리고 海城－岫巖路 입구에는 海城 英城子山城(安市城), 蓋州－莊河路 입구에는 蓋州 高麗城山城(建安城)이 위치하고 있음.

이렇듯, 고구려는 요동평원－압록강 교통로의 전략적 요충지에 성을 축조하여 물샐틈 없는 군사방어체계를 구축함. 이 때문에 645년 唐軍은 蓋牟城(塔山山城)에 이어 遼東城과 白巖城을 함락시키고 安市城을 공격하는 등, 요동평원－압록강의 진입로를 차례로 공략하는 전술을 구사함. 만약 唐軍이 각 성을 차례로 함락시키지 않고 곧바로 압록강 일대로 진격할 경우에는 보급로를 차단당하거나 배후에서 기습공격을 당할 위험이 있었기 때문임. 이처럼 白巖城은 本溪－鳳城路의 남쪽 진입로를 봉쇄하던 군사중진으로서 요동평원－압록강로에 구축된 입체적 군사방어체계를 구성함(여호규, 1999).

백암성은 둘레 2km 전후이고 성 내부에는 주거용 공간이 비교적 넓은 편임. 성벽 안쪽의 경사면에는 계단상 대지가 조성되어 있고, 城門口村이 자리잡은 곳에서는 건물 초석과 함께 고구려시기의 붉은색 기와편이 많이 발견되고 있음. 이로 보아 白巖城은 군사방어뿐 아니라 지방지배를 위한 거점성으로 기능하였다고 추정됨. 특히 645년 唐軍이 白巖城을 함락하고 남녀 1만 명 이상과 병사 2천4백 명을 노획하였다는 것은 이를 반영함. 다만 645년 唐軍이 遼東城을 함락한 다음 노획한 인구에 비해 규모가 적다는 점에서 요동성보다 한 등급 낮은 지방중심지로 추정됨(여호규, 1999).[12]

---

[12] 2009년도 발굴조사에서 발견된 "…… (在) …… 庚申太兄孟 …… (下)部大 ……"이라는 명문이 새겨진 石刻에는 '下部'라는 고구려 도성의 행정구역명과 함께 '大兄'이라는 고구려 관등명이 확인됨(蘇鵬力, 2010). 이는 백암성에 '大兄'이라는 관등을 가진 인물이 지방관으로 파견되었을 가능성을 시사하는데, 향후 추가 조사를 통해 석각의 전모가 확인되기를 기대함. 한편, 李鴻業

백암성은 고구려 멸망 이후 遼代에는 東京道 소속의 巖州(또는 燕州)였고,[13] 금·원 시기에는 東京의 石城縣에 속했으며, 원·명대에는 "石城"으로 개칭됨. 어느 시대나 그 지명에 '石'이나 '巖'이라는 글자가 포함되어 있는데, 흰 색의 성돌과 연계시켜 산성의 이름을 명명했기 때문임. 실제 백암성은 축성재료가 백회색의 석회암일 뿐만 아니라, 축성된 곳도 흰색 암석이 노출된 산 위에 자리잡고 있음.

참고문헌

- 鄭常雲, 1987,「燕州城初探」,『地名叢刊』1987-4.
- 陳大爲, 1988,「遼寧高句麗山城初探」,『中國考古學會第五次年會論文集』, 文物出版社.
- 孫進己·馮永謙, 1989,『東北歷史地理』, 黑龍江人民出版社.
- 孫力, 1994,「遼寧的高句麗山城及其意義」,『高句麗渤海研究集成』高句麗 卷(三), 哈爾濱出版社.
- 辛占山, 1994,「遼寧境內高句麗城址的考察」,『遼海文物學刊』1994-2.
- 王綿厚, 1994,「鴨綠江右岸高句麗山城研究」,『遼海文物學刊』1994-2.
- 林直樹, 1994,「中國東北部の高句麗山城」,『靑丘學術論集』5.
- 東潮·田中俊明, 1995,『高句麗の歷史と遺跡』, 中央公論社.
- 陳大爲, 1995a,「遼陽巖州城山城」,『遼海文物學刊』1995-1.
- 陳大爲, 1995b,「遼寧高句麗山城再探」,『北方文物』1995-3.
- 南秀雄, 1996,「石築城壁の構築方法」, 日本高句麗山城研究會 발표문.
- 三上次男, 1997,『高句麗と渤海』, 吉川弘文館.
- 馮永謙, 1997,「高句麗城址輯要」,『高句麗渤海研究集成』高句麗 卷3, 哈爾濱出版社.
- 여호규, 1999,『高句麗 城』Ⅱ, 國防軍史硏究所.
- 李鴻業, 1999,「遼寧省巖州古城考」,『博物館硏究』1999-3.
- 王綿厚, 2002,『高句麗古城硏究』, 文物出版社.
- 魏存成, 2002,『高句麗遺迹』, 文物出版社.
- 王禹浪·王宏北, 2007,『高句麗·渤海古城址硏究彙編』(上), 哈爾濱出版社.
- 國家文物局, 2009,『中國文物地圖集』遼寧分冊, 西安地圖出版社.
- 蘇鵬力, 2010,「燈塔市燕州城城址」,『中國考古學年鑒』, 文物出版社.
- 蘇鵬力, 2011,「燈塔市燕州城城址」,『中國考古學年鑒』, 文物出版社.
- 魏存成, 2011,「中國境內發現的高句麗山城」,『社會科學戰線』2011-1.
- 蘇鵬力·司偉偉, 2012,「燈塔市燕州城城址」,『中國考古學年鑒』, 文物出版社.
- 蘇鵬力, 2013,「燈塔市燕州城城址」,『中國考古學年鑒』, 文物出版社.
- 蘇鵬力·于懷石·任秀芬, 2014,「燈塔市燕州山山城」,『中國考古學年鑒』, 文物出版社.
- 遼寧省文物考古硏究所(http://www.lnwwkg.com) 田野考古 게시판.

　(1999)은 성내 면적이 2만㎡에 불과하고, 성 안에 柴草, 양식, 마굿간, 車輛 등이 있어서, 5,000인 이상의 군사가 주둔할 수 없다고 보고, 행정중심지로서의 기능은 부정함. 그리고 고구려가 평지 대신 면적이 좁은 산에 성을 축조하는 것에 대하여 성을 축조한 지역에 고구려인이 매우 적거나 아예 없었기 때문에 거주민을 고려할 필요가 없기 때문이라고 서술함.

13　瀋州 예속의 '巖州白巖軍'으로 불렀다고도 함(鄭常雲, 1987).

제18부

요양현(遼陽縣) 지역의 성곽

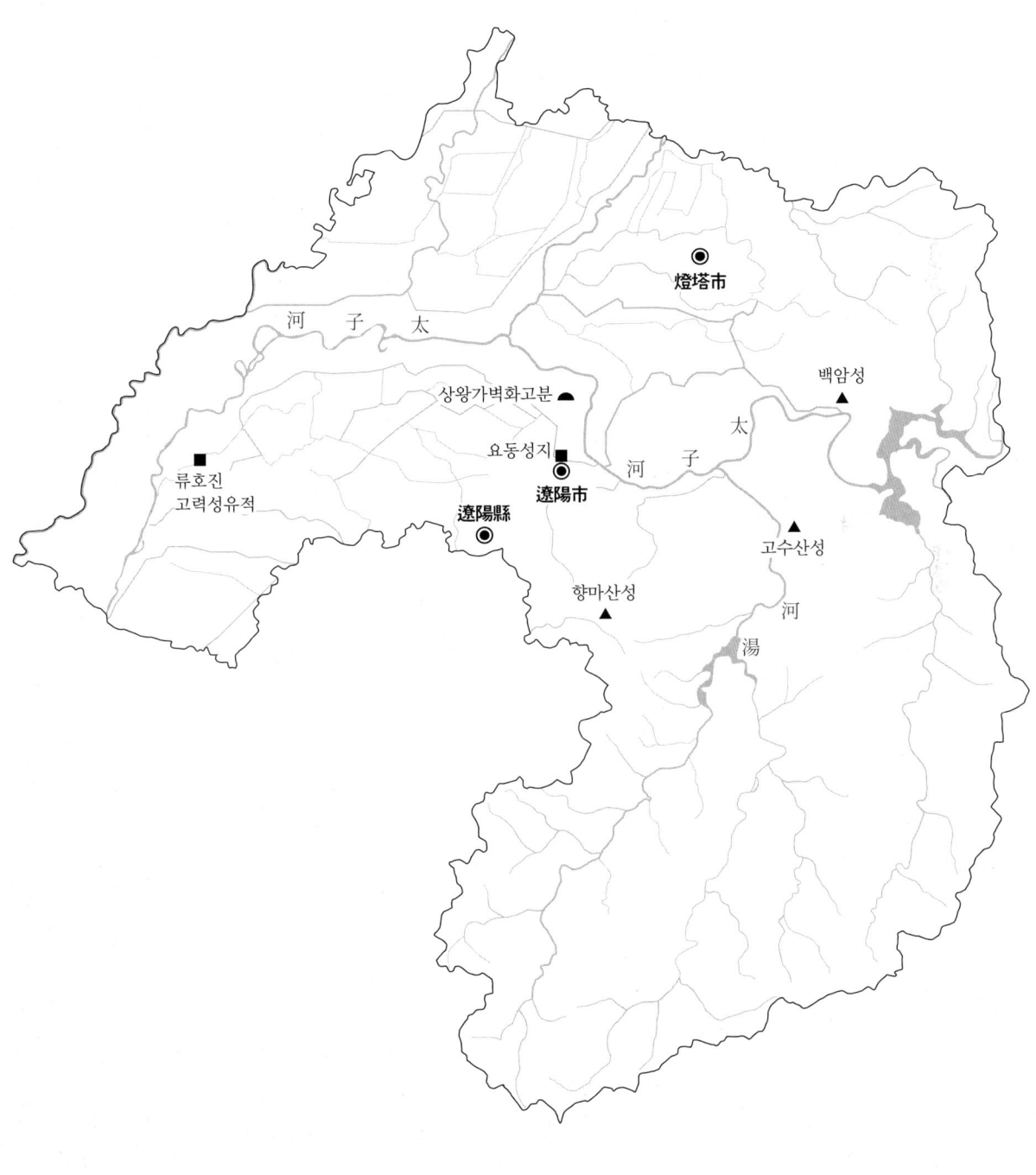

01 요양 향마산성
遼陽 響馬山城

1. 위치와 자연환경

○ 遼陽縣 남면 蘭家鄕 响山子村 轉山子屯 동쪽 响馬山 위에 위치함.
○ 태자하 지류인 沙河와 湯河의 분수령 지대임.

2. 성곽의 전체현황

○ 평면은 凹자형임. 전체 둘레는 110m임.
○ 성 바깥 산기슭에 壕溝가 한 바퀴 둘러져 있는데, 깊이는 4m, 너비는 2m임.

3. 성벽과 성곽시설

성벽은 돌로 축조함.

4. 역사적 성격

고구려시기의 성곽으로 보고되었으나, 상세한 상황은 파악하기 어려운 상태임. 고구려 성곽이라면 태자하 지류인 沙河와 湯河 분수령 일대를 방어하던 소형 보루로 추정됨.

참고문헌

- 馮永謙, 1997, 「高句麗城址輯要」, 『高句麗渤海硏究集成』 高句麗 卷3, 哈爾濱出版社.

02 요양 류호진 고력성유적
遼陽 柳壕鎭 高力城遺址

1. 위치와 자연환경(그림 1)

○ 遼陽縣 柳壕鎭 高力城村에 위치함.
○ 요동평원 한복판으로 沙河와 太子河 합류지점의 동북쪽임.

2. 성곽의 전체현황

○ 평지 위에 있는 土臺임.
○ 길이 60m, 너비 40m, 높이 2m임.

3. 출토유물

○ 漢代 유물로는 '千秋萬歲'라고 새겨진 와당이 출토됨.
○ 고구려시기 유물로는 연화문 와당과 기와편이 출토됨.

4. 역사적 성격

漢代의 와당이 출토되는 것으로 보아 본래 한이 축조

그림 1 고력성 위치도

한 평지성이었는데, 고구려의 연화문와당이 출토되었 다는 점에서 고구려가 요동평원을 점령한 이후 계속 사용한 것으로 추정됨. 遼河 하류의 渡河路는 크게 세 갈래가 있는데, 이 가운데 中路인 大安−鞍山·遼陽 루트는 遼河 서안의 懷遠鎭에서 출발하여 遼澤(險瀆; 台安縣 孫城子古城)을 경유하여 요양 서남쪽의 唐馬寨에 도착한 다음, 요동성(요양) 남쪽의 馬首山에 이르는 길임(王綿厚·李健才, 1990, 140~149쪽). 고력성지는 바로 이 루트상에 위치했다는 점에서 요하 중로를 거쳐 도하하던 적군을 방어하던 소형 보루로 추정됨.

참고문헌

- 王綿厚·李健才, 1990, 『東北古代交通』, 瀋陽出版社.
- 國家文物局, 2009, 『中國文物地圖集』 遼寧分冊, 西安地圖出版社.

03 요양 고수산성
遼陽 姑嫂山城

1. 위치와 자연환경(그림 1~그림 2)

1) 지리위치
○ 遼陽縣 동남쪽의 安平鎭 북쪽 湯河 右岸 姑嫂城村 부근 산에 위치함.
○ 姑嫂城村 동쪽에는 蘭河와 湯河 사이를 가로지르는 紅紗嶺이 있는데, 해발 570m임. 紅紗嶺 동쪽으로 蘭河의 參窩댐이 접해 있고, 서쪽으로는 湯河의 安平鎭과 접해 있음.
○ 서북쪽으로 湯河와 太子河를 따라 올라가면 요동평원의 중심지인 遼陽市가 나옴. 동쪽으로 紅紗嶺과 蘭河를 가로질러 나아가면 本溪市에 도달할 수 있음. 本溪는 요동평원에서 千山山脈을 넘어 압록강 일대로 진입하는 가장 중요한 루트인 本溪-鳳城路의 길목임.

2) 자연환경
○ 산성이 위치한 지역은 太子河의 커다란 두 지류인 蘭河와 湯河가 합류하는 삼각지대임.
○ 산성의 남부는 千山山脈임.
○ 산성의 북부에는 요하평원이 있음.

2. 성곽의 전체현황

성곽현황에 대해서 자세히 보고된 바가 없음.

3. 역사적 성격

姑嫂山城은 太子河 對岸의 백암성과 함께 요동평원에서 太子河를 거슬러 本溪-鳳城路로 진입하는 전략적 요충지에 해당함. 다만 상세한 조사가 진행되지 않아 축조시기나 그 성격을 정확하게 파악하기는 힘든 상태임. 고구려 성곽이라면 위치상 요동평원에서 本溪-鳳城路 입구 일대를 방어하던 중요한 군사중진으로 추정됨.

『舊唐書』 薛仁貴傳에 따르면 658년에 설인귀가 梁建方·契苾何力 등과 함께 橫山에서 고구려의 대장군인 溫沙門과 전투를 벌였다고 함. 『遼史』 地理志 東京遼陽府條에는 "有明王山·白石山-亦曰橫山"이라는 기록이 있고, 『元一統志』 卷2 遼陽行省山川條에는 "華表山, 在遼東東六十里, 俗呼爲橫山"이라는 기록이 있음. 이에 이러한 후대 지리지의 기록을 바탕으로 橫山의 위치를 遼河와 蘭河의 分水嶺 지대로 비정한 다음, 姑嫂山城을 고구려의 橫山으로 추정하기도 함(孫進己·馮永謙, 1989).

참고문헌
- 孫進己·馮永謙, 1989, 『東北歷史地理』, 黑龍江人民出版社.
- 여호규, 1999, 『高句麗 城』Ⅱ, 國防軍史硏究所.
- 王禹浪·王宏北, 2007, 『高句麗·渤海古城址研究匯編』(上), 哈爾濱出版社.

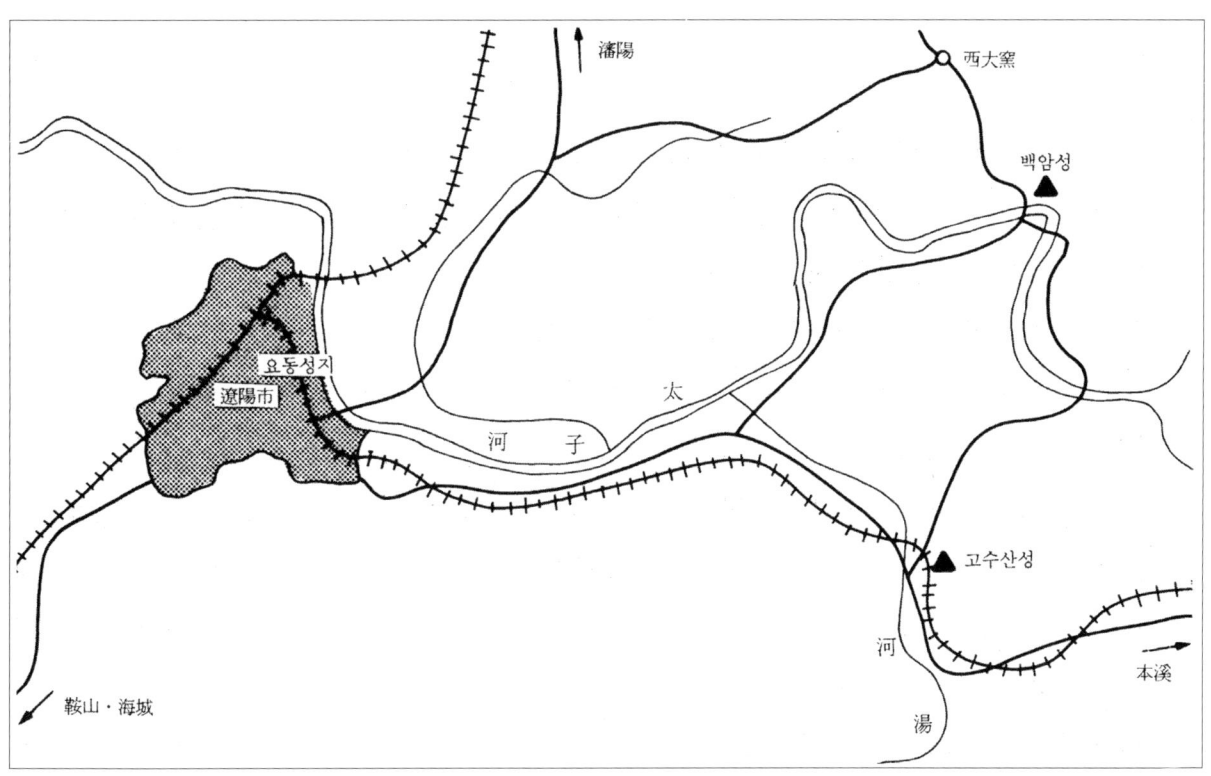

그림 1 고수산성 위치도(30만분의 1)(여호규, 1999, 284쪽)

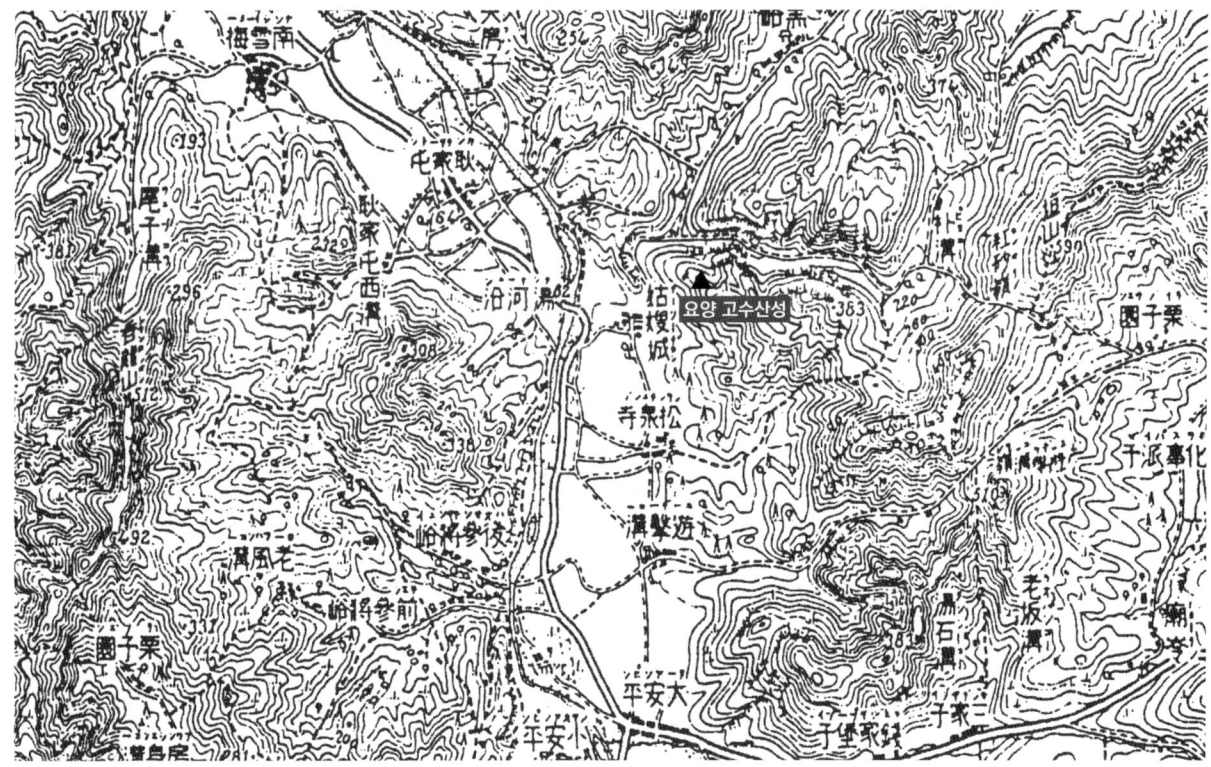

그림 2 고수산성 주변 지형도(滿洲國 10만분의 1 지형도)

제19부

본계시(本溪市) 지역의 유적

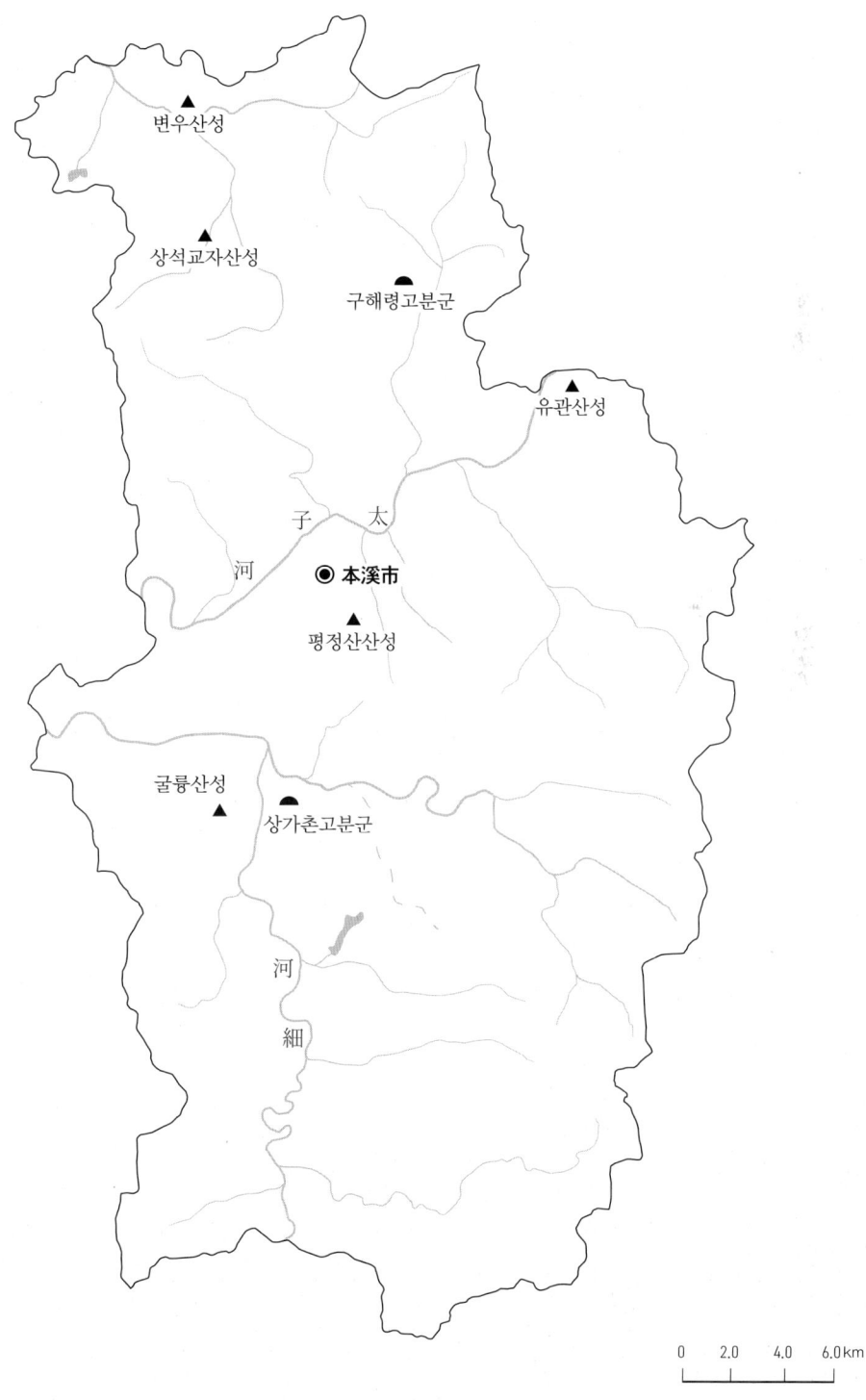

1
고분군과 고분

01 본계 구해령고분군
本溪 舊孩嶺古墳群

1. 위치와 자연환경(그림 1)

本溪市 高臺子鎭 舊孩嶺村 동쪽 산에 위치.

2. 고분군의 현황

○ 고분군 면적은 500m²이며, 총 12기 고분이 확인됨.

○ 무덤은 碎石을 쌓아 올려 봉하였음.
○ 무덤 무지는 일반적으로 길이 4m, 너비 3m임.

참고문헌

· 國家文物局 主編, 2009, 『中國文物地圖集』 遼寧分冊(上·下), 西安地圖出版社.

그림 1 구해령고분군 위치도

02　본계 상가촌고분군
本溪 尙家村古墳群

1. 위치와 자연환경(그림 1)

本溪市 橋頭鎭 尙家村 동쪽 산 위에 위치.

2. 고분군의 현황

80m² 범위에서 적석묘 4기 확인.

참고문헌

- 國家文物局 主編, 2009, 『中國文物地圖集』 遼寧分冊(上·下), 西安地圖出版社.

그림 1　상가촌고분군 위치도

2
성곽

01 본계 평정산산성
本溪 平頂山山城

1. 조사현황

1) 2002년
○ 조사기간 : 2002년 5월.
○ 조사기관 : 本溪市博物館.
○ 조사내용 : 本溪市 平頂山森林公園이 平頂山 위에 공원(園林)을 건설할 때, 절벽 트인 곳(崖壁豁口)과 완만한 비탈지대에서 성벽을 발견함. 本溪市博物館은 이 소식을 듣고 성벽에 대한 조사를 진행하였고, 古代山城으로 확정함.

2) 2008년
○ 조사기간 : 2008년 6월.
○ 조사기관 : 本溪市博物館.
○ 조사자 : 梁志龍, 靳軍, 魏海波, 馬毅, 李勇, 王斌 등.
○ 조사내용 : 산성에서 시공건설을 진행하다가, 고구려·金·明代 유물을 발견함. 本溪市博物館에서 산성에 대해 실측 등 상세한 조사를 진행함.
○ 발표 : 梁志龍·馬毅, 2009, 「遼寧本溪市平頂山高句麗山城調査」, 『東北史地』 2009-5.

2. 위치와 자연환경(그림 1)

1) 지리환경
○ 平頂山山城은 本溪市區 동남부의 平頂山에 위치함. 平頂山은 明山區 東興街道辦事處에 속하는데, 현재 本溪市 平頂山環城森林公園管理局에서 관리함. 平頂山은 해발 661.2m로, 本溪市區에서 가장 높음.
○ 平頂山 아래 동쪽은 八道溝인데, 瀋陽-丹東 고속도로가 八道溝 동쪽을 지나고 있음. 平頂山 서쪽은 轉山溝임.
○ 平頂山에서 남쪽으로 약 700m 떨어진 지점에 南天門村이 있음. 市區에서 平頂山으로 통하는 도로는 南天門 북쪽으로 올라가 산 정상부에서 서북쪽으로 꺾이고, 다시 동쪽으로 꺾임.

2) 자연환경
○ 平頂山 북쪽 아래에서 약 5km 떨어진 지점에 太子河가 있음. 太子河와 平頂山 사이의 평원과 비탈은 本溪市 주요 시가지역임.
○ 平頂山은 산 정상부가 비교적 평탄해서 붙여진 이름인데, 실제로는 서북쪽이 높고 동남쪽이 낮은 지세임.
○ 산 정상부 주변은 대부분 가파른 절벽인데, 특히 동서 양측은 매우 가파르고, 남쪽은 약간 완만한 지세임.
○ 平頂山 남쪽에는 기복이 심한 많은 산들이 있음.
○ 산 위에는 나무·식생이 무성한데, 현재 공원이 조성되어 시민들의 휴식공간이 되고 있음.

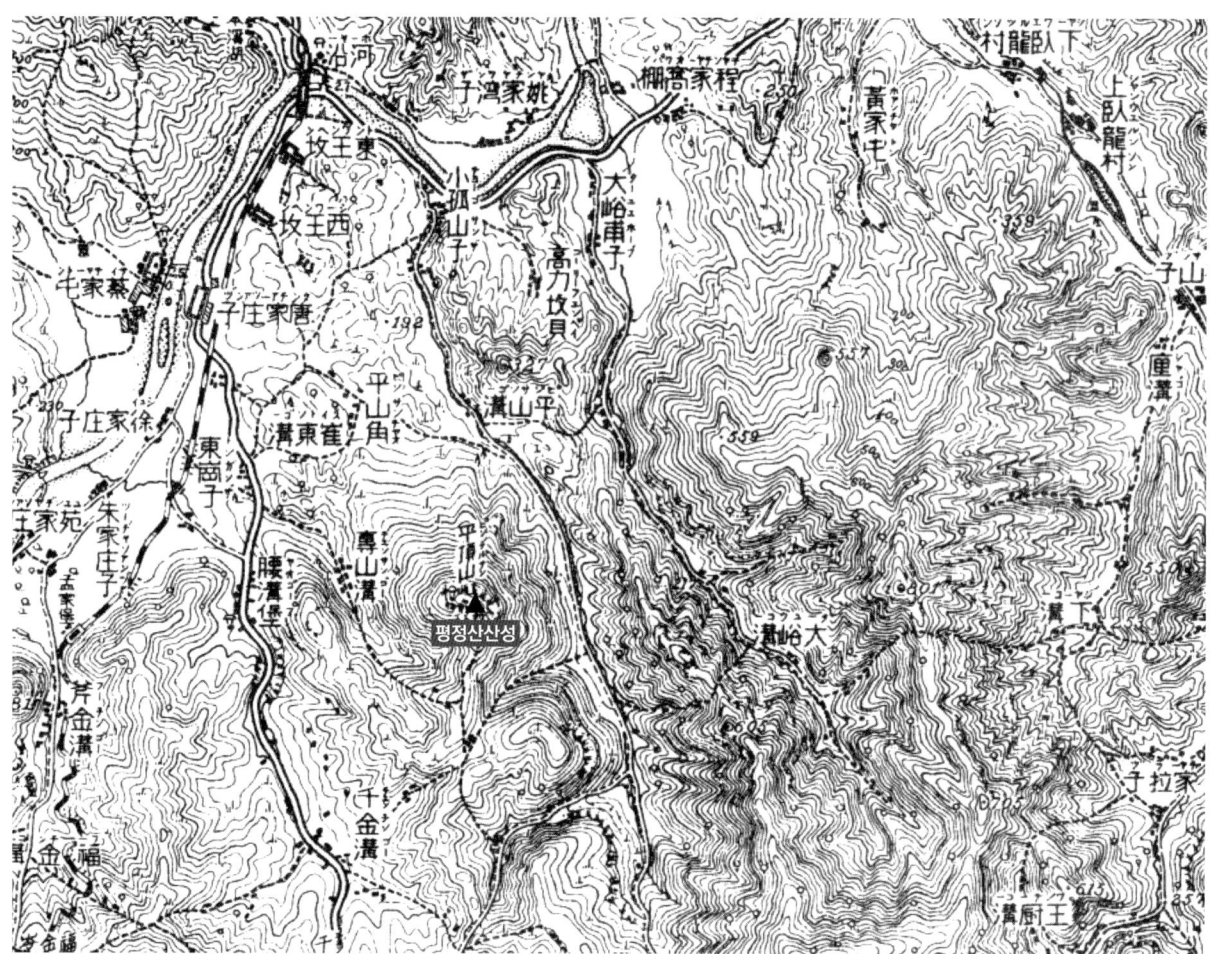

그림 1 평정산산성 주변 지형도(滿洲國 10만분의 1 지형도)

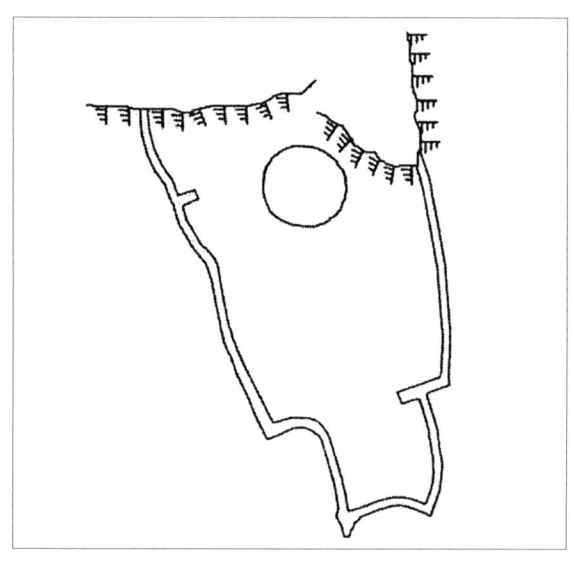

그림 2-1 평정산산성 평면도 1(梁志龍·馬毅, 2009, 4쪽)

3. 성곽의 전체현황(그림 2-1·2)

○ 평정식 산성임.

○ 평면은 불규칙한 장방형임.

○ 동서 길이는 840m, 남북 너비는 400m, 둘레는 3,183m임.

○ 성벽, 성문, 角臺, 망대(瞭望臺), 건물지, 저수지, 우물, 계단식 밭 등이 남아 있음.

○ 유물로는 矛·화살촉·손칼·도끼 등 철기, 호·단지·盆 등의 구연부, 기와 등이 출토됨.

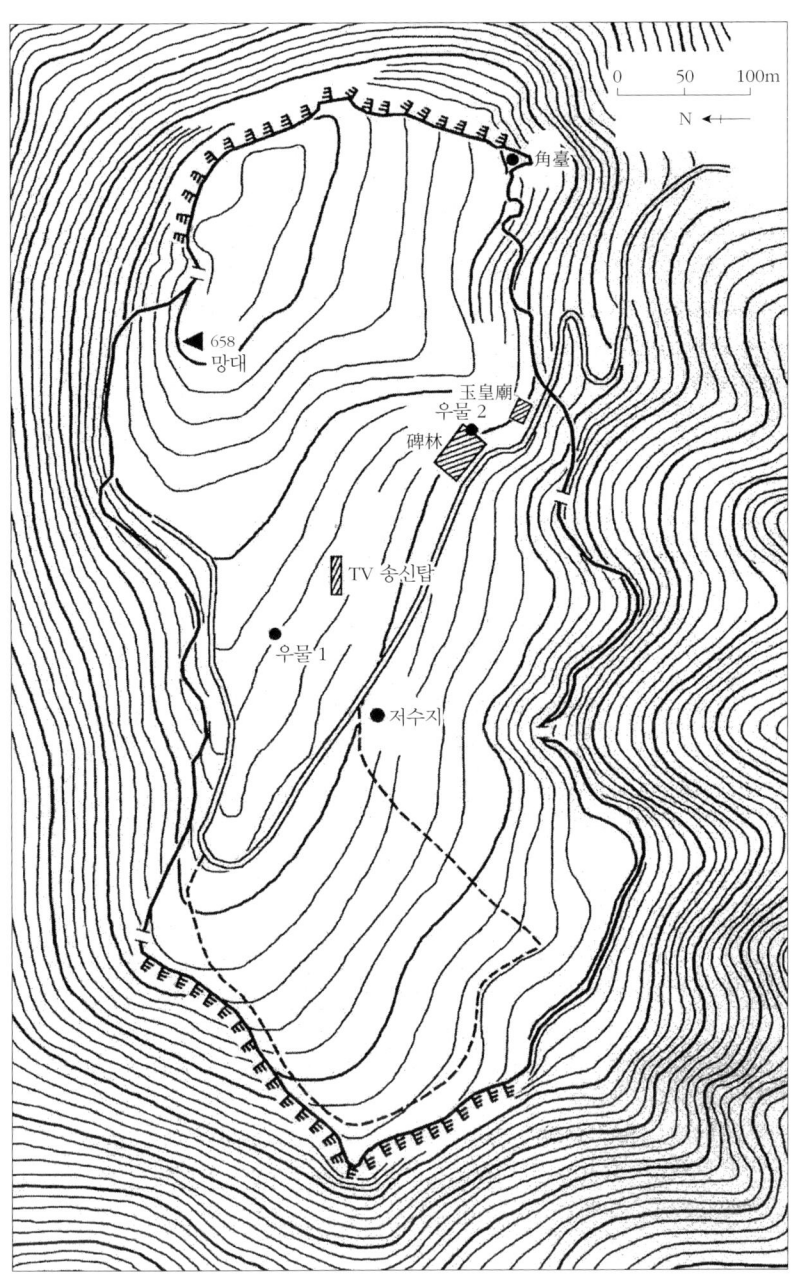

그림 2-2 평정산산성 평면도 2
(梁志龍·馬毅, 2009, 도판 1)

4. 성벽과 성곽시설

1) 성벽

○ 성벽은 산 정상부 가장자리에 축조함.
○ 성벽은 돌로 축조하였는데, 성돌은 대부분 자연석괴이고, 일부 성돌에만 가공한 흔적이 있음. 산성의 성벽은 대부분 인공적으로 쌓았는데, 산세가 험한 곳, 즉 우뚝 솟은 암벽이 있으면 그 암벽을 천연성벽으로 이용하면서 성벽을 축조하지 않았음.
○ 體城은 약하고 조잡하게 쌓았으며, 體城 일부분은 내·외벽면이 있음.
○ 일반적으로 성벽은 기단부 약 4m, 정상부 너비 약 3m, 가장 높은 성벽의 높이 2m임.

(1) 암반 트인 곳(山巖豁口)에 축조된 성벽

암반 트인 곳(山巖豁口)에 축조된 성벽은 대부분 외벽만 있고, 외벽 안쪽으로는 경사진 산비탈에 접해 있음. 외벽과 산비탈 사이에 흙과 돌을 채워 넣어서 높이를 맞추었는데, 보존이 비교적 양호한 구간은 높이가 2m에 가까움.

(2) 남벽

○ 남벽은 길이 1,217m임.
○ 절벽을 따라 뻗어 있고, 비교적 구불구불함.
○ 인공벽은 모두 15구간인데, 각 성벽의 길이를 모두 합치면 200m임.
○ 남벽 절벽 外端 정상부의 일부 구간에 돌로 축조된 성벽이 있는데, 높이는 비교적 낮음.

(3) 북벽

○ 북벽은 길이 842m임.
○ 절벽을 따라 뻗어 있고, 비교적 구불구불함.
○ 인공벽은 모두 10구간인데, 각 성벽의 길이를 모두 합치면 300m임.

(4) 서벽

○ 서벽은 길이 654m임.
○ 주로 절벽을 천연성벽으로 이용하였음.
○ 전체적으로 折角形이고, 바깥으로 튀어 나옴.
○ 인공벽은 남측 절벽 트인 곳(崖豁)에서 2구간이 발견되었는데, 길이는 약 10m임.

(5) 동벽

○ 동벽은 길이 470m임.
○ 주로 절벽을 천연성벽으로 이용하였음.
○ 전체적으로 약간 밖으로 휘었음.
○ 인공벽은 모두 3구간인데, 각 성벽의 길이를 모두 합치면 95m임.

2) 성문

(1) 남동문

○ 남벽 동측 玉皇廟 부근에 있음.
○ 남동문이 위치한 곳은 산골짜기임. 골짜기 입구 너비는 약 30m이고, 양측은 석벽인데, 서측이 약간 높음.
○ 골짜기 안쪽에는 석벽이 있는데, 붕괴되면서 돌이 무너져 바닥에는 깬돌이 쌓여져 있음.
○ 산골짜기를 따라 내려가면 南天門村을 거쳐 산 아래로 갈 수 있음. '南天門'은 아마 이곳을 가리키는 것으로 추정됨.

(2) 남서문

○ 남벽 서측에 있음.
○ 문 양측은 절벽인데, 높이는 25m에 달하고, 벽 사이는 약 15m임.
○ 문 안에는 돌로 축조한 낮은 성벽이 있는데, 중간에 트인 곳(缺口)이 있고, 돌로 만든 계단이 있음.
○ 문 바깥에는 비교적 험한 산길이 있는데, 산 아래로 내려갈 수 있음.

(3) 북서문

○ 북벽 서측에 있는데, 산 입구임.
○ 문에서 동쪽으로 멀지 않은 지점에 케이블카 정거장이 있음.
○ 문 양측은 절벽이고, 절벽 사이는 비교적 좁음.
○ 문 바깥에는 길이 있는데, 길을 따라 산 아래로 내려가면 轉山溝가 나옴.

(4) 북동문

○ 북벽 동측에 있음.
○ 서쪽으로 약 50m 떨어진 지점에 망대가 있음.
○ 비교적 넓은 계곡 입구이고, 양측은 모두 돌로 이루어진 절벽임.

○ 계곡 안쪽에는 계단형의 석벽이 세 줄기 축조되어 있음.

3) 角臺
○ 성내 동남 모서리에 비교적 낮은 石臺가 있는데, 角臺임.
○ 평면은 凸자형인데, 북부가 약간 높음.
○ 북면은 절벽과 연접되어 있고, 다른 세 면에는 角臺의 벽이 축조되어 있음.
○ 동벽 길이는 약 30m, 서벽 길이는 약 23m, 남벽 길이는 6m임. 외벽 높이는 내벽보다 높음. 하단부 가장 넓은 너비는 4m, 정상부의 가장 넓은 너비는 3m, 외벽 최고 높이는 4m, 내벽 최고 높이는 2m임.
○ 서벽 북측 안과 동벽 남측 안에는 석벽(石垣)이 축조되어 있음.
○ 角臺 북측에는 인공적으로 파낸 흙구덩이가 있음. 평면은 원형에 가까운데, 직경은 6m, 깊이는 1m임. 흙구덩이 남측 바깥 가장자리에는 토루(土壘)가 있는데, 흙구덩이에서 파낸 흙이 쌓여서 형성된 것임.
○ 角臺의 기능에 대해 角臺 안의 흙구덩이와 관련이 있다고 추정됨. 고구려 산성에서는 흙구덩이가 많이 발견되는데, 대다수 반지하의 건물지임. 만약에 흙구덩이가 건물지라면, 흙구덩이가 비교적 큰 것으로 보아 건물 수준이 비교적 높았을 것으로 추정됨. 角臺는 건물의 보호벽이었을 것으로 추정됨.

4) 망대
○ 성내 동북 모서리에 있는데, 성내에서 가장 높은 지점임.
○ 망대는 토석혼축인데, 그 주변으로 흙이 무너져 있는 모습과 밖으로 노출된 돌 일부도 볼 수 있음.
○ 평면은 타원형으로 하단부의 직경은 15m, 너비는 12m임. 정상부의 직경은 8m, 너비는 6m임. 지세가 같지 않아서 남측 높이는 5m, 동측 높이는 2m임.
○ 망대 정상부 남측에 타원형의 구덩이가 있음. 구덩이는 길이 1.5m, 너비 1.2m, 깊이 0.8m임.
○ 망대 위와 주변에 니질의 회색 암키와가 출토되었는데, 배면은 무늬가 없고, 내면에는 포문이 있음.
○ 망대는 형태가 本溪지역에 널리 퍼져 있는 明代 망대와 유사하고, 출토된 기와편 또한 明代 유물인 것으로 보아 明代에 축조된 것으로 추정됨. 일반적으로 고구려 산성 안에는 망대가 세워져서 산 아래의 軍馬 동향을 살펴보는데 유용하였음. 명대 망대 아래에 고구려시기의 망대가 있는지는 고고학 발굴을 기다려봐야 알 수 있음. 平頂山 망대는 장대(點將臺)라고도 불리는데, 『奉天通志』에서는 "平頂山 꼭대기에 장대(點將臺)가 있어 遼陽을 희미하게나마 볼 수 있다"고 기록되어 있음.

5. 성내시설과 유적

1) 건물지
○ 북서문의 서측 절벽 위에 반지하 건물지가 있음.
○ 네 주위에는 돌이 쌓여 있는데, 동북벽에 쌓여 있는 돌들이 가장 명확하게 보임.
○ 평면은 장방형으로 길이 2m, 너비 1.2m, 깊이 0.5m임.

2) 저수지
○ 성내 중남부에 위치함.
○ 낮은 흙구덩이인데, 평면은 타원형에 가깝고, 직경은 10여 m임.
○ 平頂山山城 저수지는 성내의 주요 수원임. 明代 『遼東志』에는 "平頂山上 有泉涌出, 以石八角甃之, 其中有鮮"이라고 기재되어 있는데, 바로 이 저수지임. 한편 이 기사를 통해 明代까지 저수지가 존재했고, 그 평면은 八邊形이란 것을 알 수 있음. 『奉天通志』에서는 "平頂山頂平如砥, 上有淸池, 終歲不涸"이라고 설

명하고 있는데, 저수지가 泉水임을 알 수 있음.
○ 白鳥林이 조성될 때, 저수지 확장공사가 진행하면서 저수지의 면모가 파괴되었음. 저수지 밖에는 시멘트벽, 저수지 안에는 인공 섬(假山)이 축조됨. 시멘트로 새로 축조한 저수지 담장은 대체로 원래 저수지의 바깥 주위를 따라 축조하였는데, 얼핏 보면 평면이 타원형처럼 보이지만, 세심하게 보면 길이가 같지 않은 8개의 변을 가진 八邊形임을 알 수 있음. 저수지는 일찍이 고구려시기에도 존재하였다고 여겨지는데, 八邊形이었는지는 알 수 없음. 한편 시공할 때 저수지 북측에서 돌로 축조한 작은 구멍(小洞)이 발견되었다고 하는데, 배수구로 추정됨. 그리고 철제유물이 발견되었다고 하는데, 유물에 대해서는 알려진 바가 전혀 없음.

3) 우물
○ 성내 중북부와 산 위의 동남측 玉皇廟 부근에 각각 1개씩 있음.
○ 두 우물은 평면이 원형이고 직경은 약 1m 정도임. 우물 벽은 돌로 축조함. 현재도 사용하고 있음.

4) 계단식 밭
○ 계단식 밭은 주로 성내 서남측의 비교적 완만한 산비탈에 위치함.
○ 계단식 밭의 석벽은 대부분 큰 돌로 쌓았고, 田地 면적은 비교적 넓음.
○ 明代『遼東志』에 平頂山은 이름 그대로 "산 정상부가 편평하여 농사를 지을 수 있다"고 기록하고 있는데, 바로 여기에 있는 계단식 밭을 가리키는 것임.
○ 고구려 산성 안팎으로는 항상 고대 계단식 밭이 발견됨. 오녀산성 동쪽기슭, 西豊 城子山山城 排注溝 안 비교적 넓은 지대에도 계단식 밭이 있음. 이러한 계단식 밭은 산성이 처음 축조된 단계에 출현하였을 가능성이 높고, 후세에 계속 이용 혹은 개축되었을 것으로 보임.

6. 출토유물

1) 철기

(1) 철제矛(그림 3-1)
○ 출토지 : 平頂山山城.
○ 크기 : 길이 27cm, 너비 3cm.
○ 형태 : 矛身은 葉形임. 鋒部는 예리함. 중간에 등날(脊)이 솟아 있음. 측면 가장자리는 刀인데, 刀 가운데 부분이 약간 안으로 들어감. 단면은 菱形임. 銎部는 원형임. 공부 뒤편에 제작할 때 생성된 이음새흔적이 남아 있음.

(2) 철촉 1(그림 3-2)
○ 출토지 : 平頂山山城.
○ 크기 : 길이 14cm, 너비 0.8cm, 두께 0.3m.
○ 형태 : 촉두는 蛇頭形임. 촉신과 경부 모두 四楞柱形임. 경부 尾端은 예리함.

(3) 철촉 2(그림 3-3)
○ 출토지 : 平頂山山城.
○ 크기 : 길이 12.2cm, 너비 2.1cm.
○ 형태 : 촉두는 너비가 약간 넓음. 평면은 菱形임. 중간에 등날(脊)이 솟아 있음. 촉신은 四楞柱形임. 경부는 부서짐.

(4) 철제도자(鐵削, 그림 3-4)
○ 출토지 : 平頂山山城.
○ 크기 : 길이 16.3cm, 너비 1.8cm, 두께 0.4cm.
○ 형태 : 背는 평평함(平背). 刃은 기울어져 있음. 鋌은 부서짐.

(5) 철제도끼(鐵鏟, 그림 4)
○ 출토지 : 平頂山山城.

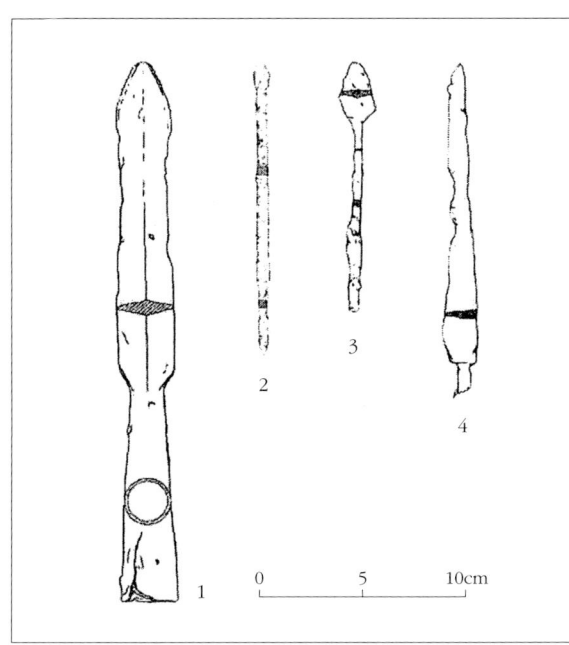

그림 3 평정산산성 출토 철기(梁志龍·馬毅, 2009, 5쪽)
1. 모   2·3. 철촉   4. 도자

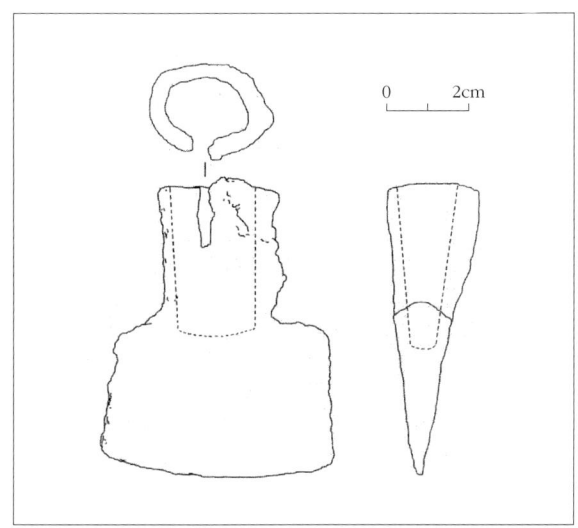

그림 4 평정산산성 출토 철제도끼(梁志龍·馬毅, 2009, 도판 8)

○ 크기 : 길이 10.9cm, 너비 8.5cm, 두께 2.9cm.
○ 형태 : 도끼 평면은 장방형임. 위는 원형의 공부임. 銎口는 圓角長方形임. 몸은 한 측면이 약간 평평하고, 한 측면이 기울여졌음. 刃은 곧고 약간 밖으로 휘었음.

2) 토기

(1) 호 구연부 1(그림 5-1)

○ 출토지 : 平頂山山城.
○ 크기 : 口徑 14cm, 남은 높이 5.4cm.
○ 형태 : 구순은 뾰족하면서 약간 둥그스름함. 구연은 외반됨(展沿). 목은 잘록함. 어깨는 흘러내림(溜肩).
○ 태토 및 색깔 : 니질의 홍색 토기.

(2) 호 구연부 2(그림 5-2)

○ 출토지 : 平頂山山城.
○ 크기 : 口徑 14cm, 남은 높이 4cm.
○ 형태 : 구순은 뾰족함. 목은 잘록함. 어깨는 흘러내림(溜肩).
○ 태토 및 색깔 : 니질의 황갈색 토기.

(3) 호 구연부 3(그림 5-3)

○ 출토지 : 平頂山山城.
○ 크기 : 口徑 20cm, 남은 높이 5cm.
○ 형태 : 소성온도는 비교적 높음. 구순은 둥그스름함. 깃은 경사짐. 목은 완만하게 꺾임.
○ 태토 및 색깔 : 니질의 회색 토기.

(4) 단지 구연부 1(그림 5-8)

○ 출토지 : 平頂山山城.
○ 크기 : 口徑 36cm, 남은 높이 6cm.
○ 형태 : 구순은 각이 짐. 목은 잘록함. 어깨는 흘러내림(溜肩).
○ 태토 및 색깔 : 니질의 회색 토기.

(5) 단지 구연부 2(그림 5-11)

○ 출토지 : 平頂山山城.
○ 크기 : 口徑 27.4cm, 남은 높이 6cm
○ 형태 : 표면에 홍색 유약이 발라져 있음. 구순은 각

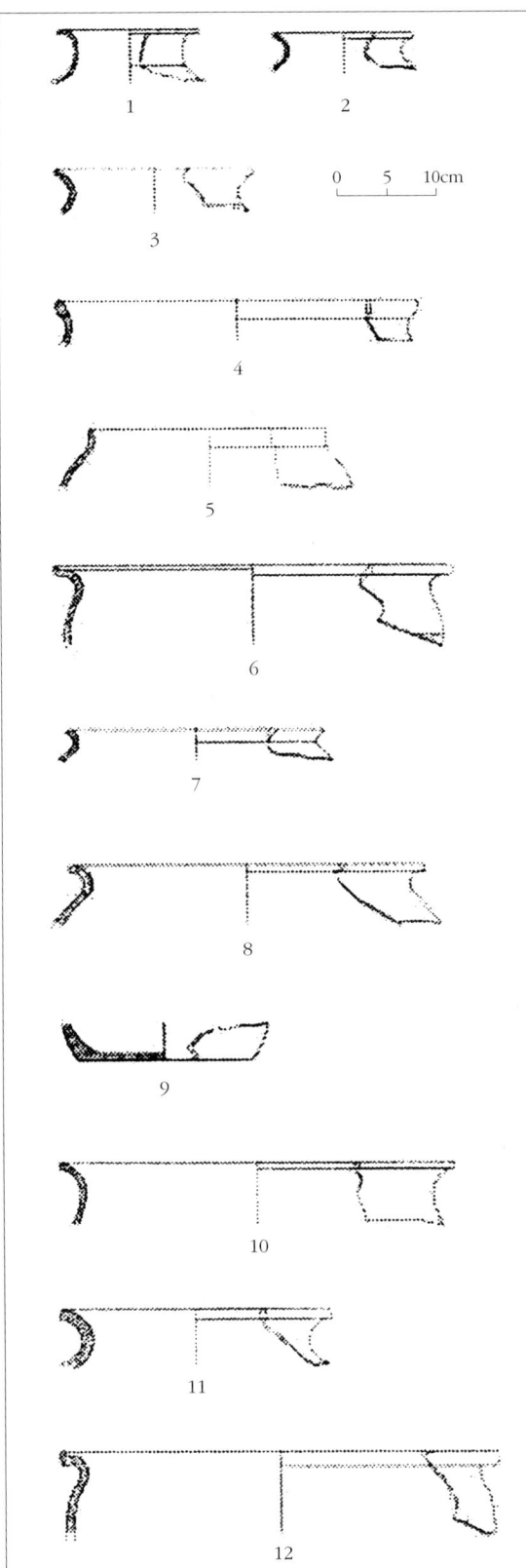

그림 5 평정산산성 출토 토기(저부인 9를 제외하고 모두 구연부)
(梁志龍·馬毅, 2009, 5쪽)

이 짐. 구순 아래에는 墜沿이 늘어져 있음. 목은 잘록함. 어깨는 흘러내림(溜肩).
○ 태토 및 색깔 : 니질의 회색 토기.

(6) 단지 구연부 3(그림 5-7)

○ 출토지 : 平頂山山城.
○ 크기 : 口徑 26cm, 남은 높이 3cm.
○ 형태 : 구순은 뾰족함. 목은 꺾어짐. 어깨는 흘러내림(溜肩).
○ 태토 및 색깔 : 니질의 홍색 토기.

(7) 단지 구연부 4(그림 5-5)

○ 출토지 : 平頂山山城.
○ 크기 : 口徑 24cm, 남은 높이 6cm.
○ 형태 : 구순은 각이 짐. 깃은 곧음. 어깨는 흘러내림(溜肩).
○ 태토 및 색깔 : 니질의 홍색 토기.

(8) 盆 구연부 1(그림 5-6)

○ 출토지 : 平頂山山城.
○ 크기 : 口徑 40cm, 남은 높이 8cm.
○ 형태 : 구순은 각이 짐. 구순은 약간 안으로 들어감. 동체부는 약간 부름.
○ 태토 및 색깔 : 니질의 회색 토기.

(9) 盆 구연부 2(그림 5-10)

○ 출토지 : 平頂山山城.
○ 크기 : 口徑 40cm, 남은 높이 7.4cm.
○ 형태 : 구순은 각이 짐. 구순은 약간 안으로 들어감. 목은 약간 잘록함.
○ 태토 및 색깔 : 니질의 홍색 토기.

(10) 盆 구연부 3(그림 5-4)

○ 출토지 : 平頂山山城.

○ 크기 : 口徑 36cm, 남은 높이 4.4cm.
○ 형태 : 구순은 뾰족하면서 약간 둥그스름함.
○ 태토 및 색깔 : 니질의 황갈색 토기.

(11) 盆 구연부 4(그림 5-12)
○ 출토지 : 平頂山山城.
○ 크기 : 口徑 44cm, 남은 높이 8.6cm.
○ 형태 : 구순은 각이 짐. 구순은 약간 안으로 들어감. 목은 잘록함. 어깨는 흘러내림(溜肩).
○ 태토 및 색깔 : 니질의 황갈색 토기.

(12) 토기 저부(그림 5-9)
○ 출토지 : 平頂山山城.
○ 크기 : 바닥 직경 18cm, 남은 높이 4cm.
○ 형태 : 바닥은 평평함. 기벽은 경사짐.
○ 태토 및 색깔 : 니질의 황갈색 토기.

3) 기와

(1) 암키와
○ 출토지 : 平頂山山城 망대 주변.
○ 형태 : 외면은 무문이고 내면에는 포문이 잔존함.
○ 태토 및 색깔 : 니질의 회색.

7. 역사적 성격

1) 지정학적 위치
平頂山山城은 太子河 지류인 細河 연안로에 위치함. 요동평원에서 천산산맥을 넘어 압록강 유역으로 향하는 교통로에는 本溪-鳳城路(細河-草河路), 海城-岫巖路(沙鐵河-大洋河路), 蓋州-莊河路(大淸河-碧流河路) 등 세 루트가 있음. 이 가운데 가장 위쪽의 本溪-鳳城路가 최단 코스인데, 瀋陽과 遼陽 두 방면에서 접근할 수 있음. 평정산산성은 瀋陽과 遼陽에서 출발하는 두 갈래 진입로가 합류하는 본계시의 남쪽에 위치함. 이러한 점에서 평정산산성은 매우 중요한 전략적 요충지에 입지했다고 할 수 있음.

2) 축조시기
平頂山山城을 조사한 梁志龍과 馬毅는 다음과 같은 이유를 들어 고구려 산성으로 비정함. 첫째, 성벽은 산비탈을 따라 경사지게 쌓아 올리는 일반적인 축조방식이 아니라, 낮은 곳에 基礎를 높이 쌓아 높은 곳의 성벽기초와 수평을 이루게 한 후, 일치된 수평에서 동시에 위로 쌓아 올림. 이것은 고구려 석축산성에서 보이는 보편적인 축조방식임. 둘째, 산성은 주로 험준한 절벽을 천연성벽으로 이용하였고, 절벽의 트인 곳에 성벽을 쌓아 막았는데, 이것도 고구려성의 특징 가운데 하나임.

셋째, 일부 성벽구간에는 외벽만 보이고 내측에는 돌과 흙을 채워 넣어 산비탈과 접해져 있는데, 이러한 성벽 모습은 桓仁 五女山城 동벽 제 5·6·9구간의 축조방식과 유사함. 한편 平頂山山城의 인공성벽은 투박하고, 성돌은 조잡하게 가공한 산돌이 대부분이며, 體城의 성벽이 비교적 좁고 낮음. 이러한 특징은 쐐기형돌로 축조한 고구려산성의 성벽과 차이가 있음.

다만 조잡하게 가공한 산돌로 축조한 고구려 산성은 매우 많이 발견됨. 가령 新賓 五龍山城의 성돌은 대부분 條石이고 석재는 대부분 조잡하게 제작되었고(佟達, 1994), 大連 卑沙城의 성벽은 청회색 석회암임(許明綱, 1996). 또한 岫巖지역의 고구려 산성 5기 가운데 3기가 자연석으로 축조하였는데, 老城溝山城은 성벽 전부를 자연석으로 쌓았고, 淸凉山山城과 馬圈子山城은 대부분 불규칙한 자연석으로 성벽을 축조하였음(楊永芳·楊光, 1994). 이러한 제반 특징으로 보아 平頂山山城은 고구려시기에 축조하였다고 파악된다고 함(梁志龍·馬毅, 2009).

平頂山의 산세는 고구려 초기의 卒本 도성으로 비정되는 五女山城과 매우 비슷함. 양자 모두 비교적 평탄한 산 정상부에 위치하고 있고, 정상부 주변 가장자리는 대부분 높이 솟고 가파른 절벽인데, 성을 그 위에 축조함으로써 수비는 쉽고 적군이 공격하기는 어려운 군사적 우세를 갖추게 됨. 고구려가 本溪지역을 장악한 다음, 平頂山이 자연스럽게 주의를 끌면서 이용하였을 것으로 추정됨.

平頂山山城에서는 고구려 유물이 대량으로 출토됨(梁志龍·馬毅, 2009). 이 가운데 철제矛는 양측 刃이 약간 들어가 있는데, 吉林省 集安 板岔嶺에서 출토된 철제矛와 유사함. 철촉1은 五女山城에서 출토된 蛇頭形 철촉과 일치하고, 철촉2는 五女山城 F37에서 출토된 寬葉形 철촉과 유사함. 철제도자는 五女山城 鐵器窖藏 JC : 16 철제 손칼과 유사함.

고구려시기 토기편은 대부분 泥質의 홍갈색과 泥質의 회색임. 일부 토기표면에는 홍색 유약이 한층 발라져 있음. 표면이 탈락되어 외부로 노출된 태토의 색깔은 회색이고, 모두 녹로제로 제작됨. 단지 구연부는 대부분 구순이 각이 졌고, 구연은 외반되었고, 목은 잘록한데, 五女山城에서 출토된 단지와 유사함. 五女山城에서 출토된 舌頭形 철촉과 구연이 외반된(展沿) 단지는 모두 4기 문화층에서 발견되었는데, 4기 문화층의 연대는 5세기 전후로 추정됨.

이로 보아 고구려가 平頂山山城을 축조한 시기는 5세기경으로 추정됨. 고구려가 遼東郡(遼陽市)을 점령한 시기는 광개토대왕대로 추정되는데, 平頂山에서 遼東郡 소재지까지의 거리는 약 60km이고, 양자 모두 太子河 연안에 위치하고 있음. 이로 볼 때 산성의 축조시기는 고구려가 遼東郡을 점령한 시기보다 이르지 않음. 문헌과 출토된 고구려유물의 연대를 종합하여 분석해 볼 때, 平頂山山城의 축조연대는 5세기 초반으로 추정됨(梁志龍·馬毅, 2009).

3) 역사지리 비정과 성곽의 성격

平頂山山城은 요동평원에서 천산산맥을 넘어 압록강 일대로 향하는 교통로 가운데 최단 코스인 本溪-鳳城路(細河-草河路)의 길목에 위치한 만큼, 고구려시기에 중요한 군사중진이었을 것으로 추정됨. 다만 平頂山山城과 직접 연관된 문헌사료는 없음. 평정산산성을 645년 당 태종이 고구려 원정시에 공취했다는 10성 가운데 하나로[1] 658년 설인귀 등이 고구려의 대장군인 溫沙門과 싸웠다는 橫山으로(『舊唐書』 薛仁貴傳) 비정하기도 함(梁志龍·馬毅, 2009). 평정산산성의 지세가 평평하여 '橫'으로 표현할 수도 있다는 점을 근거로 들지만, 논거가 충분히 제시되었다고 보기는 어려움.

平頂山山城은 워낙 중요한 전략적 요충지이기 때문에 고구려 멸망 이후에도 계속 사용됨. 가령 일부 성벽은 정상부와 기단부의 축조방식이 같지 않은데, 平頂山山城이 처음 축조된 후 후대에 보축 및 重修된 현상이라 할 수 있음. 산성에는 주로 고구려·金·明 시기의 유적과 유물이 많고, 元代 후기의 유물도 출토되고 있음.

특히 元朝 후기에 紅巾軍의 봉기가 폭발하면서 遼陽行省 정부가 사분오열되었음. 이때 각 세력들은 각자 용병을 모집하면서 할거했는데, 平章 高家奴가 平頂山에서 병사를 모아 세력을 확대해갔음. 이에 明朝는 洪武 4년(1371) 大將 馬雲과 葉旺을 보냈는데, 이들은 군사를 이끌고 산동반도에서 바다를 건너와 平頂山을 공파하였음.

그밖에 平頂山에는 근현대시기 유적도 많음. 러일전쟁 시기에 러시아군이 산 위에 축조한 참호, 民國시기에 축조한 玉皇廟, 일제강점기에 축조한 토치카(碉堡群), 해방 후에 만든 텔레비전 송신탑과 防汛通訊塔 등이 남아 있음.

---

1 『資治通鑑』정관 19년(645) 冬 10월조 : "凡征高麗, 拔玄菟·橫山·蓋牟·磨米·遼東·白巖·卑沙·麥谷·銀山·後黃 十城".

참고문헌

- 金毓黻, 1941, 『東北通史』.
- 佟達, 1994, 「新賓五龍高句麗山城」, 『遼海文物學刊』 1994-2.
- 楊永芳·楊光, 1994, 「岫巖境內五座高句麗山城調查簡報」, 『遼海文物學刊』 1994-2.
- 許明綱, 1996, 「大連地區高句麗四座山城略考」, 『博物館研究』 1996-1.
- 梁志龍·馬毅, 2009, 「遼寧本溪市平頂山高句麗山城調查」, 『東北史地』 2009-5.
- 魏存成, 2011, 「中國境內發現的高句麗山城」, 『社會科學戰線』 2011-1.

02 본계 유관산성
本溪 有官山城

1. 위치와 자연환경(그림 1 ~ 그림 2)

○ 本溪市 牛心臺鄕 북쪽 3.5km 거리의 上牛村 老官 砬子山 정상부에 위치함.
○ 산성은 千山山脈과 太子河 谷地가 서로 교차하는 지점에 위치.
○ 太子河의 南岸에 위치하여 강을 바라보고 있음. 太子河를 따라 거슬러 올라가면 蘇子河나 渾江 연안으로 나아갈 수 있음.
○ 太子河를 따라 동쪽으로 30km 가면 本溪縣 小市鎭 북쪽 下堡村 東山에 위치한 下堡山城(城溝山城)이 있음. 다시 동북쪽으로 30km 가면 本溪縣 淸河城鎭 高句麗山城이 있음. 또 다시 동쪽으로 太子河를 따라 25km 정도 가면 下夾河鎭 太子城이 있음.

2. 성곽의 전체현황

○ 산성 평면은 불규칙형임.
○ 성벽, 성문, 우물 등이 남아 있음.

3. 성벽과 성곽시설

1) 성벽
○ 산성 성벽은 산세를 따라 축조하였음.
○ 성벽은 쐐기형돌로 축조함.

2) 성문
성문은 동남쪽 1개, 서북쪽 2개, 총 3개가 있음.

4. 성내시설과 유적

우물 한 개가 있음.

5. 역사적 성격

1) 지정학적 위치
유관산성은 本溪에서 太子河 상류로 진입하는 길목에 위치함. 太子河를 따라 동쪽으로 30km 가면 本溪縣 小市鎭 북쪽 下堡村 東山에 위치한 下堡山城(城溝山城)이 있음. 다시 동북쪽으로 30km 가면 本溪縣 淸河城鎭 高句麗山城이 있음. 또 다시 동쪽으로 本溪縣과 新賓縣을 관통하는 太子河를 따라 25km 정도 가면 下夾河鎭 太子城이 있음. 유관산성은 상기와 같은 위치로 보아 요동평원에서 太子河를 거슬러 고구려 초기 중심지인 압록강 중류 일대로 진입하는 교통로와 관련 있는 것으로 추정됨.
　특히 本溪縣 경내의 太子河 지류 兩岸의 요충지에는 고구려 산성이 다수 축조되어 있는데, 本溪縣 남쪽

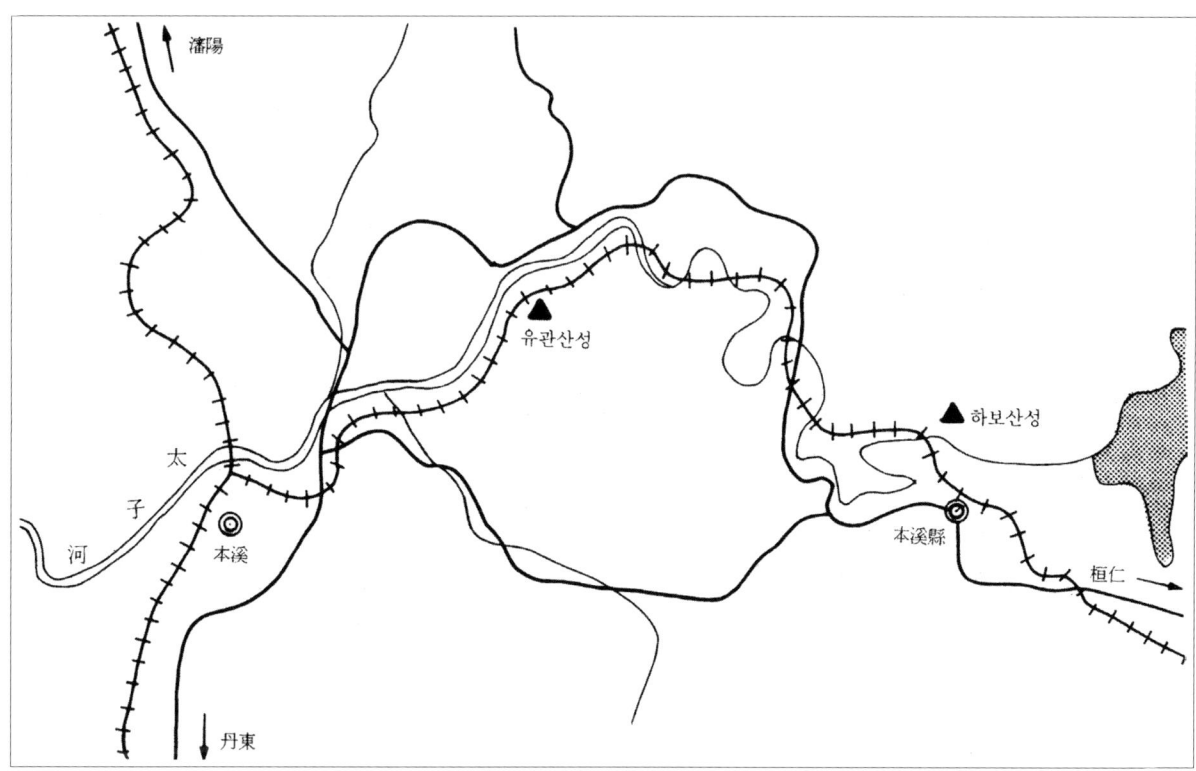

그림 1 유관산성 위치도(35만분의 1)(여호규, 1999, 262쪽)

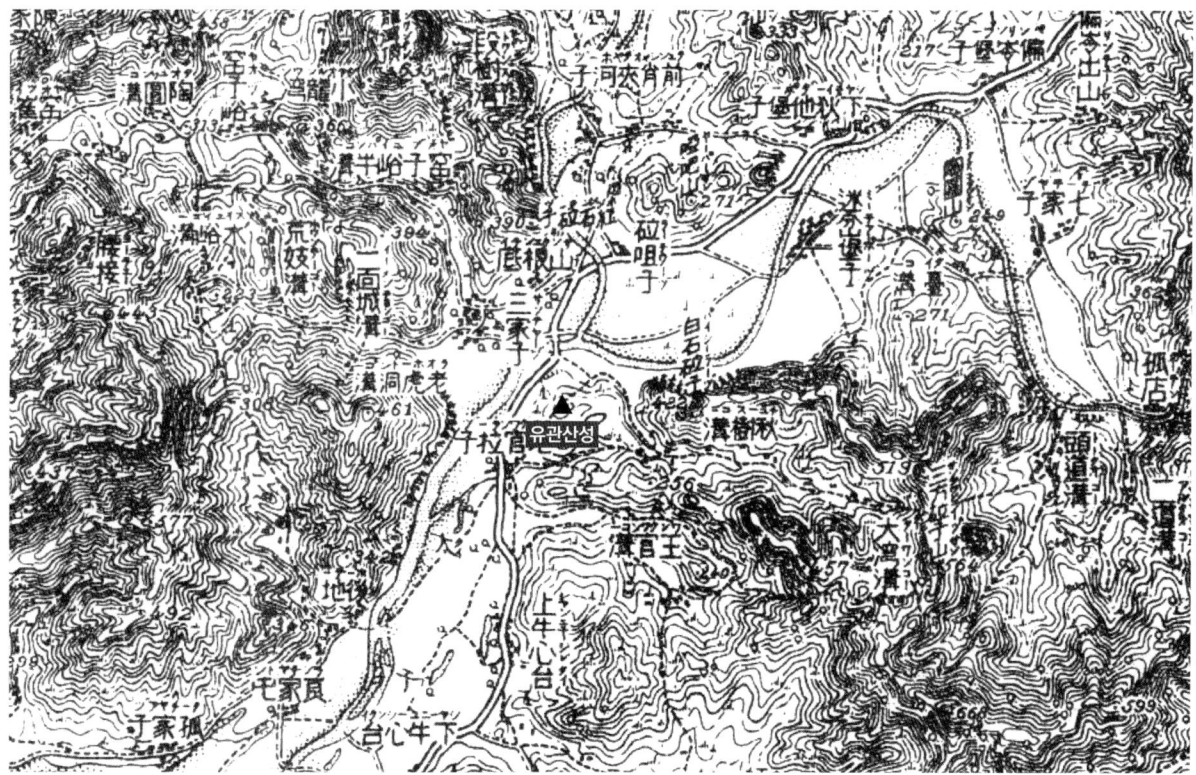

그림 2 유관산성 주변 지형도(滿洲國 10만분의 1 지형도)

10km 거리에는 山城子鄉 高句麗山城, 蘭河峪鄉 新城子 高句麗山城, 高句麗 土城門山城 등이 있음. 이 외에 本溪縣 서남과 鳳城市 접경지대인 草河鎭에는 草河城山城이 있음. 이 일대의 고구려 산성은 대부분 山谷河川의 요충지에 축조되었는데, 유관산성도 이러한 입지조건에 위치하고 있음(王禹浪·王宏北, 2007).

2) 역사지리 비정

상기와 같은 지정학적 위치 때문에 유관산성을 광개토왕이 영락 5년에 稗麗를 정복한 다음 개선할 때 襄平道를 지나 경유했다는 力城으로 비정하기도 함. 즉 稗麗는 陴離로 지금의 撫順 남쪽에 해당하고, 襄平道의 襄平은 지금의 遼陽이므로 요양에서 당시 도성이었던 집안으로 가는 최단 루트인 太子河를 따라 동쪽으로 이동하며 개선했다는 것임. 그러므로 力城과 北豊은 太子河 연안에 위치했다고 보아야 하는데, 먼저 지난 力城은 유관산성이고, 그 다음에 지난 北豊은 유관산성 동쪽의 下堡山城이라는 것임(孫進己·馮永謙, 1989).

그렇지만 이러한 위치 비정에는 다소 문제가 있음. 광개토왕이 정복한 稗麗는 거란 8부의 하나로 지금의 서요하 방면으로 비정되며, 襄平道는 요동평원의 중심인 襄平 곧 지금의 遼陽을 중심으로 요동평원을 종단하는 교통로로 비정됨. 광개토왕은 지금의 遼陽에서 곧바로 동쪽으로 방향을 바꾸어 태자하 연안으로 진입한 것이 아니라, 남쪽으로 더 내려간 다음 요동반도를 경유해 도성으로 개선했을 가능성이 더 높음. 유관산성을 力城으로 비정할 만한 명확한 논거가 제시되었다고 보기는 어려운 상태임. 특히 太子河 양안은 험준한 절벽으로 이루어져 있어서 교통로가 발달할 만한 지형조건이 아니기 때문에 주요 루트로 사용되었는지는 의문임(여호규, 1999).

참고문헌

- 孫進己·馮永謙, 1989, 『東北歷史地理』, 黑龍江人民出版社.
- 東潮·田中俊明, 1995, 『高句麗の歷史と遺跡』, 中央公論社.
- 여호규, 1999, 『高句麗 城』 Ⅱ, 國防軍史硏究所.
- 王禹浪·王宏北, 2007, 『高句麗·渤海古城址硏究匯編』 (上), 哈爾濱出版社.

03 본계 굴륭산성
本溪 窟窿山城

1. 위치와 자연환경

本溪市 立新區 牛心臺鄕 興隆村 북쪽 窟窿山 위에 위치함.

2. 성곽의 전체현황

○ 포곡식(簸箕形) 산성임.
○ 성의 규모가 매우 작다고만 기록되었을 뿐, 자세한 기록은 없음.

3. 성벽과 성곽시설

○ 남·서·북 세 면은 자연절벽을 이용하였음.
○ 동북 비탈의 완만한 지점에 돌로 성벽을 축조함.

4. 역사적 성격

고구려시기의 산성으로 보고되었지만, 정확한 성격을 파악하기 힘든 상태임. 고구려시기의 성곽이라면 위치와 규모로 보아 요동평원에서 천산산맥을 넘어 압록강 일대로 향하는 교통로 가운데 최단 코스인 本溪-鳳城路(細河-草河路) 일대를 방어하던 소형 보루로 추정됨.

참고문헌

· 陳大爲, 1995, 「遼寧高句麗山城再探」, 『北方文物』 1995-3.
· 魏存成, 2002, 『高句麗遺迹』, 文物出版社.

04 본계 상석교자산성
本溪 上石橋子山城

1. 위치와 자연환경

本溪市 교외 서북쪽의 石橋子鄕 上石橋子村에서 서남쪽으로 2km 떨어진 산 위에 위치함.

2. 성곽의 전체현황

○ 평면은 方形圓角임.
○ 성벽, 봉화대, 우물 등이 남아 있음.
○ 유물로는 기와가 출토됨.

3. 성벽과 성곽시설

대부분 산의 험준한 지세를 이용하고 서남쪽에만 돌로 성벽을 축조함.

4. 성내시설과 유적

1) 봉화대
○ 성의 동북부에 봉화대로 추정되는 건물지가 있음.
○ 직경은 3m, 높이는 0.6m임.

2) 우물
성의 서남 모서리에 우물 한 개 있음.

5. 출토유물

포문 기와가 출토되었음.

6. 역사적 성격

고구려시기의 산성으로 보고되었지만, 정확한 성격을 파악하기 힘든 상태임. 고구려시기의 성곽이라면 위치와 규모로 보아 요동평원 – 천산산맥 – 압록강 교통로의 최단 코스인 本溪 – 鳳城路(細河 – 草河路)의 瀋陽 방면 진입로를 방어하던 소형 보루로 추정됨.

참고문헌
- 馮永謙, 1997, 「高句麗城址輯要」, 『高句麗渤海硏究集成』 高句麗 卷3, 哈爾濱出版社.

05 본계 변우산성
本溪 邊牛山城 | 東山山城

1. 조사현황

遼寧省文物保護單位로 지정됨.

2. 위치와 자연환경(그림 1 ~ 그림 2)

1) 지리위치
○ 本溪市 근교 (서)북쪽으로 20여 km 떨어진 石橋子鄕의 북쪽에 있는 邊牛村 東山에 위치함.[1]
○ 산성 서측은 邊牛村과 인접해 있는데, 瀋陽-本溪 간 철도와 고속도로가 邊牛村을 통과함. 그리고 遼陽·鳳城·寬甸·新賓·瀋陽을 경유하는 도로와 이곳에서 만남. 즉 邊牛村은 이 일대의 교통 요충지임.
○ 산성 동측은 花嶺村, 북쪽 바로 아래에는 胡土臺村이 있음.
○ 산성에서 동남쪽으로 수십 km 떨어진 지점에 鳳凰山城이 있음.
○ 산성에서 서북쪽으로 15km 떨어진 지점에 瀋陽 塔山山城이 있음.

2) 자연환경
○ 산성 북측 산 아래에는 渾河 지류가 있음.
○ 산성에서 서쪽으로 2里 떨어진 지점에 太子河의 지류인 沙河가 흐르고 있는데, 그 주변에는 하천 양안을 따라 충적평야가 펼쳐져 있음.
○ 산성 동·남 양측은 산봉우리를 등지고 있고, 서·북 양측면은 遼河平原이 펼쳐져 있음. 이 곳은 바로 산간지대와 평원지대가 서로 교차하는 山口임. 산성은 산줄기로 이어지는 동남쪽을 제외하면, 사면이 충적평지나 골짜기에 의해 단절된 돌출지형임. 북쪽과 서쪽은 沙河와 그 지류 연안의 충적평지이며, 동쪽도 沙河 지류 연안의 골짜기임. 남쪽 산등성이 맞은 편에는 또다른 산줄기가 있지만, 양자는 깊고 기다란 골짜기에 의해 분리되어 있음.
○ 동쪽 주봉에서 좌우로 기다랗게 내리뻗은 해발 100~200m 전후인 산줄기가 약간 둥그스름한 장방형을 이루며 산성 내부를 감싸고 있음. 두 산줄기가 만나는 서쪽에 입구(서문)가 있고, 우측인 북쪽 산줄기 서쪽 부분의 능선에 진입로(북문)가 있음. 산성을 감싼 산줄기는 높지 않고 경사가 완만하며, 내부에는 골짜기를 따라 평탄한 대지가 펼쳐져 있음. 산성 내부의 골짜기는 북쪽 산등성이에서 안쪽으로 비스듬하게 내리뻗은 산줄기에 의해 다시 남북으로 나누어짐.

---

[1] 『高句麗·渤海古城址研究匯編』上에서는 '本溪市 邊牛村 高句麗 山城'과 '本溪市 石橋子鄕 邊牛村 高句麗 東山山城'이 나오는데(王禹浪·王宏北, 2007), 두 성은 같은 산성으로 추정됨. 여기에서는 '邊牛山城'으로 부르고자 함.

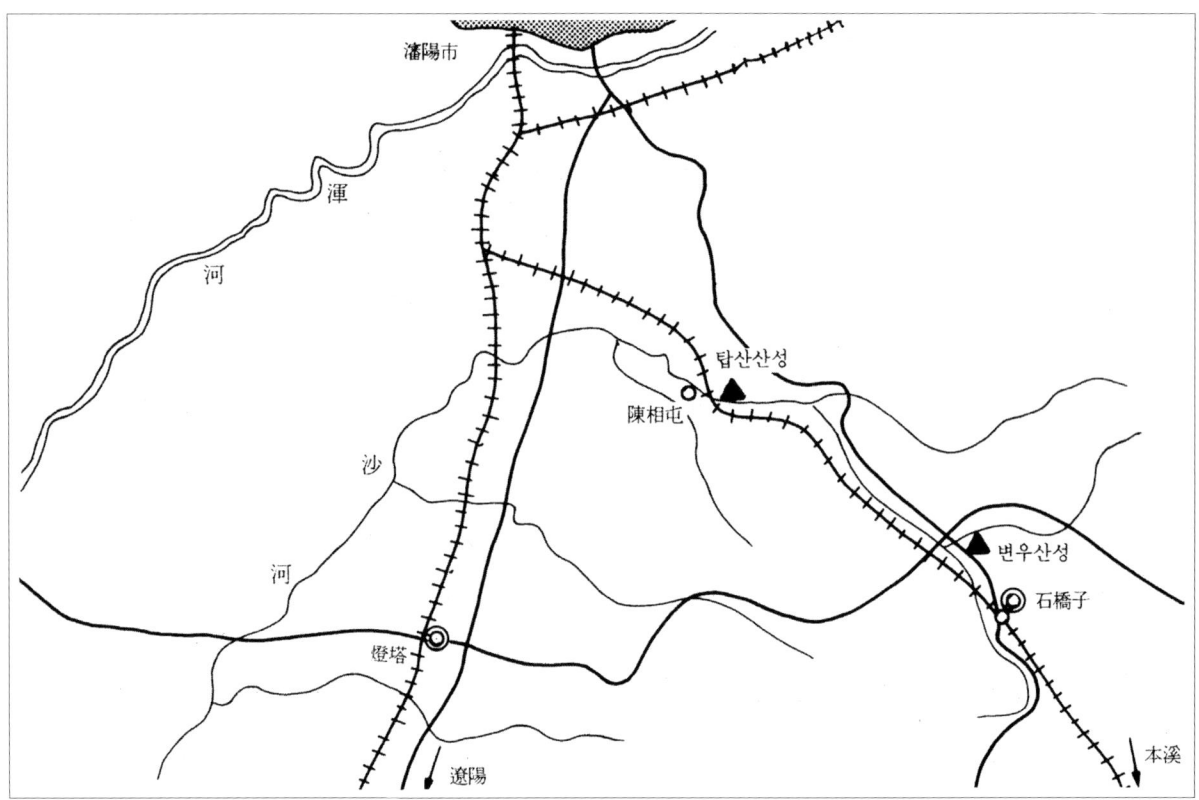

그림 1 변우산성 위치도(55만분의 1)(여호규, 1999, 267쪽)

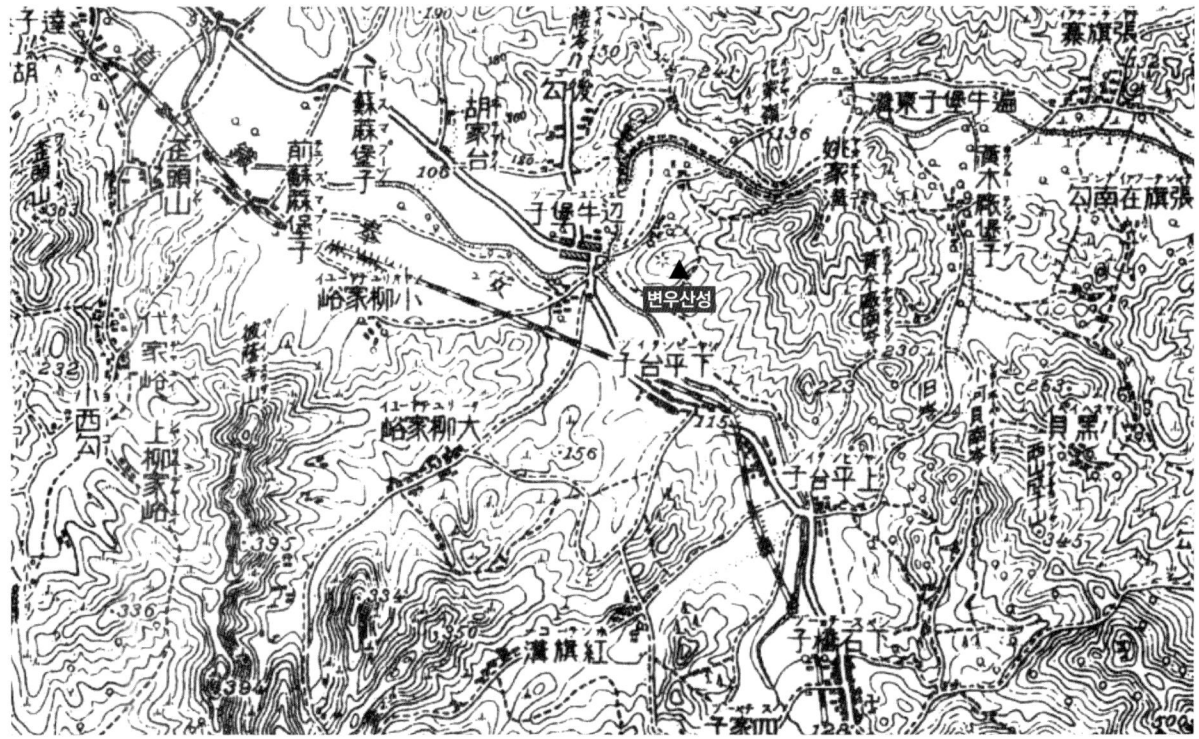

그림 2 변우산성 주변 지형도(滿洲國 10만분의 1 지형도)

3. 성곽의 전체현황

○ 포곡식(籢箕形) 산성임.
○ 평면은 불규칙형임.
○ 산성의 전체 둘레에 대해서는 1,141m(孫進己·馮永謙, 1989 ; 陳大爲, 1995 ; 東潮·田中俊明, 1995), 1,235m(馮永謙, 1997 ; 國家文物局, 2009), 1,500m(王禹浪·王宏北, 2007), 5,500m(王綿厚, 1994) 등의 여러 기록이 있는데, 2km를 상회한다고 보기는 어려움.
○ 성벽, 성문, 水口門, 角臺, 장대, 치, 저수지, 샘, 건물지 등이 남아 있음.
○ 유물로는 토기, 기와편 등이 출토됨.

4. 성벽과 성곽시설

1) 성벽
○ 성벽은 산세를 따라 축조하였음.
○ 산성 성벽은 토석혼축으로,[2] 다져진 층은 두께가 0.1m임.
○ 성벽의 규모에 대해서는 기단부 너비 6m, 잔고 높이 11m(馮永謙, 1997), 잔고 12m, 기단부 너비 20m, 정상부 너비 6m(國家文物局, 2009) 등의 조사기록이 있음.
○ 서벽 밖으로 60m 떨어진 지점에 또 다른 토축벽이 축조되어 있음. 길이는 545m임. 개울 남쪽 성벽 아래와 서문터 부근에 돌이 많이 흩어져 있는 것으로 보아, 돌로 기초를 다진 다음 토벽을 축조하였다고 추정됨(여호규, 1999).
○ 동벽은 흙으로 축조함. 동북 각대 아래쪽 성벽단면을 통해 황갈색 사질토와 진흙이 함유된 연한 회갈색 사질토를 번갈아 가면서 층층이 흙을 다진 모습을 볼 수 있음(여호규, 1999).
○ 북벽과 남벽은 토석혼축법으로 축조함. 성돌과 흙을 섞어서 쌓은 순수한 의미의 토석혼축이라기보다는 성돌을 쌓은 다음 그 위에 흙을 덮는 토석혼축으로 추정됨(여호규, 1999). 남은 높이는 50cm임.
○ 북벽 안쪽 참호와 비슷한 도랑이 성벽을 따라 계속 이어짐.
○ 동남 모서리에서 이어지는 동남쪽 산줄기에서 토석혼축한 성벽과 안쪽의 도랑이 확인됨. 동벽 바깥쪽의 경사가 완만하기 때문에 방어상의 취약점을 보완하기 위해 축조한 것으로 추정됨(여호규, 1999).

2) 성문
○ 정문인 서문과 沙河로 통하는 북문이 있음(여호규, 1999).[3]
○ 서문은 북쪽 산등성이 성벽이 산비탈을 따라 안쪽으로 들어오다가 성문과 직선을 이루는 지점에서 성문쪽으로 방향을 꺾어 골짜기 입구의 평탄한 대지쪽으로 내려오고 있음. 이로 볼 때 서문은 골짜기 안쪽으로 함입된 'U'자형 천연 옹성구조로 추정됨. 성문터 앞쪽에 성벽으로 추정되는 흙더미가 있는 것으로 보아 성문 자체도 옹성구조를 갖추었던 것으로 추정되나, 정확한 형태는 알 수 없음. 서문 바깥쪽으로 토축성벽을 구축하였다고 하는데, 성문을 보호하기 위한 방호시설로 추정됨(여호규, 1999).
○ 북문은 산줄기가 움푹 들어간 북벽 서쪽에 위치함. 북문도 전체적으로 'U'자의 천연 옹성구조임. 북문 양측의 성벽은 산등성이를 따라오다가, 북문 부근에서 꺾어 안쪽 경사면을 따라 비스듬하게 내려가 북문터에서

---

[2] 王綿厚(1994)는 돌로 축조하였다고 기록함. 반면 陳大爲(1995)는 토축이라고 기록함.

[3] 王禹浪·王宏北(2007)은 골짜기 입구에 성문 1개가 있다고 기록함. 國家文物局(2009)은 성문은 세 개가 있고, 너비는 약 8.5m라고 기록함. 馮永謙(1997)은 서벽에 성문과 측문, 동벽 가운데 부분, 외성 서벽, 또 다른 외성 남벽에 문이 있다고 기록함.

만남. 그리하여 산등성이에서 성 안쪽으로 들어온 지점에 성문이 자리 잡게 되고, 좌우의 산등성이가 성문으로 진입하는 길을 감싸는 옹성구조를 이루게 됨(여호규, 1999).

○ 북벽 중단과 남벽 동단에 작은 개구부(豁口)가 있는데, 북벽 중단의 개구부(豁口)는 어긋문 형식임(여호규, 1999).

3) 角臺

○ 동남 각대는 본래 원형 구덩이 형태로 축조되었던 것으로 추정됨. 토석혼축으로 각대 외벽을 쌓아 원형 구덩이를 만들었음.

○ 동북 각대는 동남 각대와 유사한 형태임. 규모는 동남 각대보다 큼.

○ 동북 각대에서 200m 떨어진 북벽에 각대가 있음. 이곳은 북벽 산등성이 가운데 방향이 꺾여 급경사를 이루기 시작하는 지점으로서, 북벽 안팎과 성 내부를 관찰하기에 좋은 지점임. 각대의 모양은 동남 각대와 유사함.

○ 북벽 중단 안쪽의 산비탈에 각대와 유사한 시설이 있음. 북벽 개구부(豁口) 서쪽의 성벽 안쪽에는 경사가 완만한 산비탈이 넓게 형성되어 있는데, 산비탈이 급경사를 이루기 시작하는 지점에 토석혼축으로 원형구덩이를 축조하고 바닥에는 돌을 깔았음. 북벽 중단 안쪽의 산비탈에 있는 각대에서 서쪽으로 약간 떨어진 북벽 안쪽에 平臺시설이 있음. 바깥으로 약간 볼록하게 튀어나온 성벽을 외곽선으로 삼아 성벽 안쪽 산비탈에 야트막한 토루를 쌓아 사다리꼴 평대를 구축함. 길이는 20~30m, 너비는 15~20m 전후임. 그리고 성벽이 바깥쪽으로 가장 많이 튀어나온 중간부분에 타원형 구덩이시설을 구축함. 이상과 같은 시설이 대부분 원형 내지 타원형 구덩이라는 점에서 봉화대의 기능도 수행하였을 것으로 추정됨(여호규, 1999).

4) 將臺

저수지 뒤쪽에는 圓角方形의 平臺가 있음. 이곳은 성 내부 평탄지이고, 동남과 동북 각대가 한 눈에 들어온다는 점에서 將臺로 추정됨(여호규, 1999).

5) 치

동벽 중간에는 반원형 치가 있음. 이 곳은 동벽 바깥의 산등성이와 이어지는 지점으로서, 적이 산등성이를 따라 성벽에 접근하는 것을 막기 위해 구축한 것임. 높이는 15m 전후임. 아래쪽에 돌이 흩어져 있는 것으로 보아 돌로 외벽을 축조하였다고 추정됨(여호규, 1999).

6) 水口門

서벽 바깥 외성 가장 낮은 지대에 수구문이 있음(馮永謙, 1997).

5. 성내시설과 유적

1) 건물지

○ 남북 두 골짜기를 따라서 펼쳐지는 평탄한 대지에는 건물이 많이 축조되었을 것으로 추정됨.[4]

○ 동남 각대에서 조금 떨어진 남벽 안쪽 산비탈에는 돌로 축대를 쌓은 길이 20m·너비 10m 전후의 平臺가 있음. 平臺 서북쪽에는 원형 구덩이가 있음. 병사들이 주둔하던 반지하식 주거지로 추정됨.

2) 저수지

○ 남쪽 골짜기에는 흐르는 샘을 막아서 만든 저수지가 있음.

○ 저수지에서 서쪽으로 개울이 계속 이어지고, 서문이

---

[4] 魏存成(2002)은 성 안에 高臺 세 곳이 있다고 기록함.

위치한 골짜기 서쪽 입구를 통해 바깥쪽으로 흘러나감.

3) 샘
성 내부의 남쪽 골짜기가 시작되는 지점에 샘이 있음.
샘에서 솟아난 물은 골짜기를 따라 서쪽으로 흘러감.

6. 출토유물

○ 고구려 계통의 니질 회갈색 토기편이 출토됨.
○ 遼·金 계통의 포문기와편이 출토됨.

7. 역사적 성격

1) 지정학적 위치
邊牛山城은 요동평원과 동부 산간지대의 경계지대에 위치함. 특히 이곳은 瀋陽에서 本溪를 거쳐 千山山脈을 넘어 압록강 일대로 향하는 길목에 해당함. 지금도 瀋陽에서 本溪를 거쳐 압록강 하구의 丹東에 이르는 고속도로, 철도, 일반도로 등이 모두 邊牛山城 서쪽을 지나가고 있음.

요동평원에서 千山山脈을 넘어 압록강 일대로 향하는 교통로는 크게 本溪-鳳城路(細河-草河路), 海城-岫巖路(沙鐵河-大洋河路), 蓋州-莊河路(大淸河-碧流河路) 등 세 루트로 대별할 수 있음. 이 가운데 邊牛山城은 燈塔 白巖城과 함께 가장 위쪽 루트인 本溪-鳳城路의 입구를 봉쇄하고 있음. 즉 白巖城이 遼陽(遼東城) 방면에서 本溪로 향하는 진입로의 입구에 위치하였다면, 邊牛山城은 瀋陽(蓋牟城)에서 本溪로 나아가는 교통로의 입구를 막고 있는 것임.

따라서 邊牛山城은 전략적으로 蓋牟城으로 비정되는 瀋陽 塔山山城뿐 아니라 白巖城과도 밀접한 관계가 있을 것으로 추정됨. 고구려는 요동평원-압록강의 교통로 입구와 요충지에 성을 구축하여 입체적 군사방어체계를 구성하였던 만큼, 邊牛山城도 전방의 瀋陽 塔山山城이나 서남쪽의 燈塔 白巖城과 유기적인 방어체계를 구성하였을 것으로 추정됨(여호규, 1999).

2) 역사지리 비정과 성곽의 성격
邊牛山城을 645년 당 태종이 고구려 원정시에 함락시켰다는 10성 가운데 하나인 磨米城으로 비정하기도 함. 『資治通鑑』 권198 貞觀19년 10월조에 따르면 645년 唐은 고구려를 침공하여 玄菟, 橫山, 蓋牟, 磨米, 遼東, 白巖, 卑沙, 麥谷, 銀山, 後黃 등 10성을 빼앗았다고 하는데, 당시 戰況으로 보아 위의 기록은 대체로 함락 순서로 기재되었던 것으로 추정됨. 磨米城은 唐軍이 蓋牟城을 점령한 다음, 遼東城·白巖城을 공격하기에 앞서 함락시킨 것이므로 蓋牟城을 瀋陽 塔山山城으로 비정한다면, 磨米城은 塔山山城에서 本溪로 진입하는 교통로의 입구에 위치한 邊牛山城으로 비정할 수 있음(孫進己·馮永謙, 1989 ; 王綿厚, 1994).[5]

邊牛山城은 둘레 1.5km 전후의 중소형산성으로 분류되지만, 내부에는 주거용 공간이 비교적 넓은 편임. 건물지 등은 아직 확인되지 않았지만, 남북 골짜기의 평탄한 대지와 산등성이 안쪽의 산비탈도 경사가 완만하여 주거용 공간을 많이 확보할 수 있었음. 邊牛山城은 지방지배를 위한 거점성으로도 기능하였다고 추정됨. 邊牛山城은 요동평원에서 本溪를 거쳐 압록강으로 진입하는 전략적 요충지를 방어하는 군사중진이자, 주변 沙河 연안일대를 지배하기 위한 거점성이었던 것으로 추정됨. 唐이 고구려를 멸망시킨 다음 邊牛山城에 磨米州를 설치한 것은 바로 이러한 상황을 반

---

5 다만 王綿厚(2002)는 당군이 加尸城=黎山城을 공격했을 때 烏骨城과 蓋牟城이 加尸城을 원조했다는 사실을 근거로 加尸城=黎山城은 烏骨城(鳳城 鳳凰山城)과 蓋牟城(瀋陽 塔山山城) 사이에 위치했을 것이라며, 邊牛山城을 加尸城=黎山城으로 비정했음.

영함(여호규, 1999).

참고문헌

- 孫進己·馮永謙, 1989, 『東北歷史地理』, 黑龍江人民出版社.
- 王綿厚, 1994, 「鴨綠江右岸高句麗山城研究」, 『遼海文物學刊』 1994-2.
- 東潮·田中俊明, 1995, 『高句麗の歷史と遺跡』, 中央公論社.
- 陳大爲, 1995, 「遼寧高句麗山城再探」, 『北方文物』 1995-3.
- 馮永謙, 1997, 「高句麗城址輯要」, 『高句麗渤海硏究集成』 高句麗 卷3, 哈爾濱出版社.
- 여호규, 1999, 『高句麗 城』 Ⅱ, 國防軍史硏究所.
- 王綿厚, 2002, 『高句麗古城硏究』, 文物出版社.
- 魏存成, 2002, 『高句麗遺迹』, 文物出版社.
- 王禹浪·王宏北, 2007, 『高句麗·渤海古城址硏究匯編』 (上), 哈爾濱出版社.
- 國家文物局, 2009, 『中國文物地圖集』 遼寧分冊, 西安地圖出版社.

제20부

본계현(本溪縣) 지역의 유적

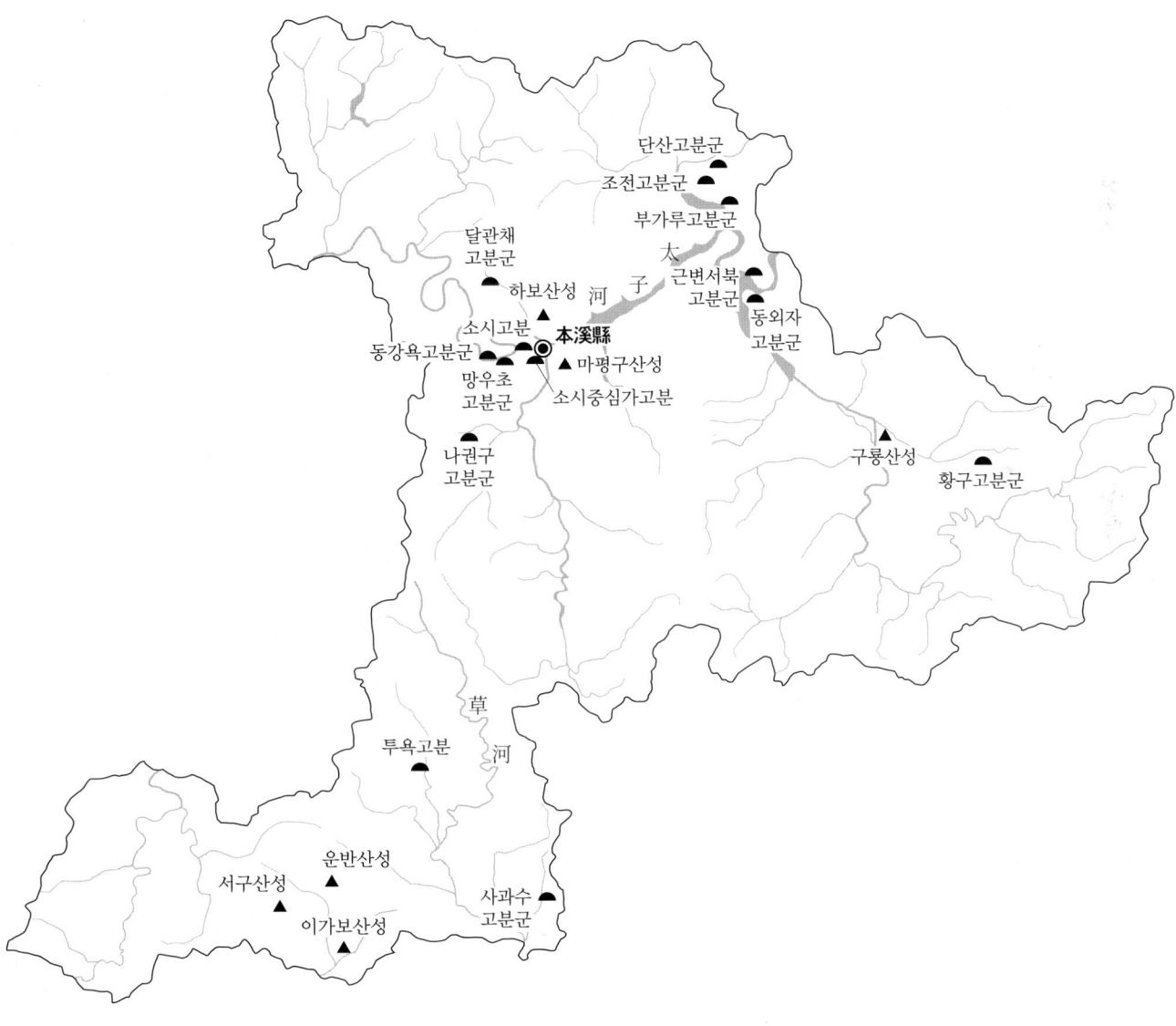

1
고분군과 고분

01 본계 근변서북고분군
本溪 近邊西北古墳群

1. 위치와 자연환경(그림 1)

本溪縣 南甸子鎭 近邊寺村 서북 1km에 위치.

2. 고분군의 현황

○ 고분군 분포 범위는 약 400m²임.
○ 고분은 석실묘로, 석실은 판석을 세워 축조하는 방식과 돌(塊石)을 층층히 쌓는 방식으로 나뉨.

3. 출토유물

일찍이 토기(陶罐)와 인골 등이 발견됨.

참고문헌

· 國家文物局 主編, 2009, 『中國文物地圖集』 遼寧分冊(上·下), 西安地圖出版社.

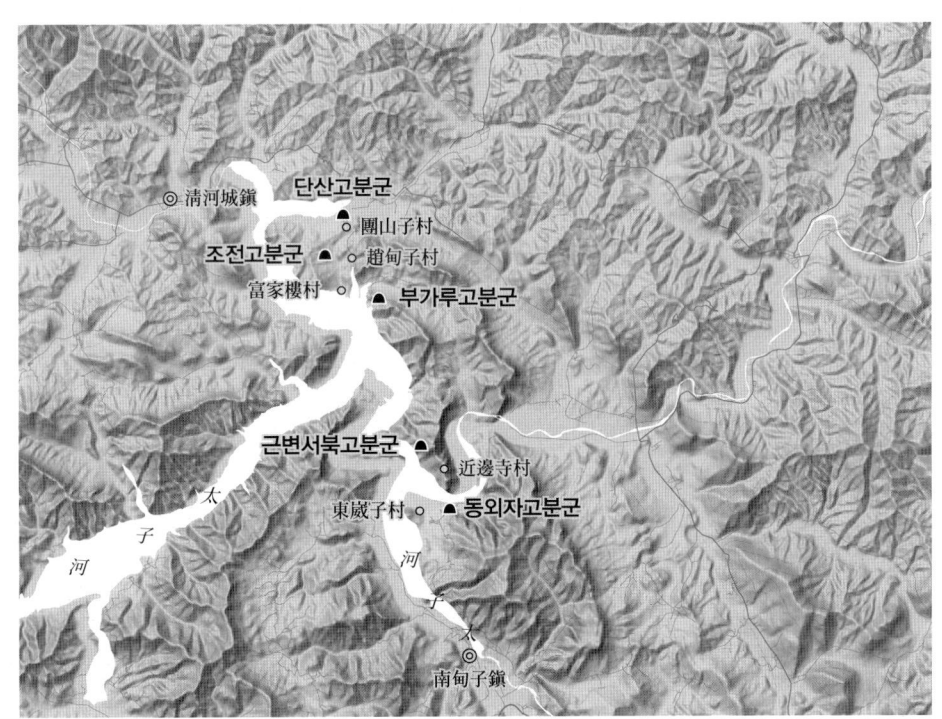

그림 1 근변서북고분군 위치도

02 본계 나권구고분군
本溪 羅圈溝古墳群

1. 위치와 자연환경(그림 1)

本溪縣 小市鎭 羅圈溝村 남쪽 500m에 위치.

2. 고분군의 현황

○ 고분 분포 범위 약 100m².

○ 고분 6기 확인.
○ 고분은 석실묘로, 일반적으로 길이 5m, 너비 1.5m, 높이 1m임.

참고문헌

· 國家文物局 主編, 2009, 『中國文物地圖集』 遼寧分冊(上·下), 西安地圖出版社.

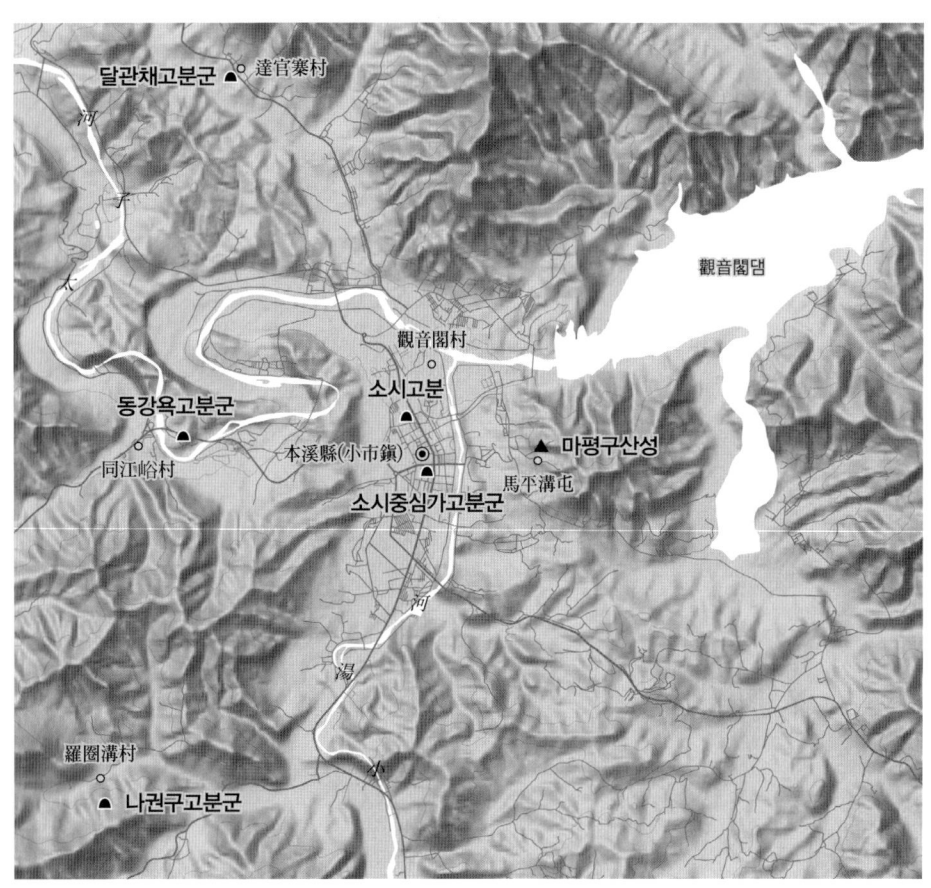

그림 1 나권구고분군 위치도

03 본계 단산고분군
本溪 團山古墳群

1. 위치와 자연환경(그림 1)

本溪縣 淸河城鎭 團山子村 북쪽에 위치.

2. 고분군의 현황

- 고분 분포 범위 약 1,000m².
- 석실 위에 돌을 쌓은 후 흙을 덮었음.
- 일부 무덤은 판석이 노출됨.
- 가장 큰 고분은 길이 6m, 너비 3m, 높이 1.5m임.

3. 출토유물

일찍이 토기(陶罐)가 발견됨.

참고문헌

- 國家文物局 主編, 2009, 『中國文物地圖集』 遼寧分冊(上·下), 西安地圖出版社.

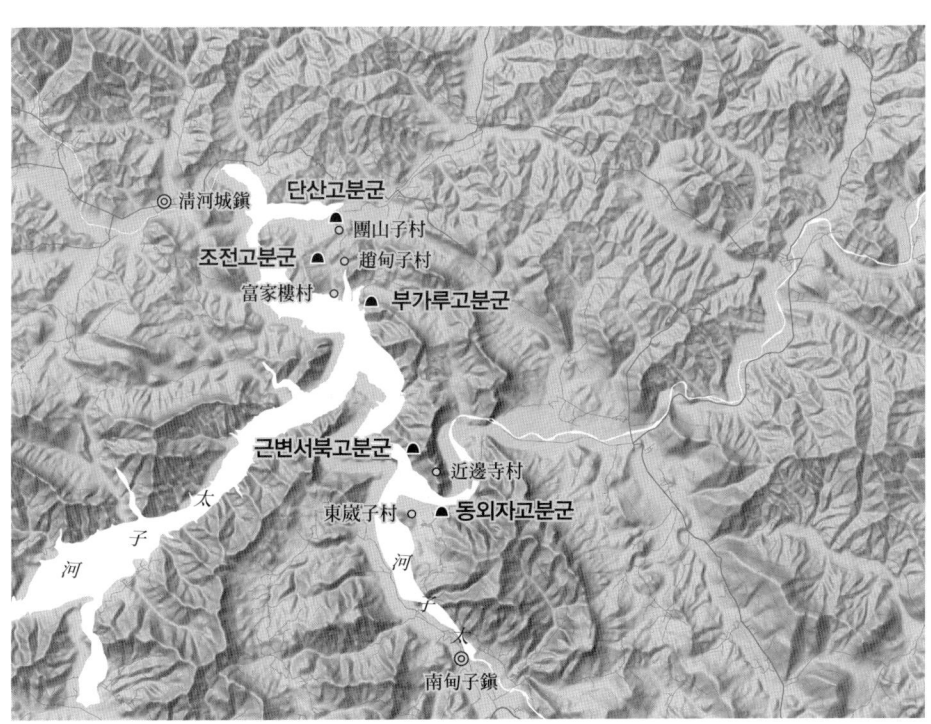

그림 1 단산고분군의 위치도

04 본계 달관채고분군
本溪 達官寨古墳群

1. 위치와 자연환경(그림 1)

本溪縣 小市鎭 達官寨村 서북 500m에 위치.

참고문헌

- 國家文物局 主編, 2009, 『中國文物地圖集』遼寧分冊(上·下), 西安地圖出版社.

2. 고분군의 현황

고분군 범위는 약 1만 5,000m²이며, 다수가 석실묘임.

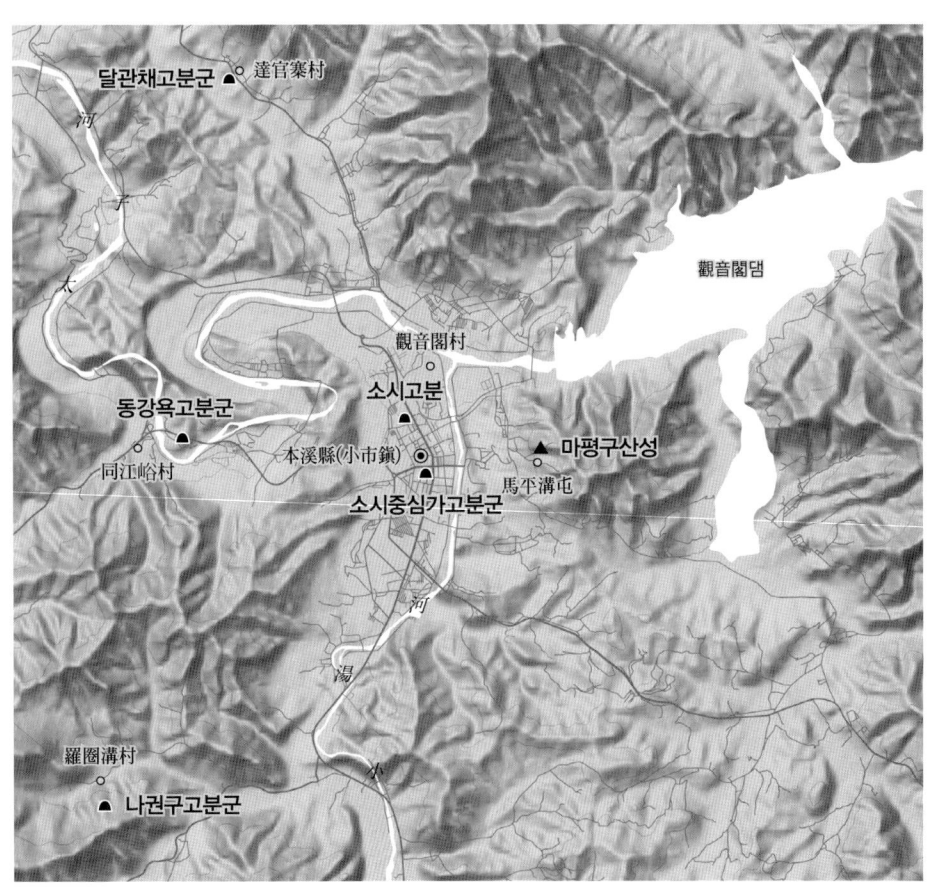

그림 1 달관채고분군 위치도

05 본계 동강욕고분군
本溪 同江峪古墳群

1. 위치와 자연환경(그림 1)

本溪縣 小市鎭 同江峪村 동쪽 300m 거리에 위치.

2. 고분군의 현황

○ 1만 m² 범위에서 10여 기 고분 확인.

○ 무덤은 크기가 다른 큰 강자갈(鵝卵石)로 봉해져 있음.
○ 封石墓는 큰 것은 길이 10m, 너비 3m, 높이 1.5m임.

참고문헌

· 國家文物局 主編, 2009, 『中國文物地圖集』 遼寧分冊(上·下), 西安地圖出版社.

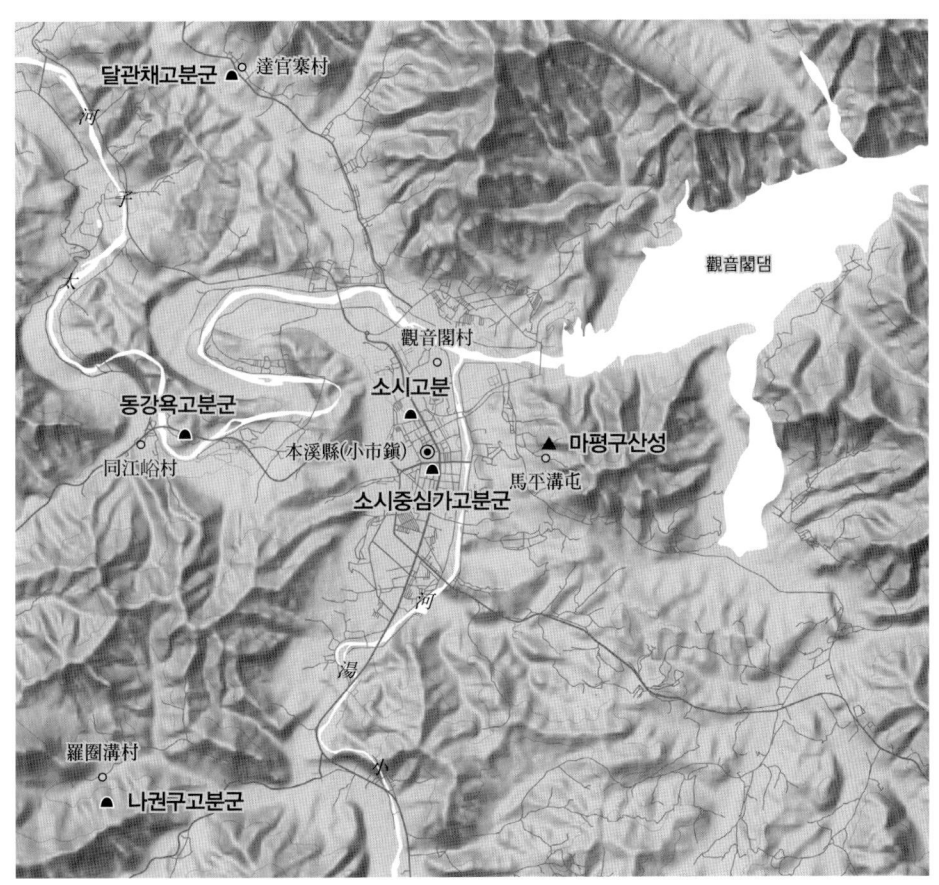

그림 1 동강욕고분군 위치도

06 본계 동외자고분군[1]
本溪 東崴子古墳群

1. 조사현황

○ 1987년 10월.
○ 당시 본계현 관음각댐 수몰지역에 대한 조사 실시.
○ 省市縣고고공작대가 수몰지역 내의 문물 조사 및 발굴을 진행하면서 해당 고분군 발굴 조사.

2. 위치와 자연환경(그림 1)

○ 고분군은 본계현 南甸子鎭 東崴子村에 위치.

○ 고분군은 태자하 상류 강변의 비교적 평탄한 산간지대에 위치.

3. 고분군의 현황

○ 고분군의 면적은 350m².
○ 양지룡·이신전(2009) : 총 9기 확인. 1기 적석묘, 8기 봉토석실묘. 봉토묘 묘실은 단실과 쌍실로 구분.
○ 『中國文物地圖集』遼寧分册(2009) : 모두 석실묘. 고분은 돌로 층층히 쌓은 것과 판석을 세워 쌓은 것

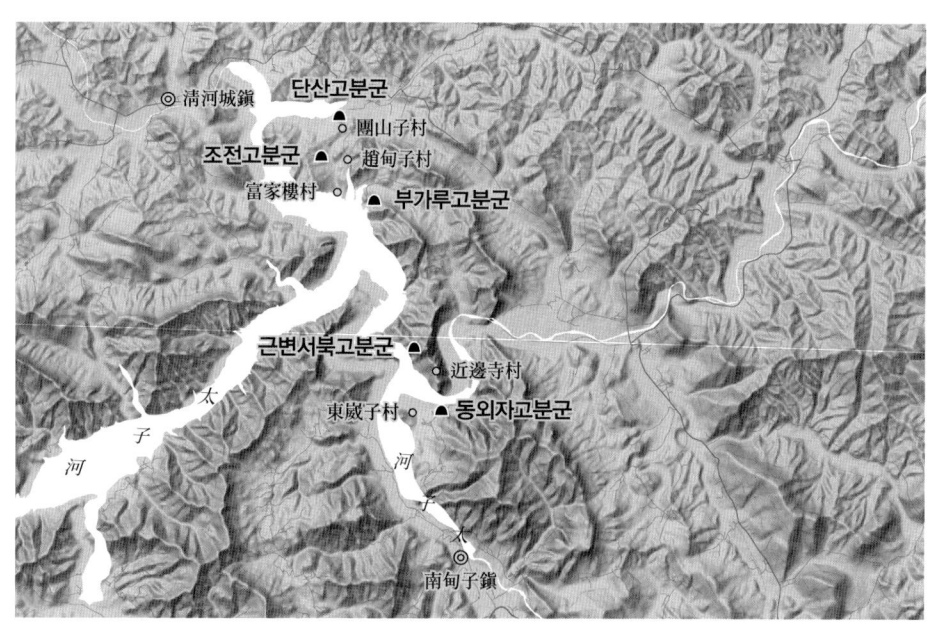

그림 1 동외자고분군 위치도

---

1 『中國文物地圖集』遼寧分册(2009) 참조. 梁志龍·李新全(2009) 에는 '黃泥坑'고분군으로 소개됨.

으로 나뉨. 墓道는 대다수 남단에 설치. 1호묘는 길이 9.2m, 너비 5.8m, 잔존 높이 1m로 규모가 큰 편임.

4. 출토유물

1호묘에서 금동 이배(鎏金耳杯) 등이 출토됨.

참고문헌

- 國家文物局 主編, 2009, 『中國文物地圖集』 遼寧分冊(上·下), 西安地圖出版社.
- 梁志龍·李新全, 2009, 「本溪地區高句麗考古三十年」, 『高句麗與東北民族硏究』.

07 본계 망우초고분군
本溪 牡牛哨古墳群

1. 조사현황

○ 1983년 조사.
○ 水洞 유적 발굴할 때 고분 3기를 함께 정리 조사.

2. 위치와 자연환경

○ 本溪縣 小市鎭 謝家崴子村 서북 1km 거리에 위치.
○ 태자하 남안에 위치하며, 태자하 가까이에 있음. 현지인들이 牡牛哨라 부르는 지점임.

3. 고분군 전체 현황

1) 고분군 현황
○ 1960년 태자하 범람으로 고분 3기의 개석이 유실됨. 이후 토지를 평탄화하면서 현재 墓壙만이 남아 있고, 묘광의 파괴 정도는 서로 다름.
○ 고분 3기의 형식과 축조방식은 대체로 유사함.
○ 묘광의 네 둘레는 판석을 세우거나, 크기가 서로 다른 가공하지 않은 석재를 세우기도 함.
○ 묘실 바닥에는 자갈을 깔았음.
○ 고분 3기 가운데 1호묘 안에서만 부장품이 발견됨.

2) 1호묘 현황
○ 해당 고분은 單人葬임.
○ 묘실은 길이 2m, 너비 0.9m. 묘실 바닥은 0.7m 지하에 위치.
○ 묘실에서 가는 점토질 호(泥質罐), 금동귀걸이(包金耳環) 1매 확인.

4. 출토유물

1) 호(陶罐)
○ 출토지 : 망우초1호묘.
○ 색깔과 태토 : 태토는 가는 점토질(泥質)이며, 언뜻 황색을 띠는 회색.
○ 형태 : 輪製. 입이 넓고(敞口) 입술이 둥글고(圓脣) 입(口)이 약간 盤狀과 같으며, 목이 비교적 가늘고 어깨 아래에 횡선문 3줄이 돌아가며, 동체는 球狀을 띠고 있음. 전체적으로 작고, 바닥이 평평함.

2) 금동귀고리(包金耳環)
○ 출토지 : 망우초1호묘.
○ 형태 : 銅芯에 한 겹의 얇은 금조각을 씌웠으며, 횡단면은 원형을 띠고 있음.

5. 역사적 성격

이미 유실되어 원상을 알 수 없으나 분구돌에 대한 언급이 없는 것으로 미루어 석실봉토분 가능성이 있으며, 모래혼입 토기가 출토되지 않고 고운 점토질 토기와 금동귀고리(包金耳環)가 출토된 점 등을 종합해 볼 때 4세기 이후 조성되었을 것임.

출토된 유물 및 고분의 특징을 보면 고구려 고분에 해당함.

참고문헌

• 齊俊·丁曉强, 1997, 「本溪小市地區高句麗遺迹遺物考」, 『高句麗渤海硏究集成』 高句麗 卷2.

08. 본계 부가루고분군
本溪 富家樓古墳群

1. 조사현황 : 1987년 7~8월 조사

本溪縣 觀音閣댐 수몰지역 조사 일환으로 省·市·縣 고고공작대가 수몰지역 내의 문물 조사와 발굴을 진행함. 이때 해당 고분군도 발굴 조사.

2. 위치와 자연환경(그림 1)

本溪縣 淸河城鎭 富家樓村 동쪽의 경작지에 위치.

3. 고분군의 현황

1) 고분 수량과 유형
○ 梁志龍·李新全(2009) : 총 10여 기. 1기의 석관묘를 제외하고 적석석실묘와 봉토석실묘로 구성.
○ 『中國文物地圖集』 遼寧分冊(2009) : 총 19기. 모두 석실묘.

2) 고분 구조
○ 고분 구조는 묘실의 위치와 축조방식을 기준으로 3가지 유형으로 나뉨.

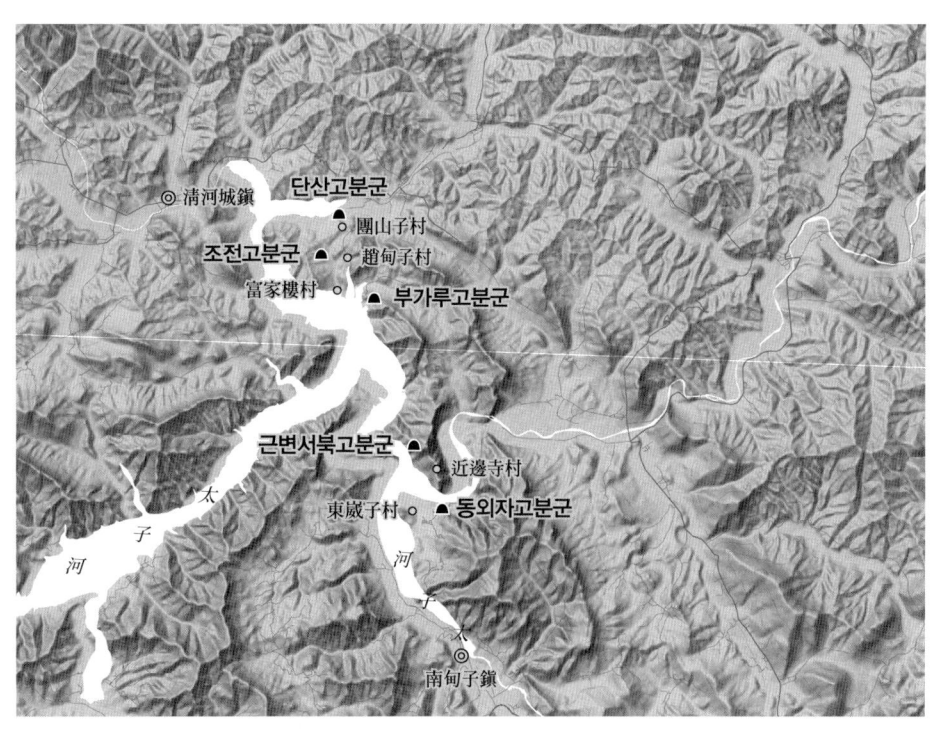

그림 1 부가루고분군 위치도

○ 첫째 유형 : 지하묘실. 납작한 돌을 층층이 쌓아 올려 위에는 가지런한 거대한 판석을 덮은 것.
○ 둘째 유형 : 반지하 묘실. 장방형을 띠며, 묘실 벽은 할석과 판석으로 축조하고, 여러 개의 커다란 판석을 덮은 것.
○ 셋째 유형 : 지하묘실. 큰 돌로 층층이 쌓았음. 일반적으로 길이 2m, 너비 1m 정도임.

4. 출토유물

○ 점토질 흑색 토기(泥質黑陶)에는 어깨에 줄무늬(弦文)가 새겨져 있음.
○ 돌화살촉 등도 출토됨.

참고문헌

- 國家文物局 主編, 2009, 『中國文物地圖集』 遼寧分冊(上·下), 西安地圖出版社.
- 梁志龍·李新全, 2009, 「本溪地區高句麗考古三十年」, 『高句麗與東北民族研究』.

09 본계 사과수고분군
本溪 四棵樹古墳群

1. 위치와 자연환경(그림 1)

本溪縣 草河城鎭 四棵樹村 동북에 위치.

2. 고분군의 현황

- 고분군 분포 범위 약 160m²임.
- 적석묘와 석실묘 두 종류가 있음.

참고문헌

- 國家文物局 主編, 2009, 『中國文物地圖集』 遼寧分冊(上·下), 西安地圖出版社.

그림 1
사과수고분군 위치도

10 본계 소시고분
本溪 小市古墳 | 本溪晉墓

1. 조사현황 : 1960년 4월 조사

1) 조사배경
遼寧省 冶金局 勘探公司 04隊가 공사를 시작하면서 고분을 발견.

2) 조사기관
요령성 문화국.

3) 조사내용
○ 무덤 천장부가 이미 드러났으며, 유물은 원위치에서 이탈한 상태임.
○ 묘실 구조를 실측하고, 개략적 현상을 기록함.
○ 출토유물 전부를 회수하여, 본계시 문화국에 보존하도록 함.

2. 위치와 자연환경(그림 1)

○ 本溪市 동쪽 약 50km에 위치한 小市鎭의 중심, 지금의 地質學校 내에 위치.
○ 소시진은 본계현 정부소재지임.

---

1   武家昌(2005) 및 『中國文物地圖集』 遼寧分冊(2009) 참조. 『考古』 1984-8에는 '本溪晉墓'라고 명명.

3. 고분의 현황

1) 유형
봉토석실묘.

2) 방향
172°.

3) 고분 구조(그림 2)

(1) 묘실
○ 돌로 축조, 평면은 '丁'자형임.
○ 주실(主室), 전실, 좌·우 이실(耳室) 등 세 부분으로 구성.
○ 네 벽은 모두 크기와 두께가 고르지 않은 돌로 평평하게 쌓음.
○ 묘광은 지표에서 2m 아래에 위치. 벽의 높이는 1.5m, 묘실 바닥은 전체 길이 5m, 너비 1.9m임.
○ 천장은 3매의 커다란 판석으로 덮었고, 그 위에 재를 한 층 덮고, 다시 그 위에 비교적 큰 자갈돌(礫石)을 덮었음.
○ 묘문은 큰 판석 한 매를 세워 폐쇄함. 매우 견고함.

(2) 주실
○ 규모는 남북 길이 2.5m, 동서 너비 1.75m.
○ 동서 양벽은 할석으로 층층이 가지런히 쌓았음. 아

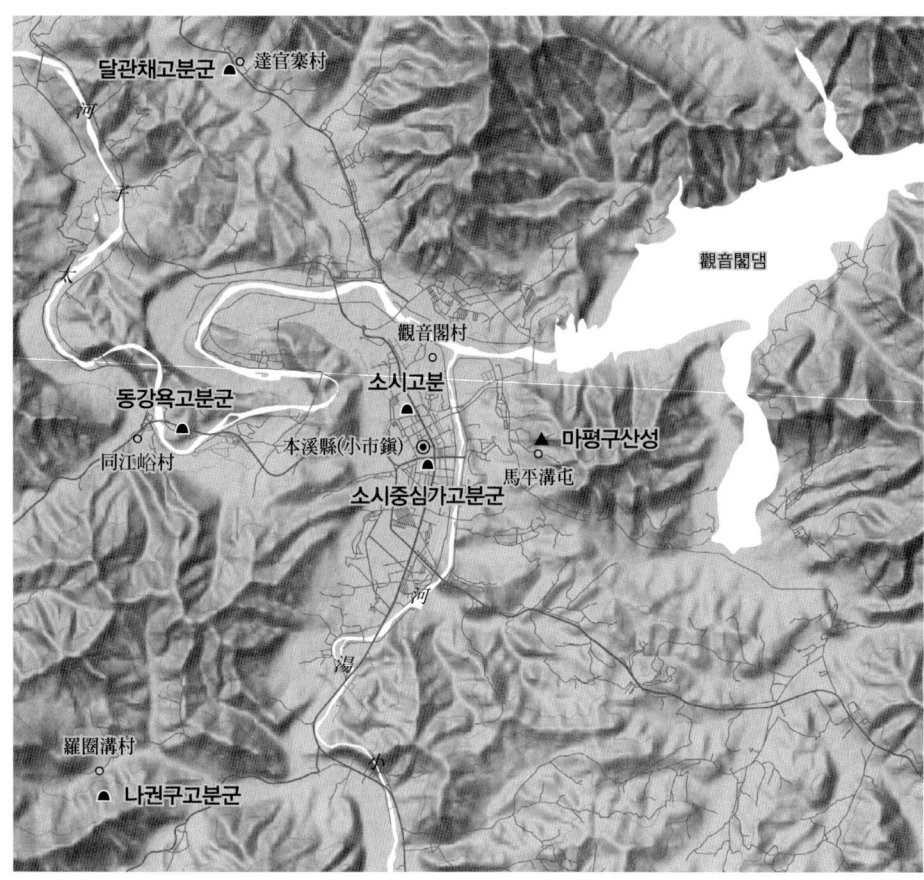

그림 1 소시고분 위치도

래에서 위로 가면서 안으로 들여쌓아 벽선이 호형(弧形)을 띰. 벽면에는 3~5cm 두께의 백회를 한 겹 바름.
○ 주실 서측에는 시상(尸床)이 있음. 시상은 주실과 길이가 같고, 폭은 50cm. 주실 바닥은 약 10cm 두께의 재를 깔고 그 위에 판석을 한 층 깔고, 다시 그 위에 30cm 두께로 자갈을 깔음.

(3) 전실
○ 주실 남쪽에 동서향을 장축으로 하는 전실이 있음.
○ 동서 양단에는 각기 耳室이 하나씩 축조되어 있음.
○ 전실은 동서 길이 1.3m, 너비 0.75m임. 너비는 이실의 남북 길이와 같음.
○ 바닥은 주실 바닥보다 대략 20cm 낮음.

(4) 이실
○ 동·서 이실은 판석을 2층으로 깔아 작은 대를 이루며, 바닥은 전실에 비해 20cm 높아 주실과 같음.
○ 이실 북벽은 모두 판석 한 매를 세움. 길이 및 높이는 모두 75cm, 너비 50cm.

4) 기타
○ 주실 안에서 목판(木板) 흔적과 갈색 칠편(漆片)이 발견됨. 칠편 위에는 붉은색(朱色) 무늬가 새겨져 있고, 무덤 안에서 적지 않은 철못(鐵釘)이 나왔고, 어떤 것은 木痕이 붙어 있었음. 葬具는 목관이 있었음을 알 수 있음. 목관 밖에는 갈색의 칠이 발라져 있고, 꽃문양(花文)이 그려져 있었을 것으로 추정됨.
○ 현지인에 의하면 주실 안에서 두개골 잔편과 넓적다리 뼈(腿骨) 잔편이 발견되었다고 함.

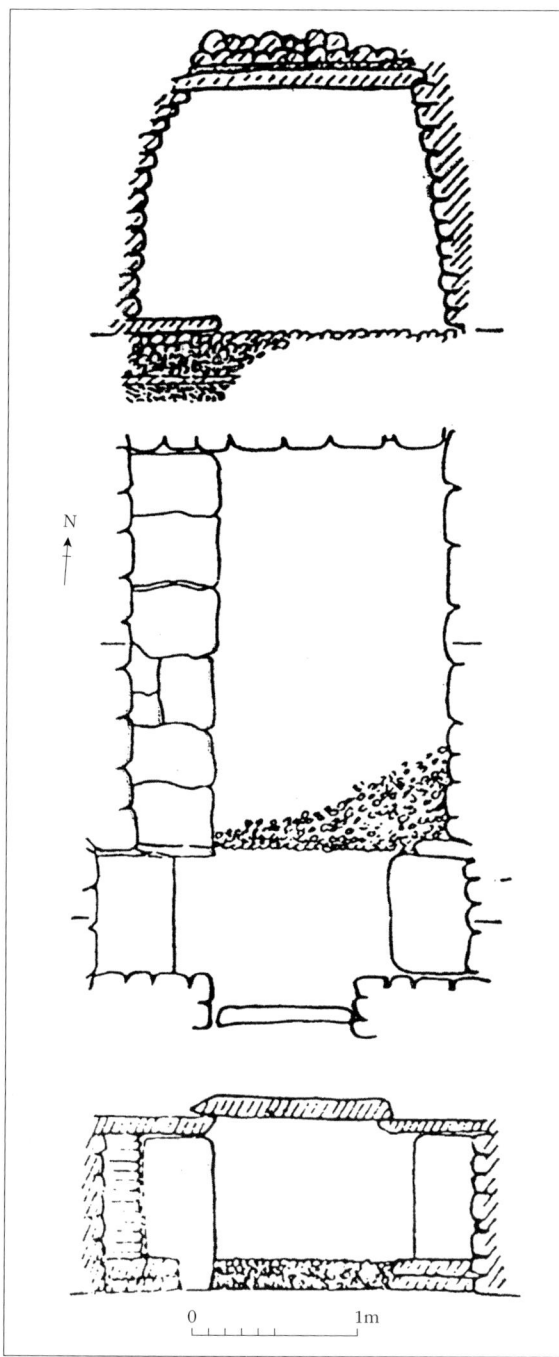

그림 2 소시고분의 평·단면도(『考古』1984-8)

4. 출토유물

토기는 모두 전실에서, 금은 장식은 주실 중앙에서 모두 출토. 토기 14점, 금은기 14점, 금동기 33점, 철기 33점 등임.

1) 토기

(1) 호(陶罐, 그림 3-3)

○ 출토지 : 소시고분.
○ 크기 : 입직경(口徑) 10.3cm, 바닥직경(底徑) 7cm, 높이 11.8cm.
○ 색깔과 태토 : 모래혼입 짙은 회색 토기(夾砂深灰陶).
○ 형태(Ⅰ식 罐) : 輪製. 표면을 문질러서 광을 냄. 입술이 둥글고(圓脣) 입이 벌어졌으며(侈口), 배는 완만하게 곡선을 이룸.

(2) 호(陶罐, 그림 3-2)

○ 출토지 : 소시고분.
○ 크기 : 입직경(口徑) 6.45cm, 배직경(腹徑) 12.6cm, 바닥직경(底徑) 7.85cm, 높이 10.7cm.
○ 색깔과 태토 : 점토질 회색 토기(泥質灰陶).
○ 형태(Ⅱ식 罐) : 輪製. 점토질 회색 토기가 총 5점 발견되었는데 해당 호는 이 가운데 크기가 가장 작음. 입은 뻗었으며(展沿), 목이 짧고(短頸), 배가 부르고(鼓腹), 바닥이 평평하며(平底), 입술이 둥근(圓脣) 형태임. 어깨(肩部) 양쪽에 각기 '龍'자가 새겨져 있음.

(3) 호(陶罐, 그림 3-1)

○ 출토지 : 소시고분
○ 크기 : 입직경(口徑) 12cm, 배직경(腹徑) 19.6cm, 바닥직경(底徑) 12cm, 높이 10.7cm.
○ 색깔과 태토 : 점토질 회색 토기(泥質灰陶)
○ 형태(Ⅱ식 罐) : 輪製. 입술이 네모지고(方脣) 입은 뻗었으며(展沿), 목이 짧고(短頸), 배가 부르고(鼓腹), 바닥이 평평한(平底) 형태임. 하복부(下腹部)에 조각칼로 깎기 수정한 흔적이 있으며, 어깨부에는 음각선문(凹弦文)이 두 줄 돌아가는데 그 안에는 압인한 "중호

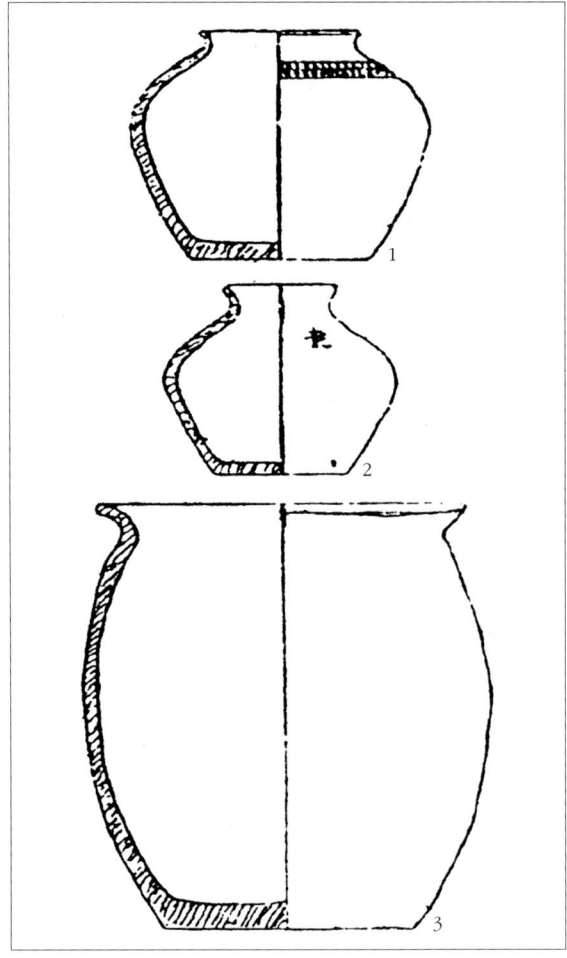

그림 3 소시고분의 토기 1(『考古』1984-8)
1·2. Ⅱ식 罐(1/5), 3. Ⅰ식 罐(2/5)

문(垂帳文)"이 새겨져 있음.

(4) 호(陶壺, 그림 4-1)

○ 출토지 : 소시고분.

○ 크기 : 입직경(口徑) 11.5cm, 배직경(腹徑) 18.8cm, 바닥직경(底徑) 9.6cm, 높이 16cm.

○ 색깔과 태토 : 점토질 회색 토기(泥質灰陶).

○ 형태(Ⅰ식 壺) : 輪製. 입이 벌어져 있으며(敞口), 목이 길고(長頸), 어깨가 경사지고(斜肩), 배가 둥글고(圓腹), 바닥이 평평함(平底). 어깨부에 모두 두 줄의 음각선문(凹弦文)이 새겨져 있는데 선문 사이에는 수직 또는 斜行의 점렬문(刺點文)이 있음. 배 아래에 깎

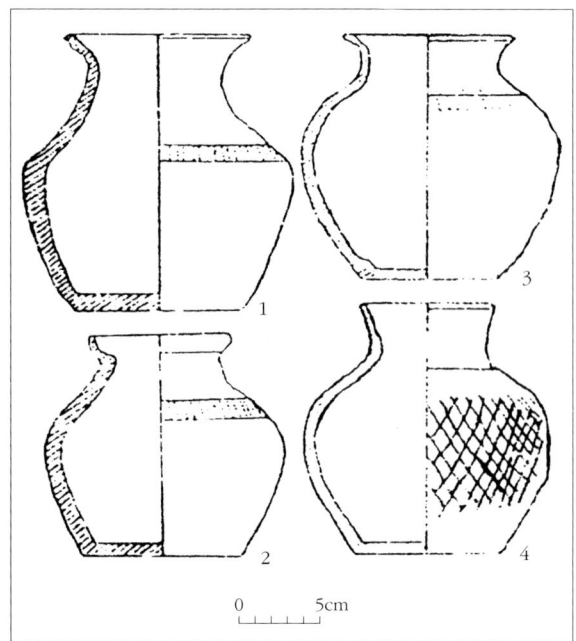

그림 4 소시고분의 토기 2(『考古』1984-8)
1·2. Ⅰ식 호 3. Ⅱ식 호 4. Ⅲ식 호

기 조정한 흔적이 있음.

(5) 호(陶壺, 그림 4-2)

○ 출토지 : 소시고분.

○ 크기 : 입직경(口徑) 9cm, 배직경(腹徑) 15.2cm, 바닥직경(底徑) 10.4cm, 높이 14.7cm.

○ 색깔과 태토 : 점토질 회색 토기(泥質灰陶).

○ 형태(Ⅰ식 壺) : 輪製. 입이 벌어져 있으며(敞口), 목이 길고(長頸), 어깨가 경사지고(斜肩), 배가 둥글고(圓腹), 바닥이 평평함(平底). 어깨부에 모두 두 줄의 음각선문(凹弦文)이 새겨져 있는데 선문 사이에는 수직 또는 斜行의 점렬문(刺點文)이 있음. 접시식 아가리(碟式口)이며, 호(壺)의 입술은 밖을 향해 곡선으로 펼쳐지며, 측면에서 보면 호형 목(壺頸) 위에 접시 하나를 놓은 듯함.

(6) 호(陶壺, 그림 4-3)

○ 출토지 : 소시고분.

○ 크기 : 입직경(口徑) 10.8cm, 배직경(腹徑) 16cm, 바닥직경(底徑) 6.4cm, 높이 16cm.

○ 색깔과 태토 : 점토질 회색 토기(泥質灰陶).

○ 형태(Ⅱ식 壺) : 輪製. 그릇 표면에는 광을 냈음. 입술이 둥글고(圓脣), 입은 뻗었으며(展沿), 목이 짧고(短頸), 배가 부르고(鼓腹), 바닥이 평평한(平底) 형태임. 어깨부(肩部)에는 한 줄의 음각선문(凹弦文)이 있는데 음각선문의 상하에는 점렬문(刺點文)이 새겨져 있음.

(7) 호(陶壺, 그림 4-4)

○ 출토지 : 소시고분.

○ 크기 : 입직경(口徑) 8.5cm, 배직경(腹徑) 15.2cm, 바닥직경(底徑) 9cm, 높이 16.2cm.

○ 색깔과 태토 : 점토질 회색 토기(泥質灰陶).

○ 형태(Ⅲ식 壺) : 輪製. 입이 곧으면서(直口) 약간 벌어졌으며, 목이 짧고(短頸), 배가 부르고(鼓腹), 바닥이 평평한(平底) 형태임. 어깨 위에는 음각선문이 한 줄 있으며, 복부에는 눌러 문지른 암문기법의 사선 그물모양 무늬가 있음.

2) 금은기

(1) 금팔찌(金鐲)

○ 출토지 : 소시고분.

○ 크기 : 총 2점. 원래 기록에 의하면, 직경이 은팔찌보다 약간 작음.

(2) 금귀고리(金耳環)

○ 출토지 : 소시고분.

○ 크기 : 직경 6.8cm, 본체 직경(体徑) 0.28cm.

○ 형태 : 원래 기록에는 고리모양이 굽어져 있다고 함. 총 4점이 있는데 2점은 고리가 4개이고 나머지 2점은 고리가 2개임.

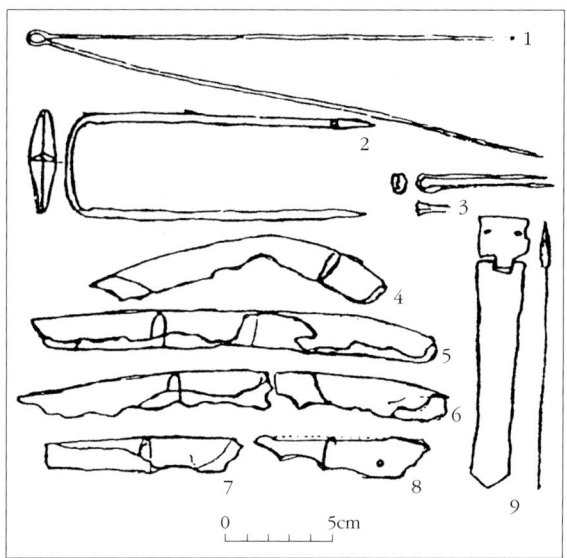

그림 5 소시고분의 은기와 금동기(『考古』1984-8)
1~3. 은동곳 4~8. 금동 안교 테두리편 9. 금동띠끝장식

(3) 은팔찌(銀鐲)

○ 출토지 : 소시고분.

○ 크기 : 직경 6.8cm, 본체 직경(体徑) 0.28cm.

○ 형태 : 鍛造製. 방형의 은줄을 두들겨 모서리를 평평하게 고르고 빈틈없이 틈새를 연결함.

(4) 은동곳(銀釵, 그림 5-1)

○ 출토지 : 소시고분.

○ 크기 : 길이 25cm, 본체 직경(体徑) 0.21cm.

○ 형태 : 단면이 원형인 은줄 중간을 두들겨 평평하게 한 후에 반으로 접어 두 가닥을 만들었음.

(5) 은동곳(銀釵, 그림 5-2)

○ 출토지 : 소시고분.

○ 크기 : 전체 길이 13.8cm, 등 길이(背長) 4.8cm, 너비 0.6~1.1cm, 두께 0.3cm.

○ 형태 : 다른 동곳들에 비해 비교적 거칠고 짧음. 비교적 거친 은줄 중간을 두들겨 평평하게 하여 길이 4.8cm를 만들었는데 평면이 마름모형(菱形)을 띠는 동곳임. 이후 양끝을 접어서 두 가닥을 만들었는데 그

하단은 점차 가늘어지며, 비녀 몸체의 단면은 타원형을 이룸.

(6) 은동곶(銀髮卡, 그림 5-3)

○ 출토지 : 소시고분.
○ 크기 : 전체 길이 6.5cm, 등 길이(背長) 0.8cm, 너비 0.65cm, 두께 0.15cm.
○ 형태 : 방형의 은줄 양끝을 두들겨 모서리를 평평하게 하여 圓柱形을 만들고, 중앙부는 두들겨 편평하게 한 후에 접어서 두 가닥을 만듦. 동곶 등(釵背)의 중앙부에는 등마루(脊)가 있음.

3) 금동기

(1) 금동십금구(泡形飾, 그림 6-4)

○ 출토지 : 소시고분.
○ 크기 : 큰 단추모양(大泡)의 두께 0.01cm, 작은 단추모양(小泡)의 두께 0.006cm
○ 형태 : 십금구(辻金具)는 띠고정연결금구. 가운데에는 반원형의 구체(球體)가 있고, 그 주위에는 4엽(葉)이 있는데 각기 세 개의 구멍이 뚫려 있음. 구체(球體) 중심에는 원형 또는 장조형(長條形)의 구멍이 하나 있으며, [구멍에는 고리형 머리(環首)가 아래로 드리워진 못다리(釘角)가 단추(泡) 안에서 벌어져 걸려있음.] 금동 부위를 관찰해보면 모종의 드리개(垂飾)로 추정됨.

(2) 금동 반구형 입식부 운주(杏葉形串飾, 그림 6-2)

○ 출토지 : 소시고분.
○ 크기 : 전체 길이 5.8cm. 행엽 길이 2.5cm, 너비 1.7cm, 두께 0.005cm, 직경 2cm, 높이 0.75cm.
○ 형태 : 반구형 입식부 운주(雲珠)의 상부는 반원형이며, 구멍 안에는 銅絲를 접어 두 가닥으로 하여 동선의 양끝을 반구체 안에 구부려 묶어 고정하였음. 이 두 개의 동가닥이 위는 넓고 아래는 좁은 동덮개(銅套)를

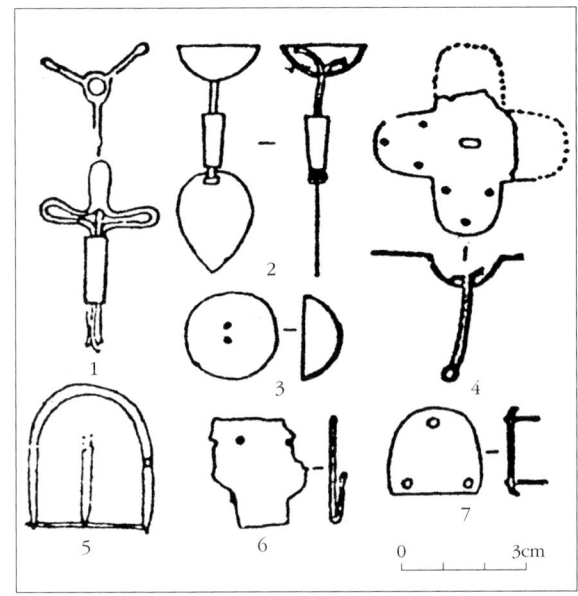

그림 6 소시고분의 금동기(『考古』1984-8)
1. 입식부 운주 입식 2. 반구형 입식부 운주 3. 운주 반구형 장식
4. 십금구 5. 띠고리 6. 장식편 7. 띠끝장식

통과하며, 동가닥의 고리에는 행엽(杏葉) 금동편이 매달려 있음.

(3) 금동 입식부 운주 입식(三枝銅飾, 그림 6-1)

○ 출토지 : 소시고분.
○ 크기 : 전체 길이 4.7cm.
○ 형태 : 세 개의 동가닥(銅條)으로 이루어졌는데 한쪽 끝은 세가닥 모두 길이 1.7cm의 동덮개(銅套)에 묶였으며, 다른 한쪽 끝은 3개의 가로 고리(橫環)로 나뉜 후에 다시 하나로 합쳐짐. 주조를 한 후에 다시 광을 낸 듯하며, 전체가 도금되어 있음. 이 유물은 총 4건이 확인되는데 어떤 것은 동덮개(銅套) 한쪽 끝의 세 가닥이 다른 방향으로 꺾여 있는 것으로 보아 원래 다른 장식에 끼는 부속물일 가능성이 있음.

(4) 금동띠끝장식(鉚釘飾 그림 6-7)

○ 출토지 : 소시고분.
○ 크기 : 길이 2.4cm, 너비 2.3cm, 두께 0.1cm.

○ 형태 : 도금된 동편(銅片) 위에는 연결못(鉚釘)이 3개 있는데 모종의 기물에 연결된 띠끝장식의 부속물로 추정됨.

(5) 금동띠끝장식(活環銅飾, 그림 5-9)
○ 출토지 : 소시고분.
○ 크기 : 전체 길이 12.5cm, 너비 1.5~2.1cm, 두께 0.08cm.
○ 형태 : 한쪽 끝은 圭角의 장방형(長條形)으로 되어 있고, 다른 한쪽에는 길쭉한 구멍(條孔)이 남아 있는데 그 위에 방형의 帶舌에 가까운 납작한 갈고리(扁鉤)가 걸려 있음. 납작한 갈고리(扁鉤) 위에는 못구멍이 두 개 있으며, 그 가운데 하나에는 연결못(鉚釘)이 아직 남아 있음.

(6) 금동 운주 반구형 장식(圓形銅泡, 그림 6-3)
○ 출토지 : 소시고분.
○ 크기 : 직경 2.2cm, 높이 0.8cm.
○ 형태 : 구멍이 2개 있음. 용도는 운주 반구형 장식으로 추정됨.

(7) 금동장식편(銅飾殘片, 그림 6-6)
○ 출토지 : 소시고분.
○ 크기 : 길이 2.65cm, 너비 2.15cm, 두께 0.1cm.
○ 형태 : 구멍이 있으며 굽어져 두 겹으로 된 형태임. 한쪽은 갈고리형(鉤形)으로 굽었으며, 다른 한쪽은 불완전한 근방형이며, 위에는 둥근 구멍(圓孔)이 세 개가 있음. 다른 물건에 연결하는 부속물로 추정됨.

(8) 금동띠고리(帶卡, 그림 6-5)
○ 출토지 : 소시고분.
○ 크기 : 길이 3.6cm, 너비 3.1cm, 전체 직경 0.26cm.
○ 형태 : 긴 타원형, 卡針이 가로대(橫梁)의 중앙부를 통과함.

(9) 금동 안교 테두리편(鞍飾片, 그림 5-4~8)
○ 출토지 : 소시고분.
○ 크기 : 전체 길이 68.7cm. 가장 긴 장식편은 길이 13.5cm, 너비 1.55~2.1cm, 두께 0.5~0.8cm.
○ 형태 : 잔존하는 것은 7편. 銅片을 반으로 접어 호형의 長條를 만들었음. 어떤 곳은 앞뒤 양측에 구멍이 뚫려 있는 것으로 보아 안교의 테(鑣邊)로 추정됨.

4) 철기

(1) 철제재갈(馬銜鑣, 그림 7-1)
○ 출토지 : 소시고분.
○ 크기 : 재갈멈추개(鑣) 길이 8.6cm, 너비 7cm, 두께 0.9cm. 재갈(銜)은 한쪽 부분의 길이 10.6cm, 너비 0.85cm.
○ 형태 : 재갈(銜)은 이련식으로, 고리로 서로 연결되어 있음. 재갈쇠와 재갈멈치는 재갈멈치 중앙에 있는 장방형 구멍을 통해 서로 연결됨. 재갈멈추개(鑣)는 타원형의 鐵片으로 제작. 중심에는 종장방형구멍(長條孔)이 하나 있고, 그 구멍 사이에는 동가닥(銅條)이 연결되어 있는데 재갈 고리(銜環)를 걸기 위해 다시 銅의 가장자리와 연결함. 이후 표면을 도금하여 재갈멈추개(鑣)는 견고하게 되고, 마구는 화려해짐.

(2) 철제화살촉(鐵鏃, 그림 8-1)
○ 출토지 : 소시고분.
○ 크기 : 전체 길이 13.9cm, 머리 길이 6.3cm. 머리 너비 3.8cm.
○ 형태 : 촉두는 편평한(平頭)한 형태. 촉신은 편평하고 경부는 방형임.

(3) 철제화살촉(鐵鏃, 그림 8-2)
○ 출토지 : 소시고분.
○ 크기 : 남은 길이 10.2cm, 두께 0.4cm.

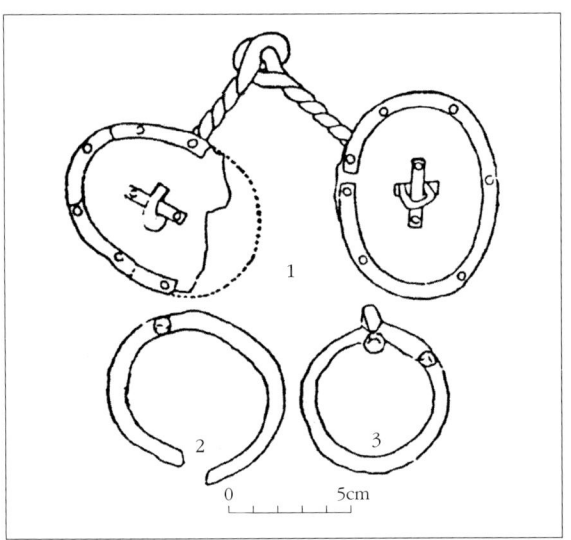

그림 7 소시고분의 철기 1(『考古』 1984-8)
1. 재갈 2·3. 고리

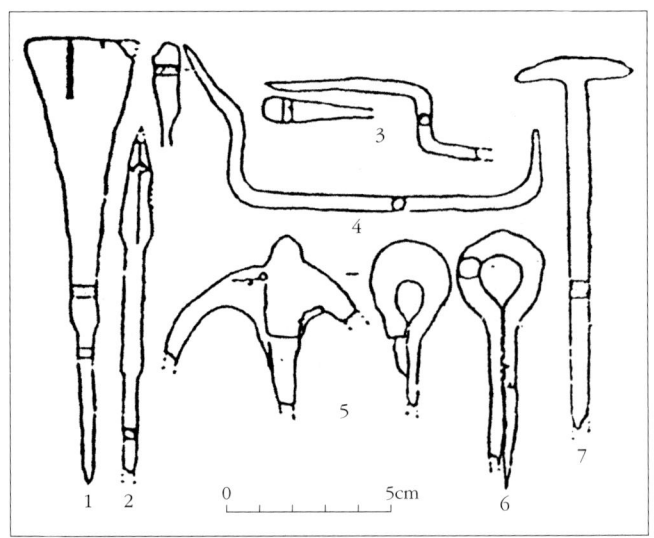

그림 8 소시고분의 철기 2(『考古』 1984-8)
1·2. 화살촉 3·4. 장막걸쇠 5. 걸쇠편 6·7. 못

○ 형태 : 촉두가 뾰족(尖頭)한 형태이며, 중간에 등마루(脊)가 일어났으며, 단면은 마름모형(菱形)임. 경부는 방형임. 잔편임.

(4) 철제고리(鐵環, 그림 7-2·3)

○ 출토지 : 소시고분.

○ 크기 : 고리 직경 6.5~7.5cm, 몸 두께(体厚) 0.8~0.9cm.

○ 형태 : 단조품. 고리는 평면과 단면이 원형. 하나는 변형으로 고리입구(環口)가 다물어지지 않았음. 다른 하나는 위에 고리형 철제 못이 연결되어 있는 것으로 보아 木質 물품 위의 環具로 추정됨.

(5) 철제장막걸쇠(鐵掛鉤, 그림 8-3·4)

○ 출토지 : 소시고분의 동벽 중앙.

○ 크기 : 길이 6.5~9.5cm, 몸 직경(体徑) 0.5~0.55cm.

○ 형태 : 鍛造製. 尖端 위는 갈고리형(鉤形)으로 굽어져 있으며, 손잡이 끝(柄端)은 두들겨서 몸을 납작하게 함.

(6) 철제걸쇠편(鐵卡殘段, 그림 8-5)

○ 출토지 : 소시고분.

○ 크기 : 남은 길이 5.9cm, 남은 너비 5.1cm, 고리 두께 0.9cm.

○ 형태 : 원래 하나의 원형 걸쇠이며, 중간에 卡針, 現針, 고리(環)가 함께 녹슬어 있으며, 모두 잔편임.

(7) 철제못(環形鐵釘, 그림 8-6)

○ 출토지 : 소시고분.

○ 크기 : 길이 8cm, 고리 직경(環徑) 2.9cm, 두께 0.9cm.

○ 형태 : 고리형(環形)의 철제 못. 철을 두들겨서 제작. 중간은 구부려서 둥근 머리(環首)를 만들고, 양끝은 쳐서 편평하게 하고 한데 모아서 못(釘)을 이룸. 재갈쇠의 일부로 추정됨.

(8) 철제못(鐵釘, 그림 8-7)

○ 출토지 : 소시고분.

○ 크기 : 남은 길이 11.8cm, 못대가리 직경 3.5cm, 몸 직경 0.6cm.

○ 형태 : 손상된 상태로 몸(釘体)은 方錐形이며, 위에

는 원형의 못대가리가 있음.

5. 역사적 성격

1) 피장자 족원 및 연대

(1) 요령성박물관(1984)

고분의 구조는 바닥은 자갈이 깔려 있으며, 천정 위에 자갈을 쌓아 올렸으며, 묘벽은 弧形을 이루고 있음. 묘실 안의 한쪽에는 석판으로 尸床을 마련하였으며, 부장품 가운데 재갈, 철제 장막걸쇠, 동제 허리띠고리, 금동장식, 토기의 무늬 등이 보임. 이는 모두 길림 집안 고구려 고분의 구조 및 출토유물과 서로 동일하거나 유사함. 다만 묘실의 평면이 주실, 전실, 이실 등이 있는 점이 요양의 위진 벽화묘의 구조와 동일함. 따라서 이 고분은 진묘일 가능성도 있고, 한편 고구려 고분일 가능성도 있음.

이 고분의 구조와 출토유물의 특징은 본계 소시의 지리방위와 결합해보면 현도군과 고구려가 정치, 경제, 문화 등 여러 방면에서 상호 교류하고 영향을 주었을 가능성이 있음. 출토한 호(陶壺)는 큰 나팔모양 입(口)이 있고, 배(腹)에는 가로손잡이(橫耳)가 있는 기형과 비교하면 앞선 시기에 해당함. 고분 속에서 시유토기는 출토되지 않았음. 토기의 입직경(口徑)과 바닥직경(底徑)은 비슷하며, 그 가운데 어떤 것은 점차 넓어지나 그다지 넓지 않고, 口沿은 밖으로 벌어졌으나 그다지 길지 않음. 재갈은 길림 집안 만보정78호묘에서 출토된 금동제와 유사하며, 철제 장막걸쇠, 청동 허리 띠 고리, 금동 장식 등은 모두 길림 집안 우산하41호묘 출토유물과 유사함. 그러나 이 가운데 양자 사이에 생활 습속과 장제(葬製) 방면에서 일정한 연계를 찾기 어려움. 각 방면에서 시대구분 할 수 있는 특징을 보면 그것들은 집안 우산하41호묘의 축조 연대에 비해 이르고, 兩晉보다 늦지 않음(兩晉16國 시기).

묘실은 지하 2m에 위치하며, 봉토의 유무 및 점유 면적의 크기를 알 수 없음. 천정 위에 일부 봉토가 있는 것은 고분이 태자하와 탕하의 합류지점의 충적 평원에 위치한 까닭에 그 후 퇴적한 것임. 묘실은 높이가 집안 우산하41호묘보다 약간 낮은 것을 제외하면 그 나머지 길이 및 너비 등이 모두 차이가 없음. 집안 만보정78호묘와 우산하41호묘는 집안 지역에서 모두 중형 고분에 해당하며, 요동지역의 묘실과 비교하면 大墓에 속함. 집안 만보정78호묘는 방단광실적석묘이며, 頂部에 개석이 없어 적석묘 가운데 비교적 이른 시기의 형식으로 추정. 우산하41호묘는 방단계제석실묘이며, 묘실 바닥이 지면과 평행하나 묘실에서 벽화가 발견되어 시대는 5세기 중엽에 상당함.

(2) 齊俊·丁曉强(1997)

고분 구조와 축조방식은 자갈로 바닥을 깔고, 묘실 안의 한쪽에 판석으로 시상을 만들고, 천정은 판석으로 덮고, 자갈로 다시 봉하였음. 묘벽은 호형을 이루며, 전실과 이실을 갖춘 특징 등이 집안 고구려 무덤의 구조와 매우 유사함.

부장품 가운데 I식 罐(그림 3-3)은 展沿, 深腹, 平底임. 그 형식은 집안 칠성산고분군(M1096)에서 출토된 罐과 유사하며, 토기의 색깔과 광택은 약간 구별됨. 또한 II식 罐(그림 3-1·2)은 어깨에 중호문(垂帳文)이 시문되어 집안 칠성산고분군에서 출토된 壺의 무늬와 매우 유사함. 이런 중호문은 고구려 토기 가운데 비교적 대표성을 지닌 장식무늬임. 원래 본계 진묘에서는 비교적 많은 금동장식과 재갈, 안장 장식, 금은 장식, 철촉 등이 출토되었는데 집안 고구려 고분에서 자주 보임. 비록 소시 지질학교 내의 丁자형 봉토석실묘의 무덤형식과 부장품은 해당 무덤이 고구려 중후기에 속하는 것을 반영했지만 대량의 유물은 오히려 집안 고구려 적석묘 출토의 유물과 유사함.

『後漢書』 및 『三國志』, 『梁書』, 『南史』 등에서 고구려의 '厚葬' 풍습을 전하고 있는데 소시의 丁자형 석실묘에서 풍부한 유물이 출토된 것과 부합함. 한편 고구려 고분은 적석묘, 적석석광묘, 봉토석실묘로 변화함. 소시 중심반점석실묘 및 소시 지질학교의 丁자형석실묘는 모두 묘정에 봉토가 되어 있으며, 묘실 안에는 목질장구가 존재하고 있는데 이는 고구려 후기 무덤형식에 해당함. 이들 현상은 고구려가 주변 한족의 영향을 받은 것, 즉 중국 위·진 시기 묘장 습속의 수용을 보여주는 것으로 해당고분을 晉墓라고 볼 수 없음.

소시지구에 분포하는 고구려 유적과 유물을 보면 사료에 기재된 것과 일치함. 고구려는 초기에는 환인지역에서 주로 활동했으며, 이후 집안으로 천도하였으며, 晉 태원 10년(386)에 요동을 점령한 이래로 고구려 멸망 때까지 약 265년간 요동지역에서 활동했음. 이런 과정에서 소시 지구에는 고구려 고분 및 유적지, 산성 등이 남겨졌는데 사료와 부합함. 본문에 기술된 고구려 무덤구조 및 출토유물은 대부분 고구려 후기 유적과 유물에 해당함.

(3) 齊俊·梁志龍(2001)

형식과 축조법은 小市 中心街 M1과 비슷한데 두 고분 모두 고구려 무덤으로 추정됨. 첫째, M1과 소시 진묘의 墓道는 모두 묘실 남면의 중앙부에 위치하여 평면의 형상이 고구려 봉토석실묘 가운데 중앙연도(鏟形) 고분과 매우 유사함. 그 외 墓壁을 안으로 들여쌓는 축조법이 확인되는데 고구려 봉토석실묘에서 다수 보여짐. 둘째, 동·서 양벽의 감실은 환인과 집안지구의 고구려 고분에서는 보이지 않으나 한반도의 고구려 고분 가운데서 많이 발견되고 있음. 셋째, 고구려 봉토묘 가운데 묘실 바닥부는 일반적으로 모두 지표보다 높거나 평행을 이루며, 일부만 지하에 들어감. 소시 중심가 M1·M2 및 소시 진묘는 모두 지하에 들어가 있음. 이런 현상은 무순 전둔 및 窪渾木에서도 역시 보임.

고구려는 광개토왕 때에 여러 차례 요동 진출을 시도하여 결국 404년에 요동을 점령하게 됨. 小市 지구는 고구려 수도인 國內城(현, 集安)과 遼東(현, 遼陽) 사이에 위치하는데 고구려가 요동을 점령하기에 앞서 반드시 확보해야 할 땅이었음. 이와 같은 소시의 지리적 위치와 함께 소시 진묘의 출토품의 특징을 참조해 보면, 소시 지구의 석실묘고분의 연대는 4세기 후반~5세기 초반에 비정됨.

(4) 武家昌(2005)

고분 형식과 구조, 묘실 축조방법 등을 보면 고구려 고분과 매우 유사함. 그런데 고분 남부의 전실과 그 좌우에 이실 등이 설치되어 "丁"자형을 띠는 것은 요양 일대의 위·진 시기 고분에서 많이 보이는 형식임.(요양 上王家 壁畵墓, 요양 三道豪, 요양 南雪梅 등) 요양 일대에서 발견된 "丁"자형 고분의 묘실 축조방식은 매우 정연하게 연구가 진척되었는데 비교적 큰 판석을 세워 쌓아 묘실 및 이실 구조가 매우 가지런함. 요양 일대에서는 이런 종류의 고분이 여러 곳에서 발견되었는데 일반적으로 요양 일대의 묘실은 모두 커다란 판석으로 천정을 평평하게 덮는 평천정(平頂)의 건축방식을 보임. 그러나 小市고분의 묘실은 돌로 층층이 쌓아 아치형(拱形)을 이룸. 이와 같은 축조방식은 고구려 무덤의 축조방식과 매우 유사함. 이는 요양 위·진 시기의 동일 유형의 石板墓와는 다름. 판석이 아니라 할석을 사용한 것은 매장 습속에 의해 이런 축조방식이 결정된 것임. 소시고분의 축조 및 매장방식의 특징은 고구려 고분과 유사하여 고구려인의 무덤으로 추정됨. 이 지역의 고구려인들은 요동지구 고분형식의 영향을 받고, 그것을 수용하였으나 고분 구조에서 석재의 사용 및 축조방법 등은 자기 민족의 방법과 특징을 그대로 유지하였음.

출토유물은 대다수 고구려시기 유물임. 보고자가 II식의 壺로 칭하는 토기(그림 4-3)는 집안 마선구 940호묘 출토의 II식 罐과 유사함. 두 토기는 보고자들의 명명은 다르지만 그 기형, 제작, 어깨에 弦文과 점각문을 함께 새긴 방식이 매우 유사함. 이외에 소시고분에서 출토된 I식 罐은 집안 칠성산96호묘 안에서 출토된 토기(罐)와 유사함. 그 외 소시고분에서 출토된 부장품을 보면 대다수가 명확한 고구려시기 특징을 갖추고 있음. 금동 4엽 십금구(그림 6-4)는 집안 칠성산96호묘에서 출토된 금동 십금구와 유사한데 모두 4엽이고, 중간은 반구상으로 융기하였음. 궁형의 장막걸쇠는 고구려 특유의 기물로 고구려인 무덤에서 壁帳을 거는데 사용되었고, 다른 종족의 무덤에서는 아직 발견되지 않았음. 이는 칠성산96호묘, 집안 전산자고구려묘, 집안 통구고구려묘 등에서 아주 많이 발견된 바 있음. 재갈과 재갈멈추개(그림 7-1) 역시 고구려 무덤에서 출토된 것과 유사함. 금동 장식은 집안 장천2호묘에서 출토된 장식과 유사하며, 환인 미창구 장군묘 등에서 출토된 바 있음. 머리가 편평한 철촉과 방추형 철제관못, 철제 장막걸쇠 등은 고구려 무덤에서 발견된 바 있음. 이상 살펴 본 바에 의하면 소시고분에서 출토된 부장품은 기본적으로 고구려시기의 기물 위주임.

소시고분은 고구려적 특성인 묘실 벽이 점차 안으로 들여쌓아져 아치형을 이루고 있고 할석을 층층이 쌓는 축조법을 사용하는 동시에 요양의 위·진 시기 무덤의 특성인 묘실이 지하에 위치하고 평면이 '丁'자형인 구조를 보여줌. 고구려 무덤에서 묘벽을 안으로 점차 들여쌓는 방식은 4세기 중후기에 출현함. 따라서 소시고분은 이 지역에 진출한 고구려인의 고분으로 위·진 시기 무덤 양식을 수용하고 있다는 점에서 위진 이후에 축조되었을 것임. 소시고분 출토의 I식 罐은 칠성산96호묘 출토의 I식 罐과 만보정 172호묘의 I식 罐과 유사함. 전자는 4세기 초기~5세기 말기까지 2백년간 연속되었다고 하고 후자는 6세기 이후에 해당한다고 함(耿鐵華·林至德, 1984). 개괄해보면 출토된 토기는 4세기 말기~5세기 중기에 비정되는 것이 합당함. 출토된 금동 장식, 매화형 마구장식, 동령 장식, 弓形 장막걸쇠, 철제 재갈 및 재갈멈추개 등이 고구려 고분에서 다수 발견되는데 칠성산96호묘, 장천2호묘, 환인 미창구장군묘 등에서도 발견되는바 장천2호묘는 5세기, 환인 장군묘는 4세기 말에서 5세기에 비정됨. 따라서 위의 토기연대와 부합하며, 문헌상 4세기 말에서 고구려의 요동진출이 시도되어 5세기 초에 정복하는 내용과도 부합함. 따라서 본계 소시묘의 조성연대는 4세기 말기~5세기 중기에 비정됨.

(5) 기타

○ 田立坤(1991) : 小市를 선비족 일파인 裨麗의 활동지역으로 전제하고 이에 근거하여 三燕의 유적으로 파악.

○ 范犁(1997) : 고구려 고분으로 파악.

2) 선비와의 관련성

(1) 요령성박물관(1984)

묘실 안에서 출토된 長頸壺는 기형이 비교적 특이하며, 칼로 잘라서 토기 바닥을 다듬는 제작법 역시 보기 드물었으며, 어떤 壺는 접시식 입(口)모양을 하고 있어 특이함. 각기 壺 배(腹部)의 그물모양 무늬 및 금동 장식은 모두 요령 서부 산간지대 선비묘(鮮卑墓)에서 종종 출토된 '暗文'토기 및 보요장식과 유사한 점이 있는데 이는 선비와 고구려가 경제, 문화, 수공예 등에서 교류가 있었음을 보여주는 사례임.

(2) 武家昌(2005)

小市 지역은 문헌에 보이는 '碑麗'(〈광개토왕릉비〉), 일명 '裨麗'(『晉書』)가 활동하던 곳임. 고구려 서부에는 고구려 일족 '梁貊'이 활동하였는데 오늘날 태자하 일대임. 비려는 양맥의 서부에 위치한 족속으로 본래 고구려에 속하지 않았고 선비족(거란족)의 일원으로 추정되며, 그 활동지역은 오늘날 무순 남쪽의 淸河城, 老

城, 喊廣堡 일대로 태자하 상류지역인데 小市가 바로 이 일대에 위치하고 있음.

참고문헌

- 耿鐵華·林至德, 1984,「集安高句麗陶器的初步研究」『文物』1984-2.
- 遼寧省博物館, 1984,「遼寧本溪晋墓」,『考古』1984-8.
- 田立坤, 1991,『東部鮮卑與高句麗考古遺存的比較研究』.
- 田立坤, 1991,「三燕文化遺存的初步研究」,『遼海文物學刊』1991-1.
- 范犁, 1997,「高句麗古墓的幾個問題」,『高句麗歷史與文化研究』, 吉林文史出版社.
- 齊俊·丁曉强, 1997,「本溪小市地區高句麗遺迹遺物考」,『高句麗渤海研究集成』高句麗 卷2.
- 齊俊·梁志龍, 2001,「遼寧本溪縣小市中心街高句麗墓」,『北方文物』2001-2.
- 武家昌, 2005,「本溪小市墓及相關問題」『博物館研究』2005-2.
- 國家文物局 主編, 2009,『中國文物地圖集』遼寧分冊(上·下), 西安地圖出版社.

11 본계 소시중심가고분군
本溪 小市中心街古墳群

1. 조사현황

1) 1960년 발견
本溪縣 小市鎭 中心飯店 지하 및 그 부근에서 고분 2기 발견.

2) 1986년 4월 조사
○ 조사배경 : 1986년 4월 中心飯店 개축시 발굴 조사를 실시(M1, M2).
○ 조사기관 : 본계시박물관, 본계현문물관리소연합조대.
○ 조사 참가자 : 齊俊, 宋珍嬡, 佟鐵山, 鄧忠遠 등.

2. 위치와 자연환경(그림 1)

○ 본계시 동쪽 50km에 소시진이 있고, 소시진 중심가(현, 長江路)의 中心飯店 지하에 위치. 현재는 본계현聯營公司 소재지임.
○ 고분은 태자하와 湯河의 충적대지 위에 자리하고 있음.
○ 고분은 북으로는 1km에 小市 기차역과 1.5km에 태자하가 있으며, 서로는 500m에 縣정부 청사건물이 있으며, 동으로는 500m에 湯河가 있음. 탕하는 북류하다 1.3km를 지나 태자하로 유입됨.

3. 고분의 현황

1) 1호묘(M1)

(1) 위치
中心飯店 지하.

(2) 유형
봉토석실묘.

(3) 방향
180°.

(4) 현황
일찍 파괴되어 묘실 천정 위에 도굴 구멍(盜洞)이 남아 있음.

(5) 고분 구조(그림 2)
고분은 묘실, 묘도(墓道), 감실(龕室)로 구성. 평면은 凸자형. 묘광은 지표로부터 70cm 지하에 있음. 묘도의 두 벽과 묘실의 네 벽은 크기와 두께가 다른 석재로 쌓아 올림. 벽면은 평평하고 가지런함.

① 묘도(墓道)
○ 중앙연도.
○ 묘실 바닥보다 20cm 높으며, 묘도 바닥에는 3~

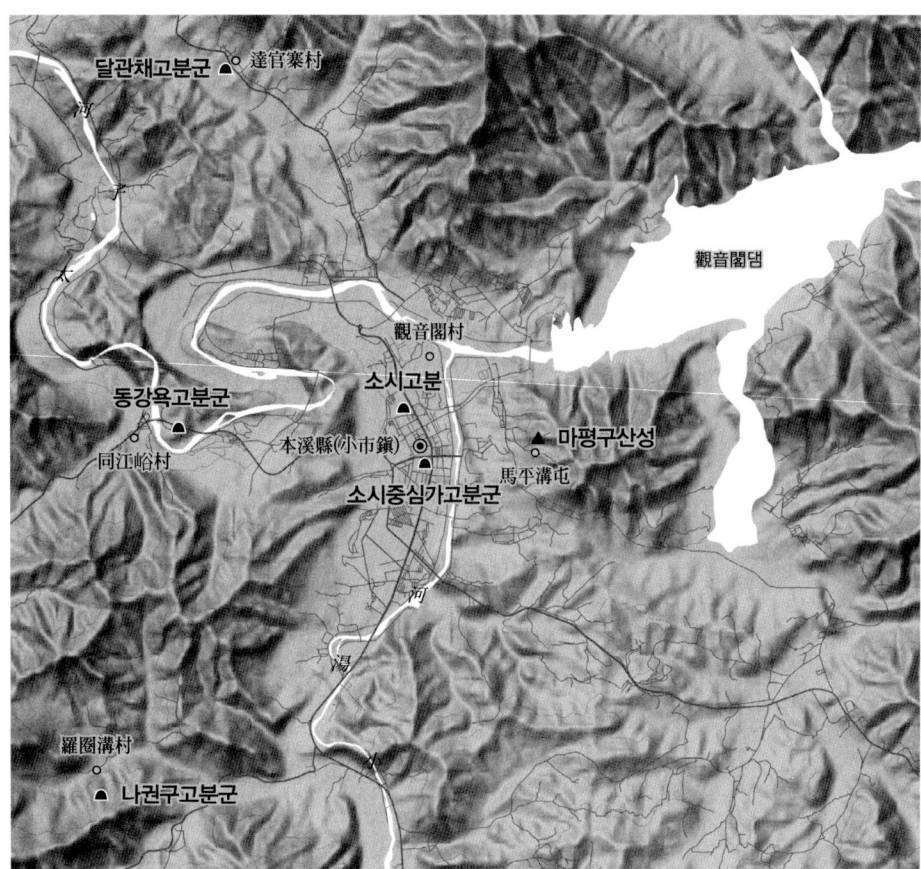

그림 1 소시중심가고분군 위치도

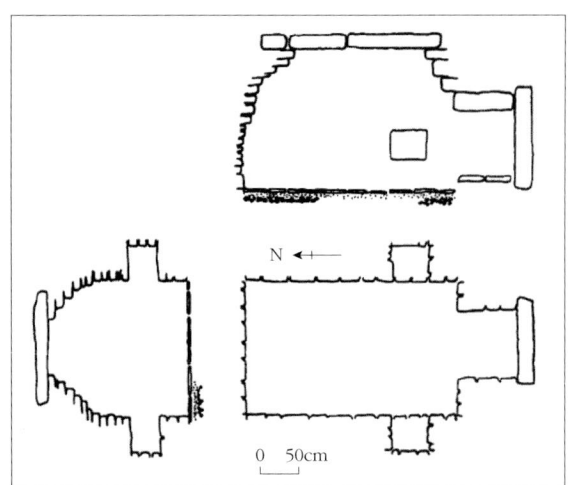

그림 2 소시중심가1호묘 평·단면도(『北方文物』 2001-2)

○ 길이 86cm, 너비 92cm, 높이 90cm.[1]
○ 묘도 입구는 거대한 돌로 막았음. 돌은 너비 1.18m, 두께 0.24m, 높이 1.4m임.

② 묘실(墓室)

○ 장방형으로 길이 2.9m, 너비 1.8m, 높이 1.9m임.
○ 바닥에는 맨 아래 강자갈을 깔고 그 위에 5~8cm 두께의 백회를 한 층 깔은 후에[2] 길이 24~45cm, 너비 20~30cm, 두께 4cm 정도의 판석을 깔음.
○ 묘실 벽은 아래쪽은 비교적 평평하고 수직이 되도록 6cm 두께의 작은 판석을 깔고 그 위에 큰 판석을 1매 덮음.

---

[1] 齊俊·梁志龍(2001) 참조. 齊俊·丁曉强(1997)에서는 묘도의 규모에 대해 길이 96cm, 높이 88cm, 너비 95cm로 기록되어 있음.

[2] 齊俊·梁志龍(2001) 참조. 齊俊·丁曉强(1997)에서는 묘실과 묘도 바닥에 모두 두께가 15cm인 백회층이 확인된다고 기록되어 있음.

쌓았음.

○ 묘실 벽은 위로 갈수록 점차 안으로 들여쌓다가 천정에 두껍고 무거운 판석 3매로 평평하게 막아 고임식 천정을 이룸.

○ 묘실 내부에 부식된 목관의 잔흔이 확인됨. 부식이 비교적 심해 목관 크기는 불명확함. 다만 목질흔의 잔존 면적을 관찰해보면 목관은 남북으로 순서대로 배치 되었음.

③ 감실(龕室)

○ 묘실 동·서 양벽의 남쪽에 대칭으로 감실을 축조. 감실 바닥이 묘실 바닥보다 40cm 높음.

○ 감실 크기는 서로 비슷하며, 평면은 近方形이며, 길이와 폭(邊長)은 약 50cm이고 높이는 40cm임.[3]

(6) 부장품

묘실에서 발(陶鉢), 철제관고리(鐵棺環), 철제관못(鐵棺釘) 등을 발견함.[4]

2) 2호묘(M2)

(1) 위치

1호묘의 동남 20여 m 지점.

(2) 유형

봉토석실묘.

---

3 齊俊·梁志龍(2001) 참조. 齊俊·丁曉强(1997)에서는 이실의 규모에 대해 남북 길이 50cm, 상하 너비 40cm, 깊이 30cm로 기록되어 있음.

4 齊俊·梁志龍(2001) 참조. 齊俊·丁曉强(1997)에서는 묘실에 쌓인 흙을 정리할 때 가장 낮은 곳에서 어느 동물인지 모르는 엉덩이 뼈(髋骨)를 발견한 내용이 기록되어 있음.

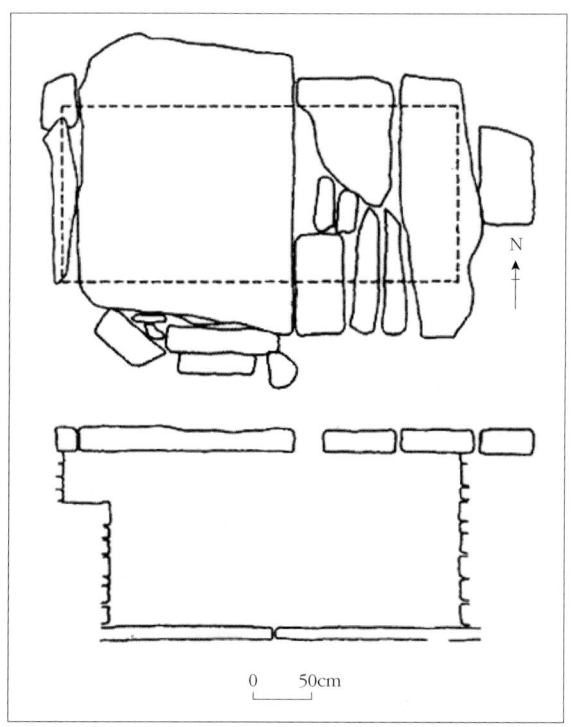

그림 3 소시중심가2호묘 평·단면도(『北方文物』 2001-2)

(3) 평면

장방형.

(4) 방향

270°.

(5) 고분 구조(그림 3)

○ 묘문과 묘도가 없음.

○ 묘광은 지표에서 70m 지하에 있음.

○ 묘실은 길이 3.4m, 너비 1.52m, 높이 1.5m로 보존 상태는 양호함.

○ 묘실 바닥에는 평평하고 가지런한 커다란 판석 2매를 깔았으며, 묘실 네 벽은 할석(塊石)을 쌓아 올려 수직을 이룸. 서벽은 바닥으로부터 1.06m 지점에서 서쪽으로 더 꺾여 평대(平臺)를 이룸. 대(臺)의 길이는 1.52m로 묘실 너비와 같고, 너비 38cm, 높이 44cm임.

○ 무덤천정은 두껍고 무거운 장대석과 판석을 편평하

게 덮어 평천정을 이룸. 천정석 가운데 서측의 판석 하나가 묘의 1/2을 덮고 있음.

(6) 기타
묘실 안에는 인골 잔편만이 몇 개 보이고, 木棺 장구와 부장품은 없음.

4. 출토유물

1호묘(M1)에서 발(陶鉢) 1점, 철제관고리 4점, 철제관못 11점, 철제못 1점 등이 출토.

1) 토기

(1) 발(陶鉢, 그림 4-1)
○ 출토지 : 소시중심가1호묘.
○ 크기 : 입직경(口徑) 14cm, 바닥직경(底徑) 7.4cm, 높이 6cm.
○ 색깔과 태토 : 점토질 회색 토기(泥質灰陶).
○ 형태 : 輪製. 입술이 네모지고(方脣) 약간 둥글며, 구연과 기벽이 약간 곡선(弧)을 이루며, 바닥이 평평한(平底) 형태임.

2) 철기

(1) 철제관고리(鐵棺環, 그림 4-2)
○ 출토지 : 소시중심가1호묘.
○ 크기 : 직경 7.9cm.
○ 형태 : 심하게 부식된 상태이며, 약간 손상됨. 관고리 안에는 작은 고리(遊環)가 하나 걸쳐 있음.

(2) 철제관고리(鐵棺環, 그림 4-3)
○ 출토지 : 소시중심가1호묘.

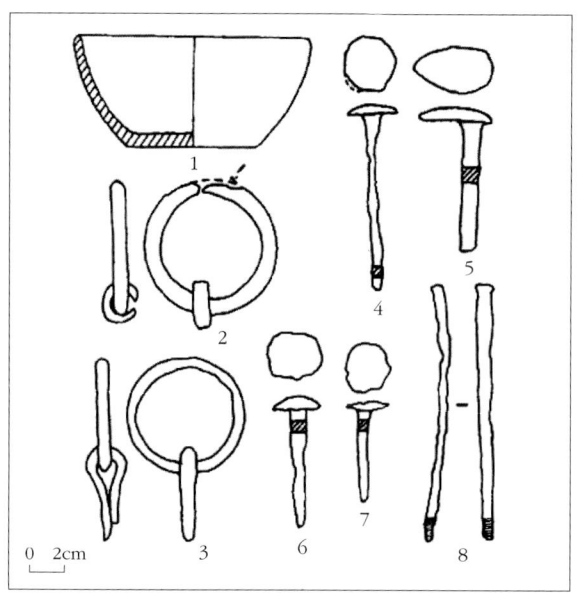

그림 4 소시중심가1호묘의 출토유물(『北方文物』 2001-2)
1. 발 2·3. 철제관고리 4~7. 철제관못 8. 철제못

○ 크기 : 직경 6~6.8cm.
○ 형태 : 심하게 부식된 상태. 관고리 안에는 작은 고리(遊環)가 하나 걸쳐 있음.

(3) 철제관못(鐵棺釘, 그림 4-4~7)
○ 출토지 : 소시중심가1호묘.
○ 크기 : 길이 4.3~11cm.
○ 형태 : 심하게 부식된 상태. 몸(釘身)에는 많은 목흔(木痕)이 붙어 있음. 대가리(釘帽)는 불규칙한 방형과 타원형이 다수이며, 몸(釘身)은 사각기둥 모양(四棱柱狀)임.

(4) 철제못(鐵釘, 그림 4-8)
○ 출토지 : 소시중심가1호묘.
○ 형태 : 이미 휘어진 상태이며, 대가리(釘帽)는 없음. 몸(釘身)은 기둥 모양(柱狀)인데 단면은 타원형을 띠고 있으며, 뾰족한 부분(尖部)는 비교적 무디며, 앞부분(前端)에는 세밀한 나선문(螺旋文)이 있음.

5. 역사적 성격

1) 피장자의 성격

소시 중심가에서 발견한 두 고분은 출토유물은 적지만 고분형식이 특색이 있음. 두 고분은 네 벽을 모두 할석(塊石)으로 쌓아 올렸고, 천정은 판석으로 평평히 덮고, 墓口는 지표와 대체로 일치함. 두 고분은 가까운 거리에 위치하고 있어 형식은 비록 다르지만 동일시기 고분으로 추정됨. 1960년 小市 지구에서 일찍이 고분 하나가 발견되었는데 당시 '晉墓'라고 칭하였으며 출토유물이 많았으며, 형식과 축조법은 M1과 비슷함. 소시 진묘에 대해 원보고자(요령성박물관, 1984)는 晉墓 또는 고구려고분일 가능성을 제기함. 이번 발굴한 두 고분과 함께 소시 진묘가 고구려 고분으로 추정되는데 그 이유는 아래와 같음.

첫째, M1과 소시 진묘의 墓道는 모두 묘실 남쪽 중앙부에 위치하여 평면의 형상이 고구려 봉토석실묘 가운데 중앙연도(鏟形) 고분과 매우 유사함. 그 외 墓壁을 안으로 들여쌓는 축조법이 확인되는데 고구려 봉토석실묘에서 다수 확인됨. 집안 마선구 1437·1440·1445·1479호묘 등과 유사함. 그리고 삼연의 석곽묘는 평면이 일반적으로 사다리꼴(梯形)을 띠고 있어 앞은 넓고 뒤는 좁으며, 앞은 높고 뒤는 낮으며, 벽면은 수직으로 쌓았는데 이와 같은 축조방식이 보이지 않음.

둘째, M1묘실의 동·서 양벽의 감실은 환인과 집안 지구의 고구려 고분에서는 보이지 않으나 한반도의 고구려 고분 가운데서 많이 발견되고 있음. 태성리2호묘, 태성리벽화묘, 간성리연화총 등이 대표적인데 이것들은 고구려 다른 지역의 문화특징을 반영하는 것으로 추정됨. 삼연고분 또한 감실이 있으나 형식은 이것과 차이가 있음. 대다수 토광의 앞부분에 설치되는데 北票 풍소불묘와 安陽 孝民屯 晉墓가 대표적임. 혹은 좌·우·후 등의 세 벽에 설치되는데 이런 감실은 비교적 높으며, 점차 높이가 낮아져 마치 이실처럼 변화됨. 袁臺子 벽화묘와 袁臺子 北燕墓 등이 대표적임.

셋째, M2의 형식이 특이한데 지금 이것과 유사한 고분 사례가 보이지 않음. 이 고분의 전체구조는 무순의 前屯 고구려 平蓋頂墓와 비교적 유사하나 후자의 묘실에서는 평대(平臺) 시설이 없음. M2 西端의 평대는 일종의 특수형식의 감실임. 그밖에 전둔 고구려 고분군에는 묘실 천정을 들여쌓은 고임식천정묘와 평천정묘가 공존하는데, M1(고임식 천정)과 M2(평천정)가 공존하는 것과 매우 흡사함.

넷째, 고구려 봉토묘 가운데 묘실 바닥은 일반적으로 지표보다 높거나 평행을 이루며, 일부만 지하에 들어감. 그러나 M1·M2 및 소시 진묘는 모두 지하에 들어가 있음. 이런 현상은 무순 전둔 및 窪渾木에서도 역시 보임. 요동지구에 고구려 고분이 기존의 형식에 비해 약간의 변형이 나타나는 것은 고구려의 요동 점령 후 한나라 문화의 영향이 반영된 결과임. 즉, 고구려가 요동지구를 점령한 후에 한나라 사람들이 많이 유입되면서 한나라 문화가 침투되고 그에 따라 장속(葬俗)이 변이되었던 것으로 생각됨. 과거 고구려가 이삼백년 점령하던 무순(新城), 요양(遼東城) 등의 지역에서는 지표에서 대규모의 고구려 고분군이 아직 발견되지 않았는데 어쩌면 이런 원인 때문으로 짐작됨.

2) 고분의 연대

고구려는 광개토왕 때에 여러 차례 요동 진출을 시도하여 결국 404년에 요동을 점령하게 됨. 小市 지구는 고구려 수도인 國內城(현재 集安)과 遼東(현재 遼陽) 사이에 위치하는데 고구려가 요동을 점령하기에 앞서 반드시 확보해야 하는 땅이었음. 이와 같은 소시의 지리적 위치와 함께 소시 진묘의 출토품의 특징을 참조해 보면, 소시 지구의 석실묘고분의 연대는 마땅히 4세기 후반~5세기 초반에 해당함.

참고문헌

- 遼寧省博物館, 1984,「遼寧本溪晉墓」,『考古』1984-8.
- 田立坤, 1991,『東部鮮卑與高句麗考古遺存的比較研究』.
- 田立坤, 1991,「三燕文化遺存的初步研究」,『遼海文物學刊』1991-1.
- 范犁, 1997,「高句麗古墓的幾個問題」,『高句麗歷史與文化研究』, 吉林文史出版社.
- 齊俊·丁曉强, 1997,「本溪小市地區高句麗遺迹遺物考」,『高句麗渤海研究集成』高句麗 卷2.
- 齊俊·梁志龍, 2001,「遼寧本溪縣小市中心街高句麗墓」,『北方文物』2001-2.
- 武家昌, 2005,「本溪小市墓及相關問題」,『博物館研究』2005-2.
- 國家文物局 主編, 2009,『中國文物地圖集』遼寧分冊(上·下), 西安地圖出版社.
- 梁志龍·李新全, 2009,「本溪地區高句麗考古三十年」,『高句麗與東北民族研究』.

12 본계 조전고분군
本溪 趙甸古墳群

1. 위치와 자연환경(그림 1)

本溪縣 淸河城鎭 趙甸子村 서북에 위치.

2. 고분군의 현황

○ 1988년 발굴조사.
○ 고분군 면적은 약 1,500m²이며, 모두 석실묘임.
○ 무덤구조는 묘실 위치와 축조방식에 따라 둘로 나눔. 첫째 유형은 묘실이 지상에 위치하고 묘실 바닥에는 대형 판석을 깔고, 묘실 벽은 할석(塊石)으로 아주 얕게 쌓고, 대형 판석으로 덮음. 화장묘임. 두 번째 유형은 묘실이 지하에 위치하며, 큰 돌로(大石塊)로 축조하였음.
○ 고분은 일반적으로 길이 2m, 너비 1m 정도임.

3. 출토유물

석촉, 점토질 회색토기(泥質灰陶罐) 등 출토.

참고문헌

· 國家文物局 主編, 2009, 『中國文物地圖集』 遼寧分冊(上·下), 西安地圖出版社.

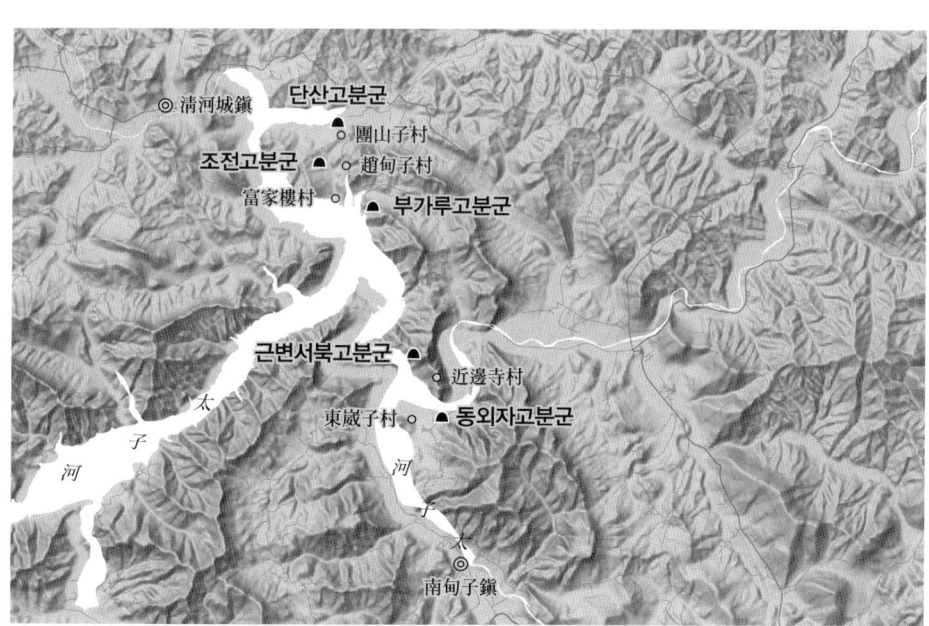

그림 1 조전고분군 위치도

13 본계 투욕고분
本溪 套峪古墳

1. 위치와 자연환경(그림 1)

本溪縣 草河掌鎭 套峪村 북쪽에 위치.

2. 고분군의 현황

석실묘임. 장방형으로 길이 3.3m, 너비 2.2m임.

참고문헌

- 國家文物局 主編, 2009, 『中國文物地圖集』 遼寧分冊(上·下), 西安地圖出版社.

그림 1
투욕고분 위치도

14 본계 황구고분군
本溪 荒溝古墳群

1. 위치와 자연환경

本溪縣 東營房鄉 東營房村에 위치.

2. 고분군의 현황

고구려 고분 10여 기가 발견되었는데 무덤 형식을 보면 적석석실묘와 유사함.[1]

참고문헌

- 梁志龍·李新全, 2009, 「本溪地區高句麗考古三十年」, 『高句麗與東北民族研究』.

---

[1] 『中國文物地圖集』 遼寧分冊(2009)에는 東營坊鄉 東營坊村 북쪽 100m 지점의 '東營坊古墳群'이 보이는데 면적이 약 1,000m²이며, 고분은 총 30여 기로 모두 청동기시대 석실묘이며, 일반적으로 墓身은 길이 2m, 너비 1m이며, 지표보다 0.5m 정도 높음. 두 고분을 동일 고분으로 볼 여지도 있으나 확실치 않음.

2
성곽

01 본계 구룡산성
本溪 九龍山城

1. 조사현황

1) 1981년
○ 조사기간 : 1981년 5월.
○ 조사기관 : 遼寧省, 本溪市, 本溪縣 연합조사팀.
○ 조사내용 : 제2차 全國 文物 전면 조사기간에 遼寧省·本溪市·本溪縣 연합조사팀이 구룡산성에 대한 첫 번째 조사를 진행하였음.

2) 2006년과 2008년
○ 조사기간 : 2006년 3월, 2008년 10월.
○ 조사자 : 本溪市와 本溪縣의 考古 전문가.
○ 조사내용 : 두 차례 구룡산성에 대한 실지 측량 등 상세한 조사를 진행하였음. 이상의 세 차례 조사 상황을 『考古』 2009-4에 게재함.
○ 발표 : 魏海波, 2009, 「遼寧本溪縣後金時期九龍山城的調査」, 『考古』 2009-4.

2. 위치와 자연환경(그림 1~그림 2)

○ 本溪滿族自治縣 礆廠鎭 九龍口村에서 남쪽으로 1km 떨어진 臺地에 위치.
○ 太子河 西岸의 2단 계단상 대지인데, 태자하 강변에서 15~20m 높이임. 계단상 대지는 비교적 평탄하며, 서부는 약간 높음.
○ 서쪽으로 약 1.5km 지점에 九龍西山이 있고, 성의 동쪽에 太子河가 있으며, 太子河의 서안에 頭道黃

그림 1 구룡산성 위치도

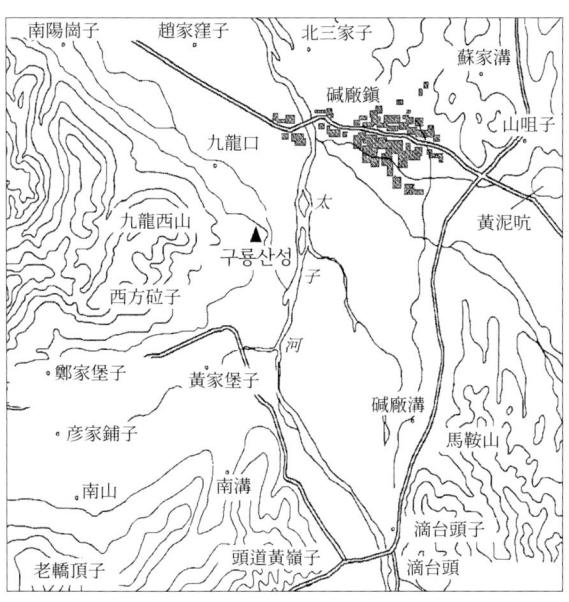

그림 2 구룡산성 위치도(魏海波, 2009, 94쪽)

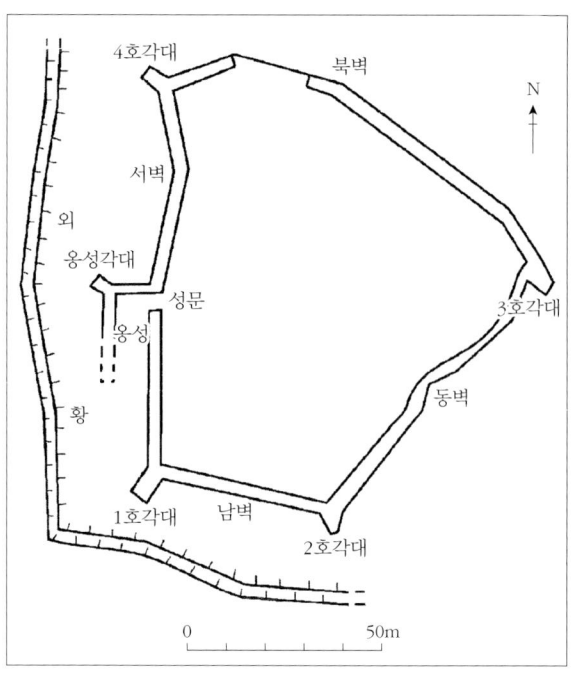

그림 3 구룡산성 평면도(魏海波, 2009, 94쪽)

嶺子에서 黃家堡子에 이르는 도로가 있음. 동북쪽 약 2km 거리에 碱廠鎭이 있음.

3. 성곽의 전체현황(그림 3)

○ 구룡산성은 보존상태가 비교적 양호함.
○ 성벽은 흙을 다져 축조하였으며, 산세에 의지하여 계단상 대지 가장자리를 따라 분포함.
○ 성은 불규칙한 사변형임.
○ 전체 둘레는 314m임.[1]
○ 角臺 : 모서리에 각대 4개가 있음.
○ 성문 : 서벽 남부에 성문이 하나 있음.
○ 옹성 : 성문 바깥은 옹성임.
○ 外潢 : 성의 서벽과 남벽 외측에 성을 보호하는 외황이 있음.

4. 성벽과 성곽시설

1) 성벽

성벽은 모두 보존상태가 비교적 양호함. 남벽은 비교적 곧으며, 동벽, 서벽, 북벽 등은 비교적 구불구불함.

(1) 남벽

성벽을 절개한 단면은 사다리꼴을 띰. 위는 좁고 아래는 넓음. 전체 길이 42m, 아랫너비 약 8m, 윗너비 약 1.5m. 성벽 외부 높이 6m, 내부 높이 2.5m.

(2) 동벽

성벽은 서남에서 동북 방향으로 뻗어 있음. 전체 길이 78m. 성벽의 뻗어나간 방향에 따라 남쪽에서 북쪽까지 세 구간으로 구분함.

① 제1구간
○ 동벽의 남부에 위치함.

---

[1] 317m라는 기록이 있음(國家文物局, 2009).

○ 성벽 외벽은 비교적 가파른 계단상 대지의 가장자리이며, 연대가 오래되었기 때문에 성벽의 흙은 이미 유실되었음.
○ 성벽은 계단상 대지 가장자리의 경계와 분명하지 않음.
○ 길이 32m. 외벽 높이 약 2.0m, 내벽 높이 1~1.5m, 너비 약 2.5m.

② 제2구간
○ 동벽의 중부에 위치함.
○ 성벽은 약간 서쪽으로 꺾였고, 형태는 제1구간의 성벽과 대체로 일치함.
○ 길이 17m.

③ 제3구간
○ 동벽 북부에 위치함.
○ 이 부분의 성벽은 또 동쪽으로 꺾였음.
○ 길이 29m, 윗너비 1m, 바닥 너비 7m, 외벽 높이 2.5m, 내벽 높이 2m.

(3) 북벽
가장 긴 구간의 성벽임. 성벽은 동북에서 서북까지 뻗어 있으며, 중간에 만곡하는 지점이 여러 곳 있음. 전체 길이 100.5m. 성벽의 축조방식 변화에 따라 동쪽에서 서쪽까지 7구간으로 구분됨.

① 제1구간
○ 외측은 가파른 천연 절벽(峭壁)이어서 성벽을 낮게 쌓았음.
○ 길이 18m, 윗너비 1m, 아랫너비 2m, 외벽 높이 0.5m, 내벽 높이 0.2m.

② 제2구간
○ 성벽 벽체가 갑자기 높아짐.
○ 길이 7m, 높이 1.5m.

③ 제3구간
○ 벽체가 비교적 낮음.
○ 길이 8m, 윗너비 1m, 아랫너비 2m, 외벽 높이 0.5m, 내벽 높이 0.2m.

④ 제4구간
○ 벽체는 남쪽으로 꺾였음.
○ 길이 14.5m, 너비 약 2m, 높이 0.5m.

⑤ 제5구간
○ 벽체는 낮으며, 지표보다 약간 높음.
○ 길이 7m, 높이 0.2m.

⑥ 제6구간
○ 이 구간은 벽체가 보이지 않음.
○ 계단상 대지 가장자리의 암반을 성벽으로 삼음.
○ 길이 20m.

⑦ 제7구간
○ 약간 서쪽으로 꺾였음.
○ 길이 26m, 윗너비 1.5m, 아랫너비 6m, 외벽 높이 2.5m, 내벽 높이 2m.

(4) 서벽
성벽은 북쪽에서 남쪽으로 뻗어 있음. 길이 93.5m. 성벽의 뻗은 방향 및 축조방식 변화에 따라 북에서 남쪽까지 4구간으로 구분됨.

① 제1구간
○ 단면은 사다리꼴을 띰.
○ 길이 24m, 윗너비 1~1.5m, 아랫너비 약 10m, 외벽 높이 약 6m, 내벽 높이 약 3.5m.

② 제2구간
○ 벽체는 약간 동쪽을 향해 꺾였음.
○ 길이 30m.

③ 제3구간
○ 벽체는 파괴됨.
○ 길이 7.5m.

④ 제4구간
○ 벽체는 성문의 남측에 위치함.
○ 단면은 사다리꼴을 띰.
○ 길이 32m, 윗너비 1~1.5m, 아랫너비 1.2m. 높이 5m.

2) 각대
네면 성벽의 모서리에 각대를 4개 설치하였음.

(1) 1호 각대
성곽의 서남 모서리에 위치함. 평면은 장방형임. 각대 서측은 파괴되었고, 쌓았던 진흙이 무너져 하부의 석축 臺壁이 노출됨. 석재는 많이 풍화됨. 길이 7m, 너비 5m, 높이 6m.

(2) 2호 각대
성곽의 동남 모서리에 위치함. 현존 평면은 부채꼴(扇形)을 띰. 각대의 3면은 현재 경사진 비탈 상태임. 외면상 토축으로 보임. 정상부는 길이 6.1m, 너비 1.5m, 바닥(臺底)은 길이 19m, 너비 11m, 높이 13m.

(3) 3호 각대
성곽의 동북 모서리에 위치함. 바깥으로 돌출한 낭떠러지 위에 축조하였음. 평면은 사다리꼴. 정상부는 길이 6m, 너비 1~2.3m, 각대 밑 부분은 길이 10m, 너비 5m, 전체 높이 5m.

(4) 4호 각대
○ 성벽의 서북 모서리에 위치함. 평면은 장방형.
○ 정상부는 길이 5m, 너비 2m, 바닥(臺底)은 길이 10m, 너비 8m, 전체 높이 약 10m.

3) 성문과 옹성

(1) 성문(서문)
성문은 서벽 남부에 위치함. 옹성구조를 갖추고 있음(國家文物局, 2009). 양측에는 모두 약간 높은 臺狀의 凸起가 있음. 너비 5m.

(2) 옹성
옹성은 성문의 바깥에 위치함. 평면은 장방형임. 토축임. 북벽 중부 아래는 오목하며, 양 끝은 높음. 길이 12m, 너비 1.5m, 높이 0.3~0.5m. 남벽이 파손된 채 남아 있음. 서벽 북쪽에 보존상태가 비교적 양호한 11m 구간이 있음. 남쪽 구간은 이미 훼손되었음. 남은 길이 20.5m. 옹성 서북 모서리에 각대가 하나 있음. 평면은 장방형이며, 정상부 길이 5m, 너비 2m, 底部 길이 10m, 너비 8m, 전체 높이 2.5~5m. 서남 모서리는 이미 파괴되었으며 원래 각대가 있었는지 여부는 알 수 없음. 지세를 보면 옹성문은 남벽 가운데에 설치했을 것임. 하지만 남벽이 이미 무너졌기 때문에 문지의 구체적인 정황은 알 수 없음.

5. 성내시설과 유적

1) 외황(外潢, 護城壕)
○ 서벽과 남벽 바깥에 위치함. 성곽 서남에서 산비탈과 서로 연결되어 있어서 이 외황을 설치하였음. 방호에 이용됨.
○ 서벽 바깥측 외황 길이는 약 127m, 남벽 바깥측 외

황 길이는 약 75m임.
○ 외황의 단면은 역사다리꼴을 띠며, 매우 규칙적이지는 않음. 윗너비 10m, 아랫너비 7m, 깊이 약 8m.

6. 출토유물

○ 청동기시대의 유물로는 타제 석편, 석검편, 모래 혼입의 홍·회색 토기의 손잡이·바닥·단지 구연부·굽접시 잔편 등이 출토됨.
○ 漢代 유물로는 승문 회색 토기편, 승문 회색 기와편 등이 출토됨.
○ 明代 유물로는 청색 벽돌이 출토됨.

7. 역사적 성격

구룡산성은 태자하 상류인 남태자하 서쪽의 산기슭에 위치함. 출토유물을 통해 청동기시대에 축조되어 漢代, 고구려, 明代에 계속해서 사용되었다고 파악하기도 함(魏海波, 2009). 다만 성 내부에서 고구려시기라고 단정할 만한 유물이 출토되지 않아 정확한 상황을 파악하기는 힘든 상태임. 고구려시기 성곽이라면 남태자하 연안 일대를 방어하던 소형 보루성으로 추정됨.

한편 후금이 흥기하던 1633년 3월에 皇太极이 岫巖城, 蘭盤城, 通遠堡城, 碱廠城 등을 축조했는데(『清實錄』 太宗實錄 後金 天聰 7年 ;『東華錄』;『開國方略』), 구룡산성을 碱廠城으로 비정하기도 함. 후금이 碱廠城을 축조하면서 부근에 위치한 明代의 碱廠堡區에서 분리되어 '碱廠新城'이라고 불렸다는 것임(魏海波, 2009).

참고문헌
• 國家文物局, 2009,『中國文物地圖集』遼寧分冊, 西安地圖出版社.
• 魏海波, 2009,「遼寧本溪縣后金時期九龍山城的調查」,『考古』2009-4.

02 본계 하보산성
本溪 下堡山城 | 城溝山城

1. 위치와 자연환경 (그림 1 ~ 그림 2)

○ 本溪縣 小市鎭 북쪽 太子河 북안의 下堡村 東山 위에 위치함.
○ 本溪에서 太子河 북안을 따라 상류로 나아가는 도로가 산성 남쪽을 지나고 있음. 이 도로를 따라 太子河 상류로 거슬러 올라가면 蘇子河나 渾江 연안으로 진입할 수 있고, 반대로 太子河 하류를 따라 내려가면 本溪를 거쳐 요동평원으로 나아갈 수 있음.
○ 산성 북쪽으로 3km 떨어진 지점에 要洋頭山이 있는데, 要洋頭山은 해발 934m로, 이 일대의 여러 산들 가운데 主峰임.

2. 성곽의 전체현황

○ 下堡山城은 城溝山城으로도 불림.
○ 포곡식(簸箕型) 산성임. 평면은 거의 椅圈形임.
○ 전체 둘레 : 900m(孫進己·馮永謙, 1989 ; 東潮·田中俊明, 1995 ; 馮永謙, 1997) ; 1,000m(陳大爲, 1995 ; 魏存成, 2002) ; 1,100m(王綿厚, 1994).
○ 성벽, 성문, 角臺 등이 남아 있음.
○ 유물로는 토기편이 출토됨.

3. 성벽과 성곽시설

1) 성벽
서벽만 돌로 쌓았고 나머지는 토축임(孫進己·馮永謙, 1989 ; 陳大爲, 1995).[1]

2) 성문
성의 서남면에 성문이 있음(馮永謙, 1997).

3) 角臺
동남·동북 모서리에 高臺가 있는데, 角臺로 추정됨(陳大爲, 1995).

4. 성내시설과 유적

산성 안에는 샘이 있는데, 샘이 모여서 이루어진 시내가 산골짜기로 흘러 나가서 太子河로 유입됨.

5. 출토유물

모래 혼입 홍색 토기편이 출토됨(馮永謙, 1997).

---

[1] 산세를 따라 돌로 축조하였다는 기록이 있음(王禹浪·王宏北, 2007).

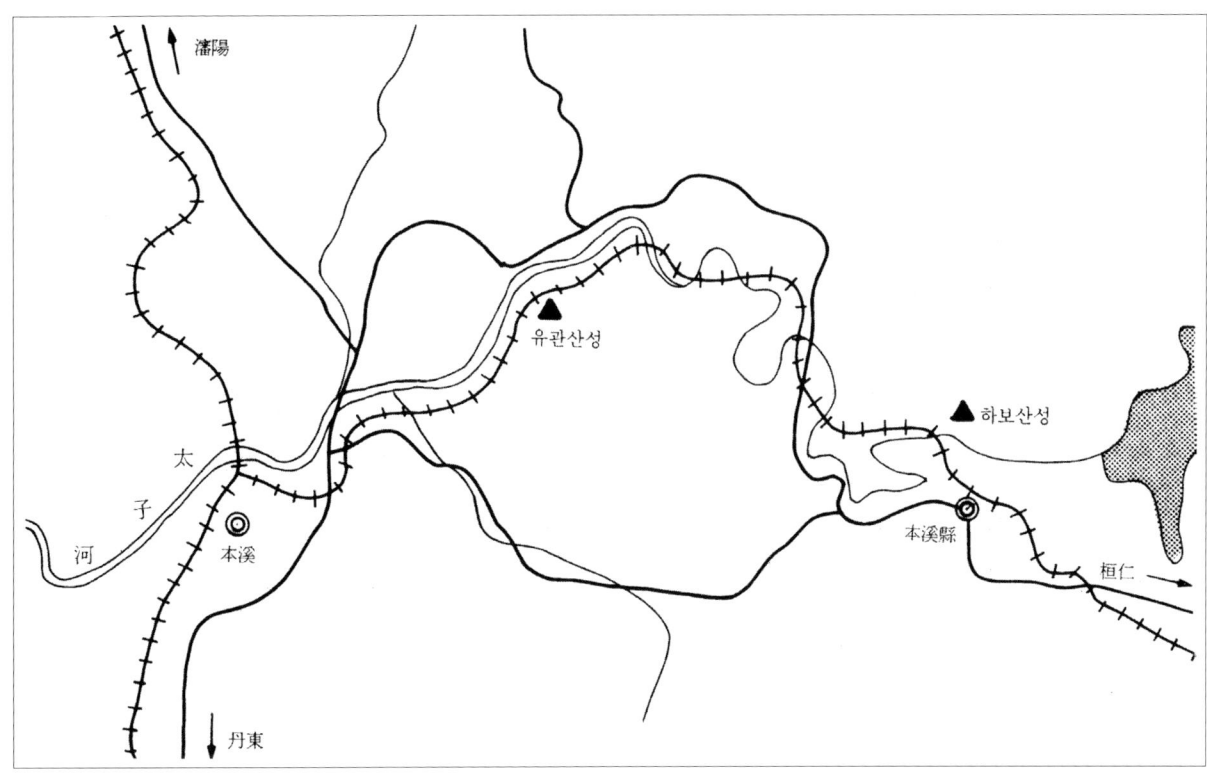

그림 1 하보산성 위치도(35만분의 1)(여호규, 1999, 262쪽)

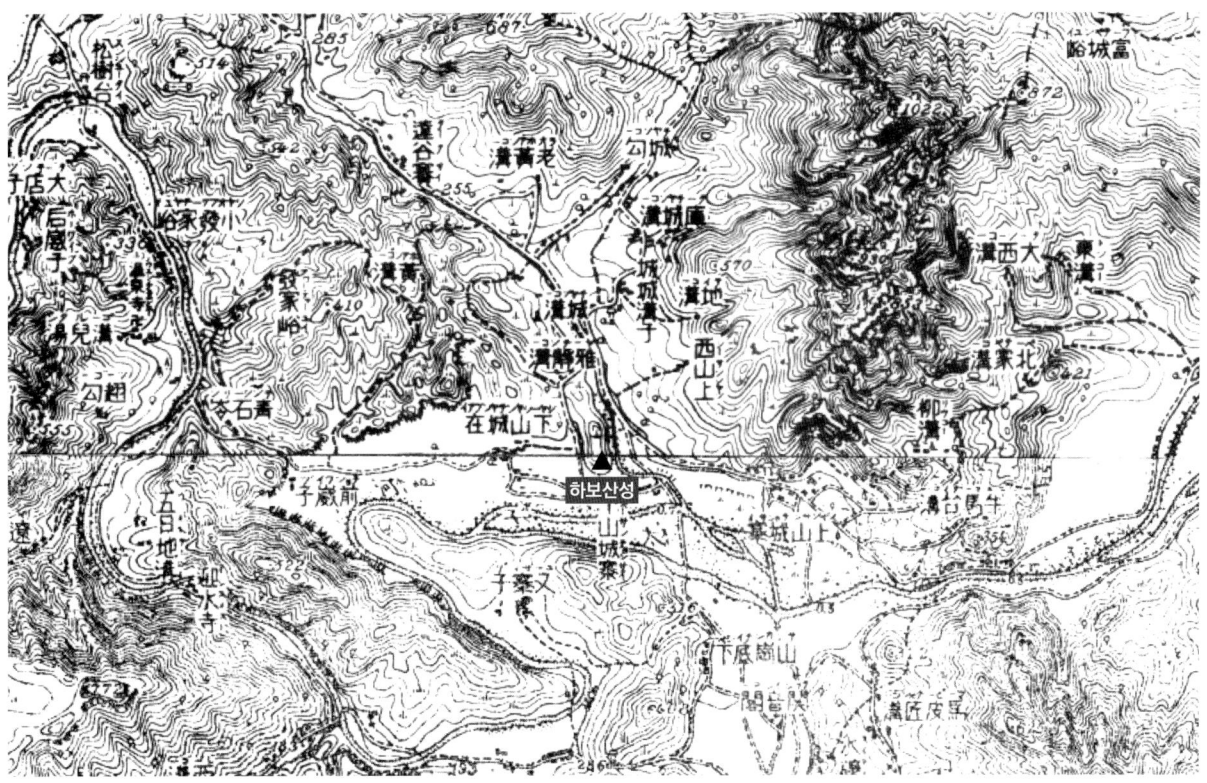

그림 2 하보산성 주변 지형도(滿洲國 10만분의 1 지형도)

6. 역사적 성격

지리 위치상 요동평원에서 태자하를 거슬러 고구려 초기 중심지인 압록강 중류일대로 진입하는 교통로와 관련된 것으로 추정됨. 고구려의 北豊城(孫進己·馮永謙, 1989),[2] 黎山城(王綿厚, 1994), 磨米城(王綿厚, 2002)[3] 등으로 비정하는 견해가 제기되었지만, 명확한 논거가 제시되었다고 보기는 어려운 상태임. 더욱이 태자하 양안은 험준한 절벽으로 교통로가 발달할 만한 지형조건이 아니기 때문에 주요 루트로 사용되었는지 의문임 (여호규, 1999).

참고문헌

- 孫進己·馮永謙, 1989, 『東北歷史地理』, 黑龍江人民出版社.
- 王綿厚, 1994, 「鴨綠江右岸高句麗山城研究」, 『遼海文物學刊』 1994-2.
- 東潮·田中俊明, 1995, 『高句麗の歷史と遺跡』, 中央公論社.
- 陳大爲, 1995, 「遼寧高句麗山城再探」, 『北方文物』 1995-3.
- 馮永謙, 1997, 「高句麗城址輯要」, 『高句麗渤海研究集成』 高句麗 卷3, 哈爾濱出版社.
- 여호규, 1999, 『高句麗 城』 Ⅱ, 國防軍史研究所.
- 王綿厚, 2002, 『高句麗古城研究』, 文物出版社.
- 魏存成, 2002, 『高句麗遺迹』, 文物出版社.
- 王禹浪·王宏北, 2007, 『高句麗·渤海古城址研究匯編』 (上), 哈爾濱出版社.

---

[2] 상세한 논거는 본계시 유관산성 항목의 역사적 성격 참조.

[3] 마미성의 위치와 관련된 논의는 본계시 변우산성 항목의 역사적 성격 참조.

03 본계 마평구산성
本溪 馬平溝山城

1. 조사현황

縣文物保護單位로 지정됨.

2. 위치와 자연환경(그림 1)

○ 本溪縣 小市鎭 觀音閣村 馬平溝屯에서 북쪽으로 500m 떨어진 산 위에 위치함.
○ 성의 안쪽은 정리가 되어 매우 평탄함.

3. 성곽의 전체현황

○ 평면은 장방형임.
○ 남북 길이는 23m, 동서 너비는 19m로 보루라고 할

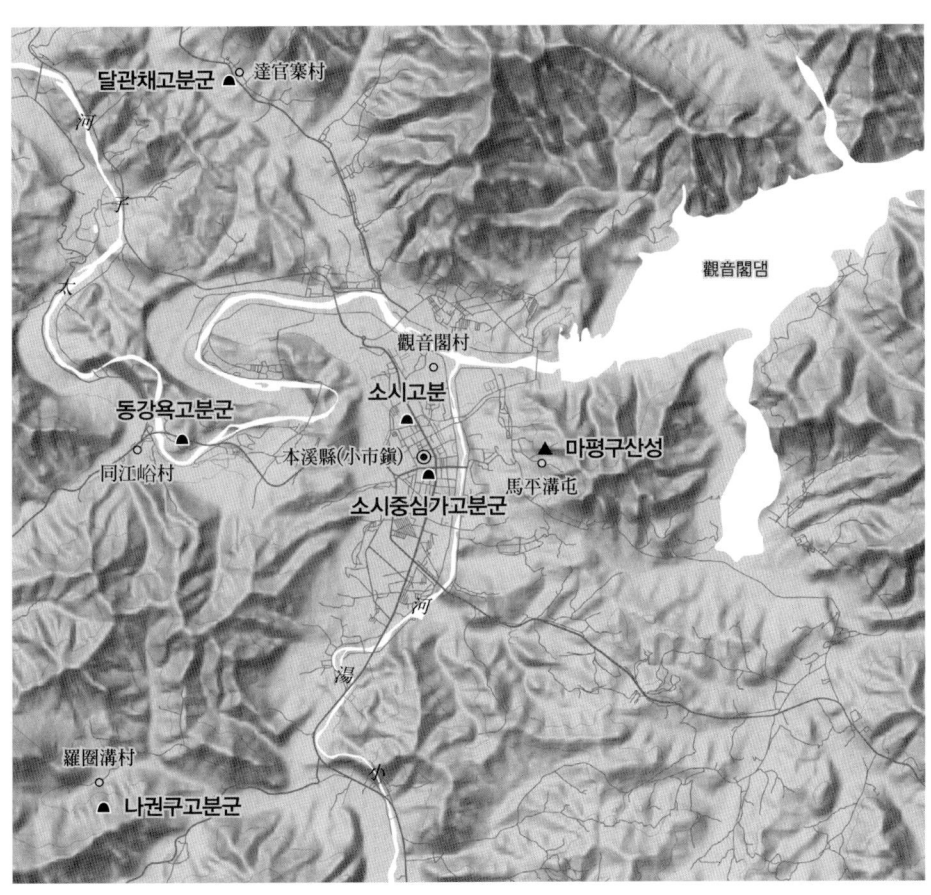

그림 1 마평구산성 위치도

수 있음.
○ 성벽과 성문이 남아 있음.
○ 燒土가 출토됨.

4. 성벽과 성곽시설

1) 성벽
○ 성벽은 판석으로 평평하게 쌓았음.
○ 성벽은 너비 1.3m, 높이 1.2m임.

2) 성문
성문은 남쪽에 한 개가 있음.

5. 출토유물

홍색 燒土가 발견됨.

6. 역사적 성격

고구려시기의 성곽으로 보고되었으나 정확한 축조시기를 단정하기는 힘든 상태임. 고구려 성곽이라면 태자하 중상류 연안을 방어하던 소형 보루로 추정됨.

참고문헌
- 國家文物局, 2009, 『中國文物地圖集』遼寧分冊, 西安地圖出版社.

04 본계 서구산성
本溪 西溝山城

1. 위치와 자연환경(그림 1)

本溪縣 草河口鎭 西溝村에서 서북쪽으로 400m 떨어진 산 위에 위치함. 太子河 지류인 細河와 靉河 지류인 草河의 분수령 지대임.

2. 성곽의 전체현황

○ 산성 평면은 약간 사다리꼴임.
○ 총 둘레는 1,200m임.
○ 성벽과 성문이 남아 있음.

3. 성벽과 성곽시설

1) 성벽
○ 성벽은 산세를 따라 축조함.
○ 산성 동·서부는 절벽을 천연성벽으로 삼았음.
○ 산성 남·북부는 돌로 성벽을 쌓았는데, 너비 5m, 높이 4m임.

2) 성문
남·북쪽에 각각 1개씩 두 개가 있음.

그림 1 서구산성 위치도

4. 역사적 성격

유물이 거의 출토되지 않아 축조시기를 정확하게 파악하기는 힘든 상태임. 고구려시기 성곽이라면 위치와 규모로 보아 요동평원에서 천산산맥을 넘어 압록강 일대로 향하는 교통로 가운데 최단 코스인 本溪－鳳城路(細河－草河路) 일대를 방어하던 중소형 성곽으로 추정됨. 동쪽의 운반산성과 세트관계를 이루었을 것임.

참고문헌

- 國家文物局, 2009, 『中國文物地圖集』遼寧分冊, 西安地圖出版社.

05 본계 운반산성
本溪 雲盤山城

1. 위치와 자연환경(그림 1)

○ 本溪縣 草河口鎭 雲盤村 碇子溝屯 동북쪽의 산 위에 위치함.
○ 太子河 지류인 細河와 靉河 지류인 草河의 분수령 지대임.

2. 성곽의 전체현황

○ 평면은 약간 장방형에 가까움.
○ 남북 길이는 1,500m, 동서 최대 너비는 1,000m임.
○ 성벽이 남아 있음.

3. 성벽과 성곽시설

성벽은 산세를 따라 흙으로 축조하였는데, 남은 길이 750m, 기단부 너비 6~7m, 정상부 너비 2m, 높이 1~2m임.

4. 역사적 성격

고구려시기의 성곽으로 보고되었지만, 유물이 출토되지 않아 정확한 축조시기를 파악하기는 힘든 상태임. 고구려시기 성곽이라면 위치와 규모로 보아 요동평원에서 천산산맥을 넘어 압록강 일대로 향하는 교통로 가운데 최단 코스인 本溪-鳳城路(細河-草河路) 일대

그림 1 운반산성 위치도

를 방어하던 대형 성곽으로 추정됨. 서쪽의 서구산성과 세트관계를 이루었을 것임.

참고문헌

- 國家文物局, 2009, 『中國文物地圖集』 遼寧分冊, 西安地圖出版社.

06 본계 이가보산성
本溪 李家堡山城 | 草河口山城

1. 위치와 자연환경(그림 1)

○ 本溪縣 남부 草河口鎭 남쪽 李家堡子村 북쪽의 산 정상부에 위치함.
○ 산성이 위치한 곳은 靉河 지류인 草河의 상류임.
○ 瀋陽에서 丹東의 압록강 유역으로 진출하는 중요 교통로상의 요충지에 위치함. 현재도 瀋陽-丹東 간 도로와 철도가 이곳을 지나고 있음.

2. 성곽의 전체현황

○ 李家堡山城은 草河口山城이라고도 부름.
○ 평면은 대략 장방형임.
○ 성의 규모에 대해서는 남북 길이 1,500m, 동서 너비 1,000m(國家文物局, 2009), 총 둘레 2.5km(陳大爲, 1995 ; 魏存成, 2002), 5.5km(孫進己·馮永謙, 1989 ; 王綿厚, 1994 ; 東潮·田中俊明, 1995 ; 馮永謙, 1997), 전체 둘레 11km(王禹浪·王宏北, 2007) 등의 조사기록이 있음.
○ 성벽, 성문, 수구문, 망대(瞭望臺), 차단벽(攔馬墻), 회곽도, 건물지, 古臺遺址, 우물, 저수지 등이 남아 있음.
○ 유물로는 기와편이 출토됨.

3. 성벽과 성곽시설

1) 성벽
○ 산성은 산세를 따라 산등성이 위에 축조함.
○ 성벽은 돌로 축조하였는데, 외벽은 모두 가공한 쐐

그림 1 이가보산성 위치도

기형돌로 쌓았고, 그 안에는 자잘한 돌을 끼워 넣었음.
○ 성벽은 殘高 2~5m, 기단부 너비 5m, 정상부 너비 1m임.
○ 성의 북면 동·서 각각에는 산봉우리가 있고, 성벽이 밖으로 뻗어 있는데, 동쪽 변은 길이가 165m이고, 서쪽 변은 길이가 23m임. 너비는 모두 15m, 높이는 모두 5m임.

2) 성문
○ 성문의 위치와 수에 대해서는 골짜기 입구에 1개(王禹浪·王宏北, 2007), 동문과 서문 2개(王綿厚, 2002), 동문, 서문, 남문 3개(馮永謙, 1997) 등이라는 조사기록이 있음.
○ 남문은 골짜기 입구임.

3) 水口門
남문은 골짜기 입구이면서 배수구인데 정 가운데에는 石壩墻이 있음. 수구문의 바깥 양측에 翼墻을 설치함.

4) 망대(瞭望臺)
북벽 양끝 높은 봉우리 위(성벽 밖)에 石臺가 축조되어 있는데, 망대로 추정됨.

5) 차단벽과 회곽도
성문 밖에는 차단벽(欄馬墻)과 산 아래로 통하는 회곽도가 있음.

4. 성내시설과 유적

○ 성의 서남부에 건물지가 있음.
○ 古臺遺址, 우물, 저수지 등이 있다고 하나, 자세한 기록은 없음.

5. 출토유물

고구려의 홍색 기와편이 출토됨.

6. 역사적 성격

李家堡山城은 요동평원에서 천산산맥을 넘어 압록강 일대로 향하는 교통로 가운데 최단 코스인 本溪-鳳城路(細河-草河路)의 중간 협곡지대에 위치함. 고구려의 홍색 기와편이 출토된 만큼 고구려시기의 성곽으로 추정됨. 특히 행정구역은 다르지만 草河를 따라 남쪽으로 40여 km 내려가면 고구려 오골성으로 비정되는 봉성 봉황산산성이 나옴.

이러한 점에서 李家堡山城은 봉황산산성으로 비정되는 오골성의 전초 방어성으로 本溪-鳳城路(細河-草河路)의 중간 협곡지대를 방어하던 중요한 기능을 수행했다고 파악됨. 645년 고연수와 고혜진이 이끌던 고구려의 15만 대군이 안시성 부근에서 당군에게 패배한 다음, 後黃城과 銀城 등이 도망가 수백리가 무인지경으로 변했다고 하는데(『資治通鑑』 권198 貞觀 19년 六月), 이가보산성이 안시성으로 비정되는 해성 영성자산성과 오골성으로 비정되는 봉황산산성 사이에 위치한 점을 근거로 後黃城으로 비정하기도 함(孫進己·馮永謙, 1989).

또한 이가보산성을 645년 9월경 당의 張亮이 주둔하고 있었다는 '沙城'으로 비정하기도 하는데, 사료상 장량이 沙城에서 이틀이면 烏骨城에 당도할 수 있다고 하므로 봉황산산성과 100여 리 거리에 위치한 이가보산성이 사성에 해당한다는 것임(王綿厚, 2002). 그렇지만 당시 張亮은 당의 수군을 이끌고 요동반도 서남단의 卑沙城에 주둔하고 있었고, '沙城'은 卑沙城을 略記한 것임. 이가보산성을 '沙城'으로 비정한 견해는 사료를 誤讀한 것임.

참고문헌

- 孫進己·馮永謙, 1989, 『東北歷史地理』, 黑龍江人民出版社.
- 王綿厚, 1994, 「鴨綠江右岸高句麗山城硏究」, 『遼海文物學刊』 1994-2.
- 東潮·田中俊明, 1995, 『高句麗の歷史と遺跡』, 中央公論社.
- 陳大爲, 1995, 「遼寧高句麗山城再探」, 『北方文物』 1995-3.
- 馮永謙, 1997, 「高句麗城址輯要」, 『高句麗渤海硏究集成』 高句麗 卷3, 哈爾濱出版社.
- 王綿厚, 2002, 『高句麗古城硏究』, 文物出版社.
- 魏存成, 2002, 『高句麗遺迹』, 文物出版社.
- 王禹浪·王宏北, 2007, 『高句麗·渤海古城址硏究匯編』(上), 哈爾濱出版社.
- 國家文物局, 2009, 『中國文物地圖集』 遼寧分冊, 西安地圖出版社.

제21부

신빈현(新賓縣) 지역의 유적

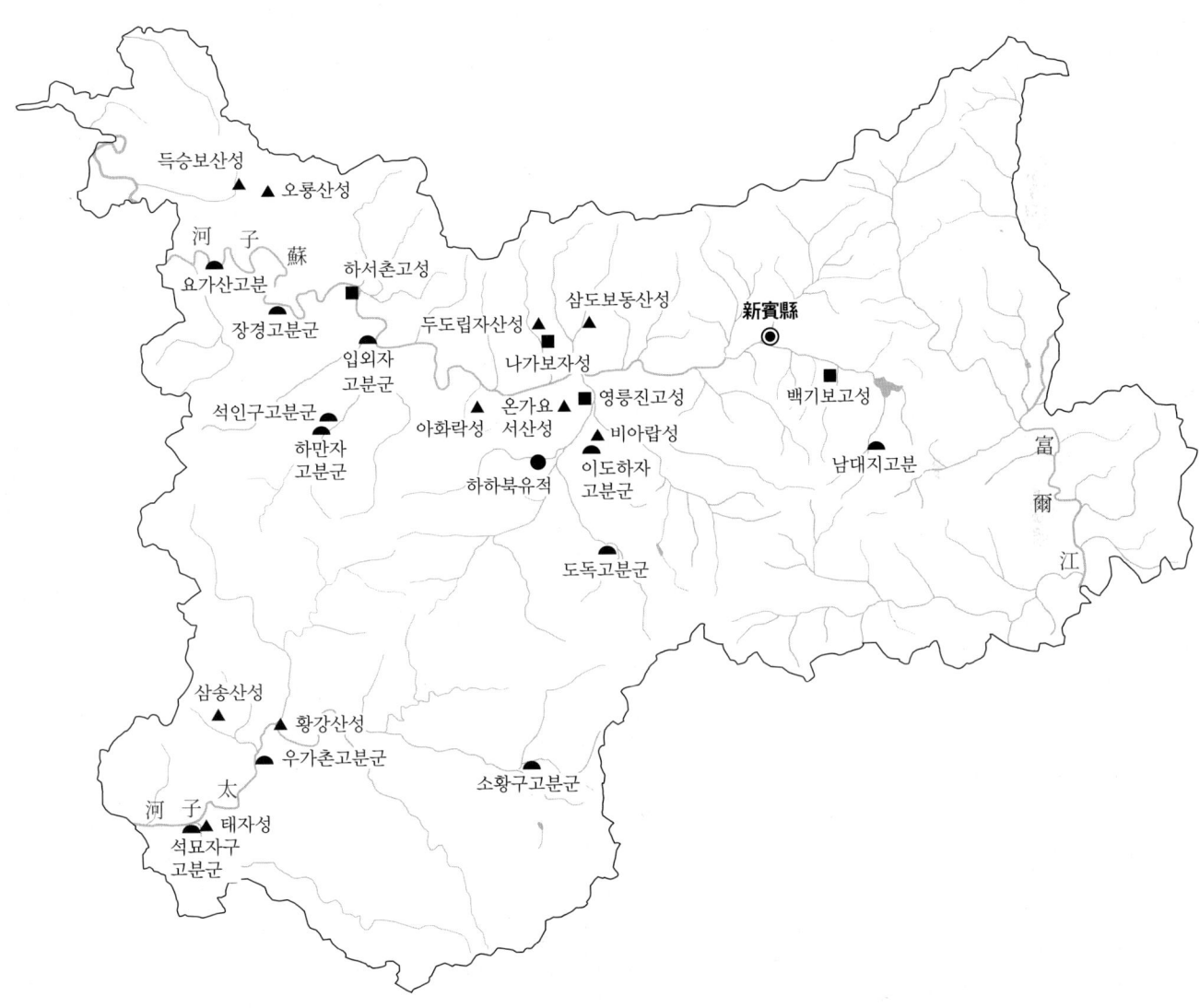

1
고분군과 고분

01 신빈 소황구고분군
新賓 小荒溝古墳群

1. 조사현황

1) 1999년 조사
肖景全·李榮發·李繼群 등이 적석고분군을 발견.

2) 2007년 조사
○ 조사기관 : 撫順博物館.
○ 조사내용 : 제3차 전국문물 일제 현지조사(全國文物普查田野調査) 실시. 신빈 경내 소자하, 태자하, 부이강 연안에서 積石墓地를 여러 곳 발견. 해당 묘지를 XB22-0130으로 편호함.

2. 위치와 자연환경(그림 1)

○ 新賓縣 平頂山鎭 平頂山村 范家街組 북쪽 200m의 小荒溝 안에 위치.
○ 范家街組 서쪽의 평정산진 정부소재지에서 약 500m 떨어져 있으며, 이 평정산진은 桓仁縣 木盂子鎭으로 통하는 필수 경로임.
○ 환인 경내의 평정산진과 목우자진 경계 지점에는 고검지산성이 있음. 산성 서벽 산기슭 아래는 平頂山鎭 大琵琶村 樺皮甸組 관내로서 유적지와 약 6.5km 떨어져 있음.
○ 묘지의 중심좌표는 북위 41°25′03.0″, 동경 124°46′이며, 해발고도는 443m임.

3. 고분군의 분포현황

○ 소황구 묘지는 마을 북쪽에 남쪽 방향으로 길게 뻗은 橫崗의 넓은 골짜기에 자리하고 있음. 橫崗과 마을 사이에는 태자하 지류가 동서 방향으로 흐름.
○ 골짜기 입구는 서남 방향으로 비교적 좁고, 안으로 들어갈수록 점차 좁아짐. 적석묘는 주로 골짜기 양쪽의 산비탈에 분포하고 있으며, 서쪽 산비탈에 다수 분포.
○ 1970년대 이곳을 개간하면서 마을 주민들이 '高麗墓子'로 불렀던 적석묘가 많이 파괴되었음.
○ 마을주민에 의하면 판석 안에 인골이 있었으나 토기(陶罐) 흔적은 발견하지 못했다고 하며, 현존하는 적석묘는 근 20여 기로 파악됨.
○ 무덤 유형은 방단적석연접묘와 단실석실묘 두 종류임. 연접묘는 큰 돌로 네 둘레를 방단으로 쌓고 안은 작은 돌로 메워서 봉하였으며 길이 약 30m, 너비 약 6m, 무덤 방향은 약 160°임. 석실적석묘는 온전한 돌 또는 작은 판석으로 네 벽을 쌓고 위에는 큰 돌로 봉함.
○ 촌민 소개에 의하면 范家街村의 넓은 평지에 과거 큰 적석묘지가 있었다고 함. 현재 지표에서 적석묘 2기를 볼 수 있음. 1호묘는 촌민 范모씨 집안의 밭에, 2호묘는 촌민 楊모씨 집안 밭에 자리하고 있음. 두 무덤은 동서 거리가 약 20m이며, 북쪽으로 마을 북쪽의 소하천과 약 80m 떨어져 있음. 1호묘는 비교적 온전한데 평면은 불규칙한 원형으로 주변은 큰 돌로 층층히 쌓았고 안은 작은 돌로 메웠음. 규모는 직경 약 8m, 잔존 높

이 약 1.5m임. 2호묘는 심하게 파괴되었는데 현재 장방형 돌무지를 띠고 있음.

○ 2015년 현지 답사 때 표지석을 따라 올라가면서 구릉부에서 적석연접묘, 그중 기단으로 추정되는 석열이 확인되었음. 주민들 말에 의하면 마을 내에 있는 적석묘는 파괴되었다고 함.

4. 역사적 성격

신빈현은 태자하, 소자하와 부이강 유역을 아우른 지역으로 이 일대에서는 이른 시기부터 적석묘가 자리하였음.

다만, 그 연대를 추정할 만큼의 자료가 축적되어 있지 못하여서 이 일대 적석묘의 시간적 위치를 판단하기 어려움.

孫仁杰과 遲勇(2007)은 고구려 연접묘의 대다수가 길림 집안지구에서 출현하였고 연접묘 등장 상한 시기는 4세기라고 보는데, 신빈지역의 연접묘도 집안지구에서 전파된 것으로 추측되므로 신빈지역 연접묘의 등장은 5세기 초엽 또는 이보다 늦은 시기로 추정됨.

또한 신빈 지역 내 고구려산성과 적석묘가 일정한 관계를 갖고 있을 것으로 보아서 소황구 방단석실적석묘는 소황구에서 동쪽에 멀지 않은 곳에 있는 고검지산성과 관련된 무덤으로 추정함.

그러나 석실적석묘는 보고된 내용에 의하면 환인 풍

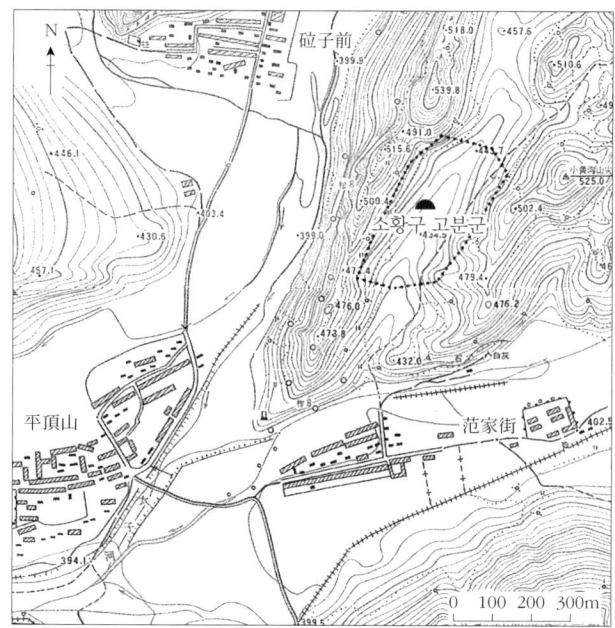

그림 1 소황구고분군의 위치도(『東北史地』 2014-5)

가보자무덤군 내의 석실석개적석묘(李新全)와 유사한 것으로 추정됨. 만약 그렇다면 고구려 초기에 해당된다고 볼 수도 있음.

참고문헌

• 孫仁杰·遲勇, 2007, 『集安高句麗墓葬』.
• 肖景全·鄭辰, 2009, 「三十年來撫順地區的高句麗考古發現與相關問題研究」, 『高句麗與東北民族研究』, 吉林大學出版社.
• 肖景全·鄭辰·金輝, 2014, 「新賓滿族自治縣近年來發現的高句麗積石墓」, 『東北史地』 2014-5.

02 신빈 우가촌고분군
新賓 于家村古墳群

1. 조사현황

1) 2000년 조사[1]
고구려 적석묘지 1곳 발견.

2) 2006년 조사
遼寧省文物考古硏究所 李新全 등이 조사.

3) 2007년 조사
○ 조사 기관 : 撫順博物館.
○ 조사 내용 : 제3차 전국문물 일제 현지조사(全國文物普查田野調査) 실시. 신빈 경내 소자하, 태자하, 부이강 연안에서 積石墓地를 여러 곳 발견. 해당 묘지를 XB22-0143으로 편호함.

2. 위치와 자연환경(그림 1)

○ 묘지는 新賓縣 葦子峪鎭 정부 소재지에서 동남으로 약 1km 떨어진 于家村 西嶺崗 서쪽 비탈에 위치함.
○ 西嶺崗은 마을 서쪽에 있는 남북 주향의 낮은 산(崗)으로 북쪽은 높고 남쪽은 낮음. 서쪽으로는 葦子峪鎭-上夾河鄕 도로가 태자하와 약 500m 떨어져 있고, 남쪽으로 약 250m에는 태자하 지류가 동에서 서로 흘러 태자하로 유입됨.
○ 西嶺崗 동쪽 비탈 아래에는 于家 초등학교가 있음.
○ 묘지의 중심좌표는 북위 41°25′21.0″, 동경 124°30′22.0″이며, 해발고도는 306m임.

3. 고분군의 분포현황

○ 우가촌 적석묘지는 2001년 2월 현급문물보호단위로 지정되고 보호표지석이 세워짐.
○ 현존하는 무덤은 20여 기이며, 주로 西嶺崗 서쪽 비탈의 남부에 분포. 점유지 면적은 약 1,500m²임.
○ 보존상태가 비교적 양호한 것은 돌로 쌓은 방단을 볼 수 있고, 내부는 작은 돌과 자갈(卵石)로 메워 봉분을 이루며, 평면은 방형임. 큰 것도 있고 작은 것도 있는데 가장 큰 것은 한 변 길이 6m, 잔존 높이 1m 정도임. 돌(塊石)은 길이 0.64m, 너비 0.4m, 두께 0.2m임.
○ 西嶺崗 중부 언덕 위에 현재 석개묘 1기가 있는데 개석은 약간의 가공을 거쳤으며 길이 3m, 너비 1.6m, 두께 0.3m임. 이 석개묘로부터 남쪽으로 약 200m에 이르는 언덕 말단에도 석개묘 2~3기가 있음. 이들 석개묘와 적석묘지의 관계를 주목할 필요가 있음.
○ 2006년 요령성문물고고연구소 이신전 등이 고분군

---

[1] 肖景全·鄭辰(2009)에 의하면 2000년 조사로 나타나는데 肖景全·鄭辰·金輝(2014)의 글에서는 1990년대로 언급되고 있음. 두 글의 내용이 동일하다는 점에서 동일연도 조사로 추정되는데 연도가 구체적으로 기술된 肖景全·鄭辰(2009)의 글을 따라 정리함.

에 대해 조사를 실시할 때 일찍이 단애에서 토갱수혈묘 1기를 발견했으며, 피장자의 股骨 사이에서 壺와 罐를 각기 1점씩 발견하였다고 하나 정식보고는 이루어지지 않음. 따라서 토갱묘의 성격에 대해 판단하기 어려움.

○ 2015년 현지 답사때 언덕 정상부에서 석개묘 1기 확인, 그 남쪽으로 뚜껑돌로 보이는 무덤 2기와 중간에 무덤돌로 추정되는 대형 판석이 확인됨. 뚜껑돌로 보이는 돌은 원위치에서 이탈된 것으로 보이기도 함.

4. 역사적 성격

신빈현은 태자하, 소자하와 부이강 유역을 아우른 지역으로 이 일대에서는 이른 시기부터 적석묘가 자리하였음.

다만, 그 연대와 성격을 추정할 만큼의 자료가 축적되어 있지 못해 이 일대 적석묘의 시간적 위치를 판단하기 어려움.

우가촌 석개묘는 적석석개묘로 추정되며, 이와 유사한 형식의 무덤으로는 撫順 山龍 1호나 5호묘, 桓仁 馮家堡子 1호나 4호묘 등을 들 수 있음.

이러한 구조의 적석석개묘에 대해 李新全(2009)은 환인 일대 고구려 적석묘의 연원이 되는 무덤형식으로 보고 있지만, 우가촌석개묘의 연대를 추정할 만한 자료가 확보되지 않아서 그 시기를 가늠하기 어려움.

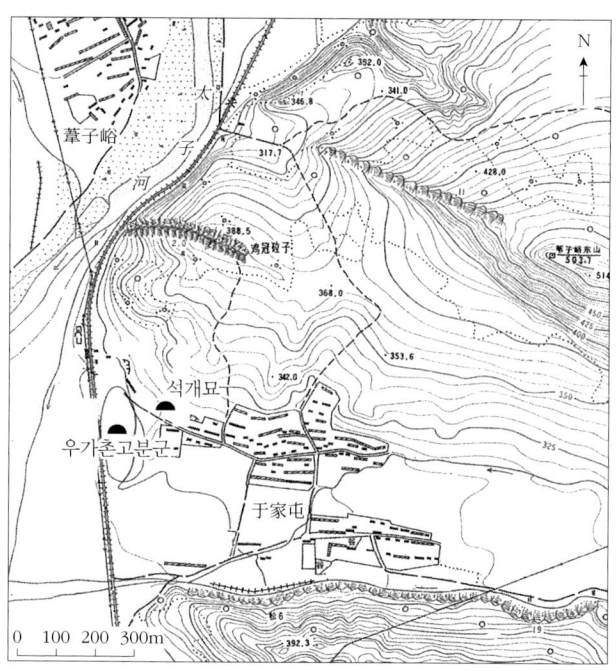

그림 1 우가촌고분군의 위치도(『東北史地』 2014-5)

참고문헌

- 李新全, 2009, 「遼東地區積石墓的演變」, 『東北史地』 2009-1.
- 肖景全·鄭辰, 2009, 「三十年來撫順地區的高句麗考古發現與相關問題研究」, 『高句麗與東北民族研究』, 吉林大學出版社.
- 肖景全·鄭辰·金輝, 2014, 「新賓滿族自治縣近年來發現的高句麗積石墓」, 『東北史地』 2014-5.

03 신빈 석묘자구 고분군
新賓 石廟子溝古墳群

1. 조사현황

1) 2007년 조사
○ 조사기관 : 撫順博物館.
○ 조사내용 : 제3차 전국문물 일제 현지조사(全國文物普查田野調査) 실시. 신빈 경내 소자하, 태자하, 부이강 연안에서 積石墓地를 여러 곳 발견. 해당 묘지를 XB22-0223으로 편호함.

2. 위치와 자연환경(그림 1)

○ 新賓縣 下夾河鄕 雙河村 太子城組 서쪽으로 약 1km 떨어진 石廟子溝 골짜기 입구에 위치함. 골짜기 입구는 북향의 넓은 평탄지임. 북쪽으로 약 300m에는 동에서 서로 흐르는 태자하가 있고 태자하를 사이에 두고 하협하향정부 소재지 崗東村과 마주하고 있음.
○ 석묘자구와 太子村 중간에 서남-동북 주향의 낮은 산이 있으며, 그 낮은 산의 동북단은 고구려 태자성임. 서쪽에는 낮은 산을 사이에 두고 서쪽으로 河南村이 있음. 골짜기 입구 남쪽으로는 河南村 古佛峪組이며, 작은 하천이 고불욕 방향으로부터 유적지를 지나 북쪽으로 흘러 태자하로 합류함.
○ 고분군 북쪽의 태자하 남안에 만주국시기에 건설한 本溪縣 田師傅鎭으로부터 新賓縣 下夾河鄕·平頂山鎭·桓仁縣 木盂子鎭 등을 지나 通化에 이르는 철로의 옛 노반(路基)이 현재 도로로 사용됨.
○ 묘지의 중심좌표는 북위 41°22′11.0″, 동경 124°25′35.0″이며, 해발고도는 278m임.

3. 고분군의 분포현황

○ 현재 적석묘 5기가 골짜기 내의 중심지대인 작은 하천 서안에 분포. 1호묘(M1)와 2호묘(M2)는 심하게 파괴되고 그 나머지 3기는 작은 하천의 서안을 따라 북에서 남으로 배열되었음.
○ 3호묘(M3)가 보존상태가 비교적 양호한데 네 둘레에는 돌로 층층이 쌓아 방단을 이루고 있으며, 위에는 커다란 판석이 덮여 있으며, 작은 돌(塊石)과 강자갈(河卵石)로 봉함. 무덤은 길이 7m, 너비 3.5m, 잔존 높이 1m임.
○ 파괴된 1호묘와 2호묘의 주변에서 발견된 판석을 분석하면 무덤 형식은 방단석실석개적석묘로 추정됨.
○ 2015년 현지 조사 때 밭과 도로 인접지에서 파괴된 무덤 흔적을 확인함. 기단석은 보이지 않으며, 뚜껑돌로 추정되는 대형돌과 대형판석이 일정한 거리를 유지하며 자리하여 석실구조로 추정됨. 비교적 보존상태가 양호한 대석개묘 확인됨. 뚜껑돌이 대형 석괴 위에 올려져 있고, 그중에는 성혈로 추정되는 흔적도 있음.

4. 역사적 성격

신빈현은 태자하, 소자하와 부이강 유역을 아우른 지역으로 이 일대에서는 이른 시기부터 적석묘가 자리하였음.

다만, 그 연대와 성격을 추정할 만큼의 자료가 축적되어 있지 못해 이 일대 적석묘의 시간적 위치를 판단하기 어려움.

신빈은 고구려산성 분포가 비교적 많은 지구로서 그 인근에 자리한 적석묘와 일정한 관계를 지닌 것으로 파악되며, 석묘자구 방단석실적석묘는 동쪽으로 있는 고구려 태자성과 관련을 가진 무덤으로 추정됨.

정식 학술조사를 거치지 않아서 석묘자구의 적석묘의 구조를 명확히 알 수 없지만, 보고된 내용이나 지표에 드러난 현상을 통해 볼 때 방단석실적석묘일 가능성과 함께 방형 평면의 적석석개묘일 가능성도 배제할 수 없음.

李新全(2009)은 적석석개묘를 환인 일대 고구려 적석묘의 연원이 되는 무덤형식으로 이해하고 있으므로, 이신전의 견해를 존중하자면 고구려 초기에 해당되는 유적으로 볼 여지도 있음.

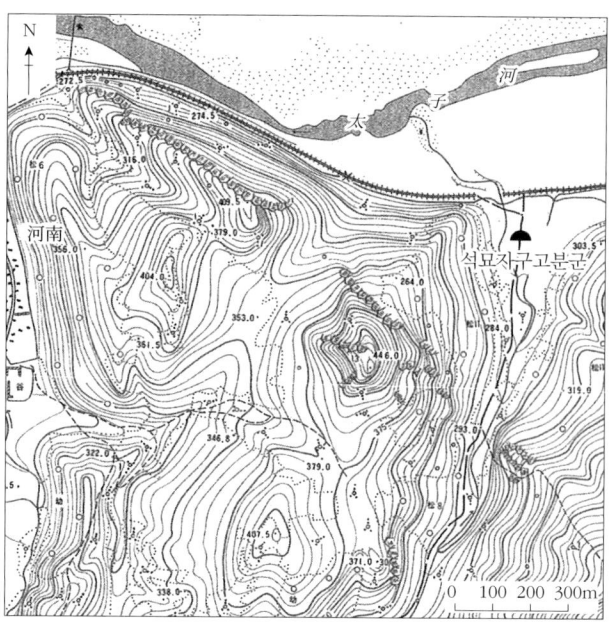

그림 1 석묘자구고분군의 위치도(『東北史地』 2014-5)

참고문헌

- 李新全, 2009, 「遼東地區積石墓的演變」, 『東北史地』 2009-1.
- 肖景全·鄭辰·金輝, 2014, 「新賓滿族自治縣近年來發現的高句麗積石墓」, 『東北史地』 2014-5.

2
성곽

01 신빈 삼송산성
新賓 杉松山城

1. 조사현황

1) 1980~1882년
○ 조사기관 : 撫順地區 撫順普查隊.
○ 조사내용 : 新賓縣 관내의 蘇子河와 富爾江 유역의 유적을 조사하는 과정에서 발견됨(溫秀榮·張波, 1996).

2) 1986년
조사자 : 王綿厚, 孫力.

3) 縣文物保護單位로 지정

2. 위치와 자연환경(그림 1~그림 2)

1) 지리위치
○ 新賓縣 서남쪽 太子河 상류의 葦子峪鎭 杉松村에서 동북쪽으로 약 1.5km 떨어진 해발 약 660m의 城子山 정상에 위치함.
○ 杉松山城은 太子城에서 北太子河를 거슬러 渾江이나 蘇子河 유역으로 나아가는 山間路의 분기점에 위치함. 杉松山城에서 동쪽으로 北太子河를 거슬러 나아가면 平頂山을 거쳐 渾江 六道河 연안의 桓仁 木盂子鎭이나 橫道河子關隘로 진입할 수 있음. 또한 杉松山城에서 북쪽으로 나아가면 蘇子河 연안의 楡樹鎭이나 木奇鎭 일대로 연결됨. 따라서 杉松山城은 北太子河 유역과 渾江·蘇子河 연안을 잇는 여러 산간로의 전략적 요충지에 자리 잡고 있다고 할 수 있음.
○ 산성 서남쪽으로 15km 떨어진 지점에 태자성이 있음.

2) 자연환경
○ 太子河가 산성 서·남·동 세 면을 감싸면서 서남쪽으로 흘러 나감.
○ 산성이 있는 산 아래는 太子河가 범람하여 이루어진 넓은 하곡평지로, 지세는 평탄하고 토질은 비옥하여 경작과 목축에 유리함.
○ 성 지세는 동·남·북 세 면이 비교적 높고 서면이 낮음.[1]

3. 성곽의 전체현황

○ 평면은 불규칙한 타원형임.
○ 산성의 규모에 대해서는 동벽 길이 150m, 남벽 길이 180m, 서벽 길이 260m, 북벽 길이 360m, 총 둘레 1,100m(王綿厚, 2002), 총 둘레 1,045m(國家文物局, 2009) ; 총 둘레 1km(陳大爲, 1995 ; 魏存成, 2002) 등으로 파악.
○ 左·右城이 서로 연결되어 이루어진 성이라는 견해

---

[1] 馮永謙(1997)은 남면도 지세가 낮다고 기록함.

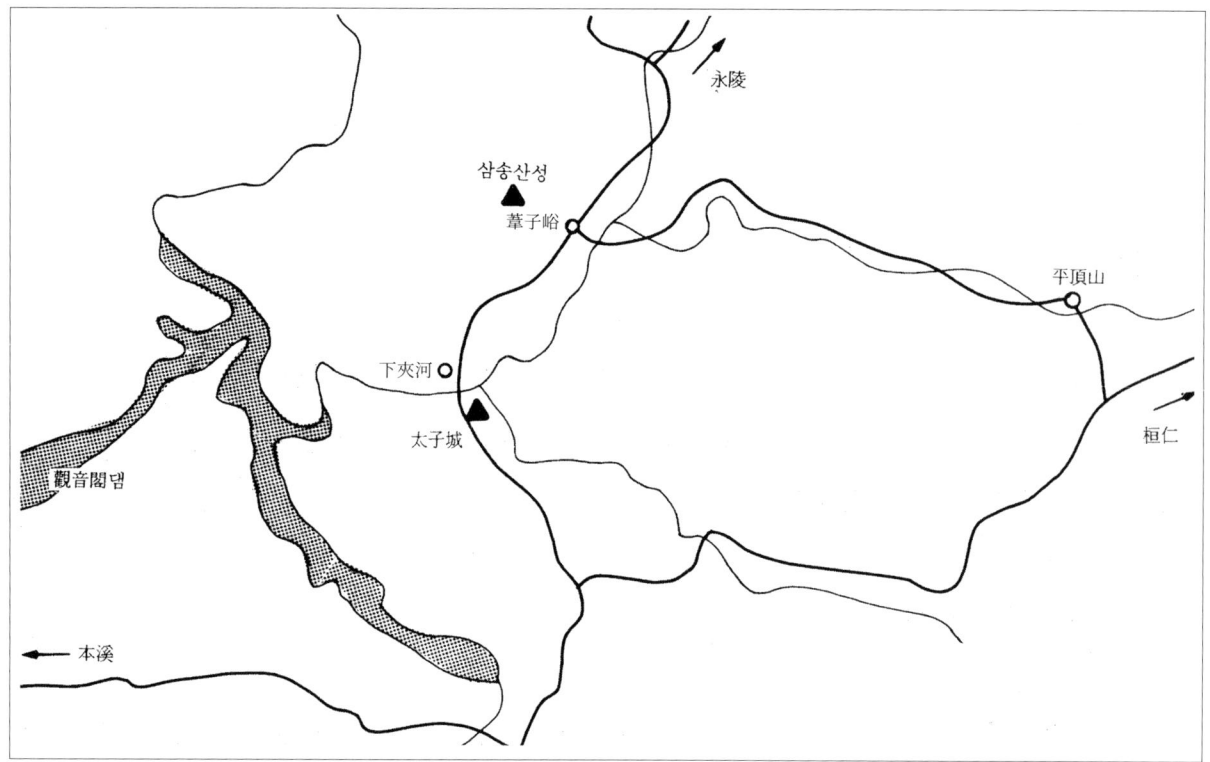

그림 1 삼송산성 위치도(40만분의 1)(여호규, 1999, 244쪽)

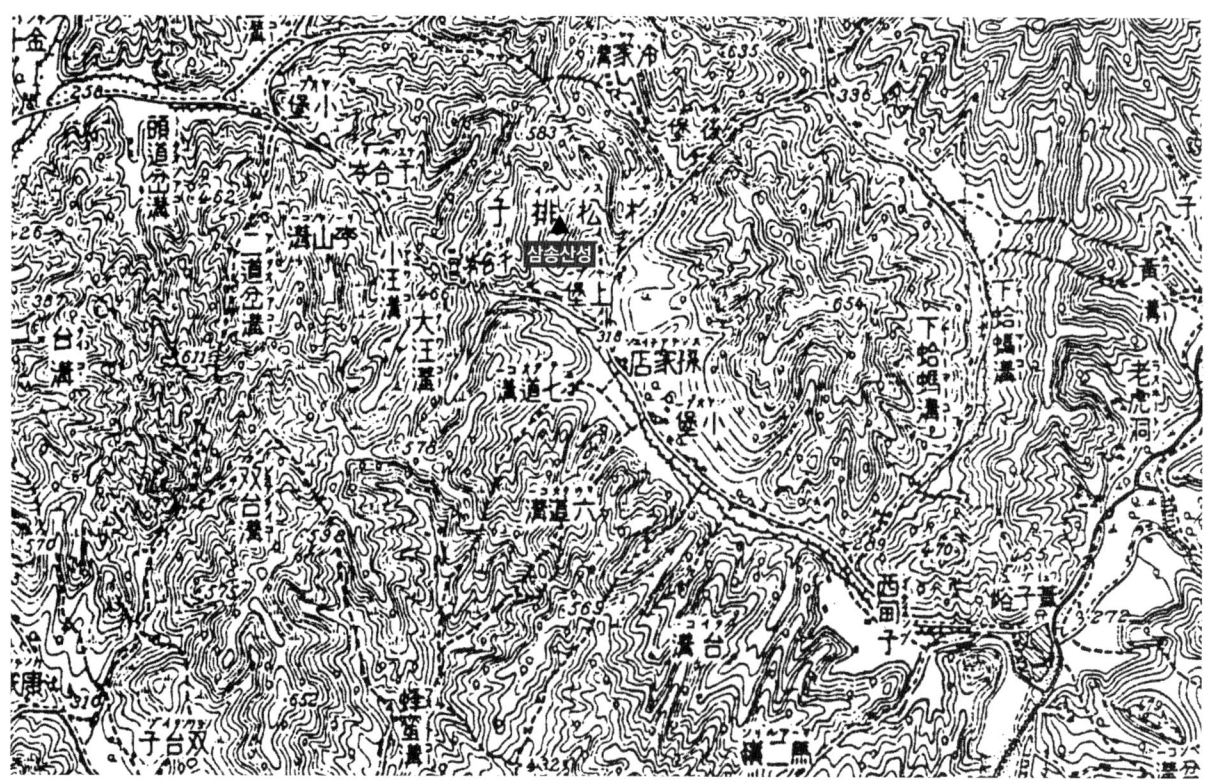

그림 2 삼송산성 주변 지형도(滿洲國 10만분의 1 지형도)

도 있음. 처음 발견된 성은 규모가 작은 西城이고, 나중에 발견된 성은 東城이라고 봄(魏存成, 2011).
○ 성벽, 성문, 수구문, 우물, 샘 등이 남아 있음.
○ 유물로는 기와편이 출토됨.

○ 서문이 정문임.

3) 수구문
서벽에 수구문이 있음.

4. 성벽과 성곽시설

1) 성벽
○ 성벽은 불규칙한 반원형의 산등성이를 따라 축조함.
○ 성벽은 대부분 험준한 암벽을 자연성벽으로 삼았음.
○ 인공성벽은 대부분 납작한 돌로 축조함. 가장 큰 돌은 길이 1.27m, 너비 0.57m임.
○ 인공성벽은 자연성벽 암벽 사이 구간에 축조함. 인공성벽은 모두 네 구간이 있음. 그 가운데 가장 긴 인공성벽은 길이가 약 70m이고, 殘高가 약 3m임. 동북쪽의 한 구간은 길이가 25m이고, 殘高가 약 6m임.
○ 서벽과 남벽은 대부분 높이 30~40m의 가파른 절벽 위에 축조하였는데, 높이는 비교적 낮음.
○ 동벽의 한 구간은 바깥쪽이 가파르고 안쪽이 완만한 산등성이에 축조되어 있는데, 안팎의 높이 차이를 고려하면서 산비탈을 깎고 외벽만 쌓는 방법으로 성벽을 축조함(單面石壁; 외벽 쌓기). 다른 한 구간은 비교적 낮은 산골짜기에 있는데, 석벽이 비교적 높고, 장방형의 돌을 내외로 쌓은 협축식(雙壁墻)으로 축조함. 외면쌓기 성벽은 기단부 너비 3~4m, 정상부 너비 1~2m, 높이 5~6m임. 협축성벽(雙壁石墻)은 기단부 너비 5m, 정상부 너비 3m, 높이 3m임.
○ 산성 동북 모서리 성벽의 가운데 부분에 깊이 3m 정도의 네모난 구멍이 있는데, 구멍은 3단 층계로 이루어져 있음.

2) 성문
○ 성문은 남·북·서쪽에 각각 1개씩 3개가 있음.

5. 성내시설과 유적

1) 우물
○ 서문 내측으로 20m 떨어진 지점에 직경 1.5m의 우물이 있음. 산성의 주요 水源 가운데 하나임.
○ 高爾山城, 五龍山城, 太子城, 黑溝山城 등과 마찬가지로 주요 성문 근처에 우물이 위치하고 있음(溫秀榮·張波, 1996).

2) 샘
산성 안에는 샘이 있음.

6. 출토유물

홍갈색 격자문(網格文) 기와와 승문 기와편이 출토됨.

7. 역사적 성격

1) 지정학적 위치
太子河 상류일대에는 고구려 초기 요동평원 방면의 주요 교통로인 渾江-蘇子河-渾河 루트로 통하는 산간로가 많이 발달되어 있었는데, 杉松山城은 이러한 여러 산간로를 서로 연결해주는 요지임. 더욱이 1~3세기경 고구려와 중국세력은 梁貊之谷이나 梁口 등 蘇子河에서 太子河로 나아가는 산간로 입구나 그 주변에서 치열한 공방전을 벌였음. 위의 사실과 함께 규모

가 비교적 작고 산 정상에 위치하였다는 점 등을 고려하면 杉松山城은 대체로 太子河 상류일대와 蘇子河·渾江 등을 연결하는 산간로를 控制하기 위한 군사방어성으로 추정됨(여호규, 1999).

2) 축조시기

삼송산성의 축조시기에 대해 溫秀榮·張波(1996)는 성곽의 제반 특성상 고구려 초기로 비정함. 즉 고구려 초기 산성의 특징을 보면, 대부분 가파른 절벽을 천연 성벽으로 삼은 반면, 인공성벽의 비중은 낮고, 성돌은 주로 쐐기형돌로 외벽을 축조하고 내부에는 잡석을 채웠음. 또한 성문의 옹성은 대부분 장방형이고, 모래혼입 홍갈색 토기편이 출토되지만, 기와는 보이지 않는 음. 삼송산성이 이러한 고구려 초기 산성의 특징에 부합한다는 것임. 즉 杉松山城은 黑溝山城, 轉水湖山城, 太子城 內城 등과 더불어 초기 산성이라고 할 수 있는데, 이들이 위치한 지역은 沸流國과 梁貊故地라는 점에서 구체적인 축조연대는 고구려 건국 전후로 생각해 볼 수 있다는 것임(溫秀榮·張波, 1996).

또한 王綿厚(2002)도 삼송산성의 축조방법은 고구려 초기 산성의 축조방법인 內托式(單壁石墻), 夾築式(雙壁石墻), 가파른 절벽에 낮은 벽을 축조하는 방식(峭壁短墻), 豁口封堵山墻, 자연절벽을 이용한 각종 축조방법 등을 포함하고 있다고 파악했음. 특히 고구려의 선조 가운데 하나인 '梁貊'이 거주하던 태자하(옛 梁水) 상류에 위치했다는 점에서 고구려 초기에 축조되었을 것으로 파악함(王綿厚, 2002).

이처럼 杉松山城은 절벽을 천연성벽으로 이용하였다는 점에서 五女山城, 山城子山城, 覇王朝山城, 黑溝山城, 轉水湖山城 등 고구려 초기 산성과 유사함. 또한 杉松山城이나 太子城이 위치한 太子河 상류일대는 고구려와 동일한 계열의 주민집단인 梁貊의 거주지역임. 입지조건과 축성법 등이 압록강 중류 일대의 초기 산성과 유사하다는 점에서 太子城보다 이른 시기에 축조되었다고 여겨짐. 太子城은 늦어도 4세기 중반에는 축조되었다고 추정되는 만큼, 杉松山城은 4세기 이전에 축조되었을 가능성도 배제할 수 없음(여호규, 1999).

3) 역사지리 비정

삼송산성을 고구려의 蒼巖城으로 비정하기도 함.『舊唐書』권111 薛仁貴傳에 따르면 666년에 설인귀는 먼저 新城에 이른 다음 南蘇, 木底, 蒼巖 등을 차례로 정벌하고 국내성에 주둔하던 男生과 회합했다고 하는데, 新城은 撫順 高爾山城, 木底城은 新賓 五龍山城 등이므로 이들보다 동쪽에 위치한 杉松山城을 蒼巖城으로 비정할 수 있다는 것임(王綿厚, 2002). 다만 창암성은 일반적으로 新賓 永陵鎭古城 남쪽에 위치한 비아랍성(二道河子舊老城)으로 비정되는 만큼, 삼송산성을 蒼巖城으로 비정하는 견해는 신중하게 검토할 필요가 있음.

참고문헌

- 陳大爲, 1988,「遼寧高句麗山城初探」,『中國考古學會第五次年會論文集』, 文物出版社.
- 孫進己·馮永謙, 1989,『東北歷史地理』, 黑龍江人民出版社.
- 東潮·田中俊明, 1995,『高句麗の歷史と遺跡』.
- 陳大爲, 1995,「遼寧高句麗山城再探」,『北方文物』1995-3.
- 溫秀榮·張波, 1996,「關于撫順地區的高句麗山城」,『博物館研究』1996-1.
- 馮永謙, 1997,「高句麗城址輯要」,『高句麗渤海研究集成』高句麗 卷3, 哈爾濱出版社.
- 여호규, 1999,『高句麗 城』Ⅱ, 國防軍史研究所.
- 王綿厚, 2002,『高句麗古城研究』, 文物出版社.
- 魏存成, 2002,『高句麗遺迹』, 文物出版社.
- 王禹浪·王宏北, 2007,『高句麗·渤海古城址研究匯編』(上), 哈爾濱出版社.
- 國家文物局, 2009,『中國文物地圖集』遼寧分冊, 西安地圖出版社.
- 魏存成, 2011,「中國境內發現的高句麗山城」,『社會科學戰線』2011-1.

02 신빈 태자성
新賓 太子城

1. 조사현황

1) 1980~1882년
○ 조사기관 : 撫順地區 撫順普查隊.
○ 조사내용 : 新賓縣 관내의 蘇子河와 富爾江 유역의 유적을 조사하는 과정에서 발견됨(溫秀榮·張波, 1996).

2) 1980년
○ 조사기관 : 撫順市博物館 文物普查隊.
○ 조사내용 : 1980년 이후 세 차례에 걸쳐 실측조사가 이루어짐.
○ 발표 : 撫順市博物館, 1992, 「遼寧新賓縣高句麗太子城」, 『考古』 1992-4.

3) 1986년
○ 조사자 : 王綿厚, 孫力.
○ 조사내용 : 梁貊 유적을 조사하면서 현지답사가 이루어짐.

2. 위치와 자연환경 (그림 1~그림 2)

1) 지리위치
○ 新賓縣 서남 太子河 상류 右岸에 위치한 下夾河鄉의 太子城村 북쪽에 위치함. 太子城村은 太子河라는 강 이름에서 유래함.
○ 산성에서 남쪽으로 약 20m 떨어진 지점에 太子城村이 있고, 서북쪽으로 약 500m 지점에 下夾河鄉 소재지인 崗東村이 있음.
○ 산성이 위치한 지역은 新賓縣·本溪縣·桓仁縣 세 縣이 접경하는 지역으로 新賓에서 本溪·寬甸·鳳城·桓仁으로 가는 도로가 산 아래를 통과하고 있음.

2) 자연환경
○ 산성이 위치하고 있는 곳은 千山山脈의 동북 支脈과 龍崗山脈의 서남 支脈이 서로 접하고 있는 지대임.
○ 산성은 남북방향의 老母猪峰崗에서 동북쪽으로 뻗어 있는 산줄기 끝자락에 자리 잡고 있음. 산성과 산맥이 연접된 지점은 낮고 움푹 들어간 산등성이임.
○ 산성의 북쪽에는 太子河의 지류인 北太子河가 동쪽에서 서쪽으로 흐르고 있고, 동·남 양면에는 小夾河가 산성을 휘감아 흐르고 있는데, 산성 동북 모서리에서 北太子河로 유입됨. 하천 양안에는 상당히 넓은 하곡평지가 발달함.
○ 산성 남부와 북부는 지세가 개활하고, 동부는 태자하의 하곡지대임. 산성은 산이 연결되고 강으로 둘러싸여 있어서 지세가 험함.
○ 성 안의 지세는 동·서 兩端이 높고, 측면에서 보면 중간이 움푹 들어간 말안장 형태와 유사함. 성 가운데 움푹 들어간 지대에서 자세히 보면, 남쪽이 높고 북쪽이 낮은 지세임.

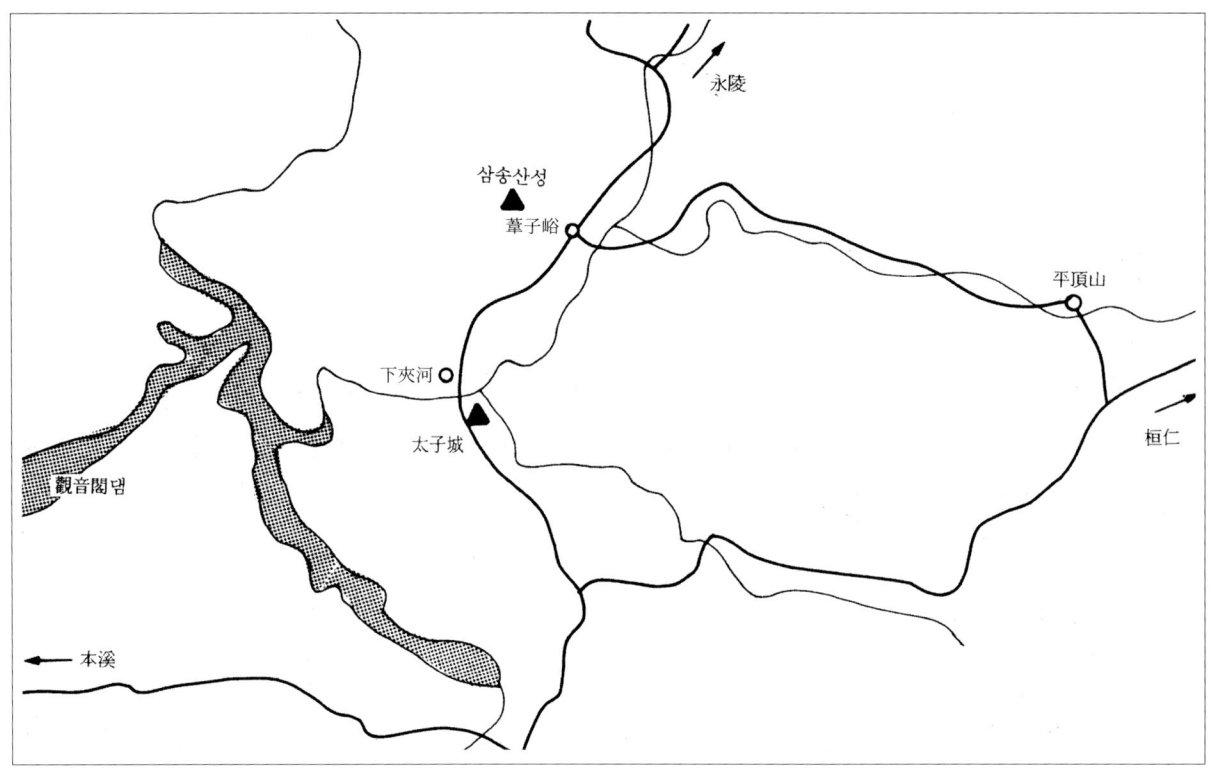

그림 1 태자성 위치도(40만분의 1)(여호규, 1999, 244쪽)

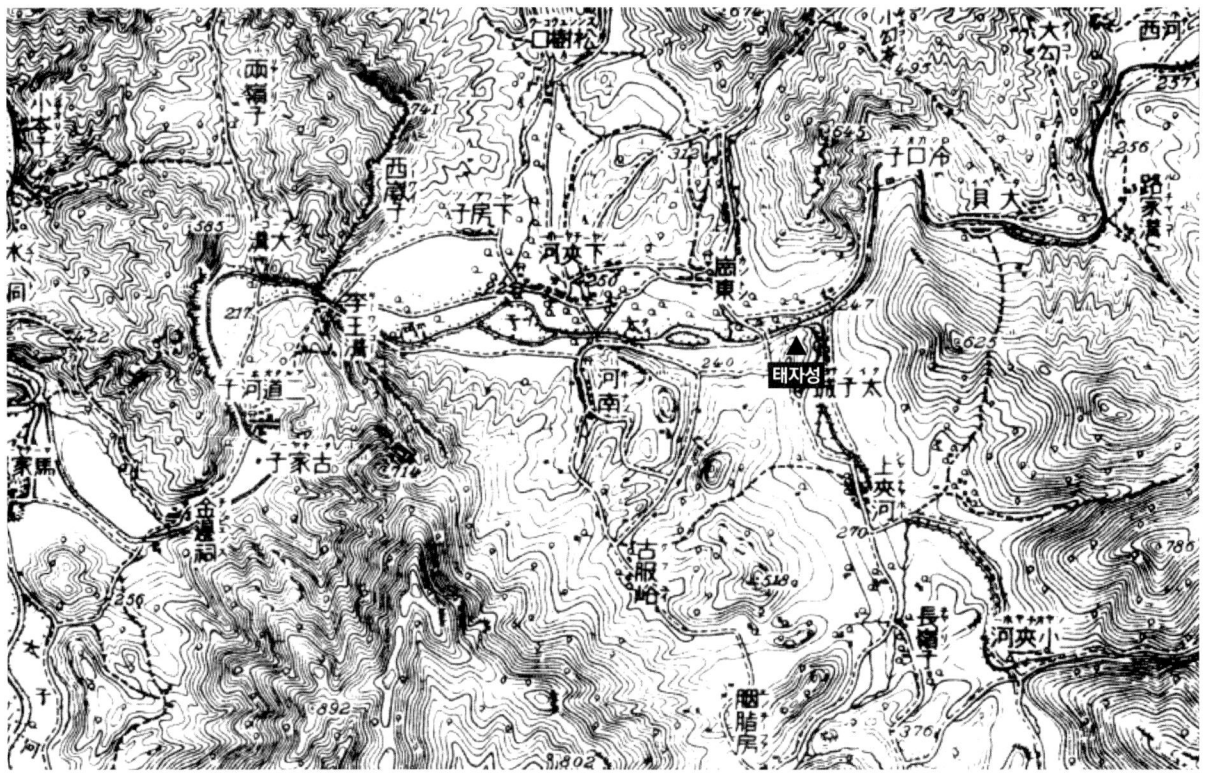

그림 2 태자성 주변 지형도(滿洲國 10만분의 1 지형도)

의 산비탈임.

3. 성곽의 전체현황(그림 3~그림 4)

○ 太子城이란 이름은 성 근처의 太子河란 이름에서 유래함. '太子河'라는 강 이름은 戰國시대 燕의 태자 丹이 荊軻를 보내 진시황을 죽이려는 계획이 실패하자 화를 피해 遼東 衍水로 왔다는 전설과 관련됨. 『讀史方輿紀要』에서는 '太子河는 衍水로 燕太子 丹이 衍水로 피신하여 太子河라 부르게 되었다'고 함. 물론 太子城은 태자 丹이 머물렀던 성은 아님. 太子城은 고구려성으로 태자 丹과는 어떤 관계도 없음.

○ 산성 평면은 타원형에 가까운데, 동서 방향으로 길게 놓여 있음.

○ 산성 규모 : 총 둘레 1,425m, 면적 13만 2,500m² (撫順市博物館, 1992 ; 東潮·田中俊明, 1995 ; 王綿厚, 2002 ; 魏存成, 2002).[1]

○ 성 내부의 동쪽 臺地에는 內城이 축조되어 있음. 太子城은 外城과 內城으로 구성된 복곽식 산성임.[2] 산정식산성으로 분류하기도 함(魏存成, 2011).

○ 성벽, 성문, 치, 망대, 성가퀴, 봉화대, 거주지, 우물 등이 남아 있음.

○ 유물로는 기와, 토기, 돌절구 등이 출토됨.

4. 성벽과 성곽시설

1) 성벽

○ 성벽은 산세를 따라 축조함.

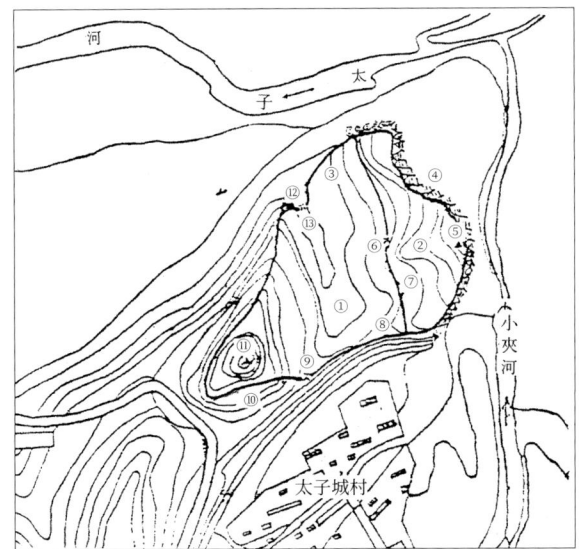

그림 3 태자성 평면도 1(撫順市博物館, 1992, 1350쪽)
① 외성 ② 내성 ③ 북벽 ④ 동벽 ⑤ 봉화대 ⑥ 내성신문
⑦ 내성벽 ⑧ 남벽 ⑨ 남문 ⑩ 서벽 ⑪ 봉화대 ⑫ 북문
⑬ 우물

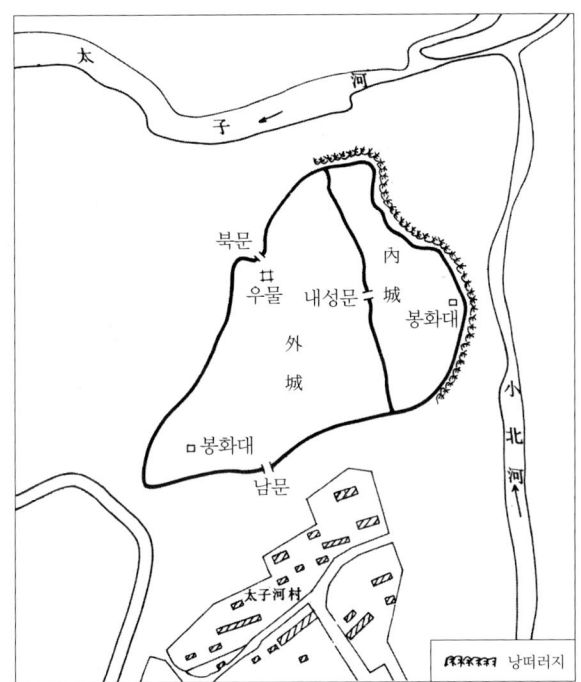

그림 4 태자성 평면도 2(王綿厚, 2002, 103쪽)

○ 산성 북면은 높이 30~40m의 가파른 낭떠러지이고, 동·남 양면은 높이가 40~80m인 가파르고 험준한 절벽이며, 서면은 도로가 내려다보이는 높이 20m

---

1 총둘레 1,450m라는 기록(國家文物局, 2009), 총둘레 1,500m라는 기록(陳大爲, 1995 ; 王禹浪·王宏北, 2007)이 있음.

2 東潮·田中俊明(1995)은 동쪽을 외성, 서쪽을 내성으로 구분함.

○ 내·외벽은 쐐기형돌(偏方錐體)이나, 장방형 혹은 장방형에 가까운 돌을 사용하였고, 뒷채움(墻芯)에는 불규칙한 돌을 사용하였음. 그 가운데 頭大尾細한 쐐기형돌은 주로 내벽에서 볼 수 있는데, 세밀하게 가공함. 일반적으로 길이 78cm, 너비 75cm, 두께 15cm임. 가장 큰 돌은 길이 76cm, 너비 90cm, 두께 43cm임. 반면 비교적 작은 돌은 길이 35cm, 너비 30cm, 두께 10cm임. 외벽 석재는 대부분 장방형 혹은 장방형에 가까운 돌을 사용하였는데, 장방형에 가까운 돌의 경우 쐐기형돌의 특징을 가지고 있는 경우도 있음. 하지만 보편적으로 장단의 비율이 축소되고, 두께는 두꺼워지며, 뾰족한 부분이 명확하지 않게 되어, 장방형이거나 장방형에 가까워짐. 돌의 크기는 대체적으로 비슷한데, 일반적으로 길이 30cm, 너비 24cm, 두께 24cm임. 크기가 비교적 큰 기단부에 구축된 돌은 길이 42cm, 너비 44cm, 두께 20cm임.

○ 산성 성벽의 축조는 각 구간의 구체적인 실정에 맞게 적절하게 이루어졌음. 동벽 아래는 가파른 절벽이기 때문에 인공 성벽을 축조할 필요가 없었음. 다만 바깥은 수십미터 높이의 절벽이고 안은 내성의 평탄한 높은 언덕이기 때문에, 사람이 떨어지기 쉬웠음. 이에 낮은 벽을 축조해서 전쟁 때에는 병사들이 기댈 수 있게 하여 보호하고, 평상시에도 안전을 제공하였음. 이 낮은 벽은 성가퀴라고도 할 수 있음. 남벽은 절벽이 있지만 그리 높지 않아 높은 성벽의 축조가 필요했음. 그런데 안측은 경사진 지대였기 때문에, 성벽을 축조하기 위한 넓은 지면이 없었음. 이를 해결하기 위해 그다지 높지 않은 암벽 상부에 바깥을 향하도록 홈을 파내고, 암벽 바닥과 성벽 기단부가 일체가 되게 하면서 성벽을 쌓았음. 이로써 성벽 높이를 해결하고, 무너지는 염려도 없게 되었음. 서벽의 남단과 서단도 성벽을 건립할 基礎 조건이 없었음. 이에 밖에만 석벽을 쌓았고 안쪽은 산비탈에 의지하면서 그 위에 성가퀴를 쌓아 성벽과 산비탈을 결합시킴으로써 성벽의 원심력과 밖으로 붕괴되는 것을 방지함. 북벽은 구불구불 뻗어 있는 산등성이 위에 있는데, 바깥은 험준한 비탈이고, 안쪽은 약간 경사진 비탈임. 축성자는 산등성이에 일렬로 늘어선 산등성이돌을 골간으로 삼아, 내외 양면에 석벽을 둘러 싸서, 성벽이 내외로 쓰러지지 못하도록 함(撫順市博物館, 1992).

(1) 외성
○ 외성 성벽은 험준한 절벽 가장자리에 축조함.
○ 외성 길이는 1,425m임.

① 북벽
○ 북문 – 내성벽 북단 교차지점까지로 길이는 280m임.
○ 성벽은 동쪽으로 갈수록 점차 융기하는 산등성이를 따라 점차 높아짐.
○ 좁고 기다랗게 솟은 산등성이의 암벽을 골간으로 삼아 양면에 돌을 쌓아 내외벽을 축조하였는데, 성벽은 정상부까지 들여쌓기를 함.
○ 내벽은 높이 6m, 외벽은 높이 8~10m, 기단부 너비 4~6m, 정상부 너비는 1m임(그림 5-1).

② 동벽
○ 내성벽 북단 – 내성벽 남단 구간으로 길이는 395m임.
○ 평면은 弓形에 가까움.
○ 동벽은 모두 가파른 절벽 가장자리에 축조된 낮은 성벽으로 기단부 너비, 정상부 너비 1m, 높이 0.5~1m임.
○ 성벽은 수직으로 쌓았고, 들여쌓기의 모습은 보이지 않음.

③ 남벽
○ 동벽과 내성벽의 남부 교차 지점 – 남문 구간으로 길이는 260m임.
○ 성벽 축조방법에 따라 동·서 양 구간으로 나눌 수

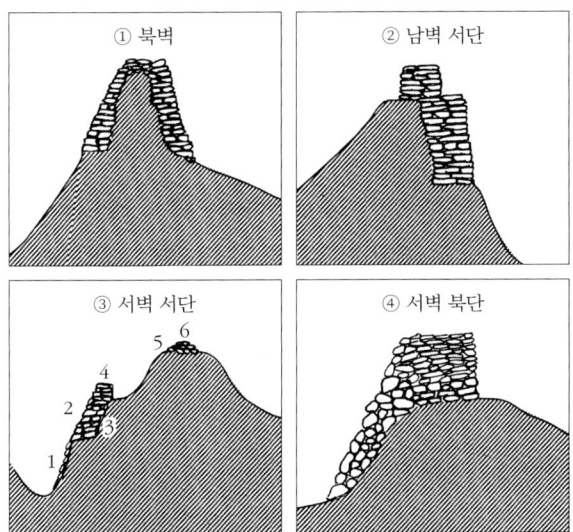

그림 5 태자성 성벽 단면도(撫順市博物館, 1992, 351쪽)
③의 명칭 : 1. 자연 축대 2. 성벽 외벽 3. 뒤 채움 흙 4. 성가퀴
5. 봉화대 참호 6. 봉화대

있음. 동쪽 구간의 성벽 축조방법은 동벽과 같음. 대부분 낮은 성벽인데, 다만 지세가 점점 낮아지면 성벽은 점차 높아짐. 서쪽 구간은 가파른 비탈 혹은 낮은 峭壁 상부를 2m 깊이로 파내고, 밖으로 개방된 높이 5m의 城墻基槽를 만들었음. 그리고 基槽 바깥에 벽석을 쌓고, 안은 깬돌로 채웠음. 성벽과 基槽 꼭대기의 높이가 같아지면, 그 결합부에 높이 0.5m, 정상부 너비와 기단부 너비 1m인 낮은 석벽을 다시 축조함(그림 5-2).

④ **서벽**

○ 남문-북문 구간으로 길이는 490m임.

○ 성벽 평면은 반원형임.

○ 남문-산성 서단은 서벽의 남단과 서단임. 이 양단 성벽은 토석혼축임. 축조방법을 보면 그리 험하지 않은 산비탈의 허리에 성벽 기단부를 축조할 지면을 다듬은 다음, 돌로 외벽을 쌓고(이러한 축조방법은 瀋陽 石臺子山城에서도 채용됨), 중간에 흙과 깬돌을 채웠음. 벽석·흙 및 돌로 채워진 뒷채움(墻芯)이 산비탈 허리의 흙둔덕과 높이가 같아지면, 그 결합부 위에 높이 1~1.5m, 너비 1m의 낮은 성벽을 다시 축조하였음(그림 5-3).

이 구간의 성벽 아래에는 돌을 깔아서 보축 성벽을 쌓았음.

○ 서벽 서쪽 구간에서 동쪽으로 꺾어져 북문에 이르는 구간은 서벽 북쪽 구간이라고 할 수 있는데, 경사도가 비교적 완만하여 외벽 높이 3~4m, 내벽 높이 3m, 기단부와 정상부 너비 3m의 크고 높은 석벽을 구축하였음. 이 구간의 성벽 일부분에 드러난 성벽 기단부를 보면, 성벽보다 밖으로 0.5m 정도 뻗어 나와 있고, 높이는 0.5~1m임. 성벽이 높고 크기 때문에 내외벽을 조금씩 안으로 들여 쌓았음. 일부 부분은 바깥으로 기울어져 붕괴될 우려가 있는데, 성벽 바깥에 산비탈 아래-성벽 정상부까지 돌을 쌓은 높이 30~40m, 경사도 60°인 대규모의 보축 성벽이 조성되어 있음(그림 5-4).

○ 서벽 위에는 돌구멍(石洞)이 있음.

○ 老母猪崗 산줄기로 이어지는 서벽에는 인공방어시설이 집중적으로 구축됨. 이는 절벽으로 이루어진 다른 성벽과 달리 산줄기로 연이어져 방어가 취약하기 때문임. 이에 움푹 들어간 산등성이를 천연해자로 삼은 다음, 산비탈에 보축 성벽을 쌓아 적의 접근을 차단하고 아군을 은폐할 수 있게 하였음. 그 위에 성벽을 축조하고, 최고 지점에 봉화대를 구축하여 입체적 방어시설을 완비함(여호규, 1999).

(2) 내성벽

○ 산성 동쪽 비탈에 남북 방향으로 길게 구축된 한 줄기의 석벽 사이로 내성이 있음.

○ 내성 평면은 대략 반원형으로 북·동·남 세 면은 모두 수직 절벽임.

○ 성벽의 길이는 280m,[3] 기단부 너비는 2.5m, 정상부 너비는 2m, 남은 너비는 3m임.

○ 성벽 기단부는 거대한 돌로 3~4층 쌓았고, 그 위의

---

3 魏存成(2002)은 내성이 675m라고 기록함.

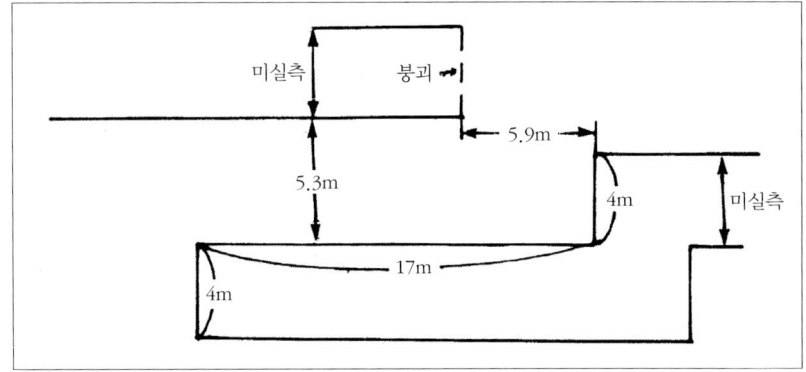

그림 6 태자성 내성문 평면도(松波宏隆, 1996)

성벽은 안으로 들여 쌓았음.

2) 성문

남문과 북문, 내성문이 있음.[4]

(1) 북문

○ 산성 중앙의 움푹 들어간 부분의 가장자리에 위치함.
○ 안쪽으로 오므라드는 U자형(말안장형) 옹성문 구조를 갖추고 있음.
○ 저지대에는 길이 25m, 기단부 너비 5m, 정상부 너비 3m, 높이 3m인 크고 높은 석벽이 가로질러 있음.
○ 동쪽의 敵臺는 남북 길이 18m, 동서 너비 10m, 높이 약 20m임. 서쪽 성 바깥 작은 대지에 작은 守備臺를 만들고 적대와 서로 대응함(東潮·田中俊明, 1995).
○ 산성의 교통과 배수에 있어서 주요 통로임.
○ 현재는 허물어져서 성문구조를 명확히 파악할 수 없음.
○ 성문 바깥쪽의 북태자하가 천연 해자의 역할을 하고 있음.

(2) 남문

○ 남벽 가운데 부분에 있음.

○ 너비는 2m임.
○ 위치는 비교적 은폐된 지점이라고 할 수 있는데, 側門임.

(3) 내성문(그림 6)

○ 내성벽 가운데 부분에 위치함.
○ 장방형의 옹성문임.
○ 문지 북단의 성벽을 안쪽으로 90° 꺾은 후, 길이 10m의 옹성문 내벽을 축조함. 남단의 성벽은 문지까지 계속 직진하여, 옹성문의 내벽과 평행하게 교차해서 옹성문 외벽을 이룸.
○ 옹성문 내외벽 사이의 거리는 5m, 문의 너비는 3m임.

3) 치

○ 북문 동측에는 치가 있는데, 튀어나온 舌形의 커다란 바위임.
○ 치 위는 가공을 거쳐서 매우 평평함.
○ 남북 길이는 18m, 동서 너비는 10m, 높이는 20m에 가까움.
○ 북문 서측 성벽 바깥에는 성벽 바깥을 따라 작은 대지가 있는데, 여기에 소형 防守墻臺를 구축하여 치와 서로 대응하게 함. 墻臺 북벽은 길이 45m, 동벽 너비 30m, 서벽 너비 20m임. 墻臺의 남면은 성벽에 잇닿아 있음.

---

4 馮永謙(1997)은 남문과 북문 외에 서문이 있다고 함. 陳大爲(1995)는 남·북 두 문만을 언급함.

4) 성가퀴

성가퀴가 있음.

5) 배수구

산성에서 가장 낮은 곳인 북문이 성 전체의 배수구 역할을 하였던 것으로 추정됨.

5. 성내시설과 유적

1) 봉화대

○ 봉화대는 산성 동·서 양단 산꼭대기에 각각 하나씩 모두 2개가 있음.[5]

○ 내성은 평면이 반원형인데, 북·동·남 세 면 모두 절벽이기 때문에 방어상 문제가 없음. 내성에 있는 봉화대는 군사상 성 바깥을 조망하고 신호를 보내는 역할이 그리 크지 않음. 즉 바깥이 아닌 주로 성 안을 제어하는 기능을 함. 실제로 내성벽은 방어시설과 결합됨. 일단 적군이 성으로 진입해도 내성은 고수되고, 봉화대는 높은 곳에 있어 보조 수비가 될 수 있음. 태자성 두 개의 봉화대는 통일된 방어체계를 이루면서 독립된 두 개의 작전단위로 기능함. 두 봉화대는 서로 마주하면서 서로 호각지세를 이루고 있음. 만약 적이 북·남 양문을 통해 성으로 들어오면 동·서 봉화대에서 고지의 이점을 살려 협공을 할 수 있음. 그 가운데 서쪽 봉화대는 높이 신호를 보내는 기능으로서만 아닌 산성 서쪽 모서리에 중요한 방어시설, 즉 성 전체를 바라보면서 작전을 지휘하는 장대로서의 기능도 하였음(撫順市博物館, 1992). 태자성에서는 고구려 산성에 보이는 각대, 망대, 장대를 볼 수가 없는데,[6] 모든 성을 총람할 수 있는 두 개의 봉화대가 그것을 대신하고 있는 것임. 한편 태자성 동쪽 봉화대 주위에서는 明代 벽돌을 볼 수 있고, 서쪽 봉화대 주위에는 壕溝가 둘러져 있는데, 이러한 壕溝는 明代 遼東邊墻의 봉화대에서는 항상 볼 수 있음. 이 일대는 명 요동의 邊塞가 지나는 구역임. 그러므로 두 봉화대는 명대에도 계속 사용되었다고 볼 수 있음.

(1) 서쪽 봉우리 봉화대

○ 서쪽 봉우리 봉화대는 해발 348.2m로, 산성에서 가장 높은 지점임.
○ 서벽이 봉화대 아래를 감싸고 있음.
○ 봉화대는 직경 25m, 정상부 직경 4m, 높이 6m임.
○ 돌과 흙으로 축조하였고, 바깥에는 벽석을 쌓았음.
○ 봉화대 주위에는 너비 2m, 깊이 0.5~1m의 垓字를 돌렸음.

(2) 동쪽 봉우리 봉화대

○ 동쪽 봉우리 봉화대는 내성에서 가장 높은 지점에 위치하는데, 가파른 절벽 가장자리에 잇닿아 있음.
○ 봉화대는 직경 15m, 정상부 직경 2.5m, 높이 4m임.
○ 판석으로 축조하였음.
○ 주위에 明代의 푸른 벽돌을 볼 수 있음.

2) 주거지

산성 동·서·남 세 면의 산비탈에 주거지 6곳이 있음(國家文物局, 2009 ; 王禹浪·王宏北, 2007). 그 가운데 한 주거지의 면적은 12m²임. 수키와와 암키와가 많이 발견됨.

---

5 陳大爲(1995)는 망대가 있었던 곳이라고 기록함. 王禹浪·王宏北(2007)은 태자성 동부와 서부의 山端에 墩臺터가 있고, 그곳 위에 서면 먼 곳까지 볼 수 있다고 하는데, 烽火臺 언급은 없는 것으로 보아 烽火臺로 보지 않고 墩臺터로 파악한 것으로 보임.

6 북벽에 돌로 쌓은 覆頭形의 망대가 있다고 보기도 하는데, 정 가운데에 있는 원형의 구덩이는 직경 2m, 깊이 0.5m라고 함(國家文物局, 2009).

3) 우물
- 북문 안측 54m 지점에 우물 1개가 있음.
- 우물 벽은 돌로 쌓여 있음.
- 직경은 1.5m, 깊이는 0.5m임.
- 성 안에 개간이 진행되면서 우물은 메워짐.
- 高爾山城, 五龍山城, 杉松山城, 黑溝山城 등과 마찬가지로 주요 성문 근처에 위치하고 있음(溫秀榮·張波, 1996).

6. 출토유물

1) 기와
- 출토된 유물로는 수키와와 암키와가 있는데, 대부분 파손됨. 출토된 기와는 34점임.
- 암키와 : 암키와의 내면에는 모두 세밀한 布文이 펼쳐져 있음. 기와 배면에는 주로 繩文이 있음. 세로로 굵고 거친 승문이 있는 기와는 색깔이 짙은 갈색이고, 두께는 1.6~1.8cm임. 거친 승문이 교차되어 있는 기와는 두께가 1.8cm임. 가는 승문이 교차되어 있는 기와는 두께가 2.5cm임. 암키와 가운데 세로로 승문이 있고 중간에 손가락으로 눌러 만든 무늬가 여러 줄 있는 경우도 있는데, 중심 두께는 2.5cm, 기와 변 가장자리의 두께는 1.8cm임. 이 외에도 회색승문기와를 드물게 볼 수 있는데, 두께는 2~2.5cm임.
- 수키와 : 수키와는 모두 무늬가 없고, 색깔은 선홍색임. 두께는 1.6m임.

2) 토기
- 토기는 기와에 비해 드물게 출토됨.
- 단지 혹은 호의 외반된 구연부로 추정되는 輪製의 니질 회색토기편, 니질 홍색토기의 평평한 바닥, 짙은 황록색 유약을 바른 시유도기호편, 모래혼입 홍색·회색 토기 등이 출토됨. 이 외에도 內城에서 모래가 혼입된 토기가 출토되었는데, 갈색과 흑색이 얼룩덜룩하게 있고, 태토의 속성과 내외면은 모두 흑회색임.

3) 기타
백색의 돌절구가 출토됨.

7. 역사적 성격

1) 지정학적 위치와 성곽의 방어체계
태자성은 태자하 상류 연안의 하곡평지에 위치함. 老母猪崗에서 동남쪽으로 뻗은 산등성이에 축조되어 있는데, 자연지형과 인공성벽을 결합시켜 난공불락의 요새를 건설했음. 산성은 말안장 모양으로 세 방면이 가파르면서도 주위의 평지와 연접되어 있음. 산성 북·동·남 3면에는 北太子河와 小夾河가 흐르면서 바깥 주위의 방어 장벽을 형성하고 있음. 산성 서쪽 모서리에 있는 낮은 산등성이는 산성과 연접되면서 외부로 연결되는 유일한 통로인데, 산성 방어면에서는 유일하게 불리한 방면임.

이에 산성 서쪽의 낮은 산등성이에 넓고 큰 溝壕를 조성하고 돌로 축대를 쌓아 산을 기어오르거나 은폐할 수 있는 조건을 없애버렸음. 또한 성벽을 주요 방어시설로 삼았으며, 마지막에는 서쪽 봉화대로 주변을 控製하는 4단계의 입체적 방어체계를 구축함. 북문의 경우에도 문 바깥의 북태자하가 천연장벽을 이루는데, 치와 성 밖의 防守墻臺가 중앙에 있고, 말안장 형태의 옹성벽이 양측에서 성문을 통제하는 縱深防御系統을 이룸(撫順市博物館, 1992).

2) 역사지리 비정과 축조시기
太子城이 위치한 太子河는 漢代에는 大梁水로 불렸음.『三國史記』와『三國志』등에 따르면 고구려 초기에 太子河 상류 일대에는 '梁貊'이 거주하였다고 함.

당시 고구려를 '貊'으로 칭한 것으로 보아 梁貊은 '大梁水 유역의 貊族'이라는 의미로 고구려와 동일한 계열의 족속으로 추정됨. 이 지역은 고구려 초기 중심지인 압록강 중류일대와 漢郡縣이 자리 잡은 요동평원 사이의 중간지대로서 전략적으로 중요한 요충지였음.

당시 고구려에서 요동평원으로 나아가는 가장 중요한 교통로는 渾江 – 蘇子河 – 渾河 루트였는데, 太子河 상류일대에는 이들 하천 연안으로 통하는 산간로가 많이 발달되어 있었음. 北太子河 상류를 거슬러 올라가면 고구려 발흥지인 渾江 연안으로 진입할 수 있으며, 제2玄菟郡의 治所로 추정되는 新賓 永陵鎭古城, 木底城이 위치하였던 것으로 추정되는 新賓 木奇鎭 일대 등 蘇子河 유역으로 나아가는 산간로도 많이 있음.

따라서 梁貊 곧 太子河 상류일대의 전략적 위상은 고구려에서 요동평원으로 나아가는 渾江 – 蘇子河 – 渾河 루트와 관련하여 검토할 필요가 있음. 1~3세기 문헌자료에 보이는 梁貊 기사는 위와 같은 지리조건을 전제로 할 때 비로소 이해할 수 있음. 고구려가 유리왕대에 蘇子河 방면의 제2현도군 공격에 앞서 梁貊을 공략하였는데, 이는 梁貊이 太子河 – 渾江 또는 太子河 – 蘇子河 산간로를 통해 고구려군을 습격할지 모르는 위험요소를 제거하기 위한 것이었음.

그 뒤에도 고구려와 중국왕조는 梁貊之谷이나 梁口 등에서 치열한 공방전을 벌였는데, 이들 전투지역은 蘇子河나 渾江에서 太子河로 진입한 산간지대로 비정됨. 이처럼 梁貊이 거주하던 태자하 상류 일대는 고구려의 본거지인 압록강 중상류와 중국군현 사이에 위치하여 전략적으로 매우 중요하였음. 이에 고구려는 고대국가로 발돋움하면서 가장 먼저 梁貊을 집단적으로 예속시켜 통제하는 한편, 중국왕조와의 전쟁에 梁貊의 군사력을 대대적으로 동원하기도 함. 다만 고구려는 3세기 후반까지 지방관을 파견하지 못했기 때문에 토착사회의 유력자를 통해 간접적으로 군사력을 동원함.

그런데 〈광개토왕릉비〉에 따르면 고구려는 4세기 후반~5세기 초에 '梁谷'과 '梁城' 등에서 王陵을 돌보는 守墓人烟戶를 징발하였다고 함. 4세기 후반경 梁貊 곧 太子河 상류일대는 '梁谷'과 '梁城'이라는 두 개의 지방행정구역으로 나뉘어졌고, 특히 '梁城'이라는 지방지배를 위한 거점성이 축조됨. 王弟로 하여금 토착사회의 유력자를 통해 간접적으로 지배하게 하던 3세기 후반까지와 달리 지방관을 파견해 직접 지배하였던 것임. 특히 太子城은 太子河 상류의 중심에 위치하였을 뿐 아니라 성 내부에 거주용 공간이 넓다는 점에서 〈광개토왕릉비〉에 나오는 '梁城'으로 추정됨(여호규, 1999).

한편 태자성이 梁貊이 거주하던 태자하 상류 연안에 위치했다는 점에서 본래 梁貊의 古城으로 축조되었다가 고구려가 梁貊을 병합한 이후에도 계속 사용했다고 추정하기도 함. 특히 산세의 험함을 이용한 동벽, 산 등성이 돌을 골간으로 삼으며 양면에 돌을 쌓아 내외벽을 축조하고 정상부까지 들여쌓기를 한 북벽, 基槽를 먼저 파고 基槽 바깥에 벽석을 쌓은 다음 안은 깬돌로 채워 넣고 다시 낮은 벽을 축조한 남벽, 전통적인 협축식(양면 축조방식) 석벽으로 축조된 높이 3~4m의 서벽 북단, 외성 안의 내성축조 등은 고구려 초기 성곽의 특징으로 볼 수 있다는 것임. 현재 지면에서 발견된 늦은 시기의 유물은 산성이 발굴되기 전에 찾은 것일 뿐이므로 태자성은 고구려 초기에 병존했던 梁貊의 古城으로 파악할 수 있다는 것임(王綿厚, 2002).

그렇지만 태자성 외성의 축조방식은 黑溝山城, 覇王朝山城, 丸都山城, 轉水湖山城 등 다른 고구려 초기 산성과 차이가 많은 것으로 지적됨. 즉 고구려 초기 산성에는 가파른 절벽을 천연성벽으로 삼은 峭壁墻이 많이 보이는데, 태자성에는 峭壁墻은 보이지 않고 가파른 절벽 위에 인공성벽을 축조했다고 함. 특히 가파른 절벽 위에 城墻基槽를 파내고 성벽의 골간을 만드는 방법은 태자성에서만 보이는 특징이라는 것임.

또한 태자성 북문의 옹성 평면은 말안장형인데, 羅

通山城 서남문과 비슷하다고 함. 가령 고구려 초기 산성의 경우 黑溝山城 동문, 五女山城 동문, 國內城 서문 등에서 보듯이 모두 장방형인데, 반원형인 말안장형의 옹성은 장방형보다 늦은 시기로 볼 수 있다는 것임. 그리고 건축자재의 경우 태자성 외성은 모두 방형이나 방형에 가까운 성돌을 사용했는데, 흑구산성·패왕조산성·오녀산성 등 고구려 초기 산성에 많이 사용되던 偏方錐體의 쐐기형돌과 구분된다고 함. 오히려 태자성의 협축방식은 나통산성 서벽의 축조양상과 유사하다고 함(撫順市博物館, 1992).

이에 비해 태자성 내성은 쐐기형돌로 축조했고, 옹성도 장방형 구조인데, 오녀산성 등 고구려 초기 성곽과 유사한 양상임. 이로 보아 태자성 내·외성은 서로 다른 시기에 축조되었을 것으로 추정된다고 함. 즉 내성이 먼저 축조되고, 외성은 그보다 늦은 시기에 축조되었다는 것임. 이에 내성은 고구려 건국 시기에 태자하 상류에서 활동하던 양맥의 유적으로 그 축조연대는 서기 15년 이전으로 볼 수 있다고 파악함. 다만 고구려가 양맥의 거주지인 태자하 상류를 영역으로 삼은 이후에도 태자성을 계속 사용하면서 외성을 축조했는데, 그 시기는 3세기 중후기 이전일 것으로 추정했음. 그리고 태자성은 고구려가 요동지역으로 영역을 확장한 이후 새롭게 확립된 신방어권에서 縱深방어체계의 요충지가 되었을 것으로 추정함(撫順市博物館, 1992 ; 董峰, 1995 ; 溫秀榮·張波, 1996).

그렇지만 장방형 옹성구조를 갖춘 내성벽을 梁貊人들이 축조하였을지는 의문임. 오히려 내성의 옹성구조와 성돌이 고구려 초기 산성과 유사하다면, 고구려에 의해 축조되었다고 보아야 할 것임. 따라서 태자성의 내성과 외성이 실제로 다른 시기에 축조된 것이라면, 이는 축성목적과 기능이 달랐을 가능성을 시사함(여호규, 1999). 이러한 점에서 산 정상부에 군사방어시설로서 내성을 먼저 쌓았다기보다는 지방제도의 정비와 함께 계곡과 완만한 경사지를 포괄하여 평상시의 거주성 곧 지역지배를 위한 거점의 기능이 강화된 외성을 축조하였을 것이라는 견해가 주목됨(임기환, 1998).

고구려는 1~3세기까지 梁貊 곧 太子城이 위치한 태자하 상류일대를 간접적으로 지배하다가, 4세기 이후 지방관을 파견하여 직접적인 영역 지배를 도모함. 1~3세기경 태자하 상류일대는 지방지배라는 측면이 아니라 渾江에서 蘇子河·渾河를 거쳐 요동평원으로 나아가는 교통로와 관련하여 전략적으로 중요한 위치를 차지함. 그러므로 1~3세기경 고구려는 태자하 상류일대에 군사방어성을 구축하였을 가능성이 높으며, 태자성 내성은 이러한 측면에서 주목됨.

그리고 4세기 이후 양맥지역에 지방관을 파견하면서 지방지배를 위한 거점성으로서 '梁城'을 구축한 것으로 보이는데, 태자성 외성이 이와 관련될 가능성이 높음. 〈광개토왕릉비〉의 '梁城' 관련 기사와 4세기 초부터 蘇子河 渾河 일대에 전략적 요충지에 성을 축조하여 軸線防禦體系를 구축하였다는 사실을 고려하면, 太子城도 늦어도 4세기 중반에는 축조되었다고 여겨짐(여호규, 1999).

참고문헌

- 耿鐵華·林至德, 1984, 「集安高句麗陶器的初步研究」, 『文物』 1984-1.
- 林至德·耿鐵華, 1985, 「集安出土的高句麗瓦當及其年代」, 『考古』 1985-7.
- 孫進己·馮永謙, 1989, 『東北歷史地理』, 黑龍江人民出版社.
- 撫順市博物館, 1992, 「遼寧新賓顯高句麗太子城」, 『考古』 1992-4.
- 董峰, 1995, 「東北地區高句麗山城的分類及年代」, 『博物馆研究』 1995-3.
- 東潮·田中俊明, 1995, 『高句麗の歷史と遺跡』, 中央公論社.
- 陳大爲, 1995, 「遼寧高句麗山城再探」, 『北方文物』 1995-3.
- 松波宏隆, 1996, 「성문」, 日本 高句麗山城研究會 발표문.
- 溫秀榮·張波, 1996, 「關于撫順地區的高句麗山城」, 『博

物館硏究』1996-1.
- 馮永謙, 1997,「高句麗城址輯要」,『高句麗渤海硏究集成』高句麗 卷3, 哈爾濱出版社.
- 임기환, 1998,「고구려전기산성연구」,『國史館論叢』82.
- 여호규, 1999,『高句麗 城』Ⅱ, 國防軍史硏究所.
- 王綿厚, 2002,『高句麗古城硏究』, 文物出版社.
- 魏存成, 2002,『高句麗遺迹』, 文物出版社.
- 王禹浪·王宏北, 2007,『高句麗·渤海古城址硏究匯編』(上), 哈爾濱出版社.
- 國家文物局, 2009,『中國文物地圖集』遼寧分冊, 西安地圖出版社.
- 魏存成, 2011,「中國境內發現的高句麗山城」,『社會科學戰線』2011-1.

03 신빈 황강산성
新賓 黃崗山城

1. 위치와 자연환경

遼寧省 新賓滿族自治縣 葦子峪鎭 黃崗村 동북 1km에 위치.

2. 성곽의 전체현황

○ 산위에 위치하며 산세에 의지하여 축성하였음.
○ 산성의 평면은 불규칙한 형태임.
○ 길이 100m, 너비 20m가 남아 있음.
○ 성벽은 석괴로 쌓았음.
○ 남벽에 너비 약 2m, 높이 0.8m가 남아 있음.
○ 서문 : 성 서쪽에 문이 하나 있으며 너비 약 2m임.

○ 출토유물 : 돌도끼(石斧), 돌칼(石刀), 모래혼합 회색 토기 저부, 손잡이(器耳), 모래혼합 홍갈색 토기편 등을 채집하였음.

3. 역사적 성격

고구려시기의 성곽으로 보고되었지만, 정확한 축조시기를 파악하기는 힘든 상태임. 고구려 성곽이라면 태자하 상류 일대를 방어하던 기능을 담당했을 것으로 추정됨.

참고문헌

- 國家文物局, 2009,『中國文物地圖集』遼寧分冊, 西安地圖出版社.

중국 소재 고구려 유적과 유물 VII
요동반도 – 태자하 유역

초판 1쇄 인쇄   2020년 6월 15일
초판 1쇄 발행   2020년 6월 30일

기　　획   동북아역사재단 한국고중세사연구소
엮 은 이   여호규, 강현숙, 백종오, 김종은, 이경미, 정동민
펴 낸 이   김도형
펴 낸 곳   동북아역사재단

등　　록   제312-2004-050호(2004년 10월 18일)
주　　소   03739 서울시 서대문구 통일로 81(미근동267) NH농협생명빌딩
전　　화   02-2012-6065
팩　　스   02-2012-6189
홈페이지   www.nahf.or.kr
제작·인쇄   역사공간

ⓒ 동북아역사재단, 2020

ISBN   978-89-6187-543-1 94910(세트)
　　　 978-89-6187-545-5 94910

- 이 책의 출판권 및 저작권은 동북아역사재단이 가지고 있습니다.
  저작권법에 의해 보호를 받는 저작물이므로 어떤 형태나 어떤 방법으로도
  무단전재와 무단복제를 금합니다.
- 이 도서의 국립중앙도서관 출판예정도서목록(CIP)은 서지정보유통지원시스템 홈페이지
  (http://seoji.nl.go.kr)와 국가자료종합목록 구축시스템(http://kolis-net.nl.go.kr)에서 이용하
  실 수 있습니다. (CIP제어번호 : CIP2020025088)
- 책값은 뒤표지에 있습니다. 잘못된 책은 바꾸어 드립니다.